CURSO DE

DIREITO
PENAL

1

PARTE GERAL

CB020792

Fernando Capez

Advogado, Procurador de Justiça aposentado do Ministério Público de São Paulo, Mestre pela Universidade de São Paulo (USP) e Doutor pela Pontifícia Universidade Católica de São Paulo (PUC-SP). Lecionou por 18 anos no Complexo Jurídico Damásio de Jesus. Professor honorário da Universidade Presbiteriana Mackenzie. Diretor do Curso de Direito da Universidade Nove de Julho. Professor concursado da Academia de Polícia e professor da Escola Superior do Ministério Público de SP. Foi Deputado Estadual por três mandatos. Presidente da Comissão de Constituição e Justiça da Assembleia Legislativa de São Paulo (2007-2010). Coordenador do Curso de Direito da Universidade Bandeirante de SP (2004/2012). Presidente da Assembleia Legislativa de São Paulo (2015-2017). Presidente do Colégio de Presidentes das Assembleias Legislativas do Brasil (2015-2017). Secretário Estadual de Defesa do Consumidor e Presidente do Procon-SP de janeiro de 2019 a março de 2022.

CURSO DE
DIREITO
PENAL
1

PARTE GERAL

Arts. 1º a 120

29ª edição
2025

saraiva jur

■ O autor deste livro e a editora empenharam seus melhores esforços para assegurar que as informações e os procedimentos apresentados no texto estejam em acordo com os padrões aceitos à época da publicação, *e todos os dados foram atualizados pelo autor até a data da entrega dos originais à editora.* Entretanto, tendo em conta a evolução das ciências, as atualizações legislativas, as mudanças regulamentares governamentais e o constante fluxo de novas informações sobre os temas que constam do livro, recomendamos enfaticamente que os leitores consultem sempre outras fontes fidedignas, de modo a se certificarem de que as informações contidas no texto estão corretas e de que não houve alterações nas recomendações ou na legislação regulamentadora.

■ Data do fechamento do livro: 11/10/2024

■ O autor e a editora se empenharam para citar adequadamente e dar o devido crédito a todos os detentores de direitos autorais de qualquer material utilizado neste livro, dispondo-se a possíveis acertos posteriores caso, inadvertida e involuntariamente, a identificação de algum deles tenha sido omitida.

■ Direitos exclusivos para a língua portuguesa
Copyright ©2025 by
Saraiva Jur, um selo da SRV Editora Ltda.
Uma editora integrante do GEN | Grupo Editorial Nacional
Travessa do Ouvidor, 11
Rio de Janeiro – RJ – 20040-040

■ **Atendimento ao cliente: https://www.editoradodireito.com.br/contato**

■ Reservados todos os direitos. É proibida a duplicação ou reprodução deste volume, no todo ou em parte, em quaisquer formas ou por quaisquer meios (eletrônico, mecânico, gravação, fotocópia, distribuição pela Internet ou outros), sem permissão, por escrito, da **SRV Editora Ltda.**

■ Capa: Tiago Dela Rosa
Diagramação: Edson Colobone

■ **OBRA COMPLETA 978-85-5360-768-6**
DADOS INTERNACIONAIS DE CATALOGAÇÃO NA PUBLICAÇÃO (CIP)
VAGNER RODOLFO DA SILVA – CRB-8/9410

C237c   Capez, Fernando

Curso de direito penal - volume 1 - parte geral: Arts. 1º a 120 / Fernando Capez. - 29. ed. - São Paulo : Saraiva Jur, 2025.
612 p.

ISBN 978-85-5362-667-0 (Impresso)

1. Direito. 2. Direito penal. I. Título.

                      CDD 345
2024-3399   CDU 343

Índices para catálogo sistemático:
1. Direito penal   345
2. Direito penal   343

ASSOCIAÇÃO
BRASILEIRA
DE DIREITOS
REPROGRÁFICOS

Respeite o direito autoral

A meu pai, Amin Capez, cuja coragem, determinação, dedicação e honestidade construíram o exemplo que procuro seguir em todos os dias de minha vida.

A minha mãe, Suraia Capez, a quem tudo devo, por sua renúncia, sacrifício e afeto, os quais jamais conseguirei retribuir na mesma intensidade.

A meu amigo e professor Damásio de Jesus, que sonhou em escrever um livro e criou um marco na história do Direito Penal; um dia pensou em ensinar e se transformou em um jurista renomado internacionalmente.

"Se você conhece o inimigo e conhece a si mesmo, não precisa temer o resultado de cem batalhas."

Sun Tzu, *A arte da guerra.*

SOBRE O AUTOR

Fernando Capez é Mestre pela Universidade de São Paulo (USP) e Doutor pela Pontifícia Universidade Católica de São Paulo (PUC-SP). Lecionou durante dezoito anos no Complexo Jurídico Damásio de Jesus, sendo, também, Professor na Escola Superior do Ministério Público de São Paulo, Professor Concursado na Academia de Polícia do Estado de São Paulo, Professor Honorário na Universidade Presbiteriana Mackenzie e Diretor do Curso de Direito da Universidade Nove de Jullho.

É palestrante nacional e internacional e autor de diversos livros, principalmente nas áreas de Direito Penal e Processual Penal, publicados pela Saraiva Educação.

Suas obras possuem como principais virtudes a objetividade, a linguagem direta, fácil e agradável, vasto embasamento decorrente da larga experiência teórica e prática do autor, organização lógica dos temas em tópicos e subtópicos, contribuindo para a sua rápida localização, além de jurisprudência atualizada, farta citação doutrinária e quadros sinóticos.

A utilidade dos trabalhos alcança desde estudantes que se preparam para provas, exames da OAB e concursos públicos, até experientes operadores do Direito, tais como Juízes, Desembargadores e Ministros, membros do Ministério Público Estadual e Federal, procuradores e defensores públicos, delegados de polícia e advogados.

Advogado, Procurador de Justiça aposentado do Ministério Público de São Paulo, Mestre pela Universidade de São Paulo (USP) e Doutor pela Pontifícia Universidade Católica de São Paulo (PUC-SP). Lecionou por 18 anos no Complexo Jurídico Damásio de Jesus. Professor honorário da Universidade Presbiteriana Mackenzie. Coordenador jurídico da Universidade Nove de Julho. Professor concursado da Academia de Polícia e professor da Escola Superior do Ministério Público de SP. Foi Deputado Estadual por três mandatos. Presidente da Comissão de Constituição e Justiça da Assembleia Legislativa de São Paulo (2007-2010). Coordenador do Curso de Direito da Universidade Bandeirante de SP (2004/2012). Presidente da Assembleia Legislativa de São Paulo (2015-2017). Presidente do Colégio de Presidentes das Assembleias Legislativas do Brasil (2015-2017). Foi Secretário Estadual de Defesa do Consumidor e Presidente do Procon-SP de janeiro de 2019 a março de 2022.

ABREVIATURAS

ACrim	Apelação Criminal
ADIn	Ação Direta de Inconstitucionalidade
ADPF	Arguição de Descumprimento de Preceito Fundamental
AgI	Agravo de Instrumento
AgRg	Agravo Regimental
Ap.	Apelação
APn	Ação Penal
Boletim IBCCrim	*Boletim do Instituto Brasileiro de Ciências Criminais*
CADH	Convenção Americana sobre Direitos Humanos
c/c	combinado com
CC	Código Civil
CComp	Conflito de Competência
cf.	conforme
CF	Constituição Federal
CLT	Consolidação das Leis do Trabalho
CNH	Carteira Nacional de Habilitação
CP	Código Penal
CPM	Código Penal Militar
CPP	Código de Processo Penal
CTB	Código de Trânsito Brasileiro
DJ	*Diário da Justiça*
DJe	*Diário da Justiça eletrônico*
DJU	*Diário da Justiça da União*
DOU	*Diário Oficial da União*
ECA	Estatuto da Criança e do Adolescente
EDcl	Embargos de Declaração
HC	*Habeas Corpus*

JC	*Jurisprudência Catarinense*
JSTJ	*Jurisprudência do STJ*
JTACrimSP	*Julgados do Tribunal de Alçada Criminal de São Paulo*
JTACSP	*Julgados do Tribunal de Alçada Civil de São Paulo*
JTAMG	*Julgados do Tribunal de Alçada de Minas Gerais*
LCP	Lei das Contravenções Penais
LEP	Lei de Execução Penal
LINDB	Lei de Introdução às Normas do Direito Brasileiro
m. v.	maioria de votos
OAB	Ordem dos Advogados do Brasil
PIDCP	Pacto Internacional de Direitos Civis e Políticos
Pet.	Petição
PExt	Pedido de Extensão
QCr	Queixa-Crime
QO	Questão de Ordem
RE	Recurso Extraordinário
RECrim	Recurso Extraordinário Criminal
REsp	Recurso Especial
RF	*Revista Forense*
RHC	Recurso em *Habeas Corpus*
RJDTACrimSP	*Revista de Jurisprudência e Doutrina do Tribunal de Alçada Criminal de São Paulo*
RJTARJ	*Revista de Jurisprudência do Tribunal de Alçada do Rio de Janeiro*
RJTJESP	*Revista de Jurisprudência do Tribunal de Justiça do Estado de São Paulo*
RJTJRS	*Revista de Jurisprudência do Tribunal de Justiça do Rio Grande do Sul*
RJTJSC	*Revista de Jurisprudência do Tribunal de Justiça de Santa Catarina*
ROHC	Recurso Ordinário em *Habeas Corpus*
RSE	Recurso em Sentido Estrito
RSTJ	*Revista do Superior Tribunal de Justiça*
RT	*Revista dos Tribunais*
RTARJ	*Revista do Tribunal de Alçada do Rio de Janeiro*
RTFR	*Revista do Tribunal Federal de Recursos*
RTJ	*Revista Trimestral de Jurisprudência (STF)*
RTJE	*Revista Trimestral de Jurisprudência dos Estados*
s.	seguinte(s)
STF	Supremo Tribunal Federal

STJ	Superior Tribunal de Justiça
TACrimSP	Tribunal de Alçada Criminal de São Paulo (extinto)
TFR	Tribunal Federal de Recursos (extinto)
TJMS	Tribunal de Justiça do Mato Grosso do Sul
TJPR	Tribunal de Justiça do Paraná
TJRJ	Tribunal de Justiça do Rio de Janeiro
TJRS	Tribunal de Justiça do Rio Grande do Sul
TJSC	Tribunal de Justiça de Santa Catarina
TJSP	Tribunal de Justiça de São Paulo
TRF	Tribunal Regional Federal
v.	*vide*
v.	volume
v. u.	votação unânime
v. v.	voto vencido

ÍNDICE

Sobre o Autor VII

Abreviaturas IX

1. **INTRODUÇÃO** **1**

    1.1.   Da concepção do Direito Penal 1

    1.2.   Da função ético-social do Direito Penal 1

    1.3.   Objeto do Direito Penal 3

    1.4.   O Direito Penal no Estado Democrático de Direito 4

        1.4.1.   O perfil democrático do Estado brasileiro. Distinção entre Estado de Direito e Estado Democrático de Direito 4

        1.4.2.   O Estado Democrático de Direito e o princípio da dignidade humana como orientador do Direito Penal 6

        1.4.3.   Princípios penais limitadores decorrentes da dignidade da pessoa humana 8

            1.4.3.1.   Princípio da insignificância ou bagatela 8

            1.4.3.2.   Princípio da alteridade ou transcendentalidade 10

            1.4.3.3.   Princípio da confiança 12

            1.4.3.4.   Princípio da adequação social 13

            1.4.3.5.   Princípio da intervenção mínima 13

            1.4.3.6.   Princípio da proporcionalidade 16

            1.4.3.7.   Princípio da humanidade 17

            1.4.3.8.   Princípio da necessidade e idoneidade 17

            1.4.3.9.   Princípio do fato e da exclusiva proteção do bem jurídico 18

            1.4.3.10.   Princípio da autorresponsabilidade 18

            1.4.3.11.   Princípio da responsabilidade pelo fato 18

            1.4.3.12.   Princípio da imputação pessoal 19

            1.4.3.13.   Princípio da personalidade 19

            1.4.3.14.   Princípio da responsabilidade subjetiva 19

            1.4.3.15.   Princípio da coculpabilidade ou corresponsabilidade ... 19

            1.4.3.16.   Princípio da ofensividade ou lesividade 19

    1.5.   Os limites do controle material do tipo incriminador 20

    1.6.   Da parte geral do Código Penal: finalidade 21

2.   **FONTES DO DIREITO PENAL** **22**
   2.1.   Conceito... 22
   2.2.   Espécies... 22
         2.2.1.   De produção, material ou substancial 22
         2.2.2.   Formal, de cognição ou de conhecimento................................. 22
                2.2.2.1.   Espécies de fonte formal.. 22
   2.3.   Diferença entre norma e lei 23
   2.4.   Da fonte formal imediata 23
         2.4.1.   Conteúdo... 23
         2.4.2.   Característica.. 24
         2.4.3.   Classificação... 24
                2.4.3.1.   Leis incriminadoras.. 24
                2.4.3.2.   Leis não incriminadoras... 24
                2.4.3.3.   Leis não incriminadoras permissivas............................ 24
                2.4.3.4.   Leis não incriminadoras finais, complementares ou explicativas 24
   2.5.   Características das normas penais 24
         2.5.1.   Exclusividade.. 24
         2.5.2.   Anterioridade.. 24
         2.5.3.   Imperatividade.. 24
         2.5.4.   Generalidade... 25
         2.5.5.   Impessoalidade... 25
   2.6.   Normas penais em branco (cegas ou abertas)..................................... 25
         2.6.1.   Conceito... 25
         2.6.2.   Classificação... 25
                2.6.2.1.   Normas penais em branco em sentido lato ou homogêneas... 25
                2.6.2.2.   Normas penais em branco em sentido estrito ou heterogêneas... 25
                2.6.2.3.   Normas penais em branco ao avesso.............................. 25
   2.7.   Das fontes formais mediatas 26
         2.7.1.   Costume... 26
                2.7.1.1.   Elementos do costume.. 26
                2.7.1.2.   Espécies de costume... 26
         2.7.2.   Princípios gerais do direito 27
   2.8.   Formas de procedimento interpretativo.. 27
         2.8.1.   Equidade 27
         2.8.2.   Doutrina 28
         2.8.3.   Jurisprudência 28

3.   **INTERPRETAÇÃO DA LEI PENAL** **28**
   3.1.   Conceito... 28
   3.2.   Natureza 28
   3.3.   Espécies... 28
         3.3.1.   Quanto ao sujeito que a elabora.. 28

3.3.1.1.	Autêntica ou legislativa	28
3.3.1.2.	Doutrinária ou científica	28
3.3.1.3.	Judicial	28
3.3.2.	Quanto aos meios empregados	29
3.3.2.1.	Gramatical, literal ou sintática	29
3.3.2.2.	Lógica ou teleológica	29
3.3.3.	Quanto ao resultado	29
3.3.3.1.	Declarativa	29
3.3.3.2.	Restritiva	29
3.3.3.3.	Extensiva	29
3.4.	O princípio *in dubio pro reo*	29
3.5.	Interpretação progressiva, adaptativa ou evolutiva	29
4.	**ANALOGIA**	**29**
4.1.	Conceito	29
4.2.	Fundamento	30
4.3.	Natureza jurídica	30
4.4.	Distinção entre analogia, interpretação extensiva e interpretação analógica	31
4.4.1.	Analogia	31
4.4.2.	Interpretação extensiva	31
4.4.3.	Interpretação analógica	31
4.5.	Espécies	31
4.5.1.	Legal ou *legis*	31
4.5.2.	Jurídica ou *juris*	31
4.5.3.	*In bonam partem*	31
4.5.4.	*In malam partem*	32
4.6.	Analogia em norma penal incriminadora	32
5.	**PRINCÍPIO DA LEGALIDADE**	**32**
5.1.	Considerações preliminares	32
5.2.	Aspectos do princípio da legalidade	33
5.2.1.	Aspecto político	33
5.2.2.	Aspecto histórico	33
5.2.3.	Aspecto jurídico	34
5.3.	Princípios inerentes ao princípio da legalidade	35
5.3.1.	Princípio da reserva legal	35
5.3.1.1.	Reserva absoluta de lei	35
5.3.1.2.	Reserva absoluta de lei e medida provisória	36
5.3.1.3.	Taxatividade e vedação ao emprego da analogia	38
5.3.1.4.	Taxatividade e descrição genérica	38
5.3.1.5.	Conteúdo material do princípio da reserva legal	39
5.3.2.	Princípio da anterioridade da lei penal	40
6.	**IRRETROATIVIDADE DA LEI PENAL**	**41**
6.1.	Considerações preliminares	41

6.2.   Aplicação 42
6.3.   Lei processual 42
    6.3.1.   Lei processual híbrida 43
6.4.   Normas que tratam de execução da pena e o regime disciplinar diferenciado 44
6.5.   Vigência da lei 47
6.6.   Hipóteses de lei posterior 48
    6.6.1.   *Abolitio criminis* 48
    6.6.2.   *Novatio legis in mellius* 48
        6.6.2.1.   Competência para aplicação da *novatio legis in mellius* 48
    6.6.3.   *Novatio legis in pejus* 49
    6.6.4.   *Novatio legis* incriminadora 49
    6.6.5.   Dúvida quanto à lei mais benéfica 50
6.7.   Combinação de leis 50
6.8.   *Lex mitior* e o período da *vacatio legis* 51
6.9.   Lei interpretativa – possibilidade de retroação 51
6.10. Tempo do crime para a fixação da lei aplicável 52
    6.10.1. Crimes permanentes e crimes continuados 52
7.   LEIS DE VIGÊNCIA TEMPORÁRIA 53
7.1.   Considerações preliminares 53
7.2.   Características 53
    7.2.1.   Autorrevogabilidade 53
    7.2.2.   Ultratividade 53
7.3.   Hipótese de retroatividade da lei posterior 54
7.4.   Alteração do complemento da norma penal em branco 54
8.   TEMPO DO CRIME E CONFLITO APARENTE DE NORMAS 56
8.1.   Teorias sobre o momento do crime 56
8.2.   Conflito aparente de normas 57
    8.2.1.   Conceito 57
    8.2.2.   Elementos 57
    8.2.3.   Princípios que solucionam o conflito aparente de normas ... 57
        8.2.3.1.   Princípio da especialidade – *lex specialis derogat generali* 58
        8.2.3.2.   Princípio da subsidiariedade – *lex primaria derogat subsidiariae* 60
        8.2.3.3.   Princípio da consunção – *lex consumens derogat consumptae* 62
        8.2.3.4.   Princípio da alternatividade 66
9.   TERRITORIALIDADE DA LEI PENAL BRASILEIRA 67
9.1.   Considerações preliminares 68
9.2.   Território nacional 68
    9.2.1.   Componentes do território 68

9.2.2.   Extensão do território nacional 69

9.2.3.   Princípio do pavilhão ou da bandeira 70

9.2.4.   Navios 70

9.2.5.   Aeronaves 70

9.2.6.   Princípio da passagem inocente... 71

9.2.7.   Asilo 71

9.3.   Hipóteses de não incidência da lei a fatos cometidos no Brasil 71

9.3.1.   Imunidades diplomáticas... 71

9.3.1.1.   Entes abrangidos pela imunidade diplomática............. 72

9.3.1.2.   Imunidade diplomática e ofensa ao princípio da isono-
mia... 72

9.3.2.   Imunidades parlamentares 72

9.3.2.1.   Imunidade material 73

9.3.2.2.   Imunidade processual 74

9.3.2.3.   Imunidade prisional... 75

9.3.2.4.   Do foro especial por prerrogativa de função............... 76

9.3.3.   Inviolabilidade do advogado 76

10. **EXTRATERRITORIALIDADE DA LEI PENAL BRASILEIRA 77**

10.1.   Considerações preliminares 77

10.2.   Formas de extraterritorialidade 78

10.2.1.   Incondicionada 78

10.2.2.   Condicionada 78

10.3.   Princípios para aplicação da extraterritorialidade.......................... 78

10.3.1.   Princípio da nacionalidade ou personalidade ativa............... 78

10.3.2.   Princípio da nacionalidade ou personalidade passiva........... 79

10.3.3.   Princípio real, da defesa ou proteção 79

10.3.4.   Princípio da justiça universal (CP, art. 7º, I, d, e II, a) 79

10.3.5.   Princípio da representação 79

10.4.   Classificação das hipóteses de acordo com os princípios e as formas
de extraterritorialidade... 79

10.5.   Aplicação 81

10.6.   Extradição 81

10.6.1.   Conceito 81

10.6.2.   Princípios aplicáveis 81

10.6.2.1.   Princípio da não extradição de nacionais 81

10.6.2.2.   Princípio da exclusão de crimes não comuns 81

10.6.2.3.   Princípio da prevalência dos tratados.......................... 82

10.6.2.4.   Princípio da legalidade.. 82

10.6.2.5.   Princípio da dupla tipicidade... 82

10.6.2.6.   Princípio da preferência da competência nacional 82

10.6.2.7.   Princípio da limitação em razão da pena 82

10.6.2.8.   Princípio da detração 82

10.7.   Jurisdição principal e subsidiária.. 82

10.8.   Tribunal Penal Internacional — TPI.. 83

10.8.1.   Genocídio, princípio da justiça universal e Tribunal Penal Internacional 85

11. EFICÁCIA DE SENTENÇA ESTRANGEIRA **86**

11.1.   Da homologação de sentença estrangeira 86

        11.1.1.   Fundamento 86

        11.1.2.   Competência 86

        11.1.3.   Conteúdo da homologação.. 87

        11.1.4.   Natureza jurídica 87

        11.1.5.   Homologação e delibação obrigatória 87

        11.1.6.   Homologação e execução civil da sentença penal estrangeira .. 87

        11.1.7.   Homologação e medida de segurança 87

        11.1.8.   Procedimento 88

        11.1.9.   Desnecessidade da homologação... 88

        11.1.10.   Extradição executória.. 88

            11.1.10.1.   Extradição executória de brasileiro nato 88

        11.1.11.   Transferência de execução de pena de brasileiro nato: posição do STJ.. 89

12. DO LUGAR DO CRIME **89**

12.1.   Considerações preliminares.. 89

12.2.   Teorias 89

        12.2.1.   Teoria da atividade 89

        12.2.2.   Teoria do resultado 89

        12.2.3.   Teoria da ubiquidade ou mista.. 90

12.3.   Teoria adotada 90

        12.3.1.   Crimes a distância ou de espaço máximo 90

        12.3.2.   Delito plurilocal 91

        12.3.3.   Crimes de menor potencial ofensivo.. 92

12.4.   Sobre a aplicação da teoria da ubiquidade nas várias hipóteses.......... 92

        12.4.1.   Nos crimes conexos.. 92

        12.4.2.   No crime complexo 92

        12.4.3.   Na coautoria, participação ou ajuste.. 92

        12.4.4.   No delito permanente e no crime continuado 92

        12.4.5.   Nos delitos habituais 92

12.5.   Regras especiais... 93

13. CONTAGEM DO PRAZO **98**

13.1.   Considerações preliminares 98

13.2.   Contagem de mês e ano.. 99

13.3.   Prescrição e decadência 99

13.4.   Características 99

13.5.   Interrupção e suspensão... 100

13.6.   Contagem dos prazos processuais 100

13.7.   Distinção entre prazo penal e prazo processual..................................... 100

14. TEORIA DO CRIME **101**

14.1.   Conceito de crime 101

14.1.1. Aspecto material 101
14.1.2. Aspecto formal 101
14.1.3. Aspecto analítico 101
14.2. Concepção bipartida e tripartida de crime 102

15. **FATO TÍPICO** **103**
15.1. Conceito 103
15.2. Elementos 103
15.2.1. Conduta 104
15.2.1.1. Conceito 104
15.2.1.2. Distinção entre conduta e ato 105
15.2.1.3. Teorias da conduta 105
15.2.1.4. Elementos da conduta 123
15.2.1.5. Ausência de voluntariedade 123
15.2.1.6. Formas de conduta 124
15.2.1.7. Caso fortuito e força maior 128
15.2.1.8. Sujeitos da conduta típica 129
15.2.1.9. Objeto jurídico e objeto material 136
15.2.2. Resultado 137
15.2.2.1. Conceito 137
15.2.2.2. Distinção entre resultado e evento 137
15.2.2.3. Teorias 137
15.2.3. Nexo causal 138
15.2.3.1. Conceito 138
15.2.3.2. Natureza 138
15.2.3.3. Nexo normativo 138
15.2.3.4. Teorias para apontar o nexo causal 139
15.2.3.5. Nexo causal nos diversos crimes 151
15.2.3.6. Nexo causal nos crimes omissivos impróprios 151
15.2.3.7. Superveniência causal 155
15.2.3.8. Caso fortuito e força maior 160
15.2.4. Tipicidade 162
15.2.4.1. Conceito de tipo 162
15.2.4.2. Espécies de tipo 163
15.2.4.3. Conceito de tipicidade 164
15.2.4.4. Distinção entre tipicidade e adequação típica 164
15.2.4.5. Fases da tipicidade 165
15.2.4.6. Adequação típica 168
15.2.4.7. Elementos do tipo 169
15.2.4.8. Espécies de tipo quanto aos elementos 171
15.2.4.9. Tipo fundamental e tipos derivados 171
15.2.4.10. Tipicidade conglobante 172

16. **O TIPO PENAL NOS CRIMES DOLOSOS** **174**
16.1. Conceito de dolo 174
16.2. Elementos do dolo 174

16.3. Abrangência do dolo 175

16.4. Fases na conduta.. 175

    16.4.1. Fase interna 175

    16.4.2. Fase externa 175

16.5. Teorias.. 177

    16.5.1. Teoria da vontade.. 177

    16.5.2. Teoria da representação 177

    16.5.3. Teoria do assentimento ou consentimento 177

    16.5.4. Teorias adotadas pelo Código Penal 177

16.6. Espécies de dolo 177

    16.6.1. Dolo natural 177

    16.6.2. Dolo normativo 177

    16.6.3. Dolo direto ou determinado.................................. 178

    16.6.4. Dolo indireto ou indeterminado 179

    16.6.5. Dolo de dano 179

    16.6.6. Dolo de perigo 179

    16.6.7. Dolo genérico 180

    16.6.8. Dolo específico... 180

    16.6.9. Dolo geral, erro sucessivo ou *aberratio causae*...................... 180

    16.6.10. Dolo de primeiro grau e de segundo grau 181

16.7. Dolo e dosagem da pena 181

16.8. Dolo nos crimes comissivos por omissão.............................. 181

17. O TIPO PENAL NOS CRIMES CULPOSOS 182

17.1. Conceito de culpa 182

17.2. Tipo aberto... 183

17.3. Crimes materiais.. 183

17.4. Elementos do fato típico culposo 183

17.5. Previsibilidade 183

    17.5.1. Objetiva 183

    17.5.2. Subjetiva 184

17.6. Princípio do risco tolerado 184

17.7. Princípio da confiança 184

17.8. Inobservância do dever objetivo de cuidado 185

    17.8.1. Imprudência 185

    17.8.2. Negligência 185

    17.8.3. Imperícia 185

        17.8.3.1. Diferença entre imperícia e erro médico 186

17.9. Espécies de culpa 186

    17.9.1. Culpa inconsciente 186

    17.9.2. Culpa consciente ou com previsão 186

    17.9.3. Culpa imprópria... 187

        17.9.3.1. Responsabilização do agente na culpa imprópria 187

    17.9.4. Culpa presumida 188

    17.9.5. Culpa mediata ou indireta 188

17.10. Graus de culpa 189

17.11. Culpa nos delitos omissivos impróprios 189

17.12. Participação no crime culposo... 190

17.13. Compensação de culpas 190

17.14. Concorrência de culpas 191

18. CRIME PRETERDOLOSO **191**

18.1. Conceito 191

18.2. Crime qualificado pelo resultado.. 191

18.3. Espécies de crimes qualificados pelo resultado............................ 191

    18.3.1. Dolo no antecedente e dolo no consequente............................ 191

    18.3.2. Culpa no antecedente e culpa no consequente 192

    18.3.3. Culpa no antecedente e dolo no consequente 192

    18.3.4. Conduta dolosa e resultado agravador culposo (preterdoloso) ... 192

18.4. Nexo entre conduta e resultado agravador 192

18.5. Do crime preterdoloso.. 192

    18.5.1. Componentes do crime preterdoloso 192

    18.5.2. Tentativa no crime preterdoloso 193

    18.5.3. Latrocínio... 193

    18.5.4. Lesões corporais de natureza grave ou gravíssima 193

        18.5.4.1. Tentativa na lesão corporal grave ou gravíssima 194

19. ERRO DE TIPO **194**

19.1. Conceito... 194

19.2. Exemplos de erro de tipo... 195

    19.2.1. Erro incidente sobre situação de fato descrita como elementar de tipo incriminador... 195

    19.2.2. Erro incidente sobre relação jurídica descrita como elementar de tipo incriminador... 196

    19.2.3. Erro incidente sobre situação de fato descrita como elementar de tipo permissivo 196

    19.2.4. Erro incidente sobre circunstância de tipo incriminador 196

    19.2.5. Erro sobre dado irrelevante.. 196

19.3. Erro de tipo e erro de direito... 197

19.4. Erro de tipo e erro de fato 197

19.5. Diferenças entre erro de tipo e delito putativo por erro de tipo 197

19.6. Formas de erro de tipo... 198

    19.6.1. Erro de tipo essencial 198

        19.6.1.1. Conceito 198

        19.6.1.2. Característica do erro essencial 198

        19.6.1.3. Formas do erro essencial 199

        19.6.1.4. Efeitos do erro essencial 199

    19.6.2. Erro de tipo acidental 200

        19.6.2.1. Conceito... 200

        19.6.2.2. Característica do erro acidental 200

19.6.2.3.   Espécies de erro de tipo acidental 200

19.7.   Descriminantes putativas 206

    19.7.1.   Conceito 206

    19.7.2.   Espécies de descriminantes putativas 207

        19.7.2.1.   Descriminante putativa por erro de proibição 207

        19.7.2.2.   Descriminante putativa por erro de tipo 208

20.   CRIME CONSUMADO **214**

20.1.   Conceito 214

20.2.   Diferença entre crime consumado e exaurido 214

20.3.   A consumação nas várias espécies de crimes 214

20.4.   *Iter criminis* 215

    20.4.1.   Cogitação 215

    20.4.2.   Preparação 215

    20.4.3.   Execução 215

        20.4.3.1.   Fronteira entre o fim da preparação e o início da execução 216

    20.4.4.   Consumação 216

    20.4.5.   Exaurimento 216

21.   TENTATIVA (*CONATUS*) **217**

21.1.   Conceito 217

21.2.   Natureza jurídica 217

21.3.   Elementos 217

    21.3.1.   Início de execução 217

        21.3.1.1.   Critério lógico-formal 218

        21.3.1.2.   Critério subjetivo 218

        21.3.1.3.   Critério compositivo ou misto 218

        21.3.1.4.   Critério adotado 219

21.4.   Formas 220

    21.4.1.   Imperfeita 220

    21.4.2.   Perfeita ou acabada 220

    21.4.3.   Branca ou incruenta 220

    21.4.4.   Cruenta 220

21.5.   Tentativa na lesão corporal de natureza grave e gravíssima 220

21.6.   Infrações penais que não admitem tentativa 221

21.7.   Teorias 221

    21.7.1.   Subjetiva 221

    21.7.2.   Objetiva ou realística 221

    21.7.3.   Teoria adotada 221

21.8.   Critério para redução da pena 221

22.   DESISTÊNCIA VOLUNTÁRIA E ARREPENDIMENTO EFICAZ **222**

22.1.   Considerações preliminares 222

22.2.   Natureza jurídica 222

22.3.   Elementos da tentativa abandonada 223

22.4. Distinção com a tentativa 223
22.5. Espécies de tentativa abandonada 223
    22.5.1. Conceito de desistência voluntária 223
        22.5.1.1. Desistência voluntária e terrorismo 224
    22.5.2. Conceito de arrependimento eficaz 224
    22.5.3. Ato voluntário e ato espontâneo 224
    22.5.4. Ato voluntário e ato involuntário 225
    22.5.5. Distinção 225
    22.5.6. Consequência 225

23. ARREPENDIMENTO POSTERIOR 226
23.1. Conceito 226
23.2. Natureza jurídica 226
23.3. Objetivo 226
23.4. Diferenças entre arrependimento posterior e eficaz 226
23.5. Requisitos 226
    23.5.1. Crime cometido sem violência ou grave ameaça à pessoa .. 226
    23.5.2. Reparação do dano ou restituição da coisa 227
    23.5.3. Voluntariedade do agente 227
    23.5.4. Até o recebimento da denúncia ou queixa 227
23.6. Redução da pena 227
23.7. Aplicação 227
23.8. Consequências da aplicação em casos específicos 227
    23.8.1. A questão do peculato doloso 227
    23.8.2. Emissão de cheque sem suficiente provisão de fundos 228
    23.8.3. Outras hipóteses previstas em leis especiais 228
23.9. Comunicabilidade a coautores e partícipes 229
23.10. Delação eficaz ou premiada e colaboração premiada 229
    23.10.1. Aplicação em casos específicos 229
        23.10.1.1. Lei n. 8.072/90 (Lei dos Crimes Hediondos) 229
        23.10.1.2. Lei n. 12.850/2013 (Lei de Organizações Criminosas) ... 230
        23.10.1.3. Lei n. 9.807/99 (Lei de Proteção a Testemunhas) 230
        23.10.1.4. Lei n. 11.343/2006, art. 41 (Lei de Drogas) 230
        23.10.1.5. Lei n. 9.613/98 (Lei de Lavagem de Dinheiro) 231
        23.10.1.6. Lei n. 7.492/86 (Lei contra o Sistema Financeiro) e Lei n. 8.137/90 (Crimes contra a Ordem Tributária) 231

24. CRIME IMPOSSÍVEL 231
24.1. Conceito 231
24.2. Natureza jurídica 231
24.3. Hipóteses de crime impossível 232
    24.3.1. Ineficácia absoluta do meio 232
    24.3.2. Impropriedade absoluta do objeto material 232
24.4. Critério de aferição da idoneidade 233
24.5. Outras hipóteses de crime impossível 233

24.5.1.   Delito putativo por erro de tipo 233

24.5.2.   Delito putativo por obra do agente provocador (flagrante preparado) 233

24.5.2.1.   Flagrante preparado nos delitos previstos na Lei de Drogas 234

24.5.2.2.   Flagrante preparado no delito de concussão 234

24.5.2.3.   Diferença entre o flagrante preparado e o flagrante esperado 235

24.5.2.4.   Flagrante prorrogado ou retardado 235

24.6.   Teorias relativas à punibilidade ou não do crime impossível 236

24.6.1.   Sintomática 236

24.6.2.   Subjetiva 236

24.6.3.   Objetiva 236

24.6.4.   Teoria adotada pelo Código Penal 236

24.7.   Questões processuais 237

25.   CLASSIFICAÇÃO DOS CRIMES 237

25.1.   Quanto à qualidade do sujeito ativo 237

25.1.1.   Crime comum 237

25.1.2.   Crime próprio 238

25.1.3.   Crime bipróprio 238

25.1.4.   Crime de mão própria 238

25.2.   Quanto à relação entre a conduta e o resultado naturalístico 238

25.2.1.   Crime material 238

25.2.2.   Crime formal 238

25.2.3.   Crime de mera conduta 239

25.3.   Quanto ao grau de intensidade do resultado 239

25.3.1.   Crime de dano 239

25.3.2.   Crime de perigo 239

25.4.   Quanto ao modo de execução 239

25.4.1.   Crime de forma livre 239

25.4.2.   Crime de forma vinculada 239

25.5.   Com relação à forma como o crime é praticado 240

25.5.1.   Crime comissivo 240

25.5.2.   Crime omissivo 240

25.5.2.1.   Crime omissivo próprio 240

25.5.2.2.   Crime omissivo impróprio 240

25.5.3.   Crime de conduta mista 241

25.6.   Quanto ao número de atos executórios que integram a conduta 241

25.6.1.   Crime unissubsistente 241

25.6.2.   Crime plurissubsistente 241

25.7.   Quanto ao momento em que se consuma o crime 241

25.7.1.   Crime instantâneo 241

25.7.2.   Crime permanente 241

25.7.3.   Crime instantâneo de efeitos permanentes 242

25.7.4.   Crime a prazo 242
25.8. Quanto ao número de bens jurídicos atingidos 242
    25.8.1.   Crime mono-ofensivo 242
    25.8.2.   Crime pluriofensivo 242
25.9. Quanto ao número de agentes envolvidos 242
    25.9.1.   Crime de concurso necessário 242
    25.9.2.   Crime de concurso eventual 242
    25.9.3.   Crime eventualmente coletivo 243
25.10. Quanto ao número de vítimas 243
    25.10.1.   Crime de subjetividade passiva única 243
    25.10.2.   Crime de dupla subjetividade passiva 243
25.11. Quanto ao local em que o crime é praticado............................... 243
    25.11.1.   Crime à distância 243
    25.11.2.   Crime plurilocal 243
25.12. Quanto à estrutura delineada pelo tipo penal 243
    25.12.1.   Crime simples 243
    25.12.2.   Crime complexo 243
25.13. Quanto à existência autônoma do crime 244
    25.13.1.   Crime principal 244
    25.13.2.   Crime acessório.. 244
25.14. Quanto ao vínculo existente entre os crimes 244
    25.14.1.   Crime independente.. 244
    25.14.2.   Crime conexo.. 244
25.15. Quanto à necessidade de exame de corpo de delito como prova......... 244
    25.15.1.   Delito de fato permanente (*delicta facti permanentis*) 244
    25.15.2.   Delito de fato transeunte (*delicta facti transeuntis*) 245
25.16. Quanto à liberdade para iniciar a ação penal 245
    25.16.1.   Crime condicionado.. 245
    25.16.2.   Crime incondicionado 245
25.17. Outras classificações 245
    25.17.1.   Crime gratuito 245
    25.17.2.   Crime de ímpeto.. 245
    25.17.3.   Crime de ação violenta 245
    25.17.4.   Crime de ação astuciosa... 245
    25.17.5.   Crime de impressão 245
    25.17.6.   Delito de tendência 246
    25.17.7.   Delito de intenção... 246
    25.17.8.   Crime de expressão... 246
    25.17.9.   Delito mutilado de dois atos.. 246
    25.17.10.   Crime exaurido.. 246
    25.17.11.   Delito putativo, imaginário ou erroneamente suposto 246
    25.17.12.   Crime falho 247
    25.17.13.   Delito de atentado ou de empreendimento 247
    25.17.14.   Crime de mera suspeita, sem ação ou mera posição............ 247
    25.17.15.   Crime obstáculo 247

25.17.16. Quase-crime 247
25.17.17. Crime progressivo 247
25.17.18. Progressão criminosa 248
25.17.19. Crime remetido... 248
25.17.20. Crime subsidiário... 248
25.17.21. Crime de ação múltipla ou conteúdo variado 248
25.17.22. Crime de opinião 248
25.17.23. Crime multitudinário 248
25.17.24. Delito de circulação.. 248
25.17.25. Crime vago 248
25.17.26. Crime habitual 249
25.17.27. Crime profissional 249
25.17.28. Crime funcional (*delicta in officio*)... 249
25.17.29. Crime internacional ou mundial.. 249
25.17.30. Crime militar.. 249

26. **ILICITUDE**.. **250**
   26.1.   Conceito.. 250
   26.2.   Antijuridicidade e ilicitude 250
   26.3.   Diferença entre ilícito e injusto.. 250
   26.4.   Teorias da ilicitude 251
          26.4.1.   Teoria da absoluta independência ou autonomia (Beling, 1906).. 251
          26.4.2.   Teoria do caráter indiciário da ilicitude ou da *ratio cognoscendi* (Mayer, 1915) 251
          26.4.3.   Teoria da absoluta dependência ou da *ratio essendi* (Mezger, 1930).. 252
          26.4.4.   Teoria dos elementos negativos do tipo (Merkel) 252
          26.4.5.   Teoria adotada: caráter indiciário da ilicitude ou da *ratio cognoscendi* 252
   26.5.   Exame da ilicitude: análise por exclusão 253
   26.6.   Espécies.. 253
          26.6.1.   Ilicitude formal 253
          26.6.2.   Ilicitude material 253
          26.6.3.   Ilicitude subjetiva 254
          26.6.4.   Ilicitude objetiva 254
   26.7.   Causas de exclusão da ilicitude 254
          26.7.1.   Causas supralegais 254
          26.7.2.   Causas legais 254
   26.8.   Questões processuais 255

27. **ESTADO DE NECESSIDADE** **255**
   27.1.   Conceito.. 255
   27.2.   Natureza jurídica.. 256
   27.3.   Causa de diminuição de pena... 256
   27.4.   Aplicação: faculdade do juiz ou direito do réu?............................. 256

27.5. Teorias 256
    27.5.1. Unitária 256
    27.5.2. Diferenciadora ou da diferenciação 257
    27.5.3. Da equidade (*adäquitätstheorie*) 258
27.6. Requisitos 258
    27.6.1. Situação de perigo 258
        27.6.1.1. O perigo deve ser atual 258
        27.6.1.2. O perigo deve ameaçar direito próprio ou alheio 259
        27.6.1.3. O perigo não pode ter sido causado voluntariamente pelo agente 259
        27.6.1.4. Inexistência do dever legal de arrostar o perigo 260
    27.6.2. Conduta lesiva 260
        27.6.2.1. Inevitabilidade do comportamento 260
        27.6.2.2. Razoabilidade do sacrifício 261
        27.6.2.3. Conhecimento da situação justificante 261
27.7. Formas de estado de necessidade 261
    27.7.1. Quanto à titularidade do interesse protegido 261
    27.7.2. Quanto ao aspecto subjetivo do agente 261
    27.7.3. Quanto ao terceiro que sofre a ofensa 261
27.8. Casos específicos 262
    27.8.1. Crimes habituais, permanentes e reiteração criminosa 262
    27.8.2. Estado de necessidade e dificuldades econômicas 262
    27.8.3. Porte de arma e estado de necessidade 262

28. LEGÍTIMA DEFESA **262**
28.1. Conceito 262
28.2. Fundamento 263
28.3. Natureza jurídica 263
28.4. Requisitos 263
    28.4.1. Agressão injusta 263
        28.4.1.1. Provocação do agente 264
    28.4.2. Agressão atual ou iminente 264
    28.4.3. Agressão a direito próprio ou de terceiro 264
        28.4.3.1. Legítima defesa da honra 265
    28.4.4. Meios necessários 265
        28.4.4.1. Desnecessidade do meio 266
    28.4.5. Moderação 266
        28.4.5.1. Imoderação 266
        28.4.5.2. Excesso 266
    28.4.6. Conhecimento da situação justificante 267
    28.4.7. *Commodus discessus* 268
        28.4.7.1. Inevitabilidade da agressão e *commodus discessus* .. 268
28.5. Hipóteses de cabimento da legítima defesa 268
    28.5.1. Legítima defesa contra agressão injusta de inimputável 268

28.5.2. Legítima defesa contra agressão acobertada por qualquer outra causa de exclusão da culpabilidade 269

28.5.3. Legítima defesa real contra legítima defesa putativa 269

28.5.4. Legítima defesa putativa contra legítima defesa putativa ... 269

28.5.5. Legítima defesa real contra legítima defesa subjetiva 269

28.5.6. Legítima defesa putativa contra legítima defesa real 270

28.5.7. Legítima defesa real contra legítima defesa culposa 270

28.6. Hipóteses de não cabimento da legítima defesa 270

28.7. Questão processual: quesitação da legítima defesa no júri 270

28.8. Outros conceitos 271

28.8.1. Legítima defesa sucessiva 271

28.8.2. Legítima defesa putativa 271

28.8.3. Legítima defesa subjetiva 271

28.8.4. Legítima defesa recíproca 271

28.8.5. Legítima defesa própria e legítima defesa de terceiro 271

28.8.6. *Aberratio ictus* na reação defensiva 271

28.8.7. Legítima defesa e tentativa 272

28.9. Diferenças entre legítima defesa e estado de necessidade 272

29. ESTRITO CUMPRIMENTO DO DEVER LEGAL **272**

29.1. Conceito 272

29.2. Fundamento 272

29.3. Requisitos 273

29.3.1. Dever legal 273

29.3.2. O cumprimento deve ser estritamente dentro da lei 273

29.3.3. Conhecimento da situação justificante 273

29.4. Alcance da excludente 273

29.5. Coautores e partícipes 273

29.6. Crime culposo 274

30. EXERCÍCIO REGULAR DE DIREITO **274**

30.1. Conceito 274

30.2. Fundamento 274

30.3. Alcance do exercício regular do direito 274

30.4. Requisitos 275

30.4.1. Significado da expressão "direito" 275

30.4.2. Conhecimento da situação justificante 275

30.5. Aplicação em casos específicos 275

30.5.1. Intervenções médicas e cirúrgicas 275

30.5.2. Violência desportiva 276

30.5.3. Ofendículos (*offendiculas* ou *offensaculas*) 277

30.5.4. Defesa mecânica predisposta 278

30.6. Consentimento do ofendido 278

30.6.1. Irrelevante penal 278

30.6.2. Causa de exclusão da tipicidade.. 278
30.6.3. Causa de exclusão da ilicitude 278
30.6.4. Causa de extinção da punibilidade 279
30.6.5. Causa de diminuição de pena 279
30.6.6. Consentimento da vítima nos delitos culposos........................ 279
30.6.7. Operações cirúrgicas 279
30.6.8. Ordem pública e bons costumes 280
30.7. Distinção entre consentimento em sentido estrito e acordo 280

31. CULPABILIDADE 280
31.1. Conceito 280
31.2. A culpabilidade como juízo de reprovação.. 281
31.3. Grau de culpabilidade 281
31.4. Culpabilidade do autor 281
31.5. Culpabilidade do fato 282
31.6. Evolução do conceito de responsabilidade objetiva para a subjetiva .. 282
31.6.1. Período primitivo do Direito Penal.. 282
31.6.2. Talião 282
31.6.3. Período do direito romano 283
31.6.4. Período germânico 283
31.6.5. Idade Média 283
31.6.6. Período moderno 284
31.6.7. Escola Clássica 284
31.6.8. Escola Positiva italiana 284
31.6.9. Período atual 284
31.6.10. Versari in re illicita 285
31.7. Teorias 285
31.7.1. Teoria psicológica da culpabilidade 285
31.7.2. Teoria psicológico-normativa ou normativa da culpabilidade .. 286
31.7.3. Teoria normativa pura da culpabilidade................................ 287
31.7.4. Teoria estrita ou extremada da culpabilidade e teoria limitada da culpabilidade.. 287
31.7.5. Teoria adotada pelo Código Penal brasileiro......................... 288
31.8. Elementos da culpabilidade segundo a teoria do Código Penal 288
31.8.1. Imputabilidade.. 288
31.8.1.1. Conceito.. 288
31.8.1.2. Distinção entre imputabilidade e capacidade.............. 289
31.8.1.3. Distinção entre dolo e imputabilidade.......................... 289
31.8.1.4. Distinção entre imputabilidade e responsabilidade..... 289
31.8.1.5. Regra 289
31.8.1.6. Causas que excluem a imputabilidade........................... 290
31.8.1.7. Critérios de aferição da inimputabilidade.................... 298
31.8.1.8. Requisitos da inimputabilidade segundo o sistema biopsicológico 299

31.8.1.9.   Questões atinentes à emoção e paixão 299

31.8.1.10.   Semi-imputabilidade ou responsabilidade diminuída... 301

31.8.1.11.   Questões processuais 302

31.8.2.   Potencial consciência da ilicitude 303

31.8.2.1.   Erro de direito 303

31.8.2.2.   Erro de proibição.. 304

31.8.3.   Exigibilidade de conduta diversa 308

31.8.3.1.   Introdução 308

31.8.3.2.   Conceito.. 308

31.8.3.3.   Natureza jurídica 308

31.8.3.4.   Causas que levam à exclusão da exigibilidade de conduta diversa 308

31.9.   Responsabilidade penal objetiva 313

32. CONCURSO DE PESSOAS **314**

32.1.   Nomenclatura 314

32.2.   Espécies de crimes quanto ao concurso de pessoas 314

32.2.1.   Monossubjetivos ou de concurso eventual 314

32.2.2.   Plurissubjetivos ou de concurso necessário................... 314

32.2.2.1.   De condutas paralelas 314

32.2.2.2.   De condutas convergentes 314

32.2.2.3.   De condutas contrapostas 315

32.3.   Espécies de concurso de pessoas... 315

32.3.1.   Concurso necessário... 315

32.3.2.   Concurso eventual.. 315

32.4.   Autoria.. 315

32.4.1.   Teoria unitária 315

32.4.2.   Teoria extensiva 316

32.4.3.   Teoria restritiva.. 316

32.4.3.1.   Teoria ou critério objetivo-formal 316

32.4.3.2.   Teoria ou critério objetivo-material 317

32.4.3.3.   Teoria do domínio do fato 317

32.5.   Formas de concurso de pessoas... 320

32.5.1.   Coautoria.. 320

32.5.1.1.   Coautoria no crime omissivo próprio 321

32.5.1.2.   Coautoria parcial ou funcional................................... 321

32.5.2.   Participação.. 321

32.6.   Diferença entre autor e partícipe 322

32.7.   Natureza jurídica do concurso de agentes..................................... 322

32.7.1.   Teoria unitária ou monista 322

32.7.2.   Teoria dualista 322

32.7.3.   Teoria pluralista ou pluralística 322

32.7.4.   Teoria adotada pelo Código Penal quanto à natureza do
concurso de pessoas 322

32.7.4.1.   Exceções pluralísticas ou desvio subjetivo de conduta ...   323
32.8.   Da participação...   323
    32.8.1.   Natureza jurídica da participação   323
    32.8.2.   Espécies de acessoriedade   325
        32.8.2.1.   Mínima   325
        32.8.2.2.   Limitada   325
        32.8.2.3.   Extremada..   325
        32.8.2.4.   Hiperacessoriedade...   325
        32.8.2.5.   Teoria adotada pelo Código Penal   325
    32.8.3.   Formas de participação   326
        32.8.3.1.   Moral..   326
        32.8.3.2.   Material   326
        32.8.3.3.   Cumplicidade   326
    32.8.4.   Participação e crime culposo...   328
    32.8.5.   Participação de participação   328
    32.8.6.   Participação sucessiva...   328
    32.8.7.   Conivência ou participação negativa (crimen silenti)............   329
    32.8.8.   Participação por omissão..   329
    32.8.9.   Participação em crime omissivo.   330
    32.8.10.   Participação impunível   330
32.9.   Requisitos do concurso de pessoas   330
    32.9.1.   Pluralidade de condutas   330
    32.9.2.   Relevância causal de todas as condutas...................................   330
    32.9.3.   Liame subjetivo ou concurso de vontades   331
    32.9.4.   Identidade de infração para todos   331
32.10. Outros conceitos   331
    32.10.1.   Autoria mediata..   331
    32.10.2.   Autoria colateral..   332
    32.10.3.   Autoria incerta   333
    32.10.4.   Autoria desconhecida ou ignorada..   333
    32.10.5.   Multidão delinquente   333
    32.10.6.   Delação e colaboração premiadas   333

33. **COMUNICABILIDADE E INCOMUNICABILIDADE DE ELEMENTARES E CIRCUNSTÂNCIAS..   334**
33.1.   Das circunstâncias...   334
    33.1.1.   Conceito...   334
    33.1.2.   Espécies de circunstâncias...   335
        33.1.2.1.   Subjetivas ou de caráter pessoal   335
        33.1.2.2.   Objetivas   335
33.2.   Das elementares   335
    33.2.1.   Conceito...   335
    33.2.2.   Espécies de elementares   336
33.3.   Circunstâncias elementares...   336

33.4. A regra do art. 30 do CP 336

33.5. Casos específicos 337

    33.5.1. Concurso de pessoas no infanticídio 337

    33.5.2. Qualificadora da promessa de recompensa no homicídio ... 338

33.6. Participação impunível 339

34. DA SANÇÃO PENAL **339**

34.1. Considerações preliminares 339

34.2. Conceito de pena 339

34.3. Finalidades 340

    34.3.1. Teoria absoluta ou da retribuição 340

    34.3.2. Teoria relativa, finalista, utilitária ou da prevenção 340

    34.3.3. Teoria mista, eclética, intermediária ou conciliatória 340

34.4. Características da pena 340

    34.4.1. Legalidade 340

    34.4.2. Anterioridade 340

    34.4.3. Personalidade 340

    34.4.4. Individualidade 340

    34.4.5. Inderrogabilidade 341

    34.4.6. Proporcionalidade 341

    34.4.7. Humanidade 341

34.5. Classificação 341

35. DAS PENAS PRIVATIVAS DE LIBERDADE **341**

35.1. Espécies 341

35.2. Regimes penitenciários 341

35.3. Do regime inicial de cumprimento de pena 342

    35.3.1. Considerações preliminares 342

    35.3.2. Sentença omissa quanto ao regime inicial 342

    35.3.3. Gravidade do delito e regime inicial fechado 342

    35.3.4. Regimes penitenciários iniciais da pena de reclusão 342

    35.3.5. Regimes penitenciários iniciais da pena de detenção 343

        35.3.5.1. Regime inicial fechado na pena de detenção 344

    35.3.6. Regime inicial na pena de prisão simples 344

    35.3.7. Soma e unificação de penas para aplicação da regra do concurso de crimes e regime inicial de cumprimento de pena .. 344

35.4. Classificação dos condenados e individualização da execução penal .. 345

35.5. Da progressão de regime 346

    35.5.1. Considerações preliminares e conceito 346

    35.5.2. Requisitos para a progressão de regime 347

    35.5.3. Manifestação do Ministério Público e do defensor 349

    35.5.4. Progressão por salto 349

    35.5.5. Falta de vaga no regime semiaberto 350

    35.5.6. Preso provisório e progressão de regime 350

    35.5.7. *Habeas corpus* e progressão de regime 350

35.5.8. Progressão de regime em casos específicos 351

35.5.8.1. Progressão de regime nos crimes hediondos (Lei n. 8.072/90) 351

35.5.8.2. Lei n. 13.964/2019 e a progressão de regime nos crimes hediondos e equiparados 351

35.5.8.3. Progressão nos crimes contra a administração pública... 352

35.6. Das regras nos regimes penitenciários 353

35.6.1. Regime fechado 353

35.6.2. Regime semiaberto 358

35.6.3. Regime aberto 361

35.6.3.1. Requisitos 361

35.6.3.2. Condições 361

35.6.3.3. Casa do Albergado 362

35.6.3.4. Prisão-albergue domiciliar 362

35.6.3.5. Outras regras 363

35.6.3.6. Regressão de regime 363

35.6.4. Regime disciplinar diferenciado... 364

35.7. Direitos do preso 366

35.7.1. Superveniência de doença mental 369

35.8. Da detração penal 370

35.8.1. Conceito 370

35.8.2. Detração e pena privativa de liberdade 370

35.8.3. Detração e medidas cautelares diversas da prisão 370

35.8.4. Detração e o juízo da execução.. 373

35.8.5. Detração em penas restritivas de direitos 373

35.8.6. Detração e medida de segurança 373

35.8.7. Detração em pena de multa 373

35.8.8. Detração e *sursis* 373

35.8.9. Detração e prisão provisória em outro processo 374

35.8.10. Detração para fins de prescrição 374

36. DAS PENAS RESTRITIVAS DE DIREITOS **375**

36.1. Considerações preliminares 375

36.1.1. Antecedente histórico 375

36.1.2. Alternativas penais 375

36.1.3. Conceito de medidas penais alternativas 375

36.1.4. Classificação das medidas penais alternativas 375

36.1.5. Conceito de penas alternativas 376

36.1.6. Classificação das penas alternativas 376

36.1.6.1. Penas alternativas consensuais 376

36.1.6.2. Penas alternativas não consensuais 376

36.1.7. Diferença entre medidas penais alternativas e penas alternativas 376

36.2. Das penas alternativas em geral 376

36.2.1.   Penas alternativas 376

36.2.2.   Natureza do elenco legal das penas alternativas 377

36.2.3.   Modificação na tendência de recrudescimento do sistema penal brasileiro 377

36.2.4.   Finalidade das penas alternativas 377

36.2.5.   Classificação das infrações penais segundo o grau de lesividade para aplicação das penas alternativas......................... 378

36.2.6.   Incidência do sistema penal alternativo................................. 378

36.2.7.   Espécies das penas alternativas.. 378

36.3.   Das penas alternativas restritivas de direito 379

36.3.1.   Classificação das penas alternativas restritivas de direitos ... 379

36.3.1.1.   Penas restritivas de direitos em sentido estrito 379

36.3.1.2.   Penas restritivas de direitos pecuniárias..................... 379

36.3.2.   Distinção entre a pena de multa e as penas restritivas de direito pecuniárias.. 379

36.3.3.   Requisitos para a substituição da pena privativa de liberdade por pena alternativa restritiva de direitos 379

36.3.3.1.   Requisitos objetivos.. 379

36.3.3.2.   Requisitos subjetivos... 380

36.3.3.3.   Requisito da quantidade de pena na hipótese de concurso de crimes 380

36.3.4.   Aplicação do benefício da pena alternativa em hipóteses específicas 381

36.3.4.1.   Crime cometido sem violência ou grave ameaça 381

36.3.4.2.   Crime de lesão corporal leve (CP, art. 129, *caput*), constrangimento ilegal (art. 146), ameaça (art. 147) e contravenção de vias de fato (LCP, art. 21) 381

36.3.4.3.   Violência doméstica e familiar contra a mulher........... 381

36.3.4.4.   Condenação por crime hediondo 382

36.3.4.5.   Condenação por tráfico de drogas 382

36.3.4.6.   Condenação por roubo simples praticado com emprego de meio que reduza a vítima à impossibilidade de resistência 382

36.3.4.7.   Lei de Lavagem de Dinheiro 383

36.3.4.8.   Crimes de trânsito e Lei n. 13.281/2016 383

36.3.4.9.   Aplicação em casos de reincidência............................ 383

36.3.4.10. A revogação do art. 60, § 2º, do CP e a possibilidade de aplicação do benefício da pena alternativa 386

36.3.5.   Manutenção do benefício da pena alternativa aplicada em hipóteses específicas... 387

36.3.5.1.   Condenação posterior a pena privativa de liberdade ... 387

36.3.5.2.   Regime aberto e *sursis*.. 389

36.3.5.3.   Regime fechado e semiaberto 389

36.3.5.4. Não pagamento da multa substitutiva ou vicariante por devedor solvente 389

36.3.6. Das penas alternativas restritivas de direito em sentido estrito (prestação de serviços à comunidade, limitação de fim de semana, interdição temporária de direitos)........................ 389

36.3.6.1. Características 389

36.3.6.2. Duração 390

36.3.6.3. Possibilidade de cumulação 391

36.3.6.4. Tipos de penas restritivas de direitos.......................... 391

36.3.6.5. Espécies 391

36.3.6.6. Sobre a pena de suspensão de autorização ou habilitação para dirigir veículo 393

36.4. Das penas alternativas pecuniárias.. 398

36.4.1. Prestação pecuniária 398

36.4.2. Prestação inominada... 399

36.4.3. Perda de bens e valores.. 400

36.4.4. Princípio da personalidade da pena (CF, art. 5º, XLV)........... 401

36.4.5. Execução da prestação pecuniária 402

37. DA PENA DE MULTA 404

37.1. Critério adotado 404

37.2. Espécies 404

37.3. Destinação da pena de multa 404

37.4. Cálculo do valor da pena de multa 404

37.4.1. Identificação do número de dias-multa............................ 404

37.4.2. Identificação do valor de cada dia-multa 405

37.4.2.1. Correção monetária 405

37.5. Valor irrisório 406

37.6. Conversão da multa em pena de detenção 406

37.7. Superveniência de doença mental... 406

37.8. Da multa substitutiva ou vicariante 407

37.8.1. Previsão legal 407

37.8.2. Aplicação 407

37.8.3. Não pagamento da multa substitutiva ou vicariante por devedor solvente... 408

37.8.4. Cumulação de multas 408

37.9. Multa e violência doméstica e familiar contra a mulher....................... 408

37.10. *Habeas corpus* e pena de multa 409

38. DAS MEDIDAS DE SEGURANÇA.. 409

38.1. Conceito.. 409

38.2. Finalidade... 409

38.3. Sistemas 409

38.4. Pressupostos 409

38.4.1.   Prática do crime 409

38.4.2.   Periculosidade.. 410

38.5.   Espécies de medida de segurança 410

38.5.1.   Medida de segurança detentiva 410

38.5.1.1.   Características 410

38.5.1.2.   Local da internação 411

38.5.1.3.   Desinternação.. 411

38.5.1.4.   Possibilidade de aplicação de medida de segurança detentiva (internação em hospital de custódia e tratamento) em crime apenado com detenção...................... 411

38.5.2.   Medida de segurança restritiva 412

38.5.2.1.   Características 412

38.5.2.2.   Critério para fixar o prazo mínimo 412

38.5.2.3.   Liberação 413

38.5.2.4.   Conversão do tratamento ambulatorial em internação... 413

38.6.   Semi-imputável (CP, art. 98)... 413

38.7.   Inimputabilidade e medida de segurança............................... 413

38.8.   Medida de segurança e *reformatio in pejus* (Súmula 525 do STF) 413

38.9.   Procedimento para execução da medida de segurança 414

38.10.   Aplicação provisória da medida de segurança 414

38.11.   Competência para revogar a medida de segurança 414

38.12.   Medida de segurança e a detração.. 414

38.13.   Medida de segurança e prescrição 415

38.14.   Conversão da pena em medida de segurança......................... 415

38.15.   Medida de segurança como medida cautelar diversa da prisão 416

38.16.   Aplicação sucessiva de medida de segurança 416

38.17.   Medida de segurança e indulto 416

38.18.   Internação cível 416

39.   DA APLICAÇÃO DA PENA **417**

39.1.   Elementar.. 417

39.2.   Das circunstâncias 417

39.2.1.   Conceito 417

39.2.2.   Classificação das circunstâncias 417

39.2.2.1.   Quanto à sua natureza 417

39.2.2.2.   Quanto à sua aplicação.................................. 417

39.2.3.   Espécies de circunstâncias legais................................... 417

39.2.3.1.   Gerais ou genéricas.. 417

39.2.3.2.   Especiais ou específicas................................. 418

39.2.4.   Do sistema trifásico para aplicação da pena 418

39.2.4.1.   Fundamento legal 418

39.2.4.2.   Regras básicas.. 420

39.2.4.3.   Das fases de aplicação da pena 421

40. DA REINCIDÊNCIA.. **439**

40.1. Conceito.. 439

    40.1.1. Reincidência 439

    40.1.2. Reincidência específica 439

    40.1.3. Reincidente em crime doloso 440

40.2. O conceito de primariedade e a reincidência...................... 440

    40.2.1. Primariedade técnica... 440

40.3. Natureza jurídica.. 441

40.4. Prova da reincidência.. 441

40.5. Incomunicabilidade... 442

40.6. Configuração da reincidência em hipóteses específicas...... 442

    40.6.1. Contravenção anterior e posterior 442

    40.6.2. Sentença transitada em julgado após a prática de crime...... 442

    40.6.3. Condenação no estrangeiro..................................... 442

    40.6.4. Multa anterior 442

    40.6.5. Reabilitação criminal... 443

    40.6.6. Extinção da punibilidade em relação ao crime anterior 443

    40.6.7. Extinção da pena pelo seu cumprimento 443

    40.6.8. Suspensão condicional do processo (Lei n. 9.099/95, art. 89)... 443

    40.6.9. Transação penal (Lei n. 9.099/95, art. 76, §§ 4º e 6º)............ 443

    40.6.10. Composição civil (Lei n. 9.099/95, art. 74, parágrafo único)... 443

    40.6.11. Perdão judicial.. 443

    40.6.12. Acordo de não persecução penal 444

    40.6.13. Porte de drogas para consumo pessoal.................. 444

40.7. Ocorrência 444

40.8. Crimes que não induzem reincidência 444

40.9. Efeitos da reincidência 445

40.10. Prescrição da reincidência.. 446

    40.10.1. Termo inicial do período depurador 446

    40.10.2. Termo final do período depurador 446

40.11. Sistema da temporariedade da reincidência 446

40.12. Reincidência e maus antecedentes 446

41. SUSPENSÃO CONDICIONAL DA PENA **447**

41.1. Origem.. 447

41.2. Conceito.. 447

41.3. *Sursis* e a substituição da pena privativa de liberdade por restritivas de direitos.. 447

41.4. Natureza jurídica.. 448

41.5. Sistemas 448

41.6. Requisitos... 449

    41.6.1. Objetivos 449

    41.6.2. Subjetivos... 450

41.7.   Espécies de *sursis* 451

    41.7.1.   Etário 451

    41.7.2.   Humanitário 451

    41.7.3.   Simples 451

    41.7.4.   Especial 452

       41.7.4.1.   Cumulação das condições do *sursis* especial no *sursis* simples 452

41.8.   Condições 452

41.9.   *Sursis* incondicionado 453

41.10.   Possibilidade de o juiz das execuções fixar condições para o *sursis* em caso de omissão do juízo da condenação 453

41.11.   Período de prova 453

41.12.   Obrigatoriedade de manifestação sobre o *sursis* 454

41.13.   *Sursis* e crime hediondo 454

41.14.   *Sursis* e Lei n. 9.605/98 (Lei Ambiental) 454

41.15.   *Sursis* e Lei das Contravenções Penais 454

41.16.   Dupla concessão ao mesmo réu em processos distintos 454

41.17.   Detração e *sursis* 455

41.18.   Da revogação do *sursis* 455

    41.18.1.   Formas de revogação 455

       41.18.1.1.   Revogação obrigatória 455

       41.18.1.2.   Revogação facultativa 456

    41.18.2.   Exigência de oitiva do condenado para a revogação do benefício 456

    41.18.3.   Prorrogação e extinção automáticas (CP, art. 81, § 2º) 456

       41.18.3.1.   Conflito com o art. 82 do CP 457

       41.18.3.2.   Prática de crime ou contravenção após o vencimento do período de prova do *sursis* e prorrogação 457

       41.18.3.3.   Expiração do prazo do período de prova do *sursis* e revogação 458

       41.18.3.4.   Insubsistência das condições durante a prorrogação ... 458

41.19.   Extinção sem oitiva do Ministério Público 459

41.20.   Cassação do *sursis* 459

41.21.   *Sursis* e revelia 459

41.22.   Renúncia ao *sursis* 460

41.23.   *Sursis* para estrangeiro 460

41.24.   *Habeas corpus* para pleitear *sursis* 460

42.   LIVRAMENTO CONDICIONAL **461**

42.1.   Conceito 461

42.2.   Natureza jurídica 461

42.3.   Distinção com *sursis* 461

42.4.   Requisitos 461

    42.4.1.   Objetivos 461

42.4.1.1.   Reincidente específico 462

42.4.1.2.   Condenado primário, mas portador de maus antece-
dentes 463

42.4.2.   Subjetivos.. 463

42.4.3.   Requisitos procedimentais 464

42.5.   Livramento condicional antes do trânsito em julgado 465

42.6.   Livramento condicional humanitário... 465

42.7.   Exame criminológico 465

42.8.   Condições do livramento.. 466

42.8.1.   Obrigatórias (LEP, art. 132, § 1º).. 466

42.8.2.   Facultativas (LEP, art. 132, § 2º).. 466

42.8.3.   Judiciais 466

42.8.4.   Condição legal indireta 466

42.9.   Da revogação do livramento 466

42.9.1.   Obrigatória 467

42.9.2.   Facultativa 467

42.9.2.1.   Opções do juiz na revogação facultativa 467

42.9.3.   Causas de revogação judiciais 467

42.9.4.   Causas de revogação legais.. 467

42.9.5.   Efeitos da revogação do livramento 467

42.10.   Suspensão do livramento.. 469

42.10.1.   Na hipótese de crime cometido durante a vigência do bene-
fício (art. 86, I).. 469

42.10.2.   Na hipótese de descumprimento das obrigações constantes
da sentença (art. 87, 1ª parte) 469

42.10.3.   Na hipótese do art. 87, 2ª parte 469

42.11.   Extinção da pena... 469

42.11.1.   Prorrogação do período de prova (CP, art. 89)....................... 469

42.11.2.   Extinção automática (CP, art. 90, e LEP, art. 146) 470

42.12.   Livramento condicional e remição... 470

42.13.   Livramento condicional do estrangeiro.. 470

42.14.   *Habeas corpus* e livramento condicional... 470

42.15.   Livramento condicional e regime disciplinar diferenciado (RDD) 471

43. EFEITOS DA CONDENAÇÃO 471

43.1.   Efeitos principais 471

43.2.   Efeitos secundários 471

43.3.   Efeitos extrapenais... 471

43.3.1.   Efeitos extrapenais genéricos.. 472

43.3.1.1.   Apreensão, arrecadação e destinação dos bens do
acusado na Lei n. 11.343/2006 473

43.3.1.2.   Apreensão, arrecadação e destinação dos bens do
acusado na Lei n. 10.826/2003 474

43.3.2.   Efeitos extrapenais específicos do art. 91-A do CP 476

43.3.2.1. Primeiro efeito extrapenal específico: confisco do excesso patrimonial 476

43.3.2.2. Segundo efeito extrapenal específico: perda dos instrumentos utilizados por organizações criminosas ou milícias.. 477

43.3.3. Efeitos extrapenais específicos do art. 92 do CP.................. 478

43.3.3.1. Perda de cargo, função pública ou mandato eletivo, em suas hipóteses 478

43.3.3.2. Incapacidade para o exercício do poder familiar, da tutela ou da curatela nos crimes dolosos sujeitos à pena de reclusão cometidos contra outrem igualmente titular do mesmo poder familiar, contra filho, filha ou outro descendente, tutelado ou curatelado, bem como nos crimes cometidos contra a mulher por razões da condição do sexo feminino, nos termos do § 1º do art. 121-A do CP.. 479

43.3.3.3. Inabilitação para dirigir veículo 479

43.3.4. Outras hipóteses 479

44. REABILITAÇÃO... 480

44.1. Conceito... 480

44.2. Natureza jurídica... 480

44.3. Cabimento.. 480

44.3.1. Direito à certidão criminal negativa 481

44.4. Consequências.. 481

44.5. Pressupostos 481

44.6. Revogação... 482

44.7. Do procedimento para requerer a habilitação........................ 483

44.7.1. Postulação... 483

44.7.2. Competência para a concessão...................................... 483

44.7.3. Do pedido 483

44.7.4. Provimento n. 5/81 da Corregedoria-Geral de Justiça.......... 483

44.7.5. Negada a reabilitação.. 483

44.7.6. Recurso cabível 483

44.7.7. Morte do reabilitando.. 484

44.7.8. Reincidência 484

45. CONCURSO DE CRIMES 484

45.1. Conceito... 484

45.1.1. Concurso de pessoas 484

45.1.2. Concurso aparente de normas...................................... 484

45.1.3. Concurso de crimes... 484

45.2. Sistemas 484

45.3. Espécies.. 484

45.3.1.   Concurso material ou real... 485
   45.3.1.1.   Conceito... 485
   45.3.1.2.   Concurso material e crime continuado...................... 485
   45.3.1.3.   Espécies 485
   45.3.1.4.   Aplicação de penas... 485
   45.3.1.5.   Pena privativa de liberdade somada com restritiva de direitos.. 485
   45.3.1.6.   Pena restritiva de direitos com outra restritiva 485
   45.3.1.7.   Juiz competente para a aplicação da regra do concurso material 485
   45.3.1.8.   Concurso material e prescrição..................................... 486
45.3.2.   Concurso formal ou ideal... 486
   45.3.2.1.   Conceito... 486
   45.3.2.2.   Requisitos do concurso formal..................................... 486
   45.3.2.3.   Espécies 487
   45.3.2.4.   Aplicação da pena.. 488
   45.3.2.5.   Teorias 488
   45.3.2.6.   Concurso material benéfico 489
   45.3.2.7.   Concurso formal e crime único..................................... 489
   45.3.2.8.   Concurso formal e prescrição.. 489
45.3.3.   Crime continuado 489
   45.3.3.1.   Conceito... 489
   45.3.3.2.   Crime continuado e o concurso formal 490
   45.3.3.3.   Espécies 490
   45.3.3.4.   Aplicação da pena.. 490
   45.3.3.5.   Concurso material benéfico 491
   45.3.3.6.   Incidência do aumento de pena no crime continuado ... 491
   45.3.3.7.   A pena nas hipóteses de concurso formal homogêneo como componente do crime continuado 491
   45.3.3.8.   Momento da unificação da pena.................................... 491
   45.3.3.9.   Natureza jurídica 491
   45.3.3.10. Requisitos 492
   45.3.3.11. Teorias sobre a unidade de designio............................. 492
   45.3.3.12. Crime continuado nos crimes tributários...................... 494
   45.3.3.13. Distinção entre crime continuado e reiteração crimi-nosa... 494
   45.3.3.14. Crime continuado entre roubos praticados contra vítimas diferentes... 495
   45.3.3.15. Condições semelhantes... 495
   45.3.3.16. Crime continuado entre delitos culposos...................... 498
   45.3.3.17. Consumação e tentativa.. 499
   45.3.3.18. Crime continuado e aplicação da lei penal no tempo .. 499

45.3.3.19. Crime continuado e início da contagem do lapso prescricional 499

45.3.3.20. A pena no crime continuado para efeitos da prescrição.. 499

45.3.3.21. Sistema de aplicação da pena de multa no concurso de crimes 499

45.3.3.22. Continuidade delitiva e unificação de penas 500

46. LIMITES DE PENAS **501**

46.1. Tempo de cumprimento das penas privativas de liberdade 501

46.2. Nova condenação 501

46.3. Limite da pena de multa 502

47. AÇÃO PENAL **502**

47.1. Conceito 502

47.2. Características 502

47.3. Espécies de ação penal no direito brasileiro 502

47.4. As condições da ação penal 504

47.4.1. Condições da ação penal e a absolvição sumária 506

47.5. Ação penal pública incondicionada: titularidade e princípios 506

47.5.1. Titularidade 506

47.5.2. Princípios 507

47.6. Ação penal pública condicionada 509

47.6.1. Conceito 509

47.6.2. Ação penal pública condicionada à representação 510

47.6.2.1. Crimes cuja ação depende de representação da vítima ou de seu representante legal 510

47.6.2.2. Natureza jurídica da representação 511

47.6.2.3. Conceito de representação 511

47.6.2.4. Titular do direito de representação 511

47.6.2.5. Prazo da representação 512

47.6.2.6. Forma da representação 513

47.6.2.7. Destinatário da representação 514

47.6.2.8. Irretratabilidade da representação 514

47.6.2.9. Não vinculação da representação 515

47.6.3. Ação penal pública condicionada à requisição do Ministro da Justiça 515

47.6.3.1. Hipóteses de requisição 515

47.6.3.2. Prazo para o oferecimento da requisição 515

47.6.3.3. Eficácia objetiva da requisição 515

47.6.3.4. Conteúdo da requisição 515

47.6.3.5. Destinatário da requisição 516

47.6.3.6. Retratação da requisição 516

47.6.3.7. Vinculação da requisição 516

47.7. Ação penal privada 516

47.7.1.   Conceito 516

47.7.2.   Fundamento 516

47.7.3.   Titular 516

47.7.4.   Princípios 517

47.7.5.   Espécies de ação penal privada 518

    47.7.5.1.   Exclusivamente privada, ou propriamente dita 518

    47.7.5.2.   Ação privada personalíssima 518

    47.7.5.3.   Subsidiária da pública 519

47.7.6.   Crimes de ação penal privada no Código Penal 519

47.7.7.   Prazo da ação penal privada 519

48. CAUSAS DE EXTINÇÃO DA PUNIBILIDADE 521

48.1.   Conceito e efeitos da extinção da punibilidade 521

48.2.   Causas extintivas da punibilidade 521

    48.2.1.   Morte do agente (inciso I) 521

    48.2.2.   Anistia, graça e indulto (inciso II) 523

       48.2.2.1.   Anistia 523

       48.2.2.2.   Indulto e graça em sentido estrito 524

    48.2.3.   Lei posterior que deixa de considerar o fato criminoso (*abolitio criminis*) 528

    48.2.4.   Renúncia ao direito de queixa 529

       48.2.4.1.   Conceito 529

       48.2.4.2.   Oportunidade 529

       48.2.4.3.   Cabimento 529

       48.2.4.4.   Formas 529

       48.2.4.5.   Recebimento de indenização 529

       48.2.4.6.   Ofendido maior de 18 anos 529

       48.2.4.7.   Queixa oferecida contra um dos ofensores 530

       48.2.4.8.   Crimes de dupla subjetividade passiva 530

       48.2.4.9.   Morte do ofendido 530

    48.2.5.   Perdão do ofendido 530

       48.2.5.1.   Conceito 530

       48.2.5.2.   Distinção entre perdão e renúncia 531

       48.2.5.3.   Oportunidade 531

       48.2.5.4.   Cabimento 531

       48.2.5.5.   Formas 531

       48.2.5.6.   Titularidade da concessão do perdão 531

       48.2.5.7.   Da aceitação do perdão 531

    48.2.6.   Perempção 532

       48.2.6.1.   Conceito 532

       48.2.6.2.   Oportunidade 532

       48.2.6.3.   Cabimento 532

       48.2.6.4.   Hipóteses 533

    48.2.7.   Retratação do agente 534

48.2.7.1.   Conceito.. 534
48.2.7.2.   Casos em que a lei a permite............................... 534
48.2.7.3.   Oportunidade... 535
48.2.7.4.   Comunicabilidade 535
48.2.8.   Perdão judicial... 535
48.2.8.1.   Conceito 535
48.2.8.2.   Faculdade do juiz.. 535
48.2.8.3.   Distinção entre perdão judicial e perdão do ofendido ... 535
48.2.8.4.   Extensão 535
48.2.8.5.   Hipóteses legais.. 536
48.2.8.6.   Natureza jurídica da sentença concessiva.................... 537
48.2.8.7.   Possibilidade de rejeição da denúncia ou queixa com base no art. 395 do CPP.. 537
48.2.8.8.   Do perdão judicial na Lei de Proteção às Testemunhas (Lei n. 9.807/99) 538
48.2.9.   Decadência 542
48.2.9.1.   Conceito.. 542
48.2.9.2.   Característica da não interrupção 542
48.2.9.3.   Efeito... 542
48.2.9.4.   Prazo decadencial... 542
48.2.9.5.   Titularidade do direito de queixa ou de representação ... 543
48.2.9.6.   Decadência no crime continuado e no crime habitual... 543
48.2.9.7.   Crimes de lesão corporal dolosa de natureza leve e lesão corporal culposa 543
48.2.10.   Prescrição 544
48.2.10.1.   Introdução 544
48.2.10.2.   Conceito.. 544
48.2.10.3.   Natureza jurídica 544
48.2.10.4.   Fundamentos... 545
48.2.10.5.   Diferença entre prescrição e decadência 545
48.2.10.6.   Imprescritibilidade... 546
48.2.10.7.   Espécies de prescrição 547
48.2.11.   Prescrição na legislação especial 563
48.2.11.1.   Da prescrição em geral 563
48.2.11.2.   Da prescrição retroativa 564

Bibliografia.. 565

1. INTRODUÇÃO

1.1. Da concepção do Direito Penal

O Direito Penal é o segmento do ordenamento jurídico que detém a função de selecionar os comportamentos humanos mais graves e perniciosos à coletividade, capazes de colocar em risco valores fundamentais para a convivência social, e descrevê-los como infrações penais, cominando-lhes, em consequência, as respectivas sanções, além de estabelecer todas as regras complementares e gerais necessárias à sua correta e justa aplicação.

A ciência penal, por sua vez, tem por escopo explicar a razão, a essência e o alcance das normas jurídicas, de forma sistemática, estabelecendo critérios objetivos para sua imposição e evitando, com isso, o arbítrio e o casuísmo que decorreriam da ausência de padrões e da subjetividade ilimitada na sua aplicação. Mais ainda, busca a justiça igualitária como meta maior, adequando os dispositivos legais aos princípios constitucionais sensíveis que os regem, não permitindo a descrição como infrações penais de condutas inofensivas ou de manifestações livres a que todos têm direito, mediante rígido controle de compatibilidade vertical entre a norma incriminadora e princípios como o da dignidade humana.

1.2. Da função ético-social do Direito Penal

A missão do Direito Penal é proteger os valores fundamentais para a subsistência do corpo social, tais como a vida, a saúde, a liberdade, a propriedade etc., denominados bens jurídicos. Essa proteção é exercida não apenas pela intimidação coletiva, mais conhecida como prevenção geral negativa e exercida mediante a difusão do temor aos possíveis infratores do risco da sanção penal, mas sobretudo pela celebração de compromissos éticos entre o Estado e o indivíduo, pelos quais se consiga o respeito às normas, menos por receio de punição e mais pela convicção da sua necessidade e justiça.

A natureza do Direito Penal de uma sociedade pode ser aferida no momento da apreciação da conduta. Toda ação humana está sujeita a dois aspectos valorativos diferentes. Pode ser apreciada em face da lesividade do resultado que provocou (desvalor do resultado) e de acordo com a reprovabilidade da ação em si mesma (desvalor da ação).

Toda lesão aos bens jurídicos tutelados pelo Direito Penal acarreta um resultado indesejado, que é valorado negativamente, afinal foi ofendido um interesse relevante para a coletividade. Isso não significa, porém, que a ação causadora da ofensa seja, necessariamente, em si mesma sempre censurável. De fato, não é porque o resultado foi lesivo que a conduta deva ser acoimada de reprovável, pois devemos lembrar aqui os eventos danosos derivados de caso fortuito, força maior ou manifestações absolutamente involuntárias. A reprovação depende não apenas do desvalor do evento, mas, acima de tudo, do comportamento consciente ou negligente do seu autor.

Ao ressaltar a visão puramente pragmática, privilegiadora do resultado, despreocupada em buscar a justa reprovação da conduta, o Direito Penal assume o papel de mero difusor do medo e da coerção, deixando de preservar os valores básicos necessários à coexistência pacífica entre os integrantes da sociedade política. A visão pretensamente utilitária do direito rompe os compromissos éticos assumidos com os cidadãos, tornando-os rivais e acarretando, com isso, ao contrário do que possa parecer, ineficácia no combate ao crime. Por essa razão, o desvalor material do resultado só pode ser coibido na medida em que evidenciado o desvalor da ação. Estabelece-se um compromisso de lealdade entre o Estado e o cidadão, pelo qual as regras são cumpridas não apenas por coerção, mas pelo compromisso ético-social que se estabelece, mediante a vigência de valores como o respeito à vida alheia, à saúde, à liberdade, à propriedade etc.

Ao prescrever e castigar qualquer lesão aos deveres ético-sociais, o Direito Penal acaba por exercer uma função de formação do juízo ético dos cidadãos, que passam a ter bem delineados quais os valores essenciais para o convívio do homem em sociedade.

Desse modo, em um primeiro momento sabe-se que o ordenamento jurídico tutela o direito à vida, proibindo qualquer lesão a esse direito, consubstanciado no dever ético-social "não matar". Quando esse mandamento é infringido, o Estado tem o dever de acionar prontamente os seus mecanismos legais para a efetiva imposição da sanção penal à transgressão no caso concreto, revelando à coletividade o valor que dedica ao interesse violado. Por outro lado, na medida em que o Estado se torna vagaroso ou omisso, ou mesmo injusto, dando tratamento díspar a situações assemelhadas, acaba por incutir na consciência coletiva a pouca importância que dedica aos valores éticos e sociais, afetando a crença na justiça penal e propiciando que a sociedade deixe de respeitar tais valores, pois o próprio Estado se incumbiu de demonstrar sua pouca ou nenhuma vontade no acatamento a tais deveres, através de sua morosidade, ineficiência e omissão.

Nesse instante, de pouco adianta o recrudescimento e a draconização de leis penais, porque o indivíduo tenderá sempre ao descumprimento, adotando postura individualista e canalizando sua força intelectual para subtrair-se aos mecanismos de coerção. O que era um dever ético absoluto passa a ser relativo em cada caso concreto, de onde se conclui que uma administração da justiça penal insegura em si mesma torna vacilante a vigência dos deveres sociais elementares, sacudindo todo o mundo do valor ético. Desse conteúdo ético-social do Direito Penal resulta que sua missão primária não é a tutela atual, concreta dos bens jurídicos, como a proteção da pessoa individualmente, a sua propriedade, mas sim, como ensina Hans Welzel, "(...) assegurar a real vigência (observância) dos valores da ação da consciência jurídica; eles constituem o fundamento mais sólido que sustenta o Estado e a sociedade. A mera proteção dos bens jurídicos tem somente um fim preventivo, de caráter policial e negativo. Pelo contrário, a missão mais profunda do Direito Penal é de natureza ético-social e de caráter positivo"[1].

Para Welzel, "(...) mais essencial que o amparo dos bens jurídicos particulares concretos é a missão de assegurar aos cidadãos o cumprimento legal permanente ante os bens jurídicos; é dizer, a fidelidade diante do Estado, o respeito da pessoa"[2].

Em áspera crítica à concepção simbólica e promocional do Direito Penal, Welzel lembrou a Ordenança de 9 de março de 1943, expedida pelo Ministro da Justiça do *Reich* visando reduzir o número de pessoas não pertencentes à raça ariana na Alemanha, descriminalizou-se o aborto praticado por estrangeiras, punindo-se apenas o cometido por alemãs. "Aquí se demonstraron visiblemente los límites del pensar utilitario"[3]. O aborto era incriminado não por causa de seu conteúdo moralmente reprovável, nem passou a ser permitido devido à adequação ao novo sentimento social de justiça; muito ao contrário, foi largamente empregado como meio de realização da política racista e discriminatória do regime nazista. Como esperar, assim, acatamento espontâneo a uma norma criada com propósitos amorais? Diferentemente dessa desprezível visão utilitária, o Direito Penal deve ser compreendido no contexto de uma formação social, como matéria social e política, resultado de um processo de elaboração legislativa com representatividade popular e sensibilidade capaz de captar tensões, conflitos e anseios sociais.

1.3. Objeto do Direito Penal

No tocante ao seu objeto, tem-se que o Direito Penal somente pode dirigir os seus comandos legais, mandando ou proibindo que se faça algo, ao homem, pois somente este é capaz de executar ações com consciência do fim. Assim, lastreia-se o Direito Penal na voluntariedade da conduta humana, na capacidade do homem para um querer final. Desse modo, o âmbito da normatividade jurídico-penal limita-se às atividades finais humanas. Disso resulta a exclusão do âmbito de aplicação do Direito Penal de seres como os animais, que não têm consciência do fim de seu agir, fazendo-o por instinto, bem como dos movimentos corporais causais, como os reflexos, não domináveis pelo homem.

Conclui-se, portanto, na lição de Welzel, que o "objeto das normas penais é a 'conduta' humana, isto é, a atividade ou passividade corporal do homem submetida à capacidade de direção final da vontade. Esta conduta pode ser uma ação, isto é, o exercício efetivo da atividade final, ou a omissão de uma ação, isto é, o não exercício de uma atividade final possível. Para as normas do Direito Penal, a ação está em primeiro plano, enquanto a omissão repousa notoriamente em segundo plano"[4].

---

1. *Derecho penal alemán*, 11. ed., 4. ed. castellana, trad. del alemán por los profesores Juan Bustos Ramírez y Sergio Yañez Pérez, Ed. Jurídica de Chile, 1997, p. 3.
2. *La teoría de la acción finalista*, trad. Eduardo Friker, Buenos Aires, Depalma, 1951, p. 12.
3. *La teoría*, cit., p. 12.
4. *Derecho penal alemán*, cit., p. 38.

1.4. O Direito Penal no Estado Democrático de Direito

1.4.1. O perfil democrático do Estado brasileiro. Distinção entre Estado de Direito e Estado Democrático de Direito

A Constituição Federal brasileira, em seu art. 1º, *caput*, definiu o perfil político--constitucional do Brasil como o de um Estado Democrático de Direito. Trata-se do mais importante dispositivo da Carta de 1988, pois dele decorrem todos os princípios fundamentais de nosso Estado.

Estado Democrático de Direito é muito mais do que simplesmente Estado de Direito. Este último assegura a igualdade meramente formal entre as pessoas, e tem como características: (i) a submissão de todos ao império da lei; (ii) a divisão formal do exercício das funções derivadas do poder, entre os órgãos executivos, legislativos e judiciários, como forma de evitar a concentração da força e combater o arbítrio; (iii) o estabelecimento formal de garantias individuais; (iv) o povo como origem formal de todo e qualquer poder; (v) a igualdade de todos perante a lei, na medida em que estão submetidos às mesmas regras gerais, abstratas e impessoais; (vi) a igualdade meramente formal, sem atuação efetiva e interventiva do Poder Público, no sentido de impedir distorções sociais de ordem material.

Embora configurasse relevantíssimo avanço no combate ao arbítrio do absolutismo monárquico, a expressão "Estado de Direito" ainda carecia de um conteúdo social.

Pela concepção jurídico-positivista do liberalismo burguês, ungida da necessidade de normas objetivas inflexíveis, como único mecanismo para conter o arbítrio do Absolutismo monárquico, considerava-se direito apenas aquilo que se encontrava formalmente disposto no ordenamento legal, sendo desnecessário qualquer juízo de valor acerca de seu conteúdo. A busca da igualdade se contentava com a generalidade e impessoalidade da norma, que garante a todos um tratamento igualitário, ainda que a sociedade seja totalmente injusta e desigual.

Tal visão defensiva do direito constituía um avanço e uma necessidade para a época em que predominavam os abusos e mimos do monarca sobre padrões objetivos de segurança jurídica, de maneira que se tornara uma obsessão da ascendente classe burguesa a busca da igualdade por meio de normas gerais, realçando-se a preocupação com a rigidez e a inflexibilidade das regras. Nesse contexto, qualquer interpretação que refugisse à visão literal do texto legal poderia ser confundida com subjetivismo arbitrário, o que favoreceu o surgimento do positivismo jurídico como garantia do Estado de Direito. Por outro lado, a igualdade formal, por si só, com o tempo, acabou revelando-se uma garantia inócua, pois, embora todos estivessem submetidos ao império da letra da lei, não havia controle sobre seu conteúdo material, o que levou à substituição do arbítrio do rei pelo do legislador.

Em outras palavras: no Estado Formal de Direito, todos são iguais porque a lei é igual para todos e nada mais. No plano concreto e social não existe intervenção efetiva do Poder Público, pois este já fez a sua parte ao assegurar a todos as mesmas chances, do ponto de vista do aparato legal. De resto, é cada um por si.

Ocorre que as normas, embora genéricas e impessoais, podem ser socialmente injustas quanto ao seu conteúdo. É perfeitamente possível um Estado de Direito, com leis iguais para todos, sem que, no entanto, se realize justiça social. É que não existe discussão sobre os critérios de seleção de condutas delituosas feitos pelo legislador. A lei não reconhece como crime uma situação preexistente, mas, ao contrário, cria o crime. Não existe necessidade de fixar um conteúdo material para o fato típico, pois a vontade suprema da lei é dotada de poder absoluto para eleger como tal o que bem entender, sendo impossível qualquer discussão acerca do seu conteúdo.

Diante disso, pode-se afirmar que a expressão "Estado de Direito", por si só, caracteriza a garantia inócua de que todos estão submetidos ao império da lei, cujo conteúdo fica em aberto, limitado apenas à impessoalidade e à não violação de garantias individuais mínimas.

Por essa razão, nosso constituinte foi além, afirmando que o Brasil não é apenas um Estado de Direito, mas um Estado Democrático de Direito.

Verifica-se o Estado Democrático de Direito não apenas pela proclamação formal da igualdade entre todas as pessoas, mas pela imposição de metas e deveres quanto à construção de uma sociedade livre, justa e solidária; pela garantia do desenvolvimento nacional; pela erradicação da pobreza e da marginalização; pela redução das desigualdades sociais e regionais; pela promoção do bem comum; pelo combate ao preconceito de raça, cor, origem, sexo, idade e quaisquer outras formas de discriminação (CF, art. 3º, I a IV); pelo pluralismo político e liberdade de expressão das ideias; pelo resgate da cidadania, pela afirmação do povo como fonte única do poder e pelo respeito inarredável da dignidade humana.

Significa, portanto, não apenas aquele que impõe a submissão de todos ao império da mesma lei, mas onde as leis possuam conteúdo e adequação social, descrevendo como infrações penais somente os fatos que realmente colocam em perigo bens jurídicos fundamentais para a sociedade.

Sem esse conteúdo, a norma se configurará como atentatória aos princípios básicos da dignidade humana. A norma penal, portanto, em um Estado Democrático de Direito não é somente aquela que formalmente descreve um fato como infração penal, pouco importando se ele ofende ou não o sentimento social de justiça; ao contrário, sob pena de colidir com a Constituição, o tipo incriminador deverá obrigatoriamente selecionar, dentre todos os comportamentos humanos, somente aqueles que realmente possuem real lesividade social.

Sendo o Brasil um Estado Democrático de Direito, por reflexo, seu direito penal há de ser legítimo, democrático e obediente aos princípios constitucionais que o informam, passando o tipo penal a ser uma categoria aberta, cujo conteúdo deve ser preenchido em consonância com os princípios derivados desse perfil político-constitucional. Não se admitem mais critérios absolutos na definição dos crimes, os quais passam a ter exigências de ordem formal (somente a lei pode descrevê-los e cominar-lhes uma pena correspondente) e material (o seu conteúdo deve ser questionado à luz dos princípios constitucionais derivados do Estado Democrático de Direito).

1.4.2. O Estado Democrático de Direito e o princípio da dignidade humana como orientador do Direito Penal

Do Estado Democrático de Direito partem princípios regradores dos mais diversos campos da atuação humana. No que diz respeito ao âmbito penal, há um gigantesco princípio a regular e orientar todo o sistema, transformando-o em um direito penal democrático. Trata-se de um braço genérico e abrangente, que deriva direta e imediatamente desse moderno perfil político do Estado brasileiro, a partir do qual partem inúmeros outros princípios próprios afetos à esfera criminal, que nele encontram guarida e orientam o legislador na definição das condutas delituosas. Estamos falando do princípio da dignidade da pessoa humana (CF, art. 1º, III).

Podemos, então, afirmar que do Estado Democrático de Direito parte o princípio da dignidade da pessoa humana, orientando toda a formação do Direito Penal. Qualquer construção típica cujo conteúdo contrariar e afrontar a dignidade da pessoa humana será materialmente inconstitucional, posto que atentatória ao próprio fundamento da existência de nosso Estado.

Cabe ao operador do Direito exercer controle técnico de verificação da constitucionalidade de todo tipo penal e de toda adequação típica, de acordo com o seu conteúdo. Afrontoso à dignidade da pessoa humana, deverá ser expurgado do ordenamento jurídico.

Em outras situações, o tipo, abstratamente, pode não ser contrário à Constituição, mas, em determinado caso específico, o enquadramento de uma conduta em sua definição pode revelar-se atentatório ao mandamento constitucional (por exemplo, enquadrar no tipo do furto a subtração de uma tampinha de refrigerante).

A dignidade da pessoa humana, assim, orienta o legislador no momento de criar um novo delito e o operador no instante em que vai realizar a atividade de adequação típica.

Com isso, pode-se afirmar que a norma penal em um Estado Democrático de Direito não é somente aquela que formalmente descreve um fato como infração penal, pouco importando se ele ofende ou não o sentimento social de justiça; ao contrário, sob pena de colidir com a Constituição, o tipo incriminador deverá obrigatoriamente selecionar, dentre todos os comportamentos humanos, somente aqueles que realmente possuam lesividade social.

É imperativo do Estado Democrático de Direito a investigação ontológica do tipo incriminador. Crime não é apenas aquilo que o legislador diz sê-lo (conceito formal), uma vez que nenhuma conduta pode, materialmente, ser considerada criminosa se, de algum modo, não colocar em perigo valores fundamentais da sociedade.

Imaginemos um tipo com a seguinte descrição: "manifestar ponto de vista contrário ao regime político dominante ou opinião contrária à orientação política dominante: Pena — 6 meses a 1 ano de detenção".

Evidentemente, a par de estarem sendo obedecidas as garantias de exigência de subsunção formal e de veiculação em lei, materialmente este tipo não teria qualquer subsistência por ferir o princípio da dignidade da pessoa humana e, consequentemente, não resistir ao controle de compatibilidade vertical com os princípios insertos na ordem constitucional.

Tipos penais que se limitem a descrever formalmente infrações penais, independentemente de sua efetiva potencialidade lesiva, atentam contra a dignidade da pessoa humana.

Nesse passo, convém lembrar a lição de Celso Antônio Bandeira de Mello: "Violar um princípio é muito mais grave do que transgredir uma norma. A desatenção ao princípio implica ofensa não apenas a um específico mandamento obrigatório, mas a todo o sistema de comandos. É a mais grave forma de ilegalidade ou inconstitucionalidade, conforme o escalão do princípio atingido, porque representa ingerência contra todo o sistema, subversão de seus valores fundamentais, contumélia irremissível a seu arcabouço lógico e corrosão de sua estrutura mestra"[5].

Aplicar a justiça de forma plena, e não apenas formal, implica, portanto, aliar ao ordenamento jurídico positivo a interpretação evolutiva, calcada nos costumes e nas ordens normativas locais, erigidas sobre padrões culturais, morais e sociais de determinado grupo social ou que estejam ligados ao desempenho de determinada atividade.

Os princípios constitucionais e as garantias individuais devem atuar como balizas para a correta interpretação e a justa aplicação das normas penais, não se podendo cogitar de uma aplicação meramente robotizada dos tipos incriminadores, ditada pela verificação rudimentar da adequação típica formal, descurando-se de qualquer apreciação ontológica do injusto.

Da dignidade da pessoa humana, princípio genérico e reitor do Direito Penal, partem outros princípios mais específicos, os quais são transportados dentro daquele princípio maior, tal como passageiros de uma embarcação.

Dessa forma, do Estado Democrático de Direito parte o princípio reitor de todo o Direito Penal, que é o da dignidade da pessoa humana, adequando-o ao perfil constitucional do Brasil e erigindo-o à categoria de Direito Penal Democrático. Da dignidade humana, por sua vez, derivam outros princípios mais específicos, os quais propiciam um controle de qualidade do tipo penal, isto é, sobre o seu conteúdo, em inúmeras situações específicas da vida concreta.

Os mais importantes princípios penais derivados da dignidade da pessoa humana são: legalidade, insignificância, alteridade, confiança, adequação social, intervenção mínima, fragmentariedade, proporcionalidade, humanidade, necessidade e ofensividade.

De pouco adiantaria assegurar ao cidadão a garantia de submissão do poder persecutório à exigência prévia da definição legal, se o legislador tivesse liberdade para eleger de modo autoritário e livre de balizas quais os bens jurídicos merecedores de proteção, ou seja, se pudesse, a seu bel-prazer, escolher, sem limites impostos por princípios maiores, o que vai ser e o que não vai ser crime.

---

5. *Curso de direito administrativo*, 5. ed., São Paulo, Malheiros Ed., 1994, p. 451.

O Direito Penal é muito mais do que um instrumento opressivo em defesa do aparelho estatal. Exerce uma função de ordenação dos contatos sociais, estimulando práticas positivas e refreando as perniciosas, e, por essa razão, não pode ser fruto de uma elucubração abstrata ou da necessidade de atender a momentâneos apelos demagógicos, mas, ao contrário, refletir, com método e ciência, o justo anseio social.

Com base nessas premissas, deve-se estabelecer uma limitação à eleição de bens jurídicos por parte do legislador, ou seja, não é todo e qualquer interesse que pode ser selecionado para ser defendido pelo Direito Penal, mas tão somente aquele reconhecido e valorado pelo Direito, de acordo com seus princípios reitores.

O tipo penal está sujeito a um permanente controle prévio (*ex ante*), no sentido de que o legislador deve guiar-se pelos valores consagrados pela dialética social, cultural e histórica, conformada ao espírito da Constituição, e a um controle posterior, estando sujeito ao controle de constitucionalidade concentrado e difuso.

A função da norma é a proteção de bens jurídicos a partir da solução dos conflitos sociais, razão pela qual a conduta somente será considerada típica se criar uma situação de real perigo para a coletividade.

1.4.3. Princípios penais limitadores decorrentes da dignidade da pessoa humana

No Estado Democrático de Direito é necessário que a conduta considerada criminosa tenha realmente conteúdo de crime. Crime não é apenas aquilo que o legislador diz sê-lo (conceito formal), uma vez que nenhuma conduta pode, materialmente, ser considerada criminosa se, de algum modo, não colocar em perigo valores fundamentais da sociedade.

Da dignidade nascem os demais princípios orientadores e limitadores do Direito Penal, dentre os quais merecem destaque:

1.4.3.1. Princípio da insignificância ou bagatela

Originário do Direito Romano, e de cunho civilista, tal princípio funda-se no conhecido brocardo *de minimis non curat praetor*. Em 1964 acabou sendo introduzido no sistema penal por Claus Roxin, tendo em vista sua utilidade na realização dos objetivos sociais traçados pela moderna política criminal.

Segundo tal princípio, o Direito Penal não deve preocupar-se com bagatelas, do mesmo modo que não podem ser admitidos tipos incriminadores que descrevam condutas incapazes de lesar o bem jurídico.

A tipicidade penal exige um mínimo de lesividade ao bem jurídico protegido, pois é inconcebível que o legislador tenha imaginado inserir em um tipo penal condutas totalmente inofensivas ou incapazes de lesar o interesse protegido.

Se a finalidade do tipo penal é tutelar um bem jurídico, sempre que a lesão for insignificante, a ponto de se tornar incapaz de lesar o interesse protegido, não haverá adequação típica. É que no tipo não estão descritas condutas incapazes de ofender o bem tutelado, razão pela qual os danos de nenhuma monta devem ser considerados fatos atípicos.

O Superior Tribunal de Justiça e o Supremo Tribunal Federal têm reconhecido a tese da inexistência de tipicidade nos chamados delitos de bagatela, aos quais se aplica o princípio da insignificância, dado que à lei não cabe preocupar-se com infrações de pouca monta, insuscetíveis de causar o mais ínfimo dano à coletividade.

O Supremo Tribunal Federal já firmou jurisprudência, assentando que a aferição do relevo material da tipicidade penal e a consequente aplicação do princípio em tela devem se dar através da satisfação concomitante de alguns requisitos, quais sejam: (i) a mínima ofensividade da conduta do agente; (ii) a ausência de periculosidade social da ação; (iii) o reduzido grau de reprovabilidade do comportamento; (iv) a inexpressividade da lesão jurídica provocada.

Assim, já está pacificado que não se deve levar em conta apenas e tão somente o valor subtraído (ou pretendido à subtração) como parâmetro para aplicação do princípio da insignificância, até porque, do contrário, por óbvio, deixaria de existir a modalidade tentada de vários crimes, como no próprio exemplo do furto simples, bem como desapareceria do ordenamento jurídico a figura do furto privilegiado (CP, art. 155, § 2º). Em verdade, o critério da tipicidade material deverá levar em consideração a importância do bem jurídico possivelmente atingido no caso concreto.

Não se pode, porém, confundir delito insignificante ou de bagatela com crimes de menor potencial ofensivo. Estes últimos são definidos pelo art. 61 da Lei n. 9.099/95 (crimes com pena máxima não superior a 2 anos) e submetem-se aos Juizados Especiais Criminais, sendo que neles a ofensa não pode ser acoimada de insignificante, pois possui gravidade ao menos perceptível socialmente, não podendo falar-se em aplicação desse princípio.

O princípio da insignificância não existe no plano abstrato. Daí por que não se pode afirmar, por exemplo, que todas as contravenções penais são insignificantes. Tal conclusão depende da análise do caso em concreto, ou seja, no momento de aplicação da lei penal. Ilustrando, andar pelas ruas portando uma faca é um fato contravencional que não pode ser considerado insignificante. Portanto, apesar de configurarem delitos de menor potencial ofensivo, submetendo-se ao procedimento sumaríssimo, beneficiando-se de institutos despenalizadores (transação penal, suspensão condicional do processo etc.), não são, *a priori*, insignificantes.

Tal princípio deverá ser verificado em cada caso concreto, de acordo com as suas especificidades. O furto, abstratamente, não é uma bagatela, mas a subtração de um chiclete pode ser. Em outras palavras, nem toda conduta subsumível ao art. 155 do Código Penal é alcançada por este princípio, algumas sim, outras não. É um princípio aplicável no plano concreto, portanto. Da mesma forma, vale notar que o furto de um automóvel jamais será insignificante, mesmo que, diante do patrimônio da vítima, o valor seja pequeno quando cotejado com os seus demais bens.

A respeito do furto, vale trazer à baila alguns julgados: STF, HC 181.389/SP (2020), o qual reconheceu a atipicidade da conduta, aplicando-se o princípio da insignificância ao agente que furtou R$ 4,15 em moedas, uma garrafa de Coca-Cola 290 ml, duas garrafas de cerveja 600 ml e uma garrafa de pinga marca 51, 1 litro, tudo avaliado em R$ 29,15, entendendo que não houve prejuízo material, pois os objetos foram restituídos à vítima.

Vale ressaltar, contudo, que o STJ tem entendido que a multirreincidência específica e o fato de o acusado estar em prisão domiciliar durante as reiterações criminosas são circunstâncias que inviabilizam a aplicação do princípio da insignificância. Dessa maneira, a reiteração criminosa inviabiliza a aplicação do princípio da insignificância, ressalvada a possibilidade de, no caso concreto, as instâncias ordinárias verificarem ser a medida socialmente recomendável (STJ: 6ª Turma. REsp 1.957.218-MG, Rel. Min. Olindo Menezes, Desembargador convocado do TRF 1ª Região, julgado em 23-8-2022).

Com relação à aplicação desse princípio, nos crimes contra a administração pública, não existe razão para negar incidência nas hipóteses em que a lesão ao erário for de ínfima monta. É o caso do funcionário público que leva para casa algumas folhas, um punhado de clipes ou uma borracha, apropriando-se de tais bens. Como o Direito Penal tutela bens jurídicos, e não a moral, objetivamente o fato será atípico, dada a sua irrelevância. Todavia, a jurisprudência do Superior Tribunal de Justiça é pacífica com relação à não aplicação da insignificância nos crimes contra a administração pública, entendendo que o bem jurídico tutelado pelo tipo penal é a moralidade administrativa, sendo esta insuscetível de valoração econômica. Nesse sentido, o julgado HC 310.458/SP e, ainda, a Súmula 599 do STJ: "O princípio da insignificância é inaplicável aos crimes contra a administração pública".

Finalmente, em matéria ambiental, apesar de entendimento segundo o qual não é possível a aplicação do princípio da insignificância, sob o argumento de que qualquer lesão ao meio ambiente desequilibra direta ou indiretamente o ecossistema, não existindo, portanto, conduta insignificante, a jurisprudência do Supremo Tribunal Federal e do Superior Tribunal de Justiça é no sentido da possibilidade de aplicação do referido princípio, desde que presentes os pressupostos que o exigem. Nesse sentido, o julgamento pelo Supremo Tribunal Federal do HC 181.235/SC AgRI, o qual aplicou o princípio da insignificância em caso de pesca em local proibido, quando com o agente não foi apreendido nenhum peixe ou crustáceo, pois sequer havia iniciado a pescaria.

No mesmo sentido, o julgamento do STJ no REsp 1409051/SC, no qual foi aplicado o princípio da insignificância ante a ausência de dano efetivo ao meio ambiente, também em caso de pesca em local proibido, no qual o peixe vivo foi devolvido ao rio e o agente portava apenas instrumentos amadores de pesca.

1.4.3.2. Princípio da alteridade ou transcendentalidade

Proíbe a incriminação de atitude meramente interna, subjetiva do agente e que, por essa razão, revela-se incapaz de lesionar o bem jurídico. O fato típico pressupõe um comportamento que transcenda a esfera individual do autor e seja capaz de atingir o interesse do outro (*altero*).

Ninguém pode ser punido por ter feito mal só a si mesmo.

Não há lógica em punir o suicida frustrado ou a pessoa que se açoita, na lúgubre solidão de seu quarto. Se a conduta se esgota na esfera do próprio autor, não há fato típico.

Tal princípio foi desenvolvido por Claus Roxin, segundo o qual "só pode ser castigado aquele comportamento que lesione direitos de outras pessoas e que não seja simplesmente pecaminoso ou imoral. À conduta puramente interna, ou puramente individual — seja pecaminosa, imoral, escandalosa ou diferente —, falta a lesividade que pode legitimar a intervenção penal"[6].

Por essa razão, a autolesão não é crime, salvo quando houver intenção de prejudicar terceiros, como na autoagressão cometida com o fim de fraude ao seguro, em que a instituição seguradora será vítima de estelionato (CP, art. 171, § 2º, V).

No delito previsto no art. 28 da Lei n. 11.343, de 23 de agosto de 2006, poder-se-ia alegar ofensa a esse princípio, pois quem usa droga só está fazendo mal à própria saúde, o que não justificaria uma intromissão repressiva do Estado (os usuários de drogas costumam dizer: "se eu uso droga, ninguém tem nada a ver com isso, pois o único prejudicado sou eu").

Tal argumento não convence.

A Lei n. 11.343/2006 não tipifica a ação de "usar a droga", mas apenas o porte, pois o que a lei visa é coibir o perigo social representado pela detenção, evitando facilitar a circulação da substância entorpecente pela sociedade, ainda que a finalidade do sujeito seja apenas a de uso próprio. Assim, existe transcendentalidade na conduta e perigo para a saúde da coletividade, bem jurídico tutelado pela norma do art. 28.

Interessante questão será a de quem consome imediatamente a substância, sem portá-la por mais tempo do que o estritamente necessário para o uso. Imaginemos a conduta de uma pessoa que recebeu de terceiro a droga, para uso próprio e, *incontinenti*, a consome. Nesta hipótese, não há que se falar no delito de posse de droga para uso próprio, pois não houve detenção, nem perigo social, mas simplesmente o uso. Se houvesse crime, a pessoa estaria sendo castigada pelo Poder Público, por ter feito mal à sua saúde e a de mais ninguém. Não se pode confundir a conduta de portar para uso futuro com a de portar enquanto usa. Somente na primeira hipótese estará configurado o crime do art. 28 da Lei de Drogas. Quem detém a droga somente durante o tempo estritamente necessário em que a consome limita-se a utilizá-la em prejuízo de sua própria saúde, sem provocar danos a interesses de terceiros, de modo que o fato é atípico por influxo do princípio da alteridade.

Nesse contexto, vale destacar que a atual Lei de Drogas vedou a imposição de pena privativa de liberdade a quem porta drogas para consumo pessoal, impondo-lhe, no entanto, medidas educativas (advertência sobre os efeitos da droga, prestação de serviços à comunidade e medida educativa de comparecimento à programa ou curso educativo).

O princípio da alteridade veda também a incriminação do pensamento (*pensiero non paga gabella*) ou de condutas moralmente censuráveis, mas incapazes de penetrar na esfera do *altero*. A mera cogitação é impunível; enquanto a conduta permanecer encarcerada no claustro psíquico, não há crime (*cogitationis poena nemo patitur*).

O bem jurídico tutelado pela norma é, portanto, o interesse de terceiros, pois seria inconcebível provocar a interveniência criminal repressiva contra alguém que está fazendo apenas mal a si mesmo, como, por exemplo, punir-se um suicida malsucedido com pena pecuniária, corporal ou até mesmo capital.

---

6.   Cf. Nilo Batista, *Introdução*, cit., p. 91.

1.4.3.3. Princípio da confiança

Trata-se de requisito para a existência do fato típico, não devendo ser relegado para o exame da culpabilidade.

Funda-se na premissa de que todos devem esperar por parte das outras pessoas que estas sejam responsáveis e ajam de acordo com as normas da sociedade, visando a evitar danos a terceiros. Por essa razão, consiste na realização da conduta, na confiança de que o outro atuará de um modo normal já esperado, baseando-se na justa expectativa de que o comportamento das outras pessoas se dará de acordo com o que normalmente acontece.

Por exemplo, nas intervenções médico-cirúrgicas, o cirurgião tem de confiar na assistência correta que costuma receber dos seus auxiliares, de maneira que, se a enfermeira lhe passa uma injeção com medicamento trocado e, em face disso, o paciente vem a falecer, não haverá conduta culposa por parte do médico, pois não foi sua ação, mas sim a de sua auxiliar que violou o dever objetivo de cuidado. O médico ministrou a droga fatal impelido pela natural e esperada confiança depositada em sua funcionária.

Outro exemplo é o do motorista que, trafegando pela preferencial, passa por um cruzamento, na confiança de que o veículo da via secundária aguardará sua passagem. No caso de um acidente, não terá agido com culpa[7].

A vida social se tornaria extremamente dificultosa se cada um tivesse de vigiar o comportamento do outro, para verificar se está cumprindo todos os seus deveres de cuidado; por conseguinte, não realiza conduta típica aquele que, agindo de acordo com o direito, acaba por envolver-se em situação em que um terceiro descumpriu seu dever de lealdade e cuidado.

Contudo, o princípio da confiança não se aplica quando era função do agente compensar eventual comportamento defeituoso de terceiros. Por exemplo: um motorista que passa bem ao lado de um ciclista não tem por que esperar uma súbita guinada deste em sua direção, mas deveria ter se acautelado para que não passasse tão próximo a ponto de criar uma situação de perigo[8]. Como atuou quebrando uma expectativa social de cuidado, a confiança que depositou na vítima qualifica-se como proibida: é o chamado abuso da situação de confiança.

Desse modo, surge a confiança permitida, que é aquela que decorre do normal desempenho das atividades sociais, dentro do papel que se espera de cada um, a qual exclui a tipicidade da conduta, em caso de comportamento irregular inesperado de terceiro; e a confiança proibida, quando o autor não deveria ter depositado no outro toda a expectativa, agindo no limite do que lhe era permitido, com nítido espírito emulativo.

Em suma, se o comportamento do agente se deu dentro do que dele se esperava, a confiança é permitida; quando há abuso de sua parte em usufruir da posição que desfruta incorre em fato típico.

---

7.   Cf. Hans Welzel, *Derecho penal alemán*, 4. ed., cit., p. 159.
8.   Gunther Jakobs, *Derecho penal*; parte general, 2. ed., Madrid, Marcial Pons, 1997, p. 255.

1.4.3.4. Princípio da adequação social

Todo comportamento que, a despeito de ser considerado criminoso pela lei, não afrontar o sentimento social de justiça (aquilo que a sociedade tem por justo) não pode ser considerado criminoso.

Para essa teoria, o Direito Penal somente tipifica condutas que tenham certa relevância social. O tipo penal pressupõe uma atividade seletiva de comportamento, escolhendo somente aqueles que sejam contrários e nocivos ao interesse público, para serem erigidos à categoria de infrações penais; por conseguinte, as condutas aceitas socialmente e consideradas normais não podem sofrer esse tipo de valoração negativa, sob pena de a lei incriminadora padecer do vício de inconstitucionalidade.

Por isso é que Jakobs afirma que determinadas formas de atividade permitida não podem ser incriminadas, uma vez que se tornaram consagradas pelo uso histórico, isto é, costumeiro, aceitando-se como socialmente adequadas[9].

Não se pode confundir o princípio em análise com o da insignificância. Na adequação social, a conduta deixa de ser punida por não mais ser considerada injusta pela sociedade; na insignificância, a conduta é considerada injusta, mas de escassa lesividade.

Critica-se essa teoria porque, em primeiro lugar, costume não revoga lei, e, em segundo, porque não pode o juiz substituir-se ao legislador e dar por revogada uma lei incriminadora em plena vigência, sob pena de afronta ao princípio constitucional da separação dos poderes, devendo a atividade fiscalizadora do juiz ser suplementar e, em casos extremos, de clara atuação abusiva do legislador na criação do tipo.

Além disso, o conceito de adequação social é um tanto quanto vago e impreciso, criando insegurança e excesso de subjetividade na análise material do tipo, não se ajustando por isso às exigências da moderna dogmática penal.

Entretanto, é forçoso reconhecer que, embora o conceito de adequação social não possa ser aceito com exclusividade, atualmente é impossível deixar de reconhecer sua importância na interpretação da subsunção de um fato concreto a um tipo penal. Atuando ao lado de outros princípios, pode levar à exclusão da tipicidade.

Destaca-se que a jurisprudência não aceita o princípio da adequação social. Sobre o assunto, há inclusive entendimento sumulado do Superior Tribunal de Justiça (Súmula 502): presentes a materialidade e a autoria, afigura-se típica, em relação ao crime previsto no art. 184, § 2º, do CP, a conduta de expor à venda CDs e DVDs piratas.

1.4.3.5. Princípio da intervenção mínima

Assenta-se na Declaração de Direitos do Homem e do Cidadão, de 1789, cujo art. 8º determinou que a lei só deve prever as penas estritamente necessárias.

A intervenção mínima tem como ponto de partida a característica da fragmentariedade do Direito Penal. Este se apresenta por meio de pequenos *flashes*, que são pontos de luz na escuridão do universo. Trata-se de um gigantesco oceano de irrelevância,

---

9. *Derecho penal*, cit., p. 244.

ponteado por ilhas de tipicidade, enquanto o crime é um náufrago à deriva, procurando uma porção de terra na qual se possa achegar.

Somente haverá Direito Penal naqueles raros episódios típicos em que a lei descreve um fato como crime; ao contrário, quando ela nada disser, não haverá espaço para a atuação criminal. Nisso, aliás, consiste a principal proteção política do cidadão em face do poder punitivo estatal, qual seja, a de que somente poderá ter invadida sua esfera de liberdade se realizar uma conduta descrita em um daqueles raros pontos onde a lei definiu a existência de uma infração penal.

Ou o autor recai sobre um dos tipos, ou se perde no vazio infinito da ausência de previsão e refoge à incidência punitiva.

O sistema é, portanto, descontínuo, fragmentado (um tipo aqui, um tipo ali, outro lá e assim por diante).

Por outro lado, esta seleção, a despeito de excepcional, é feita sem nenhum método científico, atendendo apenas aos reclamos momentâneos da opinião pública, da mídia e das necessidades impostas pela classe dominante, conforme bem ressaltou Juarez Tavares, em ácida crítica ao sistema legiferante: "Analisando atentamente o processo de elaboração das normas incriminadoras, a partir primeiramente do dado histórico e depois do objetivo jurídico por elas perseguido, bem como o próprio enunciado típico das ações proibidas ou mandadas, chega-se à conclusão inicial, embora trágica, de que efetivamente, na maioria das vezes, não há critérios para essa elaboração. Isto pode parecer panfletário, à primeira vista, mas retrata fielmente a atividade de elaboração legislativa. Estudos de Haferkamp na Alemanha e Weinberger na França demonstram que, com a institucionalização do poder político, a elaboração das normas se expressa como evento do jogo de poder efetuado no marco das forças hegemônicas atuantes no Parlamento. A norma, portanto, deixaria de exprimir o tão propalado interesse geral, cuja simbolização aparece como justificativa do princípio representativo para significar, muitas vezes, simples manifestação de interesses partidários, sem qualquer vínculo com a real necessidade da nação"[10].

Além disso, as descrições são abstratas, objetivas e impessoais, alcançando uma gigantesca gama de situações bem diversas entre si. Os tipos nesse sistema fragmentário transportam desde gravíssimas violações operadas no caso concreto até ínfimas agressões. Quando se descreve como infração penal "subtrair para si ou para outrem coisa alheia móvel", incrimina-se tanto o furto de centenas de milhões de uma instituição bancária, com nefastas consequências para milhares de correntistas, quanto a subtração de uma estatueta oca de gesso em uma feira de artesanato.

O tipo do furto é uma nuvem incriminadora na imensidão do céu de atipicidade, mas o método abstrato, que tem a vantagem da impessoalidade, tem o desconforto de alcançar comportamentos de toda ordem, mesmo contando com descrição taxativa.

---

10.   *Critérios de seleção de crimes e cominação de penas*, p. 73-74.

A imperfeição não decorre da construção abstrata do tipo, mas da fragmentariedade do sistema criminalizador, totalmente dependente de previsões genéricas, abstratas e abrangentes, incapazes de, por si sós, distinguir entre os fatos relevantes e os irrelevantes que nela formalmente se subsomem.

Além de defeituoso o sistema de criação normativa e da excessiva abrangência dos modelos objetivos, os quais não levam em consideração a disparidade das situações concretas, concorre ainda a panaceia cultural que faz surgir, dentro do mesmo país, inúmeras nações, com costumes, tradições e conceitos bem diversos, mas submetidas à mesma ordem de incriminação abstrata.

Nesse triplo problema — déficit do sistema tipificador, diversidade cultural e abrangência demasiada de casos concretamente diversos, mas abstratamente idênticos — insere-se o caráter fragmentário do Direito Penal, ficando a indagação de como solucionar, por meio de descrições pontuais e abstratas, todos os variados problemas reais.

A resposta se impõe, com o reconhecimento prévio da existência da fragmentariedade e da necessidade de empregar critérios reparadores das falhas de todo o sistema, dentre os quais a intervenção mínima.

Somente assim será possível compensar o alcance excessivamente incriminador de hipóteses concretas tão quantitativamente diversas do ponto de vista da danosidade social.

A intervenção mínima tem, por conseguinte, dois destinatários principais.

Do legislador o princípio exige cautela no momento de eleger as condutas que merecerão punição criminal, abstendo-se de incriminar qualquer comportamento. Somente aqueles que, segundo comprovada experiência anterior, não puderam ser convenientemente contidos pela aplicação de outros ramos do direito deverão ser catalogados como crimes em modelos descritivos legais.

Ao operador do Direito recomenda-se não proceder ao enquadramento típico quando notar que aquela pendência pode ser satisfatoriamente resolvida com a atuação de outros ramos menos agressivos do ordenamento jurídico. Assim, se a demissão com justa causa pacifica o conflito gerado pelo pequeno furto cometido pelo empregado, o direito trabalhista tornou inoportuno o ingresso do penal. Se o furto de um chocolate em um supermercado já foi solucionado com o pagamento do débito e a expulsão do inconveniente freguês, não há necessidade de movimentar a máquina persecutória do Estado, tão assoberbada com a criminalidade violenta, a organizada, o narcotráfico e as dilapidações ao erário.

Da intervenção mínima decorre, como corolário indestacável, a característica de subsidiariedade. Com efeito, o ramo penal só deve atuar quando os demais campos do Direito, os controles formais e sociais tenham perdido a eficácia e não sejam capazes de exercer essa tutela. Sua intervenção só deve operar quando fracassam as demais barreiras protetoras do bem jurídico predispostas por outros ramos do Direito. Pressupõe, portanto, que a intervenção repressiva no círculo jurídico dos cidadãos só tenha sentido como imperativo de necessidade, isto é, quando a pena se mostrar como único e último recurso para a proteção do bem jurídico, cedendo a ciência criminal a tutela imediata dos valores primordiais da convivência humana a outros campos do Direito, e atuando somente em último caso (*ultima ratio*)[11].

Se existe um recurso mais suave em condições de solucionar plenamente o conflito, torna-se abusivo e desnecessário aplicar outro mais traumático.

A intervenção mínima e o caráter subsidiário do Direito Penal decorrem da dignidade humana, pressuposto do Estado Democrático de Direito, e são uma exigência para a distribuição mais equilibrada da justiça.

1.4.3.6. Princípio da proporcionalidade

Além de encontrar assento na imperativa exigência de respeito à dignidade humana, tal princípio aparece insculpido em diversas passagens de nosso Texto Constitucional, quando abole certos tipos de sanções (art. 5º, XLVII), exige individualização da pena (art. 5º, XLVI), maior rigor para casos de maior gravidade (art. 5º, XLII, XLIII e XLIV) e moderação para infrações menos graves (art. 98, I). Baseia-se na relação custo-benefício.

Toda vez que o legislador cria um novo delito, impõe um ônus à sociedade, decorrente da ameaça de punição que passa a pairar sobre todos os cidadãos.

Uma sociedade incriminadora é uma sociedade invasiva, que limita em demasia a liberdade das pessoas.

Por outro lado, esse ônus é compensado pela vantagem de proteção do interesse tutelado pelo tipo incriminador. A sociedade vê limitados certos comportamentos, ante a cominação da pena, mas também desfruta de uma tutela a certos bens, os quais ficarão sob a guarda do Direito Penal.

Para o princípio da proporcionalidade, quando o custo for maior do que a vantagem, o tipo será inconstitucional, porque contrário ao Estado Democrático de Direito.

Em outras palavras, a criação de tipos incriminadores deve ser uma atividade compensadora para os membros da coletividade.

Com efeito, um Direito Penal democrático não pode conceber uma incriminação que traga mais temor, mais ônus, mais limitação social do que benefício à coletividade.

Somente se pode falar na tipificação de um comportamento humano na medida em que isto se revele vantajoso em uma relação de custos e benefícios sociais. Em outras palavras, com a transformação de uma conduta em infração penal impõe-se a toda a coletividade uma limitação, a qual precisa ser compensada por uma efetiva vantagem: ter um relevante interesse tutelado penalmente.

Quando a criação do tipo não se revelar proveitosa para a sociedade, estará ferido o princípio da proporcionalidade, devendo a descrição legal ser expurgada do ordenamento jurídico por vício de inconstitucionalidade. Além disso, a pena, isto é, a resposta punitiva estatal ao crime, deve guardar proporção com o mal infligido ao corpo social. Deve ser proporcional à extensão do dano, não se admitindo penas idênticas para crimes de lesividades distintas, ou para infrações dolosas e culposas.

---

11. Cf. Nilo Batista, *Introdução*, cit., p. 84.

Necessário, portanto, para que a sociedade suporte os custos sociais de tipificações limitadoras da prática de determinadas condutas, que se demonstre a utilidade da incriminação para a defesa do bem jurídico que se quer proteger, bem como a sua relevância em cotejo com a natureza e quantidade da sanção cominada.

1.4.3.7. Princípio da humanidade

A vedação constitucional da tortura e de tratamento desumano ou degradante a qualquer pessoa (art. 5º, III), a proibição da pena de morte, da prisão perpétua, de trabalhos forçados, de banimento e das penas cruéis (art. 5º, XLVII), o respeito e proteção à figura do preso (art. 5º, XLVIII, XLIX e L) e ainda normas disciplinadoras da prisão processual (art. 5º, LXI, LXII, LXIII, LXIV, LXV e LXVI), apenas para citar alguns casos, impõem ao legislador e ao intérprete mecanismos de controle de tipos legais.

Disso resulta ser inconstitucional a criação de um tipo ou a cominação de alguma pena que atente desnecessariamente contra a incolumidade física ou moral de alguém (atentar necessariamente significa restringir alguns direitos nos termos da Constituição e quando exigido para a proteção do bem jurídico).

Do princípio da humanidade decorre a impossibilidade de a pena passar da pessoa do delinquente, ressalvados alguns dos efeitos extrapenais da condenação, como a obrigação de reparar o dano na esfera cível, que podem atingir os herdeiros do infrator até os limites da herança (CF, art. 5º, XLV).

1.4.3.8. Princípio da necessidade e idoneidade

Decorrem da proporcionalidade.

A incriminação de determinada situação só pode ocorrer quando a tipificação se revelar necessária, idônea e adequada ao fim a que se destina, ou seja, à concreta e real proteção do bem jurídico.

Quando a comprovada demonstração empírica revelar que o tipo não precisava tutelar aquele interesse, dado que outros campos do direito ou mesmo de outras ciências têm plenas condições de fazê-lo com sucesso, ou ainda quando a descrição for inadequada, ou ainda quando o rigor for excessivo, sem trazer em contrapartida a eficácia pretendida, o dispositivo incriminador padecerá de insuperável vício de incompatibilidade vertical com os princípios constitucionais regentes do sistema penal.

Nenhuma incriminação subsistirá em nosso ordenamento jurídico quando a definição legal se revelar incapaz, seja pelo critério definidor empregado, seja pelo excessivo rigor, seja ainda pela afronta à dignidade humana, de tutelar concretamente o bem jurídico.

Surge, então, a necessidade de precisa definição do bem jurídico, sem o que a norma não tem objeto e, por conseguinte, não pode existir.

O conceito de bem jurídico é, atualmente, um dos maiores desafios de nossa doutrina, na busca de um direito protetivo e garantista, e, portanto, obediente ao Estado Democrático de Direito.

1.4.3.9. Princípio do fato e da exclusiva proteção do bem jurídico

(i) Princípio do fato: O direito penal não pune o pensamento (*cogiationis poena nemo patitur*) nem os atos preparatórios que antecedem a execução do crime. Enquanto não for praticado o primeiro ato idôneo e inequívoco à realização da conduta descrita no tipo, não existe infração penal. A punição de uma agressão em sua fase ainda embrionária, embora aparentemente útil do ponto de vista da defesa social, representa ameaça à proteção do indivíduo contra uma atuação demasiadamente intervencionista do Estado. Sendo assim, é fundamental que a ação humana exponha o bem jurídico a um risco de lesão.

(ii) Princípio da exclusiva proteção do bem jurídico: O direito não se presta a defender valores meramente morais, éticos ou religiosos, e tampouco está a serviço de uma determinada ideologia. Sua função exclusiva é a de proteger os valores mais relevantes da sociedade. Nesse sentido, Luiz Flávio Gomes: "A função principal do princípio da exclusiva proteção de bens jurídicos é a de delimitar uma forma de direito penal, o direito penal do bem jurídico, daí que não seja tarefa sua proteger a ética, a moral, os costumes, uma ideologia, uma determinada religião, estratégias sociais, valores culturais como tais, programas de governo, a norma penal em si etc. O direito penal, em outras palavras, pode e deve ser conceituado como um conjunto normativo destinado à tutela de bens jurídicos, isto é, de relações sociais conflitivas valoradas positivamente na sociedade democrática"[12].

1.4.3.10. Princípio da autorresponsabilidade

Os resultados danosos que decorrem da ação livre e inteiramente responsável de alguém só podem ser imputados a este e não àquele que o tenha anteriormente motivado. Exemplo: o sujeito, aconselhado por outro a praticar esportes mais "radicais", resolve voar de asa-delta. Acaba sofrendo um acidente e vindo a falecer. O resultado morte não pode ser imputado a ninguém mais além da vítima, pois foi a sua vontade livre, consciente e responsável que a impeliu a correr riscos.

1.4.3.11. Princípio da responsabilidade pelo fato

O direito penal não se presta a punir pensamentos, ideias, ideologias, nem o modo de ser das pessoas, mas, ao contrário, fatos devidamente exteriorizados no mundo concreto e objetivamente descritos e identificados em tipos legais. A função do Estado consiste em proteger bens jurídicos contra comportamentos externos, efetivas agressões previamente descritas em lei como delitos, bem como estabelecer um compromisso ético com o cidadão para o melhor desenvolvimento das relações intersociais. Não pode castigar meros pensamentos, ideias, ideologias, manifestações políticas ou culturais discordantes, tampouco incriminar categorias de pessoas. Os tipos devem definir fatos, associando-lhes penas, e não estereotipar autores. Na Alemanha nazista, por exemplo, não

---

12. *Princípio da ofensividade no direito penal*, São Paulo, Revista dos Tribunais, 2002, p. 43.

havia propriamente crimes, mas criminosos. Incriminavam-se os "traidores" da nação ariana e não os fatos eventualmente cometidos. Eram tipos de pessoas, não de condutas. Castigavam-se a deslealdade com o Estado, as manifestações ideológicas contrárias à doutrina nacional-socialista, os subversivos e assim por diante. Não pode existir, portanto, um direito penal do autor, mas sim do fato.

1.4.3.12. Princípio da imputação pessoal

O direito penal não pode castigar um fato cometido por quem não reúna capacidade mental suficiente para compreender o que faz ou de se determinar de acordo com esse entendimento. Não pune os inimputáveis.

1.4.3.13. Princípio da personalidade

Ninguém pode ser responsabilizado por fato cometido por outra pessoa. A pena não pode passar da pessoa do condenado (CF, art. 5º, XLV).

1.4.3.14. Princípio da responsabilidade subjetiva

Nenhum resultado objetivamente típico pode ser atribuído a quem não o tenha produzido por dolo ou culpa, afastando-se a responsabilidade objetiva. Do mesmo modo, ninguém pode ser responsabilizado sem que reúna todos os requisitos da culpabilidade. Por exemplo: nos crimes qualificados pelo resultado, o resultado agravador não pode ser atribuído a quem não o tenha causado pelo menos culposamente. Tome-se o exemplo de um sujeito que acaba de conhecer um hemofílico e, após breve discussão, lhe faz um pequeno corte no braço. Em face da patologia já existente, a vítima sangra até morrer. O agente deu causa à morte (*conditio sine qua non*), mas não responde por ela, pois não a causou com dolo (quem quer matar corta a artéria aorta, não o braço), nem com culpa (não tinha como prever o desfecho trágico, pois desconhecia a existência do problema anterior). É a inteligência do art. 19 do CP.

1.4.3.15. Princípio da coculpabilidade ou corresponsabilidade

Desenvolvido por Eugenio Raúl Zaffaroni, entende que a responsabilidade pela prática de uma infração penal deve ser compartilhada entre o infrator e a sociedade, quando essa não lhe tiver proporcionado oportunidades. Não foi adotado entre nós, mas há espaço para a sua aplicação, caso o magistrado atenue a pena do condenado valendo-se dessa teoria, com fundamento jurídico nas atenuantes genéricas do art. 66 do Código Penal.

1.4.3.16. Princípio da ofensividade ou lesividade

De acordo com esse princípio, não há crime sem lesão ao bem jurídico (*nullum crimen sin iniuria*). Segundo Luiz Flávio Gomes, "o princípio da ofensividade é um dos eixos em torno dos quais gira o direito penal (leia-se: o *ius poenale*). O princípio da ofensividade, como limite (ou critério) do *ius poenale* então significa que ao juiz compete descobrir, depois de verificada a subsunção formal da conduta à letra da lei, qual é o bem jurídico (qual é o valor) protegido e se esse bem jurídico foi concretamente afetado (lesado ou posto em perigo). Só assim pode-se falar em tipicidade (em sentido formal)"[13]. Nilo Batista, ao enfocar a perspectiva funcionalista do direito, observa que: "As condutas desviadas que não afetam qualquer bem jurídico não pertencem ao âmbito da tutela penal"[14]. Damásio de Jesus lembra que o direito penal só deve ser aplicado quando a conduta ofende um bem jurídico, provocando-lhe um dano ou um perigo real, concreto (*nullum crimen sine injuria*). Como consequência, não seriam admitidos os crimes de perigo abstrato, isto é, aqueles em que o legislador se limita a descrever uma conduta, presumindo-a perigosa[15]. A atuação penal pressupõe um efetivo ataque a um interesse socialmente relevante, isto é, o surgimento de, pelo menos, um real perigo ao bem jurídico.

A ofensividade cumpre a função dogmática de repelir qualquer punição baseada unicamente no desvalor da ação, sendo imprescindível um resultado jurídico relevante. "Não se afina com nosso direito positivo a postura doutrinária que procura fundamentar o injusto penal, exclusiva ou prioritariamente, no desvalor da ação. Não basta a conduta e seu desvalor para a existência do crime. Fundamental é a existência do resultado"[16]. O legislador deve se abster de formular descrições incapazes de lesar ou, pelo menos, colocar em real perigo o interesse tutelado pela norma. Caso isso ocorra, o tipo deverá ser excluído do ordenamento jurídico por incompatibilidade vertical com o Texto Constitucional. Toda norma penal em cujo teor não se vislumbrar um bem jurídico claramente definido e dotado de um mínimo de relevância social será considerada nula e materialmente inconstitucional. Do mesmo modo, se no caso concreto não houver ao menos perigo real de lesão ao bem jurídico tutelado, o fato será penalmente atípico.

1.5. Os limites do controle material do tipo incriminador

Como se percebe, é imperativo do Estado Democrático de Direito a investigação ontológica do tipo incriminador. Crime não é apenas aquilo que o legislador diz sê-lo (conceito formal), uma vez que nenhuma conduta pode, materialmente, ser considerada criminosa se, de algum modo, não colocar em perigo valores fundamentais da sociedade.

Imaginemos um tipo com a seguinte descrição: "manifestar ponto de vista contrário ao regime político dominante ou opinião capaz de causar melindre nas lideranças políticas". Por evidente, a par de estarem sendo obedecidas as garantias formais de veiculação em lei, materialmente esse tipo não teria qualquer subsistência, por ferir o princípio da dignidade humana e, assim, não resistir ao controle de compatibilidade vertical com os princípios insertos na ordem constitucional. Na doutrina não existe divergência a respeito. A polêmica circunscreve-se aos limites desse controle por parte do Poder Judiciário.

---

13.   Luiz Flávio Gomes, *Princípio da ofensividade no direito penal*, São Paulo, Revista dos Tribunais, 2002, p. 103.

14.   Nilo Batista, *Introdução crítica ao direito penal brasileiro*, 11. ed., Rio de Janeiro, 2007, p. 92-94.

15.   André Estefam; Damásio de Jesus, *Parte geral*, 37. ed., São Paulo, Saraiva, 2020, p. 56 (*e-book*).

16.   Luiz Flávio Gomes, *Princípio da ofensividade no direito penal*, cit., p. 62.

Nosso entendimento: a despeito de necessária, a verificação do conteúdo da norma deve ser feita em caráter excepcional e somente quando houver clara afronta à Constituição.

Com efeito, a regra do art. 5º, XXXIX, da Constituição Federal, segundo a qual "não há crime sem lei anterior que o defina, nem pena sem prévia cominação legal", incumbiu, com exclusividade, ao legislador a tarefa de selecionar, dentre todas as condutas do gênero humano, aquelas capazes de colocar em risco a tranquilidade social e a ordem pública. A isso se convencionou chamar "função seletiva do tipo".

A missão de detectar os anseios nas manifestações sociais é específica de quem detém mandato popular. Ao Poder Legislativo cabe, por conseguinte, a exclusiva função de selecionar as condutas mais perniciosas ao convívio social e defini-las como delitos, associando-lhes penas. A discussão sobre esses critérios escapa à formação predominantemente técnica do Poder Judiciário. Daí por que, em atenção ao princípio da separação dos Poderes, ínsito em nosso Texto Constitucional (art. 2º), o controle judicial de constitucionalidade material do tipo deve ser excepcional e exercido em caso de flagrante atentado aos princípios constitucionais. Não padecendo de vícios explícitos em seu conteúdo, não cabe ao magistrado determinar o expurgo do crime de nosso ordenamento jurídico, sob o argumento de que não reflete um verdadeiro anseio popular. O controle material é, por essa razão, excepcional e deve ser feito apenas em casos óbvios de afronta a direitos fundamentais.

1.6. Da parte geral do Código Penal: finalidade

Ao se analisar o Código Penal brasileiro, verifica-se que a sua estrutura sistemática possibilita, desde logo, vislumbrar os princípios comuns e as orientações gerais que o norteiam. É a denominada "Parte Geral". Nela constam os dispositivos comuns incidentes sobre todas as normas. Na concepção de Welzel[17], a finalidade da Parte Geral do Código Penal é assinalar as características essenciais do delito e de seu autor, comuns a todas as condutas puníveis.

Assim é que toda ação ou omissão penalmente relevante é uma unidade constituída por momentos objetivos e subjetivos. A realização dessas condutas percorre diferentes etapas: a preparação, a tentativa e a consumação. A comunidade pode valorar tais condutas como jurídicas ou antijurídicas, culpáveis ou não. Elas estão relacionadas inseparavelmente com seu autor, cuja personalidade, vontade e consciência imprimem sua peculiaridade. Expor esses momentos é a missão da Parte Geral, competindo, por sua vez, à Parte Especial delimitar as classes particulares de delitos, como o homicídio, o estupro, o dano etc.

Miguel Reale Júnior acentua a função restritiva da Parte Geral, ao fixar certos limites de incidência das normas incriminadoras e das sanções. E, referindo-se ao ensinamento de Romagnosi, sustenta "que a liberdade legal depende da fixação de quais são as ações verdadeiramente criminosas, tarefa que compreende não só a especificação de

---

17. *Derecho penal alemán*, cit., p. 50.

quais são os atos que podem a *buon diritto* cair sob sanção, mas também dos limites dentre os quais o delito tem existência e os quais, ao se ultrapassar, deixam de existir e nem punir se possa. Esta finalidade ao ver de Romagnosi não é apenas um objeto importantíssimo, mas *primário* para o legislador *que comanda e para os cidadãos que obedecem*"[18].

2. FONTES DO DIREITO PENAL

2.1. Conceito

Fonte é o lugar de onde o direito provém. Deriva do latim, *fonatus, fons, fontis,* palavra de origem religiosa significando nascente, manancial. Por conseguinte, transposta a ideia a seu sentido jurídico, passou a significar o lugar de nascimento, o manancial de onde provêm as normas de direito.

2.2. Espécies

2.2.1. De produção, material ou substancial

Refere-se ao órgão incumbido de sua elaboração. A União é a fonte de produção do Direito Penal no Brasil (CF, art. 22, I).

> → **Atenção:** de acordo com o parágrafo único do art. 22 da Constituição Federal, lei complementar federal poderá autorizar os Estados-Membros a legislar em matéria penal sobre questões específicas. Trata-se de competência suplementar, que pode ou não lhes ser delegada. Questões específicas significam as matérias relacionadas na lei complementar que tenham interesse meramente local. Por isso, os Estados não podem legislar sobre matéria fundamental de Direito Penal, tais como alteração de dispositivos da Parte Geral, criação de crimes ou ampliação de causas extintivas da punibilidade já existentes. Sua competência para legislar só tem espaço nas lacunas da lei federal e, ainda assim, apenas e tão somente em questões de interesse específico e local, como, por exemplo, a proteção da vitória-régia na Amazônia.

2.2.2. Formal, de cognição ou de conhecimento

Refere-se ao modo pelo qual o Direito Penal se exterioriza. Trata-se dos instrumentos, formas e meios, dos tipos de estruturação e comandos gerais e abstratos de que se vale o Estado para ditar seu direito[19].

2.2.2.1. Espécies de fonte formal

2.2.2.1.1. Imediata

É a lei, o *jus scriptum*. Dessarte, o direito consuetudinário não pode servir à fundamentação de uma punição em face do princípio da legalidade, porquanto a lei é a única

---

18. *Parte geral do Código Penal – nova interpretação,* Revista dos Tribunais, 1988, p. 17-8.
19. Soares Martinz, *Filosofia do direito,* Coimbra, Almedina, 1991, p. 360.

fonte do direito penal. Daí decorre que a conduta individual está amparada pela lei, o que significa que não poderá o cidadão ser punido em caso de conduta atípica, e, caso obre com tipicidade, não poderá ser punido mais do que propõe a lei.

2.2.2.1.2. Mediata

São os costumes e princípios gerais do direito. Nesse ponto, vale lembrar dos tratados e convenções, destacando-se que os tratados somente têm força após o *referendum* do Congresso Nacional (CF, art. 84, VIII) e sanção do Presidente da República, ocasião em que passam à qualidade de fontes imediatas como leis.

2.3. Diferença entre norma e lei

(i) Norma: é o mandamento de um comportamento normal, retirado do senso comum de justiça de cada coletividade. Exemplo: pertence ao senso comum que não se deve matar, roubar, furtar ou estuprar, logo, a ordem normal de conduta é não matar, não furtar, e assim por diante. A norma, portanto, é uma regra proibitiva não escrita, que se extrai do espírito dos membros da sociedade, isto é, do senso de justiça do povo.

(ii) Lei: é a regra escrita feita pelo legislador com a finalidade de tornar expresso o comportamento considerado indesejável e perigoso pela coletividade. É o veículo por meio do qual a norma aparece e torna cogente sua observância. Na sua elaboração devem ser tomadas algumas cautelas, a fim de se evitarem abusos contra a liberdade individual. Assim, devem ser observados os princípios maiores da Declaração dos Direitos do Homem e do Cidadão, de 26 de agosto de 1789. Dentre esses encontra-se o da reserva legal, segundo o qual não há crime sem lei que o descreva, e o da anterioridade, que exige seja essa lei anterior ao fato delituoso.

Ao legislador, portanto, não cabe proibir simplesmente a conduta, mas descrever em detalhes o comportamento, associando-lhe uma pena, de maneira que somente possam ser punidos aqueles que pratiquem exatamente o que está descrito. A lei é, por imperativo do princípio da reserva legal, descritiva e não proibitiva. A norma sim é que proíbe. Pode-se dizer que enquanto a norma, sentimento popular não escrito, diz "não mate" ou "matar é uma conduta anormal", a lei opta pela técnica de descrever a conduta, associando-a a uma pena, com o fito de garantir o direito de liberdade e controlar os abusos do poder punitivo estatal ("matar alguém; reclusão, de 6 a 20 anos"). Assim, quem mata alguém age contra a norma ("não matar"), mas exatamente de acordo com a descrição feita pela lei ("matar alguém").

2.4. Da fonte formal imediata

É a lei, o *jus scriptum*, como manifestação da vontade coletiva expressada mediante órgãos constitucionalmente competentes.

2.4.1. Conteúdo

Preceito primário (descrição da conduta) e secundário (sanção).

2.4.2. Característica

Não é proibitiva, mas descritiva (técnica de descrever a conduta, associando-a a uma pena, preconizada por Karl Binding, criador do tipo penal, que é o modelo ou molde dentro do qual o legislador faz a descrição do comportamento considerado infração penal). Exemplo: o molde (tipo) do crime de furto encontra-se no art. 155, *caput*, do Código Penal: "subtrair, para si ou para outrem, coisa alheia móvel".

2.4.3. Classificação

A lei penal pode ser classificada em duas espécies: leis incriminadoras e não incriminadoras. Estas, por sua vez, subdividem-se em permissivas e finais, complementares ou explicativas.

2.4.3.1. Leis incriminadoras

São as que descrevem crimes e cominam penas.

2.4.3.2. Leis não incriminadoras

Não descrevem crimes, nem cominam penas.

2.4.3.3. Leis não incriminadoras permissivas

Tornam lícitas determinadas condutas tipificadas em leis incriminadoras. Exemplo: legítima defesa.

2.4.3.4. Leis não incriminadoras finais, complementares ou explicativas

Esclarecem o conteúdo de outras normas e delimitam o âmbito de sua aplicação. Exemplo: arts. 1º, 2º e todos os demais da Parte Geral, à exceção dos que tratam das causas de exclusão da ilicitude (legítima defesa, estado de necessidade, exercício regular de direito e estrito cumprimento do dever legal).

2.5. Características das normas penais

2.5.1. Exclusividade

Só elas definem crimes e cominam penas.

2.5.2. Anterioridade

As que descrevem crimes somente têm incidência se já estavam em vigor na data do seu cometimento.

2.5.3. Imperatividade

Impõem-se coativamente a todos, sendo obrigatória sua observância.

2.5.4. Generalidade

Têm eficácia *erga omnes*, dirigindo-se a todos, inclusive inimputáveis.

2.5.5. Impessoalidade

Dirigem-se impessoal e indistintamente a todos. Não se concebe a elaboração de uma norma para punir especificamente uma pessoa.

2.6. **Normas penais em branco (cegas ou abertas)**

2.6.1. Conceito

São normas nas quais o preceito secundário (cominação da pena) está completo, permanecendo indeterminado o seu conteúdo. Trata-se, portanto, de uma norma cuja descrição da conduta está incompleta, necessitando de complementação por outra disposição legal ou regulamentar. Como bem ressaltou o STJ em julgamento de *habeas corpus*, o delito de porte ilegal de arma de uso permitido (Lei n. 10.826/2003, art. 14) é um exemplo de norma penal em branco: "(...) O art. 14 da Lei 10.826/2003, por ser norma penal em branco, exige complementação por ato regulador que estabeleça critérios para a penalização das condutas descritas na referida lei (...)" (STJ, RHC 120.565, *DJU* 25-8-2020).

2.6.2. Classificação

2.6.2.1. Normas penais em branco em sentido lato ou homogêneas

Quando o complemento provém da mesma fonte formal, ou seja, a lei é completada por outra lei. Exemplo: art. 237 do Código Penal (completado pela regra do art. 1.521, I a VII, do Código Civil).

2.6.2.2. Normas penais em branco em sentido estrito ou heterogêneas

O complemento provém de fonte formal diversa; a lei é complementada por ato normativo infralegal, como uma portaria ou um decreto. Exemplo: art. 33 da Lei de Drogas e Portaria do Ministério da Saúde elencando o rol de substâncias entorpecentes.

→ **Atenção:** norma penal em branco em sentido estrito e princípio da reserva legal: não há ofensa à reserva legal, pois a estrutura básica do tipo está prevista em lei. A determinação do conteúdo, em muitos casos, é feita pela doutrina e pela jurisprudência, não havendo maiores problemas em deixar que sua complementação seja feita por ato infralegal. O que importa é que a descrição básica esteja prevista em lei.

2.6.2.3. Normas penais em branco ao avesso

São aquelas em que, embora o preceito primário esteja completo, e o conteúdo perfeitamente delimitado, o preceito secundário, isto é, a cominação da pena, fica a cargo de uma norma complementar. Se o complemento for um ato normativo infralegal, referida norma será reputada inconstitucional, pois somente a lei pode cominar penas[20].

2.7. Das fontes formais mediatas

São o costume e os princípios gerais do direito.

2.7.1. Costume

Consiste no complexo de regras não escritas, consideradas juridicamente obrigatórias e seguidas de modo reiterado e uniforme pela coletividade. São obedecidas com tamanha frequência, que acabam se tornando, praticamente, regras imperativas, ante a sincera convicção social da necessidade de sua observância.

→ **Atenção: diferença entre hábito e costume:** no hábito, inexiste a convicção da obrigatoriedade jurídica do ato.

2.7.1.1. Elementos do costume

São dois:

(i) **objetivo:** constância e uniformidade dos atos.

(ii) **subjetivo:** convicção da obrigatoriedade jurídica.

2.7.1.2. Espécies de costume

2.7.1.2.1. *Contra legem*

Inaplicabilidade da norma jurídica em face do desuso, da inobservância constante e uniforme da lei.

→ **Atenção:** o costume *contra legem* não revoga a lei, em face do que dispõe o art. 2º, § 1º, da Lei de Introdução às Normas do Direito Brasileiro (Dec.-lei n. 4.657/42), segundo o qual uma lei só pode ser revogada por outra lei.

Ocorre que, no caso da contravenção do jogo do bicho, há uma corrente jurisprudencial que entende que o costume revogou a lei. Sustenta que, com o costume *contra legem*, a proibição caiu no desuso. O procedimento normal passou a ser o de jogar no bicho, o que fez desaparecer a norma proibitiva, que era o mandamento de uma conduta outrora normal. A violação constante da proibição levou uma conduta anormal a ser considerada normal. Desaparecendo a normalidade da proibição, extingue-se a norma e, com ela, o conteúdo da lei.

No entanto, essa posição é minoritária e pouco aceita, pois prevalece o entendimento de que o sistema jurídico brasileiro está assentado no princípio da supremacia da lei escrita (fonte principal do direito), ou seja, a obrigatoriedade da lei escrita só cessa com

---

20. Cf. Santiago Mir Puig, *Derecho penal*; parte general, 6. ed., Barcelona, Reppertor, 2002.

sua revogação por outra lei, não sendo admitido que uma lei pereça pelo desuso. Em suma, significa que não pode ter existência jurídica o costume *contra legem*.

Deve também ser lembrado o caso da emissão de cheque pré-datado apresentado antes da data aprazada. Embora o cheque seja considerado uma ordem de pagamento à vista (Lei n. 7.357/85, art. 32), tem-se entendido, por força do costume, que sua apresentação antecipada não só o torna inexigível, como ainda caracteriza dano moral (Súmula 370, STJ).

Ora, se a apresentação antecipada caracteriza dano moral em relação ao emitente do cheque, por igual razão não se pode entender como caracterizado o delito de emissão de cheque sem fundos nesta hipótese (CP, art. 171, § 2º, VI). Trata-se de criação jurisprudencial descriminalizadora construída a partir do costume. Já antes, o STF havia emitido a Súmula 246 entendendo não haver crime de emissão de cheque sem fundo em razão da inexistência de fraude ou má-fé.

2.7.1.2.2. *Secundum legem*

Traça regras sobre a aplicação da lei penal.

2.7.1.2.3. *Praeter legem*

Preenche lacunas e especifica o conteúdo da norma.

→ **Atenção:** o costume não cria delitos, nem comina penas (princípio da reserva legal).

2.7.2. Princípios gerais do direito

"Quando a lei for omissa, o juiz decidirá o caso de acordo com a analogia, os costumes e os princípios gerais de direito" (LINDB, art. 4º). Trata-se de princípios que se fundam em premissas éticas extraídas do material legislativo.

→ **Atenção:** a analogia não é fonte formal mediata do Direito Penal, mas método pelo qual se aplica a fonte formal imediata, isto é, a lei do caso semelhante. De acordo com o art. 4º da Lei de Introdução às Normas do Direito Brasileiro, na lacuna do ordenamento jurídico, aplica-se em primeiro lugar outra lei (a do caso análogo), por meio da atividade conhecida como analogia; não existindo lei de caso parecido, recorre-se então às fontes formais mediatas, que são o costume e os princípios gerais do direito.

2.8. Formas de procedimento interpretativo

2.8.1. Equidade

É o conjunto das premissas e postulados éticos, pelos quais o juiz deve procurar a solução mais justa possível do caso concreto, tratando todas as partes com absoluta igualdade. A palavra provém do latim *oequus*, que significa aquilo que é justo, igual, razoável, conveniente.

2.8.2. Doutrina

Deriva do latim *doctrina*, de *docere* (ensinar, instruir). Consiste na atividade pela qual especialistas estudam, pesquisam, interpretam e comentam o Direito, permitindo aos operadores um entendimento mais adequado do conteúdo das normas jurídicas.

2.8.3. Jurisprudência

É a reiteração de decisões judiciais, interpretando as normas jurídicas em um dado sentido e uniformizando o seu entendimento.

3. INTERPRETAÇÃO DA LEI PENAL

3.1. Conceito

É a atividade que consiste em extrair da norma penal seu exato alcance e real significado.

3.2. Natureza

A interpretação deve buscar a vontade da lei, desconsiderando a de quem a fez. A lei terminada independe de seu passado, importando apenas o que está contido em seus preceitos.

3.3. Espécies

3.3.1. Quanto ao sujeito que a elabora

3.3.1.1. Autêntica ou legislativa

Feita pelo próprio órgão encarregado da elaboração do texto. Pode ser: contextual, quando feita dentro do próprio texto interpretado (CP, art. 327), ou posterior, quando a lei interpretadora entra em vigor depois da interpretada.

→ **Atenção:** a norma interpretativa tem efeito *ex tunc*, uma vez que apenas esclarece o sentido da lei.

3.3.1.2. Doutrinária ou científica

Feita pelos estudiosos e cultores do direito.

→ **Atenção:** a Exposição de Motivos é interpretação doutrinária e não autêntica, uma vez que não é lei.

3.3.1.3. Judicial

Feita pelos órgãos jurisdicionais (em regra, não tem força obrigatória).

3.3.2. Quanto aos meios empregados

3.3.2.1. Gramatical, literal ou sintática

Leva-se em conta o sentido literal das palavras.

3.3.2.2. Lógica ou teleológica

Busca-se a vontade da lei, atendendo-se aos seus fins e à sua posição dentro do ordenamento jurídico.

3.3.3. Quanto ao resultado

3.3.3.1. Declarativa

Há perfeita correspondência entre a palavra da lei e a sua vontade.

3.3.3.2. Restritiva

Quando a letra escrita da lei foi além da sua vontade (a lei disse mais do que queria, e, por isso, a interpretação vai restringir o seu significado).

3.3.3.3. Extensiva

A letra escrita da lei ficou aquém da sua vontade (a lei disse menos do que queria, e, por isso, a interpretação vai ampliar o seu significado).

3.4. O princípio *in dubio pro reo*

Para alguns autores, só se aplica no campo da apreciação das provas, nunca para a interpretação da lei (como a interpretação vai buscar o exato sentido do texto, jamais restará dúvida de que possa ser feita a favor de alguém).

Em contrapartida, para outros, esgotada a atividade interpretativa sem que se tenha conseguido extrair o significado da norma, a solução será dar interpretação mais favorável ao acusado.

3.5. Interpretação progressiva, adaptativa ou evolutiva

É aquela que, ao longo do tempo, vai adaptando-se às mudanças político-sociais e às necessidades do momento.

4. ANALOGIA

4.1. Conceito

Também conhecida por integração analógica, suplemento analógico e aplicação analógica, consiste em aplicar-se, a uma hipótese não regulada por lei, disposição relativa a um caso semelhante. Na analogia, o fato não é regido por qualquer norma e, por essa razão, aplica-se uma de caso análogo. Por exemplo, o art. 128, II, do Código Penal, dispõe que o aborto praticado por médico não é punido "se a gravidez resulta de estupro e o aborto é precedido de consentimento da gestante ou, quando incapaz, de seu represen-tante legal". Trata-se de causa de exclusão da ilicitude prevista exclusivamente para a hipótese de gravidez decorrente de estupro. No entanto, como não se trata de norma incriminadora, mas, ao contrário, permissiva (permite a prática de fato descrito como crime, no caso, o aborto), era possível estender o benefício, analogicamente, à gravidez resultante de violação sexual mediante fraude (art. 215, CP). Ilustrativamente:

Aborto em gravidez decorrente de es-tupro.	Aborto em gravidez decorrente de violação sexual mediante fraude.
ANALOGIA = aplicação do art. 128, II, do CP à hipótese de aborto em gravidez decorrente de violação sexual mediante fraude.	

Sobre a questão do aborto, interessante conferir o HC 124.306/RJ, de relatoria do ministro Barroso, no qual a primeira turma do STF decidiu que interromper a gravidez até o 3º mês de gestação não se configura o crime de *aborto*, indicando possível mudan-ça no que há muito era pacífico nos tribunais e no meio acadêmico.

Outro exemplo que merece nossa atenção é o do art. 33, § 3º, da Lei n. 11.343/2006, o qual prevê um tipo privilegiado de tráfico, consistente no uso compartilhado da droga. Enquanto no tráfico (art. 33, *caput*, Lei n. 11.343/2006) a pena varia de 05-15 anos de reclusão e multa, no uso compartilhado a pena cai para 06 meses-01 ano de detenção e multa. As elementares desse delito mais brando são: oferece + droga + eventualmente + sem objetivo de lucro + a pessoa de seu relacionamento + para juntos consumirem. É o exemplo clássico de dois namorados que compartilham eventualmente, por exemplo, um pacal de maconha. Imaginemos a hipótese em que todas as elementares estejam presen-tes, mas que o namorado não queira, naquele momento, fazer uso da droga, embora a tenha oferecido. Seria justo que respondesse pelas pesadas penas do tráfico? Neste caso, seria admissível o emprego da analogia *in bonam partem* para alcançar o uso gratuito e eventual entre pessoas do mesmo relacionamento, porém, não compartilhado (somente um faz uso).

4.2. Fundamento

Ubi eadem ratio, ibi eadem jus (onde há a mesma razão, aplica-se o mesmo direito).

4.3. Natureza jurídica

Forma de autointegração da lei (não é fonte mediata do direito).

4.4. Distinção entre analogia, interpretação extensiva e interpretação analógica

4.4.1. Analogia

Na analogia não há norma reguladora para a hipótese.

4.4.2. Interpretação extensiva

Existe uma norma regulando a hipótese, de modo que não se aplica a norma do caso análogo; contudo tal norma não menciona expressamente essa eficácia, devendo o intérprete ampliar seu significado além do que estiver expresso.

Ilustrando, o art. 181, I, do Código Penal prevê escusa absolutória exclusivamente para o agente que pratica o crime de furto contra cônjuge, na constância da sociedade conjugal. Embora haja entendimento em sentido contrário, parte da jurisprudência entende pela aplicação da referida escusa, por interpretação extensiva, ao agente que pratica crime de furto contra companheiro, na constância da união estável. Nesse sentido, o RESE 0064048-06.2013.8.13.0153/MG, o qual entendeu que, apesar de o dispositivo legal em tela falar apenas em "cônjuge", deve ser estendido ao companheiro, sob pena de violação ao princípio da igualdade.

4.4.3. Interpretação analógica

Após uma sequência casuística, segue-se uma formulação genérica, que deve ser interpretada de acordo com os casos anteriormente elencados (por exemplo, crime praticado mediante paga, promessa de recompensa ou outro motivo torpe; a expressão "ou outro motivo torpe" é interpretada analogicamente como qualquer motivo torpe equivalente aos casos mencionados). Na interpretação analógica, existe uma norma regulando a hipótese (o que não ocorre na analogia) expressamente (não é o caso da interpretação extensiva), mas de forma genérica, o que torna necessário o recurso à via interpretativa.

4.5. Espécies

4.5.1. Legal ou *legis*

O caso é regido por norma reguladora de hipótese semelhante.

4.5.2. Jurídica ou *juris*

A hipótese é regulada por princípio extraído do ordenamento jurídico em seu conjunto.

4.5.3. *In bonam partem*

A analogia é empregada em benefício do agente.

4.5.4. *In malam partem*

A analogia é empregada em prejuízo do agente.

4.6. Analogia em norma penal incriminadora

Não se admite o emprego de analogia para normas incriminadoras. A aplicação da analogia em norma penal incriminadora fere o princípio da reserva legal, uma vez que um fato não definido em lei como crime estaria sendo considerado como tal. Imagine considerar típico o furto de uso (subtração de coisa alheia móvel para uso), por força da aplicação analógica do art. 155 do Código Penal (subtrair coisa alheia móvel com ânimo de assenhoreamento definitivo). Neste caso, um fato não considerado criminoso pela lei passaria a sê-lo, em evidente afronta ao princípio constitucional do art. 5º, XXXIX (reserva legal).

5. PRINCÍPIO DA LEGALIDADE

Art. 1º Não há crime sem lei anterior que o defina. Não há pena sem prévia cominação legal.

5.1. Considerações preliminares

Reconhecido por meio da fórmula latina *nullum crimen, nulla poena sine praevia lege*, o princípio da legalidade tem seu fundamento constitucional no art. 5º, XXXIX, da Constituição Federal.

A maioria dos nossos autores considera o princípio da legalidade sinônimo de reserva legal, afirmando serem equivalentes as expressões. Heleno Cláudio Fragoso, referindo-se ao disposto no art. 1º do Código Penal, afirma: "Essa regra básica denomina-se *princípio da legalidade dos delitos e das penas ou princípio da reserva legal*, e representa importante conquista de índole política, inscrita nas Constituições de todos os regimes democráticos e liberais"[21]. Na mesma linha, Alberto Silva Franco assevera que "*o princípio da legalidade, em matéria penal* (CF, art. 5º, XXXIX), *equivale*, antes de mais nada, *à reserva legal*"[22].

A doutrina, portanto, orienta-se maciçamente no sentido de não haver diferença conceitual entre legalidade e reserva legal.

> **Nosso entendimento:** pensamos que princípio da legalidade é gênero que compreende duas espécies: reserva legal e anterioridade da lei penal.

Com efeito, o princípio da legalidade corresponde aos enunciados dos arts. 5º, XXXIX, da Constituição Federal e 1º do Código Penal ("não há crime sem lei anterior que o defina,

---

21. *Lições de direito penal*; parte geral, 4. ed., Rio de Janeiro, Forense, 1995, p. 89 – grifo nosso.
22. *Código Penal e sua interpretação jurisprudencial*, 5. ed., São Paulo, Revista dos Tribunais, 1995, p. 26 – grifo nosso.

nem pena sem prévia cominação legal") e contém, nele embutidos, dois princípios diferentes: o da reserva legal, reservando para o estrito campo da lei a existência do crime e sua correspondente pena (não há crime sem lei que o defina, nem pena sem cominação legal), e o da anterioridade, exigindo que a lei esteja em vigor no momento da prática da infração penal (lei *anterior* e *prévia* cominação). Assim, a regra do art. 1º, denominada princípio da legalidade, compreende os princípios da reserva legal e da anterioridade.

5.2. Aspectos do princípio da legalidade

5.2.1. Aspecto político

Trata-se de garantia constitucional fundamental do homem. O tipo exerce função garantidora do primado da liberdade porque, a partir do momento em que somente se pune alguém pela prática de crime previamente definido em lei, os membros da coletividade passam a ficar protegidos contra toda e qualquer invasão arbitrária do Estado em seu direito de liberdade. O princípio contém uma regra — segundo a qual ninguém poderá ser punido pelo poder estatal, nem sofrer qualquer violação em seu direito de liberdade — e uma exceção, pela qual os indivíduos somente serão punidos se, e quando, vierem a praticar condutas previamente definidas em lei como indesejáveis.

Na oportuna lembrança de Alberto Silva Franco: "A origem e o predominante sentido do princípio da legalidade foram fundamentalmente políticos, na medida em que, através da certeza jurídica própria do Estado de Direito, se cuidou de obter a segurança política do cidadão. Assim, Sax acentua que o princípio do *nullum crimen nulla poena sine lege* é consequência imediata da inviolabilidade da dignidade humana, e Arthur Kauffmann o considera como um princípio concreto de Direito Natural, que se impõe em virtude de sua própria evidência"[23].

Portanto, podemos afirmar que o princípio da legalidade, no campo penal, corresponde a uma aspiração básica e fundamental do homem, qual seja, a de ter uma proteção contra qualquer forma de tirania e arbítrio dos detentores do exercício do poder, capaz de lhe garantir a convivência em sociedade, sem o risco de ter a sua liberdade cerceada pelo Estado, a não ser nas hipóteses previamente estabelecidas em regras gerais, abstratas e impessoais.

5.2.2. Aspecto histórico

Tal princípio foi traduzido na conhecida fórmula em latim *nullum crimen, nulla poena sine praevia lege* por Paul Johann Anselm von Feuerbach (1775-1833), considerado o pai do direito penal moderno.

Originariamente, surgiu pela primeira vez na *Magna Charta Libertatum*, documento de cunho libertário imposto pelos barões ingleses ao rei João Sem Terra, no ano de 1215.

---

23. Gonzalo Rodrigues Mourullo, Principio de legalidad, in *Nueva enciclopedia jurídica*, v. 14, 1986, apud *Código Penal*, cit., p. 21.

Seu art. 39 previa que nenhum homem livre poderia ser submetido a pena não prevista em lei local. Constou também da Constituição Carolina germânica de 1532.

Entretanto, foi só no final do século XVIII, já sob influência do Iluminismo, que o princípio ganhou força e efetividade, passando a ser aplicado com o objetivo de garantir segurança jurídica e conter o arbítrio.

Em 1762, com a Teoria do Contrato Social, de Rousseau, o princípio da legalidade teve um grande impulso: o cidadão só aceitaria sair de seu estado natural e celebrar um pacto para viver em sociedade, se tivesse garantias mínimas contra o arbítrio, dentre as quais a de não sofrer punição, salvo nas hipóteses previamente elencadas em regras gerais, objetivas e impessoais.

Dois anos mais tarde, em 1764, o marquês de Beccaria, em sua consagrada obra *Dos delitos e das penas*, influenciado por Rousseau, escrevia: "só as leis podem decretar as penas dos delitos e esta autoridade deve residir no legislador, que representa toda a sociedade unida pelo contrato social"[24].

Com a Revolução Francesa, acabou consagrado na Declaração dos Direitos do Homem e do Cidadão, de 26 de agosto de 1789, em seu art. 8º, vindo também a constar da Constituição daquele país.

A Teoria da Separação dos Poderes, preconizada por Montesquieu, contribuiu decisivamente para impedir que o juiz, usurpando função própria do Legislativo, considerasse condutas assim não contempladas pelo legislador.

De fato, a partir da separação funcional dos Poderes, ao legislador passou a competir a função exclusiva de selecionar, dentre o imenso rol de comportamentos humanos, os mais perniciosos ao corpo social e, assim, defini-los como crimes e cominar-lhes a correspondente sanção penal. Por outro lado, ao juiz coube a tarefa de aplicar aos casos concretos, estrita e rigorosamente, apenas o que estivesse estabelecido nas regras penais objetivas.

A partir dessa ideia de proclamação das liberdades públicas, o princípio veio a ser consagrado nos mais importantes diplomas consagradores da igualdade entre os homens, tais como o *Bill of Rights*, firmado na Filadélfia, em 1774; a Declaração de Direitos da Virgínia e a Constituição dos Estados Unidos da América, ambas de 1776; o primeiro Código Penal, que foi o austríaco, no ano de 1787; a Declaração dos Direitos do Homem e do Cidadão, durante a Revolução Francesa, em 1789; e a Constituição francesa de 1791. No Brasil, foi acolhido em todas as Cartas Constitucionais, a partir da Constituição Imperial de 1824, a saber: Constituições de 1824, art. 179, § 11; 1891, art. 72, § 15; 1934, art. 113, § 26; 1937, art. 122; 1946, art. 141, § 27; 1967, art. 153, § 16; e 1988, art. 5º, XXXIX.

5.2.3. Aspecto jurídico

Somente haverá crime quando existir perfeita correspondência entre a conduta praticada e a previsão legal. Tal aspecto ganhou força com a teoria de Binding, segundo a qual as normas penais incriminadoras não são proibitivas, mas descritivas; portanto, quem

---

24. Cesare Beccaria, *Dos delitos e das penas*, São Paulo, Hemus.

pratica um crime não age contra a lei, mas de acordo com esta, pois os delitos encontram-se pormenorizadamente descritos em modelos legais, chamados de tipos. Cabe, portanto, à lei a tarefa de definir e não proibir o crime ("não há crime sem lei anterior que o *defina*"), propiciando ao agente prévio e integral conhecimento das consequências penais da prática delituosa e evitando, assim, qualquer invasão arbitrária em seu direito de liberdade.

→ **Atenção:** como só há crime quando presente a perfeita correspondência entre o fato e a descrição legal, torna-se impossível sua existência sem lei que o descreva. Conclui-se que só há crime nas hipóteses taxativamente previstas em lei.

→ **Atenção:** as medidas de segurança não são penas, possuindo caráter essencialmente preventivo; no entanto, resta-lhes um certo caráter aflitivo, pelo que se submetem ao princípio da reserva legal — somente a lei pode criar medida de segurança — e ao princípio da anterioridade — a medida de segurança só poderá ser aplicada se de sua cominação legal proceder a prática do delito, ou seja, se antes da prática do fato delituoso já existir legislação que condene o ato e o puna com medida de segurança. Todo cidadão tem o direito de saber antecipadamente a natureza e a duração das sanções penais, — pena e medida de segurança — a que estará sujeito se violar a ordem jurídico-penal.

5.3. Princípios inerentes ao princípio da legalidade

São dois:

(i) Reserva legal.

(ii) Anterioridade da lei penal.

5.3.1. Princípio da reserva legal

Somente a lei, em seu sentido mais estrito, pode definir crimes e cominar penalidades, pois "a matéria penal deve ser expressamente disciplinada por uma manifestação de vontade daquele poder estatal a que, por força da Constituição, compete a faculdade de legislar, isto é, o poder legislativo"[25].

5.3.1.1. Reserva absoluta de lei

Nenhuma outra fonte subalterna pode gerar a norma penal, uma vez que a reserva de lei proposta pela Constituição é absoluta, e não meramente relativa. Nem seria admissível que restrições a direitos individuais pudessem ser objeto de regramento unilateral pelo Poder Executivo. Assim, somente a lei, na sua concepção formal e estrita, emanada e aprovada pelo Poder Legislativo, por meio de procedimento adequado, pode criar tipos e impor penas.

Importante ressaltar que a Constituição, malgrado seja o fundamento de validade de todo o ordenamento jurídico, não pode criar crimes e tampouco cominar penas. À CF

---

25. Bettiol, *Instituições de direito e processo penal*, Coimbra, Coimbra Ed., 1974, p. 108.

coube impor ao legislador quais condutas devem ser consideradas infrações penais e objeto do devido processo legislativo. São os chamados mandados constitucionais de criminalização.

Segundo Cleber Masson[26], os mandados de criminalização indicam matérias sobre as quais o legislador ordinário não tem a faculdade de legislar, mas a obrigatoriedade de tratar, protegendo determinados bens ou interesses de forma adequada e, dentro do possível, integral.

Exemplos de mandados de criminalização na CF: artigo 5º, incisos:

XLI – a lei punirá qualquer discriminação atentatória dos direitos e liberdades fundamentais;

XLII – a prática do racismo constitui crime inafiançável e imprescritível, sujeito à pena de reclusão, nos termos da lei;

XLIII – a lei considerará crimes inafiançáveis e insuscetíveis de graça ou anistia a prática da tortura, o tráfico ilícito de entorpecentes e drogas afins, o terrorismo e os definidos como crimes hediondos, por eles respondendo os mandantes, os executores e os que, podendo evitá-los, se omitirem;

XLIV – constitui crime inafiançável e imprescritível a ação de grupos armados, civis ou militares, contra a ordem constitucional e o Estado Democrático.

Vejam que a Constituição determina, de forma expressa, os casos em que a lei deverá criminalizar referida conduta como forma de proteção a bem ou interesse. Este é comando de criminalização expresso. No entanto, há também os mandados de criminalização implícitos. Ou seja, é pressuposto lógico que o legislador deve criminalizar condutas que lesem bens e interesses exaustivamente protegidos pela Constituição, ainda que ela assim não determine de forma expressa. Podemos citar como exemplo o combate à corrupção.

→ **Atenção:** medida provisória não é lei, porque não nasce no Poder Legislativo. Tem força de lei, mas não é fruto de representação popular. Por essa razão, não pode, sob pena de invasão da esfera de competência de outro Poder, dispor sobre matéria penal, criar crimes e cominar penas.

5.3.1.2. Reserva absoluta de lei e medida provisória

De fato, não há que se confundir medida provisória com lei. O próprio Texto Constitucional no art. 62 e seu § 3º reconhece que não são leis, ao dizer que as medidas provisórias apenas têm "força de lei" e que "perderão eficácia, desde a edição, se não forem *convertidas em lei* no prazo de sessenta dias, prorrogável uma vez por igual período (...)".

Ora, se a Constituição diz que as medidas provisórias apenas têm força de lei (embora não o sejam) e precisam ser convertidas pelo Poder Legislativo, sob pena de perderem eficácia *ab initio* (desde a sua publicação), evidentemente não podem ser consideradas

---

26. Cleber Masson. *Direito penal esquematizado – Parte Geral*. Rio de Janeiro: Forense; São Paulo: Método, 2016. p. 26.

lei, na acepção jurídica da palavra. No mesmo sentido, Alberto Silva Franco: "é evidente que, se o Poder Legislativo, na própria Constituição Federal, reservou com exclusividade para si a tarefa de compor tipos e cominar penas, não poderá o Poder Executivo, através de medida provisória, concorrer nessa competência. A matéria reservada é indelegável e a competência dos órgãos constitucionais é sempre uma competência vinculada. Daí a impossibilidade, por ofensa ao princípio da separação dos poderes, de invasão da área de reserva do Poder Legislativo"[27].

Nesse sentido, o art. 62, § 1º, I, *b*, da Constituição Federal, o qual criou uma vedação material explícita, ao estatuir ser vedada a edição de medida provisória sobre matérias de direito penal e processo penal. Agora, não se trata mais de simples orientação doutrinária, mas de expressa determinação constitucional, sendo totalmente proibida a inclusão de questão criminal em atos normativos unilaterais, oriundos do Poder Executivo. Questão polêmica versa sobre a possibilidade de medida provisória sobre matéria penal em benefício do agente.

> **Nosso entendimento:** a medida provisória que trate de qualquer matéria de natureza criminal, pouco importando se, penal ou processual, benéfica ou prejudicial ao acusado, será ineficaz enquanto permanecer como tal.

Se veicular *novatio legis incriminadora* ou *in pejus*, o vício de inconstitucionalidade jamais se convalidará, mesmo após a conversão da medida provisória em lei. A transgressão jamais será tolerada, sendo irrelevante a posterior chancela do Legislativo. Mais do que ineficaz, o ato normativo será nulo por ofensa à Constituição Federal.

Se a medida provisória versar sobre *novatio legis in mellius*, porém, haverá uma mera ineficácia, enquanto o veículo normativo permanecer com essa roupagem. Entretanto, com a sua conversão em lei, desaparecerá o vício da inconstitucionalidade na origem, convalidando-se o ato normativo e podendo, a partir desse momento, irradiar efeitos.

Isto porque o fundamento da proibição constitucional está arrimado no princípio da reserva legal, cuja origem está vinculada à sua função de proteção política do cidadão contra o arbítrio do poder punitivo estatal, inviabilizando incursões autoritárias e unilaterais no direito de liberdade individual.

Ora, se a medida provisória veicular matéria benéfica ao acusado, não se justificam as restrições materiais trazidas pela norma constitucional, depois da sua conversão em lei. Antes da conversão é ineficaz, mas depois, pode projetar efeitos na órbita jurídica. Assim, se, por exemplo, for editada uma medida provisória estabelecendo novas causas de diminuição de pena ou hipóteses de perdão judicial para participantes de organizações criminosas que as delatarem às autoridades, tema, inequivocamente, relevante e urgente, não se poderá cogitar de inconstitucionalidade.

---

27. *Código Penal*, cit., p. 27.

Embora se trate de matéria penal, não há que se falar em ofensa à reserva legal, pois a norma não está definindo novos crimes, nem restringindo direitos individuais ou prejudicando, de qualquer modo, a situação do réu.

→ **Atenção:** no que diz respeito às leis delegadas, ou seja, àquelas elaboradas pelo próprio Presidente da República, mediante prévia solicitação ao Congresso Nacional, não poderão elas veicular matéria penal, uma vez que a Constituição Federal dispõe expressamente que não será objeto de delegação a matéria relativa a direitos individuais, entre os quais se incluem os atingidos pela esfera penal.

5.3.1.3. Taxatividade e vedação ao emprego da analogia

A lei penal deve ser precisa, uma vez que um fato só será considerado criminoso se houver perfeita correspondência entre ele e a norma que o descreve. A lei penal delimita uma conduta lesiva, apta a pôr em perigo um bem jurídico relevante, e prescreve-lhe uma consequência punitiva. Ao fazê-lo, não permite que o tratamento punitivo cominado possa ser estendido a uma conduta que se mostre aproximada ou assemelhada. É que o princípio da legalidade, ao estatuir que não há crime sem lei que o *defina*, exigiu que a lei definisse (descrevesse) a conduta delituosa em todos os seus elementos e circunstâncias, a fim de que somente no caso de integral correspondência pudesse o agente ser punido.

Na perfeita visão de Silva Franco, "cada figura típica constitui, em verdade, uma ilha no mar geral do ilícito e todo o sistema punitivo se traduz num arquipélago de ilicitudes. Daí a impossibilidade de o Direito Penal atingir a ilicitude na sua totalidade e de preencher, através do processo integrativo da analogia, eventuais lacunas"[28].

Seguindo a mesma trilha, arremata Cernicchiaro: "Por esta razão, o princípio da reserva legal veda por completo o emprego da analogia em matéria de norma penal incriminadora, encontrando-se esta delimitada pelo tipo legal a que corresponde. Em consequência, até por imperativo lógico, do princípio da reserva legal, resulta a proibição da analogia. Evidentemente, a analogia *in malam partem*, que, por semelhança, amplia o rol das infrações penais e das penas. Não alcança, por isso, a analogia *in bonam partem*. Ao contrário da anterior, favorece o direito de liberdade, seja com a exclusão da criminalidade, seja pelo tratamento mais favorável ao réu"[29].

5.3.1.4. Taxatividade e descrição genérica

A reserva legal impõe também que a descrição da conduta criminosa seja detalhada e específica, não se coadunando com tipos genéricos, demasiadamente abrangentes. O deletério processo de generalização estabelece-se com a utilização de expressões vagas e sentido equívoco, capazes de alcançar qualquer comportamento humano e, por conseguinte, aptas a promover a mais completa subversão no sistema de garantias da legali-

---

28. *Código Penal*, cit., p. 23.
29. *Direito penal*, cit., p. 16.

dade. De nada adiantaria exigir a prévia definição da conduta na lei se fosse permitida a utilização de termos muito amplos, tais como: "qualquer conduta contrária aos interesses nacionais", "qualquer vilipêndio à honra alheia" etc. A garantia, nesses casos, seria meramente formal, pois, como tudo pode ser enquadrado na definição legal, a insegurança jurídica e social seria tão grande como se lei nenhuma existisse.

Há que se atentar, no entanto, para certas exceções. A proibição de cláusulas gerais não alcança, evidentemente, os crimes culposos, porque neles, por mais atento observador que possa ser o legislador, não terá condições de pormenorizar todas as condutas humanas ensejadoras da composição típica. Qualquer tentativa de detalhamento de uma conduta culposa seria insuficiente para abarcar o imenso espectro de ações do ser humano. Daí a razão, no caso de crimes culposos, das previsões típicas serem todas genéricas, limitando-se o legislador a dizer: "se o crime é culposo, pena de tanto a tanto". Esses são os denominados tipos abertos, admitidos por absoluta necessidade fática. Com efeito, como poderia a lei antever todas as formas de cometer um homicídio por imprudência, negligência ou imperícia? Por isso, os tipos culposos são denominados abertos e excepcionam a regra da descrição pormenorizada.

→ **Atenção**: apesar de tal exceção, válida para quase que a totalidade dos crimes culposos, merece registro que existem crimes culposos que não possuem tipo penal aberto, tais como, por exemplo, a receptação culposa, prevista no art. 180, § 3º, do Código Penal, onde o legislador afastou a fórmula genérica ao prever a definição do que seria comportamento considerado descuidado.

No que tange às modalidades dolosas, salvo algumas exceções de tipos abertos, como o crime de rixa, previsto no art. 137 do Código Penal, no qual não se definem os elementos da conduta, os crimes deverão ser descritos detalhadamente. As fórmulas excessivamente genéricas criam insegurança no meio social, deixando ao juiz larga e perigosa margem de discricionariedade.

A respeito desse tema, invoca-se também a sábia lição de Cernicchiaro: "A descrição genérica é mais perigosa que a analogia. Nesta há um parâmetro objetivo — a semelhança de uma conduta com outra, certa, definida, embora não haja identidade, como acontece com o furto e o furto de uso. Naquele, há subtração de coisa alheia móvel, para si ou para outrem. No segundo, o objeto material é a coisa móvel alheia. O objeto jurídico, o patrimônio. Deslocamento da coisa. A distinção é restrita ao elemento subjetivo. No furto, há a vontade de ter a coisa para si ou para outrem. No furto de uso, *animus* de restituí-la ou abandoná-la após a utilização momentânea. A descrição genérica enseja, ao intérprete, liberdade ainda maior. Consequentemente, perigosa. Flagrantemente oposta ao mandamento constitucional. O crime não é ação, mas ação determinada. E determinada pela lei"[30].

5.3.1.5. Conteúdo material do princípio da reserva legal

Silva Franco lembra que, "no Estado Democrático de Direito, o simples respeito formal ao princípio da legalidade não é suficiente. Há, na realidade, ínsito nesse princípio,

---

30. *Direito penal*, cit., p. 16-17.

uma dimensão de conteúdo que não pode ser menosprezada nem mantida num plano secundário. O Direito Penal não pode ser destinado, numa sociedade democrática e pluralista, nem à proteção de bens desimportantes, de coisas de nonada, de bagatelas, nem à imposição de convicções éticas ou morais ou de uma certa e definida moral oficial, nem à punição de atitudes internas, de opções pessoais, de posturas diferentes"[31].

O que se quer, na verdade, é a busca de um conceito material, ontológico de crime, segundo o qual somente possam ser consideradas pelo legislador como delituosas as condutas que efetivamente coloquem em risco a existência da coletividade. Suponhamos, por exemplo, fosse criado um tipo penal definindo como criminoso o ato de sorrir, nos seguintes moldes: "sorrir abertamente, em momentos de alegria, nervosismo ou felicidade — pena de seis meses a um ano de detenção". Formalmente, estariam preenchidas todas as garantias do princípio da reserva legal: fato previsto em lei e descrito com todos os seus elementos. A "olho nu" esse tipo é, no entanto, manifestamente inconstitucional, porque materialmente a conduta incriminada não representa qualquer ameaça à sociedade.

A criação de tipos penais que afrontem a dignidade da pessoa humana colide frontalmente com um dos fundamentos do Estado Democrático de Direito, em que se constitui a República Federativa do Brasil, previsto no art. 1º, III, da Constituição Federal. Por esse motivo, a moderna concepção do Direito Penal não deve ser dissociada de uma visão social, que busque justificativa na legitimidade da norma legal.

5.3.2. Princípio da anterioridade da lei penal

É necessário que a lei já esteja em vigor na data em que o fato é praticado. "Dado o princípio da reserva legal, a relação jurídica é definida pela lei vigente à data do fato. *Tempus regit actum*"[32].

Um dos efeitos decorrentes da anterioridade da lei penal é a irretroatividade, pela qual a lei penal é editada para o futuro e não para o passado.

A proibição da retroatividade não se restringe às penas, mas a qualquer norma de natureza penal, ainda que da Parte Geral do Código Penal. Como regra, podemos estabelecer o seguinte: toda e qualquer norma que venha a criar, extinguir, aumentar ou reduzir a satisfação do direito de punir do Estado deve ser considerada de natureza penal. Do mesmo modo, as normas de execução penal que tornem mais gravoso o cumprimento da pena, impeçam ou acrescentem requisitos para a progressão de regime não podem retroagir para prejudicar o condenado, porque aumentam a satisfação do *jus punitionis*. A irretroatividade não atinge somente as penas, como também as medidas de segurança.

Ver quadro seguinte.

---

31. *Código Penal*, cit., p. 24.
32. Cernicchiaro, *Direito penal*, cit., p. 47.

LEGALIDADE	RESERVA LEGAL	ANTERIORIDADE

HISTÓRICO

1215 – *Magna Charta Libertatum*
1532 – Constituição Carolina
1762 – Contrato Social (Rousseau)
1764 – Dos delitos e das penas (Beccaria)
1769 – Revolução Francesa
Séc. XIX – Feuerback (pai do Direito Penal): *Nullum crimen, nulla poena sine praevia lege*

PREVISÃO LEGAL

- ART. 5º, XXXIX da CF: "Não há crime sem *lei* anterior que o defina, nem pena sem *prévia* cominação legal".
- Art. 1º do CP: "Não há crime sem *lei* que o defina. Não há pena sem *prévia* cominação legal".

- **Reserva absoluta da lei:** fonte subalterna não pode gerar norma penal.
  - ▶ EC n. 32/2001: proibição expressa de medida provisória para matéria penal.
  - ▶ Lei delegada não pode veicular matéria penal.
- **Taxatividade:** descrição detalhada da conduta criminosa
  - ▶ Analogia: somente *in bonam partem*
  - ▶ Crime culposo: permite cláusulas gerais em sua tipificação.
- **Conteúdo material:** além de estar prevista em lei (aspecto formal), a conduta deve ser efetivamente relevante (aspecto material)

- **Conceito:** aplica-se a lei em vigor na data da prática do fato (a lei deve ser anterior ao fato)
- **Regra geral:** irretroatividade da lei penal
- **Exceção:** lei geral mais benéfica

6. IRRETROATIVIDADE DA LEI PENAL

Art. 2º Ninguém pode ser punido por fato que lei posterior deixa de considerar crime, cessando em virtude dela a execução e os efeitos penais da sentença condenatória.

Parágrafo único. A lei posterior, que de qualquer modo favorecer o agente, aplica-se aos fatos anteriores, ainda que decididos por sentença condenatória transitada em julgado.

6.1. Considerações preliminares

O fundamento constitucional da irretroatividade da lei penal está no art. 5º, XL, da Magna Carta, que dispõe que a lei penal só retroagirá para beneficiar o acusado.

Daí se extrai que a regra é: a lei penal não pode retroagir. Por outro lado, verifica-se uma exceção: a lei penal retroagirá quando trouxer algum benefício para o agente no caso concreto.

Diante disso, temos por conclusão que a lei penal é irretroativa, e que a lei penal que beneficia o agente é retroativa, excepcionando a regra acima.

A título de ilustração, temos que, se um fato é praticado sob a vigência da lei "A", mas, no momento em que o juiz vai proferir o julgamento, ela não está mais em vigor, tendo sido revogada pela lei "B", mais benéfica para o agente, a lei que deve ser aplicada é a lei mais benéfica, no caso, a lei "B", que deverá retroagir para alcançar o fato cometido antes de sua entrada em vigor e, assim, beneficiar o agente.

Ainda, se a lei "A" fosse mais benéfica, a lei "B" não poderia retroagir e alcançar o fato cometido antes de sua entrada em vigor, por ser mais gravosa. Mesmo estando, ao tempo da sentença, em pleno período de vigência, o juiz não poderá aplicá-la, já que não vigia ao tempo do fato, e sua retroação implicaria prejuízo ao acusado e afrontaria o disposto no art. 5º, XL, da Constituição. Então, a única solução, ante a irretroatividade da lei "B", será a aplicação da lei "A" de forma ultra-ativa, a qual irradiará efeitos mesmo após a cessação de sua vigência, alcançando o fato cometido ao seu tempo. Exemplo: Arthur comete um furto qualificado pelo emprego de explosivo ou de artefato análogo que cause perigo comum antes da entrada em vigor da Lei n. 13.964, de 2019, que passou a considerá-lo crime hediondo. Os dispositivos do Código Penal vigentes à época do cometimento da infração penal deverão ser aplicados à espécie, mesmo após sua revogação, não se admitindo que a nova lei mais gravosa retroaja. Surge, daí, a ultratividade da parte do Código Penal que foi revogada.

Nesse ponto, vale salientar que, se a lei "A" é revogada pela lei "B", sendo esta muito mais severa, e, após a revogação, um fato é praticado, *não existe qualquer conflito intertemporal, pois somente uma lei pode ser aplicada*. Com efeito, a única aplicável é a "B", porque quando o fato foi cometido a lei "A" já não estava mais em vigor.

→ **Atenção:** só existe conflito intertemporal quando a infração penal é cometida sob a vigência de uma lei, e esta vem a ser posteriormente revogada por outra. Nesse caso, se a lei revogada for mais benéfica, aplicar-se-á ultra-ativamente ao fato cometido à sua época. Em caso contrário, sendo mais benéfica a lei revogadora, é esta que deverá ser aplicada retroativamente.

6.2. Aplicação

O princípio de que a lei não pode retroagir, salvo para beneficiar o acusado, restringe-se às normas de caráter penal.

6.3. Lei processual

Não se submete ao princípio da retroatividade em benefício do agente. Nos termos do art. 2º do Código de Processo Penal, a norma de caráter processual terá incidência imediata a todos os processos em andamento, pouco importando se o crime foi cometido antes ou após sua entrada em vigor ou se a inovação é ou não mais benéfica. Importa apenas que o processo esteja em andamento, caso em que a regra terá aplicação, ainda que o crime lhe seja anterior e a situação do acusado, agravada.

Por norma processual devemos entender aquela cujos efeitos repercutem diretamente sobre o processo, não tendo relação com o direito de punir do Estado. É o caso das regras que disciplinam a prisão provisória, pois a restrição da liberdade não tem qualquer relação com o *jus puniendi*, mas com as exigências de conveniência ou necessidade do próprio processo. Será, no entanto, de caráter penal toda norma que criar, ampliar, reduzir ou extinguir a pretensão punitiva estatal, tornando mais intensa ou branda sua satisfação. Desse modo, normas que criam tipos penais incriminadores têm natureza penal, pois estão gerando direito de punir para o Estado, em relação a essas novas hipóteses. Normas que disciplinam novas causas extintivas da punibilidade têm conteúdo penal, pois estão extinguindo o direito de punir. As que aumentam ou diminuem as penas trazem novas causas de aumento ou diminuição, estabelecem qualificadoras, agravantes ou atenuantes, modificam a pretensão punitiva, reduzindo ou elevando a sanção penal. As que proíbem a concessão de anistia, graça ou indulto, ou aumentam o prazo prescricional, também possuem caráter penal, visto que fortalecem a pretensão punitiva do Estado, tornando mais difícil a sua extinção. Leis que criam mais causas interruptivas ou suspensivas da prescrição também dificultam o perecimento do *jus puniendi*, retardando o término do lapso prescricional, razão pela qual são penais.

> → **Atenção:** convém notar que, mesmo no caso de normas que parecem ser processuais e estão previstas na legislação processual, se a consequência for a extinção da punibilidade, a sua natureza será penal.

Assim, tome-se como exemplo o art. 60, I, do CPP, que prevê a pena de perempção ao querelante que deixar o processo paralisado por 30 dias seguidos. Aparentemente, tudo indica tratar-se de regra processual: trata-se de prazo para dar andamento a processo, além do que a perempção é sanção processual. A norma, entretanto, é penal, pois o efeito da perempção consiste na extinção da punibilidade.

Ainda, há quem sustente que as normas que afetem direito substancial do acusado são sempre de conteúdo material, sendo que toda norma de conteúdo material é irretroativa. Nesse diapasão, estariam insertas, por exemplo, as normas que versam sobre a proibição da liberdade provisória que, por serem materiais, ou seja, afetarem um direito fundamental do acusado, são irretroativas.

> **Nosso entendimento:** os institutos da liberdade provisória, com ou sem fiança, são regras não materiais e, portanto, podem ser aplicadas aos processos em andamento, ainda que o fato seja anterior à sua entrada em vigor.

No mesmo sentido, as regras que dispõem sobre prisão processual e apelação em liberdade, uma vez que, sendo igualmente regras não materiais, mas puramente processuais, devem ser aplicadas imediatamente, independentemente de o crime ter sido praticado antes de sua entrada em vigor. Até porque, a doutrina moderna tem entendido que em tais hipóteses não há que se falar em retroatividade, haja vista que a lei será aplicada aos atos processuais que ocorreram a partir do início de sua vigência. Ademais, o princípio da irretroatividade de lei mais severa contido na Constituição Federal refere-se apenas à lei penal (art. 5º, XXXIX e XL).

Finalmente, quanto às normas que disciplinam sobre o regime de cumprimento de pena, proibindo progressões de regime e tornando mais severa ou branda a execução da sanção penal (seja pena ou medida de segurança), o STJ, logo de início, firmou posição no sentido de que são normas de caráter penal, submetidas ao princípio da retroatividade *in mellius*.

6.3.1. Lei processual híbrida

Nesse contexto, vale mencionar que há autores que atentam para a existência de normas processuais híbridas, também chamadas de mistas, consistentes em regras processuais dotadas de intenso caráter penal, razão pela qual a retroatividade em benefício do réu é medida que se impõe, uma vez que tais normas afetam direito substancial do acusado.

Como exemplo de norma híbrida, temos a hipótese prevista no art. 366 do CPP, no qual ocorreu um fenômeno interessante. Aquele dispositivo estabelece que, no caso de o réu citado por edital não comparecer, nem constituir advogado, ficam suspensos o processo e o prazo prescricional até que ele seja localizado para receber a citação pessoal. Nesse caso pode-se falar, verdadeiramente, em norma de dupla natureza, pois uma parte tem conteúdo processual (suspensão do processo) e a outra, penal (suspensão do prazo prescricional).

Surge então a dúvida quanto à possibilidade de retroatividade dessas normas para alcançar fatos anteriores à sua vigência. Pois bem. Consolidou-se na jurisprudência que a parte processual tem incidência imediata, pouco importando que o crime tenha ocorrido antes de sua entrada em vigor. Assim, não cabe a retroatividade no tocante ao aspecto processual (suspensão do processo). Por outro lado, relativamente à suspensão do prazo prescricional, apesar de tratar de aspecto material inserto à norma, sua retroatividade implicaria prejuízo ao réu.

Em casos dessa natureza, tanto o STF quanto o STJ manifestaram-se no sentido de que, sendo uma norma híbrida, deve-se examinar o seu conteúdo material, e, sendo uma norma material mais gravosa, a norma não retroagirá como um todo. Nesse sentido, também a jurisprudência dos tribunais.

Dessa forma, sempre que houver lei híbrida (misto de penal e processo), a parte penal tende a prevalecer, para fins de retroatividade em benefício do agente.

> **Nosso entendimento:** não é possível dividir a lei em duas partes, para que somente a parte penal retroaja e a processual tenha incidência imediata. Em outras palavras, ou a lei retroage por inteiro ou não retroage.

6.4. Normas que tratam de execução da pena e o regime disciplinar diferenciado

As normas que tratam de execução da pena, como, por exemplo, aquelas que proíbem a progressão de regime, dificultam a obtenção do livramento condicional ou o *sursis*, permitem ou vedam a substituição da pena privativa de liberdade por restritiva de direitos e multa etc., têm inequivocamente natureza penal, já que afetam a satisfação do direito de punir, tornando-o mais ou menos intenso. Não se trata de regras que disciplinam procedimentos ou estabelecem ritos, mas que influenciam diretamente a satisfação do direito de punir do Estado. Com efeito, o cumprimento de uma pena sem direito a livramento condicional, por exemplo, intensifica o grau de aflição do condenado e, em contrapartida, o de satisfação do poder punitivo estatal. Sendo penal a sua natureza, tais normas se submetem ao princípio da irretroatividade *in pejus*.

Foi o que ocorreu no famoso caso do assassinato da atriz Daniela Perez, em que os autores do homicídio obtiveram direito à progressão de regime, por terem cometido o crime antes de ser ele considerado hediondo, o que impediu a aplicação retroativa do art. 2º, § 1º, da Lei n. 8.072/90, segundo o qual a pena por crime hediondo deveria, na época, ser cumprida integralmente em regime fechado, dispositivo posteriormente declarado inconstitucional pelo STF.

A natureza penal das normas que tratam da progressão de regime ficou evidenciada com a edição da Súmula 471 do STJ e da Súmula Vinculante 26 do STF, as quais determinam a incidência retroativa do direito à progressão de regime aos crimes hediondos, por se tratar de norma penal mais benéfica.

No que tange ao tempo de cumprimento de pena para o condenado por crimes hediondos e assemelhados alcançar o benefício da progressão de regime, vale pontuar a alteração do art. 112 da LEP operada pela Lei n. 13.964/2019, que determinou percentuais específicos de tempo de cumprimento de pena para obtenção do benefício:

(i) 40% da pena, se o apenado for condenado pela prática de crime hediondo ou equiparado, se for primário (art. 112, V, da LEP);

(ii) 50% da pena, se o apenado for condenado pela prática de crime hediondo ou equiparado, com resultado morte, se for primário (art. 112, VI, *a*, da LEP);

(iii) 50% da pena, se o apenado for condenado por exercer o comando, individual ou coletivo, de organização criminosa estruturada para prática de crime hediondo ou equiparado (art. 112, VI, *b*, da LEP);

(iv) 50% da pena, se o apenado for condenado pela prática de crime de constituição de milícia privada (art. 112, VI, *c*, da LEP);

(v) 60% da pena, se o apenado for reincidente na prática de crime hediondo ou equiparado (art. 112, VII, da LEP);

(vi) 70% da pena, se o apenado for reincidente em crime hediondo ou equiparado com resultado morte (art. 112, VIII, da LEP).

Então, para os crimes hediondos e assemelhados cometidos antes da vigência da Lei n. 13.964/2019, nas hipóteses em que a lei nova for mais prejudicial (por exemplo, cumprimento de 70% da pena, quando reincidente em crime hediondo ou equiparado com resultado morte), ela não retroage (princípio da irretroatividade *in pejus*) e a progressão se dará pela regra anterior (mais benéfica).

→ **Atenção**: de acordo com o § 5º do art. 112 da LEP: "Não se considera hediondo ou equiparado, para os fins deste artigo, o crime de tráfico de drogas previsto no § 4º do art. 33, da Lei n. 11.343/2006" (redação dada pela Lei n. 13.964/2019).

→ **Atenção**: de acordo com o § 6º do art. 112 da LEP: "O cometimento de falta grave durante a execução da pena privativa de liberdade interrompe o prazo para a obtenção da progressão no regime de cumprimento da pena, caso em que o reinício da contagem do requisito objetivo terá como base a pena remanescente" (redação dada pela Lei n. 13.964/2019).

→ **Atenção**: o STJ já decidiu que a progressão de regime do reincidente não específico em crime hediondo com resultado morte deve observar o previsto no inciso VI, *a*, do art. 112 da Lei de Execução Penal. Dessa forma, em relação aos apenados que foram condenados por crime hediondo, mas que são reincidentes em razão da prática anterior de crimes comuns, não há percentual previsto na Lei de Execuções Penais, em sua nova redação, para fins de progressão de regime, visto que os percentuais de 60% e 70% se destinam unicamente aos reincidentes específicos, não podendo a interpretação ser extensiva, vez que seria prejudicial ao apenado. Assim, por ausência de previsão legal, o julgador deve integrar a norma aplicando a analogia *in bonam partem* (HC 581.315-PR, Rel. Min. Sebastião Reis Júnior, Sexta Turma, por unanimidade, *DJe* 19-10-2020).

Questão interessante se refere à natureza jurídica da norma que instituiu o regime disciplinar diferenciado (art. 52 da LEP). Trata-se de um conjunto de medidas de natureza disciplinar, as quais autorizam o juízo da execução a submeter o condenado definitivo e o preso provisório[33], quando considerados de alto risco ou capazes de subverter a ordem interna, a uma disciplina interna mais rigorosa, limitando seu direito a receber visitas (quinzenais com duração de duas horas, consoante art. 52, III, da LEP, com redação dada pela Lei n. 13.964/2019), reduzindo suas horas de banho de sol e estabelecendo maior controle sobre eles.

Se tais normas tiverem natureza processual, sua incidência será imediata, aplicando-se a todos os condenados, pouco importando que tenham cometido o crime antes da entrada em vigor do novo regime. Se a sua natureza jurídica for considerada penal, dado o seu caráter mais gravoso, não será possível a aplicação retroativa delas a criminosos de altíssima periculosidade.

> **Nosso entendimento:** o regime disciplinar diferenciado não tem natureza penal e pode retroagir.

Isso porque, o regime disciplinar diferenciado não cuida da satisfação da pretensão punitiva do Estado, mas tão somente regulamenta normas de disciplina interna, de natureza meramente administrativa. Não ampliam a intensidade do *jus puniendi* e só tratam de questões procedimentais, que regem a manutenção da ordem disciplinar do estabelecimento carcerário. O fato de serem aplicadas pelo juízo da execução não retira sua natureza administrativa. Aplicam-se, assim, retroativamente aos condenados pela prática de crimes anteriores à sua entrada em vigor. Acerca do cumprimento das penas, vale destacar as seguintes súmulas aprovadas recentemente pelo STJ:

Súmula 660 — A posse, pelo apenado, de aparelho celular ou de seus componentes essenciais constitui falta grave.

Súmula 661 — A falta grave prescinde da perícia do celular apreendido ou de seus componentes essenciais.

Súmula 662 — Para a prorrogação do prazo de permanência no sistema penitenciário federal, é prescindível a ocorrência de fato novo; basta constar, em decisão fundamentada, a persistência dos motivos que ensejaram a transferência inicial do preso.

---

33. De acordo com a nova redação do art. 52, dada pela Lei n. 13.964/2019, o preso provisório ou condenado poderá ser nacional ou estrangeiro.

6.5. Vigência da lei

Conforme reza o art. 1º da Lei de Introdução às Normas do Direito Brasileiro (Dec.--lei n. 4.657/42), salvo disposição em contrário, a lei começa a vigorar em todo o País 45 dias depois de oficialmente publicada. A lei começa a produzir efeitos após a sua entrada em vigor, passando a regular todas as situações futuras (regra) e passadas (exceção). A entrada em vigor equivale ao nascimento da lei. Após esse momento, a lei vige até que outra posterior a revogue (art. 2º da LINDB), não se admitindo que o costume, o decurso do tempo ou regulamentos do Poder Executivo possam cancelar-lhe a vigência ou retirar--lhe a eficácia.

Insta observar que assim como é do Poder Legislativo o poder primariamente responsável para a criação de uma lei, também o é sua respectiva revogação, já que esta não pode deixar de pertencer exclusivamente a quem possui a atribuição de legislar.

Há que se ressaltar um detalhe: as leis de pequena repercussão não possuem período de vacância (*vacatio legis*), entrando em vigor na data de sua publicação, conforme preceitua a Lei Complementar n. 95/98, em seu art. 8º. Para as leis de maior complexidade, que, por essa razão, possuam *vacatio legis*, a entrada em vigor se dará no dia seguinte ao término desse prazo de vacância, de acordo com o art. 8º, § 1º, do referido diploma legal.

A revogação pode ser expressa ou tácita. Na revogação expressa, a lei posterior declara textualmente que a anterior não mais produz efeitos. Por sua vez, na revogação tácita, a lei posterior não determina expressamente a revogação da anterior, mas com esta é incompatível ou regula inteiramente a matéria antes tratada.

→ **Atenção**: a conhecida cláusula final "revogam-se as disposições em contrário" é totalmente desnecessária e não significa revogação expressa. Trata-se, sim, de mero reconhecimento redundante de que as regras anteriores incompatíveis com a nova ordem legal ficam automaticamente revogadas.

A revogação equivale à morte da lei. Assim, uma lei regula, em regra, todas as situações ocorridas após o seu nascimento até o momento de sua morte.

O fenômeno jurídico pelo qual a lei regula todas as situações ocorridas durante seu período de vida, isto é, de vigência, denomina-se atividade. A atividade da lei é a regra. Quando a lei regula situações fora de seu período de vigência, ocorre a chamada *extra--atividade*, que é a exceção.

A extra-atividade pode ocorrer com situações passadas ou futuras. Quando a lei regula situações passadas, ou seja, ocorridas antes do início de sua vigência, a extra--atividade denomina-se retroatividade. Por outro lado, quando se aplica mesmo após a cessação de sua vigência, a extra-atividade será chamada de ultra-atividade.

Portanto, conclui-se que a regra é a atividade da lei penal (aplicação apenas durante seu período de vigência), pois uma lei só pode ter eficácia enquanto existir. A exceção é a extra-atividade da lei penal mais benéfica, que comporta duas espécies: a retroatividade e a ultra-atividade.

6.6. Hipóteses de lei posterior

6.6.1. *Abolitio criminis*

Ocorre quando lei posterior deixa de considerar um fato como criminoso. Trata-se de lei posterior que revoga o tipo penal incriminador, passando o fato a ser considerado atípico. Como o comportamento deixou de constituir infração penal, o Estado perde a pretensão de impor ao agente qualquer pena, razão pela qual se opera a extinção da punibilidade, nos termos do art. 107, III, do Código Penal.

Consequências da *abolitio criminis*: o inquérito policial ou o processo são imediatamente trancados e extintos, uma vez que não há mais razão de existir; se já houve sentença condenatória, cessam imediatamente a sua execução e todos os seus efeitos penais, principais e secundários; os efeitos extrapenais, no entanto, subsistem, em face do disposto no art. 2º, *caput*, do Código Penal, segundo o qual cessam apenas os efeitos penais da condenação.

→ **Atenção:** não é possível a ocorrência da *abolitio criminis* por medida provisória que não foi transformada em lei pelo Congresso Nacional, pois o Poder Executivo não tem a prerrogativa de concretizar disposições penais, atribuição essa privativa do Poder Legislativo, assim como inadmite-se *abolitio criminis* pelo costume, que não tem o condão de revogar a lei.

6.6.2. *Novatio legis in mellius*

É a lei posterior (*novatio legis*) que, de qualquer modo, traz um benefício para o agente no caso concreto (*in mellius*). A *lex mitior* (lei melhor) é a lei mais benéfica, seja anterior ou posterior ao fato. Quando posterior, recebe o nome indicado neste item, significando nova lei em benefício do agente.

Tanto na hipótese da *abolitio criminis* quanto na da alteração *in mellius*, a norma penal retroage e aplica-se imediatamente aos processos em julgamento, aos crimes cuja perseguição ainda não se iniciou e, também, aos casos já encerrados por decisão transitada em julgado. Qualquer direito adquirido do Estado com a satisfação do *jus puniendi* é atingido pela nova lei, por força do imperativo constitucional da retroatividade da *lex mitior* (art. 5º, XL).

6.6.2.1. Competência para aplicação da *novatio legis in mellius*

Se o processo estiver em primeira instância, a competência para aplicar a lei mais benéfica será do juiz de primeiro grau encarregado de prolatar a sentença. Se o processo estiver em grau de recurso, recairá sobre o tribunal incumbido de julgar o recurso.

Com relação a aplicação da *novatio legis in mellius* após a sentença condenatória transitada em julgado, poderia surgir a dúvida a respeito da competência para sua aplicação, se do juízo da execução ou do tribunal competente, mediante revisão criminal. Pois bem. De acordo com os arts. 66, I, da Lei de Execução Penal e 13 da Lei de Introdução ao Código de Processo Penal, a competência é do juiz da execução e não do tribunal revisor. Isso porque, além dos dispositivos legais, a aplicação de lei mais benéfica não se enquadra no rol das hipóteses autorizadoras da revisão criminal (CPP, art. 621).

Com base nesses argumentos, foi editada a Súmula 611 do STF, segundo a qual a competência é mesmo do juízo da execução, sendo a revisão criminal meio inadequado para pleitear a aplicação da lei nova mais benigna.

Não há que se falar em ofensa à coisa julgada, pois esta, no juízo penal, opera com a cláusula *rebus sic stantibus* (a decisão permanecerá imutável enquanto o contexto fático se mantiver inalterado). Havendo alteração posterior, caberá ao juiz da execução simplesmente adaptar a decisão à nova realidade.

Alberto Silva Franco, no entanto, chama a atenção para o seguinte ponto: "tal entendimento não pode, contudo, de acordo com a corrente jurisprudencial minoritária, ser acolhido como regra geral, que não admite exceção. É que a aplicação da *lex mitior* não se resume apenas ao mero cancelamento de sanção punitiva (...) ou à simples operação aritmética de redução da pena (...) tarefas que o juiz da execução da pena poderá empreender sem nenhuma dificuldade e com os elementos processuais de que dispõe. Em algumas situações, como, por exemplo, na participação de menor importância ou na participação em fato menos grave, seria mister uma nova definição da conduta do agente, o que forçosamente implicaria um mergulho em profundidade na matéria probatória. Em casos desta ordem, a questão não deveria ser equacionada pelo juiz da execução penal, que não estaria sequer aparelhado, do ponto de vista processual, para o exame da matéria. Entendimento contrário conduziria a transformar o juiz da execução penal num 'super juiz' com competência até para invadir a área privativa da Segunda Instância, alterando qualificações jurídicas definitivamente estatuídas. A revisão criminal, nesses casos, seria mais recomendável"[34].

6.6.3. *Novatio legis in pejus*

É a lei posterior (*novatio legis*) que, de qualquer modo, venha a agravar a situação do agente no caso concreto (*in pejus*). Nesse caso a *lex mitior* (lei melhor) é a lei anterior. A lei menos benéfica, seja anterior, seja posterior, recebe o nome de *lex gravior* (lei mais grave). Esta, quando posterior, tem a denominação que encabeça este item, significando nova lei em prejuízo do agente.

6.6.4. *Novatio legis* incriminadora

É a lei posterior que cria um tipo incriminador, tornando típica conduta considerada irrelevante penal pela lei anterior. Saliente-se que a lei penal mais grave, seja quando cria figura penal até então inexistente, seja quando agrava a pena ou a medida de segurança, não se aplica aos fatos ocorridos antes da sua vigência, em razão da proibição da retroatividade das normas penais materiais mais severas.

Aliás, para se saber se uma norma é ou não de direito material, devemos levar em consideração a natureza e a essência da própria norma, deixando de lado a função da lei que a contenha, já que sabemos que o Código de Processo Penal, bem como a Lei de Execução, por exemplo, contém normas de direito material, assim como o Código Penal contém normas de direito processual.

---

34. *Código Penal*, cit., p. 53-54.

6.6.5. Dúvida quanto à lei mais benéfica

Sempre que houver restrição do *jus puniendi* e, consequentemente, ampliação dos direitos de liberdade do indivíduo, a lei há que ser tida como mais favorável. Toda regra, portanto, que aumente o campo da licitude penal e amplie o espectro de atuação do agente, não só excluindo figuras criminosas, como também refletindo-se sobre a culpabilidade e a antijuridicidade, é considerada *lex mitior*. Do mesmo modo, qualquer regra que diminua ou torne a pena mais branda ou a comute em outra de menor severidade também será mais benéfica. Há, no entanto, situações difíceis de serem solucionadas.

6.7. Combinação de leis

O tema é bastante polêmico, porquanto se argumenta que, ao dividir a norma para aplicar somente a parte mais benéfica, estar-se-ia criando uma terceira regra. Além do que, o Magistrado estaria fazendo o papel de legislador, o que reflete numa violação aos princípios da legalidade, da separação de poderes e da segurança jurídica, em razão de ausência de previsão legal para a conjugação de dispositivos de duas leis diversas naquilo que for mais benéfico para o réu em cada uma delas.

No âmbito da doutrina nacional, Nélson Hungria[35], Aníbal Bruno[36] e Heleno Cláudio Fragoso[37] também entendem não ser possível a combinação de lei anterior e posterior para efeito de extrair de cada uma delas as partes mais benignas ao agente, porque, nesse caso, o juiz estaria legislando.

Em sentido contrário, Basileu Garcia[38] e Damásio E. de Jesus[39] admitem a combinação de leis, sob o argumento de que o juiz, ao realizá-la, não estaria criando lei nova, mas apenas efetuando uma integração normativa perfeitamente possível (quem pode aplicar o todo pode aplicar a parte).

José Frederico Marques, que também adota essa última posição, argumenta: "dizer que o juiz está fazendo lei nova, ultrapassando assim suas funções constitucionais, é argumento sem consistência, pois o julgador, em obediência a princípios de equidade consagrados pela própria Constituição, está apenas movimentando-se dentro dos quadros legais para uma tarefa de integração perfeitamente legítima. O órgão judiciário não está tirando, *ex nihilo*, a regulamentação eclética que deve imperar *hic et nunc*. A norma do caso concreto é construída em função de um princípio constitucional, com o próprio material fornecido pelo legislador. Se ele pode escolher, para aplicar o mandamento da Lei Magna, entre duas séries de disposições legais, a que lhe pareça a mais benigna, não vemos por que se lhe vede a combinação de ambas, para assim aplicar, mais retamente, a Constituição. Se lhe está afeto escolher o 'todo', para que o réu tenha o tratamento penal mais favorável e benigno, nada há que lhe obste selecionar parte de um todo e parte de outro, para cumprir uma regra consti-

---

35. *Comentários ao Código Penal*, 5. ed., Rio de Janeiro, Forense, v. 1, t. 1, p. 120.
36. *Direito penal*; parte geral, 4. ed., Forense, t. 1, p. 270.
37. *Lições de direito penal*; parte geral, 4. ed., Rio de Janeiro, Forense, 1987, p. 106-7.
38. *Instituições de direito penal*, 6. ed., São Paulo, Max Limonad, v. 1, p. 160.
39. *Direito penal*, 23. ed., São Paulo, Saraiva, v. 1, p. 94.

tucional que deve sobrepairar a pruridos de lógica formal. Primeiro a Constituição e depois o formalismo jurídico, mesmo porque a própria dogmática legal obriga a essa subordinação pelo papel preponderante do texto constitucional. A verdade é que não retroagirá a lei mais benéfica, se, para evitar-se a transação e o ecletismo, a parcela benéfica da lei posterior não for aplicada pelo juiz; e este tem por missão precípua velar pela Constituição e tornar efetivos os postulados fundamentais com que ela garante e proclama os direitos do homem"[40].

Vale lembrar que o STJ, rechaçando a combinação de leis, expediu uma súmula acerca do assunto: "É cabível a aplicação retroativa da Lei n. 11.343/2006, desde que o resultado da incidência das suas disposições, na íntegra, seja mais favorável ao réu do que o advindo da aplicação da Lei n. 6.368/1976, sendo vedada a combinação de leis" (Súmula 501/STJ). Com isso, não cabe a aplicação conjugada das citadas leis, devendo ser aplicada integralmente a legislação mais benéfica ao réu.

6.8. *Lex mitior* e o período da *vacatio legis*

Durante o período de *vacatio legis*, a lei ainda não começou a propagar seus efeitos, logo, não pode ter eficácia imediata, nem retroativa, até porque é possível a sua revogação antes mesmo de entrar em vigor, como ocorreu com o art. 263 da Lei 8.069/90 (Estatuto da Criança e do Adolescente), revogado pela Lei de Crimes Hediondos em pleno período de *vacatio legis*. Por essa razão, não haverá aplicação retroativa até a entrada em vigor da lei.

Tal posição, contudo, não é pacífica. Parte da doutrina é favorável à tese da retroatividade da lei mais benéfica no período de *vacatio legis*, entendendo que a lei no citado período se caracteriza como lei posterior, devendo ser aplicada desde logo, se mais favorável ao réu.

Ilustrando, imagine que o agente cometeu um determinado delito no ano de 2019, quando a conduta era apenada com detenção de dois a quatro anos. Em 2021, enquanto o processo estava em trâmite, nova lei modifica a sanção para pena de detenção de um a três anos. Finalmente, em 2023, quando o juiz vai proferir a sentença, surge uma terceira lei, modificando novamente a sanção para dois a cinco anos de reclusão.

Em caso de condenação, seria aplicada a segunda norma, que retroage à data do fato, já que mais benéfica que a primeira (*lex mitior*), e impede a incidência da última, que se mostra mais gravosa (*lex gravior*) em relação a ela.

6.9. Lei interpretativa – possibilidade de retroação

Há duas posições: (i) para Nélson Hungria: "nem mesmo as leis destinadas a explicar ponto duvidoso de outras leis, ou a corrigir equívocos de que estas se ressintam, podem retroagir em desfavor do réu"[41]; (ii) para José Frederico Marques: "a interpretação autêntica, além de se incorporar à lei interpretada, nada cria ou inova. Por isso mesmo tem de ser aplicada *ex tunc*, em face das regras da hermenêutica penal, pois que esta não difere da interpretação das leis extrapenais"[42].

---

40. *Tratado de direito penal*, Campinas, Bookseller, 1997, v. 1, p 256-257.
41. *Comentários*, cit., p. 112.
42. *Tratado*, cit., p. 112.

> **Nosso entendimento:** parece-nos mais acertada a segunda posição.

Entendemos que a lei que aclara ponto duvidoso de norma anterior não cria nova situação, não havendo que se falar em inovação em prejuízo do acusado. Ao contrário, a lei interpretativa limita-se a estabelecer o correto entendimento e o exato alcance da regra anterior, que já deveriam estar sendo aplicados desde o início de sua vigência.

6.10. Tempo do crime para a fixação da lei aplicável

6.10.1. Crimes permanentes e crimes continuados

Em relação aos crimes permanentes, caso a execução tenha início sob o império de uma lei, prosseguindo sob o de outra, aplica-se a mais nova, ainda que menos benigna, pois, como a conduta se protrai no tempo, a todo momento renovam-se a ação e a incidência da nova lei.

Já para os crimes continuados, se uma nova lei intervém no curso da série delitiva, deve ser aplicada, ainda que mais grave, a toda a série continuada.

Nesse sentido, a Súmula 711 do STF, a qual preconiza: "A lei penal mais grave se aplica ao crime continuado ou ao crime permanente, se a sua vigência é anterior à cessação da continuidade ou da permanência".

Então, se uma pessoa recebeu droga em 2006, quando estava em vigor a Lei n. 6.368/76, e a guardava para posterior comércio, quando foi descoberta em 2007, época em que a Lei n. 11.343/2006 estava em vigor, sujeitar-se-á às sanções mais severas da mesma legislação, já que se trata de crime permanente, sendo que o momento consumativo se iniciou na vigência da lei antiga, mas perdurou até a nova lei.

CONFLITO DA LEI PENAL NO TEMPO

- *Irretroatividade "in pejus":* a lei penal não pode retroagir para prejudicar o agente.
- *Retroatividade e ultratividade "in mellius":* poderá, no entanto retroagir em seu benefício.

LEI ANTERIOR	LEI INTERMEDIÁRIA	LEI ANTERIOR
Lei mais grave / *Lex gravior*	Lei mais branda / *Lex mitior* / *novatio legis "in mellius"*	Lei mais severa / *Lex gravior* / *novatio legis "in pejus"*
Fato (ainda que já exista condenação transitada em julgado) *Retroatividade in mellius*	Fato	*Ultratividade "in mellius"* / Sentença ou Execução da pena / **Efeito Carrapato** / Lei mais benigna gruda no fato cometido durante o seu período de vigência e o acompanha mesmo após a sua revogação. Isso ocorre porque a lei posterior, sendo mais gravosa, não pode retroagir para prejudicar o agente. Assim só resta a lei anterior mais benéfica ultra-agir.

7. LEIS DE VIGÊNCIA TEMPORÁRIA

Art. 3º A lei excepcional ou temporária, embora decorrido o período de sua duração ou cessadas as circunstâncias que a determinaram, aplica-se ao fato praticado durante sua vigência.

7.1. Considerações preliminares

Em regra, são leis de curta duração que perderiam toda a sua força intimidativa se não tivessem a ultratividade. As leis de vigência temporária são também chamadas de leis autorrevogáveis, e comportam duas espécies, a lei excepcional e a lei temporária. Senão, vejamos.

(i) Lei excepcional: é a feita para vigorar em períodos anormais, como guerra, calamidades etc. Sua duração coincide com a do período (dura enquanto durar a guerra, a calamidade etc.).

(ii) Lei temporária: é a feita para vigorar em um período de tempo previamente fixado pelo legislador. Traz em seu bojo a data de cessação de sua vigência. É uma lei que desde a sua entrada em vigor está marcada para morrer. Por exemplo, a Lei Geral das Copas — Lei n. 12.663, de 5 de junho de 2012. Em seu art. 36, essa lei traz a seguinte previsão: "Os tipos penais previstos neste Capítulo terão vigência até o dia 31 de dezembro de 2014". Como visto, a letra da lei, que é temporária, já traz a data de encerramento de sua vigência.

7.2. Características

7.2.1. Autorrevogabilidade

São autorrevogáveis. Em regra, uma lei somente pode ser revogada por outra lei, posterior, que a revogue expressamente, que seja com ela incompatível ou que regule integralmente a matéria nela tratada (LINDB, art. 2º, § 1º). As leis de vigência temporária constituem exceção a esse princípio, visto que perdem sua vigência automaticamente, sem que outra lei as revogue. A temporária se autorrevoga na data fixada em seu próprio texto; a excepcional, quando se encerrar o período anormal. Neste último caso, tal data é incerta, pois nunca se sabe exatamente quando a situação se encerrou (nunca se sabe ao certo quando a calamidade ou epidemia foi controlada, quando a guerra ou rebelião acabou, e assim por diante).

7.2.2. Ultratividade

A ultratividade significa a possibilidade de uma lei se aplicar a um fato cometido durante a sua vigência, mesmo após a sua revogação (a lei adere ao fato como se fosse um carrapato, acompanhando-o para sempre, mesmo após a sua morte).

O art. 5º, XL, da CF consagrou o princípio da ultratividade *in mellius*. Assim, por exemplo, se um sujeito praticara um homicídio qualificado antes da entrada em vigor da Lei n. 8.930, de 6 de setembro de 1994, que passou a considerá-lo crime hediondo, continuava tendo direito ao benefício da anistia, graça e indulto, já que a nova lei, por ser prejudicial, não podia retroagir para vedar a concessão de tais benefícios.

No caso das leis de vigência temporária, porém, a ultratividade é um pouco diferente: ela ocorre sempre, ainda que prejudique o réu. Assim, um fato praticado sob a vigência de uma lei temporária ou excepcional continuará sendo por ela regulado, mesmo após sua autorrevogação e ainda que prejudique o agente. Por exemplo: durante um surto epidêmico, cria-se um delito para aquele que omitir a notificação da varíola. Erradicada essa doença, cessa a vigência da norma excepcional, entretanto, não se poderá falar em *abolitio criminis*, pois a lei transitória incriminadora continuará alcançando o autor do crime, mesmo depois da cessação de sua vigência.

Tal aplicação implica restrição ao princípio da retroatividade *in mellius*, previsto no art. 5º, XL, da CF, pois a nova lei mais benéfica fica impedida de retroagir. Isto se justifica porque, do contrário, ninguém respeitaria a norma transitória, na convicção de que, mais cedo ou mais tarde, ela desapareceria. Restringe-se, portanto, um princípio constitucional para se garantir outro, qual seja, o de que as leis devem proteger eficazmente os bens jurídicos (CF, art. 5º, *caput*).

7.3. Hipótese de retroatividade da lei posterior

Vale destacar que, quando a lei posterior for mais benéfica e fizer expressa menção ao período anormal ou ao tempo de vigência, passará a regular o fato praticado sob a égide da lei temporária ou excepcional.

7.4. Alteração do complemento da norma penal em branco

Questão interessante versa sobre a revogação do complemento dessas normas, como no caso da exclusão de uma substância entorpecente da relação administrativa do Ministério da Saúde ou da redução do preço constante de uma tabela oficial. Agora, resta saber se haveria retroatividade em benefício do agente.

Quando o complemento da norma penal em branco advém da mesma fonte legislativa, ou seja, também for lei, sua revogação retroagirá em benefício do agente, tornando atípico o fato cometido. Exemplo: se o legislador excluiu do rol dos impedimentos para o casamento um determinado fato, tal reflete-se na figura típica do art. 237 do CP (contrair casamento com violação a impedimento dirimente), beneficiando o agente, extinguindo sua punibilidade. Nesse caso, a modificação da lei complementadora altera a própria estrutura da figura típica, pois demonstra que o agente não violou impedimento algum.

Agora, quando o complemento for de origem legislativa diversa, ou seja, ato normativo infralegal, sua supressão somente repercutirá sobre a conduta quando a norma complementar não tiver sido editada em uma situação temporária ou de excepcionalidade. Assim, no caso do crime previsto no art. 2º, VI, da Lei n. 1.521/51 (Lei de Economia Popular), consistente na venda de gêneros acima das tabelas de preços oficiais, será irrelevante a futura supressão do tabelamento, porque não haverá qualquer repercussão sobre a realização da figura típica básica. Em outras palavras, independentemente do atual valor constante da tabela ou da sua inexistência, foi cometido o crime descrito na Lei de Economia Popular. Não houve qualquer abalo na estrutura típica da conduta básica, uma vez que, com ou sem a revogação do complemento, o agente continuou vendendo o gênero acima da tabela vigente à época.

Na hipótese, entretanto, de crime previsto na Lei de Drogas (Lei n. 11.343/2006), por exemplo, art. 33, *caput* e § 1º (tráfico ilícito de drogas), a exclusão da substância da relação constante da Portaria n. 344, de 12 de maio de 1998, do Serviço de Vigilância Sanitária do Ministério da Saúde, torna o fato atípico. É que a sua exclusão da relação complementadora da norma repercute diretamente sobre o tipo penal, alterando a estrutura da figura típica. O agente deixou de ter cometido tráfico de drogas porque a substância não é considerada como tal.

> **Nosso entendimento:** ocorrendo modificação posterior *in mellius* do complemento da norma penal em branco, para saber se haverá ou não retroação, é imprescindível verificar se o complemento revogado tinha ou não as características de temporariedade.

Vejamos a hipótese da violação das tabelas oficiais. Quando a Lei de Economia Popular prevê como crime desobedecer às tabelas de preços, está-se referindo àquelas existentes ao tempo da infração penal, como se dissesse: "é crime afrontar o tabelamento existente à época". Pouco importa que o valor venha a ser aumentado posteriormente, pois o que se pretendia era a observância da imposição vigente ao tempo do crime. Por essa razão, não se opera a retroatividade *in mellius*, nem é afetada a estrutura do tipo.

No caso da Lei de Drogas, contrariamente, se a substância deixou de integrar o rol do Ministério da Saúde, é porque, posteriormente, veio a entender-se que ela não causava dependência física ou psíquica. Ora, se não causa agora, não é razoável supor que antes provocava; logo, o material jamais poderia ter sido algum dia considerado entorpecente. Não havia nenhum caráter de temporariedade na enumeração do Ministério da Saúde. A proibição não era dirigida a um período específico, como no caso do tabelamento. A Lei de Drogas não diz "é crime consumir droga durante um determinado período", mas simplesmente "se a substância for considerada entorpecente, é crime consumi-la". Por essa razão, opera-se a retroatividade. A estrutura típica é modificada e desaparece a elementar "substância entorpecente ou que determina dependência física ou psíquica".

Igualmente, na hipótese do art. 237 do Código Penal, quando o Código Civil proíbe o casamento de filho com mãe, não está estabelecendo um impedimento para "*hoje, esta semana ou este ano*". A proibição é definitiva. Desse modo, se houver supressão do complemento em benefício do agente, haverá retroação, pois, dado o seu caráter definitivo, qualquer alteração modificará a própria estrutura do tipo.

Por exemplo, o atual Código Civil não repetiu um dos impedimentos absolutamente dirimentes previstos no Diploma anterior, qual seja, o casamento do cônjuge adúltero com o corréu condenado por este crime (CC de 1916, art. 183, VII). À vista disso, operou-se verdadeira *abolitio criminis*, que retroage em benefício dos agentes.

Do mesmo modo, em relação ao art. 236 do Código Penal, que tipifica a conduta de casar, induzindo em erro essencial o outro contraente, o Código Civil eliminou a hipótese do desconhecimento do marido de defloramento da mulher (antigo CC, art. 219, IV), devendo também retroagir em benefício do agente.

ULTRATIVIDADE "IN PEJUS" DAS LEIS TEMPORÁRIAS E EXCEPCIONAIS

Obs.: Este fenômeno é uma exceção ao princípio constitucional de que a lei penal mais benéfica pode retroagir para beneficiar o agente. No caso, a lei temporária ou excepcional continua a regular o fato e a punir o agente, mesmo após a sua revogação, de modo que a nova ordem jurídica não pode ser aplicada retroativamente ao fato praticado sob a égide das leis de vigência temporária.

Em suma, quando se vislumbrar no complemento a característica da temporariedade, típica das normas de vigência temporária, também se operará a sua ultratividade. Nessa hipótese, o comando legal era para que a norma não fosse desobedecida naquela época, de maneira que quaisquer modificações ulteriores serão impassíveis de alterar a estrutura do tipo. Ao contrário, quando inexistir a característica da temporariedade, haverá retroatividade *in mellius*. Finalmente, ante o exposto, não interessa se o complemento advém de lei ou de ato infralegal, pois a retroatividade depende exclusivamente do caráter temporário ou definitivo da norma.

8. TEMPO DO CRIME E CONFLITO APARENTE DE NORMAS

Art. 4º Considera-se praticado o crime no momento da ação ou omissão, ainda que outro seja o momento do resultado.

8.1. Teorias sobre o momento do crime

Existem três teorias que versam sobre o momento do crime, quais sejam, **(i) teoria da atividade:** o crime reputa-se praticado no momento da conduta comissiva ou omissiva; **(ii) teoria do resultado:** o crime é praticado no momento da produção do resultado; **(iii) teoria da ubiquidade ou mista:** o crime considera-se praticado no momento da conduta e no momento do resultado.

O Código Penal adotou a teoria da atividade. Como consequência principal, a imputabilidade do agente deve ser aferida no momento em que o crime é praticado, pouco importando a data em que o resultado venha a ocorrer.

Ilustrando, um menor com 17 anos e 11 meses esfaqueia uma senhora, que vem a falecer, em consequência desses golpes, 3 meses depois. Não responde pelo crime, pois era inimputável à época da infração.

No caso de crime permanente, como a conduta se prolonga no tempo, o agente responderia pelo delito. Assim, se o menor, com a mesma idade da hipótese anterior, em vez de matá-la, sequestrasse a senhora, mantendo-a em cativeiro, e fosse preso em flagrante 3 meses depois, responderia pelo crime, pois o estaria cometendo na maioridade.

→ **Atenção**: em matéria de prescrição, o Código Penal adotou a teoria do resultado.

Dessa forma, o lapso prescricional começa a correr a partir da consumação, e não do dia em que se deu a ação delituosa (CP, art. 111, I). Entretanto, em se tratando de redução de prazo prescricional, no caso de criminoso menor de 21, aplica-se a teoria da atividade (CP, art. 115, primeira parte).

Importante destacar a regra do inciso V do art. 111 do CP, que traz como início da contagem do prazo prescricional da prescrição da pretensão punitiva, nos crimes contra a dignidade sexual ou que envolvam violência contra a criança e adolescente, a data em que a vítima completar 18 (dezoito) anos, salvo se a esse tempo já houver sido proposta a ação penal[43].

8.2. Conflito aparente de normas

8.2.1. Conceito

É o conflito que se estabelece entre duas ou mais normas aparentemente aplicáveis ao mesmo fato. Há conflito porque mais de uma pretende regular o fato, mas é aparente, porque, com efeito, apenas uma delas acaba sendo aplicada à hipótese.

8.2.2. Elementos

Para que se configure o conflito aparente de normas é necessária a presença de certos elementos:

(i) unidade do fato (há somente uma infração penal);

(ii) pluralidade de normas (duas ou mais normas pretendendo regulá-lo);

(iii) aparente aplicação de todas as normas à espécie (a incidência de todas é apenas aparente);

(iv) efetiva aplicação de apenas uma delas (somente uma é aplicável, razão pela qual o conflito é aparente).

8.2.3. Princípios que solucionam o conflito aparente de normas

Como dissemos há pouco, o conflito que se estabelece entre as normas é apenas aparente, porque, na realidade, somente uma delas acaba regulamentando o fato, ficando afastadas

---

43. Alteração trazida pela Lei "Henry Borel": Lei n. 14.344/2022.

as demais. A solução dá-se pela aplicação de alguns princípios, os quais, ao mesmo tempo em que afastam as normas não incidentes, apontam aquela que realmente regulamenta o caso concreto. Esses princípios são chamados de "princípios que solucionam o conflito aparente de normas". São quatro, quais sejam, especialidade; subsidiariedade; consunção; alternatividade.

8.2.3.1. Princípio da especialidade – *lex specialis derogat generali*

Especial é a norma que possui todos os elementos da geral e mais alguns, denominados especializantes, que trazem um *minus* ou um *plus* de severidade[44]. É como se tivéssemos duas caixas praticamente iguais, em que uma se diferenciasse da outra em razão de um laço, uma fita ou qualquer outro detalhe que a torne especial. Entre uma e outra, o fato se enquadra naquela que tem o algo a mais.

O infanticídio tem tudo o que o homicídio tem, e mais alguns elementos especializantes: a vítima não pode ser qualquer "alguém", mas o próprio filho da autora + o momento do crime deve se dar durante o parto ou logo após + a autora deve estar sob influência do estado puerperal.

O tráfico internacional de drogas se distingue do contrabando porque se refere, especificamente, a um determinado tipo de mercadoria proibida, qual seja, a substância entorpecente.

A subtração de incapazes se diferencia do sequestro porque pressupõe que a vítima seja, especificamente, menor de 18 anos ou interdito, e deve ser subtraída de quem tem a sua guarda em virtude de lei ou ordem judicial.

O estupro é o constrangimento ilegal com uma finalidade específica: submeter alguém a atos de cunho libidinoso (embora também se possa cogitar do princípio da subsidiariedade nesse caso, como adiante se verá).

Tem-se assim, um único fato, o qual na dúvida entre uma caixa comum (a norma genérica) e uma com elementos especiais, opta pela última. Concluindo, a lei especial prevalece sobre a geral, a qual deixa de incidir sobre aquela hipótese.

8.2.3.1.1. Aplicação

Para se saber qual norma é geral e qual é especial, não é preciso analisar o fato concreto praticado, sendo suficiente que se comparem abstratamente as descrições contidas nos tipos penais. Com efeito, da mera leitura das definições típicas já se sabe qual norma é especial.

Outro dado de relevo é o de que a comparação entre as leis não se faz da mais grave para a menos grave, nem da mais completa para a menos completa. A norma especial pode descrever tanto um crime mais leve quanto um mais grave. Não é uma relação de parte a todo, de conteúdo para continente, de menos para mais amplo. É simplesmente de geral para especial. Conforme já dito, é como se tivéssemos duas caixas diferenciadas uma da outra apenas por um laço ou enfeite especializante. A norma especial não é necessariamente mais grave ou mais ampla que a geral, ela é, apenas, especial.

---

44. Nesse sentido, Damásio E. de Jesus, *Direito penal*, cit., 25. ed., p. 109, e Nélson Hungria, *Comentários*, cit., 4. ed., v. 1, t. 1, p. 138.

Ilustrando, a norma do art. 123 do Código Penal, que trata do infanticídio, prevalece sobre a do art. 121, que cuida do homicídio, porque possui, além dos elementos genéricos deste último, os seguintes especializantes: "próprio filho", "durante o parto ou logo após" e "sob a influência do estado puerperal". O infanticídio não é mais completo nem mais grave, ao contrário, é bem mais brando do que o homicídio. É, no entanto, especial em relação àquele.

Sob outro aspecto, na conduta de importar cocaína, aparentemente duas normas se aplicam: a do art. 334-A do Código Penal, definindo o delito de contrabando (importar ou exportar mercadoria proibida, e a do art. 33, *caput*, da Lei n. 11.343/2006 (importar drogas, ainda que gratuitamente, sem autorização legal ou em desacordo com determinação legal ou regulamentar). O tipo incriminador previsto na Lei de Drogas, embora bem mais grave, é especial em relação ao contrabando. Assim, a importação de qualquer mercadoria proibida configura o delito de contrabando, mas, se ela for substância psicotrópica, esse elemento especializante afastará a incidência do art. 334-A do Código Penal.

Nesta mesma linha, a jurisprudência, ao afirmar que quem traz consigo comprimidos com princípios ativos descritos nas listas da Portaria MS/SVS n. 344/98 e atualizações da ANVISA, responde pelo crime de tráfico de entorpecentes (art. 33, Lei n. 11.343/2006), impossibilitando a aplicação do crime de contrabando, que fica absorvido por aquele.

8.2.3.1.2. Tipo fundamental e tipos derivados

O tipo fundamental é excluído pelo qualificado ou privilegiado, também por força do princípio da especialidade, já que os tipos derivados possuem todos os elementos do básico, mais os especializantes. Assim, o furto privilegiado e o qualificado prevalecem sobre o simples.

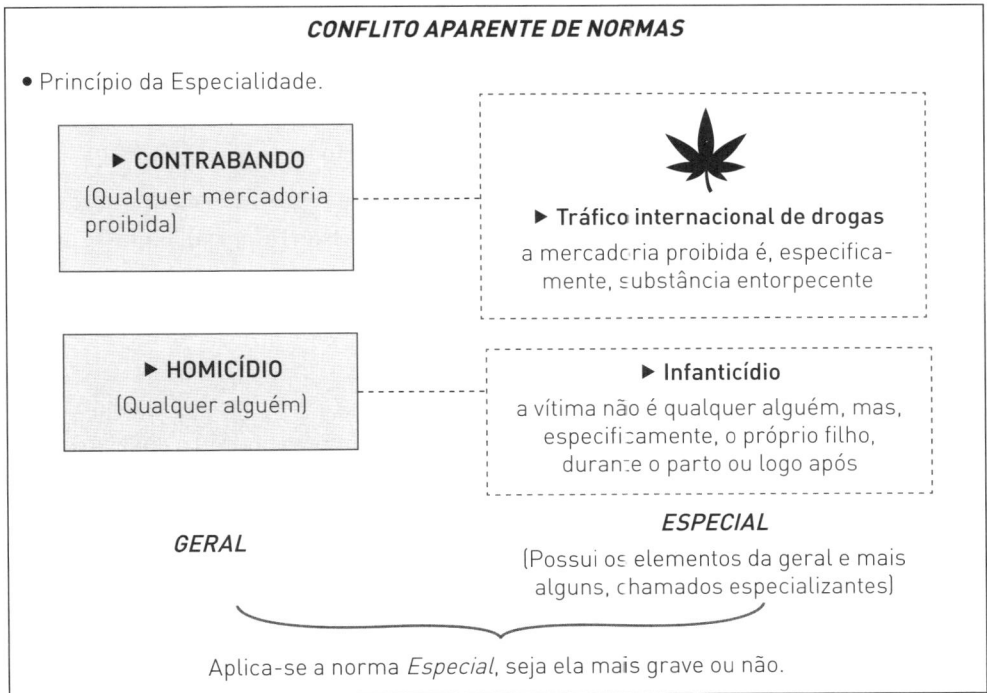

CONFLITO APARENTE DE NORMAS

• Princípio da Especialidade.

▶ CONTRABANDO
(Qualquer mercadoria proibida)

▶ Tráfico internacional de drogas
a mercadoria proibida é, especificamente, substância entorpecente

▶ HOMICÍDIO
(Qualquer alguém)

▶ Infanticídio
a vítima não é qualquer alguém, mas, especificamente, o próprio filho, durante o parto ou logo após

GERAL

ESPECIAL
(Possui os elementos da geral e mais alguns, chamados especializantes)

Aplica-se a norma *Especial*, seja ela mais grave ou não.

8.2.3.2. Princípio da subsidiariedade – *lex primaria derogat subsidiariae*

Subsidiária é aquela que descreve um grau menor de violação de um mesmo bem jurídico, isto é, um fato menos amplo e menos grave, o qual, embora definido como delito autônomo, encontra-se também compreendido em outro tipo como fase normal de execução de crime mais grave. Define, portanto, como delito independente conduta que funciona como parte de um crime maior.

Dessa forma, se for cometido o fato mais amplo, duas normas aparentemente incidirão: aquela que define esse fato e a outra que descreve apenas uma parte ou fase dele. A norma que descreve o "todo", isto é, o fato mais abrangente, é conhecida como primária e, por força do princípio da subsidiariedade, absorverá a menos ampla, que é a norma subsidiária, justamente porque esta última cabe dentro dela. A norma primária não é especial, é mais ampla.

O crime de ameaça (CP, art. 147) cabe no de constrangimento ilegal mediante ameaça (CP, art. 146), o qual, por sua vez, cabe dentro da extorsão (CP, art. 158). O sequestro (CP, art. 148) no de extorsão mediante sequestro (CP, art. 159). O disparo de arma de fogo (Lei n. 10.826/2003, art. 15) cabe no de homicídio cometido mediante disparos de arma de fogo (CP, art. 121).

Há um único fato, o qual por ser maior do que a norma subsidiária, só se pode encaixar na primária.

→ **Atenção:** frise-se, no entanto, que há casos em que tanto se pode aplicar o princípio da especialidade quanto o da subsidiariedade.

O roubo e o estupro são especiais em relação ao constrangimento ilegal, mas também são mais amplos, já que este último cabe tanto num quanto no outro.

Dessa forma, temos que a norma primária prevalece sobre a subsidiária, que passa a funcionar como um soldado de reserva (expressão de Nélson Hungria). Tenta-se aplicar a norma primária, e somente quando isso não se ajustar ao fato concreto, recorre-se subsidiariamente à norma menos ampla.

8.2.3.2.1. Aplicação

Para a aplicação do princípio da subsidiariedade, é imprescindível a análise do caso concreto, sendo insuficiente a mera comparação abstrata dos tipos penais, como se dá no princípio da especialidade. Com efeito, da mera leitura de tipos não se saberá qual deles deve ser aplicado ao caso concreto.

Antes de mais nada, é necessário verificar qual crime foi praticado e qual foi a intenção do agente, para só então saber qual norma incidirá. Em segundo lugar, na subsidiariedade não existem elementos especializantes, mas descrição típica de fato mais abrangente e mais grave. O referencial é, portanto, diferente. Uma norma é mais ampla do que a outra, mas não necessariamente especial.

A comparação se faz de parte a todo, de conteúdo para continente, de menos para mais amplo, de menos para mais grave, de *minus* a *plus*. Um fato (subsidiário) está dentro do outro (primário). É como se tivéssemos duas caixas de tamanhos diferentes, uma (a subsidiária) cabendo na outra (primária).

Ilustrando, o agente efetua disparos de arma de fogo sem, no entanto, atingir a vítima. Aparentemente três normas são aplicáveis: o art. 132 do Código Penal (periclitação da vida ou saúde de outrem); o art. 15 da Lei n. 10.826/2003 (disparo de arma de fogo); e o art. 121 c/c o art. 14, II, do Código Penal (homicídio tentado). O tipo definidor da tentativa de homicídio descreve um fato mais amplo e mais grave, dentro do qual cabem os dois primeiros.

Assim, se ficar comprovada a intenção de matar, aplica-se a norma primária, qual seja, a da tentativa branca de homicídio; não demonstrada a *voluntas sceleris* (*animus necandi*), o agente responderá pelo crime de disparo, o qual é considerado mais grave do que a periclitação.

8.2.3.2.2. Espécies

São duas:

(i) Expressa ou explícita: a própria norma reconhece expressamente seu caráter subsidiário, admitindo incidir somente se não ficar caracterizado fato de maior gravidade. Exemplos: o tipo penal previsto no art. 132 do Código Penal estabelece sua incidência "se o fato não constitui crime mais grave"; o art. 129, § 3º, do Estatuto Repressivo, ao definir a lesão corporal seguida de morte, afirma incidir se "(...) as circunstâncias evidenciam que o agente não quis o resultado, nem assumiu o risco de produzi-lo"; e o art. 21 da Lei das Contravenções Penais, que prevê as vias de fato, reconhece: "(...) se o fato não constitui crime".

(ii) Tácita ou implícita: a norma nada diz, mas, diante do caso concreto, verifica-se sua subsidiariedade. Exemplo: mediante emprego de violência, a vítima é constrangida a entregar a sua carteira ao autor. Incidem aparentemente o tipo definidor do roubo (norma primária) e o do constrangimento ilegal (norma subsidiária). Da mera comparação entre os tipos, sem que a lei nada diga, resulta, porém, a prevalência do art. 157 sobre o art. 146. Assim, também, no caso da ameaça em relação ao constrangimento ilegal.

8.2.3.2.3. Diferença entre especialidade e subsidiariedade

Na especialidade, é como se tivéssemos duas caixas, cuja diferença seria algum detalhe existente em uma e não constante na outra, tal como um laço vermelho ou um papel de embrulho; na subsidiariedade há duas caixas idênticas, só que uma, menor, cabe na outra.

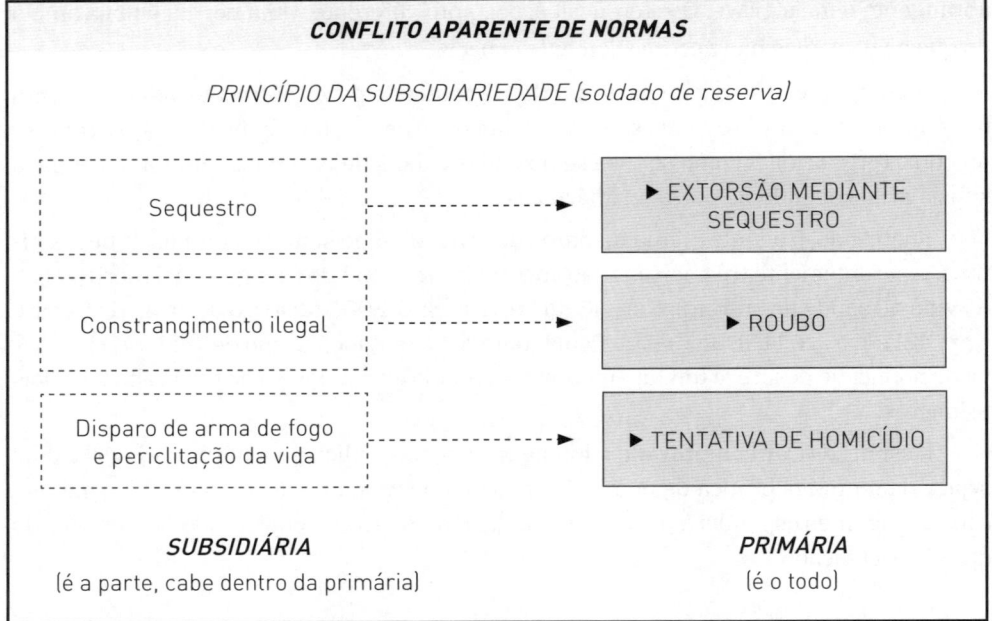

CONFLITO APARENTE DE NORMAS

PRINCÍPIO DA SUBSIDIARIEDADE (soldado de reserva)

Sequestro	⟶	▶ EXTORSÃO MEDIANTE SEQUESTRO
Constrangimento ilegal	⟶	▶ ROUBO
Disparo de arma de fogo e periclitação da vida	⟶	▶ TENTATIVA DE HOMICÍDIO

SUBSIDIÁRIA
(é a parte, cabe dentro da primária)

PRIMÁRIA
(é o todo)

8.2.3.3. Princípio da consunção – *lex consumens derogat consumptae*

É o princípio segundo o qual um fato mais amplo e mais grave consome, isto é, absorve, outros fatos menos amplos e graves, que funcionam como fase normal de preparação ou execução ou como mero exaurimento. Costuma-se dizer: "o peixão (fato mais abrangente) engole os peixinhos (fatos que integram aquele como sua parte)".

8.2.3.3.1. Aplicação

É muito tênue a linha diferenciadora que separa a consunção da subsidiariedade. Na verdade, a distinção está apenas no enfoque dado na incidência do princípio. Na subsidiariedade, em função do fato concreto praticado, comparam-se as normas para se saber qual é a aplicável. Na consunção, sem recorrer às normas, comparam-se os fatos, verificando-se que o mais grave absorve todos os demais. O fato principal absorve o acessório, sobrando apenas a norma que o regula. A comparação, portanto, é estabelecida entre fatos e não entre normas, de maneira que o mais perfeito, o mais completo, o "todo", prevalece sobre a parte.

Aqui, ao contrário da especialidade e da subsidiariedade, não há um fato único buscando se enquadrar numa ou noutra norma, mas uma sequência de situações diferentes no tempo e no espaço, ou seja, uma sucessão de fatos, na qual o fato mais grave absorve o menor. O peixão engole o peixe, que engole o peixinho, que engole o girino. Desta forma, como todos vão parar na barriga do peixão, só ele e a sua norma restarão. Não é a norma que absorve a outra, mas o fato que consome os demais, fazendo com que só reste uma norma.

Ilustrando, um sujeito dirige perigosamente (direção perigosa) até provocar, dentro do mesmo contexto fático, um acidente fatal (homicídio culposo no trânsito). Neste caso, o peixe "direção perigosa" é absorvido pelo peixão "homicídio culposo", restando apenas este último crime e, por conseguinte, a norma que o define. Evita-se, assim, o *bis in idem*, pois o fato menor estaria sendo punido duas vezes: como parte de um todo (a direção perigosa integrou a fase de execução do delito culposo contra a vida) e como crime autônomo.

Utilizando uma metáfora para melhor explicar: um sujeito, irritado com um cachorrinho que lhe acena, quer que o rabinho pare de balançar. Para tanto, saca de sua pistola e estoura os miolos daquele pequeno cão. Ora, ao matar o cão, matou o seu rabinho, que não vai mais balançar. Assim é a consunção, punindo o todo, já puniu também a parte.

8.2.3.3.2. Hipóteses em que se verifica a consunção

8.2.3.3.2.1. *Crime progressivo*

A primeira hipótese se dá no crime progressivo. O crime progressivo ocorre quando o agente, objetivando, desde o início, produzir o resultado mais grave, pratica, por meio de atos sucessivos, crescentes violações ao bem jurídico. Há uma única conduta comandada por uma só vontade, mas compreendida por diversos atos (crime plurissubsistente). O último ato, causador do resultado inicialmente pretendido, absorve todos os anteriores, que acarretaram violações em menor grau.

Por exemplo, revoltado porque sua esposa lhe serviu sopa fria, após um longo e cansativo dia de trabalho, o marido arma-se de um pedaço de pau e, desde logo, decidido a cometer o homicídio (uma única vontade), desfere inúmeros golpes contra a cabeça da vítima até matá-la (vários atos). Como se nota, há uma única ação, isto é, um único crime (um homicídio), comandado por uma única vontade (a de matar), mas constituído por vários atos, progressivamente mais graves.

Aplicando-se o princípio da consunção, temos que o último golpe, causador do resultado letal, absorve os anteriores (peixão engole peixinhos), respondendo o agente somente pelo homicídio (as lesões corporais são absorvidas).

Em suma, o agente só responde pelo resultado mais grave, ficando absorvidas as lesões anteriores ao bem jurídico.

8.2.3.3.2.1.1. Elementos

São quatro:

(i) unidade de elemento subjetivo (desde o início, há uma única vontade);

(ii) unidade de fato (há um só crime, comandado por uma única vontade);

(iii) pluralidade de atos (se houvesse um único ato, não haveria que se falar em absorção);

(iv) progressividade na lesão ao bem jurídico (os atos violam de forma cada vez mais intensa o bem jurídico, ficando os anteriores absorvidos pelo mais grave).

8.2.3.3.2.2. *Crime complexo*

A segunda hipótese se dá no crime complexo, sendo este o que resulta da fusão de dois ou mais delitos autônomos, que passam a funcionar como elementares ou circunstâncias no tipo complexo.

Dessa forma, o fato complexo absorve os fatos autônomos que o integram, prevalecendo o tipo resultante da reunião daqueles. Exemplo, latrocínio (constituído pelo roubo + homicídio).

Aplica-se o princípio da consunção, porque os fatos componentes do tipo complexo ficam absorvidos pelo crime resultante de sua fusão (o autor somente responde pelo latrocínio, ficando o roubo e o homicídio absorvidos).

8.2.3.3.2.3. *Progressão criminosa*

Compreende três subespécies:

8.2.3.3.2.3.1. Progressão criminosa em sentido estrito

Nessa hipótese, o agente deseja inicialmente produzir um resultado e, após atingi-lo, decide prosseguir e reiniciar sua agressão produzindo uma lesão mais grave.

Distingue-se do crime progressivo, porque, enquanto neste há unidade de desígnios (desde logo o agente já quer o resultado mais grave), na progressão criminosa ocorre pluralidade de elemento subjetivo, ou seja, pluralidade de vontades (inicialmente quer um resultado e, após atingi-lo, muda de ideia e resolve provocar outro de maior gravidade).

No exemplo dado para o crime progressivo, imaginemos que o marido queira inicialmente ferir sua esposa, isto é, cometer um crime de lesão corporal. Posteriormente, com a vítima já prostrada ao solo, surge a intenção de matá-la, o que acaba sendo feito. Desse modo, no crime progressivo há um só crime, comandado por uma única vontade, no qual o ato final, mais grave, absorve os anteriores, ao passo que na progressão criminosa há mais de uma vontade, correspondente a mais de um crime, ficando o crime mais leve absorvido pelo de maior gravidade.

Portanto, embora haja condutas distintas (cada sequência de atos comandada pela vontade corresponde a uma conduta, logo, para cada vontade, uma conduta), o agente só responde pelo fato final, mais grave. Os fatos anteriores ficam absorvidos.

8.2.3.3.2.3.1.1. Elementos

(i) Pluralidade de desígnios (o agente inicialmente deseja praticar um crime e, após cometê-lo, resolve praticar outro de maior gravidade, o que demonstra existirem duas ou mais vontades);

(ii) Pluralidade de fatos (ao contrário do crime progressivo, em que há um único fato delituoso composto de diversos atos, na progressão criminosa existe mais de um crime, correspondente a mais de uma vontade);

(iii) Progressividade na lesão ao bem jurídico (o primeiro crime, isto é, a primeira sequência voluntária de atos, provoca uma lesão menos grave do que o último e, por essa razão, acaba por ele absorvido).

8.2.3.3.2.3.2. Fato anterior (*ante factum*) não punível

Sempre que um fato anterior menos grave for praticado como meio necessário para a realização de outro mais grave, ficará por este absorvido.

Note que o fato anterior que integra a fase de preparação ou de execução somente será absorvido se for de menor gravidade (somente o "peixinho" é engolido pelo "peixão", e não o contrário).

> **Nosso entendimento:** neste passo, entendemos por equivocada a súmula 17 do Superior Tribunal de Justiça, segundo a qual o crime de falso é absorvido pelo estelionato, quando nele se exaure (peixinho – art. 171 do CP – engole o peixão – art. 297 do CP). Em casos dessa natureza, o agente deve responder pelos dois crimes.

De acordo com esse entendimento sumular, o falso é absorvido pelo estelionato quando neste exaure a sua potencialidade lesiva. Ilustrando, se o agente falsifica uma carteira de identidade e com ela comete um estelionato, o crime de falso estaria absorvido pelo estelionato, respondendo o agente apenas por este último crime.

Conforme nossa posição, já explicitada, entendemos que o agente deve responder pelos dois crimes, pois o documento falsificado poderá ser usado em inúmeras outras fraudes. Se, contudo, falsificasse a assinatura de um fólio de cheque e o passasse a um comerciante, só responderia pelo estelionato, pois não poderia usar aquela folha falsa em nenhuma outra fraude.

O que se critica é que o falso, crime mais grave, não poderia ser absorvido pelo estelionato. Aplicou-se, entretanto, no caso, a progressão criminosa, na modalidade fato anterior não punível.

8.2.3.3.2.3.3. Fato posterior (*post factum*) não punível

Ocorre quando, após realizada a conduta, o agente pratica novo ataque contra o mesmo bem jurídico, visando apenas tirar proveito da prática anterior. O fato posterior é tomado como mero exaurimento. Exemplo: após o furto, o agente vende ou destrói a coisa.

→ **Atenção:** há uma regra que auxilia na aplicação do princípio da consunção, segundo a qual, quando os crimes são cometidos no mesmo contexto fático, opera-se a absorção do menos grave pelo de maior gravidade. Sendo destacados os momentos, responderá o agente por todos os crimes em concurso.

CONFLITO APARENTE DE NORMAS

▶ *Princípio da Consunção*

O fato maior (salvo raras exceções) absorve, engole, consome o fato menor, de modo que somente sobra a norma que o regula.

OBS.: É imprescindível que tudo se desenvolva dentro do mesmo contexto.

Peixão engole peixe, que engole peixinho, que engole alevino.

O homicídio absorve as lesões graves, que absorvem as lesões leves, que absorvem as vias de fato. No final, só resta o fato maior, homicídio.

Outras hipóteses:

▶ Falsifica documento para aplicar um golpe: o estelionato absorve o falso (Súmula 17 do STJ).

▶ Porte ilegal, disparo da arma de fogo e homicídio doloso: se tudo ocorreu no mesmo contexto, o homicídio absorve os fatos anteriores.

Assim, por exemplo, se o sujeito é agredido em um boteco e, jurando vingança, dirige-se ao seu domicílio ali nas proximidades, arma-se e retorna ao local, logo em seguida, para matar seu algoz, não responderá pelo porte ilegal e disparo da arma de fogo em concurso com o homicídio doloso, já que tudo se passou na mesma cena, em um mero desdobramento de ações até o resultado final.

Neste caso, o porte e o disparo integram o homicídio como parte de seu *iter criminis*, de maneira que os punir autonomamente implicaria *bis in idem* inaceitável, pois já foram punidos como partes de um todo (a ação homicida). Ao contrário, se um larápio perambula a noite inteira com um revólver pelas ruas, até que, ao nascer do sol, encontra uma desafortunada vítima, a qual vem a assaltar, haverá concurso de crimes entre o porte ilegal e o roubo, dada a diversidade dos momentos consumativos e dos contextos em que os delitos foram cometidos.

8.2.3.4. Princípio da alternatividade

Ocorre quando a norma descreve várias formas de realização da figura típica, em que a realização de uma ou de todas configura um único crime. São os chamados tipos mistos alternativos, os quais descrevem crimes de ação múltipla ou de conteúdo variado. Exemplo, o art. 33, *caput*, da Lei n. 11.343/2006 (Lei de Drogas), que descreve dezoito formas de prática do tráfico ilícito de drogas, mas tanto a realização de uma quanto a de várias modalidades configurará sempre um único crime.

> **Nosso entendimento:** relevante trazer uma crítica, pois entendemos que não há propriamente conflito entre normas, mas conflito interno na própria norma. Além do mais, o princípio da consunção resolve com vantagem o mesmo problema.

Ilustrando, se o agente importa heroína, transporta maconha e vende ópio, não resta dúvida de que cometeu três crimes diferentes e vai responder por eles em concurso material. Então, não há que se falar em alternatividade, porque não existe nexo causal entre as condutas. Ora, existindo relação de causalidade entre as condutas, como no caso de um agente que importa, transporta, expõe à venda e vende maconha, haverá um único crime, não por aplicação do princípio da alternatividade, mas da consunção.

Em verdade, a alternatividade nada mais representa do que a aplicação do princípio da consunção, com um nome diferente. Com efeito, no citado caso do art. 33, *caput*, da Lei de Drogas (Lei n. 11.343/2006), se o agente importa cocaína, transporta esta droga e depois a vende, ninguém põe em dúvida tratar-se de um só delito de tráfico, ficando as figuras posteriores do transporte e da venda absorvidas pela importação (delito mais grave).

Neste caso, foi o nexo de causalidade entre os comportamentos e a similitude dos contextos fáticos que caracterizou a absorção dos peixes menores pelo peixão do tráfico internacional (importação de droga). Isto nada mais é do que a incidência da teoria do *post factum* não punível, hipótese de consunção.

Em contrapartida, se o agente importa morfina, transporta cocaína e vende ópio, haverá três crimes diferentes em concurso, tendo em vista que um nada tem que ver com o outro. Não se opera a consunção, dada a diversidade de contextos. Assim, a questão passa a ser puramente terminológica. Chama-se alternatividade à consunção que se opera dentro de um mesmo tipo legal entre condutas integrantes de normas mistas.

Portanto, a alternatividade é a consunção que resolve conflito entre condutas previstas na mesma norma e não um conflito entre normas.

9. TERRITORIALIDADE DA LEI PENAL BRASILEIRA

Art. 5º Aplica-se a lei brasileira, sem prejuízo de convenções, tratados e regras de direito internacional, ao crime cometido no território nacional.

§ 1º Para os efeitos penais, consideram-se como extensão do território nacional as embarcações e aeronaves brasileiras, de natureza pública ou a serviço do governo brasileiro onde quer que se encontrem, bem como as aeronaves e as embarcações brasileiras, mercantes ou de propriedade privada, que se achem, respectivamente, no espaço aéreo correspondente ou em alto-mar.

§ 2º É também aplicável a lei brasileira aos crimes praticados a bordo de aeronaves ou embarcações estrangeiras de propriedade privada, achando-se aquelas em pouso no terri-

tório nacional ou em voo no espaço aéreo correspondente, e estas em porto ou mar territorial do Brasil.

9.1. Considerações preliminares

Pelo princípio da territorialidade, a lei penal só tem aplicação no território do Estado que a editou, pouco importando a nacionalidade do sujeito ativo ou passivo.

De acordo com o princípio da territorialidade absoluta, só a lei penal brasileira é aplicável aos crimes cometidos no território nacional. Já pelo princípio da territorialidade temperada, temos que a lei penal brasileira se aplica, em regra, ao crime cometido no território nacional. Excepcionalmente, porém, a lei estrangeira é aplicável a delitos cometidos total ou parcialmente em território nacional, quando assim determinarem tratados e convenções internacionais. A isso denomina-se intraterritorialidade, pois a lei estrangeira estaria sendo aplicada no território nacional, ou seja, de fora para dentro do nosso país.

No Brasil, foi adotado o princípio da territorialidade temperada. Dessa forma, o ordenamento penal brasileiro é aplicável aos crimes cometidos no território nacional, de modo que ninguém, nacional, estrangeiro ou apátrida, residente ou em trânsito pelo Brasil, poderá subtrair-se à lei penal brasileira por fatos criminosos aqui praticados, salvo quando normas de direito internacional dispuserem em sentido contrário.

9.2. Território nacional

Sob o prisma material, o território nacional compreende o espaço delimitado por fronteiras geográficas. Sob o aspecto jurídico, abrange todo o espaço em que o Estado exerce a sua soberania.

9.2.1. Componentes do território

(i) Solo ocupado pela corporação política.

(ii) Rios, lagos, mares interiores, golfos, baías e portos.

(iii) Mar territorial: é a faixa de mar exterior ao longo da costa, que se estende por 12 milhas marítimas de largura, medidas a partir da baixa-mar do litoral continental e insular brasileiro, de acordo com o disposto no art. 1º da Lei n. 8.617, de 4 de janeiro de 1993. Nesse espaço territorial, o Brasil exerce sua soberania plena, excepcionada apenas pelo chamado "direito de passagem inocente", pelo qual navios mercantes ou militares de qualquer Estado podem passar livremente pelo mar territorial, embora sujeitos ao poder de polícia do Estado costeiro.

(iv) Zona contígua: também mencionada pela Lei n. 8.617/93, compreende uma faixa que se estende das 12 às 24 milhas marítimas, na qual o Brasil poderá tomar medidas de fiscalização, a fim de evitar ou reprimir infrações às leis e aos regulamentos aduaneiros, fiscais, de imigração ou sanitários, no seu território ou mar territorial.

→ **Atenção:** não está compreendida no território nacional, mas, como o próprio nome diz, em área a este contígua.

(v) Zona econômica exclusiva: outra disposição da referida lei. Compreende uma faixa que se estende das 12 às 200 milhas marítimas, contadas a partir das linhas de base que servem para medir a largura do mar territorial, onde o Brasil tem direitos de soberania para fins de exploração e aproveitamento, conservação e gestão dos recursos naturais, vivos ou não vivos, das águas sobrejacentes ao leito do mar, deste e seu subsolo e, ainda, no que se refere a outras atividades visando à exploração e ao aproveitamento da zona para finalidade econômica.

→ **Atenção:** para efeito de aplicação da lei penal brasileira, no entanto, também não é considerada território nacional.

(vi) Espaço aéreo: trata-se da dimensão estatal da altitude. O art. 11 do Código Brasileiro de Aeronáutica estatui que "o Brasil exerce completa e exclusiva soberania sobre o espaço aéreo acima de seu território e mar territorial". No mesmo sentido, o art. 2º da Lei n. 8.617/93. Portanto, a camada atmosférica que cobre o território é considerada parte integrante deste, sendo certo que a soberania que o Estado exerce sobre o espaço aéreo é ditada por imperativos de segurança nacional. Assim, o nosso sistema adota a teoria da soberania sobre a coluna atmosférica.

(vii) Espaço cósmico: o Brasil subscreveu o Tratado sobre Exploração e Uso do Espaço Cósmico, negociado e aprovado no âmbito da Assembleia Geral das Nações Unidas, em 1967, devidamente aprovado pelo Decreto Legislativo n. 41/68 e ratificado pelo Decreto n. 64.362/69. De acordo com os arts. 1º e 2º do referido tratado, o espaço cósmico poderá ser explorado e utilizado livremente por todos os Estados, em condições de igualdade e sem discriminação, não sendo objeto de apropriação nacional por proclamação de soberania, por uso ou ocupação, nem por qualquer meio.

(viii) Navios e aeronaves: quando públicos, consideram-se extensão do território nacional; quando privados, também, desde que estejam em mar territorial brasileiro, alto-mar ou no espaço aéreo correspondente a um ou outro, conforme o caso.

9.2.2. Extensão do território nacional

O alto-mar não está sujeito à soberania de qualquer Estado. Regem-se, porém, os navios que lá navegam pelas leis nacionais do pavilhão que os cobre, no tocante aos atos civis ou criminais a bordo deles ocorridos.

No tocante ao espaço aéreo, sobre a camada atmosférica da imensidão do alto-mar e dos territórios terrestres não sujeitos a qualquer soberania, também não existe o império da ordem jurídica de Estado algum, salvo a do pavilhão da aeronave, para os atos nela verificados, quando cruzam esse espaço tão amplo.

Assim, cometido um crime a bordo de um navio pátrio em alto-mar, ou de uma aeronave brasileira no espaço livre, vigoram as regras sobre a territorialidade: os delitos assim cometidos se consideram como praticados em território nacional.

9.2.3. Princípio do pavilhão ou da bandeira

Consideram-se as embarcações e aeronaves como extensões do território do país em que se acham matriculadas (quando a embarcação ou aeronave estiver em alto-mar ou no espaço aéreo correspondente, aplica-se a lei do país cujo pavilhão, que é sinônimo de bandeira, ela ostentar, o que vale dizer, a lei do país em que ela estiver registrada, matriculada).

Não serão consideradas extensão do território brasileiro as nacionais que ingressarem no mar territorial estrangeiro ou o sobrevoarem.

No tocante aos navios de guerra e às aeronaves militares, são considerados parte do território nacional, mesmo quando em Estado estrangeiro. Assim, às infrações penais neles cometidas aplicam-se as leis brasileiras, se brasileiros forem os navios ou as aeronaves.

O mesmo ocorre com os navios e aeronaves militares de outra nação, os quais, embora em águas ou espaço aéreo brasileiros, não estão sujeitos à lei penal pátria. O julgamento das infrações penais neles cometidas incumbe ao Estado a que pertençam. Nesse sentido dispõe o art. 3º do Código Brasileiro de Aeronáutica.

Quanto aos atos praticados pela tripulação dessas embarcações, quando se encontrarem fora de bordo, a título particular, estarão sujeitos à jurisdição penal do Estado em cujo território se encontrem.

9.2.4. Navios

(i) Navios públicos são os navios de guerra, em serviço militar, ou em serviço oficial (postos a serviço de chefes de Estado ou representantes diplomáticos). Onde quer que se encontrem são considerados parte do território nacional.

(ii) Navios privados são os mercantes ou de propriedade privada. Em mar territorial estrangeiro, submetem-se à lei do país correspondente; quando em alto-mar, à lei do país cuja bandeira ostentam; em mar territorial brasileiro, a lei brasileira é a aplicável.

> → Atenção: ao crime cometido em águas territoriais do Brasil a bordo de navio mercante de outra nacionalidade se aplica a lei penal brasileira, quanto mais se os países de nacionalidade do autor e vítima e da bandeira do navio não são signatários da Convenção de Havana de 1928.

A competência para processamento e julgamento dos crimes comuns cometidos a bordo de navios de grande cabotagem, autorizados e aptos a realizar viagens internacionais, são da Justiça Federal de Primeiro Grau, *ex vi* do inciso IX, art. 109, da CF.

9.2.5. Aeronaves

Para as aeronaves, valem as mesmas regras, considerando-se, nas privadas, o espaço aéreo correspondente a alto-mar ou ao mar territorial do país sobrevoado. As públicas são entendidas como extensão do território do Estado a que pertençam.

De acordo com o art. 107 do Código Brasileiro da Aeronáutica, as aeronaves são civis e militares. Militares, as integrantes das Forças Armadas, inclusive as requisitadas, na forma da lei, para missões militares (§ 1º). As aeronaves civis compreendem as públicas e as privadas (§ 2º). As aeronaves públicas são as destinadas ao serviço do Poder Público, inclusive as requisitadas na forma da lei; todas as demais são aeronaves privadas (§ 3º).

→ **Atenção:** no caso de aeronave estrangeira sobrevoando território pátrio, temos que, se nele não pousou, aplica-se a lei penal brasileira ao crime nela praticado, em face do disposto no art. 5º, § 2º, do Código Penal.

→ **Atenção:** a competência para o processamento e julgamento de crime cometido a bordo de aeronave brasileira no espaço aéreo correspondente ao alto mar é da Justiça Federal brasileira do Estado-Membro em cujo aeroporto primeiro pousou o avião.

→ **Atenção:** os balões de ar quente tripulados não se enquadram no conceito de "aeronave" (art. 106 da Lei n. 7.565/86), razão pela qual não se aplica a competência da Justiça Federal prevista no art. 109, IX, da CF/88 (STJ. 3ª Seção. CC 143.400-SP, Rel. Min. Ribeiro Dantas, julgado em 24-04-2019 — *Info* 648).

9.2.6. Princípio da passagem inocente

Se um fato é cometido a bordo de navio ou avião estrangeiro de propriedade privada, que esteja apenas de passagem pelo território brasileiro, não será aplicada a nossa lei, se o crime não afetar em nada nossos interesses.

Por exemplo, um passageiro croata arrebenta uma taça de suco na cabeça de um bebê sérvio, a bordo de um avião americano privado sobrevoando o território brasileiro, de passagem, com destino a outro país. Como nós não temos nada que ver com isso, não se aplica a lei brasileira, muito embora o crime tenha sido cometido no Brasil.

9.2.7. Asilo

Pode ser concedido ao indivíduo que o procura em navio nacional, em caso de crime político, de opinião ou puramente militar. Nos demais delitos, não.

9.3. Hipóteses de não incidência da lei a fatos cometidos no Brasil

9.3.1. Imunidades diplomáticas

O diplomata é dotado de inviolabilidade pessoal, pois não pode ser preso, nem submetido a qualquer procedimento ou processo, sem autorização de seu país. Embora as sedes diplomáticas não sejam mais consideradas extensão do território do país em que se encontram, são dotadas de inviolabilidade como garantia dos representantes estrangeiros, não podendo ser objeto de busca, requisição, embargo ou medida de execução (cf. Convenção de Viena). Por essa razão, as autoridades locais e seus agentes ali não podem penetrar sem o consentimento do diplomata, mesmo nas hipóteses legais. Não haverá inviolabilidade, contudo, se o crime for cometido no interior de um desses locais por pessoa estranha à legação.

→ **Atenção:** o agente diplomático tem imunidade para servir como testemunha, uma vez que não é obrigado a prestar depoimento como testemunha; só é obrigado a depor sobre fatos relacionados com o exercício de suas funções.

9.3.1.1. Entes abrangidos pela imunidade diplomática

São os seguintes:

(i) agentes diplomáticos (embaixador, secretários da embaixada, pessoal técnico e administrativo das representações);

(ii) componentes da família dos agentes diplomáticos;

(iii) funcionários das organizações internacionais (ONU, OEA etc.) quando em serviço;

(iv) chefe de Estado estrangeiro que visita o País, inclusive os membros de sua comitiva.

→ **Atenção:** os empregados particulares dos agentes diplomáticos não gozam de imunidade, ainda que sejam da mesma nacionalidade deles.

9.3.1.2. Imunidade diplomática e ofensa ao princípio da isonomia

Nosso entendimento: não há ofensa ao princípio da isonomia, uma vez que o privilégio é concedido em razão do exercício da função, pública ou internacional, e não em razão da pessoa.

Assim, os representantes diplomáticos de governos estrangeiros gozam de imunidade penal, não lhes sendo aplicável a lei brasileira em relação às infrações penais cometidas no Brasil.

A Convenção de Viena, aprovada, entre nós, pelo Decreto Legislativo 103/64 e ratificada em 23 de fevereiro de 1965, tendo, portanto, força de lei, dispõe nesse sentido.

9.3.2. Imunidades parlamentares

Existem duas modalidades de imunidade parlamentar: a material, também chamada de penal (CF, art. 53, *caput*), e a processual ou formal.

A imunidade processual subdivide-se em: (i) garantia contra a instauração de processo (CF, art. 53, §§ 3º, 4º e 5º); (ii) direito de não ser preso, salvo em caso de flagrante por crime inafiançável (CF, art. 53, § 2º); (iii) foro privilegiado (competência originária do STF para processar deputados e senadores − CF, art. 53, § 1º); (iv) imunidade para servir como testemunha (CF, art. 53, § 6º).

→ **Atenção:** as imunidades de deputados e senadores subsistirão durante o estado de sítio, só podendo ser suspensas mediante o voto de dois terços dos membros da Casa respectiva, nos casos de atos praticados fora do recinto do Congresso, que sejam incompatíveis com a execução da medida (CF, art. 53, § 8º).

→ **Atenção:** os deputados e senadores têm imunidade para servir como testemunha, já que não são obrigados a testemunhar sobre informações recebidas ou prestadas em razão do exercício do mandato, nem sobre as pessoas que lhes confiaram ou deles receberam informações (CF, art. 53, § 6º). Os presidentes do Senado e da Câmara poderão, inclusive, optar pelo depoimento escrito (CPP, art. 221, § 1º).

9.3.2.1. Imunidade material

Os deputados e senadores são invioláveis, civil e penalmente, em quaisquer de suas manifestações proferidas no exercício ou desempenho de suas funções. Essa inviolabilidade abrange qualquer forma de manifestação, escrita ou falada, exigindo-se apenas que ocorra no exercício da função, dentro ou fora da Casa respectiva.

Mais do que a liberdade de expressão do parlamentar, objetiva-se tutelar o livre exercício da atividade legislativa, bem como a independência e harmonia entre os Poderes.

Vale destacar que a imunidade não se limita à esfera penal, alcançando também a civil, o que significa que o parlamentar não pode ser processado por perdas e danos materiais e morais, em virtude de suas opiniões, palavras e votos no exercício de suas funções.

Em contrapartida, não havendo nexo funcional ou mesmo qualquer interesse público em questão, não há que se falar em inviolabilidade. Ilustrando, se um deputado ou senador está na casa de um amigo jogando pôquer e nessa ocasião, eminentemente privada, profere diversas injúrias contra seus adversários, não há porque se valer da inviolabilidade penal parlamentar, uma vez que seu escopo é resguardá-lo no exercício de suas funções, junto ao interesse público, a fim de dar-lhe a devida autonomia e independência para cumprir com sua missão constitucional como representante dos interesses do povo, mas não para deixá-lo impune a abusos manifestos e outras manifestações totalmente fora do âmbito de sua função. Nesse caso, o parlamentar responderia não só criminalmente, mas também caberia indenização civil.

→ **Atenção:** o suplente não tem direito à imunidade, pois não está no exercício de suas funções. Igualmente, não vale para o parlamentar licenciado do cargo, uma vez que a Súmula 04 do STF restou cancelada. Assim, o parlamentar que se licencia para ocupar outro cargo na Administração Pública, embora não perca o mandato, perderá as imunidades parlamentares.

→ **Atenção:** ainda, vale lembrar que a Súmula 245 do STF, a qual dispõe que "a imunidade parlamentar não se estende ao corréu sem essa prerrogativa", nesse contexto, só é válida em relação à imunidade processual parlamentar, não havendo que ser entendida como inviolabilidade penal parlamentar.

Quanto à natureza jurídica do instituto, temos que a imunidade material exclui a própria tipicidade, na medida em que a Constituição Federal não pode dizer ao parlamentar que exerça livremente o seu mandato, expressando suas opiniões e votos, e considerar tais manifestações fatos definidos como crime.

A tipicidade pressupõe lesão ao bem jurídico e, por conseguinte, só alcança comportamentos desviados, anormais, inadequados, contrastantes com o padrão social e jurídico vigente. O risco criado pela manifestação funcional do parlamentar é permitido e não pode ser enquadrado em nenhum modelo descritivo incriminador.

Por essa razão, sendo o fato atípico, não existe possibilidade de coautoria, nem participação, pois não existe nenhuma infração da qual se possa ser coautor ou partícipe.

9.3.2.2. Imunidade processual

A atual redação do art. 53, § 3º, dispõe que: "Recebida a denúncia contra senador ou deputado, por crime ocorrido após a diplomação, o Supremo Tribunal Federal dará ciência à Casa respectiva, que, por iniciativa de partido político nela representado e pelo voto da maioria de seus membros, poderá, até a decisão final, sustar o andamento da ação".

Conforme se verifica, em se tratando de crime ocorrido após a diplomação, o controle legislativo deixou de ser prévio, passando a ser posterior: não existe mais a possibilidade de licença prévia. Dessa maneira, o STF inicia o processo contra Deputado ou Senador e apenas dá ciência à Casa respectiva. Por outro lado, no que toca ao Presidente da República, continua vigente o instituto da licença prévia da Câmara dos Deputados.

→ **Atenção:** quanto aos Prefeitos, não há que se falar nem em imunidade processual, nem penal, tendo direito somente ao foro por prerrogativa de função perante os Tribunais de Justiça, Tribunais Regionais Federais ou Tribunais Regionais Eleitorais.

Vale lembrar que, embora o tribunal competente não necessite mais pedir licença à Casa respectiva para receber a denúncia ou queixa, deve, antes do recebimento, respeitar o procedimento previsto na Lei n. 8.038/90, que prevê defesa preliminar.

Os §§ 4º e 5º do referido art. 53 da CF, por sua vez, estipulam: "O pedido de sustação será apreciado pela Casa respectiva no prazo improrrogável de quarenta e cinco dias do seu recebimento pela Mesa Diretora"; "a sustação do processo suspende a prescrição, enquanto durar o mandato".

Ou seja, o que a Casa pode fazer é sustar o andamento da ação penal se vislumbrar ofensa à independência do parlamentar. A referida sustação é possível até decisão final (até o trânsito em julgado final). Uma vez sustada a ação, suspende-se o prazo prescricional.

Uma vez recebida a peça acusatória, cumpre distinguir se o crime ocorreu antes ou após a diplomação. Em se tratando de crime ocorrido antes da diplomação, o processo segue seu curso normal perante o juiz natural, não havendo a possibilidade de sua sustação pelo Parlamento. Por esta razão é que o STF não tem a obrigação de comunicá-lo sobre a existência da ação em andamento.

Em contrapartida, sendo caso de crime ocorrido após a diplomação, incide a nova disciplina jurídica da imunidade processual, ou seja, existe a possibilidade da suspensão parlamentar do processo, impondo-se ao STF a necessidade de cientificar à Casa respectiva, que poderá sustar o andamento da ação.

→ **Atenção:** a possibilidade de sustação não alcança o coautor ou partícipe do delito conforme a Súmula 245 do STF — "A imunidade parlamentar não se estende ao corréu sem essa prerrogativa".

De acordo com os arts. 201 e seguintes do RISTF, em caso de ação pública, quando terminada a investigação criminal, abre-se vista ao Procurador-Geral da República, que tem 15 dias para se manifestar, se réu solto, e 5 dias, se réu preso. Cuidando-se de ação privada, aguarda-se a manifestação do interessado. Caso haja pedido de arquivamento feito pelo Procurador-Geral da República, só resta ao STF determinar esse arquivamento, por força do princípio da demanda ou princípio da inércia inicial (*ne procedat iudex ex officio*), o qual determina que o juiz só deve atuar se for provocado, não podendo proceder de ofício.

→ **Atenção:** a imunidade processual, por ser regra de natureza processual, tem vigência imediata, alcançando os crimes cometidos pelo parlamentar antes da entrada em vigor da EC n. 35/2001.

9.3.2.3. Imunidade prisional

De acordo com o que dispõe o art. 53, § 2º, da CF, "desde a expedição do diploma, os membros do Congresso Nacional não poderão ser presos, salvo em flagrante de crime inafiançável. Neste caso, os autos serão remetidos dentro de vinte e quatro horas à Casa respectiva, para que, pelo voto da maioria de seus membros, resolva sobre a prisão".

Daí se extrai que, em regra, o parlamentar não pode ser preso em flagrante, salvo em caso de crime inafiançável. Vale ressaltar que, no que concerne aos crimes inafiançáveis, nenhuma outra modalidade de prisão cautelar (temporária ou preventiva), ou até a prisão civil (por alimentos) é admitida. Somente é admissível a prisão em flagrante.

Ainda, na atual sistemática do CPP, são inafiançáveis os crimes de racismo, injúria racial[45], tortura, tráfico ilícito de entorpecentes e drogas afins, terrorismo e os definidos como crimes hediondos e, finalmente, crimes cometidos por grupos armados, civis ou militares, contra a ordem constitucional e o Estado Democrático (art. 323).

Pois bem. Ocorrendo a prisão em flagrante por crime inafiançável, há a captura do parlamentar, lavrando-se normalmente o auto de prisão em flagrante, o que é feito pela autoridade que preside o ato, tomando-se todas as providências necessárias e atinentes ao ato, tais como requisição de laudos, expedição de nota de culpa etc., remetendo-se os autos no prazo de 24 horas à Casa respectiva.

Recebendo os autos, a Casa deve deliberar sobre a prisão do parlamentar, sendo que, com o advento da emenda já mencionada, tal ato de deliberação é realizado através de votação aberta, e não mais secreta. Optando-se pela liberação do parlamentar, desfaz-se o efeito principal do auto de prisão em flagrante, restituindo-se a liberdade plena ao capturado. Importante registrar que, enquanto a Casa não delibera sobre a prisão, o parlamentar fica sob vigilância, mas não encarcerado, já que a deliberação sobre o assunto cabe somente à Casa respectiva, não à autoridade policial.

Por fim, destaque-se que a imunidade prisional vale a partir da expedição do diploma pela Justiça Eleitoral, e não alcança a prisão após a condenação transitada em julgado.

---

45. Em conformidade com a alteração recente da Lei n. 7.716/89, operada pela Lei n. 14.532/2023, que será explorada no tópico correspondente à prescrição.

9.3.2.4. Do foro especial por prerrogativa de função

Cabe ainda considerar que os parlamentares têm direito ao foro especial por prerrogativa de função, sendo julgados em crimes comuns, inclusive em crimes eleitorais, pelo Supremo Tribunal Federal (CF, art. 102, I, b), de acordo com o disposto no art. 53, § 1º, da CF, "os deputados e senadores, desde a expedição do diploma, serão submetidos a julgamento perante o Supremo Tribunal Federal".

Destaca-se que em 2018 o Supremo Tribunal Federal restringiu o alcance do foro por prerrogativa de função: "O foro por prerrogativa de função aplica-se apenas aos crimes cometidos durante o exercício do cargo e relacionados às funções desempenhadas". Desde então, o marco que determina a manutenção do foro por prerrogativa de função é o fim da instrução processual: "Após o final da instrução processual, com a publicação do despacho de intimação para apresentação de alegações finais, a competência para processar e julgar ações penais não será mais afetada em razão de o agente público vir a ocupar outro cargo ou deixar o cargo que ocupava, qualquer que seja o motivo." (STF. Plenário. AP 937 QO/RJ, Rel. Min. Roberto Barroso, julgado em 3-5-2018).

→ **Atenção:** o foro especial por prerrogativa de função restringe-se, exclusivamente, às causas penais, não alcançando as de natureza civil.

→ **Atenção:** crimes de responsabilidade (infrações funcionais) serão julgados perante a respectiva Casa Legislativa, de acordo com o art. 55 da CF.

→ **Atenção:** o foro por prerrogativa não se estende aos atos de improbidade administrativa (não são ilícitos penais).

9.3.3. Inviolabilidade do advogado

É chamada de imunidade judiciária. O art. 133 da Constituição Federal estatui que "o advogado é indispensável à administração da justiça, sendo inviolável por seus atos e manifestações no exercício da profissão, nos limites da lei". Note-se que a eficácia desta imunidade judiciária restou contida pela expressão "nos termos da lei".

Nesse sentido, a Lei n. 8.906/94 (Estatuto da OAB), no art. 7º, incisos I e II, dispõe que "são direitos do advogado: exercer, com liberdade, a profissão em todo o território nacional; e a inviolabilidade de seu escritório ou local de trabalho, bem como de seus instrumentos de trabalho, de sua correspondência escrita, eletrônica, telefônica e telemática, desde que relativas ao exercício da advocacia", entre outros.

Vale ressaltar que o § 2º do art. 7º, que dispunha: "O advogado tem imunidade profissional, não constituindo injúria, difamação ou desacato puníveis qualquer manifestação de sua parte, no exercício de sua atividade, em juízo ou fora dele", foi totalmente revogado pela Lei n. 14.365/2022.

Por outro lado, a Lei n. 14.508/2022 previu expressamente a paridade dos advogados em relação aos membros da magistratura e Ministério Público durante as audiências: "Durante as audiências de instrução e julgamento realizadas no Poder Judiciário, nos procedimentos de jurisdição contenciosa ou voluntária, os advogados do autor e do requerido devem permanecer no mesmo plano topográfico e em posição equidistante em relação ao magistrado que as presidir", art. 6º, § 2º.

10. EXTRATERRITORIALIDADE DA LEI PENAL BRASILEIRA

Art. 7º Ficam sujeitos à lei brasileira, embora cometidos no estrangeiro:

I – os crimes:

a) contra a vida ou a liberdade do Presidente da República;

b) contra o patrimônio ou a fé pública da União, do Distrito Federal, de Estado, de Território, de Município, de empresa pública, sociedade de economia mista, autarquia ou fundação instituída pelo Poder Público;

c) contra a administração pública, por quem está a seu serviço;

d) de genocídio, quando o agente for brasileiro ou domiciliado no Brasil;

II – os crimes:

a) que, por tratado ou convenção, o Brasil se obrigou a reprimir;

b) praticados por brasileiro;

c) praticados em aeronaves ou embarcações brasileiras, mercantes ou de propriedade privada, quando em território estrangeiro e aí não sejam julgados.

§ 1º Nos casos do inciso I, o agente é punido segundo a lei brasileira, ainda que absolvido ou condenado no estrangeiro.

§ 2º Nos casos do inciso II, a aplicação da lei brasileira depende do concurso das seguintes condições:

a) entrar o agente no território nacional;

b) ser o fato punível também no país em que foi praticado;

c) estar o crime incluído entre aqueles pelos quais a lei brasileira autoriza a extradição;

d) não ter sido o agente absolvido no estrangeiro ou não ter aí cumprido a pena;

e) não ter sido o agente perdoado no estrangeiro ou, por outro motivo, não estar extinta a punibilidade, segundo a lei mais favorável.

§ 3º A lei brasileira aplica-se também ao crime cometido por estrangeiro contra brasileiro fora do Brasil, se, reunidas as condições previstas no parágrafo anterior:

a) não foi pedida ou foi negada a extradição;

b) houve requisição do Ministro da Justiça.

10.1. Considerações preliminares

O princípio da extraterritorialidade, consiste na aplicação da lei brasileira aos crimes cometidos fora do Brasil. A jurisdição é territorial, na medida em que não pode ser exercida no território de outro Estado, salvo em virtude de regra permissiva, emanada do direito internacional costumeiro ou convencional.

Em respeito ao princípio da soberania, um país não pode impor regras jurisdicionais a outro. Nada impede, contudo, um Estado de exercer, *em seu próprio território*, sua jurisdição, na hipótese de crime cometido no estrangeiro. Salvo um ou outro caso a respeito do qual exista preceito proibitivo explícito, o direito internacional concede ampla liberdade aos Estados para julgar, dentro de seus limites territoriais, qualquer crime, não importa onde tenha sido cometido, sempre que entender necessário para salvaguardar a ordem pública.

10.2. Formas de extraterritorialidade

10.2.1. Incondicionada

São as hipóteses previstas no inciso I do art. 7º. Diz-se incondicionada porque não se subordina a qualquer condição para atingir um crime cometido fora do território nacional.

Nesse sentido, vale mencionar o Código Penal Militar, o qual expressa claramente a adoção da extraterritorialidade incondicionada, na medida em que dispõe em seu art. 7º: "aplica-se a lei penal militar, sem prejuízo das convenções, tratados e regras de direito internacional, ao crime cometido, no todo ou em parte, no território nacional, ou fora dele, ainda que, neste caso, o agente esteja sendo processado ou tenha sido julgado pela justiça estrangeira".

10.2.2. Condicionada

São as hipóteses do inciso II e do § 3º. Nesses casos, a lei nacional só se aplica ao crime cometido no estrangeiro se satisfeitas as condições indicadas no § 2º e nas alíneas *a* e *b* do § 3º.

10.3. Princípios para aplicação da extraterritorialidade

10.3.1. Princípio da nacionalidade ou personalidade ativa

Aplica-se a lei brasileira ao crime cometido por brasileiro fora do Brasil (CP, art. 7º, II, *b*). Não importa se o sujeito passivo é brasileiro ou se o bem jurídico afeta interesse nacional, pois o único critério levado em conta é o da nacionalidade do sujeito ativo.

Registre-se hipótese de extraterritorialidade prevista em lei especial fundada no princípio em tela, qual seja, a Lei de Tortura (Lei n. 9.455/97), que estabelece expressamente que seus dispositivos se aplicarão se a vítima for brasileira ou se o agente estiver em local sob jurisdição brasileira, ainda que o crime não tenha sido cometido em território nacional.

10.3.2. Princípio da nacionalidade ou personalidade passiva

Aplica-se a lei brasileira ao crime cometido por estrangeiro contra brasileiro fora do Brasil (CP, art. 7º, § 3º). Nesta hipótese, o que interessa é a nacionalidade da vítima. Sendo brasileira, aplica-se a lei de nosso país, mesmo que o crime tenha sido realizado no exterior.

10.3.3. Princípio real, da defesa ou proteção

Aplica-se a lei brasileira ao crime cometido fora do Brasil, que afete interesse nacional (CP, art. 7º, I, a, b e c). É o caso de infração cometida contra o Presidente da República, contra o patrimônio de qualquer das entidades da administração direta, indireta ou fundacional etc. Se o interesse nacional foi afetado de algum modo, justifica-se a incidência da legislação pátria.

10.3.4. Princípio da justiça universal (CP, art. 7º, I, d, e II, a)

Também conhecido como princípio da universalidade, da justiça cosmopolita, da jurisdição universal, da jurisdição mundial, da repressão universal ou da universalidade do direito de punir. Todo Estado tem o direito de punir qualquer crime, seja qual for a nacionalidade do delinquente e da vítima ou o local de sua prática, desde que o criminoso esteja dentro de seu território. É como se o planeta se constituísse em um só território para efeitos de repressão criminal (CP, art. 7º, I, d, e II, a).

10.3.5. Princípio da representação

A lei penal brasileira também é aplicável aos delitos cometidos em aeronaves e embarcações privadas quando realizados no estrangeiro e aí não venham a ser julgados (CP, art. 7º, II, c).

10.4. Classificação das hipóteses de acordo com os princípios e as formas de extraterritorialidade

• **Inciso I**: todas as hipóteses, da letra a a d, são de extraterritorialidade incondicionada:

alínea a: princípio real, da defesa ou de proteção;

alínea b: princípio real, da defesa ou de proteção;

alínea c: princípio real, da defesa ou de proteção;

alínea d: para a primeira corrente, (i) princípio da justiça universal (o genocida será punido de acordo com a lei do país em que estiver); para a segunda, (ii) princípio da nacionalidade ativa (exige que o agente seja brasileiro); para uma terceira corrente, (iii) princípio real, da defesa ou de proteção (quando o genocídio atinge um bem brasileiro, aplica-se a lei brasileira. Como esse é um crime contra a humanidade, o bem jurídico de todos os países sempre será atingido, tornando possível invocar esse princípio).

Note-se, porém, que a lei se contenta com o domicílio do agente em território nacional, ainda que este não seja brasileiro. Isso afasta a incidência do princípio da nacionalidade ativa.

> **Nosso entendimento:** princípio da justiça universal.

É mais adequado tratar a hipótese do art. 7º, I, *d*, que trata do genocídio, como princípio da justiça universal, uma vez que se trata de uma infração praticada contra o interesse de todo o planeta, e não apenas contra um interesse nacional. Estando o genocida no Brasil, é aqui que se pune; estando em outro país, pune-se nesse outro local e assim por diante, de modo que todos os países passam a reprimir o genocida, onde quer que ele esteja, fazendo do Mundo um território só, sem fronteiras.

• **Inciso II:** todas as hipóteses, da letra *a* a *c*, são de extraterritorialidade condicionada, uma vez que a lei brasileira só será aplicada ao crime cometido no estrangeiro se presentes as condições do § 2º:

alínea *a*: princípio da justiça universal;

alínea *b*: princípio da nacionalidade ativa;

alínea *c*: princípio da representação.

§ 2º: esse parágrafo enumera algumas condições, que não são de punibilidade, mas de procedibilidade. Assim, o início da persecução penal nas três hipóteses do inciso II fica subordinado às seguintes condições:

alínea *a*: entrar o agente no território nacional. Não distingue a lei se a entrada foi extemporânea ou forçada, legal ou clandestina, ou se resultou simplesmente da passagem do autor do crime pelo País. A saída do agente não prejudicará o andamento da ação penal;

alínea *b*: ser o fato punível também no país em que foi praticado. Caso assim não ocorra, é inaplicável a lei penal brasileira. Se o fato for praticado em lugar não submetido a qualquer jurisdição, aplicar-se-á a lei penal do Estado nacional do agente. Se o fato não se enquadrar em nenhum dos tipos legais definidos e descritos na legislação penal do país onde foi praticado, ou se não mais existir o direito de punir, quer por achar-se extinto, quer por ser declarado inexistente, quer ainda por já estar satisfeito com o cumprimento da *sanctio juris*, não pode haver perseguição penal no Brasil;

alínea *c*: estar o crime incluído entre aqueles pelos quais a lei brasileira autoriza a extradição. Na ausência dessa autorização é inaplicável a lei penal brasileira;

alínea *d*: não ter sido o agente absolvido no estrangeiro ou não ter aí cumprido a pena;

alínea *e*: não ter sido o agente perdoado no estrangeiro ou, por outro motivo, não estar extinta a punibilidade, segundo a lei mais favorável.

§ 3º: Está sujeita à extraterritorialidade condicionada e aplica-se o princípio da personalidade passiva, na medida em que a lei brasileira incidirá sobre crime cometido no estrangeiro quando o sujeito passivo for brasileiro.

Neste ponto, insta fazer uma crítica quanto à estrutura do dispositivo. Nos incisos I e II do art. 7º estão elencadas as hipóteses de extraterritorialidade. Nos §§ 1º e 2º são encontradas, respectivamente, a extraterritorialidade incondicionada e as condições relativas ao inciso II. Quebrando essa estrutura, o § 3º arrola uma hipótese, o que deveria ser feito por um inciso. Do modo como está, temos hipóteses em incisos e parágrafos, o que cria certa confusão.

10.5. Aplicação

A título de ilustração, tomemos como exemplo três hipóteses polêmicas, a fim de verificar quanto à aplicação da lei, brasileira ou estrangeira, no caso concreto.

(i) Se o crime foi praticado a bordo de navio da marinha mercante brasileira em porto estrangeiro, aplica-se a lei estrangeira, pois se trata de embarcação privada, na medida em que a marinha mercante compreende o setor da atividade econômica encarregada do transporte de utilidades e bens sobre águas. Não se trata de embarcação oficial ou pública. Se a lei do país estrangeiro não for aplicada, aí, sim, subsidiariamente, aplica-se a lei brasileira (extraterritorialidade por representação).

(ii) No caso de dois brasileiros condenados à pena de morte na Indonésia, por tráfico ilícito de entorpecentes, não se aplica a lei brasileira, por força do princípio da personalidade ativa, porque a aplicação da lei brasileira ao crime cometido por brasileiro no estrangeiro é condicionada à entrada do agente em território nacional (extraterritorialidade condicionada — CP, art. 7º, § 2º, *a*).

(iii) Quanto a navios estrangeiros que pegam turistas no Brasil e permitem jogos ilícitos em alto-mar, aplica-se a lei do país em que o navio estiver matriculado, pois o crime é cometido em local neutro; contudo, não sendo aplicada essa lei, pode-se aplicar, subsidiariamente, a lei brasileira, por força do princípio da personalidade ativa.

10.6. Extradição

10.6.1. Conceito

É o instrumento jurídico pelo qual um país envia uma pessoa que se encontra em seu território a outro Estado soberano, a fim de que neste seja julgada ou receba a imposição de uma pena já aplicada.

10.6.2. Princípios aplicáveis

10.6.2.1. Princípio da não extradição de nacionais

Nenhum brasileiro será extraditado, salvo o naturalizado, em caso de crime comum praticado antes da naturalização ou de comprovado envolvimento em tráfico ilícito de entorpecentes (CF, art. 5º, LI).

10.6.2.2. Princípio da exclusão de crimes não comuns

Estrangeiro não poderá ser extraditado por crime político ou de opinião (CF, art. 5º, LII).

10.6.2.3. Princípio da prevalência dos tratados

Na colisão entre a lei reguladora da extradição e o respectivo tratado, este último deverá prevalecer.

10.6.2.4. Princípio da legalidade

Somente cabe extradição nas hipóteses expressamente elencadas no texto legal regulador do instituto e apenas em relação aos delitos especificamente apontados naquela lei.

10.6.2.5. Princípio da dupla tipicidade

Deve haver semelhança ou simetria entre os tipos penais da legislação brasileira e do Estado solicitante, ainda que diversas as denominações jurídicas.

10.6.2.6. Princípio da preferência da competência nacional

Havendo conflito entre a justiça brasileira e a estrangeira, prevalecerá a competência nacional.

10.6.2.7. Princípio da limitação em razão da pena

Não será concedida a extradição para países onde a pena de morte e a prisão perpétua são previstas, a menos que deem garantias de que não irão aplicá-las.

10.6.2.8. Princípio da detração

O tempo em que o extraditando permaneceu preso preventivamente no Brasil, aguardando o julgamento do pedido de extradição, deve ser considerado na execução da pena no país requerente.

> → **Atenção:** extradição é diferente de expulsão. De acordo com o art. 54 da Lei n. 13.445/2017, "a expulsão consiste em medida administrativa de retirada compulsória de migrante ou visitante do território nacional, conjugada com o impedimento de reingresso por prazo determinado". Ainda, os §§ 1º e 2º da referida lei dispõem que pode dar causa à expulsão a condenação com sentença transitada em julgado relativa à prática de "crime de genocídio, crime contra a humanidade, crime de guerra ou crime de agressão, nos termos definidos pelo Estatuto de Roma do Tribunal Penal Internacional, de 1998, promulgado pelo Decreto n. 4.388, de 25 de setembro de 2002; ou crime comum doloso passível de pena privativa de liberdade, consideradas a gravidade e as possibilidades de ressocialização em território nacional".

10.7. Jurisdição principal e subsidiária

(i) Jurisdição principal: verifica-se nas hipóteses dos arts. 5º e 7º, I, do Código Penal, nas quais o Brasil exerce sua competência com precedência em relação à jurisdição estrangeira. Assim, quando o delito for cometido no território nacional ou nos casos de incidência do princípio real, da defesa ou proteção, a jurisdição nacional não estará vinculada à estrangeira, de modo que a absolvição no estrangeiro não impedirá nova *persecutio criminis*, nem obstará veredicto condenatório do juiz brasileiro, assim como a imposição de pena em jurisdição estrangeira não impedirá que o juiz brasileiro absolva o réu.

(ii) Jurisdição subsidiária: verifica-se a subsidiariedade da jurisdição nacional nas hipóteses do inciso II e do § 3º do art. 7º do Código Penal. Se o autor de um crime praticado no estrangeiro for processado perante esse juízo, sua sentença preponderará sobre a do juiz brasileiro. Caso o réu seja absolvido pelo juiz territorial, aplicar-se-á a regra *non bis in idem* para impedir a *persecutio criminis* (CP, art. 7º, § 2º, *d*). No entanto, em caso de condenação, se o condenado se subtrair à execução da pena, não lhe caberá invocar o *non bis in idem*: será julgado pelos órgãos judiciários nacionais e, se for o caso, condenado de novo, solução, inclusive, consagrada no art. 7º, § 2º, *d* e *e*, do Código Penal.

→ **Atenção:** atendendo à regra do *non bis in idem* e *non bis poena in idem*, a pena cumprida no estrangeiro atenua a imposta no Brasil pelo mesmo crime, quando diversas (por exemplo, privativas de liberdade e pecuniárias), ou nela é computada, quando idênticas (por exemplo, privativas de liberdade – CP, art. 8º). Na primeira hipótese, trata-se de atenuante inominada, incidente na segunda fase de aplicação da pena.

10.8. Tribunal Penal Internacional – TPI

Incluído em nosso ordenamento constitucional pela EC n. 45/2004, a qual acrescentou o § 4º ao art. 5º da Carta Magna, cujo teor é o seguinte: "O Brasil se submete à jurisdição de Tribunal Penal Internacional (TPI) cuja criação tenha manifestado adesão".

Referido tribunal foi criado pelo Estatuto de Roma em 17 de julho de 1998, o qual foi subscrito pelo Brasil. O Tratado foi aprovado pelo Decreto Legislativo n. 112, de 6 de junho de 2002, antes, portanto, de sua entrada em vigor, que ocorreu em 1º de julho de 2002.

Trata-se de instituição permanente, com jurisdição para julgar genocídio, crimes de guerra, contra a humanidade e agressão, e cuja sede se encontra em Haia, na Holanda. Os crimes de competência desse Tribunal são imprescritíveis, dado que atentam contra a humanidade.

O Tribunal Penal Internacional somente exerce sua jurisdição sobre os Estados que tomaram parte de sua criação, ficando excluídos os países que não aderiram a ele, por exemplo, os Estados Unidos. Convém notar que a jurisdição internacional é residual, complementar, e somente se instaura depois de esgotada a via procedimental interna do país vinculado, conforme consta de seu preâmbulo, de forma que sua jurisdição incidirá quando as medidas internas dos países se mostrarem insuficientes ou omissas quanto ao processo ou julgamento dos acusados, assim como quando desrespeitarem as legislações penal e processual internas. Dessa forma, a jurisdição do Tribunal Penal Internacional incidirá apenas em casos raros.

Sua criação observou os princípios da anterioridade e da irretroatividade da lei penal, pois sua competência não retroagirá para alcançar crimes cometidos antes de sua entrada em vigor (art. 11 do Estatuto de Roma).

A decisão do Tribunal Internacional faz coisa julgada, não podendo ser revista pela jurisdição interna do Estado participante. O contrário também ocorrerá, salvo se ficar demonstrada fraude ou favorecimento do acusado no julgamento.

Em 14 de março de 2012, o Tribunal Penal Internacional decidiu pela primeira vez e condenou Thomas Lubanga Dyilo, ex-chefe de milícia da República Democrática do Congo, acusado de crimes de guerra por alistamento forçado de crianças no exército, bem como em 17 de março de 2023, o TPI expediu um mandado de prisão contra Vladimir Putin por crimes de guerra, incluindo a deportação ilegal de crianças da Ucrânia para a Rússia.

O Brasil poderá promover a entrega de cidadão brasileiro para ser julgado pelo Tribunal Internacional, sem violar o disposto no art. 5º, LI, de nossa CF, que proíbe a extradição de brasileiro nato e naturalizado (salvo se este último estiver envolvido em tráfico ilícito de entorpecentes ou tiver praticado crime comum antes da naturalização).

Não se pode confundir extradição com entrega. O art. 102 do Estatuto de Roma deixa clara a diferença: "Por entrega, entende-se a entrega de uma pessoa por um Estado ao Tribunal, nos termos do presente Estatuto; por extradição, entende-se a entrega de uma pessoa por um Estado a outro Estado, conforme previsto em um tratado, em uma convenção ou no direito interno". Na extradição, há dois Estados em situação de igualdade cooperando reciprocamente um com o outro, ao passo que, na entrega, um Estado se submete à jurisdição transnacional e soberana, estando obrigado a fazê-lo ante sua adesão ao tratado de sua criação. Não há relação bilateral de cooperação, mas submissão a uma jurisdição que se sobrepõe aos países subscritores.

No mais, convém consignar que o Brasil não pode se recusar a entregar um brasileiro ao Tribunal Internacional, sob a alegação de que sua Constituição interna proíbe a prisão perpétua (CF, art. 5º, XLVII, *b*), porque o âmbito de aplicação dessas normas se circunscreve ao território nacional, pois não teria lógica o Brasil submeter-se a uma jurisdição internacional querendo impor a ela seu ordenamento interno. Se cada país subscritor fizer as ressalvas próprias de suas normas, tradição e cultura, o tratado perde seu caráter de universalidade, por isso que o art. 120 do Estatuto vedou de forma expressa a possibilidade de os países subscritores ratificarem ou aderirem a ele com reservas.

Também convém notar que o art. 77, 1, do Estatuto de Roma não autoriza a pena de morte, sendo sua pena mais grave a prisão perpétua.

Nesse contexto, especialmente sobre a aplicação pelo Estado das penas previstas em suas normas de direito interno, importante trazer a lição de Valerio de Oliveira Mazzuoli[46], o qual sustenta que "o art. 80 do Estatuto traz uma regra de interpretação no sentido de que as suas disposições em nada prejudicarão a aplicação, pelos Estados, das penas previstas nos seus respectivos Direitos Internos, ou a aplicação da legislação de Estados que não preveja as penas por ele referidas. A Constituição brasileira, por seu turno, permite até mesmo a pena de morte 'em caso de guerra declarada' (art. 5º,

---

46. O direito internacional e o direito brasileiro: homenagem a José Francisco Rezek, org. Wagner Menezes, Rio Grande do Sul/Editora Unijuí, 2004, p. 254-255.

XLVII, *a*), mas proíbe terminantemente as penas de caráter perpétuo (alínea *b* do mesmo inciso). É bom que fique esclarecido que o Supremo Tribunal Federal não tem tido problema em autorizar extradições para países onde existe a pena de prisão perpétua, em relação aos crimes imputados aos extraditandos, mesmo quando o réu corre o risco efetivo de ser preso por esta modalidade de pena. Como destaca Cachapuz de Medeiros, entende 'o pretório excelso que a esfera da nossa lei penal é interna. Se somos benevolentes com 'nossos delinquentes', isso só diz bem com os sentimentos dos brasileiros. Não podemos impor o mesmo tipo de 'benevolência' aos países estrangeiros'. O Supremo Tribunal Federal, também, em mais de uma ocasião, autorizou a extradição para os Estados que adotam a pena de morte, com a condição de que houvesse a comutação desta pena pela de prisão perpétua. (...) Portanto, no Brasil, ainda que internamente não se admita a pena de prisão perpétua, o fato não constitui restrição para efeitos de extradição. (...) A pena de prisão perpétua – que não recebe a mesma ressalva constitucional conferida à pena de morte – não pode ser instituída dentro do Brasil, quer por meio de tratados internacionais, quer mediante emendas constitucionais, por se tratar de cláusula pétrea constitucional. Mas isso não obsta, de forma alguma, que a mesma pena possa ser instituída fora do nosso país, em tribunal permanente com jurisdição internacional, de que o Brasil é parte e em relação ao qual deve obediência, em prol do bem-estar da humanidade".

Note-se, no entanto, que a atual jurisprudência do Supremo Tribunal Federal só defere pedido de extradição para cumprimento de pena de prisão perpétua se o Estado requerente se comprometer a comutar essa pena por privativa de liberdade, por prazo ou tempo não superior a 30 (trinta) anos, conforme julgados do EXT 1.463/DF; EXT 1.472/DF; EXT 1.418/DF. Com a Lei n. 13.964/2019, esse prazo passou a ser de 40 (quarenta) anos, conforme art. 75 do Código Penal. O mesmo ocorre quando o extraditado não tem nacionalidade brasileira, de acordo com o julgado do EXT 1.454/DF.

Finalmente, no tocante às imunidades e aos procedimentos especiais decorrentes da qualidade oficial da pessoa (parlamentares, Presidente da República, diplomatas etc.), não constituirão obstáculo para que o Tribunal exerça a sua jurisdição sobre a pessoa, conforme o disposto no art. 27 do Estatuto.

10.8.1. Genocídio, princípio da justiça universal e Tribunal Penal Internacional

Nosso CP, em seu art. 7º, I, *d*, dispõe que "ficam sujeitos à lei brasileira, embora cometidos no estrangeiro, os crimes de genocídio, quando o agente for brasileiro ou domiciliado no Brasil".

É certo que, desde a entrada em vigor do Tribunal Penal Internacional, em 1º de julho de 2002, o Brasil está obrigado a efetuar a entrega (*surrender*) do genocida brasileiro ou domiciliado no Brasil à jurisdição transnacional. Isso porque o genocídio está entre os crimes de competência daquele tribunal internacional (Estatuto de Roma, art. 5º, 1, *a*). Daí se impõe saber se com isso estaria revogado o mencionado dispositivo do CP, que fala na aplicação da lei brasileira.

> **Nosso entendimento:** não está revogado o dispositivo do CP.

Pensamos que não há que se falar na revogação do citado dispositivo, tendo em vista que a jurisdição do Tribunal Penal Internacional é subsidiária, somente se impondo na hipótese de omissão ou favorecimento por parte da justiça interna do país subscritor.

Nada impede, no entanto, que, mesmo sendo o acusado punido no Brasil, o Tribunal Penal Internacional, em casos excepcionais, refaça o julgamento e imponha sanção penal mais rigorosa, desde que demonstrada parcialidade, fraude, omissão ou inoperância da jurisdição interna do país. O fato de a sentença interna produzir coisa julgada não impede a atuação complementar do Tribunal Internacional, quando ocorrida uma das hipóteses de favorecimento do acusado previstas no art. 20, 3, do Estatuto de Roma.

11. EFICÁCIA DE SENTENÇA ESTRANGEIRA

Art. 9º A sentença estrangeira, quando a aplicação da lei brasileira produz na espécie as mesmas consequências, pode ser homologada no Brasil para:

I – obrigar o condenado à reparação do dano, a restituições e a outros efeitos civis;

II – sujeitá-lo a medida de segurança.

Parágrafo único. A homologação depende:

a) para os efeitos previstos no inciso I, de pedido da parte interessada;

b) para os outros efeitos, da existência de tratado de extradição com o país de cuja autoridade judiciária emanou a sentença, ou, na falta de tratado, de requisição do Ministro da Justiça.

11.1. Da homologação de sentença estrangeira

11.1.1. Fundamento

Nenhuma sentença de caráter criminal emanada de jurisdição estrangeira pode ter eficácia num Estado sem o seu consentimento, uma vez que o Direito Penal é essencialmente territorial, devendo ser aplicado apenas dentro dos limites do país que o criou. A execução de uma sentença é ato de soberania e, portanto, necessita de homologação do Estado no qual se dará seu cumprimento, quando proferida por autoridade estrangeira. Isso porque somente a soberania proporciona força executória aos julgados, então, a execução de sentença em território diverso daquele onde ela foi proferida a priva dessa força, a qual somente a soberania pode lhe atribuir.

11.1.2. Competência

É do Superior Tribunal de Justiça a competência para a homologação de sentenças estrangeiras e a concessão do *exequatur* às cartas rogatórias (cf. alínea *i* do inciso I do art. 105).

11.1.3. Conteúdo da homologação

A homologação não diz respeito ao conteúdo, circunscrevendo-se a um exame formal e delibatório da decisão, imprescindível para dar eficácia à sentença delibada. Verifica-se apenas o preenchimento dos requisitos constantes do art. 788 do Código de Processo Penal. Por essa razão, análise exclusivamente formal, não se admite revisão criminal de sentença condenatória estrangeira homologada.

11.1.4. Natureza jurídica

Trata-se de decisão judicial de mera delibação, sem análise do conteúdo da sentença estrangeira, mas de seus aspectos formais extrínsecos, com a finalidade de atribuir-lhe eficácia executória. Sem a homologação, a sentença estrangeira é ineficaz no Estado em que se pretenda executá-la, daí por que a doutrina costuma dizer que a sua natureza jurídica é a de uma sentença de delibação de caráter integrante, até porque a homologação confere à sentença delibada aquilo que lhe falta para o exercício de sua eficácia jurídica.

11.1.5. Homologação e delibação obrigatória

Nem toda sentença estrangeira precisa ser homologada para produzir efeitos no Brasil, mas tão somente aquela que deva ser aqui executada. Com efeito, só é necessária a homologação para conferir à sentença estrangeira eficácia para execução, justamente o que lhe falta fora de seu território.

Daí decorre o caráter integrante da delibação: na complementação da eficácia jurídica da sentença proferida no exterior. Em outras palavras, somente é necessária a homologação pelo STJ quando se objetivar a execução do comando emergente da decisão estrangeira. Se de seu conhecimento não derivar qualquer procedimento executório, a delibação será desnecessária.

11.1.6. Homologação e execução civil da sentença penal estrangeira

A homologação é obrigatória não apenas para a execução da pena imposta na sentença criminal condenatória estrangeira, mas também para "obrigar o condenado à reparação do dano, a restituições e a outros efeitos civis", consoante dispõe o art. 9º, I, do CP (execução civil da sentença penal estrangeira).

Assim, no caso de homologação para execução civil da sentença condenatória, ou seja, em face dos efeitos civis decorrentes da condenação criminal estrangeira, é necessário pedido da parte interessada, não podendo o STJ atuar *ex officio*, conforme disposição do art. 9º, parágrafo único, *a*, do Código Penal.

11.1.7. Homologação e medida de segurança

Sua execução também depende de prévia homologação pelo STJ, mas somente se aplicada exclusivamente ao inimputável ou semi-imputável, uma vez que o Brasil adotou o sistema vicariante, segundo o qual não podem ser impostas cumulativamente ao infrator pena e medida de segurança (CP, art. 9º, parágrafo único, *b*).

11.1.8. Procedimento

Homologada a sentença estrangeira, será remetida ao presidente do Tribunal de Justiça (pode ser o TRF também, em caso de competência federal) do Estado em que resida o condenado. Em seguida, o presidente fará a remessa da carta ao juiz do lugar de residência do condenado, para aplicação da pena ou da medida de segurança. A execução processar-se-á pelos órgãos locais, sem interferência do Superior Tribunal de Justiça.

11.1.9. Desnecessidade da homologação

Como já foi dito, a sentença estrangeira somente necessita de homologação para adquirir eficácia executória. Desse modo, em se tratando de efeitos secundários da condenação, os quais não se destinam à execução, não haverá necessidade de a decisão estrangeira ser homologada.

Assim, para gerar a reincidência no Brasil ou para obstar a concessão de *sursis* e do livramento condicional, não é necessário o prévio juízo delibatório do STJ. Também no caso de absolvição proferida no estrangeiro não se procederá à homologação, nos termos do art. 7º, § 2º, *d*, do Código Penal, pois o fato não foi punido no estrangeiro e não há nada a ser executado, na medida em que a decisão absolutória por lá proferida declarou a inexistência de relação jurídica entre Estado e infrator. O mesmo se diga da sentença estrangeira que julgar extinta a punibilidade do agente (CP, art. 7º, § 2º, *e*).

Em suma, haverá desnecessidade da homologação nos seguintes casos: (i) reincidência; (ii) proibição de *sursis*; (iii) proibição de livramento condicional; (iv) sentenças absolutórias; (v) sentenças extintivas da punibilidade.

11.1.10. Extradição executória

É a transferência da execução de pena imposta no estrangeiro para ser cumprida no Brasil. A Lei de Migração (Lei n. 13.445/2017), em seus arts. 100 a 102, introduziu novos casos de homologação de sentença estrangeira, permitindo agora a concessão do *exequatur* para cumprimento no Brasil da pena de prisão imposta no estrangeiro.

11.1.10.1. Extradição executória de brasileiro nato

Entendemos não ser cabível.

De acordo com seu art. 1º, a Lei de Migração estabelece regras aplicáveis ao visitante, migrante e emigrante. Seu âmbito de incidência não inclui o brasileiro nato. Seu art. 100 reforça esse entendimento ao dispor que a transferência da execução da pena de prisão *somente poderá ser solicitada ou autorizada nas hipóteses de extradição executória*, ou seja, somente será possível autorizar o cumprimento de pena de prisão imposta no estrangeiro para pessoas sujeitas à extradição, ou seja, migrantes e visitantes, jamais brasileiros natos.

Reforçando tal conclusão, o art. 82, I, da mesma Lei dispõe que não se concederá a extradição quando se tratar de brasileiro nato. Ora, se o pressuposto para a homologação da condenação estrangeira para fins de cumprimento da prisão é o cabimento da extradição, e se não cabe extradição de brasileiro nato, a conclusão é de que não cabe *exequatur* para permitir no Brasil execução de pena privativa de liberdade imposta no exterior quando o condenado tiver nacionalidade originária. Assim, somente restaria aplicar o disposto no CP, cujo art. 9º, conforme já mencionado, só autoriza homologação de sentença estrangeira para fins de natureza civil ou cumprimento de medida de segurança. No famoso caso do jogador Robinho, condenado a uma pena de 9 anos de reclusão na Itália por estupro, há ainda uma outra razão: a falta de tratado bilateral entre Brasil e Itália que preveja transferência de execução de condenações criminais, uma vez que o Acordo de Cooperação Judiciária em matéria penal entre os dois países, em seu art. 1º, § 3º, diz que: "a cooperação não compreenderá a execução de medidas restritivas de liberdade pessoal nem a execução de condenações". No caso, Robinho teria de ser processado novamente no Brasil, mediante aplicação do art. 7º do CP, que admite a extraterritorialidade da lei penal brasileira, consistente na aplicação da lei brasileira a crimes cometidos fora do Brasil por brasileiro. O processo teria que ser reaberto no Brasil, submetido aos princípios da ampla defesa, do contraditório e do devido processo legal, retomando-se a persecução penal desde seu início.

11.1.11. Transferência de execução de pena de brasileiro nato: posição do STJ

No caso Robinho, prevaleceu o entendimento de que a transferência da execução de pena imposta a brasileiro nato em outro país para ser cumprida no Brasil não viola a proibição de extradição prevista no art. 5º, LI, da CF[47].

12. DO LUGAR DO CRIME

Art. 6º Considera-se praticado o crime no lugar em que ocorreu a ação ou omissão, no todo ou em parte, bem como onde se produziu ou deveria produzir-se o resultado.

12.1. Considerações preliminares

Uma vez esclarecido qual o território em que vigora a lei penal brasileira, cumpre investigar quando nele se deve considerar cometida a infração. Para tanto, existem três teorias a respeito do lugar do crime, quais sejam, (i) teoria da atividade; (ii) teoria do resultado; (iii) teoria da ubiquidade ou mista.

12.2. Teorias

12.2.1. Teoria da atividade

Lugar do crime é o da ação ou omissão, sendo irrelevante o local da produção do resultado.

12.2.2. Teoria do resultado

Lugar do crime é aquele em que foi produzido o resultado, sendo irrelevante o local da conduta.

---

47. STJ, Corte Especial, HDE 7.986/EX, 2023/0050354-7, Rel. Min. Francisco Falcão, j. 20-3-2024, *DJe* 22-3-2024.

12.2.3. Teoria da ubiquidade ou mista

Também conhecida como mista, para essa teoria lugar do crime é tanto o da conduta quanto o do resultado. Será, portanto, o lugar onde se deu qualquer dos momentos do *iter criminis*. Observe-se que os simples atos preparatórios não constituem objeto de cogitação para determinar o *locus delicti*, pois não são típicos.

12.3. Teoria adotada

O Código Penal adotou a teoria da ubiquidade (CP, art. 6º), ao passo que o Código de Processo Penal adotou a teoria do resultado (CPP, art. 70). Vale mencionar que o art. 6º do CP não revogou o art. 70 do CPP, convivendo ambos os dispositivos legais em harmonia.

Conforme será explicitado a seguir, a regra contida no Código Penal é destinada a resolver a competência no caso de crimes envolvendo o território de um ou mais países, tratando-se, portanto, de uma norma de aplicação da lei penal no espaço. Dessa forma, a referida regra foi prevista pelo legislador para definir quando e se o Brasil é competente quando ocorrer situações de conflito internacional de jurisdição.

Em contrapartida, o art. 70 do CPP é uma regra para resolver crimes envolvendo o território de duas ou mais comarcas (Justiça Estadual) ou seção/subseção judiciária (Justiça Federal), ou seja, trata-se de uma regra de competência interna, não envolvendo a jurisdição de outros países. Assim, a regra foi prevista para definir qual comarca ou seção/subseção judiciária será competente em crimes cuja execução se deu em uma cidade e a consumação em outra, ambas no Brasil resolvendo, portanto, conflitos de competência territorial.

12.3.1. Crimes a distância ou de espaço máximo

Crimes a distância ou de espaço máximo são aqueles crimes que a conduta e o resultado ocorrem em países distintos. Imagine um crime que foi praticado em território nacional, mas o resultado foi produzido no estrangeiro. Nesses casos, aplica-se a teoria da ubiquidade, prevista no art. 6º do Código Penal, isto é, o foro competente será tanto o do lugar da ação ou omissão quanto o do local em que se produziu ou deveria produzir o resultado.

Assim, o foro competente será o do lugar em que foi praticado o último ato de execução no Brasil (CPP, art. 70, § 1º) ou o local brasileiro onde se produziu o resultado. Por exemplo, de São Paulo, o agente envia uma carta com Antrax para a vítima em Washington, D.C. O foro competente será tanto o de São Paulo quanto o da capital norte-americana.

Observe-se que a expressão "deveria produzir-se o resultado" se refere às hipóteses de tentativa. Aplica-se a lei brasileira ao crime tentado cuja conduta tenha sido praticada fora dos limites territoriais (ou do território por extensão), desde que o impedimento da consumação se tenha dado no País. Não importa tão só a intenção do agente em consumar o delito em território nacional.

Assim, não haverá interesse do Estado em punir o agente se a interrupção da execução e a antecipação involuntária da consumação tenham ocorrido fora do Brasil, ainda que o agente tivesse a intenção de obter o resultado em território nacional, porque não há interesse de punir do Estado quando não se verifica nenhuma fase do delito, não importando a intenção do agente, já que esta, por si só, não viola nem põe em perigo a ordem jurídica do Estado.

Vale destacar, que o art. 6º omitiu a possibilidade da ocorrência parcial do resultado em território nacional, porque o dispositivo legal faz referência tão somente à "parte" da ação ou omissão, mas não à "parte" do resultado. Não obstante isso, pode-se entender que a ocorrência de parte do resultado também é considerada resultado, devendo ser aplicada a lei brasileira no caso de resultado parcial no Brasil.

Resultado, para fins de aplicação da lei penal brasileira, é aquilo que forma a figura delitiva e que lhe é elemento constitutivo, não se incluindo, portanto, nesse conceito, os efeitos secundários do crime que se produzam em território nacional. O único efeito do delito que importa é o resultado típico, por exemplo, a morte no delito de homicídio. Desse modo, não se aplica a regra da territorialidade se a conduta e o resultado ocorreram no exterior, ainda que os efeitos secundários do crime sucederam no Brasil. No entanto, atente-se que, quanto aos efeitos secundários, aplica-se a lei brasileira. Por exemplo, os efeitos patrimoniais que surgem no Brasil em decorrência da morte do sujeito, vítima de um homicídio praticado na Argentina, serão regidos pela lei brasileira.

12.3.2. Delito plurilocal

O delito plurilocal é aquele que envolve duas ou mais (pluralidade) comarcas dentro de um país, haja vista que a conduta e o resultado ocorreram dentro do território nacional, mas em locais diferentes. Nesse caso, aplica-se a teoria do resultado, prevista no art. 70 do CPP, dessa forma, a competência será determinada pelo lugar em que se consumar a infração ou, no caso de tentativa, pelo local em que for praticado o último ato de execução.

Por exemplo, vítima é ludibriada, mediante emprego de ardil, em Descalvado e, após ter sido induzida em erro, acaba por entregar o dinheiro ao golpista, na cidade vizinha de São Carlos. Esta última será competente para julgar o estelionato, pois nela é que se produziu o resultado "vantagem ilícita", com o qual se operou a consumação.

Na hipótese dos crimes contra a vida, dolosos ou culposos, deve-se entender que o juízo competente será o do local da ação e não o do resultado, tendo em vista a conveniência na instrução dos fatos. Tomando-se como exemplo uma briga de bar em Jundiaí, durante a qual são desferidos golpes de faca contra a vítima, com nítida intenção homicida, sendo esta levada ao Hospital das Clínicas em São Paulo, onde vem a falecer em razão das lesões, não há como negar que todas as testemunhas presenciais se encontram em Jundiaí (em São Paulo, só estão o médico e os enfermeiros que atenderam o moribundo). Por força do princípio da verdade real, supera-se a regra do art. 70 do CPP e considera-se como lugar do crime o local da conduta, onde a prova poderá ser produzida com muito mais facilidade e eficiência, homenageando a busca da verdade real.

Ou seja, a fim de facilitar a instrução probatória, é possível, excepcionalmente, des-
locar a competência para foro diverso do local onde se deu a consumação do delito (CPP,
art. 70), quando aquela ocorre em local distinto daquele onde foram praticados os atos
executórios.

12.3.3. Crimes de menor potencial ofensivo

Crimes de menor potencial ofensivo são aqueles sujeitos ao procedimento da Lei n.
9.099/95, definidos em seu art. 61 como sendo aquelas contravenções penais e crimes a
que a lei comine pena máxima não superior a dois anos, cumulada ou não com multa.
Nesse caso, foi adotada a teoria da atividade, conforme se verifica através da redação do
art. 63 da própria lei: "A competência do Juizado será determinada pelo lugar em que foi
praticada a infração". Segundo o STJ: "para que o fato seja considerado criminalmente
relevante, não basta a mera subsunção formal a um tipo penal. Deve ser avaliado o desvalor representado pela conduta humana, bem como a extensão da lesão causada ao bem
jurídico tutelado, com o intuito de aferir se há necessidade e merecimento da sanção (...)"
(STJ, REsp 1.864.600/MG, *DJU* 23-9-2020).

12.4. Sobre a aplicação da teoria da ubiquidade nas várias hipóteses

12.4.1. Nos crimes conexos

Não se aplica a teoria da ubiquidade, devendo cada crime ser julgado pelo país onde
foi cometido, *uma vez que não constituem propriamente uma unidade jurídica*. Por exemplo,
furto cometido na Argentina e receptação praticada no Brasil. Aqui somente será julgada a receptação.

12.4.2. No crime complexo

Tomado o delito como um todo, aplica-se a regra do art. 6º, sem cindir-se a figura
típica, mesmo que o resultado juridicamente relevante se verifique *aliunde* e o delito-meio
no território nacional.

12.4.3. Na coautoria, participação ou ajuste

O crime dá-se tanto no lugar da instigação ou auxílio como no do resultado.

12.4.4. No delito permanente e no crime continuado

Nas ações consideradas juridicamente como unidade, o crime tem-se por praticado
no lugar em que se verifica um dos elementos do fato unitário.

12.4.5. Nos delitos habituais

O *locus delicti* é o de qualquer dos fatos (singulares, análogos ou repetidos) que pertencem à figura delitiva, pois o "tipo" serve de elo entre os diversos atos.

12.5. Regras especiais

(1) Quando incerto o limite entre duas comarcas, se a infração for praticada na divisa, a competência será firmada pela prevenção (CPP, ar-. 70, § 3º).

(2) Nos crimes de estelionato praticados mediante depósito, mediante emissão de cheques sem suficiente provisão de fundos em poder do sacado ou com o pagamento frustrado ou mediante transferência de valores, a competência será definida pelo local do domicílio da vítima, e, em caso de pluralidade de vítimas, a competência firmar-se-á pela prevenção (CPP, art. 70, § 4º). Está superada a Súmula 521 do STJ.

(3) No caso de crime continuado ou permanente praticado em território de duas ou mais jurisdições, a competência será também firmada pela prevenção (CPP, art. 71).

(4) No caso de alteração do território da comarca, por força de lei, após a instauração da ação penal, aplica-se, analogicamente, o art. 43 do CPC, que trata da *perpetuatio juris-dictionis*, mantendo a competência original.

(5) No homicídio, quando a morte é produzida em local diverso daquele em que foi realizada a conduta, a jurisprudência entende que o foro competente é o da ação ou omissão, e não o do resultado, conforme já explicitado no item 12.3.2. Essa posição é majoritária na jurisprudência e tem por fundamento a maior facilidade que as partes têm para produzir provas no local em que ocorreu a conduta. Ela é, contudo, contrária à letra expressa da lei, que dispõe ser competente o foro do local do resultado (CPP, art. 70 — teoria do resultado).

(6) No crime de falso testemunho praticado por precatória, a jurisprudência tem entendido como competente o juízo deprecado, uma vez que foi nele que ocorreu o depoimento fraudulento (art. 70 do CPP).

(7) No uso de documento falso, a competência é do lugar em que se deu a falsificação, tendo em vista o disposto no art. 70 do CPP, quando o agente que fez uso do documento for o mesmo que o falsificou.

(8) No delito de aborto, o juízo competente é o do local da conduta, e não o do lugar da morte do feto.

(9) De acordo com o Código de Processo Penal:

(i) não sendo conhecido o lugar da infração, a competência será estabelecida pelo domicílio do réu (art. 72, *caput*). Do mesmo modo, firma-se a competência pelo domicílio do réu quando não se sabe a que Estado-membro pertence o lugar do fato;

(ii) se o réu tiver mais de um domicílio, a competência será firmada pela prevenção (art. 72, § 1º);

(iii) se o réu não tiver residência certa ou for ignorado o seu paradeiro, será competente o juiz que primeiro tomar conhecimento do fato (CPP, art. 72, § 2º);

(iv) no caso de ação penal exclusivamente privada, o querelante poderá preferir o foro do domicílio ou residência do réu ao foro do local do crime, ainda que este seja conhecido (CPP, art. 73).

(v) nos crimes de estelionato praticados mediante depósito, emissão de cheques sem fundos ou com o pagamento frustrado, ou mediante transferência de valores, a competência será definida pelo local do domicílio da vítima e, em caso de pluralidade de vítimas, será fixada pela prevenção (CPP, art. 70, § 4º).

→ **Atenção**: domicílio é o lugar onde a pessoa se estabelece com ânimo definitivo ou exerce suas ocupações habituais (CC, arts. 70 e 71). No caso de a pessoa ter vários domicílios, qualquer um será considerado como tal (CC, art. 71).

(10) Compete ao Júri o julgamento dos crimes dolosos contra a vida (CF, art. 5º, XXXVIII, *d*), mas o latrocínio, por ser crime contra o patrimônio, é da competência do juízo singular (Súmula 603 do STF), o mesmo ocorrendo com o crime de extorsão qualificada pelo resultado morte. Competem ao Júri Federal, presidido por juiz federal, os crimes de competência da Justiça Federal e que devam ser julgados pelo tribunal popular, tais como: homicídio praticado a bordo de embarcação privada, de procedência estrangeira, em porto nacional, e contrabando em conexão com homicídio (fiscal aduaneiro troca tiros com contrabandista e o mata).

(11) A justiça militar é a competente para:

O crime militar, e, portanto, investigado, processado e julgado pela justiça militar não é só aquele previsto na legislação específica (CPM), mas também o previsto na legislação penal comum e em lei extravagante, abarcando, por exemplo, os crimes de tortura, abuso de autoridade, associação em organização criminosa etc. Ou seja, com a alteração operada em 2017, o art. 9º do CPM deu nova definição aos crimes militares, bem como ampliou o rol desses delitos. Registre-se que o contexto em que os crimes devem ser praticados ("quando praticados") está elencado nas alíneas *a* a *e* do CPM, as quais não tiveram qualquer alteração com a nova lei. No mais, observamos, consequentemente, um deslocamento da competência desses crimes, que até então eram da justiça comum, para a justiça militar estadual, aumentando, portanto, sua competência, cabendo única e exclusivamente à autoridade da polícia judiciária militar a apuração da conduta criminosa[48].

Ainda, no § 1º do art. 9º do Código Penal Militar, reafirmou-se a competência constitucional (art. 125, § 4º, da CF) do Tribunal do Júri para o processamento e julgamento dos crimes dolosos contra a vida cometidos por militares contra civil: "§ 1º Os crimes de que trata este artigo, quando dolosos contra a vida e cometidos por militares contra civil, serão da competência do Tribunal do Júri". Vale registrar que o parágrafo em comento reforça o disposto no art. 82, § 2º, do Código de Processo Penal Militar: "§ 2º Nos crimes dolosos contra a vida, praticados contra civil, a Justiça Militar encaminhará os autos do inquérito policial militar à justiça comum". Dessa forma, o crime será apurado pela polícia judiciária militar, através de inquérito policial militar, com o

---

48. A Lei n. 13.774, de 19 de dezembro de 2018, alterou a Lei n. 8.457/1992, que "Organiza a Justiça Militar da União e regula o funcionamento de seus Serviços Auxiliares". Em seu art. 30, inciso I-B, determinou que compete ao juiz federal da Justiça Militar, monocraticamente, processar e julgar civis nos casos previstos nos incisos I e II do art. 9º do Código Penal Militar, e militares, quando estes forem acusados juntamente com aqueles no mesmo processo.

encaminhamento dos respectivos autos à justiça militar, que então fará a posterior remessa para a justiça comum.

→ **Atenção:** o termo "militares" empregado pelo dispositivo legal refere-se aos militares estaduais, ou seja, policiais e bombeiros militares.

O § 2º do art. 9º, amplia a competência da justiça militar federal: "Os crimes de que trata este artigo, quando dolosos contra a vida e cometidos por militares das Forças Armadas contra civil, serão da competência da Justiça Militar da União, se praticados no contexto: (...)". Note-se que a aplicação desse dispositivo se refere especificamente às Forças Armadas (Marinha, Exército e Força Aérea), uma vez que, no caso dos militares estaduais, a competência continua sendo do Tribunal do Júri, conforme alhures explicitado.

Vale pontuar que a conduta deve ter sido praticada no contexto dos incisos I a III e respectivas alíneas do parágrafo em tela; do contrário, a competência será do Tribunal do Júri.

Vejamos cada um dos incisos e suas alíneas:

"I — do cumprimento de atribuições que lhes forem estabelecidas pelo Presidente da República ou pelo Ministro de Estado da Defesa".

Insta consignar que uma das funções das Forças Armadas é garantir a lei e a ordem, por isso sua atuação excepcional em operações de segurança pública, com a consequente participação em operações. Como essa modalidade de emprego das Forças Armadas depende de decisão do Presidente da República ou do Ministro do Estado de Defesa, justifica-se esse inciso.

"II — de ação que envolva a segurança de instituição militar ou de missão militar, mesmo que não beligerante; ou

III — de atividade de natureza militar, de operação de paz, de garantia da lei e da ordem ou de atribuição subsidiária, realizadas em conformidade com o disposto no art. 142 da Constituição Federal e na forma dos seguintes diplomas legais:

a) Lei n. 7.565/86 — Código Brasileiro de Aeronáutica."

Observe-se que a competência no caso dessa alínea já era da Justiça Militar, no entanto agora não se faz menção ao art. 303 do Código Brasileiro de Aeronáutica, o que significa que qualquer dispositivo daquele diploma pode ser alcançado.

"b) Lei Complementar n. 97/99" — estabelece normas gerais para a organização, o preparo e o emprego das Forças Armadas.

"c) Decreto Lei n. 1.002/69 — Código de Processo Penal Militar; e

d) Lei n. 4.737/65 — Código Eleitoral."

Em suma, cada uma das leis trazidas pelos incisos e alíneas do § 2º do art. 9º do CPM trata das atribuições e ações específicas das Forças Armadas. O crime doloso por elas praticado contra civil dentro desse contexto será de competência da Justiça Militar da União, conforme já mencionado.

De acordo com o art. 3º da Lei n. 13.491/2017, a vigência desta foi iniciada na data de sua publicação, 16 de outubro de 2017. Ainda, com relação às normas de competência definidas pela nova redação, a lei se aplica aos inquéritos e às ações penais em curso, mas, no que diz respeito à nova definição de crimes militares (CPM, inciso II do art. 9º), vigora a regra da irretroatividade.

Excepcionando-se o quanto alterado pela Lei n. 13.491/2017, já exposto, temos que a justiça militar também é a competente para:

(i) processar e julgar os integrantes das polícias militares nos delitos assim definidos em lei, bem como as ações judiciais contra atos disciplinares militares, ressalvada, nos crimes dolosos contra a vida, a competência do júri quando a vítima for civil (apenas nos casos dos militares estaduais, já que no das Forças Armadas a competência será da Justiça Militar da União), cabendo ao tribunal competente decidir sobre a perda do posto e da patente dos oficiais e da graduação das praças (CF, art. 125, § 4º). Excetuados os crimes dolosos contra a vida praticados contra civil, de competência do júri popular (militares estaduais) ou da Justiça Militar da União (Forças Armadas), os demais crimes militares serão julgados pela própria Justiça Militar, observando-se que: (i.1) se cometidos contra militar (militar × militar), caberá o julgamento em primeiro grau ao Conselho de Justiça, órgão colegiado heterogêneo composto por juízes de carreira (togados) e juízes fardados; (i.2) sendo o crime militar cometido contra vítima civil, a decisão de primeira instância competirá, exclusivamente, aos juízes militares de carreira, singularmente, nos termos do § 5º do art. 125, ou seja, em decisão monocrática, afastando-se a participação do órgão colegiado e, portanto, sem a participação de militares de carreira no julgamento (apenas para militares estaduais);

(ii) processar e julgar os delitos cometidos em lugares sujeitos à Administração militar (STJ, CComp 171028/RS);

(iii) julgar os crimes de favorecimento pessoal, mas somente quando se imputar ao favorecido um crime militar;

(iv) o crime de lesões corporais contra civil, quando em serviço, ou, se, mesmo de folga, utilizar sua condição castrense para cometer o delito. Caso o delito não seja praticado em serviço ou se utilizando da condição de policial militar, a competência será da justiça comum;

(v) processar e julgar policial de corporação estadual, ainda que o delito tenha sido praticado em outra unidade federativa (Súmula 78 do STJ);

(12) Não compete à justiça militar, mas à comum:

(i) delito (lesão corporal culposa) decorrente de acidente de trânsito envolvendo viatura da polícia militar, quando a vítima for civil (Súmula 6 do STJ);

(ii) os crimes dolosos contra a vida praticados por militar contra civil são de competência da justiça comum, devendo ser julgados pelo júri (desde que militares estaduais – CF, art. 125, § 4º, e Lei n. 13. 491/2017);

(iii) compete à justiça comum processar e julgar civil acusado da prática de crime contra instituições militares estaduais (Súmula 53 do STJ). Também compete à justiça comum o julgamento de crime cometido por guarda civil metropolitano.

(13) compete à justiça federal processar e julgar os crimes cometidos contra bens, serviços ou interesse da União ou de suas entidades autárquicas ou empresas públicas (CF, art. 109, IV).

(14) Compete à justiça federal processar e julgar os crimes praticados contra funcionário público federal, quando relacionados com o exercício da função (Súmula 147 do STJ). Do mesmo modo, a ela compete o julgamento de crime cometido por funcionário público federal, no exercício de suas funções. Tratando-se de crime doloso contra a vida, incumbirá ao juiz federal presidi-lo.

(15) Compete à justiça comum estadual processar e julgar crime em que indígena figura como autor ou vítima (Súmula 140 do STJ). Em se tratando de crime de genocídio, como se colocam em disputa os direitos indígenas como um todo, a competência passa para a justiça federal, nos termos do art. 109, XI, da CF.

(16) Compete à justiça comum estadual processar e julgar crime praticado contra sociedade de economia mista (Súmula 42 do STJ e Súmula 556 do STF). Sendo o Banco do Brasil uma sociedade de economia mista, compete, então, à justiça comum julgar crime praticado contra ele.

(17) Compete à justiça comum estadual processar e julgar o crime de falsa anotação de carteira de trabalho e Previdência Social, atribuído a empresa privada (Súmula 62 do STJ).

(18) Compete ao juízo do local da obtenção da vantagem ilícita processar e julgar crime de estelionato cometido mediante falsificação de cheque (Súmula 48 do STJ).

(19) Compete à justiça comum estadual, na vigência da Constituição de 1988, o processo por contravenção penal, ainda que praticada em detrimento de bens, serviços ou interesse da União ou de suas entidades (Súmula 38 do STJ).

(20) Compete à justiça federal processar e julgar crime de falsificação de título de eleitor. Também lhe compete a falsificação de carteira da OAB, por afetar interesse de autarquia *sui generis*, que sempre desloca a competência para a justiça federal.

(21) Compete à justiça federal processar e julgar os crimes praticados contra a Empresa Brasileira de Correios e Telégrafos (ver STJ, HC 364.927/MG). Contudo, se o crime for praticado contra agência franqueada, entregue à exploração de particular e o prejuízo for unicamente a bens jurídicos privados, a competência será da Justiça Estadual, segundo entendimento do STJ (CComp 155.448/MG).

(22) Crime contra a organização do trabalho: depende. Se ofender a organização do trabalho como um todo, a competência será da justiça federal; se atingir direito individual do trabalho, a competência será da justiça comum estadual.

(23) Emissão de cheque sem fundos contra a Caixa Econômica Federal: competência da justiça comum.

(24) Contrabando e descaminho: competência da justiça federal (ver APR 10132120023115001/MG). Considera-se competente o juízo federal do local onde foram apreendidos os objetos introduzidos ilegalmente no País, uma vez que se trata de delito permanente (Súmula 151 do STJ).

→ **Atenção:** quanto ao crime de contrabando, nas formas equiparadas dos incisos IV e V, a lei não exige que os produtos sejam importados ou destinados à exportação, então, sendo a mercadoria brasileira e não destinada à exportação, a competência será da justiça estadual.

→ **Atenção:** quando houver conexão entre o delito de contrabando e o de facilitação de contrabando cometido por funcionário estadual, como policial civil, por exemplo, a competência será da justiça federal.

(25) Crime cometido a bordo de navio: compete à justiça federal de primeiro grau processar e julgar os crimes comuns praticados, em tese, no interior de navio de grande cabotagem, autorizado e apto a realizar viagens internacionais (STJ, CComp 118.503/PR 2011/0183730-1).

(26) Crime cometido em área de fronteira: compete à justiça comum estadual, porque não existe ofensa a bem, serviço ou interesse da União.

(27) Compete à justiça comum estadual processar e julgar o crime de falsificação e uso de documento falso relativo a estabelecimento particular de ensino (Súmula 104 do STJ).

(28) Compete à justiça federal o processo e julgamento unificado dos crimes conexos de competência federal e estadual, não se aplicando a regra do art. 78, II, *a*, do CPP (Súmula 122 do STJ).

(29) Compete à Justiça Federal o processo-crime contra bens tombados pelo Instituto do Patrimônio Histórico e Artístico Nacional, pouco importando tenha ou não havido o registro imobiliário.

(30) Crime praticado por meio da rede mundial de computadores (*internet*): No caso do crime de pedofilia, já decidiu o STF pela competência da Justiça Federal (ver STF, RE 628.624, de 28-10-2015).

(31) Compete à Justiça Federal processar e julgar o conteúdo de falas de cunho homofóbico divulgadas na *internet*, em perfis abertos do Facebook e no YouTube, ambos de abrangência internacional (STJ. 3ª Seção. CC 191970-RS, Rel. Min. Laurita Vaz, 14-12-2022).

Entretanto, no caso de o crime ser praticado por meio de troca de informações privadas (como nas conversas via *whatsApp*), a competência é da Justiça Estadual (ver STJ, CC 150.564, de 26-4-2017).

→ **Atenção:** de acordo com a jurisprudência, o delito do art. 241 do ECA se consuma com o ato de publicação das imagens.

13. CONTAGEM DO PRAZO

Art. 10. O dia do começo inclui-se no cômputo do prazo. Contam-se os dias, os meses e os anos pelo calendário comum.

13.1. Considerações preliminares

De acordo com o art. 10 do CP, o dia do começo inclui-se no cômputo do prazo, razão pela qual não interessa a que horas do dia o prazo começou a correr; considera-se o dia todo para efeito de contagem de prazo.

Assim, se a pena começou a ser cumprida às 23h50min, os 10 minutos são contados como um dia inteiro. Do mesmo modo, não importa se o prazo começou em domingo ou feriado, computando-se um ou outro como primeiro dia.

13.2. Contagem de mês e ano

São contados como períodos que compreendem um número determinado de dias, pouco importando quantos sejam os dias de cada mês. Por exemplo, 6 meses a partir de abril; terminará o prazo em setembro, não importando se o mês tem 30 ou 31 dias.

Os anos são contados da mesma forma, sendo irrelevante se bissextos ou com 365 dias. Cinco anos depois de janeiro de 2015 será janeiro de 2020. Nesse sentido, a Lei n. 810/49, que, em seu art. 1º, considera ano "o período de 12 (doze) meses contados do dia do início ao dia e mês correspondentes do ano seguinte", daí se falar que anos e meses são contados independentemente do número de dias.

Ilustrando, suponha que o agente começa a cumprir pena às 19h27min do dia 5 de agosto de 2014. Tem 6 anos, 9 meses e 23 dias de pena a cumprir. Para o cálculo da data do término, dividir em três colunas: dia, mês e ano. Em seguida, adicionar o *quantum* a ser cumprido:

5	8	2014
1ª etapa: 2014 + 6 anos = 2020		
5	8	2020
2ª etapa: depois de somar o número de anos, somam-se os meses. Agosto de 2020 + 9 meses = maio de 2021 Até agora, a pena termina em 5 de maio de 2021.		
5	5	2021
3ª etapa: só falta somar os dias.		
5	5	2021
+ 23		
= 28	5	2021

Dessa forma, a pena de 6 anos, 9 meses e 23 dias, cujo cumprimento começou em 5 de agosto de 2014, pela soma deve terminar em 28 de maio de 2021.

Não esqueça, porém, que depois da operação deve-se diminuir sempre um dia, já que, pela regra, o dia do começo deve ser computado. Assim, a pena estará cumprida em 27 de maio de 2021.

13.3. Prescrição e decadência

Os prazos também são contados de acordo com a regra do art. 10 do Código Penal.

13.4. Características

Os prazos de natureza penal são considerados fatais e improrrogáveis, mesmo que terminem em domingos e feriados. Isto significa que, encerrando-se em um sábado (considerado feriado forense), domingo ou outro dia em que, por motivo de feriado ou férias, não houver expediente, não existirá possibilidade de prorrogação para o primeiro dia útil subsequente. O prazo "morre" ali mesmo, no domingo ou feriado, sendo, por esse motivo, considerado fatal.

13.5. Interrupção e suspensão

Apesar de improrrogável, o prazo penal é passível de interrupção (o prazo é "zerado" e começa novamente do primeiro dia) e de suspensão (recomeça pelo tempo que faltava), como é o caso do prazo prescricional.

O STF recentemente decidiu que: "O acórdão confirmatório da sentença condenatória também interrompe a prescrição. O Código Penal não faz distinção entre acórdão condenatório inicial ou confirmatório da decisão para fins de interrupção da prescrição. O acórdão que confirma a sentença condenatória, justamente por revelar pleno exercício da jurisdição penal, é marco interruptivo do prazo prescricional, nos termos do art. 117, IV, do Código Penal. O acórdão condenatório sempre interrompe a prescrição, inclusive quando con-firmatório da sentença de 1º grau" (STF, HC 176.473, Rel. Min. Alexandre de Moraes, j. 27-4-2020, *DJe* 10-9-2020).

13.6. Contagem dos prazos processuais

Contam-se de acordo com a regra do art. 798, § 1º, do CPP. Exclui-se o dia do começo. De acordo com a Súmula 310 do STF, se o dia do começo for domingo ou feriado, o início do prazo será o dia útil imediatamente subsequente.

13.7. Distinção entre prazo penal e prazo processual

Todo prazo cujo decurso leve à extinção do direito de punir será considerado penal. Assim, por exemplo, o prazo decadencial de seis meses, a contar do conhecimento da autoria pelo ofendido ou seu representante legal, para o oferecimento da queixa ou da representação. Embora se trate de prazo para a realização de um ato processual, seu fluxo levará à extinção da punibilidade, pois sem a queixa ou a representação torna-se impossível a instauração do processo e, por conseguinte, a satisfação da pretensão punitiva pelo Estado. Como não é possível dar início à persecução penal, jamais será imposta qualquer sanção ao infrator, de maneira que, de forma indireta, a decadência acarreta a extinção da punibilidade, já que a inviabiliza. Só pode, portanto, ter natureza penal.

Outro exemplo é o de trinta dias para o querelante dar andamento à ação exclusivamente privada ou à personalíssima, sob pena de extinção da punibilidade pela perempção (CPP, art. 60, I). Embora o instituto, aparentemente, tenha relação com o processo, e como sua consequência afeta o *jus puniendi*, tal prazo também será contado de acordo com a regra do art. 10.

É ainda a hipótese do prazo de sessenta dias para que o cônjuge, ascendente, descendente ou irmão sucedam o querelante morto na ação penal exclusivamente privada, sob pena de perempção (CPP, art. 60, II).

Em contrapartida, na hipótese do prazo decadencial de seis meses para que o ofendido ou seu representante legal proponham a ação penal privada subsidiária da pública, o qual começa a correr a partir do término do prazo para o Ministério Público oferecer a denúncia (CF, art. 5º, LIX, e CPP, art. 29), o mesmo tem natureza processual e será contado de acordo com a regra do art. 798, § 1º, do CPP, excluindo-se o dia do começo (tem início a partir do primeiro dia útil subsequente — Súmula 310 do STF), computando-se o do final e prorrogando-se quando terminar em domingo ou feriado. Isto porque o decurso do prazo decadencial não acarreta a extinção da punibilidade, já que o Ministério Público poderá, a qualquer tempo antes da prescrição, oferecer a denúncia.

14. TEORIA DO CRIME

14.1. Conceito de crime

O crime pode ser conceituado sob três enfoques, quais sejam, aspecto material, aspecto formal e aspecto analítico.

14.1.1. Aspecto material

É aquele que busca estabelecer a essência do conceito, isto é, o porquê de determinado fato ser considerado criminoso e outro não. Sob esse enfoque, crime pode ser definido como todo fato humano que, propositada ou descuidadamente, lesa ou expõe a perigo bens jurídicos considerados fundamentais para a existência da coletividade e da paz social.

14.1.2. Aspecto formal

O conceito de crime resulta da mera subsunção da conduta ao tipo legal e, portanto, considera-se infração penal tudo aquilo que o legislador descrever como tal, pouco importando o seu conteúdo. Considerar a existência de um crime sem levar em conta sua essência ou lesividade material afronta o princípio constitucional da dignidade humana.

14.1.3. Aspecto analítico

É aquele que busca, sob um prisma jurídico, estabelecer os elementos estruturais do crime. A finalidade deste enfoque é propiciar a correta e mais justa decisão sobre a infração penal e seu autor, fazendo com que o julgador ou intérprete desenvolva o seu raciocínio em etapas.

Sob esse ângulo, crime é todo fato típico e ilícito. Dessa maneira, em primeiro lugar deve ser observada a tipicidade da conduta. Em caso positivo, e só neste caso, verifica-se se a mesma é ilícita ou não. Sendo o fato típico e ilícito, já surge a infração penal. A partir daí, é só verificar se o autor foi ou não culpado pela sua prática, isto é, se deve ou não sofrer um juízo de reprovação pelo crime que cometeu. Para a existência da infração penal, portanto, é preciso que o fato seja típico e ilícito.

14.2. Concepção bipartida e tripartida de crime

Para a concepção bipartida de crime, a culpabilidade não integra o seu conceito, sendo crime apenas fato típico e ilícito (ou antijurídico).

Nesse contexto, oportuno ressalvar que preferimos o termo ilicitude a antijuridicidade, uma vez que o crime, embora contrário à lei penal, não deixa de ser um fato jurídico, dado que produz inúmeros efeitos nessa órbita.

A Teoria Naturalista ou Causal, mais conhecida como Teoria Clássica, concebida por Franz von Liszt, a qual teve em Ernest von Beling um de seus maiores defensores, dominou todo o século XIX, fortemente influenciada pelo positivismo jurídico.

Para tal teoria, o fato típico resultava de mera comparação entre a conduta objetivamente realizada e a descrição legal do crime, sem analisar qualquer aspecto de ordem interna, subjetiva. Sustentava que o dolo e a culpa se sediavam na culpabilidade e não pertenciam ao tipo. Para os seus defensores, crime só pode ser fato típico, ilícito (antijurídico) e culpável, uma vez que, sendo o dolo e a culpa imprescindíveis para a sua existência e estando ambos na culpabilidade, por óbvio esta última se tornava necessária para integrar o conceito de infração penal.

Todo penalista clássico, portanto, forçosamente precisa adotar a concepção tripartida (crime = fato típico + ilícito + culpável), pois do contrário teria de admitir que o dolo e a culpa não pertenciam ao crime, o que seria juridicamente impossível de sustentar.

Com o finalismo de Welzel, descobriu-se que dolo e culpa integravam o fato típico e não a culpabilidade. A partir daí, com a saída desses elementos, a culpabilidade perdeu a única coisa que interessava ao crime, ficando apenas com elementos puramente valorativos.

Com isso, passou a ser mero juízo de valoração externo ao crime, uma simples reprovação que o Estado faz sobre o autor de uma infração penal. Com efeito, a culpabilidade, em termos coloquiais, ocorre quando o Estado aponta o dedo para o infrator e lhe diz: você é culpado e vai pagar pelo crime que cometeu! Ora, isso nada tem que ver com o crime. É apenas uma censura exercida sobre o criminoso.

Desse modo, a partir do finalismo, já não há como continuar sustentando que crime é todo fato típico, ilícito e culpável, pois a culpabilidade não tem mais nada que interessa ao conceito de crime. Welzel não se apercebeu disso e continuou sustentando equivocadamente a concepção tripartida, tendo, com isso, influenciado grande parte dos finalistas, os quais insistiram na tecla errada.

Além disso, a culpabilidade é um elemento externo de valoração exercido sobre o autor do crime e, por isso, não pode, ao mesmo tempo, estar dentro dele. Não existe crime culpado, mas autor de crime culpado.

Quando se fala na aplicação de medida de segurança, dois são os pressupostos: ausência de culpabilidade (o agente deve ser um inimputável) + prática de crime (para internar alguém em um manicômio por determinação de um juiz criminal, é necessário antes provar que esse alguém cometeu um crime). Com isso, percebe-se que pode haver crime sem culpabilidade.

Como lembra Damásio de Jesus, se a culpabilidade fosse elemento do crime, aquele que, dolosamente, adquirisse um produto de roubo cometido por um menor não cometeria receptação, pois se o menor não pratica crime, ante a ausência de culpabilidade, o receptador não teria adquirido um produto desse crime.

Nosso Código Penal diz que: (i) quando o fato é atípico, não existe crime ("Não há crime sem lei anterior que o defina" — CP, art. 1º); (ii) quando a ilicitude é excluída, não existe crime ("Não há crime quando o agente pratica o fato (...)" — CP, art. 23 e incisos). Isso é claro sinal de que o fato típico e a ilicitude são seus elementos.

Agora, quando a culpabilidade é excluída, nosso Código emprega terminologia diversa: "É isento de pena o agente que (...)" (CP, art. 26, *caput*).

Por todos esses motivos entendemos correta a concepção bipartida. Essa é uma concepção impossível de ser adotada para quem segue a Teoria Clássica (Naturalista ou Causal), na medida em que ela situa o dolo e a culpa na culpabilidade (se excluíssem a culpabilidade do conceito de crime, excluiriam também o dolo e a culpa). A partir da Teoria Finalista, a qual deslocou o dolo e a culpa para o fato típico, com o consequente esvaziamento da culpabilidade, é que surgiu a concepção bipartida, dentre parte dos doutrinadores nacionais.

> **Nosso entendimento:** adotamos a concepção bipartida de crime, embora atualmente essa discussão tenha perdido relevância, pois o que verdadeiramente importa são os requisitos para a configuração do fato típico.

Finalmente, não se podem misturar tipicidade e ilicitude em uma mesma fase, pois matar um inseto (fato atípico) não é a mesma coisa que matar uma pessoa em legítima defesa (fato típico, mas não ilícito).

15. FATO TÍPICO

15.1. Conceito

É o fato material que se amolda perfeitamente aos elementos constantes do modelo previsto na lei penal.

Especificamente sobre o fato material, importante registrar que ele existe independentemente de se enquadrar ou não no modelo descritivo legal. Sendo assim, a tipicidade é, portanto, irrelevante para a existência do fato material. Por exemplo: tomar um copo de água é um fato material, físico, mas não está definido em lei como crime, sendo, portanto, desprovido de tipicidade.

15.2. Elementos

São quatro:

(i) conduta dolosa ou culposa;

(ii) resultado (só nos crimes materiais);

(iii) nexo causal (só nos crimes materiais);

(iv) tipicidade.

15.2.1. Conduta

15.2.1.1. Conceito

É a ação ou omissão humana, consciente e voluntária, dirigida a uma finalidade.

Os seres humanos são entes dotados de razão e vontade. A mente processa uma série de captações sensoriais, transformadas em desejos. O pensamento, entretanto, enquanto permanecer encastelado na consciência, não representa absolutamente nada para o Direito Penal (*pensiero non paga gabella; cogitationis poena nemo patitur*). Somente quando a vontade se liberta do claustro psíquico que a aprisiona é que a conduta se exterioriza no mundo concreto e perceptível, por meio de um comportamento positivo, a ação ("um fazer"), ou de uma inatividade indevida, a omissão ("um não fazer o que era preciso").

A exteriorização da conduta por meio de uma ação ou omissão não é suficiente, porém. O Direito Penal só empresta relevo aos comportamentos humanos que tenham, na vontade, a sua força motriz. As pessoas humanas, como seres racionais, conhecedoras que são da lei natural da causa e efeito, sabem perfeitamente que de cada comportamento pode resultar um efeito distinto (sabe-se que o fogo queima, o impacto contundente lesiona ou mata, a falta de oxigênio asfixia, a tortura causa dor etc.). Assim, conhecedoras que são dos processos causais, e sendo dotadas de razão e livre-arbítrio, podem escolher entre um e outro comportamento. É com isso que se preocupa o Direito Penal. Funda-se no princípio geral da evitabilidade (cf. tópico abaixo – "Teorias da conduta"), no sentido de que só lhe interessam as condutas que poderiam ter sido evitadas. Por essa razão, onde não houver vontade, não existirá conduta perante o ordenamento jurídico repressivo.

Não se preocupa o direito criminal com os resultados decorrentes de caso fortuito ou força maior, nem com a conduta praticada mediante coação física, ou mesmo com atos derivados de puro reflexo, porque nenhum deles poderia ter sido evitado. Na arguta observação de Assis Toledo, "como não se pode punir uma pedra que cai, ou um raio que mata, não se deve igualmente punir quem não age, mas é agido"[49].

A vontade e a consciência, geradoras da conduta, não são, contudo, "cegas", isto é, desprovidas de finalidade, no sentido de que toda ação ou omissão dominada pela voluntariedade objetivar atingir um fim. Acompanhemos este singelo exemplo: uma pessoa está com sede e observa sobre a mesa um copo com água; a vontade de beber associada à finalidade de saciar a sede animam a ação de levar o copo à boca e ingerir o líquido. Nesse caso, existiu conduta, devido à consciência, vontade e finalidade, e o resultado produzido (água bebida e sede saciada) acabou por coincidir com vontade e finalidade. Chama-se a isso conduta dolosa (vontade de realizar conduta e finalidade de produzir o resultado).

---

49. *Princípios básicos*, cit., p. 83.

Nesse mesmo exemplo, suponhamos agora que, por um descuido, a água fosse derramada sobre a roupa do sedento agente. Ocorreu uma conduta humana voluntária (a pessoa queria pegar o copo e efetivamente o pegou, sem que ninguém a obrigasse a fazê-lo). O resultado, entretanto, não coincidiu com a finalidade, mas, ao contrário, derivou da quebra de um dever de cuidado. Essa conduta é chamada de culposa (conduta voluntária e resultado não querido, provocado por descuido).

Ambos os fatos citados, o doloso e o culposo, não são considerados comportamentos típicos porque não existe previsão legal para eles. São irrelevantes penais, mas nota-se claramente que, nessas singelas condutas, delas são inseparáveis a vontade, a finalidade e o dolo ou a culpa.

No caso da conduta dolosa, a vontade e a finalidade já são as de produzir um resultado típico, enquanto, na conduta culposa, a vontade e a finalidade não buscam um resultado típico, mas este ocorre devido à violação de um dever de cuidado que qualquer pessoa mediana estaria obrigada a observar. Ocorrendo, portanto, conduta voluntária e finalística, que produza um resultado doloso ou culposo, previsto na lei penal como crime, surgirá um fato relevante sob a ótica do Direito Penal.

Por essa razão, refazendo, agora, o conceito de conduta, chega-se à seguinte conclusão: conduta penalmente relevante é toda ação ou omissão humana, consciente e voluntária, dolosa ou culposa, voltada a uma finalidade, típica ou não, mas que produz ou tenta produzir um resultado previsto na lei penal como crime.

Os elementos desse conceito serão analisados separadamente, logo em seguida às teorias que buscam explicar a conduta.

→ **Atenção**: ante o exposto, resta claro que só as pessoas humanas podem realizar conduta, pois são as únicas dotadas de vontade e consciência para buscar uma finalidade. Animais irracionais não realizam condutas, e fenômenos da natureza não as constituem.

15.2.1.2. Distinção entre conduta e ato

A conduta é a realização material da vontade humana, mediante a prática de um ou mais atos, por exemplo, o agente deseja matar a vítima; a sua conduta pode ser composta de um único ato (um disparo fatal contra a cabeça) ou de uma pluralidade deles (95 estileteadas na região abdominal). Já o ato é apenas uma parte da conduta, quando esta se apresenta sob a forma de ação. De acordo com o número de atos que a compõem, a conduta pode ser plurissubsistente ou unissubsistente.

15.2.1.3. Teorias da conduta

15.2.1.3.1. A teoria naturalista ou causal

Tal teoria foi concebida no século XIX, no *Tratado* de Franz von Liszt, e perdurou até meados do século XX, sob forte influência das ciências físicas e naturais e do positivismo jurídico, caracterizado pelo excessivo apego à letra expressa da lei.

Nessa época, a igualdade formal era alcançada por meio de regras genéricas e objetivas, e surgia como eficiente meio de controlar as arbitrariedades do Estado. A sociedade, traumatizada pelos abusos cometidos durante o período anterior, do Absolutismo Monárquico, que vigorou até o final do século XVIII, instalou o Estado Formal de Direito, no qual todos estavam submetidos não mais ao império de uma pessoa, mas ao império da lei. Tal igualdade era, no entanto, meramente formal. Todos eram iguais perante a lei, na medida em que a lei era igual para todos. Nada mais. O Estado estabelecia as regras do jogo de modo impessoal e não se preocupava com as desigualdades materiais, nem procurava amenizá-las.

Nesse período, o êxodo rural provocou o deslocamento de gigantescas hordas de miseráveis famintos, os quais se aglomeravam em torno das cidades, vivendo em condições subumanas. Perante a lei, eram considerados rigorosamente iguais aos privilegiados, já que todos estavam submetidos ao mesmo complexo normativo, mas pouco se fazia para reduzir o abismo social existente. Essa era a lógica do liberalismo exacerbado preconizado pelo ideal burguês e pelos ideais libertários que inspiraram a Revolução Francesa, em 1789.

Foi nesse contexto político que floresceu a Teoria Naturalista ou Causal.

No Estado formal e positivista, não havia campo para a interpretação das normas, as quais deviam ser cumpridas sem discussão quanto ao seu conteúdo. O lema era: lei se cumpre, não se discute, nem se interpreta. Vale o que está escrito. A atividade de interpretação era vista como perigosa e subversiva, pois pretendia substituir regras objetivas pelo subjetivismo de um raciocínio, o que poderia significar um retorno aos tempos de arbítrio. Se todos estavam submetidos ao império da lei, e não do monarca, como desafiá-la então, substituindo a segurança de sua literalidade pela insegurança de uma interpretação? Acreditava-se ser mais seguro confiar na letra estática do texto legal.

O legislador não reconhecia nem declarava o crime, mas o criava. Antes da lei não existia nada no mundo jurídico, rejeitando-se qualquer noção jusnaturalista, e, após a sua criação, bastava um mero exercício de lógica formal para se proceder ao enquadramento entre o que o modelo legal descrevia e o que objetivamente era praticado. Deste modo, crime não é uma estrutura lógico-objetiva axiologicamente indesejável, ou seja, algo que qualquer pessoa normal considera mau e pernicioso. Crime é aquilo que o legislador diz ser e ponto final. Se tem ou não conteúdo de crime, não interessa. O que importa é o que está na lei.

Somava-se a isso a fascinação da época pelas novas descobertas científicas, os avanços da física e as recentes teorias sobre a origem do homem e do universo.

Todo esse panorama se refletiu na concepção naturalista, segundo a qual a existência do fato típico resulta de uma simples comparação entre o que foi objetivamente praticado e o que se encontra descrito na lei, sem qualquer indagação quanto ao conteúdo da conduta, sua lesividade ou relevância. Não importa se o agente quis ou se teve culpa na causação do crime. A configuração da conduta típica depende apenas de o agente causar fisicamente (naturalisticamente) um resultado previsto em lei como crime. A causação, por sua vez, era verificada de acordo com as leis físicas da causa e do efeito, sem indagações de ordem subjetiva ou valorativa. Só interessavam duas coisas: saber quem foi o causador do resultado e se tal resultado estava definido em lei como crime.

Desse modo, se, por exemplo, um suicida pulasse na frente de uma carruagem e viesse a morrer atropelado, o raciocínio naturalista e positivista diria: (i) a vítima morreu com a cabeça esmagada; (ii) foi a carruagem quem passou sobre a cabeça da vítima, esmagando-a; (iii) a carruagem era conduzida pelo cocheiro; (iv) logo, foi o cocheiro quem atropelou a vítima, esmagou a sua cabeça e a matou; (v) matar alguém é um fato definido em lei como típico; (vi) logo, o cocheiro praticou um fato típico. Pura aplicação das leis físicas da causa e do efeito. Colocar a mão no fogo queima; na água, molha; passar com o veículo sobre a cabeça de alguém mata. Pouco importa que o condutor não tivesse nem intenção de matar, nem culpa na morte. Causar objetivamente o evento, segundo a lei física da causa e efeito, era o que importava. O dolo e a culpa pertenciam ao terreno da culpabilidade, que só mais adiante era analisada.

A fotografia externa do evento, independentemente da vontade do agente, era tudo o que importava para o fato típico. A ação passou a ser considerada um puro fator de causalidade, uma simples produção do resultado, mediante o emprego de forças físicas. De acordo com o ensinamento de Liszt, uma modificação no mundo exterior, perceptível sensorialmente. Agir é dar causa a algum evento perceptível no mundo natural. O único nexo que importava estabelecer era o natural (da causa e efeito), desprezando-se os elementos volitivo (dolo) e normativo (culpa), cujo exame ficava relegado para o momento da verificação da culpabilidade.

A estrutura do crime, então, estava dividida em três partes: fato típico + antijuridicidade (ou ilicitude) + culpabilidade. A primeira parte, qual seja, o tipo, abarcava somente os aspectos objetivos do crime, enquanto a culpabilidade ficava com os de natureza subjetiva (dolo e culpa), ou seja, a parte externa do crime ficava no tipo e a interna, na culpabilidade.

No exemplo retrocitado, só interessa ao tipo penal o fato de o agente ter sido o causador físico da morte por atropelamento. Como isto está descrito em lei como "matar alguém", opera-se a adequação típica. Somente quando chegar o momento de aferição da culpabilidade é que será verificado se o agente atuou com dolo ou culpa.

Esta concepção foi defendida por Ernst von Beling, um dos mais importantes representantes desta fase, que, em 1906, escreveu a sua monografia *Teoria do delito* (*Die Lehre von Verbrechen*).

Embora buscasse garantir o cidadão contra invasões punitivas não previstas antecipadamente em regras gerais, o dogma naturalista e o ambiente fortemente positivista que o envolveu acabaram sendo largamente empregados com desvirtuamento de seus fins pelos regimes totalitários, nos quais o direito penal tinha função precipuamente utilitária, atuando como mecanismo de prevenção social contra o crime. Tudo porque o sistema não admitia discussão quanto ao conteúdo das normas, ou seja, se estas eram injustas. Nesses regimes, era considerado justo tudo o que fosse útil ao povo, independentemente do conteúdo ético ou moral da norma.

Com efeito, não havia ambiente para discutir o conteúdo das normas, de modo que o positivismo dogmático implicava aceitar sem maiores indagações o comando emergente do ordenamento legal imposto pelo Estado.

Hans Welzel alertou sobre a perigosa margem de arbítrio que o positivismo causal deixava, levando ao total esvaziamento do conteúdo normativo do direito. Em sua obra *La teoría de la acción finalista*, chega a afirmar que "visto en su totalidad, y prescindiendo de ciertas oscilaciones al principio de su dominio, se puede caracterizar el derecho penal del nacional-socialismo como extremamente utilitario y naturalista. (...) Justo es lo útil al pueblo (...)"[50].

Mais adiante, Welzel dá um exemplo dos extremos a que pode chegar o emprego da teoria naturalista da ação: "El nacionalsocialismo realizó efectivamente esta idea: cuando en los años de guerra millones de obreros del este fluyeron a Alemania, el ministro de Justicia del Reich fue autorizado, por ordenanza del 9 de marzo de 1943, para exceptuar a las personas no pertenecientes al pueblo alemán de la prohibición del aborto. Como el Estado no tenía interés en el aumento de estos pueblos extranjeros, dejó en ellos el aborto libre de pena. (...) Aquí se demonstraron visiblemente los límites del pensar utilitario"[51].

Nesse episódio, verifica-se como é perigosa a aplicação da teoria de que só importam os resultados. Em seguida, conclui o penalista, dizendo que: "La misión principal del derecho penal no es, como creyó la teoría anterior, de índole preventiva, sino ético-social. Más esencial que el amparo de los bienes jurídicos particulares concretos, es la misión de asegurar en los ciudadanos el permanente acatamiento legal ante los bienes jurídicos; es decir, la fidelidad frente al Estado, el respecto de la persona (de la vida ajena, la salud, la libertad, honor etc.)"[52].

Isso tudo significa que, à medida que o Estado edita regras aéticas e injustas, quebra-se o sentimento de respeito que as pessoas devem sentir naturalmente pela norma. Não há vontade de acatar uma lei imoral, e seu cumprimento só é conseguido à força.

O direito tem uma função muito mais importante do que proteger bens, que é a de fixar os valores supremos de uma nação, estabelecendo os princípios básicos, a partir dos quais, dentro de um critério justo e lógico, serão editadas as regras gerais. Sem isso, a sociedade fica ao talante da utilidade momentânea que o ditador vê em determinada norma. Rompe-se, de forma definitiva, a relação de confiança entre povo e Estado.

Ao lado dessas colocações, acrescente-se que não se podia mais aceitar como válida a premissa de que era possível destacar a vontade da conduta, como se fossem coisas distintas, para analisar a existência da primeira só no momento de aferição da culpabilidade. Ora, a vontade é a origem, a força motriz da conduta, sem a qual as ações humanas seriam equiparadas a reações autômatas. Não se pode dizer que uma conduta é conduta sem vontade, da mesma maneira que não se diz que um automóvel existe sem o motor.

Uma conduta sem vontade é tão atípica quanto a causação de um dano por um animal ou um fenômeno da natureza. Do contrário, o direito penal não conhecerá barreiras éticas ou morais à sua aplicação.

---

50. *La teoría*, cit., p. 10.
51. *La teoría*, cit., p. 12.
52. *La teoría*, cit., p. 12.

A teoria naturalista ou causal está hoje superada. Em pleno século XXI, torna-se inadmissível dizer que crime é aquilo que está definido em lei como tal, sem preocupações de ordem material e sem levar em conta se a ação foi consciente e voluntária.

15.2.1.3.2. A corrente neoclássica ou neokantista

Immanuel Kant (1724-1804) dividiu o mundo em fenomênico (o mundo dos fatos, concreto, natural, dos fenômenos perceptíveis pelo ser humano) e numênico (o mundo espiritual, transcendental, ou seja, o mundo psicológico, o mundo da vontade, do pensamento). De um lado, está a realidade concreta; de outro, o mundo do imaterial, da consciência e da vontade.

Essa separação inspirou a corrente naturalista ou causal, a qual situava o fato naturalístico e concreto (mundo fenomênico) no momento da verificação do fato típico. Numa etapa posterior, quando da aferição da culpabilidade, passava-se à verificação do dolo e da culpa (mundo numênico).

Arthur Schopenhauer (1788-1860) questionou essa separação entre fenomênico (fato natural) e numênico (consciência e vontade), afirmando que o ato de vontade e os movimentos por ele causados são uma coisa só, inseparável, pois a vontade é a causa geradora da ação provocadora do fato.

Essa crítica influenciou a revisão do conceito clássico que separava fato natural (analisado no fato típico) e vontade (culpabilidade), inspirando a visão neokantista. Não havia mais como conceber a ação como algo separado da vontade, pois é a vontade quem gera a ação. Uma coisa não existe sem a outra, de maneira que não podem ser analisadas uma sem a outra, separadamente.

Impulsionada por essa constatação, iniciou também uma reação à concepção meramente positivista do tipo penal, vigente no sistema causal. O modelo incriminador não é mais visto como uma entidade formal abstrata, que cumpre papel de simples descrição da conduta reprovável.

Claus Roxin, comentando o declínio da teoria naturalista ou causal, observa: "La decadencia de esa teoría del delito especialmente clara y sencilla fue iniciada por el sistema neoclásico. La causa de la reestructuración del concepto de delito operada por el mismo radicó en el hecho de reconocer que el injusto no es explicable en todos los casos sólo por elementos puramente objetivos y que, a la inversa, la culpabilidad tampoco se basa exclusivamente en elementos subjetivos. Así, por ejemplo, el tipo del hurto requiere algo más que la sustracción – objetiva – de una cosa mueble ajena, que en cuanto privación o desposesión temporal de la cosa es por regla general jurídicopenalmente irrelevante; sin el elemento anímico-interno del ánimo de apropiación no se puede abarcar adecuadamente el modelo del hecho del hurto y el injusto del mismo. Por eso la doctrina se vio obligada a reconocer la existencia de elementos subjetivos del injusto (...)"[53].

Mezger identificou, em 1915, alguns tipos penais que exigiam expressamente a finalidade do agente, quebrando o dogma de que a vontade e a finalidade se situam na

---

53. *Derecho penal*; parte general, p. 198-199.

culpabilidade. Além disso, são também encontrados, em algumas definições legais, elementos cujo significado não pode ser obtido a partir da observação, tais como "ato obsceno", "documento", "coisa alheia", "indevidamente" etc.

Antes da revogação do art. 219 pela Lei n. 11.106/2005, o Código Penal descrevia assim o delito de rapto: "raptar + mulher honesta + com fim libidinoso". Era impossível afirmar a existência desse fato típico, mediante a mera comparação entre a fotografia externa da conduta e a descrição contida na lei.

A cena de um homem arrastando uma mulher pelos cabelos em direção a uma cabana não autoriza, por si só, a adequação da conduta ao tipo do "rapto com fim libidinoso", pois, sem examinar a finalidade do agente, não se sabe se ele está cometendo o rapto com o fim de obter um resgate, de torturar a vítima, de com ela praticar atos libidinosos etc. Neste caso, sem o elemento subjetivo (vontade, finalidade, intenção), é impossível dizer se foi praticado referido fato típico.

Além do rapto com fim libidinoso, foram identificados outros casos: no furto, além do dolo de "subtrair", há necessidade de que o agente tenha o fim especial de assenhoreamento definitivo da *res*; na extorsão mediante sequestro, além da consciência e vontade de "sequestrar", a lei exige que o autor tenha o fim especial de obter a vantagem, e assim por diante.

Por óbvio que a finalidade exigida pela lei nada tem de externo, objetivo, mas encontrava-se no tipo.

Como, então, afirmar que o tipo só contém aspectos concretos, visíveis externamente, e que toda e qualquer análise da parte psicológica deve ficar relegada à culpabilidade? Se o tipo exige uma vontade especial, não há como nele enquadrar o fato, sem penetrar na mente do autor, para saber o que ele pretendia.

Concluiu-se, então, que o tipo penal não continha apenas elementos de ordem objetiva, nem que o fato típico poderia depender de mera comparação entre o fato objetivo e a descrição legal.

Foi um duríssimo golpe na teoria causal, para a qual todos os elementos subjetivos pertenciam à culpabilidade.

Os tipos passaram a ser identificados como normas de cultura, bastante distintos daqueles modelos ocos e meramente descritivos do sistema anterior.

Paralelamente, na culpabilidade ocorria uma revolução de conceitos semelhante à que se passava na tipicidade. Frank, em 1907, descobriu a existência de elementos normativos, os quais passaram a se alinhar com a imputabilidade e o dolo ou a culpa. A teoria da normalidade das circunstâncias concomitantes ensejou a inserção de mais um requisito, qual seja, o da exigibilidade de conduta diversa, o que fez com que, de psicológica, a culpabilidade se tornasse psicológico-normativa. Essa mudança preparou o ambiente dogmático para a definitiva migração do dolo e da culpa para o terreno da tipicidade, e o consequente sepultamento do dogma naturalista.

Com tudo isso, o tipo deixava de ser uma criação abstrata do legislador para se transformar em um reflexo da cultura e dos valores de uma sociedade, de modo que o legislador não mais declarava, mas apenas reconhecia os valores supremos merecedores da tutela penal. Por outro lado, não se podia mais falar em mera subsunção formal, exigindo-se outras considerações de ordem normativa e subjetiva para o exame da tipicidade.

Foi um decisivo passo preparatório para teorias mais indagadoras da essência dos elementos do tipo legal e para a visão mais moderna do direito penal como derivação de princípios político-constitucionais. Com o neokantismo iniciou-se o período de enrique-cimento do tipo penal, preparando o ambiente para a chegada, bem depois, da imputação objetiva, inspiradora das conclusões a que neste trabalho chegaremos.

De qualquer modo, ainda que concebendo o tipo como um valor cultural, o que con-figurava um avanço em relação ao dogma da doutrina causal, a corrente neoclássica ainda mantinha forte carga positivista.

15.2.1.3.3. A teoria finalista da ação

Baseado nas constatações neokantistas, o conceito finalista de ação, que começou a ser elaborado no final da década de 1920 e início da de 1930 e cujo defensor mais ardo-roso foi Hans Welzel, constituiu uma reação diante do chamado dogma naturalista.

Os questionamentos dirigiam-se à injustificável desconsideração da vontade hu-mana na apreciação do fato típico, por parte dos causalistas: ora, a despeito de o resulta-do ser idêntico − morte −, por que o homicídio doloso é considerado um crime mais grave do que o homicídio culposo?

Deve-se concluir que essa diferença de tratamento legal não depende apenas da causação do resultado, mas, sim, da forma como foi praticada a ação. A partir dessa constatação, o delito não poderia mais ser qualificado apenas como um simples desvalor do resultado, passando antes a configurar um desvalor da própria conduta.

Matar alguém, do ponto de vista objetivo, configura sempre a mesma ação, mas matar um sujeito para vingar o estupro de sua filha é subjetivamente diferente do que matar por dinheiro. A diferença está no desvalor da ação, já que o resultado em ambos os casos foi o mesmo: morte.

Do mesmo modo, apenas contemplando a cena objetiva de um médico tateando uma mulher despida, seria impossível dizer, só com base nesse acontecimento, se este homem cometeu o crime do art. 215 do Código Penal ou exame clínico regular. Para a existência do fato típico, é imprescindível identificar o elemento subjetivo do autor, consistente na finalidade de satisfazer a própria lascívia ou concupiscência. Do ponto de vista exterior, a ação objetiva é sempre a mesma, mas, levando em conta a intenção e a finalidade do autor (aspectos subjetivos), a ação pode tanto constituir um exame médico necessário quanto uma ação punível desonesta.

Um sujeito aponta uma pistola em direção à vítima e efetua um disparo. Pela mera observação externa do evento, não se pode afirmar ter ocorrido o fato típico homicídio doloso (disparo intencional) ou homicídio culposo (disparo acidental).

Um caçador atira contra o que supõe ser uma gazela e atinge uma bailarina treinando na mata. Sem a análise de sua vontade, não se tem como saber qual o fato típico praticado.

Do mesmo modo, dependendo do elemento subjetivo do agente, ou seja, de sua finalidade, a qualificação jurídica do crime muda completamente (crime doloso, crime culposo ou crime preterdoloso). Não se pode, em vista disso, desconhecer que a finalidade, o dolo e a culpa estão na própria conduta. Também nesse caso, pela mera observação externa, alheia ao que se passou na mente do autor, não se sabe qual foi o crime praticado.

Descobriu-se, assim, a finalidade, como elemento inseparável da conduta. Sem o exame da vontade finalística não se sabe se o fato é típico ou não.

Partindo desse pressuposto, distinguiu-se a finalidade da causalidade, para, em seguida, concluir-se que não existe conduta típica sem vontade e finalidade, e que não é possível separar o dolo e a culpa da conduta típica, como se fossem fenômenos distintos.

A causalidade é a relação de causa e efeito que enxergamos externamente: por exemplo, o toque do médico na região pélvica da paciente. A finalidade, em contrapartida, é o fim visado pelo agente em sua conduta e está em sua mente, invisível a nossos olhos: no exemplo do toque na moça despida, a finalidade pode ser tanto a vontade de efetuar um exame clínico quanto o desejo de satisfazer a própria concupiscência.

Não se pode mais aceitar a existência de crimes, ignorando a vontade, como se as pessoas não fossem dotadas de razão e de livre-arbítrio e como se todos os resultados, *a priori*, fossem idênticos. Não existe conduta relevante para o Direito Penal se não for animada pela vontade humana.

Por essa razão, Welzel considerou que toda ação humana é o exercício da atividade finalista: "La finalidad se basa en que el hombre, sobre la base de su conocimiento causal, puede prever en determinada escala las consecuencias posibles de una actividad, proponerse objetivos de distinta índole y dirigir su actividad según un plan tendiente a la obtención de esos objetivos"[54].

Como sintetiza sabiamente o saudoso Francisco de Assis Toledo: "Assim é que o homem, com base no conhecimento causal, que lhe é dado pela experiência, pode prever as possíveis consequências de sua conduta, bem como (e por isso mesmo) estabelecer diferentes fins (= propor determinados objetivos) e orientar sua atividade para a consecução desses mesmos fins e objetivos. A finalidade é, pois, vidente; a causalidade cega. E nisso reside, precisamente, a grande diferença entre o conceito clássico causal de ação e o novo conceito finalista. No primeiro, a ação humana, depois de desencadeada, é considerada, em sentido inverso, como algo que se desprendeu do agente para causar modificações no mundo exterior. No segundo, é ela considerada, em sentido inverso, como algo que se realiza de modo orientado pelo fim antecipado na mente do agente. É uma causalidade dirigida"[55].

Nosso Código Penal seguiu essa orientação, fundindo a vontade e a finalidade na conduta, como seus componentes essenciais. Em seu art. 18, I e II, expressamente reco-

---

54. *La teoría*, cit., p. 19-20.
55. *Princípios básicos*, cit., p. 97.

nheceu que o crime ou é doloso ou é culposo, desconhecendo nossa legislação a existência de crime em que não haja dolo ou culpa. No caso, portanto, de o sujeito vir a matar alguém, sem dolo ou culpa (exemplo do motorista que atropelou o suicida), embora o resultado morte tenha sido produzido, não se pode falar em crime. É que não existe homicídio que não seja doloso ou culposo. Do mesmo modo, como nosso direito não pune o furto culposo, a exclusão do dolo leva à atipicidade desse fato.

Além disso, de acordo com o art. 20, *caput*, do Código Penal, o erro incidente sobre os elementos do tipo exclui o dolo, o que demonstra que este último pertence ao fato típico. Se o agente subtrai coisa alheia, supondo-a própria, não comete furto doloso. Como não existe furto culposo, o erro leva à atipicidade da conduta. Ora, se a ausência do dolo elimina o fato típico, é sinal que um pertence ao outro.

Ao Direito Penal não interessam os resultados produzidos sem dolo ou culpa, porque sua razão maior de existir funda-se no princípio geral da evitabilidade da conduta, de modo que só se devem considerar penalmente relevantes as condutas propulsionadas pela vontade, pois só essas poderiam ter sido evitadas.

Se assim não fosse, o Direito Penal, além de extremamente injusto, seria totalmente inútil. De que adianta punir um relâmpago por ter incendiado uma árvore, um touro por ter perseguido um menor que invadiu seu pasto ou um doente que espirrou? Assim, "o direito não pode ordenar às mulheres que apressem a gravidez e que em seis meses deem à luz crianças capazes de sobreviver, como também não pode proibi-las de terem abortos. Mas pode o direito ordenar-lhes que se comportem de modo a não facilitar a ocorrência de abortos, assim como proibi-las de provocarem abortos. As normas jurídicas não podem, pois, ordenar ou proibir meros processos causais, mas somente atos orientados finalisticamente ou omissões destes atos"[56].

Uma última observação deve ser feita. No que toca aos crimes culposos, a teoria finalista aplica-se integralmente. No caso, por exemplo, de alguém que dirige em excesso de velocidade e, em consequência, atropela e mata uma criança, é de se indagar: o resultado foi querido? Ante a resposta negativa, coloca-se em dúvida a teoria finalista: nesse caso, qual era a finalidade do agente? A resposta é simples. A conduta do motorista era animada pela vontade, pois ninguém o estava obrigando a dirigir naquela velocidade (não havia o emprego de coação física, a única que elimina a vontade). Quanto à finalidade, esta é variada, uma vez que o agente poderia estar com pressa, ou simplesmente com vontade de divertir-se, e assim por diante.

Desse modo, no exemplo, a conduta humana consciente e voluntária existiu (um sujeito dirigia em alta velocidade porque tinha vontade de fazê-lo e pretendia alcançar alguma finalidade, como chegar logo a seu destino ou satisfazer o prazer da velocidade). Quanto ao resultado, como não coincidiu com a finalidade visada, não pode ser qualificado o crime como doloso. Como houve, contudo, quebra do dever de cuidado imposto a todas as pessoas, o agente responderá por homicídio culposo. Eventualmente, se não tiver havido nenhum descuido, como se o agente estivesse em alta velocidade durante uma

---

56. Welzel, citado por Francisco de Assis Toledo, *Princípios básicos*, cit., p. 96.

prova regular de automobilismo e uma criança entrasse correndo pela pista, inexistiria crime ante a ausência de dolo e de culpa.

Em suma, não existindo vontade, no caso da coação física (emprego de força bruta), dos reflexos (uma pessoa repentinamente levanta o braço, em movimento reflexo, e, atinge o nariz de quem a assustou), ou ainda nas hipóteses de caso fortuito ou força maior, não há que se falar em crime; se o agente pratica uma conduta voluntária e finalística, mas produz um resultado não querido, ante a quebra de um dever objetivo de cuidado, ocorre o crime culposo; e se a conduta consciente e voluntária produz um resultado coincidente com a finalidade que dirigiu o ato, o crime será doloso; quanto ao crime preterdoloso, trata-se de um misto entre a conduta dolosa com resultado doloso e conduta voluntária com resultado culposo.

Importante lembrar que, com base na doutrina finalista, é possível antecipar o momento de apreciação da conduta incriminada, não podendo ser oferecida a denúncia ou queixa quando for evidente a ausência de dolo ou culpa, uma vez que o fato narrado, evidentemente, não constitui crime (CPP, art. 395, II).

Convém lembrar, contudo, que nesta fase vigora o princípio *in dubio pro societate*, de modo que, havendo meros indícios da existência de dolo ou culpa, não será possível rejeitar a denúncia ou queixa.

15.2.1.3.4. A teoria social da ação

Propõe a teoria da adequação social que um fato considerado normal, correto, justo e adequado pela coletividade não pode ao mesmo tempo produzir algum dano a essa mesma coletividade, e, por essa razão, ainda que formalmente enquadrável em um tipo incriminador, não pode ser considerado típico.

Tal estudo teve início com Welzel, insatisfeito com o sistema excessivamente fechado, até então vigente. O direito penal integrava um sistema formal e dogmático, segundo o qual o crime acabava sendo mais o resultado de uma construção técnico-jurídica do que um fenômeno socialmente danoso. Era um direito penal de biblioteca, não da vida real.

Para Welzel, o delito traz sérias consequências para o salutar desenvolvimento da coletividade, e, por essa razão, devem ficar excluídas da incidência típica as ações socialmente adequadas.

Um fato não pode ser definido em lei como infração penal e, ao mesmo tempo, ser aplaudido, tolerado e aceito pela sociedade. Tal antinomia fere as bases de um sistema que se quer democrático.

O conceito social reconhece que é essencial que a atuação humana implique uma relação valorativa com o mundo circundante social. A ação é, portanto, a causação de um resultado típico socialmente relevante.

A ciência do direito é de natureza histórico-cultural, e as relações sociais desenvolvem-se em uma constante dialética, cujas mutações tornam necessária uma permanente evolução do trabalho exegético.

Um mesmo imperativo legal é suscetível de produzir consequências diversas, dependendo do enfoque e do contexto histórico, consuetudinário e cultural do fato objeto de seu regramento. Por essa razão, a regra jurídica deve ser interpretada de acordo com as circunstâncias históricas e sociais em que se encontra no momento o operador do direito.

Carlos Maximiliano, que estudou profundamente a hermenêutica, assinala que "saber as leis não é conhecer as palavras, e sim sua força e poder"[57].

Com apoio nessa premissa básica, construiu-se a teoria da adequação social, para excluir do âmbito de incidência típica algumas condutas que são socialmente toleradas, praticadas e aceitas pela sociedade. Faltaria, nesse caso, uma elementar implícita, não escrita, que está presente em todo modelo descritivo legal, que é o dano de repercussão coletiva.

Hans-Heinrich Jescheck, que foi também um dos principais defensores dessa teoria, definiu a ação como comportamento humano socialmente relevante. A seu modo de ver, a noção finalista da conduta é insuficiente, porque não leva em conta o aspecto social do comportamento humano: "(...) ha de buscarse en la relación del comportamiento humano con el mundo circundante. Éste es el sentido del concepto social de acción: acción es, según esto, comportamiento humano socialmente relevante. Se entiende aquí por comportamiento toda respuesta del hombre a una exigencia situacional reconocida o, por lo menos, reconocible, mediante la realización de una posibilidad de reacción de que aquél dispone por razón de su libertad. Socialmente relevante será sólo un comportamiento cuando afecte a la relación del individuo con su mundo circundante y alcancen a este último sus consecuencias (...). El concepto social de acción abarca, así, a todas las formas de comportamiento humano que resultan de algún modo relevantes en orden al juicio de imputación"[58].

Assim, o Direito Penal só deve cuidar daquelas condutas voluntárias que produzam resultados típicos de relevância social. A partir da ideia de que o tipo legal abarca sempre uma ação ou omissão antissocial, decorre uma importante consequência: se o aspecto social integra o fato típico, para que o agente pratique uma infração penal é preciso que, além da vontade de realizar todos os elementos contidos na norma penal, tenha também a intenção de produzir um resultado socialmente relevante.

Embora objetiva e subjetivamente típico, quando um comportamento não afrontar o sentimento de justiça, o senso de normalidade ou de adequação social do povo não será considerado relevante para o direito penal.

Tomem-se, por exemplo, os ferimentos provocados durante uma luta profissional de boxe. A conduta, a despeito de voluntária e finalística, produziu um resultado que, apesar de típico (ofensa à integridade corporal de outrem — art. 129 do CP), se insere dentro do que o cidadão médio considera socialmente compreensível (socos trocados durante uma luta oficial) e, portanto, não há mais como considerá-la típica.

O elemento sociológico cumpre a função de permitir ao órgão judicante suprir o vácuo criado com o tempo, entre a realidade jurídica e a social. Tal curso degenerativo pode ser evitado, com a mutação dos critérios hermenêuticos, de acordo com a evolução

57. *Hermenêutica e aplicação do direito*, 9. ed., Rio de Janeiro, Forense, 1981, p. 122 e s.
58. *Tratado*, cit., 1978, v. 2, p. 296-297.

dos costumes. O elemento sociológico de interpretação constitui, assim, um contrapeso a flexibilizar o rigor dogmático do sistema clássico, em que o preciosismo da lógica formal suplantava a necessidade de recuperar a defasagem típica.

A defasagem cronológica do direito positivo acaba compensada pela atuação do intérprete, uma vez que "determinadas formas de actividad permitida han sido consagradas por el uso históricamente, a veces forzando el marco y por ello se aceptan como socialmente adecuadas"[59].

A ação socialmente adequada está desde o início excluída do tipo, porque se realiza dentro do âmbito de normalidade social, ao passo que a ação amparada por uma causa de justificação só não é crime, apesar de socialmente inadequada, em razão de uma autorização especial para a realização da ação típica.

Em suma, a teoria da ação socialmente adequada arrima-se na consideração de que as ações humanas que não produzirem um dano socialmente relevante e que se mostrarem ajustadas à vida societária, num determinado momento histórico, não podem ser consideradas crimes. "Acción es, según esto, comportamiento humano socialmente relevante"[60].

Não se pode confundir adequação social com o princípio da insignificância. Neste, o fato é socialmente inadequado, mas considerado atípico dada a sua ínfima lesividade; na adequação social, a conduta deixa de ser punida porque a sociedade não a reputa mais injusta.

A teoria social pode levar a arriscados desdobramentos: a partir do momento em que uma ação considerada pelo legislador como criminosa passa a ser compreendida como normal e justa pela coletividade, pode o juiz deixar de reprimi-la, passando a tê-la como atípica, porque, para o enquadramento na norma, é necessária a inadequação social.

Ocorre que o costume, ainda que *contra legem*, em nosso sistema não revoga a lei (LINDB, art. 2º, *caput*), do mesmo modo que ao julgador não é dado legislar, revogando regras editadas pelo Poder Legislativo. Inequivocamente, há um certo risco de subversão da ordem jurídica, pois o direito positivo encontra-se em grau hierarquicamente superior ao consuetudinário e por este jamais poderá ser revogado. No caso da contravenção do jogo do bicho, para a orientação social da ação, pode muito bem constituir fato atípico, já que a simples aposta em nome de animal não mais colide com o sentimento coletivo de justiça. No mesmo sentido, a venda de CD's e DVD's piratas é amplamente aceita pela população, mas o STJ negou a aplicação do princípio da adequação social, o que culminou na edição da Súmula 502: presentes a materialidade e a autoria, afigura-se típica, em relação ao crime previsto no art. 184, § 2º, do CP, a conduta de expor à venda CDs e DVDs piratas.

O critério para se eleger determinada conduta-crime ou irrelevante penal, de acordo com a nocividade social do comportamento, deve ficar a cargo do legislador, detentor de mandato popular, e não do juiz, cuja tarefa consiste na prestação jurisdicional, de acordo com as regras jurídicas vigentes.

---

59. Gunther Jakobs, *Derecho penal*, cit., p. 244.
60. Hans-Heinrich Jescheck, *Tratado*, cit., v. 2, p. 296.

O desuso de uma norma pelo costume deve compelir o legislador a expurgar a norma anacrônica do ordenamento jurídico, não podendo o juiz trazer para si esta tarefa.

Assis Toledo anota que o conceito de relevância social, "pela vastidão de sua extensão, se presta para tudo, podendo abarcar até os fenômenos da natureza, pois não se há de negar 'relevância social' e jurídica à mudança do curso dos rios, por 'ação' da erosão, com repercussão sobre os limites das propriedades; à morte causada pela 'ação' do raio, com a consequente abertura da sucessão hereditária; e assim por diante. Ressabido é, porém, que os acontecimentos naturais por último mencionados, apesar de socialmente relevantes, são neutros para o Direito Penal"[61].

Como se nota, a teoria social da ação pretendeu ir além da teoria finalista, mas, na verdade, ao privilegiar o resultado ("socialmente relevante"), perdeu em essência e caracterizou um retorno à teoria naturalista ou causal, hoje tão criticada.

O próprio Jescheck reconheceu que, na doutrina atual, a teoria da adequação social não tem desfrutado de muito prestígio, sendo considerada supérflua e não prevista em lei, pois, para as hipóteses supostamente alcançadas por aquela teoria, o ordenamento jurídico já prevê o exercício regular do direito e o estrito cumprimento do dever legal, os quais excluem a ilicitude e afastam a ocorrência da infração penal. Além disso, o conceito de adequação social é tão vasto que se torna impreciso, inseguro, prestando-se às mais variadas interpretações[62].

Concentrar excessivo subjetivismo nas mãos do aplicador da lei pode levar à insegurança que se pretendia evitar quando Karl Binding concebeu o tipo como modelo incriminador. Em um Estado de Direito deve existir a opinabilidade, mas não a transposição desta expressividade a um ordenamento confiado, por razões de seguridade jurídica e de distribuição funcional do trabalho social, a um órgão específico como é o Judiciário.

A adequação social, isoladamente, constitui polo gerador de insegurança dogmática, mas como critério auxiliador da verificação típica é imprescindível, sendo impossível aceitar um conceito meramente formal e fechado de crime, desprovido de conteúdo material, ou seja, de lesividade social.

É válida, portanto, e de suma importância como instrumento auxiliar de interpretação e valoração das normas jurídicas, em cotejo com os postulados constitucionais garantistas, que impedem a incriminação mediante processos insípidos de mera subsunção formal.

15.2.1.3.5. A teoria constitucional do direito penal

No limiar do terceiro milênio, a Constituição Federal e os princípios dela decorrentes devem assumir um papel de protagonismo na aplicação do direito penal, relegando a lei (o tipo legal) à sua correta posição de subalternidade em relação ao Texto Magno.

---

61. *Princípios básicos*, cit., p. 105.
62. *Tratado*, cit., v. 1, p. 341.

Fala-se em um verdadeiro direito penal constitucional, no qual o fato típico passa a ser muito mais do que apenas a mera realização dolosa ou culposa de uma conduta descrita em lei como crime. A subsunção formal, por si só, sem que se verifique a lesividade e a inadequação do comportamento, já não pode autorizar o juízo de tipicidade penal.

O Estado Democrático de Direito, consagrado em nosso Texto Magno logo no art. 1º, *caput*, exige igualdade entre os cidadãos não apenas no âmbito formal, mas uma igualdade efetiva, concreta, material. Suas metas fundamentais são o combate a toda e qualquer forma de preconceito, a eliminação das desigualdades, a erradicação da miséria e a reafirmação da dignidade (CF, art. 3º e incisos). A dignidade humana, a cidadania e o pluralismo político (CF, art. 1º, III, IV e V), a imprescritibilidade do crime de racismo (CF, art. 5º, XLII), a imprescritibilidade das ações reparatórias por dano ao erário (CF, art. 37, § 5º), a administração pública regida por princípios de moralidade e eficiência (CF, art. 37, *caput*) e inúmeras outras regras constitucionais procuram fazer da sociedade brasileira contemporânea uma autêntica social-democracia.

Um Estado assim não se preocupa apenas com uma fictícia igualdade formal, em que as pessoas são consideradas iguais somente na letra da lei, mas separadas por um gigantesco abismo social. Sua atuação deve ser interventiva no âmbito social, com o fito de assegurar redução no desnível acentuado em nossa sociedade. Sua meta não se restringe à forma, mas busca também o conteúdo.

Evidentemente, isso se reflete no campo do direito e, mais especificamente, no direito penal. Nesse ambiente jurídico e político, não se pode conceber que crime seja tão somente aquilo que o legislador deseja, sem que se possa efetuar qualquer controle sobre o conteúdo da norma. O fato típico depende da forma e do conteúdo.

Por certo, não há crime sem lei anterior que o defina (CF, art. 5º, XXXIX), sendo a legalidade (reserva legal + anterioridade) uma das mais importantes garantias políticas do cidadão contra o arbítrio do poder estatal. Nenhum ditador pode inventar crimes e penas. Somente a lei, no sentido mais estrito da palavra, entendida como regra abstrata, geral, objetiva, impessoal, emanada do Poder Legislativo e igual para todos, pode veicular a definição do comportamento tido como delituoso.

Para o Estado Formal-Positivista de Direito isso já é suficiente (se está na lei, acabou, nada mais resta para ser discutido). No regime formal-positivista, ao intérprete basta comparar o que foi praticado no mundo concreto com o que está descrito no tipo legal: havendo correspondência, o fato é típico. Isso era o que bastava, segundo a visão do século XIX, dada a concepção positivista da época. Vigia a teoria naturalista ou causal, a qual exigia para o fato típico apenas a subsunção formal objetiva, ou seja, para ela, bastava a correspondência externa entre o que foi realizado no mundo natural e a descrição típica.

Atualmente, isso não basta. Além da necessidade de estar previamente definido em lei, a conduta delituosa necessita ter conteúdo de crime, já que o Estado Democrático de Direito não pode admitir que alguém seja punido por ter praticado uma conduta inofensiva. Não se pode admitir descompasso entre a vontade imperiosa do Estado e o sentimento social de justiça. Desse modo, do Estado Democrático de Direito parte um gigantesco princípio a orientar todo o direito penal, que é o *princípio da dignidade humana*, o qual serve de orientação para o legislador, no momento da elaboração da norma *in abstracto*, determinando a ele que se abstenha de descrever como delito condutas que não tenham conteúdo de crime.

Assim, toda vez que, na descrição legal, houver violação à dignidade humana, a norma será considerada inconstitucional. Por exemplo, uma lei que incrimine a livre expressão do pensamento, ou que seja demasiadamente genérica e abrangente, servindo a qualquer enquadramento, ou que preveja penas excessivamente rigorosas em cotejo com o mal resultante da infração, já nascerá inconstitucional, por afronta a um princípio constitucional sensível, pilar de sustentação da Carta Magna.

A dignidade humana, porém, dirige-se também ao operador do direito, proibindo-o de aplicar abusivamente a norma incriminadora, bem como de fazê-la atuar quando desnecessário. Não basta a correspondência formal, para que se proceda à adequação típica. Um furto de um alfinete, sob o âmbito formal, consiste em subtração de coisa alheia móvel para si, mas seu conteúdo insignificante não autoriza a operação de subsunção, sob pena de afronta ao mencionado princípio.

Pois bem. Da dignidade humana partem inúmeros princípios, todos derivados daquela, a qual funcionará como sua fonte de irradiação. Denominam-se princípios constitucionais do direito penal, dentre os quais se destacam: a adequação social, a insignificância, a proporcionalidade, a intervenção mínima, a alteridade, a ofensividade, a humanidade etc. Todos se dirigem ao legislador, proibindo-o de incriminar qualquer comportamento, e ao operador do direito, exigindo de sua parte comedimento na aplicação da norma incriminadora.

Pode-se, então, falar em uma *teoria constitucional do direito penal*, na qual o princípio da dignidade humana e todos os demais princípios específicos dele derivados dão conteúdo à norma penal. O fato típico será, por conseguinte, resultante da somatória dos seguintes fatores: subsunção formal (era o que bastava para a teoria naturalista ou causal) + dolo ou culpa (a teoria finalista só chegava até esse segundo requisito) + conteúdo material de crime (que é muito mais do que apenas a inadequação social da teoria social da ação, e consiste no seguinte: o fato deve ter uma relevância mínima, ser socialmente inadequado, ter alteridade, ofensividade, a norma precisa ser proporcional ao mal praticado etc.).

Imaginemos os seguintes exemplos: (i) duas pessoas maiores e capazes praticam ato obsceno em local ermo, sem que ninguém tenha condições de presenciar suas carícias libidinosas; (ii) o furto de um chiclete; (iii) um pequeno furto praticado no âmbito doméstico, passível de ser solucionado na esfera trabalhista; (iv) uma norma que pune o crime culposo com a mesma pena que o doloso; (v) práticas sexuais sadomasoquistas moderadas, porém imorais, entre pessoas na sua intimidade. Em todos esses casos, existe subsunção formal, mas o fato será considerado atípico por ausência de conteúdo material de crime, à luz dos princípios constitucionais derivados da dignidade humana, seja porque o direito não deve tutelar a moral, mas a sociedade, seja porque não se destina a proteger fatos de escassa lesividade, seja porque sua intervenção deve ser mínima, e assim por diante.

A teoria constitucional do direito penal é, portanto, uma evolução em relação às anteriores e permite ao Poder Judiciário exercitar controle sobre o que o legislador diz ser crime, tornando o juiz um intérprete e não mero escravo da lei. A atividade jurisdicional passa a assumir um protagonismo na aplicação da norma penal e não mera coadjuvância burocrática de segunda categoria. Essa deve ser a tendência no início do século XXI, suplantando-se a linha positivista despreocupada com o conteúdo da norma, que tanto predominou até bem pouco tempo.

15.2.1.3.6. A teoria funcional

Não se trata, aqui, de uma teoria da conduta.

Seu objeto de estudo não é o fato típico. Pretende explicar o direito penal a partir de suas funções. Em primeiro lugar, pretende deixar claro de que serve esse ramo do ordenamento jurídico, para, só então, conhecendo suas finalidades, resolver os mais variados problemas do cotidiano.

Surgiu na década de 1970, fruto de estudos e pesquisas de penalistas alemães, preocupados em submeter o rigor da bitolada e bizantina dogmática aos fins do direito penal. Para não se tornar uma ciência hermética, reclusa em bibliotecas distantes da realidade social, o sistema deveria abrir-se, deixando a adequação típica de ser um procedimento exclusivamente científico.

A dogmática e o tecnicismo jurídico cedem espaço à política criminal e à função pacificadora e reguladora dos comportamentos sociais. Dependendo da finalidade reitora do direito penal, bem como daquilo que se entender como sua função, diferente será o tratamento jurídico dispensado à hipótese concreta.

É o direito penal estudado, entendido e aplicado de acordo com sua função social. Daí o nome teoria funcional.

Há, basicamente, duas concepções funcionalistas.

A primeira, fortemente infiltrada pela sociologia, que suplanta o próprio direito, tem em Claus Roxin seu grande defensor. Sustenta que se deve partir da premissa de que um moderno sistema de direito penal "deve estar estruturado teleologicamente, isto é, atendendo a finalidades valorativas"[63].

A função maior do direito penal é a de proteger a sociedade, de modo que todas as soluções dogmáticas incompatíveis com tal escopo devem ser afastadas, mantendo-se apenas as de ordem político-criminal. A finalidade reitora é extraída do contexto social e visa a propiciar a melhor forma de convivência entre os indivíduos.

O Estado, em primeiro lugar, estabelece qual a sua estratégia de política criminal, tendo em vista a defesa da sociedade, o desenvolvimento pacífico e harmônico dos cidadãos e a aplicação da justiça ao caso concreto. Somente depois será fixado o modo de solução dos conflitos. As regras jurídicas cedem sua antiga preponderância à sociologia. A subsunção formal pouco vale diante dos fins maiores do direito penal.

---

63. *Derecho penal*, cit., p. 217.

Assim, por exemplo, se o direito penal tem por função proteger bens jurídicos, somente haverá crime quando tais valores forem lesados ou expostos a um risco de lesão. Não basta realizar a conduta descrita em lei como crime, sendo imprescindível verificar se o comportamento tem idoneidade para ameaçar o interesse protegido pela norma penal. Condutas inofensivas não podem ser punidas, porque a função do direito penal é proteger valores sociais, sem que esses estejam expostos a algum risco. Os princípios constitucionais passam a atuar, pois uma conduta que não tenha conteúdo de crime é incapaz de colidir com os fins do direito penal, pois inidônea para molestar o bem jurídico tutelado. É uma linha que se aproxima bastante do Estado Democrático de Direito, tendo o bem jurídico como seu pilar de sustentação.

A conduta passa a ser uma categoria pré-jurídica (lógico-objetiva), que não pode ser entendida apenas como fenômeno causal ou finalista, mas inserida dentro de um contexto social, ordenado pelo Estado por meio de uma estratégia de políticas criminais. Isto quer dizer que não é dado ao legislador selecionar qualquer comportamento, a fim de considerá-lo criminoso. A lei não cria o crime, mas apenas o reconhece, traduzindo um anseio social, mediante critérios legítimos e democráticos, e seguindo um método científico que pressuponha necessidade, idoneidade e proporcionalidade da norma.

A evolução social decorrente dos encontros e desencontros dialéticos, em uma constante tese, antítese e síntese de costumes e ideias, projeta novos valores, os quais, em consonância com postulados jusnaturalistas superiores, tais como a dignidade humana, acabam por ser captados pelo legislador, em um processo cada vez mais científico, metodológico e democrático, para serem erigidos à categoria de infrações penais.

O Estado não é uma entidade absoluta que impõe arbitrariamente regras abstratas aos cidadãos, como se fossem seus escravos. Não cria nem inventa novos delitos, mas apenas traduz os sentimentos e anseios coletivos em regras que possam estimular e incrementar as relações sociais.

Desse modo, o direito penal cumpre um papel regulador dos comportamentos em sociedade, compelindo a cada qual exercer a sua função social, garantindo, com isso, o pleno funcionamento do sistema.

A perfeição das ideias técnico-científicas cede espaço ao cumprimento das funções sociais do Direito Penal.

A segunda concepção, mais legalista, aparece com Jakobs[64], para quem a função da norma é a reafirmação da autoridade do direito. É a sua aplicação constante e rotineira que lembra à sociedade os padrões de comportamento tidos por normais e os considerados indesejáveis.

A finalidade da pena é a de exercitar a confiança despertada pela norma, mas sem o cunho moralista preconizado pela teoria da retribuição ou absoluta (*punitur quia peccatum est*). Pelo contrário, "en la actualidad puede considerarse demostrado que sólo se castiga para mantener el orden social (...) la pena debe garantizar la seguridad de las expectativas en los contactos sociales, posibilitando la existencia de la propia sociedad"[65].

---

64. *Derecho penal*, cit., p. 217.
65. *Derecho penal*, cit., p. 20.

Sua linha funcionalista pressupõe a necessidade de fazer com que o corpo social funcione adequadamente, de modo que o legislador tem amplitude muito maior para escolher o que irá para o tipo incriminador, pois, antes das preocupações garantistas de cunho individualista, avulta a necessidade de garantir o funcionamento da engrenagem social.

Nessa linha, o conceito de crime não resulta de uma lesão a um interesse vital do homem, mas de mera desobediência a uma determinação do sistema. A prática da infração penal consiste em uma disfunção, ou seja, uma quebra do funcionamento do complexo social, devendo a repressão criminal ser aplicada, como forma de comunicar à sociedade e ao agente que foi desobedecido, um comando necessário para o desempenho da função sistêmica do Estado.

A política criminal é traçada a partir das conveniências do sistema. O que realmente importa é que as normas penais ordenem e regulem o funcionamento do corpo social, devendo o Estado extrair, a partir desta necessidade, os valores a serem traduzidos em tipos legais incriminadores.

A norma pode, perfeitamente, incriminar condutas de perigo abstrato, infrações de mera desobediência, tais como dirigir sem habilitação, independentemente de resultar qualquer perigo concreto deste comportamento, pois o motorista que assim se conduz desatende uma determinação coletiva, confundindo os padrões de permitido e proibido.

Para exemplificar seu pensamento, Jakobs afirma: "Quem quer atuar de modo a não colocar em perigo as outras pessoas, somente pode comportar-se não perigosamente, se souber quais são os modos de comportamento considerados arriscados. Não é possível respeitar a norma sem o conhecimento de como o mundo está regulado (...)". Ao final, faz ainda uma interessante comparação: "(...) a quem não segue regras elementares da matemática, se considera um *tonto*, mas aquele que descumpre regras elementares de convivência, só a pena pode declará-lo infrator"[66].

Essa linha funcionalista de Jakobs aproxima-se muito mais do Estado Formal de Direito e de sua linha positivista do século XIX e dificulta um controle material do tipo. Pode ser passível de distorção e abuso. Não se importa com o bem jurídico tutelado, o qual se confunde com a própria obediência à norma. Se a função do direito penal se restringe a fazer atuar a autoridade da norma, fixando na mente coletiva a necessidade de sua observância, a existência do crime não dependerá de nenhuma avaliação quanto à efetiva lesão ou ameaça aos bens jurídicos por ela protegidos, limitando-se à verificação sobre o descumprimento ou não da regra legal. A função, neste último caso, passa a ser educativa. O direito penal envia mensagens para a sociedade sobre aquilo que é certo e errado, devendo punir o infrator, dada a sua infidelidade para com o sistema, e premiar o cumpridor de seus deveres. Com isso, garante o adequado funcionamento do sistema.

Deve tratar o homem como mero centro de imputação normativa, ou seja, como uma peça na engrenagem social que deve ser orientada a funcionar corretamente. A teoria do bem jurídico nada representa, ante a necessidade de fazer prevalecer a autoridade da

---

66. *Derecho penal*, cit., p. 11.

lei sobre a opinião, o sentimento ou a disposição do indivíduo. Sua visão lastreia-se numa interpretação extremada da heteronomia do direito penal. O direito, como ciência heterônoma, impõe-se ao cidadão, independentemente de sua vontade ou aceitação, advindo sua força vinculante de uma vontade superior à do indivíduo. Sua observância, portanto, independe da concordância da sociedade. É precisamente nisso que difere da moral.

A norma moral é autônoma, posto que seu cumprimento depende da adesão voluntária do indivíduo, ao passo que a legal é heterônoma, pois sua coercibilidade obriga a todos, sendo irrelevante a disposição de cumpri-la[67]. Jakobs leva essa distinção com inflexível rigor científico. Em suma, lei é para ser cumprida, obedecida, e sua violação é uma deslealdade do infrator para com o sistema, a qual deve ser prontamente punida, restabelecendo-se a autoridade da norma.

Em que pesem as preocupações garantistas de Jakobs, que procura equilibrar o rigor de seu pensamento com ponderações sociológicas, o perigo desta linha funcionalista é a de que um Estado totalitário, para fazer valer seu regime, pode entender necessária uma atividade excessivamente incriminadora e interventiva, alcançando, em alguns casos, bens jurídicos que não deveriam merecer uma tutela tão agressiva quanto a penal. Estaria justificada a atuação invasiva, apenas pela conveniência do sistema, relegando a um segundo plano o valor humano.

15.2.1.3.7. Teoria adotada

Seguiremos a teoria constitucional do direito penal, com a colocação do dolo e da culpa no fato típico, tal e qual propõe a doutrina finalista, mas com o controle material dos princípios constitucionais do direito penal. É, no fundo, uma teoria finalista acrescida de rigoroso controle material sobre o conteúdo do fato típico.

Assim, passemos a analisar os elementos do fato típico: (i) conduta + (ii) resultado naturalístico (somente para os crimes materiais) + (iii) nexo causal (somente para os crimes materiais) + (iv) tipicidade. Comecemos pela conduta.

15.2.1.4. Elementos da conduta

São quatro:

(i) vontade;

(ii) finalidade;

(iii) exteriorização (inexiste enquanto enclausurada na mente);

(iv) consciência.

15.2.1.5. Ausência de voluntariedade

Acarreta a ausência de conduta, pela falta de um de seus elementos essenciais.

---

67.   Cf., a respeito, E. Bonfim e Fernando Capez, *Direito penal; parte geral*, São Paulo, Saraiva, 2004, p. 10 e 11, tópico Heteronomia: pressuposto do direito penal.

Reflexos não são condutas, constituindo atos desprovidos de qualquer vontade ou finalidade.

A coação moral irresistível (*vis compulsiva*) não exclui a conduta, uma vez que ainda resta um resíduo de vontade. A vontade é viciada, mas não eliminada. Por essa razão, na *vis compulsiva* o coacto pratica um fato criminoso, embora não responda por ele, ante a ausência de culpabilidade.

O ato voluntário não implica necessariamente que a vontade seja livre, pois, quando um assaltante deixa a vítima com a angustiante opção de entregar-lhe o dinheiro ou perder a vida, ao preferir continuar viva, ela realiza um ato voluntário, porém não livre, já que certamente gostaria de também permanecer com sua carteira. Nesse sentido ensina-nos Pierangeli: "A conduta é voluntária ainda quando a decisão do agente não tenha sido tomada livremente, ou quando este a tome motivado por coação ou por circunstâncias extraordinárias, uma vez que isso se resolve no campo da culpabilidade e não no da conduta, pois em ambas as situações a conduta sempre existirá. Conduta não significa conduta livre"[68].

Só a coação física (*vis absoluta*), que consiste no emprego de força física, exclui a conduta pela absoluta falta de vontade. Nesse caso, o coacto não pratica crime, pois o fato será atípico. É o caso do bombeiro, impedido de cumprir seu dever legal e salvar uma criança, por ter sido segurado pelos amigos, os quais não queriam vê-lo exposto a uma situação de perigo.

15.2.1.6. Formas de conduta

São duas: ação e omissão.

(i) ação: comportamento positivo, movimentação corpórea, *facere*.

(ii) omissão: comportamento negativo, abstenção de movimento, *non facere*.

Observe que, enquanto as condutas comissivas desatendem a preceitos proibitivos (a norma mandava não fazer e o agente fez), as condutas omissivas desatendem mandamentos imperativos (a norma mandava agir e o agente se omitiu).

15.2.1.6.1. Da conduta omissiva

15.2.1.6.1.1. *Conceito*

O poder da vontade humana não se esgota tão só no exercício da atividade final positiva (o fazer), mas também na sua omissão.

Ao lado da ação, a omissão aparece como uma forma independente de conduta humana, suscetível de ser regida pela vontade dirigida para um fim. Existem normas jurídicas que ordenam a prática de ações para a produção de resultados socialmente desejados ou para evitar resultados indesejáveis socialmente. Assim, quando a norma

---

68. Conduta: "pedra angular" da teoria do delito, *RT*, 573/318.

impõe a realização de uma conduta positiva, a omissão dessa imposição legal gera a lesão da norma mandamental. Logo a norma é lesionada mediante a omissão da conduta ordenada.

A omissão, na realidade, do ponto de vista ontológico, não é em si mesma uma ação, mas sim a omissão de uma ação. Conforme Welzel, "Acción y omisión se comportan en tal sentido como A y no A"[69].

Ação e omissão são subclasses independentes dentro da "conduta", suscetíveis de serem regidas pela vontade final. Contudo, a omissão está necessariamente ligada a uma ação, porque não existe uma omissão em si mesma, mas apenas a omissão de uma ação determinada.

É importante notar que, para a elaboração dos tipos omissivos, utiliza-se de técnica legislativa diferente, pois, enquanto os tipos ativos descrevem a conduta proibida (não matar), os omissivos descrevem a conduta devida (socorrer, ajudar), com o que ficam proibidas aquelas que dela diferem.

15.2.1.6.1.2. *Teorias da omissão*

15.2.1.6.1.2.1. Naturalística

Para essa teoria, a omissão é um fenômeno causal, que pode ser claramente percebido no mundo dos fatos, já que, em vez de ser considerada uma inatividade (*non facere*), caracteriza-se como verdadeira espécie de ação. Constitui, portanto, um "fazer", ou seja, um comportamento positivo: quem se omite faz alguma coisa. Por essa razão, essa teoria é chamada de naturalística: a omissão provoca modificações no mundo naturalístico (mundo dos fatos), na medida em que o omitente, ao permanecer inerte, fez coisa diversa da que deveria ser feita. Assim, a omissão nada mais é do que uma forma de ação.

Ora, se ela é uma ação, então tem relevância causal, ou seja, aquele que se omite também dá causa ao resultado e por ele deve responder.

Essa teoria foi muito criticada por Reinhart Maurach, que apontou o erro de se supor que a modificação no mundo exterior é provocada também pelo comportamento omissivo. Observou que, se a omissão é um nada, "do nada, nada pode surgir", e concluiu: "por isso, o delito de omissão não pode originar nenhuma causalidade"[70]. Inatacável essa preciosa lição, pois a omissão não interfere dentro do processo causal, pois quem se omite não faz absolutamente nada e, por conseguinte, não pode causar coisa alguma.

Em outras palavras, dentro da lei da causa e efeito, a inatividade não pode ser provocadora de nenhum resultado. Por exemplo, um pedestre presencia um atropelamento e sadicamente acompanha os gemidos da vítima até a morte, sem prestar-lhe qualquer socorro; não se pode dizer que ele causou a morte, pois não existe nexo de causalidade material entre sua inação e as múltiplas fraturas, que vieram a provocar o óbito. Natura-

---

69. *La teoría*, cit., p. 276.

70. *La teoría*, cit., p. 276.

listicamente, o elo é estabelecido entre o condutor do veículo e as lesões, e entre estas e o resultado letal.

É, portanto, evidente que a omissão não causa nada. É certo que ela impede que se interfira na cadeia de causalidade, mas positivamente não causa nenhum resultado. O que ocorre é que o omitente poderia ter interferido no processo causal e evitado o resultado, mas isso é bem diferente de afirmar que ele foi seu causador. Esse é o erro em que incorreu essa teoria. Segundo seu entendimento, o omitente deveria ser responsabilizado pelo homicídio, por tê-lo causado.

Nosso ordenamento jurídico não se filiou a essa corrente doutrinária e responsabiliza o omitente, em casos como esse, pela sua própria omissão. No caso em tela, o omitente responderia pela omissão de socorro "qualificada" pelo resultado morte (art. 135, parágrafo único, 2ª parte, do CP) e não pelo homicídio.

15.2.1.6.1.2.2. Normativa

Para essa corrente, a omissão é um nada, logo, não pode causar coisa alguma. Quem se omite nada faz, portanto, nada causa. Assim, o omitente não deve responder pelo resultado, pois não o provocou.

Excepcionalmente, embora não se possa estabelecer nexo causal entre omissão e resultado, essa teoria, entretanto, admite que aquele que se omitiu seja responsabilizado pela ocorrência. Para tanto, há necessidade de que esteja presente o chamado "dever jurídico de agir".

A omissão penalmente relevante é a constituída de dois elementos: o *non facere* (não fez) e o *quod debetur* (aquilo que tinha o dever jurídico de fazer). Não basta, portanto, o "não fazer", sendo preciso que, no caso concreto, haja uma norma determinando o que devia ser feito. Só dessa forma o comportamento omissivo assume relevância perante o Direito Penal. A omissão é, assim, um "não fazer o que devia ser feito". Daí o nome de teoria normativa: para que a omissão tenha relevância causal (por presunção legal), há necessidade de uma norma impondo, na hipótese concreta, o dever jurídico de agir. Só aí pode-se falar em responsabilização do omitente pelo resultado. Na arguta observação de Welzel: "omisión no significa un mero no hacer nada, sino un no hacer una acción posible subordinada al poder final del hecho de una persona concreta"[71].

Como se nota, a omissão não é "um fazer", nem simplesmente "um não fazer", mas um não fazer o que concretamente podia e devia ser feito, de acordo com o procedimento que uma pessoa normal teria naquela mesma situação, que é o previsto na norma.

A norma é o mandamento de uma conduta normal, ditada pelo senso comum da coletividade; não se encontra escrita em nenhum lugar, defluindo da consciência de cada um dos integrantes da sociedade, por essa razão, o dever jurídico de agir não pode ser

---

71. *La teoría*, cit., p. 277.

equiparado a um mero dever previsto em lei; é isso e muito mais, envolvendo todos os casos em que o senso comum impuser a realização do comportamento comissivo.

Nosso Código Penal prevê três hipóteses em que estará presente o dever jurídico: (i) quando houver determinação específica prevista em lei (dever legal); (ii) quando o omitente tiver assumido por qualquer outro modo a obrigação de agir (dever do garantidor); (iii) quando o omitente, com seu comportamento anterior, criou o risco para a produção do resultado, o qual não impediu (dever por ingerência na norma).

Ao contrário de outros sistemas, em que se deixa ao livre-arbítrio do juiz a análise, em cada caso concreto, acerca da presença de um dever moral de ação, nosso Código optou por limitar os casos de dever de agir, tomando, contudo, o cuidado de não o limitar a um simples dever legal.

15.2.1.6.1.3. *Formas de condutas omissivas*

15.2.1.6.1.3.1. Crimes omissivos próprios

Inexiste o dever jurídico de agir, faltando, por conseguinte, o segundo elemento da omissão, que é a norma impondo o que deveria ser feito.

Ante a inexistência do *quod debeatur*, a omissão perde relevância causal, e o omitente só praticará crime se houver tipo incriminador descrevendo a omissão como infração formal ou de mera conduta. Por exemplo, os arts. 135 e 269 do CP e 304 da Lei n. 9.503/97 (Código de Trânsito Brasileiro).

Desse modo, aqui, exige-se uma atividade do agente, no sentido de salvaguardar um bem jurídico cuja desconsideração do comando legal por omissão gera o ajustamento dessa conduta omissiva de modo direto e imediato à situação tipificada.

15.2.1.6.1.3.2. Crimes omissivos impróprios

Também conhecidos como crimes omissivos impuros, espúrios, promíscuos ou comissivos por omissão. É aquele em que o agente tem a posição de garante, ou seja, a lei atribui um dever legal de agir para impedir o resultado que ele devia (e podia) evitar, mas o agente nada faz, quedando-se inerte de forma voluntária e consciente.

O agente tinha o dever jurídico de agir, ou seja, não fez o que deveria ter feito. Há, portanto, a norma dizendo o que ele deveria fazer, uma atividade predeterminada juridicamente exigida do agente, passando a omissão a ter relevância causal. Por exemplo, o padrasto estuprou a enteada menor de 14 anos. A mãe da menina sabia da referida situação, contudo, nada fez para impedir que o ato fosse praticado. A mãe, que tem a posição de garante, tem o dever de proteger sua filha.

Outro exemplo é o do segurança do supermercado que vê o agente furtando e nada faz para impedi-lo. O segurança está na posição de garante e tem o dever de proteger aquele estabelecimento.

Como consequência, o omitente não responde só pela omissão como simples conduta, mas pelo resultado produzido, salvo se este não lhe puder ser atribuído por dolo ou culpa.

15.2.1.6.1.3.3. Crimes omissivos por comissão

Nesses crimes, há uma ação provocadora da omissão. Por exemplo, chefe de uma repartição impede que sua funcionária, que está passando mal, seja socorrida. Se ela morrer, o chefe responderá pela morte por crime omissivo por comissão.

15.2.1.6.1.3.4. Participação por omissão

Ocorre quando o omitente, tendo o dever jurídico de evitar o resultado, concorre para ele ao quedar-se inerte. Nesse caso, responderá como partícipe.

Quando não existe o dever de agir não se fala em participação por omissão, mas em conivência (*crime silenti*) ou participação negativa, hipótese em que o omitente não responde pelo resultado, mas por sua mera omissão (CP, art. 135).

Assim, não fica caracterizada a participação do agente pela conduta omissiva de presenciar a prática do crime.

15.2.1.6.1.4. *Requisitos da omissão*

Para a caracterização da conduta omissiva é necessário analisar se o omitente tinha poder, nas circunstâncias, para executar a ação exigida, mediante a aferição dos seguintes requisitos[72]:

(i) conhecimento da situação típica;

(ii) consciência, por parte do omitente, de seu poder de ação para a execução da ação omitida (é o chamado dolo da omissão, em analogia ao dolo da ação);

(iii) possibilidade real, física, de levar a efeito a ação exigida. Se o obrigado não estiver em condições de na situação levar a efeito essa tarefa, poderá servir-se de um terceiro, também obrigado, ou não, a cumpri-la.

Na presença de tais circunstâncias, verifica-se que o omitente tinha a real possibilidade de agir, ou seja, poder para executar a ação exigida, caracterizando, portanto, a conduta omissiva.

15.2.1.7. Caso fortuito e força maior

(i) Fortuito: é aquilo que se mostra imprevisível, quando não inevitável; é o que chega sem ser esperado e por força estranha à vontade do homem, que não o pode impedir. Por exemplo, incêndio provocado pelo cigarro derrubado do cinzeiro por um golpe de ar inesperado.

(ii) Força maior: trata-se de um evento externo ao agente, tornando inevitável o acontecimento. O exemplo mais comum é a coação física.

Ambos excluem o dolo e a culpa e, consequentemente, a conduta. Não há, portanto, crime.

Em razão da exclusão da conduta, não há fato típico, uma vez que ela é seu elemento. A consequência será a atipicidade do fato.

---

72. Elenco exposto por Welzel, *La teoría*, cit., p. 282.

15.2.1.8. Sujeitos da conduta típica

O Direito Penal somente pode dirigir seus comandos legais, mandando ou proibindo que se faça algo, à pessoa humana, pois somente este é capaz de executar ações com consciência do fim. Assim, lastreia-se o Direito Penal na voluntariedade da conduta humana, na capacidade do homem para um querer final.

Desse modo, o âmbito da normatividade jurídico-penal limita-se às atividades finais humanas. Disso resulta a exclusão do âmbito de aplicação do Direito Penal de seres como os animais, que não têm consciência do fim de seu agir, fazendo-o por instinto, e dos movimentos corporais causais, como os reflexos, em que o homem não pode dominá-los com o seu atuar voluntário. Conclui-se, portanto, que só o homem pode ser sujeito ativo de uma conduta típica.

É certo, assim, que a capacidade geral para praticar crimes existe em todos os homens. Nesse sentido é a lição de Wessels: "Capaz de ação em sentido jurídico é toda pessoa natural independentemente de sua idade ou de seu estado psíquico, portanto também os doentes mentais"[73].

Tal concepção absoluta, que tão somente admite o homem como possível sujeito ativo de crime, conforme veremos adiante, vem cedendo espaço a favor da nova orientação que inclui também a pessoa jurídica, de modo a alterar a concepção personalista da responsabilidade penal, possibilitando a adaptação do Direito Penal à crescente onda de criminalidade na qual se vêm envolvendo as pessoas jurídicas, por meio da prática de diversos delitos específicos.

15.2.1.8.1. Sujeito ativo da conduta típica

É a pessoa humana que pratica a figura típica descrita na lei, isolada ou conjuntamente com outros autores. O conceito abrange não só aquele que pratica o núcleo da figura típica (quem mata, subtrai etc.) como também o partícipe, que colabora de alguma forma na conduta típica, sem, contudo, executar atos de conotação típica, mas que de alguma forma, subjetiva ou objetivamente, contribui para a ação criminosa.

Se é certo que a maioria dos crimes pode ser praticada por qualquer pessoa, bastando a capacidade geral, é correto também que alguns delitos exigem uma capacidade especial, como certa posição jurídica (por exemplo, ser funcionário público, no crime previsto no art. 312) ou de fato (por exemplo, ser gestante, no delito previsto no art. 124).

Observe-se que na sistemática processual o sujeito ativo pode, de acordo com a sua posição no processo, receber diferentes denominações, quais sejam: agente, indiciado, acusado, denunciado, réu, sentenciado, condenado, recluso, detento. O mesmo ocorre quando ele é objeto de estudo das ciências criminais, passando a ser chamado de criminoso ou delinquente.

---

73. *Direito penal*; parte geral, trad. Juarez Tavares, Porto Alegre, Sérgio A. Fabris, Editor, 1976, p. 23.

15.2.1.8.2. Pessoa jurídica como sujeito ativo do crime

Antes de iniciarmos a análise dos dispositivos da Constituição Federal e da legislação especial que passaram a prever a possibilidade de a pessoa jurídica ser sujeito ativo de crime, necessário se torna tecer alguns comentários sobre as duas correntes doutrinárias que divergem quanto a essa possibilidade.

15.2.1.8.2.1. *Teoria da ficção*

Não admite pessoa jurídica como sujeito ativo do crime.

Criada por Savigny, é tradicional em nosso sistema penal. Para essa corrente, a pessoa jurídica tem existência fictícia, irreal ou de pura abstração, carecendo de vontade própria. Falta-lhe consciência, vontade e finalidade, requisitos imprescindíveis para a configuração do fato típico, bem como imputabilidade e possibilidade de conhecimento do injusto, necessários para a culpabilidade, de maneira que não há como admitir que seja capaz de delinquir e de responder por seus atos.

As decisões desse ente são tomadas pelos seus membros, estes sim, pessoas naturais dotadas de razão, livre-arbítrio e passíveis de responsabilização por suas ações e omissões. A pessoa jurídica não pode realizar comportamentos dolosos, ante a falta de vontade finalística, nem culposos, pois o dever objetivo de cuidado somente pode ser exigido daqueles que possuem liberdade para optar entre prudência e imprudência, cautela e negligência, acerto e imperícia.

Os delitos eventualmente imputados à sociedade são, na verdade, cometidos pelos seus funcionários ou diretores, não importando que o interesse daquela tenha servido de motivo ou fim para o delito. Não bastasse isso, mesmo que pudessem realizar fatos típicos, não haveria como dizer que as empresas seriam responsáveis por seus atos ou passíveis de censura ou culpabilidade.

Amparada no brocardo romano *societas delinquere non potest* (a pessoa jurídica não pode cometer delitos), tem como principais argumentos:

(i) ausência de consciência, vontade e finalidade: se a vontade consciente e finalística é a mola propulsora, isto é, a força que movimenta a conduta, sem aquela não existirá esta, de modo que a pessoa jurídica é incapaz de praticar ações penalmente relevantes;

(ii) ausência de culpabilidade: somente o homem pode adquirir a capacidade de entender e querer (imputabilidade), de conhecer o caráter injusto do fato, ou seja, se esse fato é ou não antissocial, inadequado, anormal, errado (potencial consciência da ilicitude), e de escolher a conduta mais adequada, dentro de uma gama de possibilidades, segundo critérios normais de evitabilidade (exigibilidade de conduta diversa). A pessoa jurídica é incapaz de culpabilidade, na medida em que esta se funda em juízo de censura pessoal, de acordo com o que podia e devia ser feito no caso concreto;

(iii) ausência de capacidade de pena (princípio da personalidade da pena): torna-se inconcebível a penalização da pessoa jurídica, tendo-se em vista, em primeiro lugar, que, em face do princípio da personalidade da pena, esta deve recair exclusivamente sobre o autor do delito e não sobre todos os membros da corporação. "A condenação de uma pessoa jurídica poderia atingir pessoas inocentes como os sócios minoritários (que votaram contra a decisão), os acionistas que não tiveram participação na ação delituosa, enfim, pessoas físicas que indiretamente seriam atingidas pela sentença condenatória"[74];

(iv) ausência de justificativa para a imposição da pena: a sanção penal tem por escopo a ideia de retribuição, intimidação e reeducação, ao passo que as sociedades, por serem desprovidas de vontade própria, de inteligência e de liberdade de entender e querer, jamais poderão sentir-se intimidadas. Como bem salientaram Mir Puig e Muñoz Conde, "a pena não pode ser dirigida, em sentido estrito, às pessoas jurídicas no lugar das pessoas físicas que atrás delas se encontram, porque conceitualmente implica uma ameaça psicológica de imposição de um mal para o caso de quem delinque e não se pode imaginar que a pessoa jurídica possa sentir o efeito de cominação psicológica alguma"[75].

Luiz Vicente Cernicchiaro, fiel a esta teoria, sustenta, ao comentar o dispositivo constitucional em tela, que as pessoas jurídicas não cometem crimes e não estão sujeitas à sanção penal, porque são seres desprovidos de consciência e vontade própria. Segundo seu entendimento, a Carta Constitucional permite apenas que se lhe estendam os efeitos jurídicos da sentença condenatória imposta a seus dirigentes, o que é bem diferente de colocar a empresa no polo passivo da ação penal e aplicar-lhe uma pena.

Assim, anota que "essa passagem da Constituição tem outro sentido. Encerra comando ao legislador para eficaz defesa e preservação da natureza, impondo-lhe cominar sanções penais, administrativas e civis aos infratores, sejam pessoas físicas ou jurídicas. Tal recomendação está presente em outras passagens. No Título da Ordem Econômica e Financeira, o art. 173, § 5º, registra norma semelhante referente à proteção do meio ambiente. Não se extrai, contudo, a ilação de as pessoas jurídicas cometerem delito contra a ordem econômica e financeira e contra a economia popular, em cuja área, sabe-se, há leis que definem infrações penais. Interpretar o art. 225, § 3º, sem esse registro, além de contrariar a análise lógica, choca-se com o estudo sistemático da Constituição"[76].

Para Cernicchiaro, a pessoa jurídica não pode ser autora de crimes nem passível de sanção penal porque, não sendo dotada de consciência e vontade própria, a ela não se aplicam os princípios da responsabilidade pessoal e da culpabilidade, nos quais se funda o Direito Penal moderno, e que são restritos à pessoa física. Conclui então: "O Direito Penal é o setor jurídico, cuja sanção sempre foi dirigida como reprovação à pessoa; por isso a tendência, cada vez mais acentuada, de ser analisada em suas características de ser humano. A pessoa jurídica precisa ser vista com as particularidades que lhe são próprias. A sua responsabilidade jurídica não pode decorrer como se dotada fosse de vontade. A sanção jurídica é indispensável relativamente à pessoa jurídica. Não, porém, a sanção penal. A Constituição brasileira, portanto, não afirmou a responsabilidade penal da pessoa jurídica, na esteira das congêneres contemporâneas"[77].

74. Sérgio Salomão Shecaira, *Responsabilidade penal da pessoa jurídica*, São Paulo, Revista dos Tribunais, 1999, p. 88 — ao elencar os argumentos contrários à sua posição, que é a de que os entes coletivos devem ser responsabilizados criminalmente.
75. *Adiciones ao tratado de derecho penal*, v. 1, p. 39.
76. *Direito penal*, cit., p. 141.
77. *Direito penal*, cit., p. 143-144.

Luiz Regis Prado também faz a seguinte crítica: "O legislador de 1998, de forma simplista, limitou-se a enunciar a responsabilidade penal da pessoa jurídica, cominando--lhe penas, sem lograr, contudo, instituí-la completamente. Isso significa não ser ela passível de aplicação concreta e imediata, pois faltam-lhe instrumentos hábeis e indispensáveis para a consecução de tal desiderato. Não há como, em termos lógico-jurídicos, romper princípio fundamental como o da irresponsabilidade criminal da pessoa jurídica, ancorado solidamente no sistema de responsabilidade da pessoa natural, sem fornecer, em contrapartida, elementos básicos e específicos conformadores de um subsistema ou microssistema de responsabilidade penal, restrito e especial, inclusive com regras processuais próprias. Ressalte-se ainda como imprescindível a existência de normas harmonizadoras que propiciem uma perfeita convivência entre uma (geral) e outra (excepcional) formas de responsabilidade"[78].

15.2.1.8.2.2. *Teoria da realidade ou da personalidade real*

Teve como precursor Otto Gierke. Para essa corrente a pessoa jurídica não é um ser artificial, criado pelo Estado, mas sim um ente real, independente dos indivíduos que a compõem. Sustenta que a pessoa coletiva possui uma personalidade real, dotada de vontade própria, com capacidade de ação e de praticar ilícitos penais. É, assim, capaz de dupla responsabilidade: civil e penal.

Essa responsabilidade é pessoal, identificando-se com a da pessoa natural. A pessoa jurídica é uma realidade, que tem vontade e capacidade de deliberação, devendo-se, então, reconhecer-lhe capacidade criminal.

A Constituição Federal de 1988, ao que parece, filiou-se à segunda posição, tendo disposto, em seu art. 225, § 3º, que "as condutas e atividades consideradas lesivas ao meio ambiente sujeitarão os infratores, pessoas físicas ou jurídicas, a sanções penais e administrativas, independentemente da obrigação de reparar os danos causados".

Também adepto da teoria realista, Sérgio Salomão Shecaira elenca os três argumentos mais contundentes contra a responsabilidade penal da pessoa jurídica[79].

(i) Não há fato típico sem dolo ou culpa. A pessoa jurídica, por ser desprovida de inteligência e vontade, é incapaz, por si própria, de cometer um crime, necessitando sempre recorrer a seus órgãos integrados por pessoas físicas, estas sim com consciência e vontade de infringir a lei;

(ii) Não existe culpabilidade de pessoa jurídica. Ainda que ela pudesse realizar fatos típicos, não teria como ser considerada responsável, já que não é possível exercer sobre ela juízo de culpabilidade, uma vez que não é imputável, não tem potencial consciência da ilicitude, tampouco se pode falar em exigibilidade de conduta diversa;

(iii) A condenação de uma pessoa jurídica poderia atingir pessoas inocentes. É o caso, por exemplo, dos sócios minoritários (que votaram contra a decisão), os acionistas que não tiveram participação na ação delituosa.

---

78. *Curso de direito penal brasileiro*; parte geral, São Paulo, Revista dos Tribunais, 1999, p. 149.
79. *Responsabilidade penal*, cit., p. 88-89.

Para esse autor, tais argumentos não se sustentam, porque:

(i) A pessoa jurídica tem vontade própria, distinta da de seus membros. "O comportamento criminoso, enquanto violador de regras sociais de conduta, é uma ameaça para a convivência social e, por isso, deve enfrentar reações de defesa (através das penas). O mesmo pode ser feito com as pessoas jurídicas (...). Sobre o assunto, a doutrina francesa assim se expressa: 'a pessoa coletiva é perfeitamente capaz de vontade, porquanto nasce e vive do encontro das vontades individuais de seus membros. A vontade coletiva que a anima não é um mito e caracteriza-se, em cada etapa importante de sua vida, pela reunião, pela deliberação e pelo voto da assembleia geral dos seus membros ou dos Conselhos de Administração, de Gerência ou de Direção. Essa vontade coletiva é capaz de cometer crimes tanto quanto a vontade individual'"[80].

(ii) A pessoa jurídica pode ser responsável pelos seus atos, devendo o juízo de culpabilidade ser adaptado às suas características. Embora não se possa falar em imputabilidade e consciência do injusto, a reprovabilidade da conduta de uma empresa funda-se na exigibilidade de conduta diversa, a qual é perfeitamente possível. Quando, comparando o comportamento de um ente coletivo com aquele que uma outra associação teria no mesmo caso, é possível dizer se o ordenamento jurídico poderia ou não exigir conduta diversa de sua parte. "A doutrina alemã, de certa forma, também começa a admitir essa ideia. Tiedemann, por exemplo, observa que 'a tendência mais recente a nível comunitário é a do reconhecimento da culpabilidade da empresa, comparando-a com outras empresas do mesmo tamanho e em situações paralelas. Este pensamento corresponde às doutrinas penais que baseiam o conceito de culpa comparativamente ao cumprimento de deveres por pessoas qualificadas como razoáveis. Em resumo, pode-se dizer que o conceito de culpabilidade em sentido estrito tem em direito penal um fundamento mais de tipo geral que individual'"[81].

(iii) A pena não ultrapassa a pessoa da empresa, o que tem havido é uma confusão entre a pena e suas consequências indiretas sobre terceiros. Os sócios que não tiveram culpa não estão recebendo pena pela infração cometida pela empresa, mas apenas suportando efeitos que decorrem daquela condenação, do mesmo modo que a família do preso padece maiores dificuldades econômicas enquanto este, arrimo do lar, cumpre a sua pena. "Nenhuma delas deixa de, ao menos indiretamente, atingir terceiros. Quando há uma privação da liberdade de um chefe de família, sua mulher e filhos se veem privados daquele que mais contribui no sustento do lar. A própria legislação previdenciária prevê o instituto do auxílio-reclusão para a família do preso. Isso nada mais é do que o reconhecimento cabal e legal de que a pena de recolhimento ao cárcere atinge não só o recluso, mas também, indiretamente, os seus dependentes. Idêntico inconveniente ocorreria se a pena fosse de interdição de direitos (proibição de exercício de cargo, emprego ou atividade pública, mandato eletivo, profissão, atividade ou ofício, conforme o art. 47, I e II, do CP, o mesmo de suspensão de autorização ou habilitação para dirigir veículo). Não

---

80. *Responsabilidade penal*, cit., p. 95.
81. *Responsabilidade penal*, cit., p. 93 e 95.

resta a menor dúvida que um motorista profissional, condenado a essa última punição, teria muita dificuldade para o sustento da família, a qual acabaria por ser indiretamente atingida. O mesmo argumento é válido para a multa. As penas pecuniárias recaem sobre o patrimônio de um casal, ainda que só o marido tenha sido condenado, e não sua esposa"[82].

15.2.1.8.2.3. *Teoria que busca conciliar as duas posições doutrinárias antagônicas*

Consoante Carlos Ernani Constantino, no intuito de conciliar as posições doutrinárias acima descritas, surgiu uma terceira linha de pensamento na Alemanha. Segundo o autor, "Trata-se da imposição de sanções quase penais às empresas: o Juiz Criminal, ao aplicar tais medidas, não ignora que as pessoas jurídicas são incapazes de conduta e de culpabilidade no sentido penal, mas entende esta aplicação como uma forma de combate à criminalidade moderna, que é, via de regra, cometida através de entidades coletivas. Entre os alemães, podemos citar como defensores deste ponto de vista os Profs. Bernd Schunemann e Gunther Stratenwerth (que propugnam pela aplicação de medidas de segurança às empresas, por atos criminosos de seus sócios ou diretores), Winfried Hassemer (que defende a imposição de sanções híbridas, situadas entre o Direito Penal e o Direito Administrativo, às corporações) e Hans-Heinrich Jescheck, de certo modo, pois este doutrinador entende que, na hipótese de os órgãos das pessoas jurídicas praticarem infrações penais, utilizando-se delas, devem-se impor às respectivas entidades não penas, mas confisco, extinção, sequestro dos lucros adicionais, como efeitos secundários da condenação das pessoas atualmente uma tendência dos Estados-Membros, de adotarem sanções administrativas, quase penais, contra as pessoas jurídicas (e não *penas propriamente ditas*), o que indica uma inclinação, em nível de Europa, no sentido de se respeitarem os postulados tradicionais da Dogmática Penal (de que as pessoas morais não podem, *elas mesmas*, delinquir)"[83].

> **Nosso entendimento:** a pessoa jurídica pode ser sujeito ativo de crime.

O princípio *societas delinquere non potest* não é absoluto. De fato, há crimes que só podem ser praticados por pessoas físicas, como o latrocínio, a extorsão mediante sequestro, o homicídio, o estupro, o furto etc. Existem outros, porém, que são cometidos quase sempre por meio de um ente coletivo, o qual, deste modo, acaba atuando como um escudo protetor da impunidade. São as fraudes e agressões cometidas contra o sistema financeiro e o meio ambiente.

Nestes casos, com o sucessivo incremento das organizações criminosas, as quais atuam, quase sempre, sob a aparência da licitude, servindo-se de empresas "de fachada" para realizarem determinados crimes de gravíssimas repercussões na economia e na natureza. Os seus membros, usando dos mais variados artifícios, escondem-se debaixo da associação para restarem impunes, fora do alcance da malha criminal.

---

82. *Responsabilidade penal*, cit., p. 89-90.
83. Carlos Ernani Constantino, *Delitos Ecológicos*: a Lei Ambiental comentada artigo por artigo, 3. ed., São Paulo, Ed. Lemos e Cruz, 2005, p. 37/38.

"É sabido que as grandes empresas de hoje são mais do que pessoas especialmente poderosas no terreno econômico. São complexas corporações com organismos sociais e técnicos diversos das somas de homens e recursos que contribuam para a consecução de suas atividades. O poderio de muitas delas faz com que se dividam em setores diversos, com mecanismos administrativos próprios. Poucos são os funcionários que têm uma ideia do todo. Mesmo alguns diretores só conhecem sua esfera de atuação, não tendo capacidade de discernir acerca do funcionamento global da empresa. Não raro se vê, quando a realidade está a exigir providências urgentes, a utilização de empresas de auditoria, contratadas fora do âmbito da empresa, para o diagnóstico dos caminhos a serem trilhados em face de uma adaptação a uma realidade social mais candente. Neste sentido é que podemos, juntos com Tiedemann, diante das características peculiares das grandes empresas, afirmar que 'os agrupamentos criam um ambiente, um clima que facilita e incita os autores físicos (ou materiais) a cometerem delitos em benefício dos agrupamentos. Daí a ideia de não sancionar somente a estes autores materiais (que podem ser mudados ou substituídos) mas também e, sobretudo, a própria empresa'"[84].

Considerando que é dever do Estado proteger o bem jurídico, bem como que há necessidade de o Direito Penal modernizar-se, acompanhando as novas formas de criminalidade, nossa CF, em seus arts. 225, § 3º (Título VIII, Da Ordem Social, Capítulo VI, Do Meio Ambiente), e 173, § 5º (Título VII, Da Ordem Econômica e Financeira, Capítulo I, Dos Princípios Gerais da Atividade Econômica), previu a responsabilização da pessoa jurídica em todas as esferas do direito por atos cometidos contra a ordem econômica e financeira e contra o meio ambiente.

No que tange aos delitos praticados contra o meio ambiente, a CF, em seu art. 225, § 3º, foi explícita ao admitir a responsabilização criminal dos entes jurídicos, ao estatuir: "As condutas e atividades consideradas lesivas ao meio ambiente sujeitarão os infratores, pessoas físicas ou jurídicas, a sanções penais e administrativas, independentemente da obrigação de reparar os danos causados".

Ora, se foi vontade do constituinte e do legislador proteger bens jurídicos relevantes, tais como o meio ambiente e a ordem econômica, contra agressões praticadas por entidades coletivas, não há como negar tal possibilidade ante argumentos de cunho individualista, que serviram de fundamento para a Revolução Burguesa de 1789. A sociedade moderna precisa criar mecanismos de defesa contra agressões diferentes que surgem e se multiplicam dia a dia. Assim é o finalismo, o funcionalismo e outras teorias do Direito Penal que devem adaptar-se à superior vontade constitucional, e não o contrário.

Nesse passo, a Lei n. 9.605, de 12 de fevereiro de 1998, apenas atendeu ao comando constitucional, e, desta forma, em seu art. 3º, dispôs expressamente que as pessoas jurídicas serão responsabilizadas penalmente nos casos em que a infração seja cometida

---

84. Sérgio Salomão Shecaira, *Responsabilidade penal*, cit., p. 97, e Klaus Tiedemann, Responsabilidad penal de personas jurídicas y empresas en derecho comparado, *Revista Brasileira de Ciências Criminais*, n. 11, p. 22, jul./set. 1995.

por decisão de seu representante legal ou de seu órgão colegiado, não deixando, portanto, qualquer dúvida quanto à possibilidade de responsabilização criminal de empresas que pratiquem crimes contra o meio ambiente.

A responsabilidade da pessoa jurídica não interfere na responsabilidade da pessoa física que praticou o crime. É o que se chama sistema paralelo de imputação: há um sistema de imputação para a pessoa física e outro para a pessoa jurídica. "A responsabilidade das pessoas jurídicas não exclui a das pessoas físicas, autoras, coautoras ou partícipes do mesmo fato, o que demonstra a adoção do sistema da dupla imputação"[85].

Nesse sentido é a jurisprudência dos tribunais superiores. Embora o STJ tenha posição consolidada sobre a possibilidade de responsabilização penal da pessoa jurídica, exigia, para tanto, a imputação simultânea de pessoa física que atua em seu nome ou em seu benefício.

Ocorre que, ao julgar ação penal contra a Petrobras em razão de vazamento de óleo (ver RE 548.181, 30-10-2014), o STF rompeu com tal linha jurisprudencial ao admitir a possibilidade de a pessoa jurídica figurar sozinha no polo passivo da ação.

A jurisprudência mais recente continua entendendo pela possibilidade de responsabilização penal da pessoa jurídica (ver STJ, RMS 56073/ES 2017/0321747-0).

A verdade é que a referida possibilidade atende aos antigos reclamos da sociedade. Países como a Inglaterra, os Estados Unidos, o Canadá, a Nova Zelândia, a Austrália, a França, a Venezuela, o México, Cuba, a Colômbia, a Holanda, a Dinamarca, Portugal, a Áustria, o Japão e a China já permitem a responsabilização penal da pessoa jurídica, o que demonstra uma tendência mundial nesse sentido.

15.2.1.9. Objeto jurídico e objeto material

(i) Objeto jurídico do crime: é o bem jurídico, isto é, o interesse protegido pela norma penal. É a vida, no homicídio; a integridade corporal, nas lesões corporais; o patrimônio, no furto; a honra, na injúria; a dignidade e a liberdade sexual da pessoa, no estupro; a administração pública, no peculato etc.

A disposição dos títulos e capítulos da Parte Especial do Código Penal obedece a um critério que leva em consideração o objeto jurídico do crime, colocando-se em primeiro lugar os bens jurídicos mais importantes: vida, integridade corporal, honra, patrimônio etc.

(ii) Objeto material do crime: é a pessoa ou coisa sobre as quais recai a conduta. É o objeto da ação. Não se deve confundi-lo com objeto jurídico. Assim, o objeto material do homicídio é a pessoa sobre quem recai a ação ou omissão, e não a vida; no furto, é a coisa alheia móvel sobre a qual incide a subtração, e não o patrimônio; no estupro, é a pessoa, e não a dignidade sexual etc.

Há casos em que se confundem na mesma pessoa o sujeito passivo e o objeto do crime; por exemplo, no crime de lesões corporais a pessoa que sofre a ofensa à integri-

---

85. Shecaira, *Responsabilidade penal*, cit., p. 127.

dade corporal é, ao mesmo tempo, sujeito passivo e objeto material do crime previsto no art. 129 do CP, pois a ação é exercida sobre o seu corpo.

Por outro lado, há crimes sem objeto material, como o de ato obsceno (CP, art. 233) e falso testemunho (CP, art. 342).

Cumpre não confundir o objeto material do crime e o "corpo de delito", ainda que possam coincidir; este é constituído do conjunto de todos os elementos sensíveis do fato criminoso, como prova dele, incluindo-se os instrumentos, os meios e outros objetos (arma, vestes da vítima, papéis etc.).

15.2.2. Resultado

15.2.2.1. Conceito

É a modificação no mundo exterior provocada pela conduta.

15.2.2.2. Distinção entre resultado e evento

Evento é qualquer acontecimento; resultado é a consequência da conduta. Por exemplo, um raio provoca um incêndio. Trata-se de um evento.

15.2.2.3. Teorias

15.2.2.3.1. Naturalística

Resultado é a modificação provocada no mundo exterior pela conduta (a perda patrimonial no furto, a conjunção carnal no estupro, a morte no homicídio, a ofensa à integridade corporal nas lesões etc.).

Nem todo crime possui resultado naturalístico, uma vez que há infrações penais que não produzem qualquer alteração no mundo natural. De acordo com esse resultado, as infrações penais classificam-se em crimes materiais, formais e de mera conduta.

Crime material é aquele cuja consumação só ocorre com a produção do resultado naturalístico, como o homicídio, que só se consuma com a morte. Crime formal é aquele em que o resultado naturalístico é até possível, mas irrelevante, uma vez que a consumação se opera antes e independentemente de sua produção. É o caso, por exemplo, da extorsão mediante sequestro (CP, art. 159), a qual se consuma no momento em que a vítima é sequestrada, sendo indiferente o recebimento ou não do resgate. Os tipos que descrevem crimes formais são denominados "tipos incongruentes", uma vez que neles há um descompasso entre a finalidade pretendida pelo agente (quer receber o resgate) e a exigência típica (o tipo se contenta com a mera realização do sequestro com essa finalidade). Deste modo, o sujeito ativo pretende mais do que a lei exige, sendo tal incongruência denominada tipicidade incongruente. Crime de mera conduta é aquele que não admite em hipótese alguma resultado naturalístico, como a desobediência, que não produz nenhuma alteração no mundo concreto.

→ **Atenção**: no crime formal, o resultado naturalístico é irrelevante, embora possível; no de mera conduta, não existe tal possibilidade.

15.2.2.3.2. Jurídica ou normativa

Resultado é toda lesão ou ameaça de lesão a um interesse penalmente relevante. Todo crime tem resultado jurídico porque sempre agride um bem jurídico tutelado. Quando não há resultado jurídico não existe crime. Assim, o homicídio atinge o bem vida; o furto e o estelionato, o patrimônio etc.

15.2.3. Nexo causal

15.2.3.1. Conceito

É o elo concreto, físico, material e natural que se estabelece entre a conduta do agente e o resultado naturalístico, por meio do qual é possível dizer se aquela deu ou não causa a este.

15.2.3.2. Natureza

O nexo causal consiste em mera constatação acerca da existência de relação entre conduta e resultado. A sua verificação atende apenas às leis da física, mais especificamente, da causa e do efeito. Por essa razão, sua aferição independe de qualquer apreciação jurídica, como, por exemplo, da verificação da existência de dolo ou culpa por parte do agente. Não se trata de questão opinativa, pois ou a conduta provocou o resultado ou não. Por exemplo, um motorista, embora dirigindo seu automóvel com absoluta diligência, acaba por atropelar e matar uma criança que se desprendeu da mão de sua mãe e precipitou-se sob a roda do veículo. Mesmo sem atuar com dolo ou culpa, o motorista deu causa ao evento morte, pois foi o carro que conduzia que passou por sobre a cabeça da vítima.

Assim, para se saber sobre a sua existência, basta aplicar um utilíssimo critério, conhecido como critério da eliminação hipotética, que adiante será estudado e segundo o qual sempre que, excluído um fato, ainda assim ocorrer o resultado, é sinal de que aquele não foi causa deste.

15.2.3.3. Nexo normativo

Para a existência do fato típico, no entanto, não basta a mera configuração do nexo causal. É insuficiente para tanto aferir apenas a existência de um elo físico entre ação e resultado.

De acordo com a interpretação do art. 19 do CP, é imprescindível que o agente tenha concorrido com dolo ou culpa (quando admitida), uma vez que sem um ou outro não haveria fato típico. Convém lembrar que o art. 18 do Estatuto Repressivo prevê a existência somente de crimes dolosos e culposos, desconhecendo algum que seja cometido sem um desses elementos.

Voltando ao exemplo acima, o motorista deu causa à morte da criança, mas não cometeu homicídio, pois este tipo penal somente conhece as formas dolosa e culposa, razão pela qual o fato é considerado atípico. À vista do exposto, para a existência do fato típico são necessários: o nexo causal físico, concreto, e o nexo normativo, que depende da verificação de dolo ou culpa.

15.2.3.4. Teorias para apontar o nexo causal

15.2.3.4.1. Teoria da equivalência dos antecedentes

Também conhecida como teoria da *conditio sine qua non*, oriunda do pensamento filosófico de Stuart Mill, segundo ela, causa é toda ação ou omissão anterior que, de algum modo, ainda que minimamente, contribui para a produção do resultado (art. 13, *caput*), ou seja, tudo o que concorre para isso deve ser considerado sua causa. A lei atribui relevância causal a todos os antecedentes do resultado, considerando que nenhum elemento de que dependa a sua produção pode ser excluído da linha de desdobramento causal, pouco importando se, isoladamente, tinha ou não idoneidade para produzi-lo. Para essa teoria, portanto, não existe diferença entre causa e condição ou causa e concausa, se contribuiu de alguma forma é causa. Foi a teoria adotada pelo nosso Código Penal.

A concepção de Stuart Mill de que causa é a totalidade das condições levou Von Buri a concluir, raciocinando ao contrário, que quaisquer das condições que compõem a totalidade dos antecedentes são causa do resultado, pois a sua inocorrência impediria a realização do evento. Todas as condições que a eliminação *a posteriori* revela serem necessárias à produção do evento são equivalentes[86].

Tudo, portanto, o que, retirado da cadeia de causa e efeito, provocar a exclusão do resultado considera-se sua causa. Por exemplo, suponha-se que "A" tenha matado "B". A conduta típica do homicídio possui uma série de fatos, alguns antecedentes, dentre os quais podemos enumerar os seguintes: (i) produção do revólver pela indústria; (ii) aquisição da arma pelo comerciante; (iii) compra do revólver pelo agente; (iv) refeição tomada pelo homicida; (v) emboscada; (vi) disparo de projéteis na vítima; (vii) resultado morte. Dentro dessa cadeia de fatos, excluindo-se os fatos de (i) a (iii), (v) e (vi) o resultado não teria ocorrido. Logo, são considerados causa. Excluindo-se o fato sob o número (iv) (refeição), ainda assim o evento teria acontecido. Logo, a refeição tomada pelo sujeito não é considerada causa. A esse sistema, preconizado por Thyrén, de aferição dá-se o nome de "procedimento hipotético da eliminação".

Diante da teoria da equivalência dos antecedentes, uma pergunta se impõe: não poderia haver uma responsabilização muito ampla, à medida que são alcançados todos os fatos anteriores ao crime? Os pais não poderiam responder pelos crimes praticados pelo filho? Afinal, sem aqueles, este não existiria e, não existindo, jamais poderia ter praticado o crime. Nessa linha de raciocínio, não se chegaria a um *regressus ad infinitum*? A resposta é não, pois, como já dissemos, a responsabilidade penal exige, além do mero nexo causal, nexo normativo.

A teoria da equivalência dos antecedentes situa-se no plano exclusivamente físico, resultante da aplicação da lei natural da causa e efeito. Assim, é claro que o pai e a mãe, do ponto de vista naturalístico, deram causa ao crime cometido pelo filho, pois, se este não existisse, não teria realizado o delito. Não podem, contudo, ser responsabili-

---

86. Cf. Miguel Reale Júnior, *Parte geral do Código Penal – nova interpretação*, São Paulo, Revista dos Tribunais, 1988, p. 33.

zados por essa conduta, ante a total ausência de voluntariedade. Se não concorreram para a infração com dolo ou culpa, não existiu, de sua parte, conduta relevante para o Direito Penal, visto que, como já estudado, não existe ação ou omissão típica que não seja dolosa ou culposa.

Nesse passo, observa, argutamente, Magalhães Noronha: "Claro é que a teoria da equivalência dos antecedentes se situa exclusivamente no terreno do elemento físico ou material do delito e, por isso mesmo, por si só, não pode satisfazer à punibilidade. É mister a consideração da causalidade subjetiva; é necessária a presença da culpa (em sentido amplo), caso contrário haveria o que se denomina *regressus ad infinitum*: seriam responsáveis pelo resultado todos quantos houvessem física ou materialmente concorrido para o evento; no homicídio, v. g., seriam responsabilizados também o comerciante que vendeu a arma, o industrial que a fabricou, o mineiro que extraiu o minério etc."[87].

Em outras palavras, pelas leis da física há uma inegável relação de causa e efeito entre pais, filho e crime. É evidente que sem os primeiros não existiria o autor da infração, logo, do ponto de vista físico-naturalístico, aqueles constituem uma das causas. No entanto, para o Direito Penal, é insuficiente o nexo meramente causal-natural, sendo imprescindível para a existência do fato típico a presença do dolo ou da culpa (necessários para a tipicidade).

15.2.3.4.1.1. *A crise da teoria da equivalência dos antecedentes*

Para Juarez Tavares, não se deve a Stuart Mill e Von Buri a primeira formulação desta teoria, mas a Julius Glaser, em 1858. Von Buri teria apenas introduzido a teoria na jurisprudência. Do mesmo modo, o critério da eliminação hipotética não provém do sueco Thyrén, mas também de Glaser[88]. No mesmo sentido, Mir Puig[89] e Jakobs[90]. Seja como for, as principais críticas dirigidas a esse princípio dizem respeito não só à possibilidade objetiva do regresso causal até o infinito, mas também a algumas hipóteses não solucionadas adequadamente pelo emprego da *conditio sine qua non*. São estas as principais dificuldades:

(i) **Dupla causalidade alternativa**: ocorre quando duas ou mais causas concorrem para o resultado, sendo cada qual suficiente, por si só, para a sua produção. A e B, sem que um saiba da conduta do outro, ministram veneno a C, com o intuito de matá-lo. Cada uma das doses é suficiente, por si só, para produzir o evento letal. Se aplicarmos a eliminação hipotética, nenhuma das duas poderá ser considerada causa. Senão vejamos: suprimida a conduta de A, ainda assim o resultado ocorreria, já que a dose ministrada por B era suficiente para matar a vítima; eliminada a conduta de B, ainda assim o resultado teria ocorrido, pois a dose aplicada por A também era suficiente, por si só, para a produção do evento. Em tese, por incrível que pareça, segundo o critério da eliminação hipotética, ne-

87. *Direito penal*, cit., 23. ed., p. 118.
88. *Teoria do injusto penal*, Belo Horizonte, Del Rey, 2000, p. 210-211.
89. *Derecho penal*, cit., 5. ed., 1998, p. 218.
90. *Derecho penal*, cit., p. 227.

nhuma das duas condutas poderia ser considerada causa, pois, mesmo que suprimida uma delas hipoteticamente da cadeia causal, o resultado ainda assim teria ocorrido.

Poderíamos, em resposta a essa crítica, fazer a seguinte afirmação: causador do resultado é aquele cuja dose, efetivamente, produziu, por uma ou por outra razão, a morte (se foi a dose ministrada por A, este é o autor; se foi por B, este responde pelo resultado), devendo o outro ser punido pela tentativa. Não se provando qual das doses acarretou a morte, aplica-se o princípio do *in dubio pro reo*, e a nenhum dos autores será imputado o resultado, respondendo ambos por tentativa (a chamada autoria incerta). Mesmo assim, é forçoso reconhecer: ainda que suprimida a conduta de um dos autores, o resultado teria sido causado pela do outro.

(ii) Dupla causalidade com doses insuficientes: e se, no mesmo exemplo, as doses fossem insuficientes, por si sós, para levar ao resultado morte, mas, somadas, acabassem por atingir o nível necessário e, assim, produzir a fatalidade? Nesse caso, nem a conduta de A nem a de B, sozinhas, levariam ao resultado. Eliminada qualquer uma delas, o resultado desapareceria, pois somente juntas são capazes de provocar a morte.

Ora, pelo critério da eliminação hipotética, ambas devem ser consideradas causa, pois, excluída uma ou outra da cadeia causal, o resultado não ocorreria. Parece estranho não considerar como causa a hipótese anterior, em que as condutas tinham, isoladamente, idoneidade para produzir a morte, e considerar neste caso que, sozinhas, as condutas nada produziriam (podendo-se até mesmo cogitar de crime impossível pela ineficácia absoluta do meio, na medida em que falta a um ou outro comportamento capacidade para gerar, isoladamente, o resultado visado).

(iii) O resultado que ocorreria de qualquer modo: se um médico acelera a morte de um paciente terminal, que já está com danos cerebrais irreversíveis, desligando o aparelho que o mantinha vivo, não poderá ser considerado causador do homicídio, pelo critério da eliminação hipotética, já que, mesmo suprimida a sua conduta da cadeia causal, ainda assim a morte acabaria acontecendo, mais cedo ou mais tarde. Haverá nexo causal, é certo, mas por influência de outras teorias que entram para socorrer a da equivalência dos antecedentes (é o caso do princípio da alteração posterior, pelo qual o médico responde pelo resultado porque seu comportamento alterou o estado de coisas no mundo naturalístico).

(iv) Decisões corporativas: uma empresa, por meio de um órgão colegiado de vários diretores, decide lançar um produto que provoca danos ao meio ambiente. Qualquer um dos votantes poderia dizer que, ainda que não tivesse votado, os demais o teriam feito, de modo que, mesmo eliminada a sua conduta, ainda assim o resultado teria ocorrido.

(v) Cursos causais hipotéticos ou desvios de cursos causais: o ladrão principiante, trêmulo e inseguro, aponta um estilete para um homenzarrão empolado e anuncia o assalto. A vítima, surpreendentemente, se apavora, sofre um enfarto e morre.

Outro exemplo é o caso da vítima que, fugindo de perseguição empreendida por dois agentes, acaba por ser atropelada. Aplicando o critério da *conditio sine qua non*, conclui-se pela existência de nexo causal. Senão, vejamos. Dois rapazes e uma mulher se dirigiam, em um automóvel, para um determinado local. No caminho a moça mudou de ideia e, aproveitando-se da parada do carro no acostamento, saiu correndo e, ao tentar atravessar a estrada, foi atropelada e morta. Do mesmo modo que correu para o meio da pista e foi colhida por um veículo, poderia ter fugido pela rua e sofrido um assalto no meio do caminho. Em qualquer caso, não fosse a conduta dos agentes, a moça não teria fugido, e se não tivesse fugido, não teria sido atropelada e morta.

Outro problema é o da vítima que leva um tiro no pé, entra no hospital, sofre infecção hospitalar e morre, tratando-se de causa dependente, sem ruptura da causalidade aplicada a equivalência dos antecedentes, em todos esses casos haveria nexo causal, o que não se afigura muito apropriado.

O principal entrave, no entanto, é a exclusiva dependência no nexo normativo, para que não ocorram absurdos jurídicos. O que tem isentado de responsabilidade o tataravô pelo crime praticado pelo tataraneto, ou o fabricante de automóveis pelos acidentes, é a ausência de dolo ou culpa. No plano objetivo, porém, a *conditio sine qua non* admite a relação causal. Na entrada deste terceiro milênio, continuar admitindo no direito uma teoria que pertence ao campo das ciências físicas, desprovida de conteúdo axiológico, é caminhar na contramão da evolução do pensamento jurídico e filosófico.

15.2.3.4.2. Teoria da causalidade adequada

Atribui-se a formulação desta teoria ao fisiólogo Von Kries, para quem só é considerada causa a condição idônea à produção do resultado. O juízo de adequação causal realiza-se mediante um retorno à situação em que se deu a ação, a partir da qual se examinam em abstrato a probabilidade e a idoneidade da ação, segundo as leis da causalidade. Em outras palavras, ainda que contribuindo de qualquer modo para a produção do resultado, um fato pode não ser considerado sua causa quando, isoladamente, não tiver idoneidade para tanto. São necessários, portanto: contribuição efetiva e idoneidade individual mínima.

De acordo com essa teoria, não se pode falar em nexo causal entre os pais e o crime cometido pelo filho, pois, muito embora seja verdade que sem aqueles não existiria este e, sem ele, não haveria o crime que cometeu, é forçoso reconhecer que a conduta dos pais, gerando o autor do crime, isoladamente não teria idoneidade mínima para provocar o delito cometido. Não basta, portanto, ter contribuído de qualquer modo, sendo necessário que haja uma contribuição minimamente eficaz.

15.2.3.4.2.1. *A teoria da causalidade adequada seria uma opção?*

Como tentativa de limitar o insaciável apetite do dogma causal, foi concebida a teoria da causação adequada. Von Kries usou os critérios da probabilidade e possibilidade como limite ao determinismo causal, afirmando escapar aos juízos de possibilidade e de probabilidade, por exemplo, a morte de um passageiro atingido por um raio no caminho que, por haver dormido o cocheiro, seguiu equivocadamente. Aplicando a teoria da equivalência dos antecedentes, tem-se que, se o condutor não tivesse adormecido, a carruagem não teria seguido o caminho errado, e, não tivesse tomado rumo diverso, o raio não teria caído sobre a cabeça do passageiro, matando-o. Mediante um critério puramente físico, naturalístico, não há como recusar a existência de um liame causal entre a conduta omissiva do cocheiro e a morte do viajante. A causalidade adequada, contudo, temperando os excessos decorrentes da *conditio sine qua non*, vai afastar, do ponto de vista jurídico, a relação de causa e efeito, por considerar a absoluta imprevisibilidade e improbabilidade entre uma efêmera soneca e um relâmpago assassino.

Desse modo, ficam descartadas, já na dita sede, todas aquelas ações caracterizadas por uma mínima possibilidade objetiva de realização do evento, mas presididas por vontade de causação deste. Por exemplo, no caso da morte de um homem atingido por um raio em um bosque, lugar a que havia sido mandado por um inimigo precisamente para este fim. Não será possível, à luz da causalidade adequada, atribuir nexo causal, ainda que pela teoria da eliminação hipotética fosse possível estabelecer um vínculo físico--naturalístico.

A partir de tantas constatações, considera-se que somente pode ser causa a conduta que, isoladamente, tenha probabilidade mínima para provocar o resultado. Se entre o comportamento do agente e o evento houver uma relação estatisticamente improvável, aquele não será considerado causa deste.

Ocorre que tal assertiva pode provocar problemas dogmáticos capazes de levar a distorções e injustiças. Senão, confira-se a seguinte hipótese: o condutor de um veículo, cujos freios estão gastos, dá causa a uma colisão com a traseira de um caminhão. Tal caminhão estava excepcionalmente trafegando na rodovia naquele dia, em que tal tráfego é proibido para veículos maiores, devido a uma autorização especial. Era o único em toda a estrada. Os freios não funcionaram não somente devido a seu estado, mas também porque o auto passou sobre uma poça de óleo que acabara de ser derramado. O acompanhante do motorista, justamente no instante do acidente, resolveu regular o cinto de segurança e, por essa exclusiva razão, chocou-se contra o vidro dianteiro, tendo recebido uma pancada no pulmão. Para sua infelicidade, o impacto foi exatamente sobre o pulmão no qual já existia um problema de insuficiência respiratória. Levado a um hospital, foi submetido a uma cirurgia, mas o plantonista do dia não tinha tanta experiência em cirurgias de pulmão, pois, embora clínico-geral, sua especialidade era cardiologia. Devido a todos esses fatores, tragicamente coincidentes, a vítima veio a falecer. Estatisticamente, a chance de ter morrido nessas condições era de uma em um milhão (foi muito azar).

Nesse caso, a teoria da condição adequada excluiria indevidamente o nexo causal, em face da improbabilidade do resultado. O motorista negligente não responderia pela morte da vítima, o que não nos parece justo nem correto. Não parece, portanto, ser a melhor solução. A lei das probabilidades, da mesma forma que a da causa e do efeito, pertence a ciência diversa da jurídica e, se adotada, poderia levar a soluções no mínimo arriscadas.

Como bem lembra Antônio Magalhães Gomes Filho em sua primorosa obra *Direito à prova no processo penal*, tratando de processo penal, mas em raciocínio que se ajusta perfeitamente ao campo penal, as consequências da adoção de uma teoria probabilística poderiam ser preocupantes e insatisfatórias.

No processo *People v. Collins*, a jurisprudência norte-americana empregou, de forma equivocada, como critério de avaliação das provas, o chamado julgamento *by mathematics* ao seguinte caso: "uma senhora foi assaltada em Los Angeles e declarou ter percebido uma moça loira fugindo; uma vizinha da vítima também afirmou ter visto uma jovem branca, com cabelos loiros e 'rabo de cavalo', sair do local do crime e entrar em um automóvel amarelo, dirigido por um homem negro com barba e bigode; dias depois, policiais conseguiram prender um casal com essas características, mas no julgamento, tanto a vítima como a testemunha não puderam reconhecê-los; a acusação serviu-se, então, de um perito matemático que, com base nas características apontadas – automóvel amarelo, homem com bigode, moça com 'rabo de cavalo', loira, negro com barba e casal negro-branca no carro –, e aplicando a esses dados as respectivas probabilidades de ocorrência, fundadas em estatísticas, multiplicou-se para extrair a conclusão que somente existia uma possibilidade, em doze milhões, que um casal preenchesse todos esses requisitos. Com base nisso, o júri condenou os acusados. A Suprema Corte da Califórnia anulou a decisão dos jurados, entendendo inadmissível o argumento trazido pelo perito matemático, por várias razões: primeiro, porque não havia base probatória suficiente para amparar as possibilidades individuais alegadas pela acusação; depois, porque mesmo que estivessem corretas, a multiplicação delas seria possível se cada um dos fatores fosse absolutamente independente. Além disso, também restava a hipótese de que a dupla criminosa não tivesse efetivamente as características indicadas pelas testemunhas ou que houvesse na área de Los Angeles outro casal com características semelhantes"[91].

A teoria da causalidade ou condição adequada é válida como questionamento da equivalência dos antecedentes, mas também peca por não evidenciar o caráter valorativo da ciência jurídica como fator preponderante da definição do nexo causal objetivo. Nesse ponto, é superada em muito pela imputação objetiva.

15.2.3.4.3. A teoria da imputação objetiva

O desenvolvimento desta teoria pode ser atribuído originariamente aos estudos de Karl Larenz (1927) e Richard Honig (1930), os quais partiram da premissa de que a equivalência dos antecedentes era muito rigorosa no estabelecimento do nexo causal, na medida em que se contentava com a mera relação física de causa e efeito. Originária de um período de acentuado positivismo jurídico (foi criada em 1853), em que os juízes eram escravos e não intérpretes da lei, e cumpriam-na cegamente sem se importar com o seu conteúdo, a *conditio sine qua non*, calcada em uma lei física (da causa e efeito), acabava por criar uma cadeia de causalidade tamanha, que acabava por levar, consoante expressão de Träger, ao chamado *regressus ad infinitum*[92].

---

91. *Direito à prova no processo penal*, São Paulo, Revista dos Tribunais, 1997.
92. *V.* a bem fundamentada refutação a esse argumento, por Spendel e Welzel, in Juarez Cirino dos Santos, *A moderna teoria do fato punível*, Rio de Janeiro, Freitas Bastos, 2000, p. 51 e s.

Observa Gunther Jakobs que a aplicação da teoria causal leva a conduta até Adão, Eva e a serpente do paraíso (Gênesis, Capítulo 3)[93], pois, se o primeiro não tivesse mordido o fruto proibido, nada teria acontecido. A cadeia infinita antecedente causal só não leva à responsabilização de todos, em face da ausência de nexo normativo (exclusão de dolo e culpa), imprescindível para a infração penal. Desse modo, os pais só não respondem pelo crime cometido pelo filho, porque não atuaram com dolo ou culpa em relação ao resultado. Nexo causal, porém, existiu porque, se não fossem os pais, não haveria o filho, e, se ele não existisse, não teria cometido o crime; logo, os genitores concorreram, pelo menos do ponto de vista causal-naturalístico, para a ocorrência do ilícito[94].

Ocorre que, se não fossem os avós, não haveria os pais; se não fossem os bisavós, não teriam os avós; e assim por diante, até chegarmos ao coitado do Adão.

Essa é a estranha constatação do dogma causal: os pais, apenas por terem mantido um ato de amor, necessário à preservação da humanidade, são considerados causadores de um delito provocado pelo fruto da concepção, décadas depois. Mesmo admitindo que não cometeram crime, pois não concorreram nem com dolo, nem com culpa para o delito praticado pelo descendente, soa ridículo considerá-los causadores.

A parede de contenção do *jus puniendi* reside, portanto, exclusivamente na falta de imputação subjetiva (ausente o nexo normativo, não há responsabilização do agente). Isto quer dizer que somente não resultam absurdos da *conditio sine qua non*, em face da ausência de dolo e culpa (corretivo da culpabilidade)[95]. Relação causal, porém, para a referida teoria, existiu, uma vez que sem os avós não haveria os pais, e sem estes o delinquente não nasceria e não cometeria o crime. Dito de outro modo: os avós concorreram, objetivamente, para o homicídio cometido pelo neto, gerando os pais do homicida, mas não respondem pelo crime porque não tiveram dolo nem culpa em relação ao resultado. A solução, por conseguinte, parece incorreta do ponto de vista do enquadramento objetivo, sendo necessário, para não incriminar os ascendentes pelo crime cometido pelo descendente, recorrer ao nexo normativo (dolo ou culpa), no caso, inexistente.

O problema é que nem sempre se pode postular o socorro para o dolo e a culpa, ou seja, nem sempre neles podemos buscar escape solucionando a questão.

Foi na Alemanha, em meados do século passado, mais de vinte anos após a obra de Honig, que a doutrina se apercebeu do perigo que era ficar dependendo apenas da inexistência do dolo e da culpa para livrar alguém da pecha de ser considerado autor de um fato típico. A razão foi simples: naquele país, antes da reforma penal de 1953, reconhecia-se a responsabilidade objetiva quanto ao evento agravador, nos delitos qualificados pelo resultado[96], ou seja, o agente respondia ainda que não o tivesse causado dolosa ou culpo-

---

93. Gunther Jakobs, *La imputación objetiva en derecho penal*, trad. Manuel Cancio Meliá, Buenos Aires, Ad-Hoc, Universidad Autónoma de Madrid, 1996, 1ª reimpresión, 1997, p. 7.
94. Hans-Heinrich Jescheck, *Tratado*, cit., p. 256.
95. Hans-Heinrich Jescheck, *Tratado*, cit., p. 252.
96. Claus Roxin, *Derecho penal*, cit., p. 359.

samente. Bastava o nexo causal. "En esta situación legislativa, la cualificación por el resultado dependia en exclusiva de se había sido causada, de modo que, con arreglo a las máximas de la teoria de la equivalencia, se respondía también por la cualificación aun cuando en una consideración valorativa el autor no fuera responsable del resultado, p. ej., a causa de predominar la propia culpa de la víctima o a causa de una desgraciada concurrencia de circunstancias en el caso".[97] Assim, na Alemanha da primeira metade do século XX, supondo que alguém desse um tapa no rosto da vítima, a qual, por ser portadora de um problema cardíaco por todos desconhecido, vem a falecer de susto, o agressor responderia pela morte, mesmo sem ter atuado com dolo ou culpa em relação a ela.

O dogma da causalidade precisava ser revisto. Depender só da ausência de dolo ou culpa já se mostrava insuficiente e perigoso.

Não podendo essa intrigante hipótese ser resolvida pelo auxílio do nexo normativo, já que a responsabilização independia de dolo e culpa, não restou outra estrada aos alemães senão a de enfrentar o problema de ser injusta a própria vinculação objetiva do resultado ao agente. Nasceu então a ideia de limitar o nexo causal, conferindo-lhe um conteúdo jurídico e não meramente naturalístico. A sua meta principal foi a de reduzir o âmbito de abrangência da equivalência dos antecedentes e, dessa maneira, "restringir a incidência da proibição ou determinação típica sobre determinado sujeito"[98].

Com efeito, de se imaginar o espanto dos pais, ao tomarem conhecimento de que seu ato de amor foi considerado ato preparatório do assalto cometido pelo filho, vinte anos depois. Ficou claro então que não se devia despejar todo o juízo de tipicidade sobre o dolo e a culpa, como se fossem os únicos diques a conter o enquadramento típico[99].

O fato típico, portanto, depende de duas operações:

(i) imputação objetiva: consiste em verificar se o sujeito deu causa ao resultado sob o ponto de vista físico, naturalístico, ou seja, se o evento pode ser atribuído à conduta, sob o prisma exclusivamente objetivo, sem verificar dolo e culpa;

(ii) imputação subjetiva: existindo nexo causal, analisa-se a existência do dolo ou da culpa (é justamente aí que os pais escapam da responsabilidade do crime cometido pelo filho, pois, ao gerá-lo, não quiseram, nem tiveram culpa no delito cometido vinte anos depois).

Pela teoria da *conditio sine qua non*, praticamente não existe a primeira etapa. Ora, exigindo-se somente uma relação física entre autor e resultado, praticamente todos acabam sendo causadores de algum evento típico. Sendo assim, para saber se houve crime ou não, o intérprete fica limitado ao dolo e à culpa (o avô escapa de ser incriminado, não porque não tenha dado causa ao crime, mas porque lhe faltou dolo ou culpa em relação a ele).

Com a teoria da imputação objetiva, antes e independentemente de se perscrutar acerca do dolo ou da culpa do agente, deve-se analisar se o agente deu causa, objetiva-

---

97. Gunther Jakobs, *Derecho penal*, cit., p. 238.
98. Juarez Tavares, *Teoria do injusto penal*, cit., p. 222.
99. V. Hans-Heinrich Jescheck, *Tratado*, cit., p. 252.

mente, ao resultado. Se não o tiver causado, torna-se irrelevante indagar se atuou com dolo ou culpa.

Assim, a vinculação do resultado naturalístico ao autor deixa de ser um exercício de lógica formal insípida, para transformar-se em um processo de avaliação mental bem mais abrangente, em que será levado em conta muito mais do que a mera correspondência exterior e formal entre conduta e descrição típica, ou do que a verificação da causalidade, mediante processos de ordem físico-naturalística.

O resultado naturalístico não pode nem deve ser atribuído objetivamente à conduta do autor apenas em virtude de uma relação física de causa e efeito. Dizer que qualquer contribuição, por menor que seja, deve ser considerada causadora de um evento é fazer tábula rasa do conteúdo valorativo do direito.

Por essa razão, para dizer que alguém causou um resultado, não é suficiente proceder à eliminação hipotética, sendo demasiadamente simplista e equivocado o raciocínio de que, se excluída a conduta o resultado desaparecer, é porque aquela foi a sua causa.

Na sua fase inicial, a imputação objetiva criou as seguintes exigências para a existência do fato típico:

(i) nexo físico, naturalístico, entre a conduta e o resultado (único requisito para a *conditio sine qua non*);

(ii) a conduta deve ser socialmente inadequada, não padronizada, proibida e, por conseguinte, criar um risco proibido para a ocorrência do resultado;

(iii) o resultado deve estar dentro do âmbito de risco provocado pela conduta.

Embora a conduta tenha provocado um risco do qual resultou a lesão ao bem jurídico, tal risco não será de nenhuma relevância para o direito, quando for considerado tolerado ou permitido. Somente quando o agente, com seu comportamento, criar um risco fora do que a coletividade espera, aceita e se dispõe a tolerar, haverá fato típico. O nexo de causalidade entre a conduta e o resultado naturalístico, embora possa existir em uma avaliação meramente física, não será considerado pelo direito penal como juridicamente relevante, por não ter criado uma situação de risco proibido.

O problema não está em criar o risco, pois todos nós vivemos em uma sociedade de riscos. Quando se gera um filho, há um risco de ele vir a ser um bom cidadão ou um delinquente. Quando se sai de casa, há um risco de ser atropelado ou assaltado. Quando se toma um avião, expõe-se a um risco de acidente. O risco está presente em todos os momentos, e quem não quiser se arriscar nem um pouco não pode sequer viver, pois a vida já é um risco em si mesma. Uma sociedade que não tolera nenhum risco também não progride. Os riscos são normais e inerentes ao convívio da coletividade.

Um fabricante de automóveis não pode ser considerado o causador das mortes que derivam do tráfego de veículos, pois tais perigos já são esperados e aceitos socialmente.

Um produtor de armas cria um risco que a sociedade aceita, quando permite a sua produção. Os crimes que venham a ser praticados com as armas produzidas não podem ser imputados ao industrial, pois a colocação dos instrumentos vulnerantes em sociedade é um risco aceito e permitido. Pondera-se, em uma relação de custo-benefício, se vale a pena correr certo perigo para, em contrapartida, estimular a economia, gerar empregos e alimentar o progresso. A morte de alguém provocada por arma de fogo será, por conseguinte, um fato atípico em relação ao fabricante (não há regresso causal em relação a este). Cabe à sociedade decidir se quer menos perigo e menos progresso ou se busca um desenvolvimento mais acelerado à custa de correr mais riscos.

Só haverá, portanto, imputação do resultado ao autor do fato se o resultado tiver sido provocado por uma conduta criadora de um risco juridicamente proibido ou se o agente, com seu comportamento, tiver aumentado a situação de risco proibido e, com isso, gerado o resultado. Em contrapartida, se, a despeito de ter fisicamente contribuído para a produção do resultado, o autor tiver se conduzido de modo a ocasionar uma situação de risco tolerável ou permitido, o resultado não lhe poderá ser imputado.

"O risco permitido está presente em todo contato social, inclusive naquelas situações em que houve boa-fé, como adverte Jakobs, citando como exemplos o contato corporal, apertar das mãos que pode transmitir uma infecção, o tráfego de veículos que pode produzir um acidente, um alimento que pode estar em mau estado; uma anestesia que tenha consequências, apesar de ter sido observada a *lex artis*; uma criança pode sofrer um acidente, embora todas as cautelas sejam tomadas; uma pessoa idosa pode sofrer um derrame, mesmo recebendo uma notícia alegre. Todas as situações não são praticadas para determinar danos ou prejuízos, mas não se pode renunciar à vida em sociedade que é uma vida de risco"[100].

Antes, portanto, de se estabelecer até onde vai a imputação penal pelo resultado, é necessário extrair da sociedade quais são os seus anseios, sendo imprescindível estabelecer o papel social que cada um representa, firmando-se, a partir daí, as responsabilidades individuais. Aquele que concorre para uma lesão, mas apenas cumprindo, rigorosamente, o papel social que dele se espera, não pode ser incluído na relação causal para fins de aplicação do direito penal.

A conclusão de Gunther Jakobs é a de que a mera causação do resultado, ainda que dolosa, resulta de maneira manifestamente insuficiente para fundamentar, por si só, a imputação. Sim, porque, se o direito penal tivesse por fim eliminar todo e qualquer risco resultante do contato social, mediante a prevenção geral e especial (previsão *in abstracto* e aplicação efetiva da sanção penal), a sociedade ficaria completamente paralisada.

Pode-se, assim, afirmar que a finalidade da imputação objetiva do comportamento é a de considerar penalmente relevantes apenas aquelas condutas que se desviam do papel social que se espera de determinado agente.

Ocorre uma proibição de regresso em relação ao comportamento padronizado, o qual, por ser esperado, acaba se tornando inócuo e não ingressa na cadeia de causalidade. Se o risco decorre de uma conduta normal e socialmente adequada, ou mesmo permitida ou tolerada pelo ordenamento jurídico, não se poderá atribuir eventual dano daí decorrente ao seu autor. O direito não pode permitir um comportamento e depois censurá-lo.

---

100. Antonio Luís Chaves Camargo, *Imputação objetiva*, cit., p. 140.

Risco permitido, portanto, é aquele que decorre do desempenho normal das condutas de cada um segundo seu papel social, ou seja, o risco derivado de um comportamento aprovado pelo consenso social (socialmente adequado) por atender às expectativas da sociedade.

Como se percebe, a referenciabilidade social aparece como instrumento hermenêutico para a formação normativa e a definição do risco proibido, restando absorvida pela imputação objetiva, no sentido de que esta última impede o regresso causal se a conduta praticada pelo agente se inserir em um contexto de aceitação ou tolerância social.

Não basta, contudo, que a conduta seja socialmente indesejada e crie um risco proibido. É também necessário que o resultado esteja inserido no âmbito de proteção da norma. Por exemplo, uma namorada ciumenta que surpreende seu amado em colóquio com outra pessoa. Dominada pelo egoístico sentimento de posse, traduzido pelo ciúme, efetua diversos disparos com *animus necandi* em direção ao fujão, vindo a acertá-lo na região glútea. Certa de tê-lo matado, se evade. A vítima é levada ao nosocômio mais próximo, mas contrai infecção hospitalar e morre. Existe nexo causal físico, pois, se não fossem os tiros, o namorado não entraria no hospital, não contrairia infecção e não morreria. O risco criado foi proibido, pois não é uma conduta socialmente padronizada atirar nos outros. Entretanto, a morte não é um desdobramento causal normal para quem recebe um tiro no glúteo, situando-se, assim, fora do âmbito de risco provocado pela conduta. Pela imputação objetiva, a agressiva moça responderá por tentativa de homicídio, rompendo-se o nexo causal.

Assim, não haverá imputação do resultado naturalístico quando este não estiver dentro da linha de desdobramento normal, previsível da conduta, ou seja, quando refugir ao domínio causal do agente.

Nos chamados desvios de cursos causais (que são interferências não previstas no desenrolar da cadeia de causalidade), rompem-se o nexo e a imputação pelo resultado. Na hipótese de a vítima ser atropelada, mas morrer de septicemia no hospital, este evento sai da linha normal decorrente da conduta e, portanto, o agente por ele não responde, ao contrário do que a jurisprudência tem decidido.

Combinado um furto entre dois larápios, o partícipe que ficou do lado de fora da casa, vigiando a cena do crime, não sabe, não prevê e não percebe quando seu comparsa, no interior da residência, começa a estuprar a filha da vítima. Tal crime não é imputado objetivamente ao partícipe, que apenas quis concorrer para um furto.

Um ladrãozinho neófito que, tremulamente, aponta um estilete, ameaçando um homenzarrão, não pode ser considerado causador de homicídio se a vítima, assustada, sofre um enfarto fulminante, e imprevisível, vindo a morrer. Tal desfecho não é o normal, não podendo ser imputado objetivamente, isto é, causalmente, ao autor. Isto independentemente de se falar em dolo ou culpa. O pequeno assaltante nada teve que ver com o que aconteceu, fruto de um infortúnio, que a ele não pode ser atribuído.

"Cuando la víctima de la puñalada muere a causa del incendio del hospital, la aportación causal del agresor es haber sido causa de que la víctima ingresara en el hospital, pero el risgo que origina la muerte es totalmente independiente del comportamiento del agresor por lo que no puede serle imputado. Sólo responderá de las lesiones que ocasionara su agresión. Lo mismo sucede en el caso de que la víctima no cuide sus heridas o un error en el tratamiento médico derive en su muerte. Esta es consecuencia de riesgos nuevos creados por comportamientos ajenos al agresor (la falta de cuidado de la víctima o del médico)"[101].

Outro exemplo interessante é o do Tribunal Supremo Alemão, que no ano de 1984, no denominado "caso da seringa", absolveu o autor de um crime culposo, que havia cedido heroína a um viciado, que a injetou, causando-lhe a morte. Afastou-se a imputação do autor que lhe cedeu a droga para ser injetada, sob o fundamento de que a heroína tem um risco intrínseco que é do conhecimento da vítima e esta se colocou em perigo.

Em resumo, a imputação objetiva exclui a tipicidade da conduta quando o agente se comporta de acordo com seu papel social, ou, mesmo não o fazendo, o resultado não se encontra dentro da linha de desdobramento causal da conduta, ou seja, não está conforme ao perigo.

Nessa visão inicial, nota-se que a imputação objetiva se restringe aos crimes materiais e comissivos, uma vez que foi criada para aumentar as exigências no estabelecimento do nexo causal. Ora, o nexo causal não existe nos crimes omissivos, nem nos de mera conduta, e é irrelevante para os formais, de modo que não há que se falar em atribuição objetiva do resultado naturalístico ao autor.

Há, no entanto, uma segunda corrente, mais ampliativa, pela qual imputação objetiva não é um problema ligado ao nexo causal, mas uma exigência para o enquadramento típico. Assim, para a existência do fato típico, qualquer que seja a conduta, comissiva, omissiva, material, formal ou de mera conduta, além do dolo ou da culpa (imputação subjetiva do fato ao tipo), será necessária a imputação objetiva, ou seja: subsunção formal + inadequação social + significância mínima da lesão + ofensividade + ofensa aos demais princípios constitucionais do direito penal, de modo que o comportamento tenha um conteúdo material de crime, e não meramente formal.

Segundo informa Wolfgang Frisch, a teoria da imputação objetiva empreendeu uma marcha triunfal sem precedentes na teoria do direito penal da Alemanha, Áustria e Suíça[102]; todavia, no testemunho de Damásio E. de Jesus, "na América Latina é objeto de pequena consideração. No Brasil, no término do segundo milênio, ainda é quase desconhecida"[103].

Em que pese isso, o Superior Tribunal de Justiça vem sinalizando no sentido de sua incidência no direito penal pátrio. Em um julgado, essa Corte de Justiça realizou a análise dos pressupostos de incidência da teoria da imputação objetiva num crime de homicídio culposo decorrente de infração às regras de trânsito, concluindo, no entanto, pela inexis-

---

101. Paz Mercedes de la Cuesta Aguado, *Tipicidad y imputación objetiva*, Argentina, Ediciones Jurídicas Cuyo, 1995, p. 154.

102. Wolfgang Frisch, *Tipo penal y imputación objetiva*, trad. Manuel Cancio Meliá, Beatriz de la Gándara Vallejo, Manuel Jaén Vallejo e Yesid Reyes Alvarado, Madrid, Editorial Colex, 1995, p. 27.

103. Damásio E. de Jesus, *Imputação objetiva*, cit., p. 24.

tência do risco permitido, seja pelo fato de o agente transitar embriagado e em velocidade acima do permitido, seja pela sua direção descuidada (STJ, REsp 822.517/DF).

Em outro julgado, o STJ entendeu pela atipicidade objetiva da conduta, sob o fundamento da autocolocação da vítima em risco. Vale a pena a transcrição de alguns trechos: "(...) vê-se que não restou comprovada a prática, pelo ora apelante, de uma conduta penalmente típica, à luz da teoria da imputação objetiva. (...) vê-se que o risco foi integralmente criado pela vítima, não se tendo comprovado qualquer criação de risco não permitido" (AREsp 1304661/MG 2018/0135334-0).

15.2.3.5. Nexo causal nos diversos crimes

O nexo causal só tem relevância nos crimes cuja consumação depende do resultado naturalístico. Nos delitos em que este é impossível (crimes de mera conduta) e naqueles em que, embora possível, é irrelevante para a consumação, que se produz antes e independentemente dele (crimes formais), não há que se falar em nexo causal, mas apenas em nexo normativo entre o agente e a conduta. Por exemplo, no ato obsceno não existe resultado naturalístico; logo, para a existência do crime basta a conduta e o dolo por parte do agente, não havendo que se falar em nexo causal. Desse modo, podemos concluir que:

(i) nos crimes omissivos próprios: não há, pois inexiste resultado naturalístico;

(ii) nos crimes de mera conduta: pelo mesmo motivo, não há;

(iii) nos crimes formais: o nexo causal não importa para o Direito Penal, já que o resultado naturalístico é irrelevante para a consumação típica;

(iv) nos crimes materiais: há, em face da existência do resultado naturalístico;

(v) nos crimes omissivos impróprios: não há nexo causal físico, pois, a omissão é um nada, e o nada não causa coisa alguma. Entretanto, para fins de responsabilização penal, por uma ficção jurídica, a lei considera existir um elo entre o omitente e o resultado naturalístico sempre que estiver presente o dever jurídico de agir, de modo que, havendo dolo ou culpa, responderá pelo evento.

15.2.3.6. Nexo causal nos crimes omissivos impróprios

De acordo com a redação do *caput* de seu art. 13, o Código Penal, aparentemente, teria adotado a teoria naturalística da omissão, equiparando a omissão a um "fazer", uma vez que, ao considerar causa a ação ou omissão sem a qual o resultado não teria ocorrido, sinalizou no sentido de que tanto a ação quanto a omissão dão causa ao resultado. Essa ideia, contudo, não é verdadeira.

A teoria adotada foi mesmo a normativa. A omissão é um nada e, como tal, não dá causa a coisa alguma. Extrai-se essa conclusão da leitura do § 2º do mesmo artigo, segundo o qual a omissão só tem relevância causal quando presente o dever jurídico de agir. Desse modo, a omissão não tem relevância causal e não produz nenhum resultado, simplesmente porque o nada não existe. Embora não tenha dado causa ao resultado, o omitente, entretanto, será responsabilizado por ele sempre que, no caso concreto, estiver presente o dever jurídico de agir. Ausente este, não comete crime algum.

Do contrário, como bem acentua Enrique Cury, "qualquer um poderia ser acusado de 'não haver feito algo', para evitar um certo resultado. Por não haver imprimido à educação do filho a direção adequada, inculcando-lhe o respeito pela vida humana, castigar-se-ia o pai do homicida; o transeunte, por não haver prestado mais atenção ao que ocorria ao seu redor, e por não ter, em consequência, prevenido oportunamente a quem iria ser vítima de um acidente; o arquiteto, por não haver projetado maiores cautelas, para impedir o acesso ulterior de ladrões. Assim, a extensão dos tipos não teria limites, e a prática por omissão se transformaria num instrumento perigoso nas mãos de todo poder irresponsável"[104].

O Supremo Tribunal Federal já decidiu que nos crimes comissivos por omissão não existe um nexo causal fático, mas jurídico, caracterizado pelo fato de o omitente não atuar como deveria e poderia para evitar o resultado.

15.2.3.6.1. Qualificação jurídica da omissão

Os tipos comissivos descrevem ações. Assim, por exemplo, o art. 121 do Código Penal descreve a ação de matar alguém. Os tipos comissivos por omissão, por sua vez, configuram hipótese híbrida, conjugando dois fatores: ausência de ação efetiva (omissão) + expectativa e exigência de atuação (dever de ação). Dessa soma resulta uma terceira espécie de conduta, nem totalmente comissiva, nem totalmente omissiva, na qual o dever jurídico funciona como elemento normativo integrante do tipo penal. Esse elemento normativo deve ser estatuído na Parte Geral do Código Penal, como exigência do princípio da reserva legal, preferindo o legislador brasileiro a enumeração exaustiva da lei ao arbítrio do julgador na avaliação de cada caso concreto.

Assim, o disposto no § 2º do art. 13, ao prever taxativamente todos os casos em que o omitente tem a obrigação de impedir o resultado, deve ser considerado como elementar dos crimes omissivos impróprios. Não configurada nenhuma de suas hipóteses, a conduta omissiva transforma-se em simples omissão (omissivos próprios ou puros), sem a possibilidade de vincular o omitente ao resultado naturalístico produzido. Por exemplo, alguém que simplesmente nega alimento a um moribundo, não evitando que venha a morrer de inanição, por não se enquadrar em nenhum dos casos do art. 13, § 2º, não infringe o dever jurídico de agir (mas tão somente um dever moral), não podendo responder por homicídio doloso ou culposo. No caso, responderá apenas por sua omissão (CP, art. 135). As hipóteses do dever de agir estão previstas no § 2º, as quais estudaremos a seguir.

15.2.3.6.2. Poder de agir

Antes de analisar a quem incumbe o dever jurídico de agir, cumpre apreciar o § 2º do art. 13 na parte em que reza que "a omissão é penalmente relevante quando o omitente devia e podia agir para evitar o resultado".

---

104. *Orientación para el estudio de la teoría del delito*, Santiago, Nueva Universidad, 1973, p. 297-298.

Deve-se, assim, antes de tudo, verificar a possibilidade real, física, de o agente evitar o resultado, ou seja, se dentro das circunstâncias era possível ao agente impedir a ocorrência de lesão ou perigo ao bem jurídico, de acordo com a conduta de um homem médio, porque o direito não pode exigir condutas impossíveis ou heroicas. Assim, não basta estar presente o dever jurídico de agir, sendo necessária a presença da possibilidade real de agir.

15.2.3.6.3. Dever de agir

(i) Critério legal – adotado pelo CP: o legislador optou pelo critério da enumeração taxativa das hipóteses de dever jurídico, arrolando-as no art. 13, § 2º, do nosso Código Penal. Como veremos a seguir, preferiu o sistema da enumeração legal ao do arbítrio judicial, de modo que, não enquadrada a hipótese em nenhum dos casos do § 2º do art. 13, não há que se falar em dever jurídico de agir, nem, por conseguinte, em responsabilização pelo resultado. O omitente responde apenas por sua própria omissão.

Segundo o art. 13, § 2º, do CP, o dever jurídico de agir incumbe a quem:

(i) tenha por lei obrigação de cuidado, proteção ou vigilância;

(ii) de outra forma, assumiu a responsabilidade de impedir o resultado;

(iii) com seu comportamento anterior, criou o risco da ocorrência do resultado.

Na primeira hipótese, o dever decorre de imposição legal. Trata-se do chamado dever legal, que é apenas uma das espécies de dever jurídico. Sempre que o agente tiver, por lei, a obrigação de cuidado, proteção e vigilância, deverá ser responsabilizado pelo resultado se, com sua omissão, tiver concorrido para ele com dolo ou culpa. É o caso dos pais, que, segundo o Código Civil, arts. 1.634 e 1.566, IV, têm a obrigação de criar, proteger e cuidar dos filhos. Caso, por exemplo, a mãe se recuse a alimentar o recém-nascido, fazendo com que este, por sua negligência, morra de inanição, deverá responder pelo resultado, isto é, por homicídio culposo. Se, em vez da culpa, tiver desejado a morte da criança ou aceitado o risco de ela ocorrer, será responsabilizada por homicídio doloso.

Na segunda hipótese, encontra-se a pessoa que, por contrato, liberalidade ou qualquer outra forma, assumiu a posição de garantidora de que nenhum resultado sobreviria. Aqui o dever jurídico não decorre de lei, mas de um compromisso assumido por qualquer meio. Denomina-se essa hipótese "dever do garantidor". É o caso da babá que, descuidando-se de sua obrigação de cuidar do pequenino, permite que este caia na piscina e morra afogado, do salva-vidas que deixa de socorrer o banhista que entrou em convulsão na praia, da amiga que pede para tomar conta das crianças e omite-se, deixando que elas se machuquem, ou, ainda, do exímio nadador ou alpinista que convida um neófito nessas técnicas a uma perigosa travessia ou escalada. Em todos esses casos o omitente responderá pelo resultado, a não ser que este não lhe possa ser atribuído nem por dolo nem por culpa, caso em que não haverá crime, por ausência de conduta.

Assis Toledo entende que o conceito de garantidor não deve ter interpretação restritiva, estendendo-se "para todo aquele que, por ato voluntário, promessas, veiculação, publicidade ou mesmo contratualmente, capta a confiança dos possíveis afetados por resultados perigosos, assumindo, com estes, a título oneroso ou não, a responsabilidade de intervir, quando necessário, para impedir o resultado lesivo. Nessa situação se encontram: o guia, o salva-vidas, o enfermeiro, o médico de plantão em hospitais ou prontos-socorros, os organizadores de competições esportivas etc."[105].

Observe-se que permanece a responsabilidade do garante enquanto ele estiver no local, de modo que, apesar de encerrado o horário contratual da babá ou do salva-vidas, subsistirá o dever jurídico, porque a obrigação de atuar não se origina apenas da relação contratual, mas da assunção da responsabilidade de evitar o resultado, qualquer que seja a forma com que se a assume. Assim, só será autor da omissão "aquele que tem uma posição de garante efetivo a respeito do bem jurídico e, nesta posição, não evita o resultado típico, apesar de poder fazê-lo"[106].

Importante, por fim, enfatizar que o dever de garantidor não se confunde com o contratual, sendo indiferente às limitações que surjam do contrato, inclusive à validade jurídica deste.

A terceira e última hipótese, chamada "ingerência na norma", é da pessoa que, com seu comportamento anterior, criou o risco para a produção do resultado. Assim, quem, por brincadeira, esconde o remédio de um cardíaco tem o dever de socorrê-lo e impedir sua morte, sob pena de responder pelo resultado. Do mesmo modo, aquele que joga uma pessoa na piscina está obrigado a salvá-la, se estiver se afogando; quem ateia fogo a uma mata tem o dever de apagar o incêndio, e assim por diante.

Afirmam os doutrinadores estrangeiros que o dever de agir existe em toda conduta perigosa, ainda que não antijurídica, vale dizer, mesmo que o sujeito tenha causado o risco sem culpa, por exemplo, o causador involuntário de um incêndio.

(ii) Critério judicial – sugerido pela doutrina: a doutrina mais recente tem enfatizado que o dever de atuar não resulta apenas de fundamentos positivos, mas "de exigências de solidarismo do homem para com outros homens dentro da comunidade"[107].

Alerta, porém, Alberto Silva Franco que "é evidente que a inserção do dever ético resultante da solidariedade social, como fonte geradora do dever de atuar ao lado da lei, do contrato e da ingerência, torna cada vez mais amplo o tipo comissivo por omissão, aumentando a área de manobra do juiz, na definição de quem deva ocupar a posição de garante do bem jurídico tutelado"[108].

O mesmo autor salienta que, "diante da alternativa ou enumerar, em artigo de lei, as fontes geradoras do dever de atuar, ou compor, figuras típicas de omissão imprópria, não há dúvida de que a opção que melhor atende ao direito de liberdade do cidadão é a segunda. O legislador de 84 preferiu, contudo, definir-se pela primeira, acolhendo, em linhas gerais, no texto legal, a tipologia clássica das fontes geradoras do dever de atuar, sem

105. *Princípios básicos*, cit., p. 117-118.
106. Welzel, *Derecho penal alemán*, cit., 1970, p. 289.
107. Jorge de Figueiredo Dias, *Direito penal*, Coimbra, João Abrantes (Universidade de Coimbra), 1975, p. 166.
108. *Código Penal*, cit., p. 143.

concessão alguma às considerações da doutrina mais moderna, a respeito de fontes desse dever, de conotação ética ou moral"[109].

15.2.3.7. Superveniência causal

15.2.3.7.1. Distinção entre causa e concausa

(i) Causa: é toda condição que atua paralelamente à conduta, interferindo no processo causal.

(ii) Concausas: tendo nosso CP adotado a teoria da equivalência dos antecedentes, não tem o menor sentido tentar estabelecer qualquer diferença entre causa, concausa, ocasião ou condição. Qualquer conduta que, de algum modo, ainda que minimamente, tiver contribuído para a eclosão do resultado deve ser considerada sua causa. Aplicando-se, assim, o critério da eliminação hipotética, se, desaparecido um fato, o resultado também desaparecer, aquele deverá ser considerado como causa deste.

As concausas são, no entanto, aquelas causas distintas da conduta principal, que atuam ao seu lado, contribuindo para a produção do resultado. Podem ser anteriores, concomitantes ou posteriores à ação e concorrem com esta para o evento naturalístico.

15.2.3.7.2. Espécies de causas

15.2.3.7.2.1. *Causa dependente*

É aquela que, originando-se da conduta, insere-se na linha normal de desdobramento causal da conduta. Por exemplo, na conduta de atirar em direção à vítima, são desdobramentos normais de causa e efeito: a perfuração em órgão vital produzida pelo impacto do projétil contra o corpo humano; a lesão cavitária (em órgão vital); a hemorragia interna aguda traumática; a parada cardiorrespiratória; a morte. Há uma relação de interdependência entre os fenômenos, de modo que sem o anterior não haveria o posterior, e assim por diante.

A causa dependente contém dois fatores: (i) origina-se da conduta, sem a qual não existiria; (ii) atua com absoluta dependência da causa anterior, da qual resulta como consequência natural e esperada.

A causa dependente, por óbvio, não exclui o nexo causal, ao contrário, integra-o como parte fundamental, de modo que a conduta estará indissoluvelmente ligada ao resultado naturalístico. Convém lembrar, no entanto, que para a responsabilização do agente é necessário também o nexo normativo, já que estamos cuidando aqui de mera relação física entre conduta e resultado. Por exemplo, alguém pode ter dado causa a um resultado, mas esse fato ser atípico, ante a inexistência de dolo ou culpa.

> → **Atenção: complicações cirúrgicas e infecção hospitalar:** se a causa superveniente está na linha do desdobramento físico ou anatomopatológico da ação, o resultado é atribuído ao agente. Trata-se de causa dependente.

109. *Código Penal*, cit., p. 143.

Exemplos colhidos na jurisprudência: choque anestésico por excesso de éter ou imprudência dos médicos operadores; parada cardiorrespiratória durante cirurgia ortopédica a que se submeteu a vítima para reparação de fratura decorrente de atropelamento; broncopneumonia em virtude de internação em decorrência de lesões sofridas pela vítima.

Em tais hipóteses, ao autor é atribuído o resultado (morte), já que a segunda causa guarda relação com a primeira, num desdobramento causal obrigatório. Inserem-se, assim, dentro da linha de desdobramento causal da conduta, classificando-se como causas dependentes desta. Não rompem, portanto, o nexo causal, e o agente responderá pelo resultado se o tiver causado por dolo ou culpa.

Tratando-se, contudo, de causa inesperada e inusitada, fato que somente as peculiaridades de cada caso concreto podem ditar, ficará rompido o nexo causal, passando a concausa a ser considerada superveniente relativamente independente.

Nessa mesma linha de raciocínio, Alberto Silva Franco: "A tese de que o evento se encontra na linha de desdobramento físico da ação anterior não basta, contudo, para concluir-se sempre pelo nexo de causalidade, como enfatizou, com razão, Silva Pinto. Se tal fosse exato, um ferimento levíssimo, através do qual houve no organismo a penetração de bacilos tetânicos, poderia engendrar o resultado morte e não se poderia negar que tal resultado estivesse na linha de desdobramento físico da lesão provocada"[110]. Para evitar tal rigor, "ao critério do desdobramento da ação física deve ser adicionado outro ingrediente, qual seja, o conceito de significância, para evitar que, na vida real, surjam situações embaraçosas ou excessivamente rigorosas que poderiam atentar contra o sentimento de justiça de um homem de bem. Nestes termos, a causa superveniente não rompe o nexo de causalidade quando constituir um prolongamento ou desdobramento da ação cometida pelo agente, formando uma cadeia unilinear, desde que a causa anterior tenha um peso ponderável, seja consistente e mantenha uma certa correspondência lógica com o resultado mais lesivo a final verificado. O requisito da significância é imprescindível para evitar possíveis despautérios. Se, em face do vultoso resultado, que o agente não quis e nem podia impedir ou evitar, a causa anterior é de somenos importância, a cadeia unilinear deve ser considerada como rompida, de forma que o sujeito ativo só responderá pelo fato menos grave decorrente exclusivamente de sua conduta"[111].

15.2.3.7.2.2. *Causa independente*

É aquela que refoge ao desdobramento causal da conduta, produzindo, por si só, o resultado. Seu surgimento não é uma decorrência esperada, lógica, natural do fato anterior, mas, ao contrário, um fenômeno totalmente inusitado, imprevisível. Por exemplo, não é consequência normal de um simples susto a morte por parada cardíaca.

---

110. *Código Penal*, cit., p. 278.
111. *Código Penal*, cit., p. 138.

Essa causa subdivide-se em absoluta e relativamente independente, conforme se origine ou não da conduta. Há, portanto, duas subespécies de causas independentes, as quais têm um ponto em comum e um traço distintivo, a saber:

(i) causa absolutamente independente: *não se origina da conduta* e comporta-se como se por si só tivesse produzido o resultado, não sendo uma decorrência normal e esperada. Não tem, portanto, nenhuma relação com a conduta.

(ii) causa relativamente independente: *origina-se da conduta* e comporta-se como se por si só tivesse produzido o resultado, não sendo uma decorrência normal e esperada. Tem relação com a conduta apenas porque dela se originou, mas é independente, uma vez que atua como se por si só tivesse produzido o resultado.

15.2.3.7.2.2.1. Causas absolutamente independentes

15.2.3.7.2.2.1.1. Conceito

São aquelas que têm origem totalmente diversa da conduta. O advérbio de intensidade "absolutamente" serve para designar que a causa não partiu da conduta, mas de fonte totalmente distinta. Além disso, por serem independentes, tais causas atuam como se tivessem por si sós produzido o resultado, situando-se fora da linha de desdobramento causal da conduta.

15.2.3.7.2.2.1.2. Espécies

(i) Preexistentes: existem antes de a conduta ser praticada e atuam independentemente de seu cometimento, de maneira que com ou sem a ação o resultado ocorreria do mesmo jeito. Por exemplo, o genro atira em sua sogra, mas ela não morre em consequência dos tiros, e sim de um envenenamento anterior provocado pela nora, por ocasião do café matinal. O envenenamento não possui relação com os disparos, sendo diversa a sua origem. Além disso, produziu por si só o resultado, já que a *causa mortis* foi a intoxicação aguda provocada pelo veneno e não a hemorragia interna traumática produzida pelos disparos. Por ser anterior à conduta, denomina-se preexistente. Assim, é independente porque produziu por si só o resultado; é absolutamente independente porque não derivou da conduta; e é preexistente porque atuou antes desta.

(ii) Concomitantes: não têm qualquer relação com a conduta e produzem o resultado independentemente desta, no entanto, por coincidência, atuam exatamente no instante em que a ação é realizada. Por exemplo, no exato momento em que o genro está inoculando veneno letal na artéria da sogra, dois assaltantes entram na residência e efetuam disparos contra a velhinha, matando-a instantaneamente. Essa conduta tem origem totalmente diversa da do genro desalmado, estando inteiramente desvinculada de sua linha de desdobramento causal. É independente porque por si só produziu o resultado; é absolutamente independente porque teve origem diversa da conduta; e é concomitante porque, por uma dessas trágicas coincidências do destino, atuou ao mesmo tempo da conduta.

(iii) Supervenientes: atuam após a conduta. Por exemplo, após o genro ter envenenado sua sogra, antes de o veneno produzir efeito, um maníaco invade a casa e mata a indesejável senhora a facadas. O fato posterior não tem qualquer relação com a conduta do rapaz. É independente porque produziu por si só o resultado; é absolutamente independente porque a facada não guarda nenhuma relação com o envenenamento; e é superveniente porque atuou após a conduta.

15.2.3.7.2.2.1.3. Consequências

As causas absolutamente independentes rompem totalmente o nexo causal, e o agente só responde pelos atos até então praticados. Em nenhum dos três exemplos o genro deu causa à morte de sua sogra; logo, se não a provocou, não pode ser responsabilizado por homicídio consumado. Responderá apenas por tentativa de homicídio, com a qualificadora do veneno ou não, conforme a hipótese.

15.2.3.7.2.2.1.4. Causas relativamente independentes

15.2.3.7.2.2.1.4.1. Conceito

Como são causas independentes, produzem por si sós o resultado, não se situando dentro da linha de desdobramento causal da conduta. Por serem, no entanto, apenas relativamente independentes, encontram sua origem na própria conduta praticada pelo agente.

15.2.3.7.2.2.1.4.2. Espécies

(i) Preexistentes: atuam antes da conduta. "A" desfere um golpe de faca na vítima, que é hemofílica e vem a morrer em face da conduta, somada à contribuição de seu peculiar estado fisiológico. No caso, o golpe isoladamente seria insuficiente para produzir o resultado fatal, de modo que a hemofilia atuou de forma independente, produzindo por si só o resultado. O processo patológico, contudo, só foi detonado a partir da conduta, razão pela qual sua independência é apenas relativa. Como se trata de causa que já existia antes da agressão, denomina-se preexistente.

(ii) Concomitantes: "A" atira na vítima, que, assustada, sofre um ataque cardíaco e morre. O tiro provocou o susto e, indiretamente, a morte. A causa do óbito foi a parada cardíaca e não a hemorragia traumática provocada pelo disparo. Trata-se de causa que por si só produziu o resultado (independente), mas que se originou a partir da conduta (relativamente), tendo atuado ao mesmo tempo desta (concomitante).

Outro exemplo: durante um assalto, a vítima, assustada com a arma de fogo que lhe é apontada, morre de ataque cardíaco. Também é causa concomitante à conduta, que produziu por si só o resultado, mas teve sua origem na ação empreendida pelo assaltante. Classifica-se como causa concomitante relativamente independente.

Desse modo, não exclui o nexo causal (o agente foi o causador da morte). Como, no entanto, trata-se de mero nexo físico, naturalístico, isso não basta para responsabilizá-lo penalmente. Somente se houver dolo ou culpa o assaltante responderá pelo resultado; caso contrário, a despeito da existência do nexo natural, não terá responsabilidade pelo evento (ausência de nexo psicológico ou normativo).

Sendo caso de responsabilização pelo resultado, haverá concurso formal entre homicídio (culposo ou doloso) e roubo, o que torna impossível a qualificação do fato como latrocínio, uma vez que, de acordo com a redação do art. 157, § 3º, 2ª parte, só há esse crime quando "da violência", e não da grave ameaça, resulta morte.

(iii) Supervenientes: a vítima de um atentado é levada ao hospital e sofre acidente no trajeto, vindo, por esse motivo, a falecer. A causa é independente, porque a morte foi provocada pelo acidente e não pelo atentado, mas essa independência é relativa, já que, se não fosse o ataque, a vítima não estaria na ambulância acidentada e não morreria. Tendo atuado posteriormente à conduta, denomina-se causa superveniente.

Outros exemplos, colhidos na jurisprudência: a morte da vítima que, em resultado do choque do ônibus com um poste de iluminação, sai ilesa do veículo e recebe uma descarga elétrica, que lhe causa a morte; o falecimento da vítima em decorrência de cirurgia facial, que não tinha por objetivo afastar perigo de vida provocado pela lesão, mas tão só corrigir o defeito por esta causado; a morte da vítima ao descer do veículo em movimento, embora tivesse o motorista aberto a porta antes do ponto de desembarque.

Nessas hipóteses, as causas geradoras do resultado somente atuaram devido à conduta anterior, sem a qual não existiriam. Originaram-se, assim, daquele comportamento. Entretanto, atuaram de modo inesperado, inusitado, como se por si mesmas tivessem produzido o resultado, pois a morte não é decorrência normal de quem desce de um veículo em movimento ou de quem se submete a uma cirurgia plástica, apenas para lembrar alguns dos exemplos acima citados. Por essa razão, são causas independentes, embora relativamente independentes (originam-se da conduta, mas atuam de modo independente).

A consequência dessas causas, se fôssemos aplicar a teoria adotada como regra pelo Código Penal (equivalência dos antecedentes), seria a manutenção do nexo causal. Ora, experimentemos aplicar o critério da eliminação hipotética: sem a conduta não existiria a causa superveniente, que dela se originou, logo, não haveria o resultado; a conduta é, por conseguinte, causa desse resultado, não tendo que se falar em eliminação do nexo causal. O sujeito que feriu a vítima com um soco foi um dos que causaram sua morte no acidente com a ambulância, pois sem aquele ela não estaria no veículo. Seu soco, portanto, pela teoria da equivalência dos antecedentes, provocou a morte do ofendido.

No caso das causas supervenientes relativamente independentes, contudo, o legislador adotou outra teoria, como exceção, qual seja, a da condicionalidade adequada, pois o art. 13, § 1º, determina a ruptura do nexo causal.

Assim, embora pela regra geral a conduta seja causa, por opção do legislador, fica rompido o nexo de causalidade, pois, isoladamente, ela não teria idoneidade para produzir o resultado. Como resultado dessa teoria, no exemplo que acabamos de ver, o agressor deixa de ser considerado causador da morte da vítima na ambulância. Convém lembrar, porém, que isso é uma exceção que só se aplica às causas supervenientes relativamente independentes; o § 1º do art. 13 do CP é bastante claro ao limitar o seu alcance a elas. Nos demais casos de independência relativa (causas anteriores e concomitantes) fica mantido o nexo causal, aplicando-se a regra geral da equivalência dos antecedentes.

15.2.3.7.2.2.1.4.3. Consequências

Conforme acabamos de dizer, aplicando-se o critério da eliminação hipotética, podemos afirmar que nenhuma causa relativamente independente tem o condão de romper o nexo causal.

Experimente retirar da cadeia de causalidade o corte no braço do hemofílico, o tiro gerador do susto homicida e o atentado que colocou a infortunada vítima na ambulância. O resultado teria ocorrido? Evidentemente, não. Essas causas, portanto, ao contrário das absolutamente independentes, mantêm íntegra a relação causal entre conduta e resultado.

No caso das causas preexistentes e concomitantes, como existe nexo causal, o agente responderá pelo resultado, a menos que não tenha concorrido para ele com dolo ou culpa. Sim, porque dizer que existe nexo causal não dispensa a presença do elemento psicológico (dolo) ou normativo (culpa) da conduta, sem os quais o fato será atípico.

Na hipótese das supervenientes, embora exista nexo físico-naturalístico, a lei, por expressa disposição do art. 13, § 1º, que excepcionou a regra geral, manda desconsiderá-lo, não respondendo o agente jamais pelo resultado, mas tão somente por tentativa (teoria da condicionalidade adequada).

15.2.3.8. Caso fortuito e força maior

Como já estudado, excluem a própria conduta, por ausência de dolo ou culpa. Não atuam, portanto, sobre o nexo causal.

QUADRO SINÓTICO

Nexo causal: relação física de causa e efeito a ligar a conduta ao resultado naturalístico, pelo qual se pode dizer que a conduta produziu o resultado. Por exemplo, se eu ponho a mão no fogo, ela vai queimar, logo, há um nexo causal físico entre a conduta de colocar a mão no fogo e o resultado *mão queimada*.

Incidência do nexo causal: nos crimes materiais, pois somente estes exigem o resultado naturalístico para sua consumação (o fato típico dos crimes formais e de mera conduta só possui dois elementos: conduta e tipicidade); e nos crimes comissivos, pois a omissão é um *nada* e o *nada* não causa coisa alguma.

Teoria adotada pelo Código Penal, art. 13: *conditio sine qua non* ou equivalência dos antecedentes. Todos os antecedentes causais se equivalem, de modo que não existe causa mais ou menos importante, tampouco diferença entre causa e concausa. Tudo o que concorrer de qualquer forma para a eclosão do resultado é considerado sua causa. Assim, para saber se uma conduta foi causa de um resultado naturalístico, basta suprimi-la hipoteticamente, isto é, fingir que ela não foi praticada, apagá-la, eliminá-la; se isto fizer com que o resultado desapareça, é porque essa conduta foi sua causa (critério da eliminação hipotética). Por exemplo, se os pais não tivessem se encontrado naquela noite infeliz, não teria nascido a besta que praticou aquele crime horrendo; logo, os pais são uma das causas do crime cometido pelo filho. Sem eles, o filho não existiria e, assim, não praticaria crime algum. Isto não é justo, nem injusto, isto simplesmente é! Tal conclusão é consequência de o legislador ter adotado uma teoria que rege o nexo causal, inspirada na lei física da causa e do efeito. Trata-se de mera constatação. Deste modo se estabelece a causalidade entre nós.

Perigo de regredirmos até o infinito: se não fosse o tataravô, não haveria o bisavô; sem este, não existiria o avô; sem o avô, não teríamos o pai e assim por diante, sem contar as alcoviteiras que apresentaram os casais. Todos são causas de um crime cometido décadas, séculos depois pelo produto de toda essa complicada operação genealógica. Isto nos leva até Gênesis 3. Se Adão não tivesse provado o fruto proibido, nada disso estaria acontecendo. Ocorre que Adão só o fez influenciado por Eva, a qual agiu induzida pela Serpente, que lá foi colocada pelo Criador. Essa teoria leva à seguinte e inexorável consequência: todo mundo é causa de tudo. Todavia, os pais não respondem pelo crime cometido pelo filho; o tataravô não responde pelo crime cometido pelo tataraneto, e assim por diante. E por quê? Por ausência de dolo e culpa. Sem dolo e culpa não existe fato típico. É a ausência de dolo e culpa que impede o regresso infinito da responsabilidade penal.

Espécies de causa:

(i) Dependente da conduta: encontra-se na mesma linha de desdobramento causal. É a decorrência lógica, óbvia, previsível, normal da conduta. Quando uma causa é dependente, costuma-se dizer: ué! e o que você esperava que acontecesse? Por exemplo, tiro na barriga – lesão cavitária – hemorragia interna aguda traumática – queda da pressão arterial – parada cardiorrespiratória – morte. Uma causa é dependente da outra, como se todas se dessem as mãos, unindo a conduta ao resultado. Consequência: existe nexo causal, pois, suprimida qualquer causa, desaparece o resultado.

(ii) Independente: trata-se de um desdobramento imprevisível, inusitado, inesperado que decorre da conduta. Quando a causa é independente, costuma-se dizer: ué, como isso foi acontecer? A lei usa uma expressão para definir a causa independente: "é aquela que por si só produziu o resultado". Subdivide-se em: absolutamente independente e relativamente independente. (ii.1) **A absolutamente independente** é aquela que não tem nada que ver com a conduta, ou seja, é totalmente independente. Tem origem diversa e produz por si só o resultado. Por exemplo, o agente dá um tiro na vítima, mas esta morre envenenada. Uma coisa não tem nada que ver com a outra. A causa absolutamente independente rompe o nexo causal, devendo o agente responder pela tentativa, pois não foi sua conduta que produziu o resultado. (ii.2) **Causa relativamente independente** é aquela apenas parcialmente independente. Produz por si só o resultado, mas se origina da conduta (se não fosse a conduta, não existiria). Referida causa não rompe o nexo causal, pois, aplicada a eliminação hipotética, se não fosse a conduta, a causa não existiria. O Código Penal, no entanto, excepcionando a *conditio sine qua non*, determinou que, quando a causa relativamente independente fosse superveniente à conduta, deveria ser desprezado o nexo causal. Assim, quando preexistente e concomitante, existe nexo causal, mas quando superveniente, embora exista nexo causal, o Direito Penal o desprezará, por determinação expressa do CP (art. 13, § 1º). É o famoso caso da vítima que toma um tiro, é colocada na ambulância e morre com a cabeça esmagada, devido a um acidente automobilístico a caminho do hospital. Deveria haver nexo causal, pois, sem o tiro, a vítima não estaria na ambulância e não morreria com o acidente. Entretanto, o CP determinou que, nesta hipótese, em virtude de a causa ter sido superveniente, ignora-se o nexo causal.

Teoria da imputação objetiva: surgiu para conter os excessos da teoria da *conditio sine qua non*. O nexo causal não pode ser estabelecido, exclusivamente, de acordo com a relação de causa e efeito, pois o Direito Penal não pode ser regido por uma lei da física. Assim, além do (i) **elo naturalístico de causa e efeito**, são necessários os seguintes requisitos: (ii) **criação de um risco proibido** (por exemplo, uma mulher leva o marido para jantar, na esperança de que ele engasgue e morra, o que acaba acontecendo. Não existe nexo causal, pois convidar alguém para jantar, por piores que sejam as intenções, é uma conduta absolutamente normal, permitida, lícita. Ninguém pode matar outrem mediante convite para jantar. Isto não é meio executório, por se tratar de um comportamento social padronizado, o qual cria um risco permitido... e riscos permitidos não podem ocasionar resultados proibidos); (iii) **que o resultado esteja na mesma linha de desdobramento causal da conduta, ou seja, dentro do seu âmbito de risco** (por exemplo, um traficante vende droga para um usuário, o qual, por imprudência, em uma verdadeira autoexposição a risco, toma uma *overdose* e morre. A morte por uso imoderado da substância não pode ser causalmente imputada ao seu vendedor, por se tratar de uma ação a próprio risco, fora do âmbito normal de perigo provocado pela ação do traficante. Por esse raciocínio, ao contrário do que estatui a *conditio sine qua non*, não existiria nexo causal em nenhuma das causas relativamente independentes); (iv) **que o agente atue fora do sentido de proteção da norma** (quem atira contra o braço de um sujeito prestes a se suicidar com um tiro não pode ser considerado causador de uma ofensa à integridade corporal do suicida, pois quem age para proteger tal integridade, impedindo a morte, não pode, ao mesmo tempo, e contraditoriamente, ser considerado causador desta ofensa). Com a imputação objetiva, toda vez que o agente realizar um comportamento socialmente padronizado, normal, socialmente adequado e esperado, desempenhando normalmente seu papel social, gerará um risco permitido, não podendo ser considerado causador de nenhum resultado proibido. Em seu surgimento, em 1930, por criação de Richard Honig, a imputação objetiva estava limitada ao nexo causal, ficando sua incidência restrita aos crimes materiais e comissivos. Atualmente, há uma tendência a ampliá-la a todos os crimes, mediante o entendimento de que qualquer comportamento socialmente padronizado será considerado objetivamente (independentemente de dolo e culpa) atípico.

15.2.4. Tipicidade

15.2.4.1. Conceito de tipo

O tipo legal é um dos postulados básicos do princípio da reserva legal. Na medida em que a Constituição brasileira consagra expressamente o princípio de que "não há crime sem lei anterior que o defina, nem pena sem prévia cominação legal" (art. 5º, XXXIX), fica outorgada à lei a relevante tarefa de definir, isto é, de descrever os crimes.

De fato, não cabe à lei penal proibir genericamente os delitos, senão descrevê-los de forma detalhada, delimitando, em termos precisos, o que o ordenamento entende por fato criminoso. Como lembra Luiz Vicente Cernicchiaro: "Impõe-se descrição específica, individualizadora do comportamento delituoso. Em outras palavras, a garantia há de ser real, efetiva. Uma lei genérica, amplamente genérica, seria suficiente para, respeitando o princípio da legalidade, definir-se como delito qualquer prejuízo ao patrimônio ou a outro bem jurídico. Não estaria, porém, resguardado, efetivamente, o direito de liberdade. Qualquer conduta que conduzisse àquele resultado estaria incluída no rol das infrações penais. Inviável, por exemplo, o tipo que descrevesse: 'ofender a honra de alguém' — Pena de 'tanto a tanto'. O tipo exerce função de garantia. A tipicidade (relação entre o tipo e a conduta) resulta do princípio da reserva legal. Logicamente, o tipo há de ser preciso para que a ação seja bem identificada"[112].

Por essas razões, imensurável foi a importância da teoria do tipo, concebida no ano de 1906 por Ernst Beling, professor da Universidade de Munique. É o tipo legal que realiza e garante o princípio da reserva legal. Consiste na descrição abstrata da conduta humana feita pormenorizadamente pela lei penal e correspondente a um fato criminoso (tipo incriminador). O tipo é, portanto, como um molde criado pela lei, em que está descrito o crime com todos os seus elementos, de modo que as pessoas sabem que só cometerão algum delito se vierem a realizar uma conduta idêntica à constante do modelo legal.

A generalidade da descrição típica elimina a sua própria razão de existir, criando insegurança no meio social e violando o princípio da reserva legal. "Não há propriamente um tipo, quando se castiga 'todo ato contrário à revolução' ou 'qualquer conduta contrária aos interesses nacionais'" etc.[113].

O conceito de tipo, portanto, é o de modelo descritivo das condutas humanas criminosas, criado pela lei penal, com a função de garantia do direito de liberdade.

Na sua integralidade, o tipo é composto dos seguintes elementos: (i) *núcleo*, designado por um verbo (matar, ofender, constranger, subtrair, expor, iludir etc.); (ii) *referências a certas qualidades exigidas, em alguns casos, para o sujeito ativo* (funcionário público, mãe etc.); (iii) *referências ao sujeito passivo* (alguém, recém-nascido etc.); (iv) *objeto material* (coisa alheia móvel, documento etc.), que, em alguns casos, confunde-se com o próprio sujeito passivo (no homicídio, o elemento "alguém" é o objeto material e o sujeito passivo); (v) *referências ao lugar*, (vi) *tempo*, (vii) *ocasião*, (viii) *modo de execução*, (ix) *meios empregados* e, em alguns casos, (x) *ao fim especial* visado pelo agente.

15.2.4.2. Espécies de tipo

(i) **Permissivos ou justificadores**: são tipos penais que não descrevem fatos criminosos, mas hipóteses em que estes podem ser praticados. Por essa razão, denominam-se permissivos. São tipos que permitem a prática de condutas descritas como criminosas.

---

112. *Direito penal*, cit., p. 14.
113. Enrique Cury, *Orientación para el estudio de la teoría del delito*, Santiago, Nueva Universidad, 1973, p. 144, apud Cernicchiaro, *Direito penal*, cit., p. 17.

São os que descrevem as causas de exclusão da ilicitude (CP, art. 23), também conhecidas como causas de justificação, como é o caso da legítima defesa, que se encontra no art. 25 e parágrafo único (inserido pela Lei n. 13.964/2019), do Código Penal. De acordo com esse tipo, a legítima defesa é composta dos seguintes elementos: agressão injusta + atual ou iminente + a direito próprio ou alheio + moderação + necessidade dos meios empregados.

Assim, a lei permite que alguém realize um fato descrito como delituoso na hipótese de estarem presentes todos os requisitos exigidos pelo tipo da legítima defesa. Por exemplo, matar alguém, em princípio, é uma conduta criminosa, pois está prevista em um tipo incriminador (art. 121), porém, em legítima defesa, a lei permite a realização da conduta homicida.

(ii) Incriminadores: são os tipos que descrevem as condutas proibidas. Todo fato enquadrável em tipo incriminador, em princípio, será ilícito, salvo se também se enquadrar em algum tipo permissivo (causas de justificação). Como exemplo de tipo penal incriminador, podemos citar o art. 90 do Estatuto da Pessoa com Deficiência (Lei n. 13.146/2015), que reza: "Abandonar pessoa com deficiência em hospitais, casas de saúde, entidades de abrigamento ou congêneres. Pena — reclusão, de 6 (seis) meses a 3 (três) anos, e multa".

15.2.4.3. Conceito de tipicidade

É a subsunção, justaposição, enquadramento, amoldamento ou integral correspondência de uma conduta praticada no mundo real ao modelo descritivo constante da lei (tipo legal). Para que a conduta humana seja considerada crime, é necessário que se ajuste a um tipo legal. Temos, pois, de um lado, uma conduta da vida real e, de outro, o tipo legal de crime constante da lei penal. A tipicidade consiste na correspondência entre ambos.

15.2.4.4. Distinção entre tipicidade e adequação típica

Para alguns doutrinadores a tipicidade é a mera correspondência formal entre o fato humano e o que está descrito no tipo, enquanto a adequação típica implica um exame mais aprofundado do que a simples correspondência objetiva.

A tipicidade é uma tipicidade formal, resultante da comparação entre o tipo e o aspecto exterior da conduta, sem análise da vontade ou finalidade do agente. A adequação típica vai além, investigando se houve vontade, para só então efetuar o enquadramento. Assim, para essa adequação, a teoria finalista exige o comportamento doloso ou culposo, e a teoria social, além disso, a vontade de produzir um dano socialmente relevante. Por exemplo, o sujeito mata a vítima por caso fortuito ou força maior; tipicidade existe, porque ele matou alguém, e é exatamente isso o que está escrito no art. 121, *caput*, do Código Penal; não haverá, contudo, adequação típica, ante a ausência de dolo ou culpa.

> **Nosso entendimento:** não há utilidade em fazer essa distinção.

Consideramos, portanto, tipicidade e adequação típica conceitos idênticos. Com isso, em nada se alteram os efeitos jurídicos: se não há dolo ou culpa, não existe conduta, e sem conduta não se fala em tipicidade (ou adequação típica), porque esta pressupõe aquela. Essa tipicidade meramente formal não existe mais desde a superação da teoria naturalista ou causal da ação.

15.2.4.5. Fases da tipicidade

(i) Fase da independência do tipo: o tipo é completamente desvinculado da ilicitude, tendo mera função descritiva, sem nenhum conteúdo valorativo.

Essa foi a fase inicial do tipo legal, na forma originariamente concebida por Ernst Beling. Segundo ele, o tipo era a descrição legal de um delito. Tal tipo, porém, foi contemplado de modo única e exclusivamente objetivo. Em seu entendimento, todo acontecimento objetivo deveria pertencer ao tipo, enquanto qualquer subjetivo, ao terreno da culpabilidade. Por conseguinte, permaneciam fora do tipo não só o dolo, mas também todas as outras direções da vontade do autor, como seus motivos, tendências e intenções.

O exame da tipicidade era meramente formal, tal como se falou há pouco, na distinção que alguns autores fazem entre tipicidade e adequação típica. A morte provocada por força maior era um acontecimento típico (homicídio — matar alguém), embora o agente não fosse responsabilizado por ele.

Pouco tardou, contudo, para comprovar-se que com essa limitação dos momentos objetivos o tipo não podia cumprir sua função, que consiste em dar a imagem reitora de um delito e indicar sua ilicitude.

Posteriormente, com o advento da teoria finalista e a descoberta dos elementos subjetivos do tipo, essa fase acabou sendo ultrapassada. Coincidiu com a teoria naturalista ou causal, hoje também superada.

(ii) Fase do caráter indiciário da ilicitude: essa fase começou com os estudos de Mayer, para quem o fato típico não poderia mais ser isolado da ilicitude, como se fossem fenômenos completamente distintos.

O simples enquadramento de um fato humano em um tipo incriminador já provoca uma reação inicial negativa na coletividade, porque nos tipos legais encontram-se os comportamentos considerados mais graves e perigosos para o corpo social. Exemplificando, produzir a morte de alguém, por dolo ou culpa, cria uma expectativa muito grande de reprovação coletiva, uma vez que se trata de conduta extremamente danosa à sociedade. Tal fato, até prova em contrário, será tido por contrastante com a ordem legal. Pode-se dizer, então, que todo fato típico contém um indício de ilicitude, provocando a ideia de que qualquer conduta típica, em princípio, também será ilícita.

O tipo passa a ser portador de um sentido de ilicitude, dotado de conteúdo material, com verdadeira função seletiva. A sociedade, por intermédio de seus representantes legislativos, seleciona, por meio da lei penal, os comportamentos dignos de punição, de modo que todos os fatos típicos são indesejáveis. Embute-se, portanto, no tipo uma ideia provisória de que o fato nele descrito é também ilícito.

O juiz, em um primeiro momento, verifica se o fato humano, doloso ou culposo, enquadra-se em algum modelo descritivo incriminador; em caso afirmativo, esse fato provavelmente também será ilícito. Em seguida, passa ao exame dos tipos permissivos, que são as causas de exclusão da ilicitude; se estas atuarem, afasta-se a ideia inicial de ilicitude, e o fato não é considerado criminoso. Pode-se sintetizar essa teoria com a seguinte expressão: *todo fato típico também será ilícito, a não ser que esteja presente alguma causa de exclusão da ilicitude.*

(iii) Fase do tipo legal como essência da ilicitude: Mezger e Sauer transformaram o tipo em tipo de injusto, que assim passou a ser a *ratio essendi* da antijuridicidade, isto é, a expressão do ilícito penal. O tipo foi conceituado como a ilicitude tipificada. Desse modo, tipo e ilicitude fundiram-se em uma relação indissolúvel no interior do injusto, embora seus conceitos não se confundam. Injusto é todo comportamento socialmente inadequado. O tipo descreve um fato injusto (proibido), que compreende, a um só tempo, o fato típico e o ilícito.

Essa teoria parte do pressuposto de que não se pode dividir a tipicidade e a ilicitude em dois momentos distintos, embora seus conceitos não se confundam. É que o fato típico é antinormativo, enquanto as causas justificadoras descrevem comportamentos normativos. Dessa constatação resulta que, separando tipicidade e ilicitude em dois momentos distintos, surgiria a híbrida figura do fato antinormativo-normativo. Por exemplo, alguém que comete um homicídio em legítima defesa terá praticado um fato proibido (matar alguém) e, ao mesmo tempo, permitido (em legítima defesa), se tipo e ilicitude forem separados.

Convém lembrar que norma é todo mandamento de uma conduta normal, de modo que antinormativo é o fato anormal, isto é, contrário à norma. Decorre daí que todo fato típico é antinormativo, porque no tipo incriminador só se encontram as condutas reprováveis. Por outro lado, as causas de exclusão da ilicitude descrevem fatos normativos, já que permitidos pelo ordenamento jurídico. Assim, da conjugação, em momentos diferentes, do fato típico (antinormativo) com o lícito (normativo) resulta a contradição de termos um fato proibido-permitido, e aí reside a crítica à teoria anterior.

Assis Toledo demonstra não apreciar a concepção indiciária da ilicitude (teoria anterior), quando afirma: "Os autores que, numa filiação estritamente Welzeliana, veem no tipo apenas o indício da antijuridicidade, caem frequentemente no dilema de terem de aceitar a distinção, preconizada por Welzel, entre antinormatividade e antijuridicidade. O fato típico é sempre antinormativo, mas ainda não antijurídico, porque, apesar de típico, pode ser lícito. A artificialidade dessa construção se revela por inteiro quando se considera a contradição lógica nela contida: um fato antinormativo que, a um só tempo, esteja autorizado por alguma norma. Ora, uma conduta lícita, autorizada e, concomitantemente, antinormativa é qualquer coisa parecida com o permitido-proibido, algo muito difícil de se pensar"[114].

---

114. *Princípios básicos,* cit., p. 123.

Explica-se: o fato típico é antinormativo ("matar alguém" viola a norma "não matar", que lhe serve de conteúdo); como, então, concebê-lo como normativo, no caso da legítima defesa? Haveria, no caso, um fato antinormativo (matar) normativo (em legítima defesa).

Derivando da teoria da *ratio essendi* e fundada na crítica que se faz ao caráter indiciário da ilicitude, surgiu a teoria dos elementos negativos do tipo, com o polêmico conceito de tipo total de injusto. Segundo essa teoria, as causas de exclusão da ilicitude devem ser agregadas ao tipo como requisitos negativos deste. Tudo está no tipo, que passa a ser um tipo total, formado do somatório de fato típico + ilícito. Tomando-se, como exemplo, o art. 121, para a teoria dos elementos negativos do tipo, este estaria assim redigido: "Matar alguém, não estando em legítima defesa, estado de necessidade, exercício regular do direito e estrito cumprimento do dever legal". Na Itália, defenderam essa orientação Nuvolone, Grispigni e Gallo.

15.2.4.5.1. Diretriz dominante

A segunda. Prevalece o entendimento de que tipo e ilicitude são fenômenos diferentes, que não devem ser confundidos.

É que nessa área a questão não se coloca em termos do que é certo ou errado, nem do que é verdadeiro ou falso, mas da construção sistemática mais útil para o estudo do crime.

É inegável a vantagem da segunda corrente, na medida em que o juiz, embora sabendo que tudo ocorre a um só instante, desenvolverá, em diferentes etapas de seu raciocínio, primeiro a verificação da tipicidade, para só então analisar a ilicitude.

Hans Welzel, partidário da corrente que defende o caráter indiciário da ilicitude, após afirmar que a tipicidade é um mero indício da antijuridicidade e que as causas de exclusão da ilicitude se encontram fora da descrição típica, em uma etapa seguinte (primeiro verifica-se se o fato é típico, em seguida, separadamente, se é ilícito) propõe o seguinte raciocínio lógico:

Se o tipo penal fosse mesmo uma somatória de conduta + ausência de causa de justificação, de maneira que, por exemplo, no furto, a descrição típica consistisse em "subtrair para si ou para outrem coisa alheia móvel + desde que não em estado de necessidade", e se fosse mesmo verdade que a presença desta excludente tornaria o fato atípico, como pretendiam os partidários da teoria da *ratio essendi* (furtar em estado de necessidade não corresponderia à descrição legal do tipo, já que a definição legal do furto estaria a exigir a conduta + a ausência do estado de necessidade), haveria a seguinte aberração: "no habría diferencia entre dar muerte a un hombre en legítima defensa y dar muerte a un mosquito" (matar um homem em legítima defesa seria tão atípico quanto matar um mosquito). Em seguida, arremata: "La doctrina de las circunstancias negativas del hecho no tiene cómo obviar esta consecuencia, que la lleva ad absurdum"[115].

---

115. *Derecho penal alemán*, cit., p. 98.

Quanto à crítica que se faz à teoria do caráter indiciário, no sentido de que ela faz uma presunção de que todo fato típico é criminoso, ressalte-se que sua antinormatividade não é definitiva, mas provisória. Desse modo, se estiver presente alguma causa de justificação, todo o fato será normativo (permitido). Assim, matar alguém em legítima defesa não é um fato antinormativo-normativo, mas normativo.

Finalmente, nosso Código Penal separou em tipos bem distintos os crimes, que estão nos tipos incriminadores, e as causas de exclusão da ilicitude, que estão nos tipos permissivos (arts. 23, I a III, 24 e parágrafos e 25). Se a própria lei os coloca em tipos distintos, não pode o intérprete juntá-los em um só (pelo menos à luz do nosso ordenamento penal).

15.2.4.6. Adequação típica

15.2.4.6.1. Conceito

É o enquadramento da conduta ao tipo legal. Como já frisamos, não existe utilidade em diferenciar a tipicidade da adequação típica, como se fossem conceitos antagônicos. Aquela é consequência desta, e ambas dependem da correspondência objetiva entre fato e tipo e da ocorrência de dolo ou culpa.

15.2.4.6.2. Adequação típica de subordinação imediata

Ocorre quando há uma correspondência integral, direta e perfeita entre conduta e tipo legal. Por exemplo, "A" desfere 18 golpes de picareta contra a cabeça de "B", produzindo-lhe, em consequência, a morte. Entre essa conduta e o tipo legal do homicídio (CP, art. 121) há uma perfeita correspondência, e o fato enquadra-se diretamente no modelo descritivo ("A" dolosamente matou alguém, conduta descrita pelo art. 121, *caput*, do CP).

15.2.4.6.3. Adequação típica de subordinação mediata

Ocorre quando, cotejados o tipo e a conduta, não se verifica entre eles perfeita correspondência, sendo necessário o recurso a uma outra norma que promova a extensão do tipo até alcançar a conduta.

Não existe correspondência entre o fato humano doloso ou culposo e qualquer descrição contida em tipo incriminador. Por exemplo, "A", querendo matar "B", descarrega contra este sua arma de fogo, não o acertando por erro na pontaria. Comparada essa conduta com o tipo do homicídio, verifica-se que inexiste correspondência, pois o modelo descreve "matar alguém", e a conduta não produziu nenhuma morte. No caso, ocorreu tentativa, e a adequação da conduta ao tipo jamais será imediata, pois sem a consumação não haverá realização integral da figura típica.

A fim de evitar-se que o fato se torne atípico e com isso garanta-se a impunidade do agente, torna-se necessário recorrer a uma norma que promova a ampliação do tipo até alcançar o fato. Essa norma funcionaria como uma ponte, evitando que o fato ficasse sem enquadramento típico. É conhecida por norma de extensão ou ampliação da figura típica.

A norma da tentativa (art. 14, II, do CP) é, portanto, uma norma de extensão, por meio da qual resulta a adequação típica mediata ou indireta do fato tentado à norma que se pretendia violar.

No caso da tentativa, essa extensão ou ampliação do tipo dá-se no tempo, pois o modelo descritivo alcança a conduta momentos antes de ser atingida a consumação. A conduta só deveria enquadrar-se no tipo quando atingisse a consumação, mas a norma da tentativa faz com que aquele retroceda no tempo e alcance o fato antes de sua realização completa. Por essa razão, a norma da tentativa é conhecida por norma de extensão ou ampliação temporal da figura típica, donde resulta a adequação típica mediata ou indireta.

No caso da participação também inocorre correspondência direta entre a conduta e o tipo legal. O partícipe é aquele que concorre para a prática de um crime de qualquer modo, auxiliando, induzindo ou instigando o executor, sem, no entanto, realizar o núcleo (o verbo) do tipo. É, portanto, aquele que não mata, instiga a matar; não furta, ajuda a subtrair; não sequestra, induz ao sequestro. Ora, se quem participa do crime não realiza a conduta principal descrita no tipo, jamais existirá correspondência entre fato e norma.

O tipo sempre tem um verbo, que é seu núcleo, e o partícipe é justamente a pessoa que não o pratica, decorrendo daí a impossibilidade de adequação direta. Por essa razão, a norma do art. 29, *caput*, do CP funciona como ponte, ligando a conduta do partícipe ao modelo legal: "Quem, de qualquer modo, concorre para o crime incide nas penas a este cominadas". Tal norma é, igualmente, uma norma de extensão ou ampliação da figura típica.

A extensão opera-se de uma pessoa (autor principal) para outra (partícipe), e, por isso, a norma é de extensão pessoal. Do mesmo modo, o tipo amplia-se no espaço para atingir o partícipe, denominando-se tal ampliação como espacial.

Assim, a norma do concurso de agentes é de extensão ou ampliação espacial e pessoal da figura típica, por meio da qual se opera a adequação típica mediata ou indireta da conduta do partícipe ao tipo penal.

15.2.4.7. Elementos do tipo

(i) **Objetivos**: referem-se ao aspecto material do fato. Existem concretamente no mundo dos fatos e só precisam ser descritos pela norma. São elementos objetivos: o objeto do crime, o lugar, o tempo, os meios empregados, o núcleo do tipo (verbo) etc.

(ii) **Normativos**: ao contrário dos descritivos, seu significado não se extrai da mera observação, sendo imprescindível um juízo de valoração jurídica, social, cultural, histórica, política, religiosa, bem como de qualquer outro campo do conhecimento humano.

Classificam-se em jurídicos, quando exigem juízo de valoração jurídico, e em extrajurídicos ou morais, quando pressupõem um exame social, cultural, histórico, religioso, político etc.

Aparecem sob a forma de expressões como "sem justa causa", "indevidamente", "documento", "funcionário público", "estado puerperal", "ato obsceno", "dignidade", "decoro", "fraudulentamente" etc. Por exemplo, a expressão "ato obsceno" tem determinado significado em uma grande metrópole e outro em um vilarejo fincado no sertão, sendo necessária uma avaliação sociológica do local onde o crime ocorreu para se saber se o ato ofende ou não o pudor da coletividade.

Por essa razão, os tipos que possuem elementos normativos são considerados anormais: alargam muito o campo de discricionariedade do julgador, perdendo um pouco de sua característica básica de delimitação.

(iii) Subjetivos: na lição de Johannes Wessels, "elementos subjetivos (= internos) do tipo são os que pertencem ao campo psíquico-espiritual e ao mundo da representação do autor. Encontram-se, antes de tudo, nos denominados 'delitos de intenção', em que uma representação especial do resultado ou do fim deve ser acrescentada à ação típica executiva como tendência interna transcendente; assim, por exemplo, a intenção de se apropriar do ladrão ou assaltante; a intenção de enriquecimento do estelionatário; etc."[116].

No elemento subjetivo do tipo, o legislador destaca uma parte do dolo e a insere expressamente no tipo penal. Essa parte é a finalidade especial, a qual pode ou não estar presente na intenção do autor.

Quando o tipo incriminador contiver elemento subjetivo, será necessário que o agente, além da vontade de realizar o núcleo da conduta (o verbo), tenha também a finalidade especial descrita explicitamente no modelo legal. Na extorsão mediante sequestro (sequestrar com o fim de obter resgate), além da mera vontade de sequestrar, a lei exige que o agente tenha a finalidade de obter uma vantagem como condição do preço ou do resgate (CP, art. 159).

Em contrapartida, no crime de sequestro (CP, art. 148), a lei não exige nenhuma finalidade especial (elemento subjetivo), bastando a mera vontade de realizar o verbo para a integralização típica.

Quando o tipo exigir elemento subjetivo, faltando a finalidade especial ao agente, a conduta será atípica por falta de correspondência entre o comportamento e a norma penal.

Frise-se que o dolo é elemento da conduta e não do tipo. O legislador pode, no entanto, destacar uma parte do dolo e inseri-la expressamente no tipo, fazendo com que uma conduta só seja típica se aquela estiver presente. Essa parte do dolo é a finalidade especial do agente, o seu fim específico. Quando o agente pratica a conduta, tem uma finalidade em mente, uma vez que em toda ação ou omissão há a vontade como força propulsora. Não é dessa finalidade que o legislador cuidou, mas da finalidade especial, que pode ou não estar presente.

Assim, se "A" esquarteja a vítima, certamente o fez com intenção, isto é, com a finalidade de matá-la. Pode ser, no entanto, que além dessa vontade tivesse alguma finalidade especial (matar para...?).

---

116. *Direito penal*, cit.

Quando o legislador colocar expressamente no tipo alguma finalidade especial, o fato nele enquadrar-se-á somente se o autor tiver esse fim em mente. Em contrapartida, se não estiver escrita no tipo nenhuma exigência de finalidade especial, basta o dolo para a configuração do fato típico (antigo dolo genérico). Por exemplo, no caso do furto, não basta a consciência e a vontade de subtrair coisa alheia móvel, sendo necessário que o agente pratique a subtração com a finalidade especial (antigo dolo específico) de assenhorear-se do bem com ânimo definitivo ou de entregá-lo a um terceiro, uma vez que o tipo penal tem essa finalidade especial como um de seus elementos (expressão "para si ou para outrem" contida no tipo do art. 155). Já no homicídio, para que ocorra o crime, basta a consciência e a vontade de tirar a vida de alguém, já que o tipo penal não exige nenhuma finalidade especial (não tem elemento subjetivo).

15.2.4.8. Espécies de tipo quanto aos elementos

(i) Tipo normal: só contém elementos objetivos (descritivos).

(ii) Tipo anormal: além dos objetivos, contém elementos subjetivos e normativos.

15.2.4.9. Tipo fundamental e tipos derivados

(i) Tipo fundamental ou básico: é o que nos oferece a imagem mais simples de uma espécie de delito. É o tipo que se localiza no *caput* de um artigo e contém os componentes essenciais do crime, sem os quais este desaparece (atipicidade absoluta) ou se transforma em outro (atipicidade relativa).

Por exemplo, o delito de homicídio (CP, art. 121, *caput*). São seus elementos constitutivos: (i) sujeito ativo (pessoa humana); (ii) conduta (ação ou omissão); (iii) dolo (voluntariedade consciente da ação); (iv) sujeito passivo (pessoa humana); (v) resultado (evento morte); (vi) nexo de causalidade. Se retirarmos qualquer um desses elementos, o delito de homicídio desaparecerá.

(ii) Tipos derivados: são os que se formam a partir do tipo fundamental, mediante o destaque de circunstâncias que o agravam ou atenuam.

Se a agravação consistir em um dos novos limites abstratos de pena, como no caso do art. 121, § 2º, do CP, em que a pena passa a ser de 12 a 30 anos, tem-se o tipo qualificado; se consistir em um aumento em determinado percentual, como 1/3, 1/2 ou 2/3, ocorre a chamada causa de aumento (por exemplo, CP, art. 155, § 1º); no caso da atenuação, surge o tipo privilegiado (por exemplo, art. 121, § 1º, do CP). Nesses tipos encontram-se os componentes secundários do tipo, que não constituem a sua essência. Localizam-se nos parágrafos dos tipos incriminadores fundamentais.

O tipo derivado pode constituir-se em uma figura totalmente dependente e vinculada, aplicando-se-lhe, por essa razão, todas as regras incidentes sobre o delito básico previsto no *caput*. É o que ocorre com as causas de aumento e de diminuição, previstas nos parágrafos dos tipos incriminadores.

No caso das qualificadoras, porém, o tipo derivado ganha certa autonomia do tipo fundamental, denominando-se, por isso, tipos derivados autônomos (delito independente ou *delictum sui generis*). Nessa hipótese, são previstos novos limites abstratos de pena, fazendo com que apareça um delito independente, ao qual não se aplicam os dispositivos regradores do *caput*. Exemplo disso está no furto qualificado, que não se beneficia do privilégio previsto no § 2º do art. 155, aplicável somente ao tipo fundamental do furto (art. 155, *caput*).

15.2.4.10. Tipicidade conglobante

De acordo com essa teoria, o fato típico pressupõe que a conduta esteja proibida pelo ordenamento jurídico como um todo, globalmente considerado. Assim, quando algum ramo do direito, civil, trabalhista, administrativo, processual ou qualquer outro, permitir o comportamento, o fato será considerado atípico.

O direito é um só e deve ser considerado como um todo, um bloco monolítico, não importando sua esfera (a ordem é conglobante). Seria contraditório permitir a prática de uma conduta por considerá-la lícita e, ao mesmo tempo, descrevê-la em um tipo como crime. Ora, como, por exemplo, o direito civil pode permitir e o direito penal definir como crime uma mesma ação, se o ordenamento jurídico é um só. O direito não pode dizer: "pratique boxe, mas os socos que você der estão definidos como crime". Seria contraditório. Se o fato é permitido expressamente, não pode ser típico. Com isso, o exercício regular do direito deixa de ser causa de exclusão da ilicitude para transformar-se em excludente de tipicidade, pois, se o fato é um direito, não pode estar descrito como infração penal. Se eu tenho o direito de cortar os galhos da árvore do vizinho que invadem meu quintal, de usar o desforço imediato para a defesa da propriedade, se o médico tem o direito de cortar o paciente para fazer a operação, como tais condutas podem estar ao mesmo tempo definidas como crime?

Do mesmo modo, o estrito cumprimento do dever legal exclui a tipicidade, pois o que é um dever imposto por lei não pode ser crime definido por essa mesma lei (ordenamento é um só). Somente no caso da legítima defesa e do estado de necessidade é que não se pode falar em exclusão da tipicidade, mas da ilicitude, uma vez que nessas duas hipóteses o fato não é prévia e expressamente autorizado, dependendo da análise das peculiaridades do caso concreto.

Para a tipicidade conglobante, somente a conduta expressa e previamente consagrada como um direito ou um dever será sempre atípica, pouco importando a subsunção formal. Assim, tal teoria parte da correta premissa de que todo fato típico é antinormativo, uma vez que, embora o agente atue de acordo com o que está descrito no tipo (quem mata alguém realiza exatamente a descrição típica "matar alguém"), acaba contrariando a norma, ou seja, o conteúdo do tipo legal (no caso do homicídio, a norma é "não matar"). Norma é todo mandamento de conduta normal, contrariando-a todo aquele que age de maneira anormal. O STJ considerou o argumento da tipicidade conglobante em recente julgamento: "(...) A tipicidade conglobante surge quando comprovado, no caso concreto, que a conduta praticada pelo agente é considerada antinormativa, isto é, contrária à norma penal (...) Diante do mandamento estatal referente à notificação a respeito de irregularidades no setor público, verifica-se que a conduta do recorrente se encontra acobertada pelo exercício regular de um direito, nos termos do art. 23, III, do CP. (...)" (STJ, EDcl no AgRg nos EDcl no AREsp 1.421.747/SC, *DJU* 19-5-2020).

Em nossa sociedade, é anormal matar, furtar, roubar, sequestrar, estuprar e assim por diante. Justamente por essa razão é que a lei descreveu tais condutas como delitos. A violação da norma é, portanto, o próprio conteúdo da conduta típica. A tipicidade, portanto, exige para a ocorrência do fato típico (i) a correspondência formal entre o que está escrito no tipo e o que foi praticado pelo agente no caso concreto (tipicidade legal ou formal) + (ii) que a conduta seja anormal, ou seja, violadora da norma, entendida esta como o ordenamento jurídico como um todo, ou seja, o civil, o administrativo, o trabalhista etc. (tipicidade conglobante).

A tipicidade legal consiste apenas no enquadramento formal da conduta no tipo, o que é insuficiente para a existência do fato típico. A conglobante exige que a conduta seja anormal perante o ordenamento como um todo. Em suma: tipicidade penal = tipicidade legal (correspondência formal) + tipicidade conglobada (anormalidade da conduta). O nome *conglobante* decorre da necessidade de que a conduta seja contrária ao ordenamento jurídico em geral (conglobado) e não apenas ao ordenamento penal.

Principais defensores desta teoria, Eugênio Raúl Zaffaroni e José Henrique Pierangeli exemplificam: suponhamos que somos juízes e que é levada a nosso conhecimento a conduta de uma pessoa que, na qualidade de oficial de justiça, recebeu uma ordem, emanada por juiz competente, de penhora e sequestro de um quadro de propriedade de um devedor e, com todas as formalidades requeridas, efetivamente sequestra a obra, colocando-a à disposição do Juízo. O mais elementar senso comum indica que esta conduta não pode ter qualquer relevância penal, que de modo algum pode ser delito, mas por quê? Receberemos a resposta de que esta conduta se enquadra nas previsões do art. 23, III, do CP. Para boa parte da doutrina, o oficial teria atuado ao amparo de uma causa de justificação, isto é, faltaria a antijuridicidade da conduta, mas que ela seria típica. Para nós esta resposta é inadmissível, porque tipicidade implica antinormatividade (contrariedade à norma).

A lógica mais elementar nos diz que o tipo não pode proibir o que o direito ordena. Isto nos indica que o juízo de tipicidade não é um mero juízo de tipicidade legal, mas que exige um outro passo, que é a comprovação da tipicidade conglobante, consistente na averiguação da proibição através da indagação do alcance proibitivo da norma não considerada isoladamente e sim conglobada na ordem normativa[117].

Nos parece que a teoria da tipicidade conglobante cria confusão, uma vez que, embora não seja este seu intuito, acaba por tangenciar as causas de exclusão da ilicitude, deslocando para o tipo causas como o exercício regular de direito e o estrito cumprimento do dever legal, que são hipóteses de condutas autorizadas pelo ordenamento.

117. Zaffaroni e Pierangeli, *Manual de direito penal*, cit., p. 460 e 461.

Nosso entendimento: a tipicidade conglobante cria certa confusão, misturando em um só momento etapas distintas de raciocínio (fato típico e depois ilicitude). A tipicidade deve ser analisada em momento anterior ao da antijuridicidade. Primeiro, deve-se analisar se o fato material corresponde à descrição contida no tipo legal. Em seguida, se houver tipicidade, verifica-se se existe alguma causa capaz de excluir sua ilicitude. Não se pode dizer que uma excludente, qualquer que seja, torna atípico, de antemão, um fato descrito em lei como crime. Na legítima defesa e no estado de necessidade, um homicídio, por exemplo, não deixa de ser um comportamento definido em lei como típico. No exercício regular do direito e no estrito cumprimento do dever legal, não é possível afirmar que as condutas estão previamente consagradas como direito, pois a existência dessas excludentes depende de verificação acerca de o exercício do direito ter sido regular ou do cumprimento do dever legal ter se dado estritamente dentro da lei, e isso pressupõe juízo de valor e deve ser feito em um momento subsequente ao da tipicidade, pois exige análise caso a caso.

Embora concordando que a tipicidade formal (ou legal) não é suficiente, podemos substituir com vantagem a tipicidade conglobante pela exigência de que o fato típico, além da correspondência à descrição legal, tenha conteúdo do crime, fazendo-se incidir os já estudados princípios constitucionais do Direito Penal, a fim de dar conteúdo material ontológico ao tipo penal. Deste modo, se a lesão for insignificante, se não houver lesão ao bem jurídico, se não existir alteridade na ofensa, se não for traída a confiança social depositada no agente, se a atuação punitiva do Estado não for desproporcional ou excessivamente interventiva, dentre outros, o fato será materialmente atípico, sem precisar recorrer à tipicidade conglobante.

16. O TIPO PENAL NOS CRIMES DOLOSOS

16.1. Conceito de dolo

É a vontade e a consciência de realizar os elementos constantes do tipo legal. Mais amplamente, é a vontade manifestada pela pessoa humana de realizar a conduta. Dolo é o elemento psicológico da conduta. Conduta é um dos elementos do fato típico. Logo, dolo é um dos elementos do fato típico.

16.2. Elementos do dolo

Os elementos do dolo são a consciência (conhecimento do fato que constitui a ação típica) e a vontade (elemento volitivo de realizar esse fato).

Aníbal Bruno inclui entre os componentes do conceito de dolo a consciência da ilicitude do comportamento do agente.

Contudo, para os adeptos da corrente finalista, a qual o CP adota, o dolo pertence à ação final típica, constituindo seu aspecto subjetivo, ao passo que a consciência da ilicitude pertence à estrutura da culpabilidade, como um dos elementos necessários à formulação do juízo de reprovação.

Portanto, o dolo e a potencial consciência da ilicitude são elementos que não se fundem em um só, pois cada qual pertence a estruturas diversas.

16.3. Abrangência do dolo

A consciência do autor deve referir-se a todos os componentes do tipo, prevendo os dados essenciais dos elementos típicos futuros, em especial o resultado e o processo causal.

A vontade consiste em optar por executar a ação típica, estendendo-se a todos os elementos objetivos conhecidos pelo autor que servem de base à sua decisão em praticá-la.

→ **Atenção:** ressalte-se que o dolo abrange também os meios empregados e as consequências secundárias de sua atuação.

16.4. Fases na conduta

16.4.1. Fase interna

Opera-se no pensamento do autor. Caso não passe disso, é penalmente indiferente.

Isso ocorre nas hipóteses em que o agente apenas se propõe a um fim (por exemplo, matar um inimigo); em que tão somente seleciona os meios para realizar a finalidade (escolhe um explosivo); em que considera os efeitos concomitantes que se unem ao fim pretendido (a destruição da casa do inimigo, a morte de outras pessoas que estejam com ele etc.).

16.4.2. Fase externa

Consiste em exteriorizar a conduta, numa atividade em que se utilizam os meios selecionados conforme a normal e usual capacidade humana de previsão. Caso o sujeito pratique a conduta nessas condições, age com dolo, e a ele se podem atribuir o fato e suas consequências diretas.

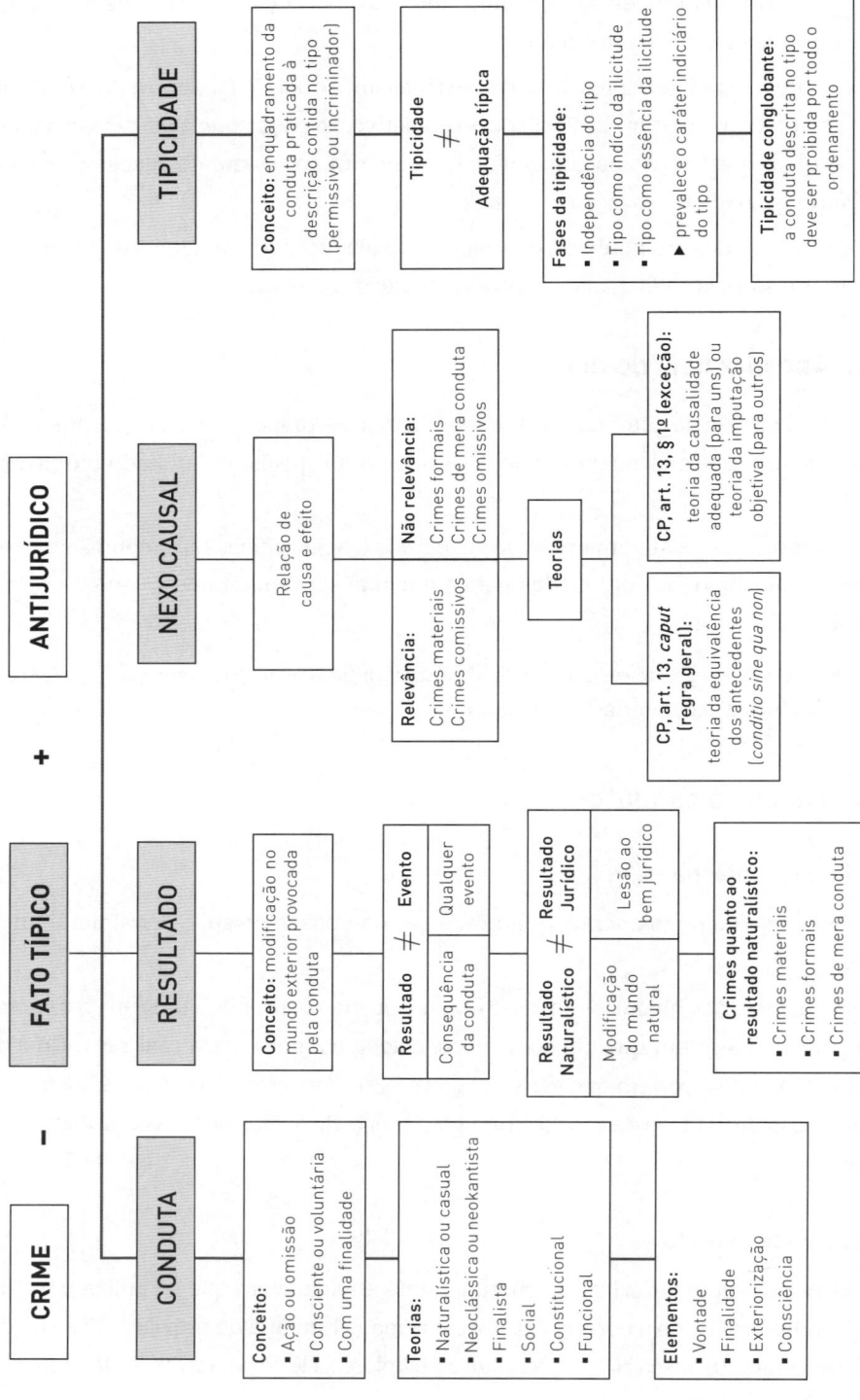

16.5. Teorias

16.5.1. Teoria da vontade

Dolo é a vontade de realizar a conduta e produzir o resultado.

16.5.2. Teoria da representação

Dolo é a vontade de realizar a conduta, prevendo a possibilidade de o resultado ocorrer, sem, contudo, desejá-lo. Denomina-se teoria da representação, porque basta ao agente representar (prever) a possibilidade de o resultado para a conduta ser qualificada como dolosa.

16.5.3. Teoria do assentimento ou consentimento

Dolo é o assentimento do resultado, isto é, a previsão do resultado com a aceitação dos riscos de produzi-lo. Não basta, portanto, representar; é preciso aceitar como indiferente a produção do resultado.

16.5.4. Teorias adotadas pelo Código Penal

Da análise do disposto no art. 18, I, do Código Penal, conclui-se que foram adotadas as teorias da vontade e do assentimento. Dolo é a vontade de realizar o resultado ou a aceitação dos riscos de produzi-lo.

→ **Atenção**: a teoria da representação, que confunde culpa consciente (ou com previsão) com dolo, não foi adotada.

16.6. Espécies de dolo

16.6.1. Dolo natural

É o dolo concebido como um elemento puramente psicológico, desprovido de qualquer juízo de valor. Trata-se de um simples querer, independentemente de o objeto da vontade ser lícito ou ilícito, certo ou errado. Esse dolo compõe-se apenas de consciência e vontade, sem a necessidade de que haja também a consciência de que o fato praticado é ilícito, injusto ou errado. Dessa forma, qualquer vontade é considerada dolo, tanto a de beber água, andar, estudar, quanto a de praticar um crime. Afasta-se a antiga concepção de *dolus malus* do direito romano. Sendo uma simples vontade, ou está presente ou não, dispensando qualquer análise valorativa ou opinativa. Foi concebido pela doutrina finalista, integra a conduta e, por conseguinte, o fato típico. Não é elemento da culpabilidade, nem tem a consciência da ilicitude como seu componente.

16.6.2. Dolo normativo

É o dolo da teoria clássica, ou seja, da teoria naturalista ou causal. Em vez de constituir elemento da conduta, é considerado requisito da culpabilidade e possui três elementos: a consciência, a vontade e a consciência da ilicitude. Por essa razão, para que haja dolo, não basta que o agente queira realizar a conduta, sendo também necessário que tenha a consciência de que ela é ilícita, injusta e errada. Como se nota, acresceu-se um elemento normativo ao dolo, que depende do juízo de valor, ou seja, a consciência da ilicitude. Só há dolo quando, além da consciência e da vontade de praticar a conduta, o agente tenha consciência de que está cometendo algo censurável.

O dolo normativo, portanto, não é um simples querer, mas um querer algo errado, ilícito (*dolus malus*). Deixa de ser um elemento puramente psicológico (um simples querer), para ser um fenômeno normativo, que exige juízo de valoração (um querer algo errado).

> **Nosso entendimento:** a corrente doutrinária que defende o dolo normativo está ultrapassada.

Dolo é um fenômeno puramente psicológico, cuja existência depende de mera constatação, sem apreciações valorativas (ou o agente quer ou não). A consciência da ilicitude não é componente do dolo, mas elemento autônomo que integra a culpabilidade.

Em suma, o dolo é formado apenas por consciência e vontade, sendo um fenômeno puramente psicológico, e pertence à conduta, devendo ser analisado desde logo, quando da aferição do fato típico. A consciência da ilicitude é algo distinto, que integra a culpabilidade como seu requisito e somente deve ser analisada em momento posterior.

Em primeiro lugar, analisa-se se o agente quis praticar a conduta. Em caso positivo, há dolo. Constatada a existência de um fato típico doloso, mais adiante, quando da verificação de eventual culpabilidade, é que se examina se o agente tinha ou não consciência da ilicitude desse fato. Não é correto misturar tudo para uma análise a um só tempo.

> **Nosso entendimento:** o dolo, portanto, é o natural. O agente que tem consciência e vontade tem dolo. Querer algo bom ou querer algo ruim configura dolo do mesmo jeito, pois o dolo consiste em um querer, uma pura manifestação psicológica.

16.6.3. Dolo direto ou determinado

É a vontade de realizar a conduta e produzir o resultado (teoria da vontade). Ocorre quando o agente quer diretamente o resultado.

Na conceituação de José Frederico Marques, "Diz-se direto o dolo quando o resultado no mundo exterior corresponde perfeitamente à intenção e à vontade do agente. O objetivo por ele representado e a direção da vontade se coadunam com o resultado do fato praticado"[118]. No dolo direto o sujeito diz: "eu quero".

---

118. *Tratado*, cit., 1991, v. 2, p. 198.

16.6.4. Dolo indireto ou indeterminado

O agente não quer diretamente o resultado, mas aceita a possibilidade de produzi-lo (dolo eventual), ou não se importa em produzir este ou aquele resultado (dolo alternativo).

Na lição de Magalhães Noronha: "É indireto quando, apesar de querer o resultado, a vontade não se manifesta de modo único e seguro em direção a ele, ao contrário do que sucede com o dolo direto. Comporta duas formas: o alternativo e o eventual. Dá-se o primeiro quando o agente deseja qualquer um dos eventos possíveis. Por exemplo: a namorada ciumenta surpreende seu amado conversando com a outra e, revoltada, joga uma granada no casal, querendo matá-los ou feri-los. Ela quer produzir um resultado e não 'o' resultado. No dolo eventual, conforme já dissemos, o sujeito prevê o resultado e, embora não o queira propriamente atingi-lo, pouco se importa com a sua ocorrência ('eu não quero, mas se acontecer, para mim tudo bem, não é por causa deste risco que vou parar de praticar minha conduta — não quero, mas também não me importo com a sua ocorrência'). É o caso do motorista que se conduz em velocidade incompatível com o local e realizando manobras arriscadas. Mesmo prevendo que pode perder o controle do veículo, atropelar e matar alguém, não se importa, pois é melhor correr este risco, do que interromper o prazer de dirigir (não quero, mas se acontecer, tanto faz). É também o caso do chofer que em desabalada corrida, para chegar a um determinado ponto, aceita de antemão o resultado de atropelar uma pessoa"[119].

Nélson Hungria lembra a fórmula de Frank para explicar o dolo eventual: "Seja como for, dê no que der, em qualquer caso não deixo de agir"[120].

Observe-se que age também com dolo eventual o agente que, na dúvida a respeito de um dos elementos do tipo, arrisca-se em concretizá-lo. Por exemplo, pratica o delito do art. 218 do Código Penal o agente que, na dúvida de que o indivíduo tenha mais de 14 (catorze) anos, ainda assim, o induz a satisfazer a lascívia de outrem.

São também casos de dolo eventual: praticar roleta-russa, acionando por vezes o revólver carregado com um cartucho só e apontando-o sucessivamente contra outras pessoas, para testar sua sorte, e participar de inaceitável disputa automobilística realizada em via pública ("racha"), ocasionando morte.

Há certos tipos penais que não admitem o dolo eventual, pois a descrição da conduta impõe um conhecimento especial da circunstância, por exemplo, ser a coisa produto de crime, no delito de receptação (CP, art. 180).

16.6.5. Dolo de dano

É a vontade de produzir uma lesão efetiva a um bem jurídico (CP, arts. 121, 155 etc.).

16.6.6. Dolo de perigo

Mera vontade de expor o bem a um perigo de lesão (CP, arts. 132, 133 etc.).

---

119. *Direito penal*, 30. ed., São Paulo, Saraiva, v. 1, p. 135.
120. *Comentários*, cit., v. 1, p. 289.

16.6.7. Dolo genérico

É a vontade de realizar conduta sem um fim especial, ou seja, a mera vontade de praticar o núcleo da ação típica (o verbo do tipo), sem qualquer finalidade específica.

Nos tipos que não têm elemento subjetivo, isto é, nos quais não consta nenhuma exigência de finalidade especial (os que não têm expressões como "com o fim de", "para" etc.), é suficiente o dolo genérico. Por exemplo, no tipo do homicídio, basta a simples vontade de matar alguém para que a ação seja típica, pois não é exigida nenhuma finalidade especial do agente (o tipo não tem elemento subjetivo).

16.6.8. Dolo específico

É a vontade de realizar conduta visando a um fim especial previsto no tipo.

Nos tipos anormais, que são aqueles que contêm elementos subjetivos (finalidade especial do agente), o dolo, ou seja, a consciência e a vontade a respeito dos elementos objetivos, não basta, pois o tipo exige, além da vontade de praticar a conduta, uma finalidade especial do agente. Desse modo, nos tipos anormais, esses elementos subjetivos no autor são necessários para que haja correspondência entre a conduta e o tipo penal (o que é explicado na doutrina com a denominação de congruência).

Por exemplo, no crime de extorsão mediante sequestro, não basta a simples vontade de sequestrar a vítima, sendo também necessária a sua finalidade especial de obter, para si ou para outrem, qualquer vantagem, como condição ou preço do resgate, porque esse fim específico é exigido pelo tipo do art. 159 do CP, de maneira que, ausente, não se torna possível proceder à adequação típica. O crime exige (1) a vontade de sequestrar alguém + (2) a finalidade especial de exigir vantagem. Só a vontade de realizar o verbo do tipo será insuficiente, sendo imprescindível o fim de obtenção de vantagem, como condição ou preço do resgate.

No furto, do mesmo modo, não basta a vontade de subtrair, sendo necessário o ânimo de assenhoreamento definitivo (subtrair + para si, isto é, para ficar com o bem, ou para outrem, ou seja, para entregá-lo a terceiro). É, justamente, em razão desse elemento subjetivo que o furto de uso (subtrair + para uso momentâneo) constitui fato atípico.

16.6.9. Dolo geral, erro sucessivo ou *aberratio causae*

Quando o agente, após realizar a conduta, supondo já ter produzido o resultado, pratica o que entende ser um exaurimento e nesse momento atinge a consumação.

Por exemplo, um perverso genro, logo após envenenar sua sogra, acreditando-a morta, joga-a, o que supunha ser um cadáver, nas profundezas do mar. A vítima, no entanto, ainda se encontrava viva, ao contrário do que imaginava o autor, vindo, por conseguinte, a morrer afogada. Operou-se um equívoco sobre o nexo causal, pois o autor pensava tê-la matado por envenenamento, mas na verdade acabou, acidentalmente, matando-a por afogamento. No momento em que imaginava estar simplesmente ocultando um cadáver, atingia a consumação.

Tal erro é irrelevante para o Direito Penal, pois o que importa é que o agente queria matar, e acabou, efetivamente, fazendo-o, não interessando se houve erro quanto à causa geradora do resultado morte. O dolo é geral e abrange toda a situação, até a consumação, devendo o sujeito ser responsabilizado por homicídio doloso consumado, desprezando-se o erro incidente sobre o nexo causal, por se tratar de um erro meramente acidental. E mais, leva-se em conta o meio que o agente tinha em mente (emprego de veneno), para fins de qualificar o homicídio, e não aquele que, acidentalmente, acabou empregando (asfixia por afogamento).

16.6.10. Dolo de primeiro grau e de segundo grau

O de primeiro grau consiste na vontade de produzir as consequências primárias do delito, ou seja, o resultado típico inicialmente visado, ao passo que o de segundo grau abrange os efeitos colaterais da prática delituosa, ou seja, as suas consequências secundárias, que não são desejadas originalmente, mas acabam sendo provocadas porque indestacáveis do primeiro evento. No dolo de segundo grau, portanto, o autor não pretende produzir o resultado, mas se dá conta de que não pode chegar à meta traçada sem causar tais efeitos acessórios.

Por exemplo, querendo obter fraudulentamente o prêmio do seguro (dolo de primeiro grau), o sujeito dinamita um barco em alto-mar, entretanto acaba por tirar a vida de todos os seus tripulantes, resultado pretendido apenas porque inevitável para o desiderato criminoso (dolo de segundo grau). Em regra, esta modalidade consistirá em dolo eventual (não quer, mas também não se importa se vai ou não ocorrer). Responde por ambos os delitos, em concurso, a título de dolo[121].

16.7. Dolo e dosagem da pena

A quantidade da pena abstratamente cominada no tipo não varia de acordo com a espécie de dolo, contudo, o juiz deverá levá-la em consideração no momento da dosimetria penal, pois, quando o art. 59, *caput*, do CP manda dosar a pena de acordo com o grau de culpabilidade, está se referindo à intensidade do dolo e ao grau de culpa, circunstâncias judiciais a serem levadas em conta na primeira fase da fixação. Destaca-se aqui o julgado recente do STJ HC 606.078/RS, *DJU* 21-9-2020, em que foi solicitada nova dosagem de pena, "a fim de afastar a valoração negativa da culpabilidade, da conduta social e da personalidade do paciente (...)".

→ **Atenção**: não devemos confundir culpabilidade, que é o juízo de reprovação do autor da conduta, com grau de culpabilidade, circunstância a ser aferida no momento da dosagem da pena e dentro da qual se encontram a espécie de dolo e o grau de culpa.

16.8. Dolo nos crimes comissivos por omissão

Não há crime comissivo por omissão sem que exista o especial dever jurídico de impedir o dano ou o perigo ao bem jurídico tutelado, e nos delitos comissivos por omis-

---

121. Gunther Jakobs, *Derecho penal*, cit., p. 324.

são dolosa é também indispensável que haja a vontade de omitir a ação devida, ou, em outras palavras, os pressupostos de fato que configuram a situação de garante do agente devem ser abrangidos pelo dolo, e o sujeito ativo precisa ter a consciência de que está naquela posição.

17. O TIPO PENAL NOS CRIMES CULPOSOS

17.1. Conceito de culpa

É o elemento normativo da conduta.

A culpa é assim chamada porque sua verificação necessita de um prévio juízo de valor, sem o qual não se sabe se ela está ou não presente. Com efeito, os tipos que definem os crimes culposos são, em geral, abertos (*vide* adiante), portanto, neles não se descreve em que consiste o comportamento culposo. O tipo limita-se a dizer: "se o crime é culposo, a pena será de (...)", não descrevendo como seria a conduta culposa.

A culpa, portanto, não está descrita, nem especificada, mas apenas prevista genericamente no tipo. Isso se deve ao fato da absoluta impossibilidade de o legislador antever todas as formas de realização culposa, pois seria mesmo impossível, por exemplo, tentar elencar todas as maneiras de se matar alguém culposamente. É inimaginável de quantos modos diferentes a culpa pode apresentar-se na produção do resultado morte (atropelar por excesso de velocidade, disparar inadvertidamente arma carregada, ultrapassar em local proibido, deixar criança brincar com fio elétrico etc.).

Por essa razão, sabedor dessa impossibilidade, o legislador limita-se a prever genericamente a ocorrência da culpa, sem defini-la. Com isso, para a adequação típica será necessário mais do que simples correspondência entre conduta e descrição típica. Torna-se imprescindível que se proceda a um juízo de valor sobre a conduta do agente no caso concreto, comparando-a com a que um homem de prudência média teria na mesma situação. A culpa decorre, portanto, da comparação que se faz entre o comportamento realizado pelo sujeito no plano concreto e aquele que uma pessoa de prudência normal, mediana, teria naquelas mesmas circunstâncias.

A conduta normal é aquela ditada pelo senso comum e está prevista na norma. Norma nada mais é do que o mandamento não escrito de uma conduta normal, que decorre do sentimento médio da sociedade sobre o que é justo ou injusto, certo ou errado. Assim, se a conduta do agente se afastar daquela prevista na norma (que é a normal), haverá a quebra do dever de cuidado e, consequentemente, a culpa. Se, por exemplo, um motorista conduz bêbado um veículo, basta proceder-se a um juízo de valor de acordo com o senso comum para saber que essa não é uma conduta normal, isto é, não é a que a norma recomenda.

Em suma, para saber se houve culpa ou não será sempre necessário proceder-se a um juízo de valor, comparando a conduta do agente no caso concreto com aquela que uma pessoa medianamente prudente teria na mesma situação. Isso faz com que a culpa seja qualificada como um elemento normativo da conduta.

→ **Atenção**: regra importantíssima: um crime só pode ser punido como culposo quando houver expressa previsão legal (CP, art. 18, parágrafo único). No silêncio da lei, o crime só é punido como doloso. Isso se dá em razão da excepcionalidade do crime culposo.

17.2. Tipo aberto

O tipo culposo é chamado de aberto, porque a conduta culposa não é descrita. Torna-se impossível descrever todas as hipóteses de culpa, pois sempre será necessário, em cada caso, comparar a conduta do caso concreto com a que seria ideal naquelas circunstâncias, conforme já explicitado. Assim, se o legislador tentasse descrever todas as hipóteses em que poderia ocorrer culpa, certamente jamais esgotaria o rol. Exemplos de condutas culposas: dirigir em excesso de velocidade, brincar com arma carregada, distrair-se enquanto criança vai para o meio da rua, soltar cão bravio em parques movimentados etc.

17.3. Crimes materiais

Não existe crime culposo de mera conduta, sendo imprescindível a produção do resultado naturalístico involuntário para seu aperfeiçoamento típico. Assim, em regra, todo crime culposo é um crime material.

O delito de prescrição culposa de entorpecente, previsto no art. 38 da Lei n. 11.343/2006, configura uma exceção, já que nesse caso o crime culposo se consuma com o simples ato de prescrever e entregar a receita ao paciente, independentemente de ele fazer uso ou não do remédio. Um caso de crime formal culposo, portanto.

17.4. Elementos do fato típico culposo

(i) conduta (sempre voluntária);

(ii) resultado involuntário;

(iii) nexo causal;

(iv) tipicidade;

(v) previsibilidade *objetiva*;

(vi) ausência de previsão;

→ **Atenção**: na culpa consciente inexiste esse elemento.

(vii) quebra do dever objetivo de cuidado (por meio da imprudência, imperícia ou negligência).

17.5. Previsibilidade

17.5.1. Objetiva

É a possibilidade de qualquer pessoa dotada de prudência mediana prever o resultado. É elemento da culpa.

Conforme anota Mirabete, "A rigor, porém, quase todos os fatos naturais podem ser previstos pelo homem (inclusive de uma pessoa poder atirar-se sob as rodas do automóvel que está dirigindo). É evidente, porém, que não é essa previsibilidade em abstrato de que se fala. Se não se interpreta o critério de previsibilidade informadora da culpa com certa flexibilidade, o resultado lesivo sempre seria atribuído ao causador. Não se pode confundir o dever de prever, fundado na diligência ordinária de um homem qualquer, com o poder de previsão. Diz-se, então, que estão fora do tipo penal dos delitos culposos os resultados que estão fora da previsibilidade objetiva de um homem razoável, não sendo culposo o ato quando o resultado só teria sido evitado por pessoa extremamente prudente. Assim só é típica a conduta culposa quando se puder estabelecer que o fato era possível de ser previsto pela perspicácia comum, normal dos homens"[122].

17.5.2. Subjetiva

É a possibilidade que o agente, dadas as suas condições peculiares, tinha de prever o resultado. Não importa se uma pessoa de normal diligência poderia ter previsto, relevando apenas se o agente podia ou não o ter feito.

→ **Atenção:** *a ausência de previsibilidade subjetiva não exclui a culpa*, uma vez que não é seu elemento. A consequência será a exclusão da culpabilidade, mas nunca da culpa (o que equivale a dizer, da conduta e do fato típico). Dessa forma, o fato será típico, porque houve conduta culposa, mas o agente não será punido pelo crime cometido ante a falta de culpabilidade.

17.6. Princípio do risco tolerado

Há comportamentos perigosos imprescindíveis, que não podem ser evitados e, portanto, por seu caráter emergencial, tidos como ilícitos. Mesmo arriscada, a ação deve ser praticada, e aceitos eventuais erros, dado que não há outra solução. Por exemplo, médico que realiza uma cirurgia em circunstâncias precárias, podendo causar a morte do paciente.

17.7. Princípio da confiança

A previsibilidade também está sujeita a esse princípio, segundo o qual as pessoas agem de acordo com a expectativa de que as outras atuarão dentro do que lhes é normalmente esperado. O motorista que vem de uma via preferencial passa por um cruzamento na confiança de que aquele que vem da via secundária irá aguardar a sua passagem. Ao se aferir a previsibilidade de um evento, não se pode exigir que todos ajam desconfiando do comportamento dos seus semelhantes. Quando o motorista conduz seu veículo na confiança de que o pedestre não atravessará a rua em local ou momento inadequado (ação esperada) inexiste a culpa, não havendo que se falar em resultado previsível.

---

122. *Manual de direito penal*, 3. ed., São Paulo, Atlas, 1987, v. 1, p. 144.

17.8. Inobservância do dever objetivo de cuidado

Dever objetivo de cuidado é o dever que todas as pessoas devem ter; o dever normal de cuidado, imposto às pessoas de razoável diligência.

A inobservância do dever objetivo de cuidado é, portanto, a quebra do dever de cuidado imposto a todos e manifesta por meio de três modalidades de culpa, todas previstas no art. 18, II, do CP. Vejamos.

17.8.1. Imprudência

É a culpa de quem age, ou seja, aquela que surge durante a realização de um fato sem o cuidado necessário. Pode ser definida como a ação descuidada. Implica sempre um comportamento positivo.

Como diz Magalhães Noronha: "A imprudência tem forma ativa. Trata-se de um agir sem a cautela necessária. É forma militante e positiva da culpa, consistente no atuar o agente com precipitação, insensatez ou inconsideração, já por não atentar para a lição dos fatos ordinários, já por não perseverar no que a razão indica"[123].

Uma característica fundamental da imprudência é a de que nela a culpa se desenvolve paralelamente à ação. Desse modo, enquanto o agente pratica a conduta comissiva, vai ocorrendo simultaneamente a imprudência. Por exemplo, ultrapassagem proibida, excesso de velocidade, trafegar na contramão, manejar arma carregada etc. Em todos esses casos, a culpa ocorre no mesmo instante em que se desenvolve a ação.

17.8.2. Negligência

É a culpa na sua forma omissiva. Consiste em deixar alguém de tomar o cuidado devido antes de começar a agir.

Ao contrário da imprudência, que ocorre durante a ação, a negligência dá-se sempre antes do início da conduta. Implica, pois, a abstenção de um comportamento que era devido. O negligente deixa de tomar, antes de agir, as cautelas que deveria.

Novamente, Magalhães Noronha é preciso: "No sentido do Código, ela é a inação, inércia e passividade. Decorre de inatividade material (corpórea) ou subjetiva (psíquica). Reduz-se a um comportamento negativo. Negligente é quem, podendo e devendo agir de determinado modo, por indolência ou preguiça mental, não age ou se comporta de modo diverso"[124]. Por exemplos, deixar de reparar os pneus e verificar os freios antes de viajar, não sinalizar devidamente perigoso cruzamento, deixar arma ou substância tóxica ao alcance de criança etc.

17.8.3. Imperícia

É a demonstração de inaptidão técnica em profissão ou atividade. Consiste na incapacidade, na falta de conhecimento ou habilidade para o exercício de determinado

---

123. *Direito penal*, cit., v. 1, p. 141.
124. *Direito penal*, cit., v. 1, p. 141.

mister. Por exemplo, médico vai curar uma ferida e amputa a perna, atirador de elite que mata a vítima, em vez de acertar o criminoso etc.

Se a imperícia advier de pessoa que não exerce arte ou profissão, haverá imprudência. Assim, um curandeiro que tenta fazer uma operação espiritual, no lugar de chamar um médico, incorre em imprudência, e não em imperícia. Se, além da demonstração da falta de habilidade, for ignorada pelo agente regra técnica específica de sua profissão, haverá ainda aumento da pena, sendo essa modalidade de imperícia ainda mais grave.

17.8.3.1. Diferença entre imperícia e erro médico

O erro médico ocorre quando, empregados os conhecimentos normais da medicina, por exemplo, chega o médico a conclusão errada quanto ao diagnóstico, à intervenção cirúrgica etc., não sendo o fato típico.

O erro médico pode derivar não apenas de imperícia, mas também de imprudência ou negligência. Além disso, a imperícia não se restringe à área médica, podendo ocorrer em qualquer outra atividade ou profissão que requeira habilidade especial. Somente a falta grosseira desses profissionais consubstancia a culpa penal, pois exigência maior provocaria a paralisação da ciência, impedindo os pesquisadores de tentar métodos novos de cura, de edificações etc.

17.9. Espécies de culpa

17.9.1. Culpa inconsciente

É a culpa sem previsão, em que o agente não prevê o que era previsível.

17.9.2. Culpa consciente ou com previsão

É aquela em que o agente prevê o resultado, embora não o aceite. Há no agente a representação da possibilidade do resultado, mas ele a afasta, de pronto, por entender que a evitará e que sua habilidade impedirá o evento lesivo previsto.

→ **Atenção:** de acordo com a lei penal, não existe diferença de tratamento penal entre a culpa com previsão e a inconsciente "pois tanto vale não ter consciência da anormalidade da própria conduta, quanto estar consciente dela, mas confiando, sinceramente, em que o resultado lesivo não sobrevirá" (Exposição de Motivos do CP de 1940).

→ **Atenção:** não há diferença quanto à cominação da pena abstratamente no tipo. Entretanto, parece-nos que, no momento da dosagem da pena, deve o juiz, na primeira fase da dosimetria, ao analisar o grau de culpabilidade (circunstância judicial prevista no art. 59, *caput*, do CP), elevar um pouco mais a sanção de quem age com a culpa consciente, dada a maior censurabilidade desse comportamento.

Finalmente, insta deixar registrado que a culpa consciente difere do dolo eventual, porque neste o agente prevê o resultado, mas não se importa que ele ocorra ("se eu continuar dirigindo assim, posso vir a matar alguém, mas não importa; se acontecer, tudo bem, eu vou prosseguir").

Na culpa consciente, embora prevendo o que possa vir a acontecer, o agente repudia essa possibilidade ("se eu continuar dirigindo assim, posso vir a matar alguém, mas estou certo de que isso, embora possível, não ocorrerá").

O traço distintivo entre ambos, portanto, é que no dolo eventual o agente diz: "não importa", enquanto na culpa consciente supõe: "é possível, mas não vai acontecer de forma alguma".

17.9.3. Culpa imprópria

Também conhecida como culpa por extensão, por equiparação ou por assimilação, é aquela em que o agente, por erro de tipo inescusável, supõe estar diante de uma causa de justificação que lhe permita praticar, licitamente, um fato típico. Há uma má apreciação da realidade fática, fazendo o autor supor que está acobertado por uma causa de exclusão da ilicitude. Entretanto, como esse erro poderia ter sido evitado pelo emprego de diligência mediana, subsiste o comportamento culposo.

Por exemplo, "A" está assistindo a um programa de televisão, quando seu primo entra na casa pela porta dos fundos. Pensando tratar-se de um assalto, "A" efetua disparos de arma de fogo contra o infortunado parente, certo de que está praticando uma ação perfeitamente lícita, amparada pela legítima defesa. A ação, em si, é dolosa, mas o agente incorre em erro de tipo essencial (pensa estarem presentes elementares do tipo permissivo da legítima defesa), o que exclui o dolo de sua conduta, subsistindo a culpa, em face da evitabilidade do erro.

Como se percebe, há um elemento subjetivo híbrido, uma figura mista, que não chega a ser dolo, nem propriamente culpa. No momento inicial da formação do erro (quando pensou que o primo era um assaltante), configurou-se a culpa; a partir daí, no entanto, toda a ação foi dolosa (atirou para matar, em legítima defesa). Logo, há um pouco de dolo e um pouco de culpa na atuação. Daí o nome "culpa imprópria" (não é uma culpa propriamente dita), "culpa por extensão, assimilação ou equiparação" (só mesmo mediante uma extensão, assimilação ou equiparação ao conceito de culpa é que podemos classificá-la como tal).

17.9.3.1. Responsabilização do agente na culpa imprópria

No exemplo dado, se a vítima vem a falecer, há duas posições a respeito. Vejamos.

(i) O agente cometeu homicídio culposo, pois, como o erro estava na base da conduta (ele confundiu o primo com um assaltante), mesmo que a ação subsequente tenha sido dolosa (atirou para matar), todo o comportamento é considerado culposo. Incide o erro de tipo evitável, excluindo o dolo, mas deixando a culpa, que, assim, passa a qualificar o crime. Não há que se falar em dolo, quando o próprio legislador fala em crime culposo.

(ii) Luiz Flávio Gomes, na brilhante monografia *Erro de tipo e erro de proibição*, não aceita a existência da culpa imprópria, por entender que se trata de crime doloso, ao qual, por motivos de política criminal, aplica-se a pena do crime culposo.

Assim, no exemplo dado, entende esse jurista que o agente cometeu homicídio doloso, mas, por um critério político do legislador, será punido com a pena do homicídio culposo: "Em suma, o erro de tipo permissivo vencível ou invencível não parece afetar o dolo do tipo, mas, sim, a culpabilidade dolosa unicamente. No exemplo mais comum da legítima defesa putativa, o agente, quando, v. g., dispara contra a vítima, o faz regularmente, ou com a intenção de lesar ou com a de matar; é inegável, portanto, o dolo do tipo de lesão corporal ou de homicídio"[125].

Para essa corrente, não existe culpa imprópria, que não passa de dolo punido, a título de política criminal, como culpa.

> **Nosso entendimento:** entendemos correta a primeira posição. Trata-se de erro de tipo inescusável, que exclui o dolo, mas permite a punição por crime culposo.

Então, nesse caso, o agente deverá responder por crime culposo (culpa imprópria), na forma do art. 20, § 1º, parte final, do CP.

Se a vítima vier a sobreviver, dado o aspecto híbrido da culpa imprópria (metade culpa, metade dolo), o agente responderá por tentativa de homicídio culposo. Sim, porque houve culpa no momento inicial, mas a vítima só não morreu por circunstâncias alheias à vontade do autor, no momento dos disparos.

A ação subsequente dolosa faz com que seja possível a tentativa, mas houve culpa, pois, se trata de caso de erro de tipo evitável. Aliás, esse é o único caso em que se admite tentativa em crime culposo.

17.9.4. Culpa presumida

Sendo uma forma de responsabilidade objetiva, já não é prevista na legislação penal, ao contrário do que ocorria na legislação anterior ao Código Penal de 1940, em que havia punição por crime culposo quando o agente causasse o resultado apenas por ter infringido uma disposição regulamentar (por exemplo, dirigir sem habilitação legal), ainda que não houvesse imprudência, negligência ou imperícia.

No entanto, na atual legislação, a culpa deve ficar provada, não se aceitando presunções ou deduções que não se alicercem em prova concreta e induvidosa. A inobservância de disposição regulamentar poderá caracterizar infração dolosa autônoma (CTB, art. 309) ou apenas um ilícito administrativo, mas não se pode dizer que, em caso de acidente com vítima, o motorista seja presumido culpado, de forma absoluta.

17.9.5. Culpa mediata ou indireta

Ocorre quando o agente produz indiretamente um resultado a título de culpa. Por exemplo, um motorista se encontra parado no acostamento de uma rodovia movimentada, quando é abordado por um assaltante. Assustado, foge para o meio da pista e acaba sendo atropelado e morto.

---

125. *Erro de tipo e erro de proibição*, 2. ed., São Paulo, Revista dos Tribunais, p. 144.

O agente responde não apenas pelo roubo, que diretamente realizou com dolo, mas também pela morte da vítima, provocada indiretamente por sua atuação culposa (era previsível a fuga em direção à estrada).

Importante notar que, para a configuração dessa modalidade de culpa, será imprescindível que o resultado esteja na linha de desdobramento causal da conduta, ou seja, no âmbito do risco provocado, e, além disso, que possa ser atribuído ao autor mediante culpa. Vejamos.

(i) Nexo causal: é necessário que o segundo resultado constitua um desdobramento normal e previsível da conduta culposa, que atua como sua causa dependente. Se o segundo evento derivar de fato totalmente imprevisível, desvinculado da conduta anterior, e que, por isso, atuou como se por si só tivesse produzido o resultado, não será possível falar em responsabilização do agente, ante a exclusão da relação de causalidade (CP, art. 13, § 1º — causa superveniente relativamente independente).

Por exemplo, se o motorista de um ônibus provoca a sua colisão, e, em razão desse primeiro fato, uma passageira assusta-se e põe-se a correr desesperadamente até ser atropelada, não se pode dizer que entre o primeiro e o segundo acidente haja uma relação causal lógica, normal e esperada. Não havendo nexo causal, nem se indaga acerca de culpa, pois se o agente nem deu causa ao resultado, evidentemente, não pode tê-lo causado culposamente.

(ii) Nexo normativo: além do nexo causal, é preciso que o agente tenha culpa com relação ao segundo resultado, que não pode derivar nem de caso fortuito, nem de força maior.

Desse modo, a culpa indireta pressupõe: nexo causal (que o agente tenha dado causa ao segundo evento) e nexo normativo (que tenha contribuído culposamente para ele).

17.10. Graus de culpa

São três:

(i) grave;

(ii) leve;

(iii) levíssima.

→ Atenção: inexiste diferença para efeito de cominação abstrata de pena, mas o juiz deve levar em conta a natureza da culpa no momento de dosar a pena concreta, já que lhe cabe, nos termos do art. 59, *caput*, do CP, fixar a pena de acordo com o grau de culpabilidade do agente (sendo a culpabilidade do art. 59 uma das circunstâncias judiciais).

17.11. Culpa nos delitos omissivos impróprios

É possível a ocorrência de crimes omissivos impróprios culposos. É o caso da babá que, por negligência, descumpre o dever contratual de cuidado e vigilância do bebê e não impede que este morra afogado na piscina da casa. Responderá por homicídio culposo por omissão.

17.12. Participação no crime culposo

Há duas posições. Vejamos.

(i) No tipo culposo, que é aberto, ou seja, em que não existe descrição de conduta principal, mas tão somente previsão genérica ("se o crime é culposo (...)"), não se admite participação. Com efeito, se no tipo culposo não existe conduta principal, dada a generalidade de sua descrição, não se pode falar em participação, que é acessória.

Desse modo, toda concorrência culposa para o resultado constituirá crime autônomo. Por exemplo, motorista imprudente é instigado, por seu acompanhante, a desenvolver velocidade incompatível com o local, vindo a atropelar e matar uma pessoa. Ambos serão autores de homicídio culposo, não havendo que se falar em participação, uma vez que, dada a natureza do tipo legal, fica impossível detectar qual foi a conduta principal.

(ii) Mesmo no tipo culposo, que é aberto, é possível definir qual a conduta principal. No caso do homicídio culposo, por exemplo, a descrição típica é "matar alguém culposamente"; logo, quem matou é o autor e quem o auxiliou, instigou ou induziu à conduta culposa é o partícipe. Na hipótese *(i)*, quem estava conduzindo o veículo é o principal responsável pela morte, pois foi quem, na verdade, matou a vítima. O acompanhante não matou ninguém, até porque não estava dirigindo o automóvel. Por essa razão, é possível apontar uma conduta principal (autoria) e outra acessória (participação).

> **Nosso entendimento:** como adotamos a teoria restritiva da autoria, é possível autoria e participação no crime culposo.

Para tanto, é suficiente detectar o verbo do tipo (a ação nuclear) e considerar autor quem o realizou e partícipe aquele que concorreu de qualquer modo, sem cometer o núcleo verbal da ação.

Finalmente, para os partidários da teoria do domínio do fato, não há como sustentar o concurso de agentes no crime culposo, pois neste o agente não quer o resultado e, portanto, não há como sustentar que ele detenha o controle final sobre algo que não deseja. Por isso, adotam a primeira posição, no sentido da inviabilidade da participação no crime culposo. Cada um dos participantes é autor de um delito culposo autônomo e independente.

17.13. Compensação de culpas

Não existe em Direito Penal. Desse modo, a imprudência do pedestre que cruza a via pública em local inadequado não afasta a do motorista que, trafegando na contramão, vem a atropelá-lo.

A culpa recíproca apenas produz efeitos quanto à fixação da pena, pois o art. 59 faz alusão ao "comportamento da vítima" como uma das circunstâncias a serem consideradas.

A culpa exclusiva da vítima, contudo, exclui a do agente (ora, se ela foi exclusiva de um é porque não houve culpa alguma do outro; logo, se não há culpa do agente, não se pode falar em compensação).

17.14. Concorrência de culpas

Ocorre quando dois ou mais agentes, em atuação independente uma da outra, causam resultado lesivo por imprudência, negligência ou imperícia. Todos respondem pelos eventos lesivos.

18. CRIME PRETERDOLOSO

18.1. Conceito

Crime preterdoloso é uma das quatro espécies de crime qualificado pelo resultado.

18.2. Crime qualificado pelo resultado

É aquele em que o legislador, após descrever uma conduta típica, com todos os seus elementos, acrescenta-lhe um resultado, cuja ocorrência acarreta um agravamento da sanção penal. Veja o caso do CComp 156.390: "(...) pelas provas nos autos, não há como afirmar que os policiais militares que agrediram a vítima tenham agido com dolo de matar, tendo havido um *crime preterdoloso*, consistente em lesão corporal seguida de morte já que, as provas evidenciam que o resultado morte foi além do que pretendiam os agressores (...)" (STJ, CComp 156.390/MG, *DJU* 10-12-2019) (grifo nosso).

O crime qualificado pelo resultado possui duas etapas: (i) prática de um crime completo, com todos os seus elementos (fato antecedente); (ii) produção de um resultado agravador, além daquele que seria necessário para a consumação (fato consequente). Na primeira parte, há um crime perfeito e acabado, praticado a título de dolo ou culpa, ao passo que, na segunda, um resultado agravador produzido dolosa ou culposamente acaba por tipificar um delito mais grave. Por exemplo, a ofensa à integridade corporal de outrem, por si só, já configura o crime previsto no art. 129, *caput*, do Código Penal, mas, se o resultado final caracterizar uma lesão grave ou gravíssima, essa consequência servirá para agravar a sanção penal, fazendo com que o agente responda por delito mais intenso.

→ **Atenção**: o crime qualificado pelo resultado é um único delito, que resulta da fusão de duas ou mais infrações autônomas. Trata-se de crime complexo, portanto.

18.3. Espécies de crimes qualificados pelo resultado

18.3.1. Dolo no antecedente e dolo no consequente

Nesse caso, temos uma conduta dolosa e um resultado agravador também doloso. O agente quer produzir tanto a conduta como o resultado agravador. Por exemplo, marido que espanca a mulher até atingir seu intento, provocando-lhe deformidade permanente (CP, art. 129, § 2º, IV).

Na hipótese, há dolo no comportamento antecedente e na produção do resultado agravador, pois o autor não quis apenas produzir ofensa à integridade corporal da ofendida, mas obter o resultado "deformidade permanente" (dolo no antecedente e dolo no consequente).

18.3.2. Culpa no antecedente e culpa no consequente

O agente pratica uma conduta culposamente e, além desse resultado culposo, acaba produzindo outros, também a título de culpa. No crime de incêndio culposo, por exemplo, considerado fato antecedente, se, além do incêndio, vier a ocorrer alguma morte, também por culpa, o homicídio culposo funcionará como resultado agravador (fato consequente). É a hipótese prevista no art. 258, parte final, do Código Penal, que prevê o crime de incêndio culposo qualificado pelo resultado morte.

18.3.3. Culpa no antecedente e dolo no consequente

O agente, após produzir um resultado por imprudência, negligência ou imperícia, realiza uma conduta dolosa agravadora. É o caso do motorista que, após atropelar um pedestre, ferindo-o, foge, omitindo-lhe socorro (CTB, art. 303, § 1º). Houve um comportamento anterior culposo, ao qual sucedeu uma conduta dolosa, que agravou o crime (culpa no antecedente e dolo no consequente).

18.3.4. Conduta dolosa e resultado agravador culposo (preterdoloso)

É o chamado crime preterdoloso ou preterintencional.

O agente quer praticar um crime, mas acaba excedendo-se e produzindo culposamente um resultado mais gravoso do que o desejado. É o caso da lesão corporal seguida de morte, na qual o agente quer ferir, mas acaba matando (CP, art. 129, § 3º).

Por exemplo, sujeito desfere um soco contra o rosto da vítima com intenção de lesioná-la, no entanto, ela perde o equilíbrio, bate a cabeça e morre. Há um só crime: lesão corporal dolosa, qualificada pelo resultado morte culposa, que é a lesão corporal seguida de morte.

Como se nota, o agente queria provocar lesões corporais, mas, acidentalmente, por culpa, acabou gerando um resultado muito mais grave, qual seja, a morte. Na hipótese, diz-se que o autor fez mais do que queria, agiu além do dolo, isto é, com preterdolo. Somente esta última espécie de crime qualificado pelo resultado configura o crime preterdoloso ou preterintencional.

→ **Atenção:** o crime qualificado pelo resultado é gênero, do qual o preterdoloso é apenas uma de suas espécies.

18.4. Nexo entre conduta e resultado agravador

Não basta a existência de nexo causal entre a conduta e o resultado, pois, sem o nexo normativo, o agente não responde pelo excesso não querido. Vale dizer, se o resultado não puder ser atribuído ao agente, ao menos culposamente, não lhe será imputado (CP, art. 19).

18.5. Do crime preterdoloso

18.5.1. Componentes do crime preterdoloso

O crime preterdoloso compõe-se de um comportamento anterior doloso (fato antecedente) e um resultado agravador culposo (fato consequente). Há, portanto, dolo no antecedente e culpa no consequente.

18.5.2. Tentativa no crime preterdoloso

É impossível, já que o resultado agravador não era desejado, e não se pode tentar produzir um evento que não era querido.

Apesar disso, há quem diga ser possível sustentar que existe uma exceção à regra de que o crime preterdoloso não admite tentativa. Trata-se do aborto qualificado pela morte ou lesão grave da gestante (CP, art. 127), em que o feto sobrevive, mas a mãe morre ou sofre lesão corporal de natureza grave ou gravíssima. Neste caso, seria, em tese, possível admitir uma tentativa de crime preterdoloso, pois o aborto ficou na esfera tentada, tendo ocorrido o resultado agravador culposo.

> **Nosso entendimento:** entendemos, no entanto, que, mesmo nesse caso, o crime seria consumado, ainda que não tenha havido supressão da vida intrauterina, nos mesmos moldes que ocorre no latrocínio, quando o roubo é tentado, mas a morte consumada.

Entretanto, no crime qualificado pelo resultado em que houver dolo no antecedente e dolo no consequente, será possível a tentativa, pois o resultado agravador também era visado. Por exemplo, o agente joga ácido nos olhos da vítima com o intuito de cegá-la. Se o resultado agravador foi pretendido e não se produziu por circunstâncias alheias à sua vontade, responderá o autor por tentativa de lesão corporal qualificada (CP, art. 129, § 2º, III, c/c o art. 14, II).

18.5.3. Latrocínio

Não é necessariamente preterdoloso, já que a morte pode resultar de dolo (ladrão, depois de roubar, atira para matar), havendo este tanto no antecedente como no consequente. Quando a morte for acidental (culposa), porém, o latrocínio será preterdoloso, caso em que a tentativa não será possível.

→ **Atenção:** A Sexta Turma do STJ manteve a tipificação de latrocínio no caso de roubo seguido de morte da vítima por infarto. O colegiado considerou irrelevantes as condições preexistentes de saúde, que indicavam doença cardíaca. Segundo a relatora, Ministra Laurita Vaz, "para se imputar o resultado mais grave (no caso, latrocínio em vez de roubo majorado), basta que a morte seja causada por conduta meramente culposa, não se exigindo comportamento doloso" (STJ – HC 704.718/SP. Rel. Min. Laurita Vaz, julgado em 16-5-2023). Importante ressaltar que somente a morte provocada por violência caracteriza latrocínio, não a resultante de ameaça, dada a redação expressa do art. 157, § 3º, do CP.

18.5.4. Lesões corporais de natureza grave ou gravíssima

Trata-se de crime qualificado pelo resultado, mas não necessariamente preterdoloso, do mesmo modo que o latrocínio.

Assim, tanto o resultado agravador pode ser pretendido pelo agente, como no caso do sujeito que atira ácido nos olhos da vítima com intenção de cegá-la (dolo na lesão corporal e no resultado agravador "perda definitiva de função"), quanto pode derivar de culpa, como na hipótese do marido que surra a mulher grávida, mas sem intenção de provocar o abortamento, o que, infelizmente, vem a ocorrer.

Neste último exemplo, houve dolo no antecedente (lesões dolosas) e culpa no consequente (lesão gravíssima "abortamento"), tratando-se de crime preterdoloso.

18.5.4.1. Tentativa na lesão corporal grave ou gravíssima

Quando o resultado agravador for querido, é possível a tentativa. Desse modo, se o ácido não provocou a cegueira na vítima por circunstâncias alheias à vontade do agente, este responderá por tentativa de lesão corporal gravíssima. Quando se tratar de crime preterdoloso, como na hipótese da lesão dolosa agravada pelo abortamento culposo, a tentativa será inadmissível.

CRIME QUALIFICADO PELO RESULTADO	
ANTECEDENTE	*CONSEQUENTE*
1 DOLO (lesão corporal)	DOLO (natureza grave ou gravíssima das lesões)
2 CULPA (incêndio culposo)	CULPA (homicídio culposo das pessoas que se encontravam no local
3 CULPA (lesão corporal culposa de trânsito	DOLO (omissão de socorro)
4 DOLO (roubo, estupro)	CULPA (morte da vítima)

Obs.: Somente há crime preterdoloso na última hipótese, ou seja, apenas quando o agente quis praticar um crime doloso, mas, por culpa, acabou realizando um resultado culposo mais grave. Ele quer roubar, mas, por culpa, acaba indo além e matando a vítima; quer estuprar, mas, por culpa, mata ou lesiona gravemente a ofendida. Isso ocorre porque preterdolo quer dizer "além do dolo" (o agente faz mais do que queria). Prevalece na doutrina não ser cabível a tentativa, pois o agente não pode tentar produzir um resultado que não desejava. Convém notar que o latrocínio e as lesões graves ou gravíssimas podem ou não ser preterdolosos, pois o resultado agravador poderá derivar de dolo (quando o assaltante deseja também matar a vítima ou quando o agressor pretende produzir as lesões graves ou gravíssimas) ou culpa. Somente neste último caso, ou seja, quando houver culpa é que estará presente o preterdolo, sendo incabível a tentativa.

19. ERRO DE TIPO

19.1. Conceito

Trata-se de um erro incidente sobre situação de fato ou relação jurídica descritas: (i) como elementares ou circunstâncias de tipo incriminador; (ii) como elementares de tipo permissivo; ou (iii) como dados acessórios irrelevantes para a figura típica.

De acordo com a conceituação do Código Penal, "é o erro sobre elemento constitutivo do tipo legal" (CP, art. 20, *caput*).

Conceito bem amplo é-nos dado por Damásio E. de Jesus, para quem erro de tipo "é o que incide sobre as elementares, circunstâncias da figura típica, sobre os pressupostos de fato de uma causa de justificação ou dados secundários da norma penal incriminadora"[126].

Para Luiz Flávio Gomes, invocando os ensinamentos de Teresa Serra, "estamos perante um erro de tipo, quando o agente erra (por desconhecimento ou falso conhecimento) sobre os elementos objetivos — sejam eles descritivos ou normativos — do tipo, ou seja, o agente não conhece todos os elementos a que, de acordo com o respectivo tipo legal de crime, se deveria estender o dolo"[127].

Conclui-se, portanto, que o erro de tipo é um equívoco do agente sobre uma realidade descrita no tipo penal incriminador como elementar, circunstância ou dado secundário ou sobre uma situação de fato descrita como elementar de tipo permissivo (pressuposto de uma causa de justificação).

A denominação "erro de tipo" deve-se ao fato de que o equívoco do agente incide sobre um dado da realidade que se encontra descrito em um tipo penal. Assim, mais adequado seria chamá-lo não de "erro de tipo", mas de "erro sobre situação descrita tipo".

19.2. Exemplos de erro de tipo

19.2.1. Erro incidente sobre situação de fato descrita como elementar de tipo incriminador

O agente pega uma caneta alheia, supondo-a de sua propriedade. Seu erro não incidiu sobre nenhuma regra legal, mas sobre uma situação concreta, isto é, um dado da realidade. A equivocada apreciação da situação de fato (pensou que a caneta alheia fosse sua) fez com que imaginasse estar pegando um bem próprio, e não um objeto pertencente a terceiro.

Ocorre que essa realidade desconhecida pelo agente se encontra descrita no tipo que prevê o crime de furto como sua elementar (coisa alheia móvel). Devido ao erro, o agente ficou impedido de saber que estava subtraindo coisa alheia e, consequentemente, de ter conhecimento da existência de um elemento imprescindível para aquele crime. Esse desconhecimento eliminou a sua consciência e vontade de realizar o fato típico, pois, se não sabia que estava subtraindo coisa alheia, evidentemente, não poderia querer subtraí-la.

Por essa razão, o erro, quando incidente sobre situação de fato definida como elemento de tipo incriminador, exclui o dolo, impedindo o sujeito de saber que está cometendo o crime.

126. *Direito penal*, cit., 23. ed., v. 1, p. 305.
127. *Erro de tipo*, cit., p. 96.

19.2.2. Erro incidente sobre relação jurídica descrita como elementar de tipo incriminador

O agente casa-se com mulher já casada, supondo ser ela solteira, viúva ou divorciada. Operou-se um equívoco sobre o estado civil da nubente, ou seja, sobre a sua situação jurídica.

Essa situação, por sua vez, encontra-se descrita como elementar do tipo da bigamia. Assim, a confusão sobre esse dado da realidade impediu o agente de ter conhecimento de um elemento imprescindível para a existência do crime, excluindo sua consciência e, consequentemente, sua vontade de realizar a conduta típica. Sim, porque, se não tinha conhecimento do impedimento absolutamente dirimente, por óbvio não podia ter a vontade de cometer a bigamia.

A consequência é a exclusão do dolo. Quanto à mulher, por ter ampla consciência do impedimento, subsiste a conduta dolosa.

19.2.3. Erro incidente sobre situação de fato descrita como elementar de tipo permissivo

Tipo permissivo é aquele que permite a realização de um fato típico, sem configurar infração penal. Trata-se das causas de exclusão da ilicitude, e, por essa razão, são chamados também de tipos justificadores ou excludentes.

Sempre que o equívoco incidir sobre uma situação descrita como elementar de um tipo permissivo, ou seja, como exigência para a existência de uma causa de exclusão da ilicitude, estaremos diante de um erro de tipo. Por exemplo, a vítima enfia a mão no bolso para tirar um lenço, e o agente, supondo que ela vai sacar uma arma, imagina-se em legítima defesa. No caso, o erro sobre o dado da realidade fez com que o sujeito imaginasse a presença de um elemento imprescindível para a excludente, qual seja, o requisito da agressão iminente.

19.2.4. Erro incidente sobre circunstância de tipo incriminador

Em outro exemplo, se o ladrão deseja furtar um bem de grande valor (um relógio de ouro), mas, por engano, leva um de valor ínfimo (relógio de lata pintada), seu erro incide sobre situação concreta descrita como circunstância privilegiadora do tipo de furto (furto de pequeno valor ou privilegiado).

No caso, não há que se falar em exclusão do dolo, porque o equívoco não incidiu sobre dado essencial à existência do crime, mas sobre mera circunstância privilegiadora, que apenas diminui a sanção penal. O dolo, nesse caso, subsiste, ficando eliminada apenas a circunstância.

19.2.5. Erro sobre dado irrelevante

Finalmente, se o agente, desejando matar seu filho, assassina um sósia, o erro incidiu sobre dado irrelevante do tipo do homicídio (não importa quem seja; para que haja homicídio, basta que a vítima seja "alguém", isto é, pessoa humana viva). O sujeito responderá pelo crime, levando-se em conta as características da vítima que pretendia atingir, ante a irrelevância do erro para o Direito Penal.

19.3. Erro de tipo e erro de direito

Embora o tipo esteja previsto em lei, o erro de tipo não é um erro de direito. Ao contrário, ele incide sobre a realidade, ou seja, sobre situações do mundo concreto.

As pessoas, ao agirem, não cometem enganos sobre tipos, como se os estivessem lendo antes de praticar os mais comezinhos atos. Os equívocos incidem sobre a realidade vivida e sentida no dia a dia. Quando essa realidade, seja situação fática, seja jurídica, estiver descrita no tipo, haverá o chamado erro de tipo. Assim, este incide sobre situação de fato ou jurídica, e não sobre o texto legal (mesmo porque *error juris nocet*).

Por exemplo, o agente vai caçar em área permitida. olha para uma pessoa pensando ser um animal bravio, atira e a mata. O erro não foi "de direito", mas sobre situação fática (confundiu uma pessoa com um animal). O fato, porém, sobre o qual incidiu o equívoco está descrito como elementar no tipo de homicídio (*matar alguém* — pessoa humana). Assim, em razão de erro de fato, o sujeito pensou que estava cometendo um irrelevante penal (caçar em área permitida), quando, na verdade, praticava um homicídio.

19.4. Erro de tipo e erro de fato

O erro de tipo também não se confunde com o erro de fato. Na acertada lição de Luiz Flávio Gomes, "o erro de tipo não possui o mesmo significado que erro de fato. Erro de fato é o erro do agente que recai puramente sobre situação fática; já o erro de tipo recai não só sobre os requisitos ou elementos fático-descritivos do tipo (que para serem conhecidos não necessitam de nenhum juízo de valor — por exemplo: filho, no art. 123; gestante, no art. 125 etc.), como também sobre requisitos jurídico-normativos do tipo (que para serem conhecidos necessitam de juízo de valor — por exemplo: coisa alheia, no art. 155; documento público, no art. 297 etc.)"[128].

Assim, o erro de tipo pode recair sobre situação jurídica, o que o torna inconfundível e muito mais amplo que o erro de fato.

19.5. Diferenças entre erro de tipo e delito putativo por erro de tipo

(i) No erro de tipo, o agente não sabe que está cometendo um crime, mas acaba por praticá-lo.

(ii) No delito putativo por erro de tipo, o sujeito quer praticar um crime, mas, em face do erro, desconhece que está cometendo um irrelevante penal. Delito putativo é o delito erroneamente suposto, imaginário, que só existe na mente do agente.

Por exemplo, o sujeito quer praticar um tráfico ilícito de drogas, mas, por engano, acaba vendendo talco, em vez de cocaína. Note bem: ele quer vender droga, mas não sabe

---

128. *Erro de tipo*, cit., p. 97.

que está alienando substância sem qualquer princípio ativo, a qual constitui irrelevante penal diante do art. 33, *caput*, da Lei n. 11.343/2006 (atual Lei de Drogas). Ocorre aqui o chamado delito putativo por erro de tipo. Trata-se do criminoso incompetente, que não consegue sequer praticar o crime.

Já na hipótese do erro de tipo, o agente não tem a menor intenção de cometer qualquer ilícito penal. Assim, é o caso do agente que vai a uma farmácia comprar talco, mas o balconista, por engano, entrega-lhe um pacote contendo cocaína. Ele não quer cometer nenhum delito, ao contrário do primeiro caso, e, sendo tal erro essencial, a exclusão do dolo opera a atipicidade do fato (já que não existe a forma culposa no mencionado art. 33, *caput*).

Existem três espécies de delito putativo:

(i) delito putativo por erro de tipo;

(ii) delito putativo por erro de proibição;

(iii) delito putativo por obra do agente provocador (também conhecido por delito de ensaio, de experiência ou crime de flagrante preparado).

19.6. Formas de erro de tipo

19.6.1. Erro de tipo essencial

19.6.1.1. Conceito

Incide sobre elementares e circunstâncias.

Com o advento da teoria finalista da ação e a comprovação de que o dolo integra a conduta, chegou-se à conclusão de que a vontade do agente deve abranger todos os elementos constitutivos do tipo. Desejar, portanto, a prática de um crime nada mais é do que ter a consciência e a vontade de realizar todos os elementos que compõem o tipo legal.

Nessa linha, o erro de tipo essencial ou impede o agente de saber que está praticando o crime, quando o equívoco incide sobre elementar, ou de perceber a existência de uma circunstância. Daí o nome erro essencial: incide sobre situação de tal importância para o tipo que, se o erro não existisse, o agente não teria cometido o crime, ou, pelo menos, não naquelas circunstâncias.

Por exemplo, um advogado, por engano, pega o guarda-chuva de seu colega, que estava pendurado no balcão do cartório; essa situação é de extrema importância para o tipo, porque subtrair objetos alheios é furto, ao passo que pegar bens próprios é um irrelevante penal. O erro foi essencial, porque, tivesse o advogado percebido a situação, não teria praticado o furto. Esse é o erro essencial sobre elementar do tipo.

Outro exemplo, um estelionatário, pensando ter aplicado um grande golpe, recebe, na verdade, fraudulentamente um veículo com motor fundido. O pequeno prejuízo da vítima é uma circunstância (dado secundário) da figura típica desconhecida pelo autor. Assim, não tem o autor direito ao privilégio do art. 171, § 1º.

19.6.1.2. Característica do erro essencial

Impede o agente de compreender o caráter criminoso do fato ou de conhecer a circunstância.

19.6.1.3. Formas do erro essencial

(i) Erro essencial invencível, inevitável, desculpável ou escusável: não podia ter sido evitado, nem mesmo com o emprego de uma diligência mediana.

(ii) Erro essencial vencível, evitável, indesculpável ou inescusável: poderia ter sido evitado se o agente empregasse mediana prudência.

19.6.1.4. Efeitos do erro essencial

(i) O erro essencial que recai sobre elementar *sempre exclui o dolo*, seja evitável, seja inevitável. Se o agente não sabia que estava cometendo o crime, por desconhecer a existência da elementar, jamais poderia querer praticá-lo.

(ii) O erro invencível que recai sobre elementar exclui, além do dolo, também a culpa.

Se o erro não podia ser vencido, nem mesmo com emprego de cautela, não se pode dizer que o agente procedeu de forma culposa. Assim, além do dolo (sempre excluído no erro de tipo), fica eliminada a culpa.

Como sem dolo e culpa não existe conduta (teoria finalista) e sem ela não há fato típico, o erro de tipo essencial inevitável, recaindo sobre uma elementar, leva à atipicidade do fato e à exclusão do crime.

Por exemplo, um caçador abate um artista que estava vestido de animal campestre em uma floresta, confundindo-o com um cervo. Não houve intenção de matá-lo, porque, dada a confusão, o autor não sabia que estava matando alguém, logo, não poderia querer matá-lo. Exclui-se o dolo.

Por outro lado, sendo perfeita a fantasia, não havia como evitar o erro, excluindo-se também a culpa, ante a inexistência de quebra do dever de cuidado (a tragédia resultou de um erro que não podia ser evitado, mesmo com o emprego de uma prudência mediana). Como não existe homicídio sem dolo e sem culpa (a legislação somente prevê o homicídio doloso, o culposo e o preterdoloso), o fato torna-se atípico.

(iii) O erro vencível, recaindo sobre elementar, exclui o dolo, pois todo erro essencial o exclui, mas não a culpa.

Se o erro poderia ter sido evitado com um mínimo de cuidado, não se pode dizer que o agente não agiu com culpa. Assim, se o fato for punido sob a forma culposa, o agente responderá por crime culposo.

Quando o tipo, entretanto, não admitir essa modalidade, é irrelevante indagar sobre a evitabilidade do erro, pois todo erro de tipo essencial exclui o dolo, e, não havendo forma culposa no tipo, a consequência será inexoravelmente a exclusão do crime.

Por exemplo, o sujeito vê sobre a mesa uma carteira. Acreditando ter recuperado o objeto perdido, subtrai-o para si. Não houve, contudo, nenhuma intenção de praticar o furto, pois, se o agente não sabia que a coisa era alheia, como é que poderia ter querido subtraí-la de alguém? Exclui-se, portanto, o dolo. Não restou configurado o furto doloso.

Por outro lado, embora tivesse havido culpa, já que a carteira subtraída era totalmente diferente, como o tipo do art. 155 do Código Penal não abriga a modalidade culposa (o furto culposo é fato atípico), não há que se falar na ocorrência de crime.

Assim, é irrelevante indagar se o erro foi vencível ou invencível, pois de nada adianta vislumbrar a existência de culpa nesse caso.

Já no homicídio, em que é prevista a forma culposa, torna-se necessário indagar sobre a natureza do erro essencial, pois, se ele for vencível, o agente responderá por crime culposo. Suponhamos naquele exemplo do caçador (*supra*) que o artista estivesse sem fantasia, sendo o equívoco produto da miopia do atirador. Nesse caso, estaria configurado o homicídio culposo.

(iv) O erro essencial que recai sobre uma circunstância desconhecida exclui esta.

Por exemplo, o agente pretende praticar o furto de um objeto de grande valor, uma obra de arte raríssima, mas, por erro, acaba levando uma imitação de valor insignificante. Não poderá valer-se do privilégio do § 2º do art. 155, uma vez que desconhecia o pequeno valor da coisa furtada.

19.6.2. Erro de tipo acidental

19.6.2.1. Conceito

Incide sobre dados irrelevantes da figura típica. É um erro sem o qual tudo continua tal e qual. Não traz qualquer consequência jurídica. No dizer de Jescheck, "se o objeto da ação típica imaginado equivale ao real, o erro será irrelevante, por tratar-se de um puro erro nos motivos"[129].

Na oportuna síntese de Luiz Flávio Gomes, "diz-se acidental o erro do agente que recai ou sobre o objeto material da infração (*error in persona* e *error in objecto*) ou sobre o seu modo de execução (*aberratio ictus* e *aberratio criminis*), ou sobre o nexo causal (*aberratio causae* ou dolo geral)"[130].

19.6.2.2. Característica do erro acidental

Não impede a apreciação do caráter criminoso do fato. O agente sabe perfeitamente que está cometendo um crime. Por essa razão, é um erro que não traz qualquer consequência jurídica: o agente responde pelo crime como se não houvesse erro. Daí decorre sua irrelevância.

19.6.2.3. Espécies de erro de tipo acidental

São as seguintes:

(i) erro sobre o objeto;

(ii) erro sobre a pessoa;

(iii) erro na execução ou *aberratio ictus*;

(iv) resultado diverso do pretendido ou *aberratio criminis*;

(v) dolo geral, erro sucessivo ou *aberratio causae*.

→ **Atenção:** as três últimas espécies são chamadas de delitos aberrantes.

---

129. Apud Luiz Flávio Gomes, *Erro de tipo*, cit., p. 99.
130. *Erro de tipo*, cit., p. 99.

19.6.2.3.1. Erro sobre o objeto

Objeto material de um crime é a pessoa ou a coisa sobre a qual recai a conduta.

O erro sobre o objeto é o erro sobre a coisa, objeto material do delito. Tal erro é absolutamente irrelevante, na medida em que não traz qualquer consequência jurídica. Por exemplo, o agente, em vez de furtar café, subtrai feijão. Responde pelo mesmo crime, pois seu erro não o impediu de saber que cometia um ilícito contra a propriedade.

→ **Atenção:** se a coisa estiver descrita como elementar do tipo, o erro será essencial.

No exemplo dado, tanto café quanto feijão constituem elementares do crime de furto, ou seja, coisa alheia móvel, não tendo a menor importância a distinção. É furto de qualquer maneira. Se o agente, porém, confunde cocaína com talco, tal erro é essencial, pois, enquanto aquela é elementar do crime de tráfico, este não é.

No caso do furto, se houvesse uma grande diferença de valor entre os produtos, o erro também passaria a ser essencial, pois o pequeno valor da *res furtiva* é considerado circunstância privilegiadora do crime de furto.

19.6.2.3.2. Erro sobre a pessoa

É o erro na representação mental do agente, que olha um desconhecido e o confunde com a pessoa que quer atingir. Em outras palavras, nessa espécie de erro acidental, o sujeito pensa que "A" é "B".

Tal erro é tão irrelevante (exceto para quem sofreu a agressão, é claro) que o legislador determina que o autor seja punido pelo crime que efetivamente cometeu contra o terceiro inocente (chamado de vítima efetiva), como se tivesse atingido a pessoa pretendida (vítima virtual), isto é, consideram-se, para fins de sanção penal, as qualidades da pessoa que o agente queria atingir, e não as da efetivamente atingida (CP, art. 20, § 3º).

Por exemplo, o padrasto deseja matar o pequenino filho de sua companheira, para poder desfrutá-la com exclusividade. No dia dos fatos, à saída da escolinha, do alto de um edifício, o perverso autor efetua um disparo certeiro na cabeça da vítima, supondo tê-la matado. No entanto, ao aproximar-se do local, constata que, na verdade, assassinou um anãozinho que trabalhava no estabelecimento como bedel, confundindo-o, portanto, com a criança que desejava eliminar.

Responderá por homicídio doloso qualificado previsto no § 2º, IX (crime cometido contra menor de 14 anos), com a incidência da causa de aumento do § 2º- B, II, (aumento de 2/3 se o autor é ascendente, padrasto ou madrasta, tio, irmão, cônjuge, companheiro, tutor, curador, preceptor ou empregador da vítima ou por qualquer outro título tiver autoridade sobre ela), ambos do art. 121, pois, para fins de repressão criminal, levam-se em conta as características da vítima virtual (como se o agente tivesse mesmo matado a criança).

19.6.2.3.3. Erro na execução do crime – *aberratio ictus*

Essa espécie de erro de tipo acidental é também conhecida como desvio no golpe, uma vez que ocorre um verdadeiro erro na execução do crime.

O agente não se confunde quanto à pessoa que pretende atingir, mas realiza o crime de forma desastrada, errando o alvo e atingindo vítima diversa.

O erro na execução do crime pode dar-se de diversas maneiras: "por acidente ou erro no uso dos meios de execução, como, por exemplo, erro de pontaria, desvio da trajetória do projétil por alguém haver esbarrado no braço do agente no instante do disparo, movimento da vítima no momento do tiro, desvio de golpe de faca pela vítima, defeito da arma de fogo etc."[131].

19.6.2.3.3.1. *Formas de erro na execução do crime*

(i) Com unidade simples ou resultado único: em face do erro na execução do crime, o agente, em vez de atingir a vítima pretendida (virtual), acaba por acertar um terceiro inocente (vítima efetiva).

Denomina-se unidade simples ou resultado único, porque somente é atingida a pessoa diversa daquela visada, não sofrendo a vítima virtual qualquer lesão.

A consequência é a seguinte: o agente queria atingir a vítima virtual, mas não conseguiu, por erro na execução, logo, deveria responder por tentativa de homicídio. Além disso, acabou atingindo um terceiro inocente por culpa. Dessa forma, em princípio, deveria responder por tentativa de homicídio (em relação à vítima virtual) em concurso com lesões corporais ou homicídio culposo.

Mas, pela teoria da *aberratio delicti*, não é assim que funciona. Segundo dispõe o art. 73 do Código Penal, o agente responde do mesmo modo que no erro sobre a pessoa, ou seja, pelo crime efetivamente cometido contra o terceiro inocente, como se este fosse a vítima virtual. Faz-se uma presunção legal de que o agente atingiu a pessoa que queria, levando-se em conta suas características.

O erro é acidental e, portanto, juridicamente irrelevante. Por exemplo, voltemos à hipótese do amante assassino que incidiu em erro sobre a pessoa e matou o anão, em vez do filho de sua "amada". Em se tratando de *aberratio ictus*, ocorre o seguinte: o agente visualiza a criança, sem confundi-la com ninguém. É ela mesma, não havendo dúvida quanto à correta identidade da vítima. Sem que haja erro na representação mental, portanto, o autor efetua o disparo; porém, por erro na pontaria, o projétil desvia do alvo desejado e atinge um terceiro que passava no local por infeliz coincidência, o anãozinho.

Responderá da mesma forma que no erro sobre a pessoa, como se tivesse atingido quem pretendia.

(ii) Com unidade complexa ou resultado duplo: nessa hipótese, o agente, além de atingir a vítima visada, acerta terceira pessoa.

Embora a expressão "resultado duplo" possa, à primeira vista, sugerir que apenas duas pessoas sejam atingidas (a vítima pretendida e o terceiro), significa, na verdade, que dois resultados foram produzidos: o desejado e um outro não querido.

---

131. Damásio E. de Jesus, *Direito penal*, cit., p. 319.

Pode ser, contudo, que este último compreenda mais de uma pessoa atingida. É o caso do sujeito que, pretendendo pôr fim ao seu devedor impontual, efetua diversos disparos de metralhadora em sua direção, matando-o, mas também acertando outras quinze pessoas que casualmente passavam no local. O resultado foi duplo: um querido e o outro não previsto (lesão e morte de várias pessoas).

A consequência é a seguinte: aplica-se a regra do concurso formal, impondo-se a pena do crime mais grave, aumentada de 1/6 até metade. O acréscimo varia de acordo com o número de vítimas atingidas por erro.

19.6.2.3.3.2. *Dolo eventual*

Se houver dolo eventual em relação ao terceiro ou terceiros inocentes, aplicar-se-á a regra do concurso formal imperfeito, que ocorre quando os resultados diversos derivam de desígnios autônomos.

Há uma só conduta, que produz dois ou mais resultados, todos queridos ou aceitos pelo agente (dolo eventual). Por exemplo, o carcereiro joga uma granada dentro de uma cela em que se amontoam trinta presos, matando todos. Houve uma só conduta, com vários resultados, todos pretendidos.

Nessa hipótese, a lei manda somar as penas, do mesmo modo que no concurso material.

→ **Atenção:** quando houver dolo eventual com relação aos terceiros, não se poderá falar em *aberratio ictus*.

Como se pode afirmar ter havido "erro na execução" quando o agente quis atingir todas as vítimas? Assim, somente se cogita de *aberrctio ictus* com unidade complexa quando os terceiros forem atingidos por culpa, isto é, por erro. Nunca é demais lembrar: ninguém "erra" por dolo, se errou, é porque agiu com culpa.

Nesse sentido, o STJ já decidiu que "ocorre *aberratio ictus* com resultado duplo, ou unidade complexa, de que dispõe o art. 73, segunda parte, do CP, quando, na execução do crime de homicídio doloso, além do resultado intencional, sobrevém outro não pretendido, decorrente de erro de pontaria, em que, além da vítima originalmente visada, outra é atingida por erro na execução" (REsp 1.853.219/RS, *DJU* 8-6-2020).

19.6.2.3.3.3. *Diferenças entre erro sobre a pessoa e* aberratio ictus

No erro sobre a pessoa, o agente faz uma confusão mental: pensa que a vítima efetiva é a vítima virtual. Na *aberratio ictus*, o sujeito não faz qualquer confusão, dirigindo sua conduta contra a pessoa que quer atingir. Em outras palavras, no erro sobre a pessoa, o agente pensa que "A" é "B"; no erro na execução, ele sabe que "A" é "A".

Ainda, a segunda diferença consiste no seguinte: no erro sobre a pessoa, a execução do crime é perfeita; no erro na execução, o nome já diz tudo.

Dessa forma, no primeiro o erro está na representação mental, enquanto, nesse último, na execução.

ABERRATIO ICTUS – Com Unidade Simples

A *aberratio ictus* nada mais é do que uma bala perdida. "A" quis matar "B", mas por erro, na execução, mata "C". Responde pelo crime como se "C" fosse "B", ou seja, projeta-se no cadáver de "C" a imagem de "B".

ABERRATIO ICTUS – Com Unidade Complexa – 1

"A" mata "B", exatamente como desejou, mas, por erro na execução, também mata "C". Responde pelo homicídio doloso contra "B" em concurso formal com o homicídio culposo cometido contra "C".

ABERRATIO ICTUS – Com Unidade Complexa – 2

E se, por engano, "A" mata "C" e "D" além de "B", única vítima que pretendia atingir?

Resposta: quanto maior o número de terceiros inocentes atingindos por culpa, maior será o aumento decorrente do concurso formal.

Se "A" acerta "B" dolosamente e "C" culposamente, aplica-se a pena de homicídio doloso aumentado de 1/6 (um resultado culposo); se acerta "C" e "D", aumenta-se 1/5; se acerta "C", "D" e "E", aumenta-se 1/4, e assim por diante.

19.6.2.3.4. Resultado diverso do pretendido – *aberratio criminis*

19.6.2.3.4.1. *Conceito*

O agente quer atingir um bem jurídico, mas, por erro na execução, acerta bem diverso. Aqui, não se trata de atingir uma pessoa em vez de outra, mas de cometer um crime no lugar de outro. Por exemplo, o agente joga uma pedra contra uma vidraça e acaba acertando uma pessoa em vez do vidro.

19.6.2.3.4.2. *Espécies*

(i) Com unidade simples ou resultado único: só atinge bem jurídico diverso do pretendido.

A consequência é a seguinte: responde só pelo resultado produzido e, mesmo assim, se previsto como crime culposo. No exemplo dado, o autor responderá por lesões corporais culposas, e não por tentativa de dano, que fica absorvido.

(ii) Com unidade complexa ou resultado duplo: são atingidos tanto o bem visado quanto um diverso. No exemplo *retro*, o agente estoura o vidro e acerta, por erro, também uma pessoa que estava atrás dele.

A consequência é a seguinte: aplica-se a regra do concurso formal, com a pena do crime mais grave aumentada de 1/6 até metade, de acordo com o número de resultados diversos produzidos.

> → **Atenção:** se o resultado previsto como culposo for menos grave ou se o crime não tiver modalidade culposa, não se aplica a regra da *aberratio criminis*, prevista no art. 74 do CP.

Por exemplo, o agente atira na vítima e não a acerta (tentativa branca), vindo, por erro, a atingir uma vidraça; aplicada a regra, a tentativa branca de homicídio ficaria absorvida pelo dano culposo, e, como este não é previsto no CP comum, a conduta é considerada atípica. O dano culposo não teria forças para absorver uma tentativa de homicídio, mesmo porque ele nem sequer constitui crime.

19.6.2.3.5. Erro sobre o nexo causal ou *aberratio causae*

19.6.2.3.5.1. *Conceito*

Ocorre quando o agente, na suposição de já ter consumado o crime, realiza nova conduta, pensando tratar-se de mero exaurimento, atingindo, nesse momento, a consumação.

Tratamos desse tema no tópico referente às espécies de dolo, uma vez que esse erro é também chamado de dolo geral ou erro sucessivo.

Luiz Flávio Gomes exemplifica: "responde por crime de homicídio doloso o agente que, desejando matar a vítima por afogamento, joga-a do alto da ponte, porém esta vem a morrer por fratura no crânio provocada pelo impacto com um pilar da ponte. Também se fala em *aberratio causae*, quando o fato se consuma em dois atos, sobre cuja significação se equivoca o autor, ao crer que o resultado se produzira já em razão do primeiro ato, quando, na verdade, ele vem a acontecer pelo segundo, destinado a ocultar o primeiro. Depois de estrangular a vítima, o autor, crendo que ela está morta, enforca-a para simular um suicídio, todavia fica comprovado que a vítima na verdade morreu em razão do enforcamento. Responde por um só homicídio doloso consumado"[132].

A solução de tais casos se simplifica bastante se fizermos duas indagações: (i) O agente quis matar? (ii) E efetivamente matou? Não importa se queria produzir o resultado por um meio e acidentalmente o produziu por outro. O que interessa é que ele desejou e realizou com êxito a sua vontade.

Outro interessante exemplo é o do sujeito que, pretendendo eliminar a vítima, ministra veneno em sua bebida; no entanto, por equívoco, em vez de veneno coloca açúcar, meio ineficaz para matar uma pessoa normal. A vítima, no entanto, é diabética e vem a falecer. E agora, qual a solução? Novamente, a resposta àquelas duas indagações nos ajuda: o autor quis matar? Sim. E acabou matando? Sim. Então, responde por homicídio doloso consumado.

É certo que ele errou na causa, mas tal erro revelou-se irrelevante, pois de um jeito ou de outro ele produziu o resultado pretendido. Mas o meio não era ineficaz? Não, tanto que a vítima morreu.

Poder-se-ia objetar que o agente não sabia que a vítima era diabética, porém tal desconhecimento é irrelevante, pois o que interessa é que ele quis o resultado e agiu para produzi-lo. Daí por que o erro sobre o nexo causal (*aberratio causae*) é irrelevante. Não elimina o dolo, nem o resultado.

19.7. Descriminantes putativas

19.7.1. Conceito

Descriminante é a causa que descrimina, isto é, que exclui o crime. Em outras palavras, é a que exclui a ilicitude do fato típico.

Putativa origina-se da palavra latina *putare*, que significa errar, ou *putativum* (imaginário).

Dessa forma, descriminante putativa é a causa excludente da ilicitude erroneamente imaginada pelo agente. Ela não existe na realidade, mas o sujeito pensa que sim, porque está errado. Só existe, portanto, na mente, na imaginação do agente. Por essa razão, é também conhecida como descriminante imaginária ou erroneamente suposta.

Compreende:

(i) a legítima defesa putativa (ou imaginária), quando o agente supõe, por equívoco, estar em legítima defesa. Por exemplo, o sujeito está assistindo à televisão quando um primo brincalhão surge à sua frente disfarçado de assaltante. Imaginando uma situação de fato, na qual se apresenta uma agressão iminente a direito próprio, o agen-

---

132. *Erro de tipo*, cit., p. 101.

te dispara contra o colateral, pensando estar em legítima defesa. A situação justificante só existe em sua cabeça, por isso diz-se legítima defesa imaginária ou putativa (imaginada por erro);

(ii) estado de necessidade putativo (ou imaginário), quando imagina estar em estado de necessidade. Por exemplo, durante a queda de um helicóptero em pane, o piloto grandalhão joga o copiloto para fora da aeronave, imaginando haver apenas um paraquedas, quando, na realidade, havia dois. Supôs, equivocadamente, existir uma situação de fato, na qual se fazia necessário sacrificar a vida alheia para preservar a própria. A excludente só existia na sua imaginação.

Outro exemplo de estado de necessidade putativo é o dos náufragos que lutam selvagemente pela boia de salvação e, após exaustiva e sangrenta batalha pela vida, o sobrevivente se dá conta de que brigavam no raso. Situação imaginária em virtude de uma distorção da realidade;

(iii) o exercício regular do direito putativo (ou imaginário). Por exemplo, o sujeito corta os galhos da árvore do vizinho, imaginando falsamente que eles invadiram sua propriedade;

(iv) o estrito cumprimento do dever legal putativo (ou imaginário), quando erroneamente supostos. Por exemplo, um policial algema um cidadão honesto, sósia de um fugitivo.

19.7.2. Espécies de descriminantes putativas

19.7.2.1. Descriminante putativa por erro de proibição

O agente tem perfeita noção de tudo o que está ocorrendo. Não há qualquer engano acerca da realidade. Não há erro sobre a situação de fato. Ele supõe que está diante da causa que exclui o crime, porque avalia equivocadamente a norma: pensa que esta permite, quando, na verdade, ela proíbe; imagina que age certo, quando está errado; supõe que o injusto é justo.

Essa descriminante é considerada um erro de proibição indireto e leva às mesmas consequências do erro de proibição (que será estudado mais adiante, no exame da culpabilidade). O sujeito imagina estar em legítima defesa, estado de necessidade etc., porque supõe estar autorizado e legitimado pela norma a agir em determinada situação.

Por exemplo, uma pessoa de idade avançada recebe um violento tapa em seu rosto, desferido por um jovem atrevido. O idoso tem perfeita noção do que está acontecendo, sabe que seu agressor está desarmado e que o ataque cessou. Não existe, portanto, qualquer equívoco sobre a realidade concreta. Nessa situação, no entanto, imagina-se equivocadamente autorizado pelo ordenamento jurídico a matar aquele que o humilhou, atuando, assim, em legítima defesa de sua honra. Ocorre aqui uma descriminante (a legítima defesa é causa de exclusão da ilicitude) putativa (imaginária, já que não existe no mundo real) por erro de proibição (pensou que a conduta proibida fosse permitida).

No exemplo dado, a descriminante, no caso a legítima defesa, foi putativa, pois só existiu na mente do homicida, que imaginou que a lei lhe tivesse permitido matar. Essa equivocada suposição foi provocada por erro de proibição, isto é, por erro sobre a ilicitude da conduta praticada.

19.7.2.1.1. Consequência da descriminante putativa por erro de proibição

Isso será analisado no estudo do erro de proibição, que está dentro do tema culpabilidade. Todavia, pode-se adiantar que as consequências dessa descriminante putativa encontram-se no art. 21 do Código Penal e são as mesmas do erro de proibição direto ou propriamente dito.

O dolo não pode ser excluído, porque o engano incide sobre a culpabilidade e não sobre a conduta (por isso, o erro de proibição ainda não foi estudado: pertence ao terreno da culpabilidade, e não ao da conduta). Se o erro for inevitável, o agente terá cometido um crime doloso, mas não responderá por ele; se evitável, responderá pelo crime doloso com pena diminuída de 1/6 a 1/3.

19.7.2.2. Descriminante putativa por erro de tipo

Ocorre quando o agente imagina situação de fato totalmente divorciada da realidade na qual está configurada a hipótese em que ele pode agir acobertado por uma causa de exclusão da ilicitude.

É um erro de tipo essencial incidente sobre elementares de um tipo permissivo.

Os tipos permissivos são aqueles que permitem a realização de condutas inicialmente proibidas. Compreendem os que descrevem as causas de exclusão da ilicitude, ou tipos descriminantes. São espécies de tipo permissivo: legítima defesa, estado de necessidade, exercício regular do direito e estrito cumprimento do dever legal.

Os tipos permissivos, do mesmo modo que os incriminadores (que descrevem crimes), são também compostos por elementos que, na verdade, são os seus requisitos. Assim, por exemplo, a legítima defesa possui os seguintes elementos: agressão injusta, atual ou iminente, a direito próprio ou alheio, moderação na repulsa e emprego dos meios necessários.

Ocorrerá um erro de tipo permissivo quando o agente, erroneamente, imaginar uma situação de fato totalmente diversa da realidade, em que estão presentes os requisitos de uma causa de justificação.

No caso da legítima defesa, suponha-se a hipótese de um sujeito que, ao ver um estranho colocar a mão no bolso para pegar um lenço, pensa que ele vai sacar uma arma para matá-lo. Nesse caso, foi imaginada uma situação de fato, na qual estão presentes os requisitos da legítima defesa. Se fosse verdadeira, estaríamos diante de uma agressão injusta iminente. Houve, por conseguinte, um erro sobre situação descrita no tipo permissivo da legítima defesa, isto é, incidente sobre os seus elementos ou pressupostos. Daí a conclusão de que a descriminante putativa por erro de tipo é uma espécie de erro de tipo essencial.

As consequências estão expostas no art. 20, § 1º, do Código Penal, que, por engano, fala genericamente em descriminantes putativas, quando, na verdade, deveria especificar que só está tratando de uma de suas espécies: a descriminante putativa por erro de tipo.

Os efeitos são os mesmos do erro de tipo, já que a descriminante putativa por erro de tipo não é outra coisa senão erro de tipo essencial incidente sobre tipo permissivo. Assim, se o erro for evitável, o agente responderá por crime culposo, já que o dolo será excluído, da mesma forma como sucede com o erro de tipo propriamente dito; se o erro for inevitável, excluir-se-ão o dolo e a culpa e não haverá crime.

A redação do parágrafo, no entanto, é bastante confusa e dá margem a interpretações diversas. Em vez de dizer que, em caso de erro inevitável, não há crime, o legislador optou pela infeliz fórmula "o agente fica isento de pena". Ora, ficar isento de pena significa cometer crime, mas por ele não responder. Então, se no erro inevitável ocorre isenção de pena, este não exclui o crime, mas tão somente a responsabilidade por sua prática.

A partir dessa dúvida, surgiu uma posição sustentando que o erro de tipo permissivo não pode ser erro de tipo porque não exclui o crime, mas a culpabilidade.

Luiz Flávio Gomes, defensor dessa tese, argumenta que o erro de tipo permissivo não é erro de tipo, mas erro *sui generis*, situado entre este e o erro de proibição. Se inevitável, o agente comete crime, sem exclusão do dolo, mas não responde por ele, porque a lei fala em isenção de pena e não em exclusão do crime. Se evitável, o agente comete crime doloso, mas, por motivos de política criminal, aplicam-se-lhe as penas do crime culposo.

Caso contrário, "não haveria necessidade de uma disciplina especial para aquelas; em outras palavras, se o erro de tipo permissivo fosse da mesma natureza do erro de tipo incriminador, com as mesmas consequências jurídicas, concluir-se-ia pela desnecessidade do parágrafo primeiro: bastaria o *caput*"[133].

No sentido de que o erro de tipo permissivo é erro de tipo: Damásio E. de Jesus, Alberto Silva Franco e Francisco de Assis Toledo. Também já tivemos a oportunidade de defender esse ponto de vista em artigo publicado no jornal *Tribuna do Direito*.

> **Nosso entendimento:** o erro de tipo permissivo é erro de tipo.

A culpa imprópria, já estudada, é a que resulta da descriminante putativa por erro de tipo vencível. É chamada de imprópria, ou culpa por extensão, porque o erro só incide na formação da vontade; a ação subsequente é dolosa.

Damásio E. de Jesus, a propósito da culpa imprópria, embora reconhecendo sua existência, anota que "a denominação é incorreta, uma vez que, na chamada culpa imprópria, temos, na verdade, um crime doloso a que o legislador aplica a pena do crime culposo"[134].

No exemplo do agente que mata a vítima porque esta ia pegar um lenço, houve erro de tipo permissivo evitável, e o autor responderá por homicídio culposo, que é a culpa imprópria.

---

133. *Erro de tipo*, cit., p. 142.
134. *Direito penal*, cit., p. 257.

Segundo nosso entendimento, podemos organizar um quadro de hipóteses. Vejamos.

ERRO DE TIPO – EXEMPLO 1

Sujeito vê a vítima enfiar a mão no bolso para pegar o celular e acha, por erro, que ela vai sacar uma arma. Atira imaginando que está em legístima defesa. Legítima defesa putativa ou imaginária.

ERRO DE TIPO – EXEMPLO 2

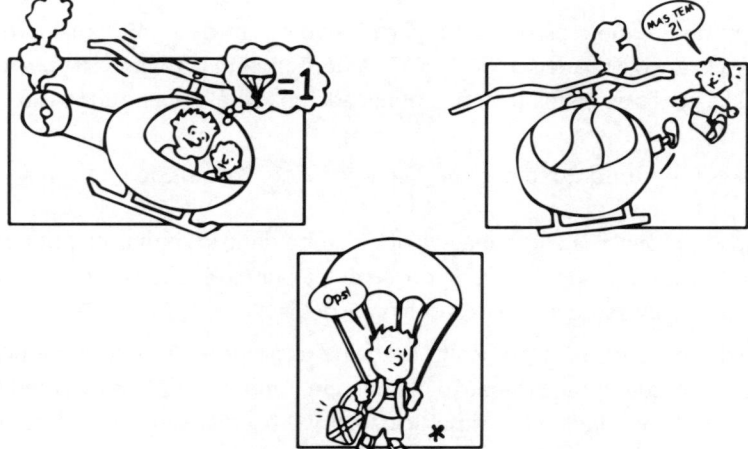

Um helicóptero está em pane, caindo, e com dois paraquedas para os dois tripulantes. O grandão, imaginando, por erro, haver apenas um e supondo-se em estado de necessidade joga o "pequenininho" para fora da aeronave e este, durante a queda, ainda consegue proferir suas últimas palavras:

"mas tem dois...!"

- *Estado de necessidade imaginário ou putativo.*

ERRO DE TIPO – EXEMPLO 3

Dois náufragos, amigos de longa data, disputam a única boia. Somente um vai sobreviver. Após exaustiva e sangrenta batalha pela vida, o sobrevivente, exausto, contempla, aos prantos, da segurança de sua boia, o corpo do amigo, que teve que matar, flutuando sobre as águas turvas de sangue. Só então percebe que "dava pé". Lutava em águas rasas.

- *Estado de necessidade imaginário.*

ERRO DE TIPO – E se a vítima sobreviver?

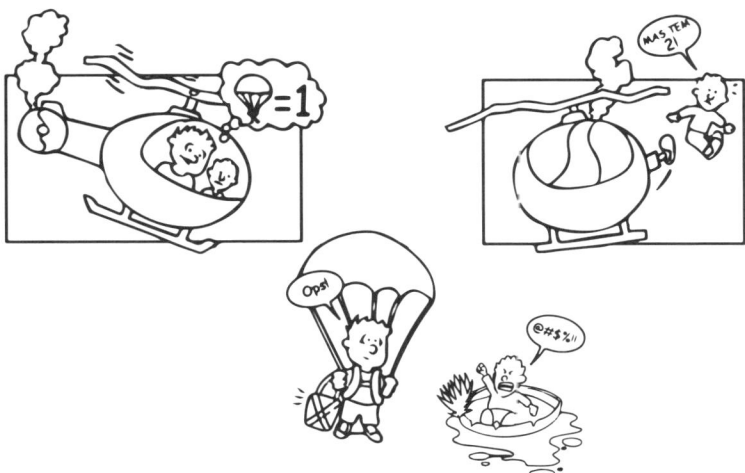

O agente responde por tentativa de homicídio culposo, sendo esta, a culpa imprópria, a única que admite tentativa.

(i) O agente não sabe que está cometendo um crime porque desconhece uma situação de fato ou de direito descrita no tipo incriminador (é aquele que descreve crimes) como seu elemento. Trata-se do erro de tipo essencial, disciplinado no art. 20, *caput*, do Código Penal.

Exclui sempre o dolo.

Se o erro podia ser evitado, o agente responderá por crime culposo, caso houver previsão dessa modalidade. Se o erro não podia ser evitado nem com o emprego de uma cautela normal, além do dolo, estará excluída a culpa, e o fato será atípico.

(ii) O agente sabe que está cometendo crime, mas desconhece a existência de uma circunstância que aumenta ou diminui a pena. Responde pelo crime sem a circunstância.

(iii) O agente, por erro, supõe a existência de uma situação de fato que, se existisse, tornaria presente uma causa de exclusão da ilicitude.

Trata-se de hipótese de descriminante putativa por erro de tipo ou erro essencial incidente sobre tipo permissivo que, na qualidade de erro de tipo, sempre exclui o dolo.

Se o erro for evitável, o agente responderá por crime culposo (é a chamada culpa imprópria). Se inevitável, não haverá crime. O Prof. Luiz Flávio Gomes tem uma posição diferente dessa, mas ela é adotada por Assis Toledo, Damásio E. de Jesus e Silva Franco. Também a julgamos correta.

QUADRO SINÓTICO

Erro de tipo: incide sobre um dado da realidade descrito como elementar, circunstância ou componente irrelevante da figura típica. Pode ser essencial ou acidental.

(i) Essencial: incide sobre dados relevantes da figura típica e comporta as seguintes espécies:

(i.1) erro sobre elementar de tipo incriminador: incide sobre situação de fato ou relação jurídica descritas como elementares, isto é, pressupostos fundamentais de um tipo incriminador. *Sempre exclui o dolo.* Quando inevitável (invencível ou escusável), exclui também a culpa, tornando o fato atípico (sem dolo e culpa não existe fato típico). Quando evitável (vencível ou inescusável), subsiste a forma culposa. Por exemplo, o agente furta caneta de outrem, pensando que é própria; a mulher se casa com homem casado, pensando que é solteiro; um caçador mata um bailarino saltitando na mata, pensando que é uma gazela; um homem compra cocaína, achando que é talco etc. Em todas essas hipóteses, o erro impediu o agente de saber que estava cometendo um crime, logo, excluiu o dolo. Quanto à culpa, será excluída ou não, conforme o erro tenha sido evitável ou inevitável;

(i.2) erro sobre circunstância: incide sobre situação descrita como mera circunstância (dado acessório, não essencial para a existência do crime, e que só serve para influir na pena, isto é, para tornar o crime mais grave ou menos grave). Jamais exclui o dolo. Só exclui a circunstância, a qual não terá incidência. Por exemplo, ladrão furta um objeto de pequeno valor, imaginando-o de grande valor. Responde pelo furto simples, sem direito à circunstância do privilégio, a qual desconhecia. Sujeito mata um menor de 14 anos, pensando ser maior, dada a sua avantajada condição física. Não incide a qualificadora do § 2º, IX, do art. 121 do CP, a qual era desconhecida;

(i.3) erro sobre elementar de tipo permissivo, erro sobre pressupostos fáticos de uma causa de justificação ou discriminante putativa por erro de tipo: o agente, em razão de uma distorcida visão da realidade (olha uma situação de fato, mas enxerga outra), imagina uma situação na qual estão presentes os requisitos de uma causa de exclusão da ilicitude ou antijuridicidade. Por exemplo, o sujeito, imaginando falsamente que vai ser morto por um assaltante, mata o primo brincalhão, o qual, na intenção de assustá-lo, tinha invadido sua casa gritando (legítima defesa putativa por erro de tipo, isto é, por um erro de apreciação dos fatos); um náufrago afoga o outro para ficar com a boia de salvação, e só depois percebe que lutava em águas rasas (estado de necessidade putativo por erro de tipo); um grandão joga um pequenino de um helicóptero em pane, e só depois percebe que havia dois, e não somente um, paraquedas. Entendemos que, do mesmo modo que no erro de tipo sobre elementar de tipo incriminador, **tal modalidade de erro sempre exclui o dolo**. Se o erro for inevitável, também estará excluída a culpa e o fato será atípico; se evitável, o agente responderá por crime culposo. Neste último caso, estaremos diante da chamada culpa imprópria (por extensão, por assimilação ou por equiparação), a qual mais se parece com o dolo, do que com culpa. Trata-se, na verdade, de uma figura híbrida. É culpa no momento inicial da formação do erro (quando o sujeito confunde primo brincalhão com assaltante; quando pensa ter um, em vez de dois paraquedas; quando acha que está em água funda, e não em água rasa, e assim por diante), a ação subsequente, no entanto, é claramente dolosa (pensando estar acobertado por causa de justificação o agente atua com a intenção de matar). Se a vítima sobreviver, haverá tentativa de crime culposo, único caso em que a culpa admite tentativa, pois estamos diante da culpa imprópria, figura anômala de culpa. Assim, relembrando o exemplo do primo, o sujeito assustado, confundindo-o culposamente com um bandido, atirou com a intenção de matá-lo. Se, por erro na pontaria, não conseguir seu intento, responderá por homicídio culposo tentado. O crime, no entanto, jamais será doloso. Ou é culposo, ou não há culpa e o fato é atípico. A competência, portanto, nunca será do júri popular, pois o erro sempre excluirá o dolo. Além disso, sendo o erro inevitável, o agente será absolvido com fundamento no art. 386, III, do CPP (se o fato é atípico, em face da ausência de dolo e culpa, não há crime). Tal posição não é pacífica, e há quem entenda que a descriminante putativa por erro de tipo não exclui o dolo, tampouco afeta a tipicidade, mas a culpabilidade. Se o erro for inevitável, estará excluída a culpabilidade, mas o fato foi típico (doloso) e antijurídico. O fundamento da absolvição será o art. 386, VI, do CPP, (existência de circunstância que isente o réu de pena, ou mesmo se houver fundada dúvida sobre sua existência). Se o erro for evitável, o agente responderá pelo crime doloso, consumado ou tentado, conforme o caso, mas, por motivo de política criminal, será aplicada a pena do crime culposo, tentado ou consumado (conforme o caso).

(ii) Acidental: incide sobre dado irrelevante da figura típica. É um erro sem o qual tudo continua tal e qual. Subdivide-se em:

(i) erro sobre o objeto ou coisa;

(ii) erro sobre a pessoa;

(iii) erro na execução do crime ou *aberratio ictus* (com unidade simples e complexa);

(iv) resultado diverso do pretendido ou *aberratio criminis* (com unidade simples e complexa);

(v) erro sobre o nexo causal, dolo geral, erro sucessivo ou *aberratio causae*.

20. CRIME CONSUMADO

20.1. Conceito

É aquele em que foram realizados todos os elementos constantes de sua definição legal. Por exemplo, o crime de furto se consuma no momento em que o agente subtrai, para si ou para outrem, coisa alheia móvel, ou seja, no exato instante em que o bem sai da esfera de disponibilidade da vítima, que, então, precisará agora retomá-lo. Nesse caso, todas as elementares do tipo do furto foram inteiramente realizadas.

20.2. Diferença entre crime consumado e exaurido

Crime exaurido é aquele no qual o agente, após atingir o resultado consumativo, continua a agredir o bem jurídico, procura dar-lhe uma nova destinação ou tenta tirar novo proveito, fazendo com que sua conduta continue a produzir efeitos no mundo concreto, mesmo após a realização integral do tipo.

É o caso do funcionário público que, após atingir a consumação mediante a solicitação de vantagem indevida, vem a efetivamente recebê-la (CP, art. 317). Para o aperfeiçoamento típico, o efetivo recebimento dessa vantagem é irrelevante, pois atinge-se a consumação com a mera solicitação; no entanto, o recebimento é um proveito ulterior obtido pelo sujeito ativo.

Quando não prevista como causa específica de aumento, o exaurimento funcionará como circunstância judicial na primeira fase da aplicação da pena (CP, art. 59, *caput* – consequências do crime). Tal função é subsidiária, porque, em alguns casos, como no da corrupção passiva, em que vem previsto expressamente no tipo incriminador como causa de aumento de pena (CP, art. 317, § 1º), o exaurimento incidirá como tal, hipótese em que não poderá funcionar também como circunstância judicial, evitando-se, assim, a dupla apenação.

20.3. A consumação nas várias espécies de crimes

(i) **materiais:** com a produção do resultado naturalístico;

(ii) **culposos:** com a produção do resultado naturalístico;

(iii) **de mera conduta:** com a ação ou omissão delituosa;

(iv) **formais:** com a simples atividade, independente do resultado;

(v) **permanentes:** o momento consumativo se protrai no tempo;

(vi) **omissivos próprios:** com a abstenção do comportamento devido;

(vii) **omissivos impróprios:** com a produção do resultado naturalístico;

(viii) **qualificados pelo resultado:** com a produção do resultado agravador;

(ix) **complexos:** quando os crimes componentes estejam integralmente realizados;

(x) **habituais:** com a reiteração de atos, pois cada um deles, isoladamente, é indiferente à lei penal. O momento consumativo é incerto, pois não se sabe quando a conduta se tornou um hábito, por essa razão, não cabe prisão em flagrante nesses crimes.

20.4. *Iter criminis*

É o caminho do crime. São quatro as etapas que deve percorrer:

(i) cogitação;

(ii) preparação;

(iii) execução;

(iv) consumação.

20.4.1. Cogitação

O agente apenas mentaliza, idealiza, prevê, antevê, planeja, deseja, representa mentalmente a prática do crime.

Nessa fase o crime é impunível, pois cada um pode pensar o que bem quiser. *Pensiero non paga gabella, cogitationis poena nemo patitur.* Enquanto encarcerada nas profundezas da mente humana, a conduta é um nada, totalmente irrelevante para o Direito Penal.

Somente quando se rompe o claustro psíquico que a aprisiona, e materializa-se concretamente a ação, é que se pode falar em fato típico.

20.4.2. Preparação

Prática dos atos imprescindíveis à execução do crime.

Nessa fase ainda não se iniciou a agressão ao bem jurídico. O agente não começou a realizar o verbo constante da definição legal (o núcleo do tipo), logo, o crime ainda não pode ser punido.

No ensinamento de Maurach, ato preparatório "é aquela forma de atuar que cria as condições prévias adequadas para a realização de um delito planejado. Por um lado, deve ir mais além do simples projeto interno (mínimo) sem que deva, por outro, iniciar a imediata realização tipicamente relevante da vontade delitiva (máximo)"[135].

Assim, como exemplos de atos preparatórios, temos: a aquisição de arma para a prática de um homicídio ou a de uma chave falsa para o delito de furto e o estudo do local onde se quer praticar o roubo.

Ressalte-se, porém, que o legislador, por vezes, transforma atos preparatórios em tipos penais especiais, quebrando a regra geral. Por exemplo, "petrechos para falsificação de moeda" (art. 291), que seria apenas ato preparatório do crime de moeda falsa (art. 289).

Observe-se, finalmente, que, de acordo com o art. 31 do CP, "o ajuste, a determinação ou instigação e o auxílio, salvo disposição expressa em contrário, não são puníveis, se o crime não chega, pelo menos, a ser tentado".

20.4.3. Execução

O bem jurídico começa a ser atacado.

Nessa fase o agente inicia a realização do núcleo do tipo, e o crime já se torna punível.

---

135. *Tratado de derecho penal*, v. 2, p. 168.

20.4.3.1. Fronteira entre o fim da preparação e o início da execução

É muito tênue a linha divisória entre o término da preparação e a realização do primeiro ato executório. Torna-se, assim, bastante difícil saber quando o agente ainda está preparando ou já está executando um crime.

O melhor critério para tal distinção é o que entende que a execução se inicia com a prática do *primeiro ato idôneo e inequívoco* para a consumação do delito. Enquanto os atos realizados não forem aptos à consumação ou quando ainda não estiverem inequivocamente vinculados a ela, o crime permanece em sua fase de preparação.

Desse modo, no momento em que o agente aguarda a passagem da vítima, escondido atrás de uma árvore, ainda não praticou nenhum ato idôneo para causar a morte daquela, nem se pode estabelecer induvidosa ligação entre esse fato e o homicídio a ser praticado. Da mesma forma, enquanto o ladrão estiver perambulando pela residência, sem começar a subtração do bem (iniciar a sua retirada da esfera de disponibilidade da vítima), a execução do furto ainda não principiou. O agente que promete matar um desafeto e é surpreendido a caminho da casa deste munido de uma arma ainda não começou a praticar nenhum ato idôneo para produzir a sua morte, não se podendo falar em início de execução.

Por essa razão, somente há execução quando praticado o primeiro ato capaz de levar ao resultado consumativo e não houver nenhuma dúvida de que tal ato destina-se à consumação.

O tema, no entanto, tem gerado muita polêmica na doutrina, havendo várias correntes, conforme será visto no tópico "Início de execução", logo a seguir.

20.4.4. Consumação

Ocorre quando todos os elementos que se encontram descritos no tipo penal foram realizados. Como exemplo, há a Súmula 582 do STJ: "Consuma-se o crime de roubo com a inversão da posse do bem, mediante emprego de violência ou grave ameaça, ainda que por breve tempo e em seguida à perseguição imediata ao agente e recuperação da coisa roubada, sendo prescindível a posse mansa e pacífica ou desvigiada".

20.4.5. Exaurimento

Ocorre quando o agente, após consumar o delito, prossegue agredindo o bem jurídico. Sua importância está relacionada à dosimetria da pena, uma vez que aquela nova conduta pode estar prevista como causa especial de aumento, tal qual se verifica no art. 317, § 1º, do CP, ou como circunstância judicial desfavorável, na medida em que as consequências do crime estão previstas no art. 59 do CP, como circunstâncias judiciais que devem ser levadas em consideração pelo juiz para a fixação da pena-base. No mesmo entendimento do AgRg no REsp 1.868.140/GO, para o exaurimento do crime, nesse caso, não é relevante a obtenção da vantagem indevida tendo em vista a Súmula 96 do STJ: "O crime de extorsão consuma-se independentemente da obtenção da vantagem indevida".

21. TENTATIVA (*CONATUS*)

21.1. Conceito

Não consumação de um crime, cuja execução foi iniciada, por circunstâncias alheias à vontade do agente.

Na definição de Wessels, "É a manifestação da resolução para o cometimento de um fato punível através de ações que se põem em relação direta com a realização do tipo legal, mas que não tenham conduzido à sua consumação"[136].

A tentativa, ensina Alberto Silva Franco, "se caracteriza por ser um tipo manco, truncado, carente. Se, de um lado, exige o tipo subjetivo completo correspondente à fase consumativa, de outro, não realiza plenamente o tipo objetivo. O dolo, próprio do crime consumado, deve iluminar, na tentativa, todos os elementos objetivos do tipo. Mas a figura criminosa não chega a ser preenchida, por inteiro, sob o ângulo do tipo objetivo. Bem por isso, Zaffaroni e Pierangeli (*Da tentativa*, p. 59) observaram que a tentativa 'é um delito incompleto, de uma tipicidade subjetiva completa, com um defeito na tipicidade objetiva'"[137].

21.2. Natureza jurídica

Norma de extensão temporal da figura típica causadora de adequação típica mediata ou indireta.

21.3. Elementos

Constituem elementos da tentativa:

(i) o início de execução;

(ii) a não consumação;

(iii) a interferência de circunstâncias alheias à vontade do agente.

21.3.1. Início de execução

Conforme já salientado, é bastante nebulosa a linha demarcatória que separa os atos preparatórios não puníveis dos atos de execução puníveis.

O legislador, no art. 14, II, do CP, estabelece essa divisão ao fazer referência ao início de execução. Não obstante isso, a dúvida persiste, uma vez que o conteúdo de significado da mencionada expressão gera sérias divergências ao ser aplicado concretamente.

Para entender o que vem a ser início de execução, precisamos analisar vários critérios pelos quais é fixado.

---

136. *Direito penal*, cit., p. 133.
137. *Código Penal*, cit., p. 152.

21.3.1.1. Critério lógico-formal

Parte de um enfoque objetivo, diretamente ligado ao tipo.

Conforme anota José Frederico Marques[138], a atividade executiva é típica, e, portanto, o princípio de execução tem de ser compreendido como início de uma atividade típica. Assim, o ato executivo é aquele que realiza uma parte da ação típica.

Segundo Rodriguez Mourullo, existiria "começo de execução" sempre que houvesse a "correspondência formal dos atos executados com a realização parcial do correspondente tipo delitivo"[139].

Critica-se a adoção de tal critério, pois estreitaria sobremaneira a esfera de incidência da tentativa, deixando esta de abarcar diversos atos reprováveis e passíveis de sancionamento, os quais constituiriam meros atos preparatórios impuníveis.

Silva Franco, por sua vez, complementa as críticas à adoção desse critério ao sustentar que "o critério exclusivo de correspondência formal com o tipo mostra-se totalmente ineficaz, em face de tipos que não apresentam uma forma vinculada, isto é, não oferecem uma descrição pormenorizada da conduta criminosa"[140].

> **Nosso entendimento:** esse critério deve ser adotado por respeitar o princípio da reserva legal.

Até porque o único parâmetro para aferição do fato típico é a correspondência entre a conduta humana praticada e a descrição contida na lei. Ora, somente começa a existir tipicidade quando inicia essa correspondência, não se concebendo início de execução sem começo de realização do verbo do tipo.

21.3.1.2. Critério subjetivo

Seu enfoque não é a descrição da conduta típica, mas o momento interno do autor, uma vez que não importa mais verificar se os atos executados pelo agente correspondem a uma realização parcial do tipo, mas sim examiná-los em função do ponto de vista subjetivo do respectivo autor.

Foi criticada pela doutrina, porque o agente é apontado, cedo demais, como delinquente, correndo-se o risco de dilatar ao infinito o esquema de incriminação, de forma que ponha em perigo o próprio princípio da legalidade.

Além disso, torna possível incriminar o crime até mesmo em sua fase de cogitação. Por essa razão, não deve ser adotado.

21.3.1.3. Critério compositivo ou misto

É o que busca compor os critérios lógico-formal e subjetivo, ou seja, o da correspondência formal com o tipo e o do plano do autor.

---

138. *Tratado*, v. 2, p. 372.

139. *Comentários ao Código Penal*, Barcelona, Bosch, 1972, v. 1, p. 113.

140. *Código Penal*, cit., p. 152.

Enrique Cury Urzúa logrou bem demonstrar a aplicação desse critério ao ensinar que "as ações são multiformes e, por esta razão, podem prolongar-se mais ou menos, segundo se exteriorizem desta ou daquela forma. É possível matar-se alguém empregando um procedimento complexo e dilatado ou assestar-lhe uma punhalada por causa da ira que provoca, de súbito, sua atitude. É possível subtrair-se uma coisa mediante um só movimento que aproveita a ocasião inesperada ou recorrendo-se a recursos complicados que exigem uma sucessão de operações preconcebidas. Como é lógico, a lei não pode — nem pretende — descrever separadamente todas as formas de exteriorização possíveis. O tipo, em consequência, limita-se a apresentar um esquema de conduta que, na prática, pode adotar modos de realização díspares, cada um dos quais, não obstante, satisfaz as linhas gerais por ele contempladas. Resulta daí a conclusão de que o conteúdo executivo dos tipos é muito variável e depende da forma em que o agente se proponha a consumá--lo. Assim, o que o determina, em cada caso concreto, é o plano individual do autor. A tentativa começa com aquela atividade com a qual o autor, segundo seu plano delitivo, se põe em relação imediata com a realização do tipo delitivo"[141].

21.3.1.4. Critério adotado

Deve ser adotado o critério lógico-formal.

Como já dissemos, nosso sistema jurídico tem como um de seus princípios basilares o princípio da reserva legal, pois só constitui crime o fato expressamente previsto em lei. Logo, somente caracterizará início de execução (e, portanto, a tentativa punível) o ato idôneo para a consumação do delito.

Assim, se o sujeito é surpreendido subindo a escada para entrar em uma residência, não há como sustentar que houve tentativa de furto ou roubo, uma vez que não havia ainda se iniciado nenhuma subtração (não começou a tirar nada de ninguém, logo não houve início de execução).

Além de idôneo (apto à consumação), o ato deve ser também inequívoco (indubitavelmente destinado à produção do resultado), de maneira que somente depois de iniciada a ação idônea e inequívoca, ou seja, o verbo do tipo, é que terá início a realização do fato definido no modelo incriminador (tem de começar a matar, a subtrair, a constranger, a falsificar e assim por diante).

Só a idoneidade não basta, assim como só a inequivocidade é insuficiente para o início da execução, já que o núcleo da conduta típica pressupõe a somatória de ambos (ato idôneo + inequívoco = verbo do tipo).

"Figuremos o seguinte caso: Tício, tendo recebido uma bofetada de Caio, corre a um armeiro, adquire um revólver, carrega-o com seis balas e volta, ato seguido, à procura de seu adversário, que, entretanto, por cautela ou casualmente, já não se acha no local da contenda; Tício, porém, não desistindo de encontrar Caio, vai postar-se, dissimulado, atrás de uma moita, junto ao caminho onde ele habitualmente passa, rumo de casa, e ali espera em vão pelo seu inimigo que, desconfiado, tomou direção diversa. Não se pode conce-

---

141. *Tentativa y delito frustrado*, Ed. Jurídica de Chile, 1977, p. 63-64.

ber uma série de atos mais inequivocamente reveladores da intenção de matar, embora todos eles sejam meramente preparatórios"[142].

Neste exemplo, embora inequívocos, são ainda atos inidôneos, pois enquanto Tício estiver sentado na moita, só aguardando, Caio não morrerá.

21.4. Formas

21.4.1. Imperfeita

Há interrupção do processo executório; o agente não chega a praticar todos os atos de execução do crime, por circunstâncias alheias à sua vontade.

21.4.2. Perfeita ou acabada

Também conhecida por crime falho, é aquela na qual o agente pratica todos os atos de execução do crime, mas não o consuma por circunstâncias alheias à sua vontade.

21.4.3. Branca ou incruenta

A vítima não é atingida, nem vem a sofrer ferimentos.

Importante notar que a tentativa branca pode ser perfeita ou imperfeita. No primeiro caso, o agente realiza a conduta integralmente, sem, contudo, conseguir ferir a vítima (erra todos os tiros); no segundo, a execução é interrompida sem que a vítima seja atingida (após o primeiro disparo errado, o agente é desarmado).

21.4.4. Cruenta

A vítima é atingida, vindo a lesionar-se.

Do mesmo modo, pode ocorrer tentativa cruenta na tentativa imperfeita (a vítima é ferida, e, logo em seguida, o agente vem a ser desarmado) ou na perfeita (o autor descarrega a arma na vítima, lesionando-a).

→ **Atenção:** embora não haja distinção quanto à pena abstratamente cominada no tipo, o juiz deve levar em consideração a espécie de tentativa no momento de dosar a pena, pois, quanto mais próxima da consumação, menor será a redução (mais próxima de 1/3), e vice-versa.

21.5. Tentativa na lesão corporal de natureza grave e gravíssima

É perfeitamente possível, desde que não haja dúvida que o agente pretendia produzir o resultado agravador. "Ninguém deixaria de reconhecer uma tentativa de lesão gravíssima no fato, por exemplo, de quem atira vitríolo na direção do rosto do seu inimigo, que, desviando-se tempestivamente, consegue escapar ileso"[143].

---

142. Nélson Hungria, *Comentários*, cit., 4. ed., v. I, t. I, p. 79-80.
143. Nélson Hungria, *Comentários*, cit., 4. ed., v. I, t. I, p. 90.

21.6. Infrações penais que não admitem tentativa

São elas:

(i) culposas (salvo a culpa imprópria, para parte da doutrina);

(ii) preterdolosas (no latrocínio tentado, o resultado morte era querido pelo agente, logo, embora qualificado pelo resultado, esse delito só poderá ser preterdoloso quando consumado);

(iii) contravenções penais (a tentativa não é punida — *v.* art. 4º da LCP);

(iv) crimes omissivos próprios (de mera conduta, por exemplo, CP, art. 135);

(v) habituais (ou há a habitualidade e o delito se consuma, ou não há e inexiste crime);

(vi) crimes que a lei só pune se ocorrer o resultado (CP, art. 122);

(vii) crimes em que a lei pune a tentativa como delito consumado (crimes de atentado ou de empreendimento, por exemplo, CP, art. 352).

→ **Atenção:** o crime unissubsistente comporta tentativa em certos casos.

Por exemplo, quando o agente efetua um único disparo contra a vítima e erra o alvo. Outra hipótese é a da injúria verbal (crime unissubsistente por excelência), em que o agente profere a ofensa, mas a vítima não a ouve: ocorreu tentativa de injúria verbal, pois, embora executada toda a conduta, o resultado não se produziu por circunstâncias alheias à vontade do agente.

Os crimes formais também podem ocorrer na forma tentada, e a maior prova disso é a extorsão (Súmula 96 do STJ), que é formal e admite a tentativa.

21.7. Teorias

21.7.1. Subjetiva

A tentativa deve ser punida da mesma forma que o crime consumado, pois o que vale é a intenção do agente.

21.7.2. Objetiva ou realística

A tentativa deve ser punida de forma mais branda que o crime consumado, porque objetivamente produziu um mal menor.

21.7.3. Teoria adotada

A objetiva. Não se pune a intenção, mas o efetivo percurso objetivo do *iter criminis*.

21.8. Critério para redução da pena

A pena do crime tentado será a do consumado, diminuída de 1/3 a 2/3. Quanto mais próximo o agente chegar da consumação, menor será a redução, e vice-versa. Assim, na tentativa branca a redução será sempre maior do que naquela em que a vítima sofre ferimentos graves. Tal critério é fruto de construção jurisprudencial.

Observe-se que o critério para a redução da pena pela tentativa há de ser o mesmo para todos os participantes nos delitos praticados em concurso de agentes. O percentual redutor é, portanto, incindível e deverá beneficiar de forma uniforme todos os participantes, pouco importando que contra alguns existam agravantes e em prol de outros atenuantes, até porque tais circunstâncias não são levadas em consideração no momento da fixação do percentual redutor, mas tão somente o *iter criminis* percorrido. Por exemplo, se um dos agentes foi preso ao final da prática do delito de roubo, e o outro logrou fugir com parte da *res furtiva*, isso não dá azo a que o crime seja cindido e, ao mesmo tempo, considerado consumado para o coautor e tentado para o seu partícipe.

22. DESISTÊNCIA VOLUNTÁRIA E ARREPENDIMENTO EFICAZ

22.1. Considerações preliminares

São espécies de tentativa abandonada ou qualificada.

Como o próprio nome diz, havia uma tentativa, que foi abandonada. Em outras palavras, o agente pretendia produzir o resultado consumativo, mas acabou por mudar de ideia, vindo a impedi-lo por sua própria vontade.

Desse modo, o resultado não se produz por força da vontade do agente, ao contrário da tentativa, na qual atuam circunstâncias alheias a essa vontade.

Ainda, a tentativa abandonada é chamada de ponte de ouro, porque provoca uma readequação típica mais benéfica para o autor. Entretanto, outra corrente diz que essa expressão foi atribuída não em face da atipicidade da conduta, mas devido à exclusão da punibilidade ditada por motivos de política criminal[144].

→ **Atenção:** a tentativa abandonada é incompatível com os crimes culposos, pois, como se trata de uma tentativa que foi abandonada, pressupõe um resultado que o agente pretendia produzir (dolo), mas, posteriormente, desistiu ou se arrependeu, evitando-o.

22.2. Natureza jurídica

Trata-se de causa geradora de atipicidade (relativa ou absoluta). Provoca a exclusão da adequação típica indireta, fazendo com que o autor não responda pela tentativa, mas pelos atos até então praticados, salvo quando não configurarem fato típico.

Em sentido contrário, para Nélson Hungria, "trata-se de causas de extinção da punibilidade, ou seja, circunstâncias que, sobrevindo à tentativa de um crime, anulam a punibilidade do fato a esse título. Há uma renúncia do Estado ao *jus puniendi*, (...) como diz Von Liszt, 'a lei, por considerações de política criminal, pode construir uma ponte de ouro para a retirada do agente que se tornara passível de pena'. O fato não deixa de

---

144. Luiz Regis Prado, *Curso*, cit., p. 225.

ser um crime tentado: somente desaparece a possibilidade de aplicação da pena, a título de *conatus*"[145].

22.3. Elementos da tentativa abandonada

São três:

(i) início de execução;

(ii) não consumação;

(iii) interferência da vontade do próprio agente.

22.4. Distinção com a tentativa

A diferença está no terceiro elemento: vontade do agente.

Na tentativa, o resultado não se produz em face da interferência de circunstâncias alheias a essa vontade, enquanto na tentativa abandonada é a vontade do próprio agente que impede o resultado.

Se o sujeito não mata a vítima porque não consegue, é tentativa; se não mata porque mudou de ideia e abandonou a execução, é tentativa abandonada ou qualificada. Na tentativa, o agente diz "quero, mas não consigo", ao passo que na tentativa abandonada ele diz "eu consigo, mas não quero".

22.5. Espécies de tentativa abandonada

São duas:

(i) desistência voluntária;

(ii) arrependimento eficaz.

22.5.1. Conceito de desistência voluntária

O agente interrompe voluntariamente a execução do crime, impedindo, desse modo, a sua consumação.

Nela dá-se o início de execução, porém o agente muda de ideia e, por sua própria vontade, interrompe a sequência de atos executórios, fazendo com que o resultado não aconteça. Por exemplo, o agente tem um revólver municiado com seis projéteis. Efetua dois disparos contra a vítima, não a acerta e, podendo prosseguir atirando, desiste por vontade própria e vai embora.

→ **Atenção:** os crimes unissubsistentes não admitem desistência voluntária, uma vez que, praticado o primeiro ato, já se encerra a execução, tornando impossível a sua cisão.

---

145. *Comentários*, cit., 4. ed., v. I, t. I, p. 93.

22.5.1.1. Desistência voluntária e terrorismo

A Lei n. 13.260/2016, conhecida como Lei Antiterrorismo, em seu art. 5º, dispõe: "realizar atos preparatórios de terrorismo com o propósito inequívoco de consumar tal delito: pena — a correspondente ao delito consumado, diminuída de um quarto até a metade". Ou seja, o referido diploma legal claramente optou por criminalizar os atos preparatórios, o que caracteriza a chamada antecipação da tutela penal, que vem sendo largamente utilizada, sobretudo para tutelar os bens jurídicos supraindividuais, conforme se verifica, por exemplo, na lei que trata dos crimes contra o meio ambiente (Lei n. 9.605/98).

Ocorre que, se de um lado aquela legislação prevê a expressa punição dos atos preparatórios, por outro lado também admite a incidência da desistência voluntária e do arrependimento eficaz, consoante expressa menção no art. 10 da Lei Antiterrorismo. Dessa forma, se o agente realizou atos preparatórios com o fim inequívoco de consumar o delito de terrorismo, mas abandona voluntariamente seu intento, somente responderá pelos atos anteriores, mas não por aquele previsto no art. 5º.

22.5.2. Conceito de arrependimento eficaz

O agente, após encerrar a execução do crime, impede a produção do resultado.

Nesse caso, a execução vai até o final, não sendo interrompida pelo autor, no entanto, este, após esgotar a atividade executória, arrepende-se e impede o resultado. Por exemplo, o agente descarrega sua arma de fogo na vítima, ferindo-a gravemente, mas, arrependendo-se do desejo de matá-la, presta-lhe imediato e exitoso socorro, impedindo o evento letal.

Observe-se que o arrependimento tem que ser eficaz, pois o arrependimento ineficaz é irrelevante, não trazendo qualquer consequência, devendo o agente responder pelo crime praticado, afinal, como diz o velho ditado, "de boas intenções (...)".

→ **Atenção:** os crimes de mera conduta e formais não comportam arrependimento eficaz, uma vez que, encerrada a execução, o crime já está consumado, não havendo resultado naturalístico a ser evitado. Só é possível, portanto, nos crimes materiais, nos quais o resultado naturalístico é imprescindível para a consumação.

22.5.3. Ato voluntário e ato espontâneo

A desistência e o arrependimento não precisam ser espontâneos, bastando que sejam voluntários.

Por conseguinte, se o agente desiste ou se arrepende por sugestão ou conselho de terceiro, subsistem a desistência voluntária e o arrependimento eficaz.

Do mesmo modo "não se faz mister que o agente proceda *virtutis amore* ou *formidine poenæ*, por motivos nobres ou de índole ética (piedade, remorso, despertada repugnância pelo crime) ou por motivos subalternos, egoísticos (covardia, medo, receio de ser eventualmente descoberto, decepção com o escasso proveito que pode auferir): é suficiente que não tenha sido obstado por causas exteriores, independentemente de sua vontade. É indiferente a razão interna do arrependimento ou da mudança de propósito"[146].

22.5.4. Ato voluntário e ato involuntário

Voluntário é tudo aquilo que fazemos por nossa vontade, sem que ninguém nos obrigue. Se, por exemplo, o sujeito, mesmo tendo todas as condições de consumar o crime, fica com medo de, futuramente, ser descoberto e preso, e, então, desiste de prosseguir na execução, estará caracterizada a desistência voluntária, já que, sendo livre para decidir, optou pela interrupção do crime. É como se o agente dissesse "posso prosseguir, mas não quero".

Em contrapartida, se, durante a prática delituosa, "o ladrão ouve o rumor de uma porta que se abre e põe-se em retirada, temendo alguém que se aproxime e venha surpreendê-lo, não há desistência voluntária"[147]. Neste último caso, o larápio gostaria de ter prosseguido, mas teve medo de ser preso e fugiu, interrompendo a execução por circunstâncias alheias à sua vontade. Aqui, é como se o agente dissesse "quero prosseguir, mas não posso".

Na primeira hipótese, ao contrário, não havia qualquer perigo para que o crime fosse levado até as suas últimas consequências, mas ele, voluntariamente, sopesando os prós e contras, decidiu parar, evitando problemas futuros.

22.5.5. Distinção

Na desistência voluntária, o agente interrompe a execução; no arrependimento eficaz, ela é realizada inteiramente, e, após, o resultado é impedido.

A desistência equivale à tentativa inacabada, pois a execução não chega ao final, ao passo que o arrependimento eficaz é o sucedâneo da tentativa perfeita ou crime falho, pois encerra-se a atividade executória.

Em ambos os casos, a diferença é a de que o resultado não se produz em razão da vontade do próprio agente.

22.5.6. Consequência

Em nenhuma dessas formas de tentativa abandonada atuam circunstâncias alheias à vontade do agente, ao contrário, é a sua própria vontade que evita a consumação.

Assim, afasta-se a tentativa, e o agente só responde pelos atos até então praticados (no exemplo da desistência voluntária, pelo delito de periclitação da vida — art. 132 do CP — ou disparo de arma de fogo — art. 15 da Lei n. 10.826/2003; no exemplo do arrependimento eficaz, responde por lesões corporais de natureza grave — art. 129, § 1º, do CP).

---

146. Nélson Hungria, *Comentários*, cit., 4. ed., v. I, t. I, p. 95.
147. Nélson Hungria, *Comentários*, cit., 4. ed., v. I, t. I, p. 96.

23. ARREPENDIMENTO POSTERIOR

23.1. Conceito

Primeiramente, vale fazer uma crítica, qual seja, todo arrependimento é posterior, pois ninguém pode se arrepender antes de começar a fazer alguma coisa. A expressão é, portanto, redundante.

Quanto ao conceito, temos que é causa de diminuição de pena que ocorre nos crimes cometidos sem violência ou grave ameaça à pessoa, em que o agente, voluntariamente, repara o dano ou restitui a coisa até o recebimento da denúncia ou queixa.

23.2. Natureza jurídica

Causa obrigatória de redução de pena.

23.3. Objetivo

Estimular a reparação do dano nos crimes patrimoniais cometidos sem violência ou grave ameaça.

23.4. Diferenças entre arrependimento posterior e eficaz

(i) O arrependimento eficaz aplica-se também aos crimes cometidos com violência ou grave ameaça (agente descarrega a arma na vítima e depois se arrepende, a socorre e evita sua morte); o posterior só incide sobre crimes cometidos sem violência ou grave ameaça;

(ii) O arrependimento eficaz faz com que o agente não responda pelo resultado visado, mas somente pelos atos até então praticados; o posterior é uma simples causa de diminuição de pena, prevista na Parte Geral do CP, que permite a redução da pena de 1/3 a 2/3;

(iii) O arrependimento eficaz é anterior à consumação, enquanto o posterior, o nome já diz, pressupõe a produção do resultado.

23.5. Requisitos

23.5.1. Crime cometido sem violência ou grave ameaça à pessoa

A lei só se refere à violência dolosa, podendo a diminuição ser aplicada aos crimes culposos em que há violência, tais como homicídio e lesão corporal culposa. Entretanto, há entendimento do STJ em sentido contrário. O Tribunal entendeu que era inviável o reconhecimento do arrependimento posterior em hipótese de homicídio culposo na direção de veículo automotor. Para o STJ, o arrependimento posterior só é aplicável em casos de crime patrimonial ou de efeito patrimonial (AgRg no REsp n. 1.976.946/SP, Rel. Min. Olindo Menezes, 6ª Turma, julgado em 21-6-2022, *DJe* de 24-6-2022).

Do mesmo modo, se a violência é empregada contra a coisa e não contra a pessoa, como, por exemplo, no crime de dano, é possível a aplicação do benefício.

23.5.2. Reparação do dano ou restituição da coisa

Deve sempre ser integral, a não ser que a vítima ou seus herdeiros aceitem parte, renunciando ao restante.

23.5.3. Voluntariedade do agente

Não significa espontaneidade.

A reparação ou restituição por conselho ou sugestão de terceiro não impede a diminuição, uma vez que o ato, embora não espontâneo, foi voluntário (aceitou o conselho ou sugestão porque quis).

Da mesma forma, é admissível o benefício no caso de ressarcimento feito por parente ou terceiro, desde que autorizado pelo agente, por tratar-se de causa objetiva de redução obrigatória da pena, a qual não exige que o ato indenizatório seja pessoalmente realizado pelo sujeito.

23.5.4. Até o recebimento da denúncia ou queixa

Se posterior, é circunstância atenuante (CP, art. 65, III, b).

23.6. Redução da pena

O juiz deve reduzir a pena de 1/3 a 2/3.

Acerca do fator que orienta a maior ou menor redução da pena, temos que, como a reparação do dano ou a restituição da coisa devem sempre ser integrais, esse não pode ser o critério. Só resta o da maior ou menor sinceridade ou espontaneidade (quanto mais espontâneo o ato, maior a redução) e o da maior presteza e celeridade (quanto mais rápida a reparação ou a restituição, maior a redução). Quanto mais espontânea e rápida a reparação, maior será a redução da pena.

23.7. Aplicação

A norma do arrependimento posterior aplica-se aos crimes dolosos e culposos, tentados e consumados, simples, privilegiados ou qualificados.

23.8. Consequências da aplicação em casos específicos

23.8.1. A questão do peculato doloso

Consequência da reparação do dano no peculato: Se o peculato é culposo, a reparação do dano antes da sentença transitada em julgado extingue a punibilidade; se doloso, a reparação antes do recebimento da denúncia ou queixa diminui a pena de 1/3 a 2/3, e, se posterior, é causa atenuante genérica.

Trata-se de questão capciosa, pois, ao examinarmos o art. 312 e observarmos seu § 3º, poderemos concluir, equivocadamente, que a reparação do dano só traz consequências no peculato culposo.

23.8.2. Emissão de cheque sem suficiente provisão de fundos

No caso da emissão de cheque sem suficiente provisão de fundos, a reparação do dano até o recebimento da denúncia extingue a punibilidade do agente, nos termos da Súmula 554 do STF, porque o delito de estelionato exige como pressuposto necessário à sua consumação o efetivo prejuízo da vítima. Desaparecendo este, não se tipifica o delito do art. 171, § 2º, VI, do CP, inexistindo, assim, justa causa para propositura de ação penal e instauração de inquérito policial, sob pena de configurar-se constrangimento ilegal.

Difere, portanto, do arrependimento posterior, pois este instituto exige, para ser aplicado, que o fato praticado tenha enquadramento típico, sendo certo que a maior ou menor presteza do agente em ressarcir o dano ou em restituir a coisa deve refletir-se na aplicação de uma pena reduzida.

Se o cheque, entretanto, foi preenchido fraudulentamente, o crime será o de estelionato, e a reparação do dano só trará as consequências do art. 16 (desde que preenchidos todos os seus requisitos).

23.8.3. Outras hipóteses previstas em leis especiais

(i) Nos crimes de ação penal privada e pública condicionada a representação do ofendido de competência dos Juizados Especiais Criminais, a reparação do dano na audiência preliminar acarreta extinção da punibilidade, por meio da renúncia ao direito de queixa ou representação (Lei n. 9.099/95, art. 74, parágrafo único).

(ii) Nos crimes tributários, o pagamento integral do tributo ou contribuição social, inclusive acessórios, até o recebimento da denúncia, também extingue a punibilidade (art. 34 da Lei n. 9.249/95).

No tocante ao parcelamento e pagamento do débito tributário e seus efeitos na esfera penal, no art. 83, § 2º, da Lei n. 9.430/96, a redação somente admite a extinção da punibilidade se o pedido de parcelamento de créditos oriundos de tributos e seus acessórios for formalizado antes do recebimento da denúncia criminal.

Note-se, ainda, que, de acordo com a redação do art. 83, § 1º, da Lei n. 9.430/96, na hipótese de concessão de parcelamento do crédito tributário, a representação fiscal para fins penais somente será encaminhada ao Ministério Público após a exclusão da pessoa física ou jurídica do parcelamento. E, de acordo com a redação do § 6º do art. 83, "as disposições contidas no *caput* do art. 34 da Lei n. 9.249, de 26 de dezembro de 1995, aplicam-se aos processos administrativos e aos inquéritos e processos em curso, desde que não recebida a denúncia pelo juiz", isto é, o pagamento do tributo ou contribuição social, inclusive acessórios, até o recebimento da denúncia, extinguirá a punibilidade (Lei n. 9.249/95, art. 34).

Dessa maneira, para a formulação do pedido de parcelamento, a fim de trazer os benefícios da extinção da punibilidade pelo pagamento na esfera criminal, este só poderá ser postulado até antes do recebimento da denúncia.

23.9. Comunicabilidade a coautores e partícipes

Tratando-se de causa objetiva de diminuição de pena, o arrependimento posterior não se restringe à esfera pessoal de quem o realiza, tanto que extingue a obrigação *erga omnes*. Estende-se, portanto, aos coautores e partícipes condenados pelo mesmo fato.

23.10. Delação eficaz ou premiada e colaboração premiada

Instituto distinto do arrependimento posterior é o da delação premiada, no qual se estimula a delação feita por um coautor ou partícipe em relação aos demais, mediante o benefício da redução obrigatória da pena. Igualmente o da colaboração premiada, que consiste num acordo entre o órgão acusatório, ou a polícia (STF, ADIn 5.508, *DJe* 125, sessão do dia 20-6-2018), e o investigado, acompanhado de seu defensor em troca de benefícios jurídicos negociados.

23.10.1. Aplicação em casos específicos

23.10.1.1. Lei n. 8.072/90 (Lei dos Crimes Hediondos)

Conforme alteração da Lei dos Crimes Hediondos, no caso de crime de extorsão mediante sequestro cometido em concurso, o concorrente que o denunciar à autoridade, facilitando a libertação do sequestrado, terá a sua pena reduzida de 1/3 a 2/3 (art. 159, §4º, do CP).

Para a aplicação do benefício são necessários os seguintes pressupostos: (i) prática de um crime de extorsão mediante sequestro; (ii) cometido em concurso; (iii) delação feita por um dos coautores ou partícipes à autoridade; (iv) eficácia da delação, mediante a libertação do sequestrado.

Nesse caso, a pena será diminuída de 1/3 a 2/3, devendo a redução variar de acordo com a maior ou menor contribuição da delação para a libertação do sequestrado.

No parágrafo único do art. 8º, a Lei dos Crimes Hediondos criou outra forma de delação premiada, chamada de traição benéfica. Trata-se de instituto bem parecido com o anterior, aplicável aos crimes de associação criminosa formada com a finalidade de praticar tortura, terrorismo, tráfico de drogas ou crime hediondo.

Nesse caso, a delação do bando por um de seus integrantes leva à redução de pena de 1/3 a 2/3, desde que resulte no desmantelamento do bando. A eficácia da delação aqui exige dois requisitos: desmantelamento do bando e nexo causal entre a delação e o desmantelamento. O *quantum* da diminuição varia de acordo com a maior ou menor contribuição para o fim da associação criminosa.

23.10.1.2. Lei n. 12.850/2013 (Lei de Organizações Criminosas)

Em seu art. 4º, também prevê nos crimes praticados em organização criminosa que a pena poderá ser reduzida em até 2/3 ou ser substituída por pena restritiva de direitos, desde que dessa colaboração advenha um dos seguintes resultados: I – a identificação dos demais coautores e partícipes da organização criminosa e das infrações penais por eles praticadas; II – a revelação da estrutura hierárquica e da divisão de tarefas da organização criminosa; III – a prevenção de infrações penais decorrentes das atividades da organização criminosa; IV – a recuperação total ou parcial do produto ou do proveito das infrações penais praticadas pela organização criminosa; V – a localização de eventual vítima com a sua integridade física preservada.

23.10.1.3. Lei n. 9.807/99 (Lei de Proteção a Testemunhas)

Redutor de pena incidente nos casos em que o indiciado ou acusado, em qualquer fase da investigação ou instrução criminal, qualquer que seja o crime do qual tenha participado em concurso com dois ou mais agentes, ainda que praticado com violência ou grave ameaça, colabore voluntariamente na identificação dos demais coautores ou partícipes do crime, na localização da vítima com vida e na recuperação total ou parcial do produto do crime.

Destaca-se a possibilidade de sua ampla aplicação, não importa qual crime seja cometido, alcançando, inclusive, as contravenções penais.

Preenchido qualquer um dos três requisitos, que são alternativos, a pena será diminuída de 1/3 a 2/3 (art. 14).

Não se trata de arrependimento posterior nos moldes do Código Penal, pois o redutor é aplicável aos crimes cometidos com violência ou grave ameaça à pessoa; a colaboração poderá dar-se após o recebimento da denúncia ou queixa; e, na realidade, o agente não realiza a reparação do dano ou opera a restituição da coisa, mas tão somente colabora para esclarecimento.

Nessa hipótese, se o delator for primário, sua personalidade recomendar e a repercussão social e a gravidade do fato criminoso não obstarem, em vez de redução de pena, o juiz poderá aplicar o perdão judicial (cf. no tópico respectivo).

23.10.1.4. Lei n. 11.343/2006, art. 41 (Lei de Drogas)

De acordo com o seu art. 41: "O indiciado ou acusado que colaborar voluntariamente com a investigação policial e o processo criminal na identificação dos demais coautores ou partícipes do crime e na recuperação total ou parcial do produto do crime, no caso de condenação, terá pena reduzida de um terço a dois terços".

Trata-se de uma causa especial de redução de pena para os crimes praticados na Lei de Drogas. A delação pode ser realizada tanto no curso do inquérito policial quanto no curso do processo criminal. A colaboração deve ser voluntária. Além de voluntária, deve ser eficaz.

Dessa forma, só incidirá a minorante se houver a identificação dos demais coautores ou partícipes do crime e a recuperação total ou parcial do produto do crime.

Trata-se de direito subjetivo do indiciado ou acusado, de maneira que, preenchidos os requisitos legais, torna-se obrigatória a redução da pena (note-se que o art. 41 é peremptório em sua redação, determinando que o indiciado ou acusado "terá pena reduzida").

23.10.1.5. Lei n. 9.613/98 (Lei de Lavagem de Dinheiro)

A Lei de Lavagem de Dinheiro foi alterada em 2012, inclusive no que tange à delação premiada. Seu art. 1º, § 5º, permite a redução de pena de 1/3 a 2/3 e prevê seu início de cumprimento em regime aberto ou semiaberto, além de facultar ao juiz deixar de aplicá-la ou substituí-la por pena restritiva de direitos, a qualquer tempo, ao autor, coautor ou partícipe que "colaborar espontaneamente com as autoridades, prestando esclarecimentos que conduzam à apuração das infrações penais, à identificação dos autores, coautores e partícipes, ou à localização dos bens, direitos ou valores objeto do crime".

23.10.1.6. Lei n. 7.492/86 (Lei contra o Sistema Financeiro) e Lei n. 8.137/90 (Crimes contra a Ordem Tributária)

Ambas as leis preveem idêntica redação no art. 25, § 2º, da Lei n. 7.492/86 e no art. 16, parágrafo único, da Lei n. 8.137/90, dispondo que nos crimes previstos naqueles diplomas legais, praticados em quadrilha ou bando, é expressa a possibilidade de redução de pena no *quantum* de 1/3 a 2/3 ao coautor ou partícipe que "através de confissão espontânea revelar à autoridade policial ou judicial toda a trama delituosa", e, com isso, proporcionar o desmantelamento da quadrilha.

24. CRIME IMPOSSÍVEL

24.1. Conceito

Também chamado de tentativa inidônea, tentativa inadequada ou quase-crime, é aquele que, pela ineficácia total do meio empregado ou pela impropriedade absoluta do objeto material, é impossível de se consumar.

24.2. Natureza jurídica

Não se trata de causa de isenção de pena, como parece sugerir a redação do art. 17 do Código Penal, mas de causa geradora de atipicidade, pois não se concebe queira o tipo incriminador descrever como crime uma ação impossível de se realizar. Trata-se, portanto, de verdadeira causa de exclusão da própria tipicidade.

Miguel Reale Júnior observa a respeito: "Enquanto no crime tentado a consumação deixa de ocorrer pela interferência de causa alheia à vontade do agente, no crime impossível a consumação jamais ocorrerá, e, assim sendo, a ação não se configura como tentativa de crime, que se pretendia cometer, por ausência de tipicidade. Dessa forma, equivoca-se o legislador ao editar: 'não é punível a tentativa' como se tratasse de causa de impunidade de um crime tentado configurado"[148].

Trata-se, portanto, de causa de exclusão do fato típico.

24.3. Hipóteses de crime impossível

24.3.1. Ineficácia absoluta do meio

O meio empregado ou o instrumento utilizado para a execução do crime jamais o levarão à consumação. Um palito de dente para matar um adulto, uma arma de fogo inapta a efetuar disparos ou uma falsificação grosseira, facilmente perceptível, por exemplo, são meios absolutamente ineficazes. O STJ já decidiu que a munição, isoladamente e desacompanhada da arma de fogo, configura crime impossível pela ineficácia absoluta do meio, dada a ausência total de potencialidade lesiva (STJ, AgRg no REsp 1.841.147/RS, *DJU* 2-9-2020).

→ **Atenção:** a ineficácia do meio, quando relativa, leva à tentativa e não ao crime impossível.

Por exemplo, um palito é meio relativamente eficaz para matar um recém-nascido, perfurando-lhe a moleira. Uma arma de fogo inoperante ou uma arma de brinquedo (arma finta) configuram homicídio impossível, mas são perfeitamente aptas à prática de um roubo, desde que o engenho ou sua imitação sejam passíveis de intimidar a vítima, fazendo-a sentir-se ameaçada. Uma porção de açúcar é ineficaz para matar uma pessoa normal, mas apta a eliminar um diabético.

24.3.2. Impropriedade absoluta do objeto material

A pessoa ou a coisa sobre que recai a conduta é absolutamente inidônea para a produção de algum resultado lesivo. Por exemplo, matar um cadáver, ingerir substância abortiva imaginando-se grávida ou furtar alguém que não tem um único centavo no bolso.

No delito de roubo, caso o bem não tenha valor econômico ou a vítima não esteja trazendo consigo qualquer quantia, haverá crime impossível ante a impropriedade absoluta do objeto material; no entanto, subsidiariamente, o agente responderá pelo delito de constrangimento ilegal, funcionando o tipo do art. 146 do Código Penal como soldado de reserva.

→ **Atenção:** a impropriedade não pode ser relativa, pois nesse caso haverá tentativa.

Por exemplo, o punguista enfia a mão no bolso errado. Houve circunstância meramente acidental que não torna impossível o crime. No caso, responde por tentativa.

Por outro lado, se a vítima não tivesse nada em nenhum de seus bolsos, a impropriedade seria absoluta, inviabilizando totalmente a consumação do delito e tornando-o impossível.

---

148. *Parte geral do Código Penal*, cit., p. 80.

24.4. Critério de aferição da idoneidade

A aferição da idoneidade deve ser feita no momento em que se realiza a ação ou omissão delituosa:

(i) se concretamente os meios ou o objeto eram inidôneos para a consecução do resultado já antes de se iniciar a ação executória, o crime é impossível;

(ii) se os meios ou o objeto tornam-se inidôneos concomitantemente ou após o início da execução, tipifica-se uma tentativa do crime que se pretendia cometer, porque, no momento em que o agente praticou o crime, este tinha possibilidade de consumar-se.

Por exemplo, Caio envenena a vítima, que já tinha sido envenenada antes por outra pessoa. Vindo ela, posteriormente, a falecer em decorrência do veneno anterior, não se poderá falar em crime impossível no tocante a Caio, que, assim, responderá por tentativa, porque a vítima ainda estava viva quando ele a envenenou, sendo esse objeto material idôneo para sofrer a agressão homicida. O resultado só não ocorreu em decorrência de conduta anterior, que produziu sozinha o evento morte.

24.5. Outras hipóteses de crime impossível

24.5.1. Delito putativo por erro de tipo

No erro de tipo, o agente não sabe, devido a um erro de apreciação da realidade, que está cometendo um delito (compra cocaína, pensando ser talco; mata uma pessoa, achando que é um animal etc.).

No delito putativo por erro de tipo, o sujeito quer praticar um crime, mas, devido ao desconhecimento da situação de fato, comete um irrelevante penal (a mulher acha que está grávida e ingere substância abortiva; o agente atira em um cadáver, supondo-o vivo etc.). É o contrário, portanto. No primeiro, o autor não quer cometer um crime, enquanto no segundo, sim, mas não consegue.

Costuma-se dizer que no delito putativo por erro de tipo o sujeito é um criminoso incompetente. Esse delito constitui crime impossível pela impropriedade absoluta do objeto.

24.5.2. Delito putativo por obra do agente provocador (flagrante preparado)

Também chamado de crime de flagrante preparado, delito de ensaio ou experiência, ocorre quando a polícia ou terceiro (agente provocador) prepara uma situação, na qual induz o agente a cometer o delito (investigadora grávida pede para médico fazer aborto ilegal e depois o prende em flagrante; detetive simula querer comprar maconha e prende o traficante etc.).

Nessa situação o autor é o protagonista de uma farsa que, desde o início, não tem a menor chance de dar certo. Por essa razão, a jurisprudência considera a encenação do flagrante preparado uma terceira espécie de crime impossível, entendendo não haver delito ante a atipicidade do fato (Súmula 145 do STF).

O crime é impossível pela ineficácia absoluta do meio empregado, provocada pelo conjunto das circunstâncias exteriores adrede preparadas, que tornam totalmente impossível ao sujeito atingir o momento consumativo.

O elemento subjetivo do crime existe, mas, sob o aspecto objetivo, não há, em momento algum, risco de violação do bem jurídico, senão uma insciente cooperação para a ardilosa averiguação da autoria de crimes anteriores. O desprevenido sujeito opera dentro de uma pura ilusão, pois, *ab initio*, a vigilância dos agentes policiais torna impraticável a real consumação do crime.

24.5.2.1. Flagrante preparado nos delitos previstos na Lei de Drogas

Observe-se que nos crimes da Lei de Drogas algumas ações descritas no tipo do art. 33, *caput*, da Lei n. 11.343/2006 constituem infrações permanentes — em que o atuar delituoso se protrai no tempo —, como, por exemplo, as previstas nos núcleos exposição à venda, depósito, transporte, trazer consigo e guarda.

Esses atos por si sós já realizariam o tipo, independentemente da posterior venda, de modo que estaria afastada, pelo menos nessas condutas, a incidência do crime impossível pelo flagrante preparado, prevalecendo única e exclusivamente a hipótese denominada como esperado.

Por exemplo, traficante que já vinha praticando a conduta de guardar e vender substância entorpecente quando um policial se insinuou como pretendente à aquisição de *Cannabis sativa*. Nesse caso, afasta-se a hipótese do flagrante preparado ou provocado, já que o agente incidiu no crime do art. 33, *caput*, na modalidade "guardar", muito antes da abordagem do suposto comprador; portanto, a consumação preexistiu ao flagrante preparado.

Vale dizer que o flagrante preparado, em operação de "venda" de droga, não anula o processo-crime se a condenação está fundada também na sua "posse", preexistente à simulação policial, uma vez que o crime já estava consumado com anterior posse das drogas pelo agente, de acordo com o disposto no art. 33 da Lei n. 11.343/2006 (STJ, AgRg no AREsp 1.637.754/SP, *DJU* 19-5-2020).

Ainda, poder-se-ia falar no caso em flagrante esperado, pois, nos crimes permanentes, entende-se o agente em flagrante delito enquanto não cessar a permanência. Assim, pode ser preso em flagrante o agente que mantém em depósito substância entorpecente que seria destinada ao tráfico.

24.5.2.2. Flagrante preparado no delito de concussão

No tocante ao delito de concussão, não se configura o flagrante preparado quando o crime já se consumara anteriormente pela mera exigência da vantagem indevida. É que estamos diante de um crime formal, cuja consumação se opera pela simples exigência da vantagem indevida pelo funcionário público, e a efetiva prestação daquela pela vítima constitui mero exaurimento.

Desse modo, o flagrante do pagamento (momento em que o crime se exaure) realizado pelos policiais, cuja intervenção se deu por aviso da vítima, não induz à aplicação da Súmula 145 do STF, visto que o crime já se consumara com a mera exigência da vantagem. Logo, essa espécie de delito admite o flagrante esperado, mas não o preparado.

24.5.2.3. Diferença entre o flagrante preparado e o flagrante esperado

No flagrante esperado a posição da polícia limita-se à mera expectativa, mas a prisão deve ser efetuada no primeiro momento, sem possibilidade de retardamento. Nessa modalidade de flagrante, não há interferência na vontade do autor, por essa razão não existe a figura do agente provocador, sendo o fato típico e ilícito e a prisão perfeitamente válida.

Por exemplo, policial fica de tocaia aguardando a aparição do traficante com a droga. Como a situação é de simples espera, sem instigação ou induzimento sobre o sujeito, o flagrante será considerado esperado e a prisão, válida, uma vez que não existe flagrante preparado quando o crime não resulta da ação direta do agente provocador.

Por outro lado, no flagrante preparado a ação da polícia consiste em incitar o agente à prática do delito, retirando-lhe qualquer iniciativa e, portanto, afetando a voluntariedade do ato. Nesse caso, ao contrário do flagrante esperado, não existe mera expectativa, porque a polícia interfere decisivamente no processo causal. O agente torna-se um simples protagonista de uma farsa, dentro da qual o crime não tem, desde o início, qualquer possibilidade de consumar-se. A polícia provoca a situação e prepara-se para impedir a consumação. Por essa razão, nesse caso, a jurisprudência entende que há crime impossível (Súmula 145 do STF).

24.5.2.4. Flagrante prorrogado ou retardado

Outra modalidade, prevista no art. 8º da Lei n. 12.850/2013, a chamada Lei das Organizações Criminosas, é a do flagrante prorrogado ou retardado, que não se confunde com as formas anteriores e permite ao agente policial, na hipótese de crimes cometidos por organizações criminosas, retardar, esperar ou prorrogar o momento de efetuar a prisão em flagrante, de acordo com a conveniência e a oportunidade da investigação.

Nesse caso, o policial, sem provocar a iniciativa do meliante (não se trata de flagrante preparado), aguarda o momento mais adequado do ponto de vista da investigação para efetivar a prisão (ação controlada), sem, com isso, cometer delito de prevaricação.

É, por exemplo, o caso de um investigador infiltrado em organização mafiosa que deixa de interferir em um homicídio ou em outro crime qualquer praticado por essa máfia a fim de não ter sua identidade revelada antes da hora certa, optando por prender seus integrantes em momento ulterior, em que os flagra adquirindo duas toneladas de heroína.

Convém mencionar que, com o advento da Lei n. 11.343/2006, é também possível o flagrante prorrogado ou retardado em relação aos crimes previstos na atual Lei de Drogas, em qualquer fase da persecução penal, mediante autorização judicial e ouvido o Ministério Público (art. 53).

Assim, é possível "a não atuação policial sobre os portadores de drogas, seus precursores químicos ou outros produtos utilizados em sua produção, que se encontrem no território brasileiro, com a finalidade de identificar e responsabilizar maior número de integrantes de operações de tráfico e distribuição, sem prejuízo da ação penal cabível" (art. 53, II). A autorização "será concedida desde que sejam conhecidos o itinerário provável e a identificação dos agentes do delito ou de colaboradores" (art. 53, parágrafo único).

24.6. Teorias relativas à punibilidade ou não do crime impossível

24.6.1. Sintomática

Se o agente demonstrou periculosidade, deve ser punido.

24.6.2. Subjetiva

O agente deve ser punido porque revelou vontade de delinquir.

→ **Atenção**: essas duas primeiras teorias não se importam com o fato de o resultado jamais poder ocorrer, interessando apenas que o agente demonstrou ser perigoso ou revelou intenção perniciosa.

24.6.3. Objetiva

O agente não é punido porque objetivamente não houve perigo para a coletividade. Pode ser objetiva pura ou objetiva temperada. Para a teoria objetiva pura, é sempre crime impossível, sejam a ineficácia e a impropriedade absolutas ou relativas, em contrapartida, para a teoria objetiva temperada, só é crime impossível se forem absolutas. Quando relativas, há tentativa.

24.6.4. Teoria adotada pelo Código Penal

Objetiva temperada.

Na sistemática atual do CP, o que importa é a conduta, objetivamente, não ter representado nenhum risco à coletividade, pouco importando a postura subjetiva do agente.

Um sujeito que, fazendo uso de uma arma absolutamente inapta a efetuar disparos, a emprega com finalidade homicida, teve uma postura psicológica censurável (teoria subjetiva) e revelou ser perigoso para o convívio social (teoria sintomática), mas, como o fato não representou nenhum risco objetivo de lesão à coletividade, ante a impossibilidade *ab initio* de se consumar (é impossível matar alguém a tiros com uma arma que não atira), a lei considera-o atípico.

O que importa, portanto, é o risco objetivo de lesão ínsito na conduta, e não a intenção que tinha o agente, ou o perigo que ficou evidenciado em seu comportamento.

Por outro lado, somente a ineficácia e a impropriedade absolutas levam à atipicidade. Assim, se um ladrão enfia a mão no bolso de alguém que não tem absolutamente nada consigo, o furto não se consumará, pois, desde o início, era totalmente impossível atingir o resultado pretendido. No entanto, se a vítima estava com o dinheiro no bolso da frente, surge uma impossibilidade meramente ocasional, relativa, devendo o autor responder por tentativa. Daí por que foi adotada a teoria objetiva temperada.

24.7. Questões processuais

(i) Reconhecimento do crime impossível equivale a admitir que o fato não constitui crime algum, portanto, deverá a sentença absolutória fundar-se no art. 386, III, do CPP ("não constituir o fato infração penal"), adequando-se melhor a esse dispositivo do que ao disposto no inciso VII daquele artigo ("não existir prova suficiente para a condenação").

(ii) Mencione-se que, de acordo com o art. 396 do CPP, nos procedimentos ordinário e sumário, oferecida a denúncia ou queixa, o juiz, se não a rejeitar liminarmente, recebê-la-á e ordenará a citação do acusado para responder à acusação, por escrito, no prazo de 10 (dez) dias.

E, de acordo com o criado art. 396-A, "na resposta, o acusado poderá arguir preliminares e alegar tudo o que interessa à sua defesa, oferecer documentos e justificações, especificar as provas pretendidas e arrolar testemunhas, qualificando-as e requerendo sua intimação, quando necessário".

Nesse momento, portanto, o acusado terá a oportunidade de comprovar a existência de crime impossível e, como o seu reconhecimento equivale a afirmar que o fato narrado não constitui infração penal, o CPP, consoante o teor da atual redação do seu art. 397, III, autoriza expressamente a absolvição sumária do acusado, tal como ocorre no procedimento do júri (CPP, art. 415, III).

(iii) *Habeas corpus* não é, em regra, o meio idôneo para objetivar-se o trancamento da ação penal que tenha por objeto a prática de crime impossível, pois este implica a análise de matéria fática que refoge ao âmbito do *habeas corpus*.

Ressalvam-se, no entanto, hipóteses absurdas, como a de alguém ser denunciado por homicídio, em razão de ter atirado em um esqueleto, caso em que será possível o trancamento da ação pelo remédio constitucional mencionado.

25. CLASSIFICAÇÃO DOS CRIMES

25.1. Quanto à qualidade do sujeito ativo

25.1.1. Crime comum

Também chamado de crime geral, é o que pode ser cometido por qualquer pessoa. A lei não exige nenhum requisito especial. Por exemplo, homicídio, furto etc.

25.1.2. Crime próprio

Também chamado de crime especial, só pode ser cometido por determinada pessoa ou categoria de pessoas, como os crimes contra a Administração Pública (só o funcionário público pode ser autor).

Admite a autoria mediata, a participação e a coautoria.

25.1.3. Crime bipróprio

É aquele no qual a lei exige qualidade especial tanto do sujeito ativo quanto do sujeito passivo, como no crime de infanticídio, no qual o sujeito ativo é a parturiente e o sujeito passivo, o neonato.

25.1.4. Crime de mão própria

Também chamado crime de atuação pessoal ou de conduta infungível, é o que só pode ser cometido pelo sujeito em pessoa, como o delito de falso testemunho (art. 342).

Somente admite o concurso de agentes na modalidade participação, uma vez que não se pode delegar a outrem a execução do crime.

Em contraposição aos crimes de mão própria, temos os crimes próprios, que também exigem qualidade especial do sujeito ativo, contudo, diferente daqueles, admitem coautoria.

25.2. Quanto à relação entre a conduta e o resultado naturalístico

25.2.1. Crime material

Também conhecido como crime causal ou de resultado, é aquele que só se consuma com a produção do resultado naturalístico, como a morte, para o homicídio; a subtração, para o furto; a destruição, no caso do dano; a conjunção carnal ou outro ato libidinoso diverso, para o estupro etc.

25.2.2. Crime formal

Também chamado de crime de consumação antecipada, de resultado cortado ou de intenção, é aquele cujo tipo não exige a produção do resultado para a consumação do crime, embora seja possível a sua ocorrência. Assim, o resultado naturalístico, embora possível, é irrelevante para que a infração penal se consume.

É o caso, por exemplo, da ameaça, em que o agente visa intimidar a vítima, mas essa intimidação é irrelevante para a consumação do crime, ou, ainda, da extorsão mediante sequestro, no qual o recebimento do resgate exigido é irrelevante para a plena realização do tipo.

Nesses tipos, pode haver uma incongruência entre o fim visado pelo agente — respectivamente, a intimidação do ameaçado e o recebimento do resgate — e o resultado que o tipo exige. A lei exige menos do que a intenção do sujeito ativo (v. g., ele quer receber o resgate, mas o tipo se contenta com menos para a consumação da extorsão mediante sequestro). Por essa razão, esses tipos são denominados *incongruentes*.

25.2.3. Crime de mera conduta

Também chamado de crime de simples atividade, é aquele no qual o resultado naturalístico não é apenas irrelevante, mas impossível. É o caso do crime de desobediência ou da violação de domicílio, em que não existe absolutamente nenhum resultado que provoque modificação no mundo concreto.

25.3. Quanto ao grau de intensidade do resultado

25.3.1. Crime de dano

Também conhecido como crime de lesão, exige uma efetiva lesão ao bem jurídico protegido para a sua consumação (homicídio, furto, dano etc.).

25.3.2. Crime de perigo

Para a consumação, basta a possibilidade do dano, ou seja, a exposição do bem a perigo de dano (crime de periclitação da vida ou saúde de outrem – art. 132 do CP).

Subdivide-se em: (i) crime de perigo concreto ou real, quando a realização do tipo exige a existência de uma situação de efetivo perigo; (ii) crime de perigo abstrato ou presumido, no qual a situação de perigo é presumida, como no caso da associação criminosa, em que se pune o agente mesmo que não tenha chegado a cometer nenhum crime (STJ, AgRg no REsp 1.841.973/AP, *DJU* 28-9-2020); (iii) crime de perigo individual, que é o que atinge uma pessoa ou um número determinado de pessoas, como os dos arts. 130 a 137 do CP; (iv) crime de perigo comum ou coletivo, que é aquele que só se consuma se o perigo atingir um número indeterminado de pessoas, por exemplo, incêndio (art. 250), explosão (art. 251) etc.; (v) crime de perigo atual, que é o que está acontecendo; (vi) crime de perigo iminente, isto é, que está prestes a acontecer; (vii) crime de perigo futuro ou mediato, que é o que pode advir da conduta, por exemplo, porte de arma de fogo, associação criminosa etc.

25.4. Quanto ao modo de execução

25.4.1. Crime de forma livre

Também chamado de crime de ação, é o praticado por qualquer meio de execução. Por exemplo, o crime de homicídio (CP, art. 121) pode ser cometido de diferentes maneiras, não prevendo a lei um modo específico de realizá-lo.

25.4.2. Crime de forma vinculada

O tipo já descreve a maneira pela qual o crime é cometido. Por exemplo, o curandeirismo é um crime que só pode ser realizado de uma das maneiras previstas no tipo penal (CP, art. 284 e incisos).

Os crimes de forma vinculada se subdividem em: *(i) forma vinculada cumulativa* e *(ii) forma vinculada alternativa*. No primeiro, o tipo penal exige que o agente pratique, necessariamente, mais de um verbo para fins de consumação do delito. É o caso do delito de apropriação de coisa achada (art. 169, parágrafo único, II, do CP), no qual o sujeito apropria-se de coisa achada — primeira conduta, "apropriar-se" — e depois se omite ao deixar de restituir o bem ao dono, ao legítimo possuidor ou à autoridade — segunda conduta, "deixar de restituir". Já nos crimes de forma vinculada alternativa, o tipo penal prevê vários verbos núcleos do tipo, ações e omissões, sendo que a consumação se dá com a prática de qualquer uma delas, como no art. 149 do CP.

25.5. Com relação à forma como o crime é praticado

25.5.1. Crime comissivo

É o praticado por meio de ação, por exemplo, homicídio (matar). Por isso, também é conhecido como crime de ação.

25.5.2. Crime omissivo

É o praticado por meio de uma omissão (abstenção de comportamento), por exemplo, art. 135 do CP (deixar de prestar assistência). Por isso, também é conhecido como crime de omissão.

25.5.2.1. Crime omissivo próprio

Também conhecido como crime omissivo puro, é aquele no qual não existe o dever jurídico de agir, e o omitente não responde pelo resultado, mas apenas por sua conduta omissiva (v. g., arts. 135 e 269 do CP).

Dentro dessa modalidade de delito omissivo tem-se o crime de conduta mista, em que o tipo legal descreve uma fase inicial ativa e uma fase final omissiva, por exemplo, apropriação de coisa achada (art. 169, parágrafo único, II). Trata-se de crime omissivo próprio porque só se consuma no momento em que o agente deixa de restituir a coisa. A fase inicial da ação, isto é, de apossamento da coisa, não é sequer ato executório do crime.

25.5.2.2. Crime omissivo impróprio

Também chamado de espúrio, impróprio, impuro ou comissivo por omissão, é aquele no qual o omitente tinha o dever jurídico de evitar o resultado e, portanto, por este responderá (art. 13, § 2º, do CP).

É o caso da mãe que descumpre o dever legal de amamentar o filho, fazendo com que ele morra de inanição, ou do salva-vidas que, na posição de garantidor, deixa, por negligência, o banhista morrer afogado: ambos respondem por homicídio culposo e não por simples omissão de socorro.

25.5.3. Crime de conduta mista

É aquele cujo tipo penal é composto de duas fases distintas, uma inicial positiva e outra final omissiva, por exemplo, apropriação de coisa achada e omissão em devolvê-la (CP, art. 169, parágrafo único, II).

25.6. Quanto ao número de atos executórios que integram a conduta

25.6.1. Crime unissubsistente

É o que se perfaz com um único ato, como a injúria verbal.

25.6.2. Crime plurissubsistente

É aquele que exige mais de um ato para sua realização (estelionato – art. 171).

25.7. Quanto ao momento em que se consuma o crime

25.7.1. Crime instantâneo

Também chamado crime de estado, consuma-se em um dado instante, sem continuidade no tempo, como, por exemplo, o homicídio.

25.7.2. Crime permanente

O momento consumativo se protrai no tempo, e o bem jurídico é continuamente agredido. A sua característica reside no fato de que a cessação da situação ilícita depende apenas da vontade do agente, por exemplo, o sequestro (art. 148 do CP).

→ **Atenção:** se durante o período de permanência do crime entrar em vigor lei penal gravosa, esta se aplicará ao fato, de acordo com a Súmula 711 do STF.

O crime permanente subdivide-se em:

(i) necessariamente permanente, exigindo para a consumação a manutenção da ação contrária ao Direito por tempo relevante, por exemplo, sequestro;

(ii) eventualmente permanentes: os crimes são instantâneos, mas a ofensa ao bem jurídico tutelado se prolonga no tempo, como o furto de energia elétrica, por exemplo.

→ **Atenção:** não confundir crime permanente com crime continuado. Neste, existem obrigatoriamente dois ou mais crimes praticados em continuidade delitiva, que se consubstancia quando o agente, mediante duas ou mais condutas, pratica dois ou mais crimes da mesma espécie, e, pelas condições de tempo, lugar, maneira de execução e outras semelhantes, devem os subsequentes ser havidos como continuação do primeiro (art. 71 do CP). No permanente há um único crime, enquanto no continuado, uma pluralidade de delitos.

25.7.3. Crime instantâneo de efeitos permanentes

Consuma-se em um dado instante, mas seus efeitos se perpetuam no tempo (homicídio).

A diferença entre o crime permanente e o instantâneo de efeitos permanentes reside em que no primeiro há a manutenção da conduta criminosa, por vontade do próprio agente, ao passo que no segundo perduram, independentemente da sua vontade, apenas as consequências produzidas por um delito já acabado, por exemplo, o homicídio e a lesão corporal.

25.7.4. Crime a prazo

A consumação depende de um determinado lapso de tempo, por exemplo, art. 129, § 1º, I, do CP (mais de 30 dias).

25.8. Quanto ao número de bens jurídicos atingidos

25.8.1. Crime mono-ofensivo

É o que atinge apenas um bem jurídico, por exemplo, no homicídio, tutela-se apenas a vida.

25.8.2. Crime pluriofensivo

É o que ofende mais de um bem jurídico, como o latrocínio, que lesa a vida e o patrimônio.

25.9. Quanto ao número de agentes envolvidos

25.9.1. Crime de concurso necessário

Também chamado de plurissubjetivo ou crime plurilateral, é o que exige pluralidade de sujeitos ativos (rixa – art. 137; associação criminosa – art. 288 etc.).

Subdivide-se em *(i) crimes de condutas convergentes*, nos quais o tipo penal exige dois agentes, cujas condutas tendem a se encontrar após o início da execução do delito, já que partem de pontos opostos, por exemplo, bigamia; *(ii) crimes de condutas contrapostas*, nos quais o tipo penal exige a existência de três ou mais agentes, sendo que as condutas desenvolvem-se umas contra as outras, por exemplo, o crime de rixa (condutas contrapostas); e *(iii) crimes de condutas paralelas*, quando há colaboração na ação dos sujeitos, por exemplo, os crimes de quadrilha ou bando (condutas paralelas).

25.9.2. Crime de concurso eventual

Também chamado de monossubjetivo, unissubjetivo, ou unilateral, é o que pode ser cometido por um ou mais agentes (homicídio – art. 121; roubo – art. 157 etc.).

25.9.3. Crime eventualmente coletivo

É aquele em que, não obstante o seu caráter unilateral a diversidade de agentes atua como causa de majoração de pena, como, por exemplo, furto qualificado.

25.10. **Quanto ao número de vítimas**

25.10.1. Crime de subjetividade passiva única

É aquele cujo tipo penal tem uma única vítima, por exemplo, crime de estupro.

25.10.2. Crime de dupla subjetividade passiva

É aquele que tem, necessariamente, mais de um sujeito passivo, como é o caso do crime de violação de correspondência (art. 151), no qual o remetente e o destinatário são ofendidos.

> → **Atenção:** ainda com relação ao sujeito passivo do crime, vale lembrar que os crimes podem ser classificados como vagos ou não. Os crimes vagos são aqueles cujo sujeito passivo se caracteriza por um ente sem personalidade jurídica, como ocorre nos crimes contra a família, contidos no Título VII da Parte Especial do CP.

25.11. **Quanto ao local em que o crime é praticado**

25.11.1. Crime à distância

Também chamado de crime de espaço máximo ou de trânsito, é aquele cuja execução dá-se em um país e o resultado em outro. Por exemplo, o agente escreve uma carta injuriosa em São Paulo e a remete a seu desafeto em Paris. Aplica-se a teoria da ubiquidade, e os dois países são competentes para julgar o crime.

25.11.2. Crime plurilocal

Também chamado de crime de espaço mínimo, é aquele em que a conduta se dá em um local e o resultado em outro, mas dentro do mesmo país. Aplica-se a teoria do resultado, e o foro competente é o do local da consumação.

25.12. **Quanto à estrutura delineada pelo tipo penal**

25.12.1. Crime simples

Apresenta um tipo penal único (homicídio, lesões corporais etc.).

25.12.2. Crime complexo

Resulta da fusão entre dois ou mais tipos penais (latrocínio = roubo + homicídio; estupro qualificado pelo resultado morte = estupro + homicídio; extorsão mediante sequestro = extorsão + sequestro etc.).

Não constituem crime complexo os delitos formados por um crime acrescido de elementos que isoladamente são penalmente indiferentes, por exemplo, o delito de denunciação caluniosa (CP, art. 339), que é formado pelo crime de calúnia e por outros elementos que não constituem crimes.

25.13. Quanto à existência autônoma do crime

25.13.1. Crime principal

Existe independentemente de outros (furto).

25.13.2. Crime acessório

Também conhecido como crime de fusão ou parasitário, depende de outro crime para existir (receptação, favorecimento pessoal, favorecimento real). A extinção da punibilidade do crime principal não se estende ao acessório (CP, art. 108).

25.14. Quanto ao vínculo existente entre os crimes

25.14.1. Crime independente

Não apresenta nenhuma ligação com outros delitos.

25.14.2. Crime conexo

Existe uma ligação dos delitos entre si. Essa conexão pode ser penal ou processual. A conexão penal, que é a que nos interessa, divide-se em:

(i) conexão teleológica ou ideológica: o crime é praticado para assegurar a execução de outro delito;

(ii) conexão consequencial ou causal: o crime é cometido na sequência de outro, a fim de assegurar a impunidade, ocultação ou vantagem de outro delito;

(iii) conexão ocasional: o crime é praticado como consequência da ocasião, proporcionada pela prática do crime antecedente, por exemplo, estupro praticado após roubo. Trata-se de criação doutrinária, sem amparo legal.

→ Atenção: as espécies (i) e (ii) possuem previsão legal, servindo como agravantes do crime, sendo que, em caso de homicídio, servem como qualificadoras (CP, art. 61).

25.15. Quanto à necessidade de exame de corpo de delito como prova

25.15.1. Delito de fato permanente (*delicta facti permanentis*)

É o que deixa vestígios, por exemplo, homicídio, lesão corporal. Exige o exame de corpo de delito.

25.15.2. Delito de fato transeunte (*delicta facti transeuntis*)

É a infração penal que não deixa vestígios, por exemplo, os delitos cometidos verbalmente (calúnia, injúria, desacato).

25.16. Quanto à liberdade para iniciar a ação penal

25.16.1. Crime condicionado

A instauração da persecução penal depende de uma condição objetiva de punibilidade (por exemplo, CP, art. 7º, II, § 2º, *b*).

25.16.2. Crime incondicionado

Neste que constitui a maioria dos delitos, a instauração da persecução penal não depende de uma condição objetiva de punibilidade.

25.17. Outras classificações

25.17.1. Crime gratuito

É o crime praticado sem motivo conhecido. Não se confunde com motivo fútil, pois neste há motivação, porém, desproporcional ao crime praticado.

25.17.2. Crime de ímpeto

É o cometido em um momento de impulsividade, sem premeditação, por exemplo, homicídio praticado sob o domínio de violenta emoção, logo em seguida a injusta provocação da vítima (CP, art. 121, § 1º). Geralmente são delitos passionais.

25.17.3. Crime de ação violenta

Aquele em que o agente emprega força física ou grave ameaça.

25.17.4. Crime de ação astuciosa

É o praticado com emprego de astúcia ou estratagema, como o estelionato e o furto mediante fraude.

25.17.5. Crime de impressão

É aquele que provoca determinado estado de ânimo, de impressão, na vítima. Subdivide-se em (i) crime de inteligência, praticado mediante o engano; (ii) crime de vontade, recai sobre a vontade da vítima quanto à sua autodeterminação; e (iii) crime de sentimento, incide nas faculdades emocionais da vítima.

25.17.6. Delito de tendência

Também chamado de delito de atitude pessoal, ocorre quando a existência do crime depende de uma vontade íntima do agente. Por exemplo, o que diferencia o ato libidinoso configurador do crime de violação sexual mediante fraude (cf. atual redação do art. 215 do CP) de um exame ginecológico regular é o intuito libidinoso do sujeito, escondido nas profundezas de sua mente.

25.17.7. Delito de intenção

É aquele em que o agente quer e persegue um resultado que não necessita ser alcançado de fato para a consumação do crime (tipos incongruentes). É o caso da extorsão mediante sequestro, que é um crime formal.

25.17.8. Crime de expressão

É o que se caracteriza pela existência de um processo intelectivo interno do autor como, por exemplo, o crime de falso testemunho (CP, art. 342).

25.17.9. Delito mutilado de dois atos

Também chamado de delito de tipos imperfeitos de dois atos, é aquele em que o sujeito pratica o delito com a finalidade de obter um benefício posterior. Por exemplo, o sujeito comete uma falsidade, para com o objeto falsificado conseguir uma vantagem posterior.

Diferencia-se do delito de intenção, porque neste a finalidade especial (intenção) é essencial para a consumação do crime, ao passo que no delito mutilado o fim visado não integra a estrutura típica.

25.17.10. Crime exaurido

É aquele em que o agente, mesmo após atingir o resultado consumativo, continua a agredir o bem jurídico. Não caracteriza novo delito, e sim mero desdobramento de uma conduta já consumada.

Influencia na dosagem da pena, pois pode agravar as consequências do crime, funcionando como circunstância judicial desfavorável (CP, art. 59, *caput*).

Pode também atuar como causa de aumento, como no caso da corrupção passiva, em que o agente, após solicitar ou receber a vantagem, efetivamente vem a retardar ou deixar de praticar ato de ofício (exaurimento).

25.17.11. Delito putativo, imaginário ou erroneamente suposto

O agente pensa que cometeu um crime, mas, na verdade, realizou um irrelevante penal.

Pode ser: (i) delito putativo por erro de tipo, que é o crime impossível pela impropriedade absoluta do objeto, como no caso da mulher que ingere substância abortiva pensando estar grávida; (ii) delito putativo por erro de proibição, quando o agente pensa estar cometendo algo injusto, mas pratica uma conduta perfeitamente normal, como é o caso do boxeador que, após nocautear seu oponente, pensa ter cometido algo ilícito; e (iii) delito putativo por obra do agente provocador, conhecido também como delito de ensaio, delito de experiência ou delito de flagrante preparado, no qual não existe crime por parte do agente induzido, ante a ausência de espontaneidade (Súmula 145 do STF).

25.17.12. Crime falho

É o nome que se dá à tentativa perfeita ou acabada em que se esgota a atividade executória sem que se tenha produzido o resultado. Por exemplo, atirador medíocre que descarrega sua arma de fogo sem atingir a vítima ou sem conseguir matá-la, como pretendia.

25.17.13. Delito de atentado ou de empreendimento

Ocorre nos tipos legais que preveem a punição da tentativa com a mesma pena do crime consumado, por exemplo, "votar ou tentar votar duas vezes" (art. 309 do Código Eleitoral).

25.17.14. Crime de mera suspeita, sem ação ou mera posição

Trata-se de criação de Manzini, em que o autor é punido pela mera suspeita despertada.

Em nosso ordenamento jurídico, só há uma forma que se assemelha a esse crime, que é a contravenção penal prevista no art. 25 da LCP (posse de instrumentos usualmente empregados para a prática de crime contra o patrimônio, por quem já tenha sido condenado por esse delito).

25.17.15. Crime obstáculo

É aquele que retrata atos preparatórios, que foram tipificados como crimes autônomos pelo legislador, como, por exemplo, crime de associação criminosa (CP, art. 288).

25.17.16. Quase-crime

Na verdade, não há crime. É o nome doutrinário que se dá ao crime impossível e de participação o impunível.

25.17.17. Crime progressivo

É o que para ser cometido necessariamente viola outra norma penal menos grave.

Assim, o agente, visando desde o início a produção de um resultado mais grave, pratica sucessivas e crescentes violações ao bem jurídico até atingir a *meta optata*. Por exemplo, um sujeito, desejando matar vagarosamente seu inimigo, vai lesionando-o (crime de lesões corporais) de modo cada vez mais grave até a morte. Aplica-se o princípio da consunção, e o agente só responde pelo homicídio (no caso, o crime progressivo).

25.17.18. Progressão criminosa

Inicialmente, o agente deseja produzir um resultado, mas, após consegui-lo, resolve prosseguir na violação do bem jurídico, produzindo um outro crime mais grave. Quer ferir e, depois, decide matar.

Só responde pelo crime mais grave, em face do princípio da consunção, mas existem dois delitos (por isso, não se fala em crime progressivo, mas em progressão criminosa entre crimes).

25.17.19. Crime remetido

Ocorre quando a sua definição se reporta a outros delitos, que passam a integrá-lo, por exemplo, art. 304 do CP: "Fazer uso de qualquer dos papéis falsificados ou alterados, a que se referem os arts. 297 a 302".

25.17.20. Crime subsidiário

É aquele cujo tipo penal tem aplicação subsidiária, isto é, só se aplica se não for o caso de crime mais grave (periclitação da vida ou saúde de outrem – art. 132, que só ocorre se, no caso concreto, o agente não tinha a intenção de ferir ou matar). Incide o princípio da subsidiariedade.

25.17.21. Crime de ação múltipla ou conteúdo variado

É aquele em que o tipo penal descreve várias modalidades de realização do crime (tráfico de drogas – art. 33, *caput*, da Lei n. 11.343/2006; instigação, induzimento ou auxílio ao suicídio ou a automutilação – art. 122 etc.).

25.17.22. Crime de opinião

É o abuso da liberdade de expressão do pensamento (é o caso do crime de injúria – art. 140).

25.17.23. Crime multitudinário

Cometido por influência de multidão em tumulto (linchamento).

25.17.24. Delito de circulação

É o cometido por meio de automóvel.

25.17.25. Crime vago

É aquele que tem por sujeito passivo entidade sem personalidade jurídica, como a coletividade em seu pudor. É o caso do crime de ato obsceno (art. 233).

25.17.26. Crime habitual

É o composto pela reiteração de atos que revelam um estilo de vida do agente, por exemplo, rufianismo (CP, art. 230), exercício ilegal da medicina, arte dentária ou farmacêutica (CP, art. 282).

Só se consuma com a habitualidade na conduta. Enquanto no crime habitual cada ato isolado constitui fato atípico, pois a tipicidade depende da reiteração de um número de atos, no crime continuado cada ato isolado, por si só, já constitui crime.

25.17.27. Crime profissional

É o habitual, quando cometido com o intuito de lucro.

25.17.28. Crime funcional (*delicta in officio*)

É o cometido pelo funcionário público.

Crime funcional próprio é o que só pode ser praticado pelo funcionário público; crime funcional impróprio é o que pode ser cometido também pelo particular, mas com outro *nomen juris* (por exemplo, a apropriação de coisa alheia pode configurar peculato, se cometida por funcionário público, ou apropriação indébita, quando praticada por particular).

25.17.29. Crime internacional ou mundial

É o que, por tratado ou convenção, o Brasil obrigou-se a reprimir, por exemplo, tráfico internacional de pessoa para fim de exploração sexual (CP, art. 149-A, V e § 1º, IV).

25.17.30. Crime militar

É o definido no Código Penal Militar (Dec.-lei n. 1.001/69).

Pode ser próprio e impróprio. O primeiro é o tipificado apenas no Código Penal Militar, por exemplo, dormir em serviço. O segundo também está descrito na legislação penal comum, por exemplo, homicídio, furto, roubo, estupro. Vale mencionar que os crimes militares impróprios são os descritos no art. 9º, II, do CPM. Senão, vejamos.

A Lei n. 13.491/2017, trouxe mudanças significativas, as quais incidem diretamente na definição do que seja crime militar.

Primeiramente, a referida lei altera substancialmente o art. 9º do Código Penal Militar, dando nova definição aos crimes militares, ampliando o rol desses delitos.

Pela redação original, somente seria crime militar a conduta que estivesse tipificada no Código Penal Militar, embora também pudesse estar prevista aquela mesma conduta na legislação penal comum. Atualmente, crime militar seria não só aquele previsto na legislação específica (CPM), mas também o previsto na legislação penal comum e em lei extravagante, abarcando, por exemplo, os crimes de tortura, abuso de autoridade, associação em organização criminosa etc. Registre-se que o contexto em que os crimes devem ser praticados ("quando praticados") está elencado nas alíneas *a* a *e* do CPM, as quais não tiveram qualquer alteração com a nova lei.

26. ILICITUDE

26.1. Conceito

É a contradição entre a conduta e o ordenamento jurídico, pela qual a ação ou omissão típicas tornam-se ilícitas.

Em primeiro lugar, dentro da primeira fase de seu raciocínio, o intérprete verifica se o fato é típico ou não. Na hipótese de atipicidade, encerra-se, desde logo, qualquer indagação acerca da ilicitude. É que, se um fato não chega sequer a ser típico, pouco importa saber se é ou não ilícito, pois, pelo princípio da reserva legal, não estando descrito como crime, cuida-se de irrelevante penal. Por exemplo, no caso do furto de uso, nem se indaga se a conduta foi ou não acobertada por causa de justificação (excludente da ilicitude). O fato não se amolda a nenhum tipo incriminador, sendo, por isso, um "nada jurídico" para o Direito Penal.

Ao contrário, se, nessa etapa inicial, constata-se o enquadramento típico, aí sim passa-se à segunda fase de apreciação, perscrutando-se acerca da ilicitude. Se, além de típico, for ilícito, haverá crime.

Pode-se assim dizer que todo fato penalmente ilícito é, antes de mais nada, típico. Se não fosse, nem existiria preocupação em aferir sua ilicitude.

No entanto, pode suceder que um fato típico não seja necessariamente ilícito, ante a concorrência de causas excludentes. É o caso do homicídio praticado em legítima defesa. O fato é típico, mas não ilícito, daí resultando que não há crime.

26.2. Antijuridicidade e ilicitude

A doutrina costuma utilizar-se do termo "antijuridicidade" como sinônimo de ilicitude. Seu emprego, contudo, é impróprio, pois não traduz com precisão o vocábulo alemão *Rechtwidrigkeit* (contrariedade ao direito).

Além disso, a Parte Geral do Código Penal, acertadamente, adotou o termo "ilicitude", quando, por exemplo, no art. 21, fala de "erro sobre a ilicitude do fato", e, no art. 23, de "causas de exclusão da ilicitude".

Com efeito, o crime não pode ser, ao mesmo tempo, um fenômeno jurídico (provoca repercussões nessa esfera) e antijurídico.

26.3. Diferença entre ilícito e injusto

O ilícito consiste na contrariedade entre o fato e a lei.

A ilicitude não comporta escalonamentos, de modo que a lesão corporal culposa é tão ilícita quanto o latrocínio, pois ambas as infrações se confrontam com a norma jurídica. O ilícito, portanto, não tem grau: ou contraria a lei ou a ela se ajusta.

Por sua vez, o injusto é a contrariedade do fato em relação ao sentimento social de justiça, ou seja, aquilo que o homem médio tem por certo, justo.

Um fato pode ser ilícito, na medida em que se contrapõe ao ordenamento legal, mas considerado justo por grande parte das pessoas. O injusto, ao contrário do ilícito, tem diferentes graus, dependendo da intensidade da repulsa provocada pela conduta. Por exemplo, o estupro, embora tão ilegal quanto o porte de arma, agride muito mais o sentimento de justiça da coletividade.

Apesar de tais considerações, registre-se que alguns juristas, como Edmund Mezger, não fazem qualquer distinção entre os termos, entendendo que injusto e ilícito (ou antijurídico) são sinônimos. Dizia Mezger: "Hoje, em virtude da aversão que se tem por conceitos rigorosos e certa predileção por expressões mais vagas, se prefere usar a palavra injusto (literalmente: não Direito), que é um conceito menos exato que o outro. De todo modo, empregaremos ambas as expressões (antijurídico e injusto) como sinônimas"[149].

26.4. Teorias da ilicitude

Existem 4 (quatro) teorias que estudam a relação entre o fato típico e a ilicitude: (i) teoria da absoluta independência ou autonomia; (ii) teoria do caráter indiciário da ilicitude ou da *ratio cognoscendi*; (iii) teoria da absoluta dependência ou da *ratio essendi*, e (iv) teoria dos elementos negativos do tipo.

26.4.1. Teoria da absoluta independência ou autonomia (Beling, 1906)

Para esta teoria, o fato típico não tem qualquer relação com a antijuridicidade ou ilicitude, sendo etapas distintas e absolutamente independentes. Assim, primeiro se verifica se o fato é típico, ou seja, se ocorreu a prática do fato descrito em lei como crime (subsunção formal), para depois analisar sua ilicitude. Vale lembrar que, de acordo com essa teoria, a ocorrência do fato típico não traz nenhuma presunção de que ele seja também ilícito.

26.4.2. Teoria do caráter indiciário da ilicitude ou da *ratio cognoscendi* (Mayer, 1915)

Nesse momento, a visão de Beling acabou sendo superada por uma nova visão: a do Professor Max Ernst Mayer, que defende o caráter indiciário da ilicitude. Para tal teoria, de fato, há duas etapas diferentes a serem analisadas, quais sejam, a do fato típico (primeira etapa) e a da antijuridicidade ou ilicitude (segunda etapa), porém, não se pode dizer que sejam completamente autônomas e independentes, uma vez que para Mayer o fato típico traz consigo uma presunção relativa e um indício de ilicitude.

Analisada a primeira etapa e constatando-se a ocorrência de um fato típico, existe uma presunção relativa de que seja ilícito, de modo que na análise da segunda etapa (ilicitude) o que deve ser verificado é tão somente a presença das causas de exclusão da ilicitude. Em suma: todo fato típico, a princípio, também é antijurídico, a não ser que estejam presentes causas de exclusão da ilicitude.

---

149. *Derecho penal*; parte general, 6. ed., trad. de Conrado A. Finzi, Buenos Aires, Ed. Bibliográfica Argentina, 1955, p. 131.

26.4.3. Teoria da absoluta dependência ou da *ratio essendi* (Mezger, 1930)

Para esta teoria, a análise do fato típico não está numa etapa distinta da análise da antijuridicidade, tal como ocorre nas duas teorias anteriormente estudadas. Fato típico e antijuridicidade constituem uma única etapa. Assim, há um único elemento do crime, chamado por Mezger de tipo total do injusto. Então, o tipo total do injusto é uma fase do crime que consiste na tipicidade e na antijuridicidade ao mesmo tempo, formando uma unidade, denotando uma relação de absoluta dependência entre aqueles dois elementos, de forma que, não havendo ilicitude, não há fato típico.

26.4.4. Teoria dos elementos negativos do tipo (Merkel)

Esta é uma variação da teoria anterior, mas, embora tenham a mesma consequência prática, não se confundem, uma vez que possuem bases distintas. Igualmente, a análise do fato típico e a da antijuridicidade se dão numa única etapa, porém as causas excludentes da ilicitude integram o tipo penal como elementos negativos. Dessa forma, teríamos como tipo penal, por exemplo, "matar alguém **não** estando em legítima defesa, estado de necessidade, exercício regular do direito ou em estrito cumprimento do dever legal". Então, para que haja fato típico, os elementos negativos não podem existir, sendo que, no exemplo dado, se eu matar uma pessoa em legítima defesa o fato é considerado atípico. Para essa teoria, matar uma pessoa em legítima defesa é tão atípico quanto matar um inseto, não sendo possível sua aceitação.

26.4.5. Teoria adotada: caráter indiciário da ilicitude ou da *ratio cognoscendi*

O tipo possui uma função seletiva, segundo a qual o legislador escolhe, dentre todas as condutas humanas, somente as mais perniciosas ao meio social, para defini-las em modelos incriminadores.

Dessa forma, sempre que se verifica a prática de um fato típico, surge uma primeira e inafastável impressão de que ocorreu algo extremamente danoso ao meio social, já que uma conduta definida em lei como nociva foi realizada. Por essa razão, costuma-se dizer que todo fato típico contém um caráter indiciário da ilicitude. Isso significa que, constatada a tipicidade de uma conduta, passa a incidir sobre ela uma presunção de que seja ilícita, afinal de contas no tipo penal somente estão descritas condutas indesejáveis.

Quem, por exemplo, não sente um ar de reprovação ao saber que alguém cometeu um homicídio? A impressão que se tem é a de que algo muito pernicioso ao meio social foi realizado. Até que se tenha certeza de que a ação foi praticada em legítima defesa, estado de necessidade etc., fica-se com a firme convicção de que ocorreu algo contrário à ordem legal.

Ora, se um fato típico foi realizado, em princípio, ao que tudo indica, foi praticada uma conduta socialmente danosa, daí por que ele traz sempre um prognóstico desfavorável de ilicitude. Por essa razão, podemos afirmar que todo fato típico, em regra, também será ilícito, ao menos que esteja presente alguma das causas de exclusão da ilicitude.

26.5. Exame da ilicitude: análise por exclusão

Partindo do pressuposto de que todo fato típico, em princípio, também é ilícito, a ilicitude passará a ser analisada *a contrario sensu*, ou seja, se não estiver presente nenhuma causa de exclusão da ilicitude (legítima defesa, estado de necessidade etc.), o fato será considerado ilícito, passando a constituir crime. Por exemplo, a existência do fato típico homicídio sugere a prática de um comportamento contrário ao ordenamento jurídico. A menos que se constate ter sido cometido em legítima defesa, estado de necessidade ou qualquer outra causa excludente, a presunção de ilicitude confirmar-se-á e passará a existir o crime.

Por essa razão, a ilicitude de um fato típico é constatada pela mera confirmação de um prognóstico decorrente da tipicidade, o qual somente é quebrado pela verificação da inexistência de causas descriminantes. Não é preciso, por conseguinte, demonstrar que um fato típico é também ilícito. Essa será uma decorrência natural da tipicidade.

À vista do exposto, o exame da ilicitude nada mais é do que o estudo das suas causas de exclusão, pois, se estas não estiverem presentes, presumir-se-á a ilicitude.

26.6. Espécies

26.6.1. Ilicitude formal

Mera contrariedade do fato ao ordenamento legal (ilícito), sem qualquer preocupação quanto à efetiva perniciosidade social da conduta.

O fato é considerado ilícito porque não estão presentes as causas de justificação, pouco importando se a coletividade o reputa reprovável.

26.6.2. Ilicitude material

Contrariedade do fato em relação ao sentimento comum de justiça (injusto). O comportamento afronta o que o homem médio tem por justo, correto. Há uma lesividade social ínsita na conduta, a qual não se limita a afrontar o texto legal, provocando um efetivo dano à coletividade. Por exemplo, um deficiente que explora um comércio exíguo no meio da rua e não emite notas fiscais por pura ignorância pode estar realizando um fato formalmente ilícito, mas materialmente sua conduta não se reveste de ilicitude. Ilícito material e injusto são, portanto, expressões equivalentes.

A ilicitude material, apesar de seu nome, nada tem que ver com a antijuridicidade. Trata-se de requisito da tipicidade, daí a impropriedade de ser denominada "ilicitude" material. Com efeito, o juízo de valor quanto ao conteúdo material da conduta, ou seja, se esta é lesiva ou não, socialmente adequada ou inadequada, relevante ou insignificante etc., não pertence ao terreno da antijuridicidade, mas ao tipo penal. Um fato somente será considerado típico se, a despeito de sua subsunção formal ao modelo incriminador, for dotado de efetiva lesividade concreta e material. Se o fato não tiver significância mínima (furto de um chiclete), não é inadequado (relações normais entre adolescente virgem e seu marido adulto, na lua de mel) e não possui lesividade, a ação será atípica, nem se cogitando de sua antijuridicidade.

Atualmente, o tipo penal se encontra carregado de requisitos, formais e materiais, e é nessa fase que se procede à verificação de todo o seu conteúdo axiológico. A ilicitude é meramente formal, consistindo na análise da presença ou não das causas excludentes (legítima defesa, estado de necessidade etc.), sendo totalmente inadequado o termo "ilicitude material" (o que é material é a tipicidade, e não a ilicitude).

26.6.3. Ilicitude subjetiva

O fato só é ilícito se o agente tiver capacidade de avaliar seu caráter criminoso, não bastando que objetivamente a conduta esteja descoberta por causa de justificação (para essa teoria, o inimputável não comete fato ilícito).

26.6.4. Ilicitude objetiva

Independe da capacidade de avaliação do agente. Basta que, no plano concreto, o fato típico não esteja amparado por causa de exclusão.

26.7. Causas de exclusão da ilicitude

Como já vimos, todo fato típico, em princípio, é ilícito, a não ser que ocorra alguma causa que lhe retire a ilicitude. A tipicidade é um indício da ilicitude.

As causas que a excluem podem ser legais, quando previstas em lei, ou supralegais, quando aplicadas analogicamente, ante a falta de previsão legal. Vejamos.

26.7.1. Causas supralegais

Com a moderna concepção constitucionalista do Direito Penal, o fato típico deixa de ser produto de simples operação de enquadramento formal, exigindo-se, ao contrário, que tenha conteúdo de crime. A isso denomina-se tipicidade material (a conduta não deve ter apenas forma, mas conteúdo de crime). Como a tipicidade se tornou material, a ilicitude ficou praticamente esvaziada, tornando-se meramente formal.

Dito de outro modo, se um fato é típico, isso é sinal de que já foram verificados todos os aspectos axiológicos e concretos da conduta. Assim, quando se ingressa na segunda etapa, que é o exame da ilicitude, basta verificar se o fato é contrário ou não à lei.

À vista disso, já não se pode falar em causas supralegais de exclusão da ilicitude, pois comportamentos como furar a orelha para colocar um brinco configuram fatos atípicos e não típicos, porém lícitos. A tipicidade é material, e a ilicitude meramente formal, de modo que causas supralegais, quando existem, são excludentes de tipicidade.

26.7.2. Causas legais

São quatro:

(i) estado de necessidade;

(ii) legítima defesa;

(iii) estrito cumprimento do dever legal;

(iv) exercício regular de direito.

26.8. Questões processuais

(i) Constatando-se a presença de alguma das causas de exclusão da ilicitude, faltará uma condição para o exercício da ação penal, o que possibilitará, nos termos do art. 395 do CPP, a rejeição da denúncia ou queixa.

(ii) Essa hipótese, contudo, somente ocorrerá se a existência da causa justificadora for inquestionável, ou seja, estiver cabalmente demonstrada, já que na fase do oferecimento da denúncia vigora o princípio *in dubio pro societate*.

(iii) Uma vez recebida a denúncia ou queixa pelo juiz, poderá o acusado comprovar a existência de causa excludente da ilicitude, em momento imediato. Com efeito, nos termos do art. 396 do CPP, o acusado poderá formular resposta à acusação, no prazo de 10 dias, seja o procedimento ordinário ou sumário. Nela, poderá arguir preliminares e alegar tudo o que interessa à sua defesa, oferecer documentos e justificações, especificar as provas pretendidas e arrolar testemunhas, qualificando-as e requerendo sua intimação, quando necessário (cf. novo art. 396-A).

Assim, demonstrada de forma manifesta a existência da causa excludente da ilicitude, o CPP, consoante a redação do seu art. 397, II, autoriza expressamente a absolvição sumária do acusado, tal como sempre ocorreu no procedimento do júri (CPP, art. 415, IV).

Frise-se, no entanto, que o Diploma Legal se refere à existência manifesta da causa excludente da ilicitude, não se admitindo dúvida quanto à sua presença.

27. ESTADO DE NECESSIDADE

27.1. Conceito

Causa de exclusão da ilicitude da conduta de quem, não tendo o dever legal de enfrentar uma situação de perigo atual, a qual não provocou por sua vontade, sacrifica um bem jurídico ameaçado por esse perigo para salvar outro, próprio ou alheio, cuja perda não era razoável exigir.

No estado de necessidade existem dois ou mais bens jurídicos postos em perigo, de modo que a preservação de um depende da destruição dos demais. Como o agente não criou a situação de ameaça, pode escolher, dentro de um critério de razoabilidade ditado pelo senso comum, qual deve ser salvo. Por exemplo, um pedestre joga-se na frente de um motorista, que, para preservar a vida humana, opta por desviar seu veículo e colidir com outro que se encontrava estacionado nas proximidades. Entre sacrificar uma vida e um bem material, o agente fez a opção claramente mais razoável. Não pratica crime de dano, pois o fato, apesar de típico, não é ilícito.

→ **Atenção:** o excesso (desnecessária intensificação de uma conduta inicialmente justificada), culposo ou doloso, é punível.

O excesso é doloso ou consciente quando o agente atua com dolo em relação ao excesso. Nesse caso, responderá dolosamente pelo resultado produzido. Pode ainda ser culposo ou inconsciente, quando o excesso deriva de equivocada apreciação da situação de fato, motivada por erro evitável. Responderá o agente pelo resultado a título de culpa.

27.2. Natureza jurídica

É sempre causa de exclusão da ilicitude, pois nosso CP adotou a teoria unitária.

27.3. Causa de diminuição de pena

Se a destruição do bem jurídico não era razoável, falta um dos requisitos do estado de necessidade, e a ilicitude não é excluída.

Embora afastada a excludente, em face da desproporção entre o que foi salvo e o que foi sacrificado, a lei, contudo, permite que a pena seja diminuída de 1/3 a 2/3. Assim, ante a falta de razoabilidade, não se excluem a ilicitude e muito menos a culpabilidade. O agente responde pelo crime, com pena diminuída. Cabe ao juiz aferir se é caso ou não de redução, não podendo, contudo, contrariar o senso comum.

27.4. Aplicação: faculdade do juiz ou direito do réu?

Cabe ao juiz analisar com certa discricionariedade se estavam presentes as circunstâncias fáticas ensejadoras do estado de necessidade. Não pode, porém, fugir da obviedade do senso comum. Uma vida humana vale mais do que qualquer objeto, mesmo obras de arte ou históricas, e do que a vida de um animal irracional. Do mesmo modo, não é razoável exigir atos de heroísmo ou abdicação sobre-humana, como, por exemplo, sacrificar a própria vida para salvar a de outrem.

Por essa razão, se existe liberdade para o julgador interpretar a situação concreta, há também limites ditados pela consciência coletiva reinante à época do fato, da qual ele não pode fugir.

Presentes os requisitos, não cabe ao juiz negar ao acusado a exclusão da ilicitude afirmando a existência de crime em que houve fato lícito. Trata-se, portanto, de um direito público subjetivo do autor do fato.

27.5. Teorias

27.5.1. Unitária

Foi a teoria adotada pelo Código Penal.

O estado de necessidade é sempre causa de exclusão da ilicitude. Dessa forma, para o nosso Código Penal, ou a situação reveste-se de razoabilidade, ou não há estado de necessidade.

Não existe comparação de valores, pois ninguém é obrigado a ficar calculando o valor de cada interesse em conflito, bastando que atue de acordo com o senso comum daquilo que é razoável. Assim, ou o sacrifício é aceitável, e o estado de necessidade atua como causa justificadora, ou não é razoável, e o fato passa a ser ilícito.

O estado de necessidade jamais atuará como causa supralegal de exclusão da culpabilidade. Tal interpretação aflora do texto legal, pois o art. 24, § 2º, do CP dispõe que, quando o sacrifício não for razoável, o agente deverá responder pelo crime, tendo apenas direito a uma redução de pena de 1/3 a 2/3.

Ora, se a falta de razoabilidade leva tão somente à diminuição de pena, isso significa que ficou caracterizado o fato típico e ilícito, e, além disso, o agente foi considerado responsável por ele (somente se aplica pena, diminuída ou não, a quem foi condenado pela prática de infração penal).

27.5.2. Diferenciadora ou da diferenciação

De acordo com essa teoria, deve ser feita uma ponderação entre os valores dos bens e deveres em conflito, de maneira que o estado de necessidade será considerado causa de exclusão da ilicitude somente quando o bem sacrificado for reputado de menor valor. Funda-se, portanto, em um critério objetivo: a diferença de valor entre os interesses em conflito.

Quando o bem destruído for de valor igual ou maior que o preservado, o estado de necessidade continuará existindo, mas como circunstância de exclusão da culpabilidade, como modalidade supralegal de exigibilidade de conduta diversa (é o que a teoria chama de estado de necessidade exculpante). Somente será causa de exclusão da ilicitude, portanto, quando o bem salvo for de maior valor.

Em contraposição a esse entendimento, pode-se lembrar o caso do náufrago que sacrifica a vida do seu companheiro para poder preservar a própria, ao tomar para si a única boia. As duas vidas têm igual valor, mas, mesmo assim, pode ser invocado o estado de necessidade.

A teoria diferenciadora foi adotada pelo Código Penal Militar (arts. 39 e 43), mas desprezada pelo nosso CP comum.

Na Alemanha, onde tal teoria é preponderante, o estado de necessidade só será considerado excludente de ilicitude quando o bem jurídico preservado tiver maior valor. Sendo este equivalente, a exclusão será da culpabilidade (dirimente) e não da antijuridicidade.

Em sentido contrário, na Espanha, prevalece a posição mais ampliativa, no sentido de que o estado de necessidade exclui a ilicitude, tanto no caso de o bem salvo ser do mesmo valor quanto na hipótese de ter maior valor do que o sacrificado.

A posição espanhola parece ser a mais correta, pois eliminar uma vida alheia quando imprescindível para preservar a própria (bens de idêntico valor) não pode ser considerado conduta antijurídica, pois decorre do natural instinto de sobrevivência humana, e o que está de acordo com a ordem natural deve ser tido como justificável juridicamente. Nosso ordenamento, porém, adotou a teoria unitária (CP, art. 24, § 2º), pois ou se trata de excludente de ilicitude ou de causa de diminuição de pena.

27.5.3. Da equidade (*adäquitätstheorie*)

Criada por Kant, sustenta que o estado de necessidade não exclui nem a antijuridicidade, nem a culpabilidade. O fato deixa de ser punido, apenas por razões de equidade.

27.6. Requisitos

27.6.1. Situação de perigo

27.6.1.1. O perigo deve ser atual

Atual é a ameaça que se está verificando no exato momento em que o agente sacrifica o bem jurídico.

Interessante notar que a lei não fala em situação de perigo iminente, ou seja, aquela que está prestes a se apresentar. Tal omissão deve-se ao fato de a situação de perigo já configurar, em si mesma, uma iminência... a iminência de dano. O perigo atual é, por assim dizer, um dano iminente.

Por essa razão, falar em perigo iminente equivaleria a invocar algo ainda muito distante e improvável, assim como uma iminência de um dano que está por vir. Nessa hipótese, a lei autorizaria o agente a destruir um bem jurídico apenas porque há uma ameaça de perigo, ou melhor, uma ameaça de ameaça.

> **Nosso entendimento:** somente a situação de perigo atual autoriza o sacrifício do interesse em conflito.

Em reforço a esse entendimento, poderíamos lembrar que, na legítima defesa, a lei fala claramente em agressão atual ou iminente, ou que não sucedeu com o estado de necessidade. Lá, cuida-se de agressão, ou seja, ataque direto voltado à produção de um dano. Na agressão iminente, a qualquer momento haverá um dano efetivo; no perigo iminente, ainda se aguarda a chegada da ameaça.

Além disso, devemos considerar que na legítima defesa o agente defende-se de uma agressão injusta, enquanto no estado de necessidade apenas afasta uma situação de perigo que não criou por sua vontade. Por essa razão, o legislador procurou ser mais cauteloso com essa última excludente, limitando ao máximo o sacrifício do interesse em conflito.

O perigo iminente, portanto, não autoriza a invocação da excludente do estado de necessidade. Nesse sentido, Nélson Hungria, para quem "deve tratar-se de perigo presente, concreto, imediato, reconhecida objetivamente, ou segundo *id quod plerumque accidit*, a probabilidade de tornar-se um dano efetivo. Não se apresenta a *necessitas cogens* quando o perigo é remoto ou incerto"[150].

---

150. *Comentários*, cit., 4. ed., v. I, t. I, p. 273.

27.6.1.2. O perigo deve ameaçar direito próprio ou alheio

Direito, aqui, é empregado no sentido de qualquer bem tutelado pelo ordenamento legal, como a vida, a liberdade, o patrimônio etc. É imprescindível que o bem a ser salvo esteja sob a tutela do ordenamento jurídico, do contrário não haverá "direito" a ser protegido. Por exemplo, condenado à morte não pode alegar estado de necessidade contra o carrasco, no momento da execução.

Importante ainda frisar que, para defender direito de terceiro, o agente não precisa solicitar sua prévia autorização, agindo, portanto, como um gestor de negócios. Por exemplo, o agente não precisa aguardar a chegada e a permissão de seu vizinho para invadir seu quintal e derrubar a árvore que está prestes a desmoronar sobre o telhado daquele. Há o que se chama de consentimento implícito, aferido pelo senso comum daquilo que é óbvio.

27.6.1.3. O perigo não pode ter sido causado voluntariamente pelo agente

Quanto ao significado da expressão "perigo causado por vontade do agente", há divergência na doutrina. Vejamos.

A primeira corrente, à qual é filiado Damásio E. de Jesus, entende que somente o perigo causado dolosamente impede que seu autor alegue o estado de necessidade[151].

Já para a segunda corrente, à qual é filiado Assis Toledo, não apenas o perigo doloso, mas também o provocado por culpa obstam a alegação de estado de necessidade, uma vez que a conduta culposa também é voluntária em sua origem.

Assim, "quem provoca conscientemente um perigo (engenheiro que, na exploração de minas, faz explodir dinamites, devidamente autorizado para tanto) age 'por sua vontade' e, em princípio, atua licitamente, mas pode causar, por não ter aplicado a diligência ou o cuidado devidos, resultados danosos (ferimentos ou mortes) e culposos. Nessa hipótese, caracteriza-se uma conduta culposa quanto ao resultado, portanto crime culposo, a despeito de o perigo ter sido provocado por ato voluntário do agente (a detonação do explosivo)"[152].

Nélson Hungria também adota essa segunda posição, ao estatuir que: "Cumpre que a situação de perigo seja alheia à vontade do agente, isto é, que este não a tenha provocado intencionalmente ou por grosseira inadvertência ou leviandade (...)"[153].

É também o entendimento de José Frederico Marques: "O motorista imprudente que conduz seu carro em velocidade excessiva não poderá invocar o estado de necessidade se, ao surgir à sua frente, num cruzamento, outro veículo, manobrar o carro para lado oposto e apanhar um pedestre. O perigo criado pela marcha que imprimia ao carro, resultou de sua vontade (...)"[154].

---

151. *Direito penal*, cit., 23. ed., v. 1, p. 372.
152. *Princípios básicos*, cit., p. 185.
153. *Comentários*, cit., 5. ed., v. I, t. I, p. 437.
154. *Tratado*, cit., v. 1, p. 169.

> **Nosso entendimento:** em que pese a conduta voluntária poder apresentar--se tanto sob a forma dolosa quanto culposa (hipótese em que a voluntariedade estará na base da conduta), entendemos que o legislador quis referir-se apenas ao agente que cria dolosamente a situação de perigo, excluindo, portanto, o perigo culposo. Com efeito, quando a lei emprega a expressão "perigo atual, que não provocou por sua vontade", está nitidamente querendo aludir à vontade de produzir o perigo, que nada mais é do que dolo. Assim, quem esquece um cigarro aceso na mata e dá causa a um incêndio pode invocar o estado de necessidade, já que não provocou o perigo por sua vontade, mas por sua negligência.

27.6.1.4. Inexistência do dever legal de arrostar o perigo

Sempre que a lei impuser ao agente o dever de enfrentar o perigo, deve ele tentar salvar o bem ameaçado sem destruir qualquer outro, mesmo que para isso tenha de correr os riscos inerentes à sua função.

Poderá, no entanto, recusar-se a uma situação perigosa quando impossível o salvamento ou o risco for inútil. Por exemplo, de nada adianta o bombeiro atirar-se nas correntezas de uma enchente para tentar salvar uma pessoa quando é evidente que, ao fazê--lo, morrerá sem atingir seu intento.

O CP limitou-se a falar em dever legal, que é apenas uma das espécies de dever jurídico. Se, portanto, existir mera obrigação contratual ou voluntária, o agente não é obrigado a se arriscar, podendo simplesmente sacrificar um outro bem para afastar o perigo.

27.6.2. Conduta lesiva

27.6.2.1. Inevitabilidade do comportamento

Somente se admite o sacrifício do bem quando não existir qualquer outro meio de se efetuar o salvamento. O chamado *commodus discessus*, que é a saída mais cômoda, no caso, a destruição, deve ser evitado sempre que possível salvar o bem de outra forma.

Assim, antes da destruição, é preciso verificar se o perigo pode ser afastado por qualquer outro meio menos lesivo. Se a fuga for possível, será preferível ao sacrifício do bem, pois aqui, ao contrário da legítima defesa, o agente não está sofrendo uma agressão injusta, mas tentando afastar uma ameaça ao bem jurídico.

Do mesmo modo, a prática de um ilícito extrapenal, quando possível, deve ter preferência sobre a realização do fato típico, assim como o delito menos grave em relação a um de maior lesividade. Por exemplo, o homicídio não é amparado pelo estado de necessidade quando possível a lesão corporal. Configura-se, nesse caso, o excesso doloso, culposo ou escusável, dependendo das circunstâncias.

27.6.2.1.1. A inevitabilidade e o dever legal

Para aqueles a quem se impõe o dever legal de enfrentar o perigo, a inevitabilidade tem um significado mais abrangente. O sacrifício somente será inevitável quando, mesmo correndo risco pessoal, for impossível a preservação do bem. Em contrapartida, para quem não tem a obrigação de se arriscar, inevitabilidade significa que, se houver algum perigo para o agente, já lhe será possível o *commodus discessus*.

27.6.2.2. Razoabilidade do sacrifício

A lei não falou, em momento algum, em bem de valor maior, igual ou menor, mas apenas em razoabilidade do sacrifício. Ninguém é obrigado a andar com uma tabela de valores no bolso, bastando que aja de acordo com o senso comum daquilo que é certo, correto, razoável. Por exemplo, para uma pessoa de mediano senso, a vida humana vale mais do que um veículo, um imóvel ou a vida de um animal irracional.

27.6.2.3. Conhecimento da situação justificante

Se o agente afasta um bem jurídico de uma situação de perigo atual que não criou por sua vontade, destruindo outro bem, cujo sacrifício era razoável dentro das circunstâncias, em princípio atuou sob o manto protetor do estado de necessidade.

No entanto, o fato será considerado ilícito se desconhecidos os pressupostos daquela excludente. Pouco adianta estarem presentes todos os requisitos do estado de necessidade se o agente não conhecia a sua existência. Se na sua mente ele cometia um crime, ou seja, se a sua vontade não era salvar alguém, mas provocar um mal, inexiste estado de necessidade, mesmo que, por uma incrível coincidência, a ação danosa acabe por salvar algum bem jurídico.

Por exemplo, o sujeito mata o cachorro do vizinho, por ter latido a noite inteira e impedido seu sono. Por coincidência, o cão amanheceu hidrófobo e estava prestes a morder o filhinho daquele vizinho (perigo atual). Como o agente quis produzir um dano e não proteger o pequenino, pouco importam os pressupostos fáticos da causa justificadora: o fato será ilícito.

27.7. Formas de estado de necessidade

27.7.1. Quanto à titularidade do interesse protegido

Estado de necessidade próprio (defende direito próprio) ou de terceiro (alheio).

27.7.2. Quanto ao aspecto subjetivo do agente

Real (a situação de perigo é real) e putativo (o agente imagina situação de perigo que não existe).

27.7.3. Quanto ao terceiro que sofre a ofensa

Defensivo (a agressão dirige-se contra o provocador dos fatos) e agressivo (o agente destrói bem de terceiro inocente).

→ **Atenção:** registre-se que, embora não tenha relevância para o direito penal, haja vista que ambos excluem a ilicitude, esta classificação produz efeitos na esfera cível, na medida em que o sujeito que age em estado de necessidade agressivo deverá reparar o dano causado ao terceiro inocente, sendo viável o direito de regresso contra o real causador do perigo. Em contrapartida, o sujeito que age em estado de necessidade defensivo está desobrigado de reparar o dano.

27.8. Casos específicos

27.8.1. Crimes habituais, permanentes e reiteração criminosa

Não se admite o estado de necessidade nesses delitos, ante a falta de atualidade na situação de perigo, salvo em casos extremos, como o de um particular que exerce ilegalmente a medicina em uma ilha onde não há profissional habilitado, tampouco qualquer ligação com o mundo externo.

27.8.2. Estado de necessidade e dificuldades econômicas

A maioria da jurisprudência inadmite a mera alegação de miserabilidade do agente como causa excludente da criminalidade. Assim, dificuldades financeiras, desemprego, situação de penúria, por si sós, não caracterizam essa descriminante. Do contrário, estariam legalizadas todas as condutas dos marginais ou mesmo de grande parte da população desempregada que, por não exercer atividade laborativa, apoderam-se do patrimônio alheio para sua subsistência.

Assim, para que se reconheça o estado de necessidade, por exemplo, nos casos de furto famélico, exige-se prova convincente dos requisitos do art. 24 do CP (atualidade do perigo, involuntariedade, inevitabilidade por outro modo e inexigibilidade de sacrifício do direito ameaçado). Desse modo, a prática do ato ilícito deve ser um recurso inevitável, uma ação *in extremis*. Se o agente tinha plenas condições de exercer trabalho honesto, não opera a excludente. Também poderá desfigurar a excludente o emprego da quantia obtida ilicitamente em bens supérfluos (STJ, HC 400.041/SP, *DJU* 2-8-2018).

27.8.3. Porte de arma e estado de necessidade

Da mesma forma, não pode o agente portar arma de fogo ilegalmente alegando que transita por locais perigosos, pois basta a ele justificar sua necessidade e solicitar autorização à autoridade competente.

28. LEGÍTIMA DEFESA

28.1. Conceito

Causa de exclusão da ilicitude que consiste em repelir injusta agressão, atual ou iminente, a direito próprio ou alheio, usando moderadamente dos meios necessários.

Não há, aqui, uma situação de perigo pondo em conflito dois ou mais bens, na qual um deles deverá ser sacrificado. Ao contrário, ocorre um efetivo ataque ilícito contra o agente ou terceiro, legitimando a repulsa.

28.2. Fundamento

O Estado não tem condições de oferecer proteção aos cidadãos em todos os lugares e momentos, logo, permite que se defendam quando não houver outro meio.

28.3. Natureza jurídica

Causa de exclusão da ilicitude.

28.4. Requisitos

São vários:

(i) agressão injusta;

(ii) atual ou iminente;

(iii) a direito próprio ou de terceiros;

(iv) repulsa com meios necessários;

(v) uso moderado de tais meios;

(vi) conhecimento da situação justificante.

28.4.1. Agressão injusta

Agressão é toda conduta humana que ataca um bem jurídico. Só as pessoas humanas, portanto, praticam agressões. Ataque de animal não a configura, logo, não autoriza a legítima defesa. No caso, se a pessoa se defende do animal, está em estado de necessidade.

Convém notar, contudo, que, se uma pessoa açula um animal para que ele avance em outra, nesse caso existe agressão autorizadora da legítima defesa, pois o irracional está sendo utilizado como instrumento do crime (poderia usar uma arma branca, uma arma de fogo, mas preferiu servir-se do animal).

→ **Atenção:** não age em legítima defesa aquele que aceita desafio para luta, duelo, convite para briga, respondendo os contendores pelos ilícitos praticados.

Já, a agressão injusta é a contrária ao ordenamento jurídico. Trata-se, portanto, de agressão ilícita, muito embora injusto e ilícito, em regra, não sejam expressões equivalentes.

Não se exige que a agressão injusta seja necessariamente um crime. Por exemplo, a legítima defesa pode ser exercida para a proteção da posse (CC, § 1º do art. 1.210) ou contra o furto de uso, o dano culposo etc.

→ **Atenção:** a injustiça da agressão deve ser aferida de forma objetiva, independentemente da capacidade do agente. Assim, agressão de inimputável (ébrios habituais, doentes mentais, menores de 18 anos) pode sofrer repulsa acobertada pela legítima defesa.

28.4.1.1. Provocação do agente

A provocação, segundo a sua intensidade e conforme as circunstâncias, pode ou não ser uma agressão. Assim, se consistir em injúria de certa gravidade, por exemplo, poderá ser considerada uma injusta agressão autorizadora de atos de legítima defesa. Se, contudo, a provocação constituir uma mera brincadeira de mau gosto, não passar de um desafio, geralmente tolerado no meio social, não se autorizará a legítima defesa.

Deve-se, no entanto, estar atento para o requisito da moderação, pois não pode invocar legítima defesa aquele que mata ou agride fisicamente quem apenas lhe provocou com palavras.

Quanto ao provocador, em regra, também não pode invocar legítima defesa, já que esta não ampara nem protege quem dá causa aos acontecimentos. Admitir-se-á, no entanto, a excludente contra o excesso por parte daquele que foi provocado.

28.4.2. Agressão atual ou iminente

Atual é a que está ocorrendo, ou seja, o efetivo ataque já em curso no momento da reação defensiva.

No crime permanente, a defesa é possível a qualquer momento, uma vez que a conduta se protrai no tempo, renovando-se a todo instante a sua atualidade. Por exemplo, defende-se legitimamente a vítima de sequestro, embora já esteja privada da liberdade há algum tempo, pois existe agressão enquanto durar essa situação.

Para ser admitida, a repulsa deve ser imediata, isto é, logo após ou durante a agressão atual.

Iminente é a que está prestes a ocorrer. Nesse caso, a lesão ainda não começou a ser produzida, mas deve iniciar a qualquer momento.

Admite-se a repulsa desde logo, pois ninguém está obrigado a esperar até que seja atingido por um golpe (*nemo expectare tenetur donec percutietur*).

Convém ainda registrar que, se a agressão é futura, inexiste legítima defesa. Não pode, portanto, arguir a excludente aquele que mata a vítima porque esta ameaçou-lhe de morte (mal futuro).

Igualmente, se a agressão é passada, não haverá legítima defesa, mas vingança.

28.4.3. Agressão a direito próprio ou de terceiro

Conforme o caso, teremos (i) legítima defesa própria, caracterizando-se pela defesa de direito próprio; (ii) legítima defesa de terceiro, caracterizada pela defesa de direito alheio.

Qualquer direito, isto é, bem tutelado pelo ordenamento jurídico, admite a legítima defesa, desde que, é claro, haja proporcionalidade entre a lesão e a repulsa.

Na legítima defesa de terceiro, a conduta pode dirigir-se contra o próprio terceiro defendido. Nesse caso, o agredido é, ao mesmo tempo, o defendido. Por exemplo, alguém bate no suicida para impedir que ponha fim à própria vida.

28.4.3.1. Legítima defesa da honra

Em princípio, todos os direitos são suscetíveis de legítima defesa, tais como a vida, a liberdade, a integridade física, o patrimônio, a honra etc., bastando que esteja tutelado pela ordem jurídica.

Dessa forma, o que se discute não é a possibilidade da legítima defesa da honra e sim a proporcionalidade entre a ofensa e a intensidade da repulsa. Nessa medida, não poderá, por exemplo, o ofendido, em defesa da honra, matar o agressor, ante a manifesta ausência de moderação.

No caso de adultério, por exemplo, nada justifica a supressão da vida do cônjuge adúltero, não apenas pela falta de moderação, mas também devido ao fato de que a honra é um atributo de ordem personalíssima, não podendo ser considerada ultrajada por um ato imputável a terceiro, mesmo que este seja a esposa ou o marido do adúltero.

> → **Atenção:** Em sede de liminar em ADPF o STF já decidiu: (i) que a tese da legítima defesa da honra é inconstitucional, por contrariar os princípios da dignidade da pessoa humana (art. 1º, III, da CF), da proteção à vida e da igualdade de gênero (art. 5º, *caput*, da CF); (ii) conferir interpretação conforme à Constituição aos arts. 23, inciso II, e 25, *caput* e parag. único, do CP e ao art. 65 do CPP, de modo a excluir a legítima defesa da honra do âmbito do instituto da legítima defesa; (iii) obstar à defesa, à acusação, à autoridade policial e ao juízo que utilizem, direta ou indiretamente, a tese de legítima defesa da honra (ou qualquer argumento que induza à tese) nas fases pré-processual ou processual, bem como durante julgamento perante o júri, sob pena de nulidade do ato e do julgamento (STF: ADPF 779, Rel. Min. Dias Toffoli, por unanimidade, julgado em 1º-8-2023).

28.4.4. Meios necessários

São os menos lesivos colocados à disposição do agente no momento em que sofre a agressão. Por exemplo, se o sujeito tem um pedaço de pau a seu alcance e com ele pode tranquilamente conter a agressão, o emprego de arma de fogo revela-se desnecessário.

Há quem sustente que a proporcionalidade entre repulsa e agressão é imprescindível para a existência do meio necessário. Nesse sentido, Assis Toledo: "São necessários os meios reputados eficazes e suficientes para repelir a agressão. Assim, quando a diferença de porte dos contendores revelar que a força física do agredido era ineficaz para afastar a ameaça do espancamento, o emprego da arma poderá ser um meio necessário, se de outro recurso menos lesivo e também eficaz não dispuser o agredido. O Supremo Tribunal Federal já decidiu que o modo de repelir a agressão, também, pode influir decisivamente na caracterização do elemento em exame. Assim, o emprego de arma de fogo, não para matar, mas para ferir ou amedrontar, pode ser considerado meio menos lesivo e, portanto, necessário. Considere-se o exemplo do paralítico, preso a uma cadeira de rodas, que, não dispondo de qualquer outro recurso para defender-se, fere a tiros quem lhe tenta furtar umas frutas. Pode ter usado dos meios, para ele, necessários, mas não exerceu uma defesa realmente necessária, diante da enorme desproporção existente entre a ação agressiva e a reação defensiva"[155].

> **Nosso entendimento:** discordamos que a proporcionalidade entre repulsa e agressão é imprescindível para a existência do meio necessário.

A necessidade do meio não guarda relação com a forma como é empregado. Interessa apenas saber se o instrumento era o menos lesivo colocado à disposição do agente no momento da agressão.

No exemplo do paralítico, entendemos que a arma era o único meio possível para conter o furto, diante da impossibilidade de locomoção do granjeiro, devendo, portanto, ser considerada meio necessário. A maneira como foi utilizada essa arma (para matar, ferir ou assustar) diz respeito à moderação e não à necessidade do meio. Assim, se a arma foi empregada para matar o ladrão, a legítima defesa estará descaracterizada, não porque o meio foi desnecessário, mas porque a conduta foi imoderada, caracterizando o excesso.

28.4.4.1. Desnecessidade do meio

Caracteriza o excesso doloso, culposo ou exculpante (sem dolo ou culpa).

28.4.5. Moderação

É o emprego dos meios necessários dentro do limite razoável para conter a agressão.

A jurisprudência tem entendido que a moderação não deve ser medida milimetricamente, mas analisadas as circunstâncias de cada caso. O número exagerado de golpes, porém, revela imoderação por parte do agente.

28.4.5.1. Imoderação

Afastada a moderação, deve-se indagar se houve excesso.

28.4.5.2. Excesso

É a intensificação desnecessária de uma ação inicialmente justificada.

Presente o excesso, os requisitos das descriminantes deixam de existir, devendo o agente responder pelas desnecessárias lesões causadas ao bem jurídico ofendido.

28.4.5.2.1. Espécies de excesso

28.4.5.2.1.1. *Doloso ou consciente*

Ocorre quando o agente, ao se defender de uma injusta agressão, emprega meio que sabe ser desnecessário ou, mesmo tendo consciência de sua desproporcionalidade, atua com imoderação. Por exemplo, para defender-se de um tapa, o sujeito mata a tiros o

---

155. *Princípios básicos*, cit., p. 201 e 203.

agressor ou, então, após o primeiro tiro que fere e imobiliza o agressor, prossegue na reação até a sua morte.

Em tais hipóteses caracteriza-se o excesso doloso em virtude de o agente conscientemente e deliberadamente valer-se da situação vantajosa de defesa em que se encontra para, desnecessariamente, infligir ao agressor uma lesão mais grave do que a exigida e possível, impelido por motivos alheios à legítima defesa (ódio, vingança, perversidade etc.)[156].

A consequência: constatado o excesso doloso, o agente responde pelo resultado dolosamente. Por exemplo, aquele que mata quando bastava tão somente a lesão responde por homicídio doloso.

28.4.5.2.1.2. *Culposo ou inconsciente*

Ocorre quando o agente, diante do temor, aturdimento ou emoção provocada pela agressão injusta, acaba por deixar a posição de defesa e partir para um verdadeiro ataque, após ter dominado o seu agressor.

Não houve intensificação intencional, pois o sujeito imaginava-se ainda sofrendo o ataque, tendo seu excesso decorrido de uma equivocada apreciação da realidade.

Segundo Francisco de Assis Toledo[157], são requisitos do excesso culposo: (i) o agente estar, inicialmente, em uma situação de reconhecida legítima defesa; (ii) dela se desviar, em momento posterior, seja na escolha dos meios de reação, seja no modo imoderado de utilizá-los, por culpa estrito senso; (iii) estar o resultado lesivo previsto em lei (tipificado) como crime culposo.

A consequência: o agente responderá pelo resultado produzido, a título de culpa.

28.4.5.2.1.3. *Exculpante*

Não deriva nem de dolo, nem de culpa, mas de um erro plenamente justificado pelas circunstâncias (legítima defesa subjetiva).

Apesar de consagrada pela doutrina, tal expressão não é adequada, uma vez que não se trata de exclusão da culpabilidade, mas do fato atípico, devido à eliminação do dolo e da culpa.

O excesso na reação defensiva decorre de uma atitude emocional do agredido, cujo estado interfere na sua reação defensiva, impedindo que tenha condições de balancear adequadamente a repulsa em função do ataque, não se podendo exigir que o seu comportamento seja conforme à norma.

28.4.6. Conhecimento da situação justificante

Mesmo que haja agressão injusta, atual ou iminente, a legítima defesa estará completamente descartada se o agente desconhecia essa situação. Se, na sua mente, ele queria cometer um crime e não se defender, ainda que, por coincidência, o seu ataque acabe sendo uma defesa, o fato será ilícito.

---

156. Nesse sentido, Assis Toledo, *Princípios básicos*, cit., p. 208.
157. *Princípios básicos*, cit., p. 209.

28.4.7. *Commodus discessus*

Na legítima defesa, o *commodus discessus* opera de forma diversa do estado de necessidade, no qual, como vimos, não é admitido (o sacrifício do bem, embora seja a saída mais cômoda para o agente, deve ser realizado somente quando inevitável).

No caso da legítima defesa, contudo, em que o agente sofre ou presencia uma agressão humana injustificável, a solução é diversa. Como se trata de repulsa a agressão, não deve sofrer os mesmos limites. A lei não obriga ninguém a ser covarde, de modo que o sujeito pode optar entre o comodismo da fuga ou permanecer e defender-se de acordo com as exigências legais.

28.4.7.1. Inevitabilidade da agressão e *commodus discessus*

Alguns doutrinadores exigem a inevitabilidade da agressão como requisito da legítima defesa.

De acordo com esse requisito, somente se configurará a legítima defesa se a agressão for inevitável, ou seja, se não havia a possibilidade de o agente evitar a agressão ou dela se afastar discretamente.

A lei brasileira, contudo, não exige a obrigatoriedade de evitar-se a agressão (*commodus discessus*), pois, ao contrário do estado de necessidade, cujo dispositivo legal obriga à evitabilidade da lesão ao dispor "nem podia de outro modo evitar", a legítima defesa não traz tal requisito em seu dispositivo, de modo que o agente poderá sempre exercitar o direito de defesa quando agredido.

Assis Toledo, com muita propriedade, faz uma ressalva quando se tratar de agressão proveniente de inimputáveis, pois, "segundo lição de Jescheck, diante de crianças, jovens imaturos, doentes mentais, agentes que atuam em estado de erro ou imprudentemente etc., a legítima defesa funda-se exclusivamente na faculdade de autodefesa, pelo que o agredido deverá limitar-se à proteção dos bens e só poderá causar lesão ao agressor se não puder de ele afastar-se sem o abandono do interesse ameaçado"[158].

→ **Atenção:** a Lei n. 13.964/2019 acrescentou ao art. 25 do CP, que trata da legítima defesa, o parágrafo único, o qual dispõe que, observados os requisitos previstos no *caput*, que acabamos de expor, considera-se também em legítima defesa o agente de segurança pública que repele agressão ou risco de agressão a vítima mantida refém durante a prática de crimes.

28.5. Hipóteses de cabimento da legítima defesa

28.5.1. Legítima defesa contra agressão injusta de inimputável

Ocorre, por exemplo, no caso de um atentado cometido por louco ou menor inimputável.

---

158. *Princípios básicos*, cit., p. 197.

28.5.2. Legítima defesa contra agressão acobertada por qualquer outra causa de exclusão da culpabilidade

Não importa se o agressor não está em condições de conhecer o caráter criminoso do fato praticado, pois, com ou sem esse conhecimento, a pessoa está suportando um ataque injustificável e tem o direito de se defender.

28.5.3. Legítima defesa real contra legítima defesa putativa

Na legítima defesa putativa o agente pensa que está defendendo-se, mas, na verdade, acaba praticando um ataque injusto. Se é certo que ele não sabe estar cometendo uma agressão injusta contra um inocente, é mais certo ainda que este não tem nada que ver com isso, podendo repelir o ataque objetivamente injustificável.

É o caso de alguém que vê o outro enfiar a mão no bolso e pensa que ele vai sacar uma arma. Pensando que vai ser atacado, atira em legítima defesa imaginária. Quem recebe a agressão gratuita pode revidar em legítima defesa real.

A legítima defesa putativa é imaginária, só existe na cabeça do agente; logo, objetivamente configura um ataque como outro qualquer (pouco importa o que "A" pensou; para "B", o que existe é uma agressão injusta).

28.5.4. Legítima defesa putativa contra legítima defesa putativa

É o que ocorre quando dois neuróticos inimigos se encontram, um pensando que o outro vai matá-lo. Ambos acabam partindo para o ataque, supondo-o como justa defesa.

Objetivamente, os dois fatos são ilícitos, pois não há legítima defesa real, mas a existência ou não de crime dependerá das circunstâncias concretas, uma vez que a legítima defesa putativa, quando derivada de erro de tipo, exclui o dolo e, às vezes, também a culpa, conforme já estudado.

28.5.5. Legítima defesa real contra legítima defesa subjetiva

A legítima defesa subjetiva é o excesso por erro de tipo escusável. Após se defender de agressão inicial, o agente começa a se exceder, pensando ainda estar sob o influxo do ataque. Na sua mente, ele ainda está se defendendo, porque a agressão ainda não cessou, mas, objetivamente, já deixou a posição de defesa e passou ao ataque, legitimando daí a repulsa por parte de seu agressor.

Por exemplo, "A" sofre um ataque de "B" e começa a se defender. Após dominar completamente seu agressor, pensa que ainda há perigo e prossegue, desnecessariamente, passando à condição de ofensor. Nesse instante, começa o excesso e termina a situação de defesa, que agora só existe na imaginação de "A". Cabe, então, legítima defesa real por parte de "B" contra essa intensificação de "A".

Evidente que é uma situação puramente teórica. Na prática, aquele que deu causa aos acontecimentos jamais poderá invocar a legítima defesa, mesmo contra o excesso, cabendo-lhe dominar a outra parte, sem provocar-lhe qualquer outro dano.

É o caso, por exemplo, de um estuprador que, levando a pior, começa a ser esfaqueado pela moça que atacara. Seria um contrassenso que, defendendo-se das facadas desferidas em excesso, pudesse matar a vítima, que há pouco tentara subjugar, em legítima defesa. No caso, ou a desarma sem infligir-lhe qualquer novo mal, ou responde pelo que vier a acontecer à ofendida.

28.5.6. Legítima defesa putativa contra legítima defesa real

Como se trata de causa putativa, nada impede tal situação. O fato será ilícito, pois objetivamente injusto, mas, dependendo do erro que levou à equivocada suposição, poderá haver exclusão de dolo e culpa (quando houver erro de tipo escusável).

Essa hipótese somente é possível na legítima defesa putativa de terceiro, por exemplo, "A" presencia seu amigo brigando e, para defendê-lo, agride seu oponente. Ledo engano: o amigo era o agressor, e o terceiro agredido apenas se defendia.

28.5.7. Legítima defesa real contra legítima defesa culposa

Não importa a postura subjetiva do agente em relação ao fato, mas tão somente a injustiça objetiva da agressão. É o caso, por exemplo, da legítima defesa real contra a legítima defesa putativa por erro de tipo evitável.

Ilustrando, "A", confundindo "B" com um seu desafeto e sem qualquer cuidado em certificar-se disso, efetua diversos disparos em sua direção. Há uma agressão injusta decorrente de culpa na apreciação da situação de fato. Contra esse ataque culposo cabe legítima defesa real.

28.6. Hipóteses de não cabimento da legítima defesa

São quatro:

(i) legítima defesa real contra legítima defesa real;

(ii) legítima defesa real contra estado de necessidade real;

(iii) legítima defesa real contra exercício regular de direito;

(iv) legítima defesa real contra estrito cumprimento do dever legal.

É que em nenhuma dessas hipóteses havia agressão injusta.

28.7. Questão processual: quesitação da legítima defesa no júri

De acordo com o art. 483 do CPP, "Os quesitos serão formulados na seguinte ordem, indagando sobre: I – materialidade do fato; II – a autoria ou participação; III – se o acusado deve ser absolvido; IV – se existe causa de diminuição de pena alegada pela defesa; V – se existe circunstância qualificadora ou causa de aumento de pena reconhecidas na pronúncia ou em decisões posteriores que julgaram admissível a acusação.

§ 1º A resposta negativa, de mais de 3 (três) jurados, a qualquer dos quesitos referidos nos incisos I e II do *caput* deste artigo encerra a votação e implica a absolvição do acusado. § 2º Respondidos afirmativamente por mais de 3 (três) jurados os quesitos relativos aos incisos I e II do *caput* deste artigo será formulado quesito com a seguinte redação: '*O jurado absolve o acusado?*'".

Dessa forma, superados os dois primeiros quesitos obrigatórios, relativos à materialidade e autoria do fato, passa-se ao quesito relativo à absolvição do agente.

Assim, o CPP não mais faz qualquer referência ao quesito específico da causa excludente da ilicitude, referindo-se genericamente à absolvição do agente.

Tal desmembramento dos quesitos não foi contemplado na atual sistemática do procedimento do júri, pois todas as teses da defesa estarão submetidas a um único quesito, não havendo previsão legal de segmentação, o que tem gerado muita polêmica.

28.8. Outros conceitos

28.8.1. Legítima defesa sucessiva

É a repulsa contra o excesso. Como já dissemos, quem dá causa aos acontecimentos não pode arguir legítima defesa em seu favor, razão pela qual deve dominar quem se excede sem feri-lo.

28.8.2. Legítima defesa putativa

É a errônea suposição da existência da legítima defesa por erro de tipo ou de proibição. Só existe na imaginação do agente, pois o fato é objetivamente ilícito.

28.8.3. Legítima defesa subjetiva

É o excesso derivado de erro de tipo escusável, que exclui o dolo e a culpa.

28.8.4. Legítima defesa recíproca

É a ocorrência de legítima defesa contra legítima defesa, o que não é admissível, exceto se uma delas ou todas forem putativas.

28.8.5. Legítima defesa própria e legítima defesa de terceiro

A legítima defesa própria ocorre quando o agente salva direito próprio. Em oposição, a legítima defesa de terceiro se dá quando o sujeito defende direito alheio.

28.8.6. *Aberratio ictus* na reação defensiva

É a ocorrência de erro na execução dos atos necessários de defesa. Por exemplo, para defender-se da agressão de "A", "B" desfere tiros em direção ao agressor, mas, por erro, atinge "C", terceiro inocente. Pode suceder que o tiro atinja o agressor "A" e por erro o terceiro inocente "C".

Nas duas hipóteses, a legítima defesa não se desnatura, pois, a teor do art. 73 do Código Penal, "B" responderá pelo fato como se tivesse atingido o agressor "A", ou seja, a pessoa visada e não a efetivamente atingida.

28.8.7. Legítima defesa e tentativa

É perfeitamente possível, pois, se é cabível com os crimes consumados, incompatibilidade alguma haverá com os tentados.

28.9. Diferenças entre legítima defesa e estado de necessidade

(i) Neste, há um conflito entre dois bens jurídicos expostos a perigo; naquela, uma repulsa a ataque;

(ii) Neste, o bem jurídico é exposto a perigo; naquela, o direito sofre uma agressão atual ou iminente;

(iii) Neste, o perigo pode ou não advir da conduta humana; naquela, a agressão só pode ser praticada por pessoa humana;

(iv) Neste, a conduta pode ser dirigida contra terceiro inocente; naquela, somente contra o agressor;

(v) Neste, a agressão não precisa ser injusta; a legítima defesa, por outro lado, só existe se houver injusta agressão. Por exemplo, dois náufragos disputando a tábua de salvação. Um agride o outro para ficar com ela, mas nenhuma agressão é injusta. Temos, então, estado de necessidade X estado de necessidade.

Finalmente, há que se ressaltar que é possível a coexistência entre estado de necessidade e legítima defesa: é possível. Por exemplo, "A", para defender-se legitimamente de "B", pega a arma de "C" sem a sua autorização.

29. ESTRITO CUMPRIMENTO DO DEVER LEGAL

29.1. Conceito

Causa de exclusão da ilicitude que consiste na realização de um fato típico, por força do desempenho de uma obrigação imposta por lei. Por exemplo, o policial que priva o fugitivo de sua liberdade, ao prendê-lo em cumprimento de ordem judicial.

29.2. Fundamento

Não há crime quando o agente pratica o fato no "estrito cumprimento de dever legal" (CP, art. 23, III, 1ª parte).

Trata-se de mais uma causa excludente de ilicitude. Quem cumpre um dever legal dentro dos limites impostos pela lei obviamente não pode estar praticando ao mesmo tempo um ilícito penal, a não ser que aja fora daqueles limites. Mesmo porque, seria incompreensível que a ordem jurídica impusesse a alguém o dever de agir para, em seguida, o chamar para responder pela ação praticada.

29.3. Requisitos

29.3.1. Dever legal

Compreende toda e qualquer obrigação direta ou indiretamente derivada de lei. Pode, portanto, constar de decreto, regulamento ou qualquer ato administrativo infralegal, desde que originários de lei.

O mesmo se diga em relação a decisões judiciais, que nada mais são do que determinações emanadas do Poder Judiciário em cumprimento da ordem legal.

No caso, porém, de resolução administrativa de caráter específico dirigida ao agente sem o conteúdo genérico que caracteriza os atos normativos, como, por exemplo, na hipótese de ordens de serviço específicas endereçadas ao subordinado, não há que se falar em estrito cumprimento de dever legal, mas em obediência hierárquica (a ser estudada dentro de culpabilidade).

29.3.2. O cumprimento deve ser estritamente dentro da lei

Exige-se que o agente se contenha dentro dos rígidos limites de seu dever, fora dos quais desaparece a excludente (STJ, AgRg no AREsp 1.576.422/SP, *DJU* 9-12-2019). Por exemplo, execução do condenado pelo carrasco, o qual deve abster-se de provocações de última hora ou de atos de sadismo ou tortura; prisão legal efetuada pelos agentes policiais, que deve ser efetuada sem caráter infamante, salvo quando inevitável etc.

Assim, somente os atos rigorosamente necessários e que decorram de exigência legal amparam-se na causa de justificação em estudo. Os excessos cometidos pelos agentes poderão constituir crime de abuso de autoridade (Lei n. 13.869/2019) ou delitos previstos no Código Penal.

29.3.3. Conhecimento da situação justificante

Essa excludente, como as demais, também exige o elemento subjetivo, ou seja, o sujeito deve ter conhecimento de que está praticando um fato em face de um dever imposto pela lei, do contrário, estaremos diante de um ilícito.

29.4. Alcance da excludente

Dirige-se aos funcionários ou agentes públicos, que agem por ordem da lei. Não fica excluído, contudo, o particular que exerce função pública (jurado, perito, mesário da Justiça Eleitoral etc.).

29.5. Coautores e partícipes

Reconhecendo-se a excludente em relação a um autor, o coautor ou o partícipe do fato, em regra, também não podem ser responsabilizados. O fato não pode ser objetivamente lícito para uns e ilícito para outros.

Ressalva-se, no entanto, o caso de coautor ou partícipe que desconhece a situação justificadora, atuando com o propósito de produzir um dano. Ante a falta de conhecimento da situação justificante, responderá isoladamente pelo crime.

29.6. Crime culposo

Não admite estrito cumprimento de dever legal.

A lei não obriga à imprudência, negligência ou imperícia. Entretanto, poder-se-á falar em estado de necessidade na hipótese de motorista de uma ambulância, ou de um carro de bombeiros, que dirige velozmente e causa lesão a bem jurídico alheio para apagar um incêndio ou conduzir um paciente em risco de vida para o hospital.

30. EXERCÍCIO REGULAR DE DIREITO

30.1. Conceito

Causa de exclusão da ilicitude que consiste no exercício de uma prerrogativa conferida pelo ordenamento jurídico, caracterizada como fato típico.

30.2. Fundamento

Segundo conhecida fórmula de Graf Zu Dohna, "uma ação juridicamente permitida não pode ser, ao mesmo tempo, proibida pelo direito. Ou, em outras palavras, o exercício de um direito nunca é antijurídico"[159].

30.3. Alcance do exercício regular do direito

Qualquer pessoa pode exercitar um direito subjetivo ou uma faculdade previstos em lei (penal ou extrapenal).

A Constituição Federal reza que ninguém será obrigado a fazer ou deixar de fazer alguma coisa senão em virtude de lei (CF, art. 5º, II). Disso resulta que se exclui a ilicitude nas hipóteses em que o sujeito está autorizado a esse comportamento. Por exemplo, prisão em flagrante por particular.

O próprio Código Penal prevê casos específicos de exercício regular de direito, como a imunidade judiciária (CP, art. 142, I) e a coação para evitar suicídio ou para a prática de intervenção cirúrgica (art. 146, § 3º)[160].

---

159. Apud Francisco de Assis Toledo, *Princípios básicos*, cit., p. 213.
160. Cf. Mirabete, *Manual*, cit., p. 186-187.

30.4. Requisitos

30.4.1. Significado da expressão "direito"

Deve ser entendida em sentido amplo, abrangendo todas as formas de direito subjetivo, penal ou extrapenal, por exemplo, o *jus corrigendi* do pai de família que deriva do poder familiar (CC, art. 1.634, I).

São também fontes de direito subjetivo os regulamentos e as provisões internas de associações autorizadas legalmente a funcionar, cujo exercício regular torna lícito o fato típico, por exemplo, as lesões praticadas nas competições esportivas.

Cite-se também os castigos infligidos pelo mestre-escola derivados de regulamentos internos de estabelecimentos de ensino, as providências sanitárias de autoridades públicas que derivam do poder de polícia do Estado e que vêm reguladas em portarias, instruções etc.

José Frederico Marques sustenta que o costume também legitima certas ações e fatos típicos e traz como exemplo o trote acadêmico, em que "as violências, injúrias e constrangimentos que os veteranos praticam contra os noviços não se consideram atos antijurídicos em face do direito penal, porque longo e reiterado costume consagra o 'trote' como instituição legítima"[161].

30.4.2. Conhecimento da situação justificante

O exercício regular do direito praticado com espírito de mera emulação faz desaparecer a excludente. É necessário o conhecimento de toda a situação fática autorizadora da excludente.

É esse elemento subjetivo que diferencia, por exemplo, o ato de correção executado pelo pai das vias de fato, da injúria real ou até de lesões, quando o genitor não pensa em corrigir, mas em ofender ou causar lesão.

30.5. Aplicação em casos específicos

30.5.1. Intervenções médicas e cirúrgicas

Para a doutrina tradicional, há exclusão da ilicitude pelo exercício regular de direito.

É indispensável o consentimento do paciente ou de seu representante legal. Ausente o mesmo, poderá caracterizar-se o estado de necessidade em favor de terceiro (CP, art. 146, § 3º, I).

Desse modo, as lesões provocadas no paciente no decorrer do procedimento cirúrgico como meio necessário ao seu tratamento não configuram o crime em estudo, por

---

161. *Tratado*, cit., p. 179.

ser um fato permitido pelo ordenamento jurídico; portanto, é lícita, por exemplo, amputação de membros (mãos, pés, pernas etc.), cortes na barriga etc.

Do mesmo modo que na violência desportiva, concebemos o fato como atípico na intervenção cirúrgica, por influência da teoria da imputação objetiva. O Estado não pode dizer aos médicos que operem e salvem vidas e ao mesmo tempo considerar a cirurgia um fato descrito em lei como crime. A conduta é permitida e, se o é, não pode ser antinormativa.

30.5.2. Violência desportiva

Tradicionalmente configura fato típico, mas não ilícito. A ilicitude é excluída pela descriminante do exercício regular de direito.

> **Nosso entendimento:** o fato é atípico, por influxo da teoria da imputação objetiva.

A violência é inerente a determinadas práticas esportivas, como o boxe, e eventual em outras, como o futebol. Tanto a lesão prevista pelas regras do desporto quanto aquela praticada fora do regulamento, mas como um desdobramento natural e previsível do jogo, não constituem fato típico.

Com efeito, é impossível lutar com os punhos sem provocar ofensa à integridade corporal de outrem. Se o Estado permite e regulamenta o boxe, não pode, ao mesmo tempo, considerar a sua prática um fato típico, isto é, definido em lei como crime. Seria contraditório. O risco de lesões e até mesmo de morte é um risco permitido e tolerado, após o Poder Público sopesar todos os prós e os contras de autorizar a luta. Aceita eventuais danos e até mesmo tragédias, para, em compensação, obter o aprimoramento físico e cultural proporcionado pelo esporte.

Mesmo nos casos em que a violência não é da essência da modalidade esportiva, não poderá ela ser considerada típica, quando houver nexo causal com o desporto.

Assim, a falta mais violenta cometida durante uma partida futebolística, com o fim de impedir o adversário de marcar um gol, consiste em um risco normal derivado da regular prática daquele esporte. Quem aceita praticar a modalidade implicitamente consente em sofrer eventuais lesões, sem as quais seria impossível tal prática. Proporcionalmente compensa ver toda uma sociedade sadia, ainda que possam ocorrer eventuais resultados danosos à integridade corporal dos praticantes.

Não se pode sequer cogitar da excludente do exercício regular do direito, uma vez que, antes, já se operou a eliminação do fato típico, sendo inconcebível a ideia de que a lei selecionou e definiu como crime condutas tidas pelo Estado como salutares e imprescindíveis ao aprimoramento das relações sociais dialéticas.

Deste modo, se: (i) a agressão foi cometida dentro dos limites do esporte ou de seus desdobramentos previsíveis; (ii) o participante consentiu validamente na sua prática; (iii) a atividade não foi contrária à ordem pública, à moral, aos postulados éticos que derivam do senso comum das pessoas normais, nem aos bons costumes, não haverá crime.

Por outro lado, estaremos diante de um fato típico no caso de excessos cometidos pelo agente. Por exemplo, um jogador de futebol que, durante uma partida, desfere um pontapé no rosto de outro jogador, o qual já estava caído, com a partida momentaneamente interrompida, praticou crime de lesão corporal, devendo ser condenado criminalmente, pois tal fato nada teve que ver com o esporte.

O outro exemplo é o da mordida desferida pelo jogador da seleção do Uruguai, Luis Suárez, no ombro de um adversário, o zagueiro italiano Giorgio Chiellini, durante os jogos da copa de 2014, sem nenhuma relação com a partida de futebol. Fato típico também.

30.5.3. Ofendículos (*offendiculas* ou *offensaculas*)

Etimologicamente, a palavra "ofendículo" significa obstáculo, obstrução, empecilho. São instalados para defender não apenas a propriedade, mas qualquer outro bem jurídico, como, por exemplo, a vida das pessoas que se encontram no local. Funcionam como uma advertência e servem para impedir ou dificultar o acesso de eventuais invasores, razão pela qual devem ser, necessariamente, visíveis.

Desta forma, os ofendículos constituem aparatos facilmente perceptíveis, destinados à defesa da propriedade ou de qualquer outro bem jurídico. Exemplos: cacos de vidro ou pontas de lança em muros e portões, telas elétricas, cães bravios com placas de aviso no portão etc.

Há quem os classifique como legítima defesa preordenada, uma vez que, embora preparados com antecedência, só atuam no momento da agressão[162].

> **Nosso entendimento:** trata-se de exercício regular do direito de defesa da propriedade.

Até porque a lei permite desforço físico imediato para a preservação da posse e, por conseguinte, de quem estiver no imóvel (CC, art. 1.210, § 1º).

O sujeito, ao instalar os equipamentos, nada mais faz do que exercitar um direito. Nesse sentido, Aníbal Bruno: "Não nos parece que a hipótese possa ser resolvida como legítima defesa... embora o aparelho só se destine a funcionar no momento do ataque, a verdadeira ação do sujeito é anterior: no momento da agressão, quando cabia a reação individual, ele, com o seu gesto e a sua vontade de defesa, está ausente. Além disso, a atuação do aparelho é automática e uniforme, não pode ser graduada segundo a realidade e a importância do ataque... Por tudo isso, esse proceder fica distante dos termos precisos da legítima defesa, que supõe sempre um sujeito atuando, com o seu gesto e o seu ânimo de defender-se, no momento mesmo e com a medida justa e oportuna contra a agressão atual ou iminente"[163].

De qualquer modo, qualquer que seja a posição adotada, os ofendículos, em regra, excluem a ilicitude, justamente por ser visível. Excepcionalmente, poderá haver excesso, devendo o agente por ele responder.

---

162. Nesse sentido: Damásio E. de Jesus, *Direito penal*, cit., 23. ed., v. 1, p. 395.
163. Aníbal Bruno, *Direito penal*; parte geral, 4. ed., Rio de Janeiro, Forense, t. 2, p. 9.

30.5.4. Defesa mecânica predisposta

Aparatos ocultos com a mesma finalidade que os ofendículos.

Por se tratar de dispositivos não perceptíveis, dificilmente escaparão do excesso, configurando, quase sempre, delitos dolosos ou culposos. É o caso do sitiante que instala uma tela elétrica na piscina, de forma bastante discreta, eletrocutando as crianças que a invadem durante a semana. Responderá por homicídio doloso.

É também a hipótese do pai que instala dispositivo ligando a maçaneta da porta ao gatilho de uma espingarda, objetivando proteger-se de ladrões, mas vem a matar a própria filha. Trata-se aqui de infração culposa, provavelmente beneficiária de perdão judicial.

30.6. Consentimento do ofendido

Pode exercer diferentes funções, de acordo com a natureza do crime e suas elementares. Vejamos.

30.6.1. Irrelevante penal

Há casos, como no crime de homicídio (CP, art. 121), em que, dada a indisponibilidade do bem jurídico, sua presença ou ausência é totalmente irrelevante para o Direito Penal.

30.6.2. Causa de exclusão da tipicidade

Quando o consentimento ou o dissentimento forem exigências expressas do tipo para o aperfeiçoamento da infração penal, a sua presença ou falta terá repercussão direta no próprio tipo. Assumirão, nessa hipótese, a função de causa de exclusão da tipicidade. Por exemplo, no crime de furto, somente será possível falar em subtração quando a retirada da *res furtiva* se der contra a vontade do possuidor ou proprietário. Se estes consentirem que a coisa seja levada pelo autor, o fato deixará de ser típico, atuando o consentimento como causa geradora de atipicidade.

No delito de invasão de domicílio (CP, art. 150), quando o titular do bem jurídico consente no ingresso ou na permanência do agente em sua casa ou em dependência desta, e no consentimento do titular na violação de correspondência (CP, art. 151) e na inviolabilidade dos segredos (CP, art. 153), ocorre exatamente o contrário, pois a aquiescência da vítima, e não sua discordância, configura elementar do tipo.

30.6.3. Causa de exclusão da ilicitude

Quando o consentimento ou o dissenso não forem definidos como exigência expressa do tipo, ou seja, elementar, funcionarão como verdadeira causa de justificação, desde que preenchidos alguns requisitos legais. É o caso do crime de dano (CP, art. 163) e do cárcere privado (CP, art. 148).

Para tanto, é necessário que: (i) o bem jurídico seja disponível; (ii) o consenciente tenha capacidade jurídica e mental para dele dispor; (iii) o bem jurídico lesado ou exposto a perigo de lesão situe-se na esfera de disponibilidade do aquiescente; (iv) o ofendido tenha manifestado sua aquiescência livremente, sem coação, fraude ou outro vício de vontade; (v) o ofendido, no momento da aquiescência, esteja em condições de compreender o significado e as consequências de sua decisão, possuindo, pois, capacidade para tanto; (vi) o fato típico penal realizado identifique-se com o que foi previsto e constitua objeto de consentimento pelo ofendido.

30.6.4. Causa de extinção da punibilidade

O consentimento, nos crimes de ação penal exclusivamente privada e pública condicionada à representação, acarreta a extinção da punibilidade do agente, em razão da decadência, renúncia, perdão do ofendido, perempção etc.

Nesse caso, é irrelevante o fato de o bem jurídico ser ou não disponível, pois o ofendido tem a faculdade de autorizar ou dar início à *persecutio criminis*.

30.6.5. Causa de diminuição de pena

No revogado crime de rapto consensual (CP, art. 220), além de elementar do tipo, o consentimento atuava como causa especial de redução de pena, pois a anuência da menor entre 14 e 18 (conforme o atual Código Civil brasileiro) anos fazia com que, em lugar da pena de reclusão, o raptor sofresse pena principal menos rigorosa, qual seja, a de detenção.

30.6.6. Consentimento da vítima nos delitos culposos

Pode ser considerado eficaz, desde que a vítima seja cientificada da exata dimensão do perigo a que se expõe e, livremente, resolva assumi-lo.

Assim, se alguém aceita o convite para perigosa escalada, sabedor dos riscos de uma provável avalanche, e, mesmo assim, se dispõe a juntar-se ao grupo de alpinistas, não poderá depois reclamar da imprudência destes em tê-lo chamado para tal ousada aventura.

Entretanto, é bom lembrar que os autores do convite, colocando-se na posição de garantidores, não se livram, com o consentimento do ofendido, do dever de socorrê-lo em caso de sinistro e de impedir o resultado letal, sempre que isso lhes for possível, subsistindo, portanto, o dever jurídico na forma do art. 13, § 2º, *b*, do CP.

É imprescindível que da conduta não resulte perigo a terceiros inocentes, caso em que a aquiescência será ineficaz.

30.6.7. Operações cirúrgicas

O consentimento é dispensado em situações emergenciais ou nas hipóteses de caso fortuito e força maior, como, por exemplo, quando a vítima estiver inconsciente ou sem condições de consentir. Trata-se de causa de exclusão da ilicitude, posto que configurado o exercício regular de direito de exercer a profissão.

O mesmo se dá na amputação de membro gangrenado, para salvar a vida do enfermo, ou no aborto necessário (CP, art. 128, I). Em todos esses casos, o consentimento será desnecessário.

30.6.8. Ordem pública e bons costumes

O consentimento do ofendido contrário à ordem pública e aos bons costumes é ineficaz, ainda que se trate de bens disponíveis.

Dessa forma, lesões sádicas durante um ato sexual configuram crime, pouco importando o consentimento e a capacidade para consentir da "vítima".

Convém, no entanto, realçar que o conceito de bons costumes é bastante variável, de acordo com o momento histórico, as tradições e a cultura de uma coletividade.

30.7. Distinção entre consentimento em sentido estrito e acordo

Parte da doutrina costuma diferenciar consentimento (em sentido estrito) e acordo. Para essa corrente, acordo é a manifestação de vontade geradora de atipicidade, ao passo que o consentimento *stricto sensu* é a manifestação de vontade que atua com a função de exclusão da ilicitude[164].

31. CULPABILIDADE

31.1. Conceito

Quando se diz que "Fulano" foi o grande culpado pelo fracasso de sua equipe ou de sua empresa, está atribuindo-se-lhe um conceito negativo de reprovação. A culpabilidade é exatamente isso, ou seja, a possibilidade de se considerar alguém culpado pela prática de uma infração penal. Por essa razão, costuma ser definida como juízo de censurabilidade e reprovação exercido sobre alguém que praticou um fato típico e ilícito.

Não se trata de elemento do crime, mas pressuposto para imposição de pena, porque, sendo um juízo de valor sobre o autor de uma infração penal, não se concebe possa, ao mesmo tempo, estar dentro do crime, como seu elemento, e fora, como juízo externo de valor do agente.

Para censurar quem cometeu um crime, a culpabilidade deve estar necessariamente fora dele. Há, portanto, etapas sucessivas de raciocínio, de maneira que, ao se chegar à culpabilidade, já se constatou ter ocorrido um crime.

Verifica-se, em primeiro lugar, se o fato é típico ou não; em seguida, em caso afirmativo, a sua ilicitude; só a partir de então, constatada a prática de um delito (fato típico e ilícito), é que se passa ao exame da possibilidade de responsabilização do autor.

---

164. Nesse sentido: José Henrique Pierangeli, *O consentimento do ofendido*, 2. ed., São Paulo, Revista dos Tribunais, p. 88.

Na culpabilidade afere-se apenas se o agente deve ou não responder pelo crime cometido. Em hipótese alguma será possível a exclusão do dolo e da culpa ou da ilicitude nessa fase, uma vez que tais elementos já foram analisados nas precedentes. Por essa razão, culpabilidade nada tem que ver com o crime, não podendo ser qualificada como seu elemento.

31.2. A culpabilidade como juízo de reprovação

Quando se fala, por exemplo, que "o goleiro foi o culpado pelo fracasso do seu time", está se associando à expressão "culpado" uma ideia de reprovação, de desagrado, de censura. Referido termo não combina com a ideia de sucesso ("Fulano" foi o culpado pelos excelentes resultados de sua empresa).

Assim, culpa, em seu sentido mais amplo (*lato sensu*), e reprovação caminham lado a lado, de modo que a culpabilidade é a culpa (*lato sensu*) em seu estado potencial.

→ **Atenção:** culpa em sentido amplo é a culpa que empregamos em sentido leigo, significando culpar, responsabilizar, censurar alguém, não devendo ser confundida com a culpa em sentido estrito e técnico, que é elemento do fato típico, e se apresenta sob as modalidades de imprudência, imperícia e negligência.

Toda vez que se comete um fato típico e ilícito, o sujeito fica passível de ser submetido a uma censura por parte do poder punitivo estatal, como se este lhe dissesse: "você errou e, por essa razão, poderá ser punido". Nesse desvalor do autor e de sua conduta é que consiste a culpabilidade.

31.3. Grau de culpabilidade

Integra a fase posterior, relativa à dosagem da pena.

Uma vez constatada a reprovabilidade da conduta, o passo seguinte será a verificação da intensidade da resposta penal. Quanto mais censurável o fato e piores os indicativos subjetivos do autor, maior será a pena. Para tanto, será imprescindível uma análise do grau da culpabilidade com duplo enfoque: autor e fato.

Assim é que, por exemplo, o art. 59, *caput*, do CP determina que, na dosagem da pena, sejam levados em conta o grau de culpa, a intensidade do dolo, a personalidade, a conduta social, os antecedentes e os motivos do crime, todos aspectos subjetivos relacionados ao autor, assim como as consequências do crime e o comportamento da vítima afetos à parte objetiva, isto é, à ação.

31.4. Culpabilidade do autor

Trata-se de uma corrente doutrinária que sustenta ser relevante aferir a culpabilidade do autor, e não do fato. A reprovação não se estabelece em função da gravidade do crime praticado, mas do caráter do agente, seu estilo de vida, personalidade, antecedentes, conduta social e dos motivos que o levaram à infração penal.

Há, assim, dentro dessa concepção, uma "culpabilidade do caráter", "culpabilidade pela conduta de vida" ou "culpabilidade pela decisão de vida".

31.5. Culpabilidade do fato

Adotada pela maioria da doutrina. Aqui a censura deve recair sobre o fato praticado pelo agente, isto é, sobre o comportamento humano. A reprovação se estabelece em função da gravidade do crime praticado, de acordo com a exteriorização da vontade humana, por meio de uma ação ou omissão.

Compreende a gravidade da ação, sua maior ou menor lesividade social, as circunstâncias objetivas que o cercaram, tais como os meios empregados e o modo de execução, se o fato foi tentado ou consumado, quais foram as suas consequências para a vítima e prejudicados etc.

Esse enfoque é muito importante, pois o direito penal moderno é, praticamente, um direito penal do fato.

31.6. Evolução do conceito de responsabilidade objetiva para a subjetiva

A história da culpabilidade revela uma constante evolução, desde os tempos em que bastava o nexo causal entre conduta e resultado até os tempos atuais, em que a culpabilidade tem como elementos a imputabilidade, a potencial consciência da ilicitude e a exigibilidade de conduta diversa. Senão, vejamos.

31.6.1. Período primitivo do Direito Penal

Remonta ao tempo em que o homem ainda vivia reunido em tribos. As regras de comportamento eram desconexas e não escritas, calcadas apenas na moral, nos costumes, hábitos, crenças, magias e temores. A pena tinha mero caráter de defesa social. Acreditava-se que a paz era uma dádiva assegurada pela vontade dos deuses e que o infrator deveria ser punido para satisfação da vingança divina, pouco importando se teve culpa ou não.

Assim, nesse período, desconhecia-se a responsabilidade subjetiva, sendo suficiente para a punição a mera existência do nexo causal entre conduta e resultado. A responsabilidade era puramente objetiva e confundida com vingança.

31.6.2. Talião

Constituiu um grande avanço em relação ao sistema anterior. A vingança privada dos tempos primitivos era feita sem limitação alguma e quase sempre levava a excessos. O ofendido investia com fúria desproporcional contra o agressor, bem como seus familiares, gerando ódio do outro lado e, por conseguinte, revides contra os excessos. Essa vingança ilimitada suprimia a vida de homens válidos para o trabalho e fortes para a guerra, enfraquecendo o grupo. Com a adoção do talião, a pena passou a ser pessoal e proporcional à agressão, além de previamente fixada.

No Levítico, um dos primeiros livros da Bíblia, formando o Pentateuco, cap. XXIV, vers. 19 e 20, define-se essa forma atenuada de punição, dizendo: *fractura pro fractura, oculum pro oculo, dentem pro dente restituat* (olho por olho, dente por dente).

No Código de Hammurabi, eram previstas as seguintes penas: castração, para os crimes contra os costumes; extirpação da língua, nos crimes contra a honra; amputação da mão do médico, em cirurgias malsucedidas; morte do engenheiro, em caso de desabamento da casa com morte do proprietário; confisco de bens do suicida etc. A responsabilidade passou a ser pessoal, mas continuava sendo objetiva (bastava o nexo causal).

31.6.3. Período do direito romano

O crime começou a ser considerado mais um atentado contra a ordem pública e menos uma violação ao interesse privado. A aplicação da pena, nos chamados crimes públicos, passou a ser atribuição do Poder Público, perdendo a conotação de vingança privada.

Na Lei das Doze Tábuas, consagrou-se o princípio da responsabilidade individual, assegurando-se a proteção do grupo do ofensor contra a vingança do grupo da vítima[165]. Houve um grande desenvolvimento da teoria da culpabilidade, garantindo-se a responsabilidade subjetiva (exigência de dolo e culpa) e pessoal.

31.6.4. Período germânico

Os povos bárbaros mantiveram inúmeros costumes dos povos primitivos. A pena era encarada como uma autêntica vingança de sangue (*Blutrache*), que se estendia a toda a estirpe do transgressor. A responsabilidade era puramente objetiva, não tendo a menor importância o elemento subjetivo, mas tão somente o dano causado. A pena voltava a ser vista como vingança necessária à manutenção da disciplina e da paz social.

31.6.5. Idade Média

Fortemente influenciada pela filosofia cristã, a justiça passou a ter como base o livre-arbítrio. Todo homem era livre para decidir entre o bem e o mal, sendo o crime um pecado derivado da vontade humana. Assim, não se justificava uma punição a quem não agia com dolo ou culpa, nem de modo reprovável na causação de um resultado. O nexo meramente causal entre ação e dano já não era mais suficiente. Introduziram-se os critérios de responsabilização subjetiva (punia-se somente quem pecou) e da proporcionalidade da pena (a pena devia ser proporcional ao pecado, isto é, ao mal praticado ou pretendido).

---

165. Mayrink da Costa, *Direito penal*; parte geral, Rio de Janeiro, Forense, 1991, t. 1, p. 111.

31.6.6. Período moderno

As novas descobertas do universo, trazidas por Copérnico, Kepler e Galileu, reduziram a importância das crenças e mistificações. As penas cruéis continuavam a ser aplicadas, mas já sem tanta unanimidade ou subserviência. Montesquieu, Voltaire, Diderot, D'Alembert, Helvetius e Rousseau pregavam abertamente a libertação do indivíduo da onipotência do Estado.

Durante esse período, o jornalista Cesare Bonnesana (1738-1794), conhecido como Marquês de Beccaria, editou um pequeno livro, *Dei delitti e delle pene* (1764), propugnando por uma radical mudança no sistema punitivo. Iniciava-se a derrocada definitiva das penas injustas e da responsabilização sem culpa.

31.6.7. Escola Clássica

Teve em Francesco Carrara (1805-1888) seu maior expoente. Fortemente influenciada pelo direito canônico e pelo jusnaturalismo, tinha a vontade humana como a base do Direito Penal. Somente o livre-arbítrio levava o homem a optar entre cometer ou não o delito, de modo que, não havendo vontade, não existia responsabilidade. Não bastava o nexo causal objetivo entre ação e dano, pois a pena era aplicável somente às condutas subjetivamente censuráveis.

Carmignani (1768-1847), Romagnosi (1761-1835) e Feuerbach (1775-1833) tinham uma visão mais utilitária da pena, menos ligada à ideia de castigo proporcional ao injusto e mais comprometida com a função preventiva, como instrumento de ordem e segurança social.

31.6.8. Escola Positiva italiana

Lombroso (1836-1909), Ferri (1856-1929) e Garofalo (1851-1934), todos deterministas e contrários à teoria do livre-arbítrio, defendiam que a criminalidade derivava de fatores biológicos, contra os quais é inútil o homem lutar.

Há um determinismo absoluto, no qual não tem lugar a vontade humana, pois o indivíduo já vem ao mundo estigmatizado por sinais de degenerescência, malformações e anomalias anatômicas e funcionais relacionadas ao seu psiquismo. Surgiu a figura do criminoso nato. A pena não se relacionava com a ideia de castigo; era concebida como um remédio social aplicável a um ser doente.

31.6.9. Período atual

A culpabilidade é vista como a possibilidade de reprovar o autor de um fato punível porque, de acordo com as circunstâncias concretas, podia e devia agir de modo diferente. Funda-se, portanto, na possibilidade de censurar alguém pela causação de um resultado provocado por sua vontade ou inaceitável descuido, quando era plenamente possível que o tivesse evitado. Sem isso, não há reprovação e, por conseguinte, punição. Sem culpabilidade não pode haver pena (*nulla poena sine culpa*), e sem dolo ou culpa não existe crime (*nullum crimen sine culpa*).

Por essas razões, a responsabilidade objetiva (calcada exclusivamente na relação natural de causa e efeito) é insustentável no sistema penal vigente. Ela ocorria: (i) quando alguém era punido sem ter agido com dolo ou culpa; (ii) quando alguém era punido sem culpabilidade.

No primeiro caso, a responsabilidade penal objetiva violaria o próprio princípio da tipicidade, pois, como sabiamente detectou Hans Welzel, o dolo e a culpa integram o fato típico e não a culpabilidade, de maneira que punir alguém sem dolo e culpa equivaleria a puni-lo pela prática de fato atípico, já que não existe fato típico que não seja doloso ou culposo[166].

No segundo caso, estar-se-ia afrontando princípio constitucional sensível, consistente na garantia da presunção de inocência (art. 5º, LVII), porque, se todos se presumem inocentes, cabe ao Estado provar sua culpa primeiro (no sentido de culpabilidade) e, só então, exercer seu *jus puniendi*. Não é demais lembrar que o ônus da prova compete a quem acusa (art. 156 do CPP). Nesse sentido, também o art. 8º, n. 2, da Convenção Americana sobre Direitos Humanos, aprovada entre nós por decreto legislativo e, por conseguinte, com força de lei.

31.6.10. *Versari in re illicita*

Consiste em responsabilizar penalmente alguém que praticou algo ilícito ou censurável e, por mero acaso, provocou indiretamente um resultado ilícito. Por exemplo, o agente comete um furto, e a vítima, ao tomar conhecimento da subtração, morre de infarto.

Segundo essa forma de responsabilização objetiva, o ladrão responderia pelo homicídio apenas por existir um nexo de causalidade entre o furto e a morte.

Não é admitida pelo sistema penal em vigor.

31.7. Teorias

Superado o período de responsabilidade objetiva, surgiram teorias a respeito dos requisitos para responsabilização do agente. São as seguintes:

31.7.1. Teoria psicológica da culpabilidade

Surgiu com nitidez no sistema naturalista ou causal da ação, preconizado por Von Liszt e Beling, e refletia a situação dogmática na Alemanha por volta de 1900. Segundo essa teoria, a culpabilidade é um liame psicológico que se estabelece entre a conduta e o resultado, por meio do dolo ou da culpa. O nexo psíquico entre conduta e resultado esgota-se no dolo e na culpa, que passam a constituir, assim, as duas únicas espécies de culpabilidade.

A conduta é vista num plano puramente naturalístico, desprovida de qualquer valor, como simples causação do resultado. A ação é considerada o componente objeti-

---

166. *El nuevo sistema del derecho penal*, trad. Cerezo Mir, Barcelona, Ed. Ariel, 1964, p. 83.

vo do crime, enquanto a culpabilidade passa a ser o elemento subjetivo, apresentando-se ora como dolo, ora como culpa. Pode-se, assim, dizer que para essa teoria o único pressuposto exigido para a responsabilização do agente é a imputabilidade aliada ao dolo ou à culpa.

As principais críticas que tal orientação sofreu foram as seguintes:

(i) nela não se encontra explicação razoável para a isenção de pena nos casos de coação moral irresistível e obediência hierárquica a ordem não manifestamente ilegal em que o agente é imputável e agiu com dolo (como excluir-lhe, então, a culpabilidade?);

(ii) a culpa não pode integrar a culpabilidade psicológica porque é normativa, e não psíquica;

(iii) a partir da descoberta dos elementos subjetivos do injusto, enunciados por Mezger, comprovou-se que o dolo não pertence à culpabilidade, mas à conduta, pois sua exclusão leva à atipicidade do fato. Segundo assevera Damásio E. de Jesus, "o erro desta doutrina consiste em reunir, como espécies de culpabilidade, fenômenos completamente diferentes: dolo e culpa"[167].

31.7.2. Teoria psicológico-normativa ou normativa da culpabilidade

Com a descoberta dos elementos normativos e subjetivos do tipo, o sistema naturalista de Liszt e Beling sofreu profundo abalo. O principal responsável pelas inovações no campo da culpabilidade foi Reinhard Frank, que criou, em 1907, a teoria normativa da culpabilidade.

Essa teoria exige, como requisitos para a culpabilidade, algo mais do que "dolo ou culpa e imputabilidade". Buscava-se uma explicação lógica para situações como a coação moral irresistível, na qual o agente dá causa ao resultado com dolo ou culpa, é imputável, mas não pode ser punido. Alinharam-se, assim, os seguintes pressupostos para a culpabilidade:

(i) imputabilidade;

(ii) dolo e culpa;

(iii) exigibilidade de conduta diversa.

O dolo era normativo, tendo em seu conteúdo a consciência atual da ilicitude, ou seja, o conhecimento de que a ação ou omissão é injusta aos olhos da coletividade. O dolo, portanto, era constituído pela consciência, vontade e consciência da ilicitude. Assim, se acaso o agente tivesse a consciência e a vontade de realizar uma conduta, mas não soubesse que, aos olhos da coletividade, ela era tida como injusta, não poderia ser responsabilizado. Algo parecido com uma pessoa que conviveu toda a sua existência com traficantes de drogas e, por essa razão, vende cocaína como se fosse uma mercadoria qualquer. Para essa teoria, não há dolo nessa conduta.

Em síntese, *só haverá culpabilidade se*: o agente for imputável; dele for exigível conduta diversa; houver culpa.

---

167. *Direito penal*, cit., v. 1, p. 458.

Ou se: o agente for imputável; dele for exigível conduta diversa; tiver vontade de praticar um fato, tendo consciência de que este contraria o ordenamento jurídico.

A principal crítica que se faz a essa teoria consiste em ignorar que o dolo e a culpa são elementos da conduta e não da culpabilidade. Na verdade, segundo alguns autores, eles não são elementos ou condições de culpabilidade, mas o objeto sobre o qual ela incide.

31.7.3. Teoria normativa pura da culpabilidade

Nasceu com a teoria finalista da ação (década de 1930), que teve Hartmann e Graf Zu Dohna como precursores e Welzel, professor na Universidade de Göttingen e de Bonn, como seu maior defensor. Welzel observou que o dolo não pode permanecer dentro do juízo de culpabilidade, deixando a ação humana sem o seu elemento característico, fundamental, que é a intencionalidade, o finalismo.

Assis Toledo ilustra esse raciocínio de forma irrespondível, com o seguinte exemplo: "o que torna atípico o autoaborto culposo é a falta de dolo na ação praticada. Como o tipo legal é doloso, isto é, contém o dolo, a ação praticada culposamente não se subsume, não confere com a do tipo legal do crime. Ora, se o dolo do delito em exame não estivesse no tipo, teríamos de concluir que, para o tipo de delito de autoaborto, é indiferente que a mulher grávida pratique o fato dolosa ou culposamente"[168].

Comprovado que o dolo e a culpa integram a conduta, a culpabilidade passa a ser puramente valorativa ou normativa, isto é, puro juízo de valor, de reprovação, que recai sobre o autor do injusto penal excluída de qualquer dado psicológico.

Assim, em vez de imputabilidade, dolo ou culpa e exigibilidade de conduta diversa, a teoria normativa pura exigiu apenas imputabilidade e exigibilidade de conduta diversa, deslocando dolo e culpa para a conduta.

O dolo que foi transferido para o fato típico não é, no entanto, o normativo, mas o natural, composto apenas de consciência e vontade. A consciência da ilicitude destacou-se do dolo e passou a constituir elemento autônomo, integrante da culpabilidade, não mais, porém, como consciência atual, mas possibilidade de conhecimento do injusto. Por exemplo, a culpabilidade não será excluída se o agente, a despeito de não saber que sua conduta era errada, injusta, inadequada, tinha totais condições de sabê-lo.

Dessa forma, para a teoria finalista e para a normativa pura, a culpabilidade é composta de três elementos: imputabilidade; potencial consciência da ilicitude; exigibilidade de conduta diversa.

31.7.4. Teoria estrita ou extremada da culpabilidade e teoria limitada da culpabilidade

Ambas são derivações da teoria normativa pura da culpabilidade e divergem apenas quanto ao tratamento das descriminantes putativas.

---

168. *Princípios básicos*, cit., p. 231.

Para a teoria extremada, representada pelos finalistas Welzel e Maurach, e, no Brasil, por Alcides Munhoz Neto e Mayrink da Costa, toda espécie de descriminante putativa, seja sobre os limites autorizadores da norma (por erro de proibição), seja incidente sobre situação fática pressuposto de uma causa de justificação (por erro de tipo), é sempre tratada como erro de proibição. Com isso, segundo Munhoz Neto, evita-se desigualdade no tratamento de situações análogas.

Para a teoria limitada da culpabilidade, o erro que recai sobre uma situação de fato (descriminante putativa fática) é erro de tipo, enquanto o que incide sobre a existência ou limites de uma causa de justificação é erro de proibição. Defendem-na, no Brasil, Assis Toledo e Damásio E. de Jesus.

31.7.5. Teoria adotada pelo Código Penal brasileiro

Teoria limitada da culpabilidade.

As descriminantes putativas fáticas são tratadas como erro de tipo (art. 20, § 1º), enquanto as descriminantes putativas por erro de proibição, ou erro de proibição indireto, são consideradas erro de proibição (art. 21).

31.8. Elementos da culpabilidade segundo a teoria do Código Penal

São três:

(i) imputabilidade;

(ii) potencial consciência da ilicitude;

(iii) exigibilidade de conduta diversa.

31.8.1. Imputabilidade

31.8.1.1. Conceito

É a capacidade de entender o caráter ilícito do fato e de determinar-se de acordo com esse entendimento. O agente deve ter condições físicas, psicológicas, morais e mentais de saber que está realizando um ilícito penal.

Mas não é só. Além dessa capacidade plena de entendimento, deve ter totais condições de controle sobre sua vontade.

Em outras palavras, imputável é não apenas aquele que tem capacidade de intelecção sobre o significado de sua conduta, mas também de comando da própria vontade, de acordo com esse entendimento. Por exemplo, um dependente de drogas tem plena capacidade para entender o caráter ilícito do furto que pratica, mas não consegue controlar o invencível impulso de continuar a consumir a substância psicotrópica, razão pela qual é impelido a obter recursos financeiros para adquirir o entorpecente, tornando-se um escravo de sua vontade, sem liberdade de autodeterminação e comando sobre a própria vontade, não podendo, por essa razão, submeter-se ao juízo de censurabilidade.

A imputabilidade apresenta, assim, um aspecto intelectivo, consistente na capacidade de entendimento, e outro volitivo, que é a faculdade de controlar e comandar a própria vontade. Faltando um desses elementos, o agente não será considerado responsável pelos seus atos.

Na precisa síntese de Welzel, a capacidade de culpabilidade apresenta dois momentos específicos: um "cognoscivo ou intelectual" e outro "de vontade ou volitivo", isto é, a capacidade de compreensão do injusto e a determinação da vontade conforme ao sentido, agregando que somente ambos os momentos conjuntamente constituem, pois, a capacidade de culpabilidade[169].

31.8.1.2. Distinção entre imputabilidade e capacidade

A capacidade é gênero do qual a imputabilidade é espécie. Com efeito, capacidade é uma expressão muito mais ampla, que compreende não apenas a possibilidade de entendimento e vontade (imputabilidade ou capacidade penal), mas também a aptidão para praticar atos na órbita processual, tais como oferecer queixa e representação, ser interrogado sem assistência de curador etc. (capacidade processual). A imputabilidade é, portanto, a capacidade na órbita penal.

Tanto a capacidade penal (CF, art. 228, e CP, art. 27) quanto a capacidade processual plena são adquiridas aos 18 anos.

31.8.1.3. Distinção entre dolo e imputabilidade

Dolo é a vontade, imputabilidade, a capacidade de compreender essa vontade. Um louco que pega uma faca e dilacera a vítima age com dolo, pois desfere os golpes com consciência e vontade. O que lhe falta é discernimento sobre essa vontade. Ele sabe que está esfaqueando a ofendida, mas não tem condições de avaliar a gravidade do que está fazendo, nem seu caráter criminoso. Um drogado sabe que está portando cocaína para uso próprio, mas não tem comando sobre essa vontade. Tem dolo, mas não tem imputabilidade.

31.8.1.4. Distinção entre imputabilidade e responsabilidade

Responsabilidade é mais ampla e compreende a primeira. Com efeito, responsabilidade é a aptidão do agente para ser punido por seus atos e exige três requisitos: imputabilidade, consciência potencial da ilicitude e exigibilidade de conduta diversa.

Deste modo, o sujeito pode ser imputável, mas não responsável pela infração praticada, quando não tiver a possibilidade de conhecimento do injusto ou quando dele for inexigível conduta diversa.

31.8.1.5. Regra

Ante o exposto, temos que todo agente é imputável, a não ser que ocorra causa excludente da imputabilidade (chamada de causa dirimente).

---

169. Apud Cezar Roberto Bitencourt, Reflexões acerca da culpabilidade finalista na doutrina alemã, *RT*, 654/259.

A capacidade penal é, portanto, obtida por exclusão, ou seja, sempre que não se verificar a existência de alguma causa que a afaste.

Dessa constatação ressalta a importância das causas dirimentes, haja vista que causas dirimentes são aquelas que excluem a culpabilidade, conforme já dito. Diferem das excludentes, que excluem a ilicitude e podem ser legais e supralegais, devendo ser estudadas nos tópicos que se seguem.

31.8.1.6. Causas que excluem a imputabilidade

São quatro:

(i) doença mental;

(ii) desenvolvimento mental incompleto;

(iii) desenvolvimento mental retardado;

(iv) embriaguez completa proveniente de caso fortuito ou força maior.

31.8.1.6.1. Doença mental

É a perturbação mental ou psíquica de qualquer ordem, capaz de eliminar ou afetar a capacidade de entender o caráter criminoso do fato ou a de comandar a vontade de acordo com esse entendimento. Compreende a infindável gama de moléstias mentais, tais como epilepsia condutopática, psicose, neurose, esquizofrenia, paranoias, psicopatia, epilepsias em geral etc. (STJ, AgRg no REsp 1.834.317/SP, *DJU* 24-9-2019).

A dependência patológica de substância psicotrópica, como drogas, configura doença mental, sempre que retirar a capacidade de entender ou de querer (*vide* arts. 45 a 47 da Lei n. 11.343/2006).

Bettiol ressalva que a imputabilidade cessa, também, na hipótese de enfermidade de natureza não mental que atinja "a capacidade de entender e querer". É o que se verifica nas enfermidades físicas com incidências sobre o psiquismo, tal como ocorre nos delírios febris produzidos pelo tifo, na pneumonia ou em outra doença qualquer que atue sobre a normalidade psíquica[170].

31.8.1.6.2. Desenvolvimento mental incompleto

É o desenvolvimento que ainda não se concluiu, devido à pouca idade cronológica do agente ou à sua falta de convivência em sociedade, ocasionando imaturidade mental e emocional. No entanto, com a evolução da idade ou o incremento das relações sociais, a tendência é a de ser atingida a plena potencialidade.

É o caso dos menores de 18 anos (CP, art. 27) e dos indígenas inadaptados à sociedade, os quais têm condições de chegar ao pleno desenvolvimento com o acúmulo das experiências hauridas no cotidiano.

---

170. Apud José Frederico Marques, *Tratado*, cit., v. 2, p. 233.

No caso dos indígenas, o laudo pericial é imprescindível para aferir a inimputabilidade. Vale, no entanto, mencionar que, se houver outros elementos de prova que permitam aferir a imputabilidade do agente indígena, tais como avaliação do grau de escolaridade, fluência na língua portuguesa, pleno gozo dos direitos civis, entre outros elementos de convicção, é dispensável o exame antropológico destinado a aferir o grau de integração do paciente na sociedade. Assim, conclui-se que a obrigatoriedade do laudo pericial tem vez quando se verifica que o indígena não se encontra integrado à comunhão e cultura nacional.

Quanto aos menores de 18 anos, apesar de não sofrerem sanção penal pela prática de ilícito penal, em decorrência da ausência de culpabilidade, estão sujeitos ao procedimento e às medidas socioeducativas previstas no Estatuto da Criança e do Adolescente (Lei n. 8.069/90), em virtude de a conduta descrita como crime ou contravenção penal ser considerada ato infracional (art. 103 do ECA). As medidas a serem aplicadas estão previstas nos arts. 101 e 112 do ECA. A execução das medidas socioeducativas dar-se-á com base na Lei n. 12.594/2012, que instituiu o Sistema Nacional de Atendimento Socioeducativo (Sinase).

31.8.1.6.3. Desenvolvimento mental retardado

É o incompatível com o estágio de vida em que se encontra a pessoa, estando, portanto, abaixo do desenvolvimento normal para aquela idade cronológica.

Ao contrário do desenvolvimento incompleto, no qual não há maturidade psíquica em razão da ainda precoce fase de vida do agente ou da falta de conhecimento empírico, no desenvolvimento retardado a capacidade não corresponde às expectativas para aquele momento da vida, o que significa que a plena potencialidade jamais será atingida.

É o caso dos oligofrênicos, que são pessoas de reduzidíssimo coeficiente intelectual. Dada a sua quase insignificante capacidade mental, ficam impossibilitados de efetuar uma correta avaliação da situação de fato que se lhes apresenta, não tendo, por conseguinte, condições de entender o crime que cometerem.

Além dos oligofrênicos, compreendem-se na categoria do desenvolvimento retardado os surdos-mudos, que, em consequência da anomalia, não têm qualquer capacidade de entendimento e de autodeterminação. Nesse caso, por força do *deficit* de suas faculdades sensoriais, o seu poder de compreensão também é afetado.

31.8.1.6.3.1. *Transtorno mental transitório e estados de inconsciência como causas excludentes da imputabilidade*

Nélson Hungria sustenta ser possível equipararem-se à doença mental o delírio febril, o sonambulismo e as perturbações de atividade mental que se ligam a certos estados somáticos ou fisiológicos mórbidos de caráter transitório[171].

---

171. Apud José Frederico Marques, *Tratado*, cit., p. 237.

Para Frederico Marques, "a inconsciência ou transtorno transitório, se enquadráveis no art. 26, *caput*, como doença mental, excluem a imputabilidade. Caso contrário, em nada alteram. Se a inconsciência for absoluta, como no sono, por exemplo, inexistirá fato típico porque não houve ação ou conduta tipificável. É de se observar, porém, que se culpa houver ligando o fato praticado em estado de absoluta inconsciência a ato anterior, a aplicação da *actio libera in causa* torna punível o agente. É o que sucederia com a pessoa que imprudentemente fosse deitar-se ao lado de um recém-nascido, sem cautelas para evitar a ocorrência de algum evento lesivo proveniente da proximidade dos dois corpos e dos movimentos realizados durante o sono. Se viesse a afogá-lo ou feri-lo, seria responsável, a título de culpa, pela imprudência anterior ao sono"[172].

31.8.1.6.4. Embriaguez

Causa capaz de levar à exclusão da capacidade de entendimento e vontade do agente, em virtude de uma intoxicação aguda e transitória provocada por álcool ou qualquer substância de efeitos psicotrópicos, sejam eles entorpecentes (morfina, ópio etc.), estimulantes (cocaína) ou alucinógenos (ácido lisérgico) (STJ, AgRg no REsp 1.854.277/SP, *DJU* 31-8-2020).

As substâncias que provocam alterações psíquicas denominam-se *drogas psicotrópicas* e encontram-se subdivididas em três espécies: (i) *psicolépticos*, que são os tranquilizantes, os narcóticos, os entorpecentes, por exemplo, a morfina, o ópio, os barbitúricos e os calmantes; (ii) *psicoanalépticos*, os estimulantes, como as anfetaminas (as chamadas "bolinhas"), a cocaína etc.; (iii) *psicodislépticos*, ou seja, os alucinógenos, substâncias que causam alucinação, como é o caso do ácido lisérgico, a heroína e o álcool.

Como se nota, o Código Penal não aborda apenas a embriaguez alcoólica, mas a decorrente do uso de qualquer outra droga.

31.8.1.6.4.1. *Fases da embriaguez*

(i) Excitação: estado eufórico inicial provocado pela inibição dos mecanismos de autocensura. O agente torna-se inconveniente, perde a acuidade visual e tem seu equilíbrio afetado. Em virtude de sua maior extroversão, esta fase denomina-se "fase do macaco".

(ii) Depressão: passada a excitação inicial, estabelece-se uma confusão mental e há irritabilidade, que deixam o sujeito mais agressivo. Por isso, denomina-se "fase do leão".

(iii) Sono: na sua última fase, e somente quando grandes doses são ingeridas, o agente fica em estado de dormência profunda, com perda do controle sobre as funções fisiológicas. Nesta fase, conhecida como "fase do porco", evidentemente, o ébrio só pode cometer delitos omissivos.

---

172. *Tratado*, cit., p. 237.

31.8.1.6.4.2. *Espécies*

31.8.1.6.4.2.1. Embriaguez não acidental

Subdivide-se em:

(i) voluntária (dolosa ou intencional);

(ii) culposa.

(i) Na voluntária, dolosa ou intencional, o agente ingere a substância alcoólica ou de efeitos análogos com a intenção de embriagar-se. Há, portanto, um desejo de ingressar em um estado de alteração psíquica, daí falar-se em embriaguez dolosa. No jargão dos drogados, diz-se "vou tomar um porre" ou "vou fazer uma viagem".

(ii) Já na culposa, o agente quer ingerir a substância, mas sem a intenção de embriagar-se, contudo, isso vem a acontecer em virtude da imprudência de consumir doses excessivas. A alteração psíquica não decorre de um comportamento doloso, intencional, de quem quer "tomar um porre" ou "fazer uma viagem", mas de um descuido, de uma conduta culposa, imprudente, excessiva.

A embriaguez voluntária e a culposa podem ter como consequência a retirada total da capacidade de entendimento e vontade do agente, que perde integralmente a noção sobre o que está acontecendo (completa).

Em contrapartida, a embriaguez voluntária e a culposa podem ser incompletas, ocorrendo quando retiram apenas parcialmente a capacidade de entendimento e autodeterminação do agente, que ainda consegue manter um resíduo de compreensão e vontade.

Consequência: *actio libera in causa*. A embriaguez não acidental *jamais exclui a imputabilidade do agente*, seja voluntária, culposa, completa ou incompleta.

Isso porque ele, no momento em que ingeria a substância, era livre para decidir se devia ou não o fazer. A conduta, mesmo quando praticada em estado de embriaguez completa, originou-se de um ato de livre-arbítrio do sujeito, que optou por ingerir a substância quando tinha possibilidade de não o fazer. A ação foi livre na sua causa, devendo o agente, por essa razão, ser responsabilizado.

É a teoria da *actio libera in causa* (ações livres na causa). Considera-se, portanto, o momento da ingestão da substância e não o da prática delituosa.

Essa teoria ainda configura resquício da responsabilidade objetiva em nosso sistema penal, sendo admitida excepcionalmente quando for de todo necessário para não deixar o bem jurídico sem proteção.

Por exemplo, um estudante, após ingerir grande quantidade de álcool, vai participar de uma festividade, na qual, completamente embriagado, desfere um disparo de arma de fogo na cabeça de seu colega, matando-o. Passada a bebedeira, desesperado, chora a morte do amigo, sem se lembrar de nada. Neste caso, responde pelo crime, pois, embora tivesse perdido a capacidade de compreensão no momento da conduta delituosa, não pode invocar tal incapacidade momentânea a seu favor, pois, no momento em que ingeria a substância psicotrópica, era plenamente livre para decidir se devia ou não o fazer. Pela teoria da *actio libera in causa*, responderá por homicídio doloso, presumindo-se, sem admissão de prova em contrário, que estava sóbrio no momento em que praticou a conduta.

Em sentido contrário, Damásio E. de Jesus, afastando completamente a responsabilidade objetiva do sistema penal moderno na embriaguez não acidental, lembra que, no caso da embriaguez completa, o agente não pode ser responsabilizado se não tinha, no momento em que se embriagava, condições de prever o surgimento da situação que o levou à prática do crime.

A responsabilidade objetiva não mais se justifica diante do princípio constitucional do estado de inocência: "A moderna doutrina penal não aceita a aplicação da teoria da *actio libera in causa* à embriaguez completa, voluntária ou culposa e não preordenada, em que o sujeito não possui previsão, no momento em que se embriaga, da prática do crime. Se o sujeito se embriaga, prevendo a possibilidade de praticar o crime e aceitando a produção do resultado, responde pelo delito a título de dolo. Se ele se embriaga prevendo a produção do resultado e esperando que não se produza, ou não prevendo, mas devendo prevê-lo, responde pelo delito a título de culpa. Nos dois últimos casos, é aceita a aplicação da teoria da *actio libera in causa*. Diferente é o primeiro caso, em que o sujeito não desejou, não previu, nem havia elementos de previsão da ocorrência do resultado. Quando ainda imputável o sujeito, não agiu com dolo ou culpa em relação ao resultado do crime determinado. A embriaguez não pode ser considerada ato de execução do crime que o agente não previu... Para que haja responsabilidade penal no caso da *actio libera in causa*, é necessário que, no instante da imputabilidade, o sujeito tenha querido o resultado ou assumido o risco de produzi-lo, ou o tenha previsto sem aceitar o risco de causá-lo ou que, no mínimo, tenha sido previsível. Na hipótese de imprevisibilidade, que estamos cuidando, não há falar em responsabilidade penal ou em aplicação da *actio libera in causa*. Assim, afirmando que não há exclusão da imputabilidade, o Código admite responsabilidade objetiva"[173].

Com o advento da Constituição de 1988, "o art. 28, II, do Código Penal, na parte em que ainda consagrava a responsabilidade objetiva, uma vez que permitia a condenação por crime doloso ou culposo sem que o ébrio tivesse agido com dolo ou culpa, foi revogado pelo princípio constitucional do estado de inocência (CF, art. 5º, LVII)"[174]. Pode-se citar, como exemplo, a namorada que, frustrada com o fim do romance, aluga um helicóptero e vai embriagar-se ("afogar as mágoas") em uma choupana, no alto de uma

---

173. *Direito penal*, cit., 25. ed., v. 1, p. 513.

174. Damásio E. de Jesus, *Direito penal*, cit., 25. ed., p. 512-513.

montanha. Após sugar quinze doses de uísque, recebe a inesperada visita do seu ama-do, o qual logrou, sabe-se lá como, chegar ao local. Após passional discussão, o rapaz coloca uma arma de fogo na mão da moça e dramaticamente lhe diz: "não quero mais você, mas se você não suportar isso, que me mate", e a donzela, completamente em-briagada, dispara e mata a imprudente vítima.

De acordo com essa posição, como o evento foi absolutamente imprevisível no momento em que a autora se embriagava, não teria incidência a *actio libera in causa*. Tal posição, a ser aplicada somente em casos excepcionais, nos quais, no momento em que o agente ingere a substância, for absolutamente imprevisível o desfecho trágico, está de acordo com a moderna concepção constitucionalista do Direito Penal.

31.8.1.6.4.2.2. Embriaguez acidental

Pode decorrer de:

(i) caso fortuito;

(ii) força maior.

(i) Caso fortuito é toda ocorrência episódica, ocasional, rara, de difícil verificação, como o clássico exemplo fornecido pela doutrina, de alguém que tropeça e cai de ca-beça em um tonel de vinho, embriagando-se.

É também o caso de alguém que ingere bebida na ignorância de que tem conteú-do alcoólico ou dos efeitos psicotrópicos que provoca. É ainda o caso do agente que, após tomar antibiótico para tratamento de uma gripe, consome álcool sem saber que isso o fará perder completamente o poder de compreensão.

Nessas hipóteses, o sujeito não se embriagou porque quis, nem porque agiu com culpa.

(ii) Por sua vez, a força maior deriva de uma força externa ao agente, que o obri-ga a consumir a droga. É o caso do sujeito obrigado a ingerir álcool por coação física ou moral irresistível, perdendo, em seguida, o controle sobre suas ações.

Frederico Marques também adota tal distinção, afirmando que, "na embriaguez fortuita, a alcoolização decorre de fatores imprevistos, enquanto na derivada de força maior a intoxicação provém de força externa que opera contra a vontade de uma pes-soa, compelindo-a a ingerir a bebida"[175].

A embriaguez acidental também pode ser completa ou incompleta. Tanto uma quanto outra podem retirar total ou parcialmente a capacidade de entender e querer.

Consequência: quando completa, exclui a imputabilidade, e o agente fica isento de pena; quando incompleta, não exclui, mas permite a diminuição da pena de 1/3 a 2/3, conforme o grau de perturbação.

---

175. *Tratado*, cit., p. 246.

Não há que se falar da *actio libera in causa*, uma vez que, durante a embriaguez, o agente não teve livre-arbítrio para decidir se consumia ou não a substância. A ação em sua origem não foi nem voluntária, nem culposa.

→ **Atenção**: na hipótese de embriaguez completa proveniente de caso fortuito ou força maior, fica totalmente excluída a imputabilidade, porque o agente perdeu a capacidade de compreensão e vontade, devendo ser absolvido.

Entretanto, ao contrário do que ocorre na doença mental e no desenvolvimento incompleto ou retardado, não haverá imposição de medida de segurança (absolvição imprópria): a absolvição será própria, pois não há necessidade de submeter o sujeito a tratamento médico.

31.8.1.6.4.2.3. Patológica

É o caso dos alcoólatras e dos dependentes, que se colocam em estado de embriaguez em virtude de uma vontade invencível de continuar a consumir a droga. Trata-se de verdadeira doença mental, recebendo, por conseguinte, o mesmo tratamento desta.

Basileu Garcia não considera justa essa solução, pois, "no mecanismo do Código, o indivíduo que cometa um crime por estar completamente embriagado, embora tenha bebido pela primeira vez na vida, será responsabilizado penalmente, desde que a embriaguez não seja fortuita, mas voluntária ou culposa. Esse mesmo indivíduo, porém, vem a delinquir em consequência de perturbações mentais ocasionadas por contínuas libações alcoólicas... e será considerado irresponsável"[176].

31.8.1.6.4.2.4. Preordenada

O agente embriaga-se já com a finalidade de vir a delinquir nesse estado. Não se confunde com a embriaguez voluntária, em que o agente quer embriagar-se, mas não tem a intenção de cometer crimes nesse estado.

Na preordenada, a conduta de ingerir a bebida alcoólica já constitui ato inicial do comportamento típico, já se vislumbrando desenhado o objetivo delituoso que almeja atingir, ou que assume o risco de conseguir.

É o caso de pessoas que ingerem álcool para liberar instintos baixos e cometer crimes de violência sexual ou de assaltantes que consomem substâncias estimulantes para operações ousadas.

Consequência: além de não excluir a imputabilidade, constitui causa agravante genérica (art. 61, II, *l*, do CP).

---

176. *Instituições*, cit., v. 1, p. 353.

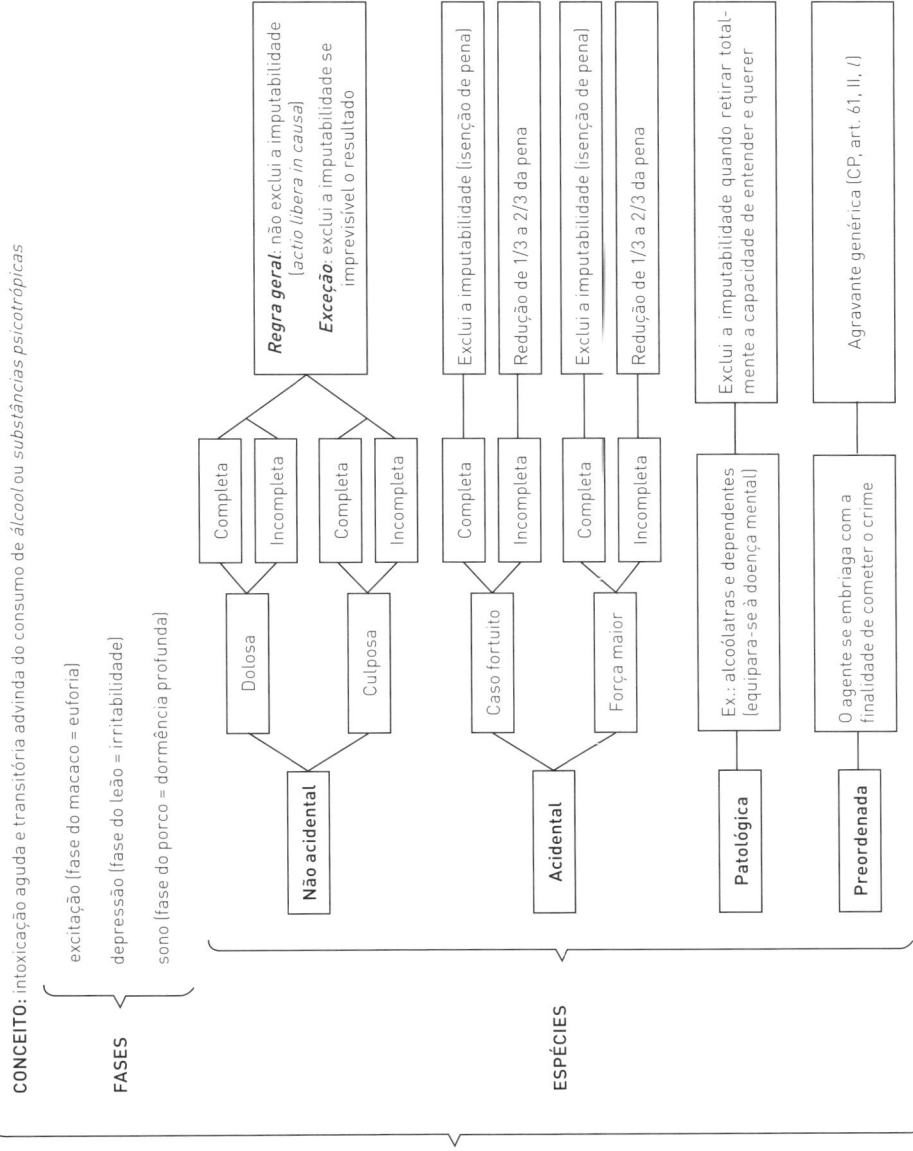

EMBRIAGUEZ

CONCEITO: intoxicação aguda e transitória advinda do consumo de *álcool* ou *substâncias psicotrópicas*

FASES
- excitação (fase do macaco = euforia)
- depressão (fase do leão = irritabilidade)
- sono (fase do porco = dormência profunda)

ESPÉCIES

Não acidental
- Dolosa
  - Completa
  - Incompleta
- Culposa
  - Completa
  - Incompleta

Regra geral: não exclui a imputabilidade (*actio libera in causa*)
Exceção: exclui a imputabilidade se imprevisível o resultado

Acidental
- Caso fortuito
  - Completa → Exclui a imputabilidade (isenção de pena)
  - Incompleta → Redução de 1/3 a 2/3 da pena
- Força maior
  - Completa → Exclui a imputabilidade (isenção de pena)
  - Incompleta → Redução de 1/3 a 2/3 da pena

Patológica
Ex.: alcoólatras e dependentes (equipara-se à doença mental)
Exclui a imputabilidade quando retirar totalmente a capacidade de entender e querer

Preordenada
O agente se embriaga com a finalidade de cometer o crime
Agravante genérica (CP, art. 61, II, *l*)

31.8.1.7. Critérios de aferição da inimputabilidade

31.8.1.7.1. Sistema biológico

A este sistema somente interessa saber se o agente é portador de alguma doença mental ou desenvolvimento mental incompleto ou retardado. Em caso positivo, será considerado inimputável, independentemente de qualquer verificação concreta de essa anomalia ter retirado ou não a capacidade de entendimento e autodeterminação. Há uma presunção legal de que a deficiência ou doença mental impede o sujeito de compreender o crime ou comandar a sua vontade, sendo irrelevante indagar acerca de suas reais e efetivas consequências no momento da ação ou omissão.

Foi adotado, como exceção, no caso dos menores de 18 anos, nos quais o desenvolvimento incompleto presume a incapacidade de entendimento e vontade (CP, art. 27). Pode até ser que o menor entenda perfeitamente o caráter criminoso do homicídio, roubo ou estupro, por exemplo, que pratica, mas a lei presume, ante a menoridade, que ele não sabe o que faz, adotando claramente o sistema biológico nessa hipótese.

31.8.1.7.2. Sistema psicológico

Ao contrário do biológico, este sistema não se preocupa com a existência de perturbação mental no agente, mas apenas se, no momento da ação ou omissão delituosa, ele tinha ou não condições de avaliar o caráter criminoso do fato e de orientar-se de acordo com esse entendimento.

Pode-se dizer que, enquanto o sistema biológico só se preocupa com a existência da causa geradora da inimputabilidade, não se importando se ela efetivamente afeta ou não o poder de compreensão do agente, o sistema psicológico volta suas atenções apenas para o momento da prática do crime.

A título de ilustração, se fosse adotado o critério psicológico entre nós, a supressão total dos sentidos pela emoção, que não está prevista em lei como causa dirimente, poderia levar à exclusão da imputabilidade do agente, quando retirasse totalmente a capacidade de entender ou a de querer. Por exemplo, a mulher que flagrasse o marido em adultério e, completamente transtornada, com integral alteração de seu estado físico-psíquico, o matasse poderia ter excluída a sua culpabilidade, se ficasse demonstrada a ausência da capacidade intelectiva ou volitiva no momento da ação. Não é o que ocorre. O sistema psicológico não é contemplado pelo nosso Código Penal. A emoção não exclui a imputabilidade jamais, porque não está arrolada entre as causas exculpantes.

31.8.1.7.3. Sistema biopsicológico

Combina os dois sistemas anteriores, exigindo que a causa geradora esteja prevista em lei e que, além disso, atue efetivamente no momento da ação delituosa, retirando do agente a capacidade de entendimento e vontade.

Dessa forma, será inimputável aquele que, em razão de uma causa prevista em lei (doença mental ou desenvolvimento mental incompleto ou retardado), atue no momento da prática da infração penal sem capacidade de entender o caráter criminoso do fato ou de determinar-se de acordo com esse entendimento. Foi adotado como regra, conforme se verifica pela leitura do art. 26, *caput*, do Código Penal.

> → **Atenção:** A Lei de Drogas, em seu art. 45, adotou o sistema biopsicológico. Assim, a causa, qual seja, dependência ou consumo involuntário de droga, que por sua vez deve conduzir à supressão da capacidade de entendimento, deve ocorrer no momento da prática da infração penal.

Nesse contexto, é importante fazer referência a duas situações distintas com relação ao mencionado art. 45: (i) se a causa da supressão da capacidade de entendimento se deu em razão do consumo involuntário da droga, tem-se a absolvição própria. Por outro lado, (ii) se a causa da supressão da capacidade mental se deu em razão de dependência da droga, tem-se a absolvição imprópria, com consequente imposição de medida de segurança (art. 45, parágrafo único, da Lei de Drogas).

Finalmente, em se tratando de intoxicação voluntária, aplica-se a teoria da *actio libera in causa.*

31.8.1.8. Requisitos da inimputabilidade segundo o sistema biopsicológico

São três:

(i) Causal: existência de doença mental ou de desenvolvimento mental incompleto ou retardado, que são as causas previstas em lei.

(ii) Cronológico: atuação ao tempo da ação ou omissão delituosa.

(iii) Consequencial: perda total da capacidade de entender ou da capacidade de querer.

Somente haverá inimputabilidade se os três requisitos estiverem presentes, à exceção dos menores de 18 anos, regidos pelo sistema biológico.

31.8.1.9. Questões atinentes à emoção e paixão

31.8.1.9.1. Conceito

Emoção é um sentimento abrupto, súbito, repentino, arrebatador, que toma de assalto a pessoa, tal e qual um vendaval. Ao mesmo tempo, é fugaz, efêmero, passageiro, esvaindo-se com a mesma rapidez.

A paixão, ao contrário, é um sentimento lento, que se vai cristalizando paulatinamente na alma humana até alojar-se de forma definitiva. A primeira é rápida e passageira, ao passo que esta última, insidiosa, lenta e duradoura.

A emoção é o vulcão que entra em erupção; a paixão, o sulco que vai sendo pouco a pouco cavado na terra, por força das águas pluviais. A emoção é o gol marcado pelo seu time; a paixão, o amor que se sente pelo clube, ainda que ele já não lhe traga nenhuma emoção. A ira momentânea é a emoção; o ódio recalcado, a paixão. O ciúme excessivo, deformado pelo egoístico sentimento de posse, é a paixão em sua forma mais perversa. A irritação despertada pela cruzada de olhos da parceira com um terceiro é pura emoção.

Consequência: nem uma, nem outra excluem a imputabilidade, uma vez que o nosso Código Penal adotou o sistema biopsicológico, sendo necessário que a causa dirimente (excludente da culpabilidade) esteja prevista em lei, o que não é o caso nem da emoção, nem da paixão (cf. CP, art. 28, I).

31.8.1.9.2. A emoção como causa minorante

Pode funcionar como causa específica de diminuição de pena (privilégio) no homicídio doloso e nas lesões corporais dolosas, mas, para isso, exige quatro requisitos: (i) deve ser violenta; (ii) o agente deve estar sob o *domínio* dessa emoção, e não mera influência; (iii) a emoção deve ter sido provocada por um ato injusto da vítima; (iv) a reação do agente deve ser logo em seguida a essa provocação (CP, arts. 121, § 1º, e 129, § 4º).

Nesse caso, a pena será reduzida de 1/6 a 1/3. Se o agente estiver sob mera influência, a emoção atuará apenas como circunstância atenuante genérica, com efeitos bem mais acanhados na redução da pena, já que esta não poderá ser diminuída aquém do mínimo legal (art. 65, III, *c*). A paixão não funciona sequer como causa de diminuição de pena.

31.8.1.9.3. A paixão equiparada à doença mental

José Frederico Marques lembra, com inteira razão, que, se a emoção ou paixão tiverem caráter patológico, a hipótese enquadrar-se-á no art. 26, *caput* (doença mental)[177].

Galdino Siqueira, invocando as lições de Krafft-Ebing, acentua que "as paixões, pertencendo ao domínio da vida fisiológica, apresentam, quando profundas, perturbações físicas e psíquicas notáveis, das mesmas se ressentindo a consciência; isto, porém, não pode implicar na irresponsabilidade, porquanto o direito penal não deve deixar impunes os atos cometidos em um estado passional, pois esses atos constituem frequentemente delitos graves. O efeito perturbador da paixão no mecanismo psíquico pode reduzir a capacidade de resistência psíquica, constituída por representações éticas e jurídicas, a grau inferior ao estado normal... os atos passionais que devem ser recomendados à indulgência do juiz são os devidos a um amor desgraçado (assassínio da pessoa amada, com tentativa de suicídio), ao ciúme (assassínio por amor desprezado ou enganado), à necessidade e ao desespero (assassínio de mulher e filhos, no extremo de uma luta improfícua pela vida)"[178].

> **Nosso entendimento:** somente a paixão que transforme o agente em um doente mental, retirando-lhe a capacidade de compreensão, pode influir na culpabilidade. Mesmo nas hipóteses de ciúme doentio e desespero, se não há doença mental, não se pode criar nova causa excludente da imputabilidade.

---

177. *Tratado,* cit., p. 236.
178. *Tratado de direito penal,* Rio de Janeiro, Konfino, 1947, p. 467.

31.8.1.10. Semi-imputabilidade ou responsabilidade diminuída

31.8.1.10.1. Conceito

É a perda de parte da capacidade de entendimento e autodeterminação, em razão de doença mental ou de desenvolvimento incompleto ou retardado.

Alcança os indivíduos em que as perturbações psíquicas tornam menor o poder de autodeterminação e mais fraca a resistência interior em relação à prática do crime.

Na verdade, o agente é imputável e responsável por ter alguma noção do que faz, mas sua responsabilidade é reduzida em virtude de ter agido com culpabilidade diminuída em consequência das suas condições pessoais.

31.8.1.10.2. Requisitos

São os mesmos da inimputabilidade, salvo quanto à intensidade no requisito consequencial. Senão, vejamos.

(i) Causal: é provocada por perturbação de saúde mental ou de desenvolvimento mental incompleto ou retardado (o art. 26, parágrafo único, do CP emprega a expressão "perturbação de saúde mental", no lugar de doença mental, o que constitui um *minus*, significando uma mera turbação na capacidade intelectiva).

(ii) Cronológico: deve estar presente ao tempo da ação ou omissão.

(iii) Consequencial: aqui reside a diferença, já que na semi-imputabilidade há apenas perda de parte da capacidade de entender e querer.

31.8.1.10.3. Consequência jurídica da semi-imputabilidade

Não exclui a imputabilidade, de modo que o agente será condenado pelo fato típico e ilícito que cometeu.

Constatada a redução na capacidade de compreensão ou vontade, o juiz terá duas opções: reduzir a pena de 1/3 a 2/3 ou impor medida de segurança (mesmo aí a sentença continuará sendo condenatória).

A escolha por medida de segurança somente poderá ser feita se o laudo de insanidade mental a indicar como recomendável, não sendo arbitrária essa opção. Se for aplicada pena, o juiz estará obrigado a diminuí-la de 1/3 a 2/3, conforme o grau de perturbação, tratando-se de direito público subjetivo do agente, o qual não pode ser subtraído pelo julgador. Em sentido contrário, entendendo ser faculdade do juiz: José Frederico Marques[179].

31.8.1.10.4. Embriaguez fortuita e a imputabilidade diminuída

A imputabilidade diminuída também existe no caso de embriaguez fortuita (derivada de caso fortuito ou força maior), conforme o art. 28, § 2º, do Código Penal. Assim,

---

179. *Tratado*, cit., p. 253.

quando a intoxicação por álcool ou substância de efeitos análogos proveniente de caso fortuito ou força maior é completa e anula o poder de autodeterminação, considera-se o agente inimputável; se a embriaguez fortuita diminui a autodeterminação do agente, então existe a imputabilidade diminuída.

31.8.1.11. Questões processuais

(i) A prova da inimputabilidade do acusado é fornecida pelo exame pericial. Quando houver dúvida sobre a integridade mental do réu, o juiz ordenará, de ofício ou a requerimento do Ministério Público, do defensor, do curador, do ascendente, descendente, irmão ou cônjuge do acusado, seja este submetido a um exame médico-legal, chamado incidente de insanidade mental, suspendendo-se o processo até o resultado final (CPP, art. 149).

Destaca-se que, segundo entendimento do STF, o incidente de insanidade mental é prova constituída em favor da defesa e, por isso, não pode ser determinada compulsoriamente caso a defesa se oponha à sua realização (STF, 2ª Turma, HC 133.078/RJ, Rel. Min. Cármen Lúcia, julgado em 6-9-2016, *Info* 838).

(ii) Nos termos do art. 396 do CPP, uma vez recebida a denúncia ou queixa pelo juiz, poderá o acusado comprovar a existência manifesta de causa excludente da culpabilidade, mediante resposta que deverá ser ofertada no prazo de 10 dias, seja o procedimento ordinário ou sumário. Nela, poderá arguir preliminares e alegar tudo o que interessa à sua defesa, oferecer documentos e justificações, especificar as provas pretendidas e arrolar testemunhas, qualificando-as e requerendo sua intimação, quando necessário (cf. art. 396-A).

Assim, demonstrada de forma manifesta a existência da causa excludente da culpabilidade, o CPP, consoante o teor do seu art. 397, III, autoriza expressamente a absolvição sumária do acusado.

Frise-se, no entanto, que o Diploma Legal se refere à existência manifesta da causa excludente da culpabilidade, não se admitindo dúvida quanto à sua presença. No entanto, o inciso II faz uma ressalva: na hipótese de inimputabilidade o juiz não está autorizado a absolver sumariamente o acusado, já que, na hipótese haveria absolvição imprópria, com a consequente imposição de medida de segurança, o que seria mais prejudicial ao acusado, uma vez que este poderia ao final do processo lograr a absolvição própria, sem a imposição de qualquer medida.

(iii) O juiz, na sentença, deve analisar antes de tudo se existe prova da autoria e da materialidade do crime.

Deve ainda verificar se houve fato típico doloso ou culposo e se estão presentes causas de exclusão da ilicitude. Se não se comprovar a autoria, a materialidade, o fato típico ou a ilicitude, a hipótese será de absolvição sem a imposição de qualquer sanção penal (pena ou medida de segurança). É a chamada absolvição própria. Somente se se constatar que o réu foi autor de um fato típico e ilícito é que o juiz passará ao exame da culpabilidade. Provada por exame de insanidade mental a inimputabilidade, o agente será absolvido, mas receberá medida de segurança, ao que se denomina absolvição imprópria.

(iv) De acordo com o art. 415, IV, do CPP, no procedimento do júri, o juiz, fundamentadamente, absolverá desde logo o acusado, quando demonstrada causa de isenção de pena.

O disposto nesse inciso não se aplicará ao caso de inimputabilidade prevista no *caput* do art. 26 do Código Penal, salvo quando esta for a única tese defensiva (CPP, art. 415, parágrafo único).

(v) O art. 319 do CPP descreve um extenso rol de medidas cautelares alternativas à prisão. Assim, será possível a internação provisória do acusado nas hipóteses de crimes praticados com violência ou grave ameaça, quando os peritos concluírem ser inimputável ou semi-imputável (CP, art. 26) e houver risco de reiteração (inciso VII).

31.8.2. Potencial consciência da ilicitude

31.8.2.1. Erro de direito

31.8.2.1.1. Conceito e efeitos

O desconhecimento da lei é inescusável (CP, art. 21), pois ninguém pode deixar de cumpri-la alegando que não a conhece (LINDB, art. 3º). Trata-se do antigo brocardo romano *ignorantia legis neminem excusat*. À exceção do art. 8º da Lei das Contravenções Penais, que prevê o erro de direito como hipótese de perdão judicial, ao dispor que, "no caso de ignorância ou de errada compreensão da lei, quando escusáveis, a pena pode deixar de ser aplicada", de nada adiantará o agente alegar que não sabia que determinada conduta era tipificada como infração penal, pois há uma presunção absoluta em sentido contrário.

Tal princípio tem seu fundamento em uma exigência de caráter prático. A ordem jurídica não poderia subsistir sem que as leis se tornassem obrigatórias desde a sua publicação. Não seria possível, sem prejuízo do equilíbrio e da segurança que dimanam do direito constituído, que a todo momento houvesse necessidade de indagações a respeito do conhecimento e da exata compreensão por parte dos interessados com relação ao *preceptum legis* aplicável[180].

Afirmar, portanto, não saber que matar, roubar, lesionar, sonegar tributos etc. é crime não exclui a responsabilidade pelo delito praticado.

31.8.2.1.2. Efeito minorante do erro de direito

O desconhecimento da lei, embora não exclua a culpabilidade, é circunstância atenuante genérica (CP, art. 65, II).

31.8.2.1.3. Ignorância e errada compreensão da lei

A ignorância é o completo desconhecimento da existência da regra legal, ao passo que a errada compreensão consiste no conhecimento equivocado acerca de tal regra.

---

180. Nesse sentido, José Frederico Marques, *Tratado*, cit., p. 314.

Na primeira, o agente nem sequer cogita de sua existência; na segunda, possui tal conhecimento, mas interpreta o dispositivo de forma distorcida. O erro é, portanto, o conhecimento parcial, falso, equivocado, enquanto a ignorância, o desconhecimento total.

No campo do Direito Penal, contudo, erro e ignorância têm o mesmo significado, apesar de o Código Penal ainda empregar as duas expressões.

31.8.2.2. Erro de proibição

31.8.2.2.1. Conceito e efeitos

A errada compreensão de uma determinada regra legal pode levar o agente a supor que certa conduta injusta seja justa, a tomar uma errada por certa, a encarar uma anormal como normal, e assim por diante. Nesse caso, surge o que a doutrina convencionou chamar de "erro de proibição".

O sujeito, diante de uma dada realidade que se lhe apresenta, interpreta mal o dispositivo legal aplicável à espécie e acaba por achar-se no direito de realizar uma conduta que, na verdade, é proibida. Desse modo, em virtude de uma equivocada compreensão da norma, supõe permitido aquilo que era proibido, daí o nome "erro de proibição".

Como bem lembra Francisco de Assis Toledo, nessa modalidade de erro "o agente supõe permitida uma conduta proibida; lícita, uma conduta ilícita. O seu erro consiste em um juízo equivocado sobre aquilo que lhe é permitido fazer na vida em sociedade. Mas não se trata de um juízo técnico-jurídico, que não se poderia exigir do leigo, e, sim, de um juízo profano, um juízo que é emitido de acordo com a opinião dominante no meio social e comunitário"[181].

É o que Welzel chamou de desconhecimento profano do injusto (achar que o errado é certo). Funda-se "na concreta ausência do agente, no momento da atuação, da consciência da ilicitude de uma certa conduta"[182].

Pouco importa se o agente conhecia ou não a lei, pois eventual desconhecimento não poderá ser alegado, em face da presunção de que ninguém ignora o texto legal. O que se indaga é do conhecimento do caráter injusto do ato, da consciência de que se está fazendo algo errado, em contrariedade ao que todos considerariam como justo. Não se tem a consciência do ilícito, que, na feliz lição de Aníbal Bruno, significa "um querer aquilo que não se deve querer, sabendo ou podendo saber que não se deve"[183].

Em suma, no erro de proibição, o agente pensa agir plenamente de acordo com o ordenamento global, mas, na verdade, pratica um ilícito, em razão de equivocada compreensão do direito. Mesmo conhecendo este, pois todos presumivelmente o conhecem, em determinadas circunstâncias as pessoas podem ser levadas a pensar que agem de acordo com o que o ordenamento jurídico delas exige (acham que estão inteiramente certas).

---

181. Erro de tipo e erro de proibição no projeto da reforma penal, *RT*, 578/290.
182. Eduardo Correa, *Direito criminal*, Coimbra, Livr. Almedina, 1963, v. 1, p. 419.
183. *Direito penal*, cit., t. 2, p. 32.

Por exemplo, um rústico aldeão, que nasceu e passou toda a sua vida em um longínquo vilarejo do sertão, agride levemente sua mulher, por suspeitar que ela o traiu. É absolutamente irrelevante indagar se ele sabia ou não da existência do crime de lesões corporais, pois há uma presunção *juris et de jure* (não admite prova em contrário) nesse sentido. Assim, se ele disser: "eu não sabia que bater nos outros é crime, porque, como analfabeto, jamais li o tal do Código Penal", tal assertiva não terá o condão de elidir sua responsabilidade pelo crime praticado.

Entretanto, o Direito Penal pode levar em conta que o agente, dentro das circunstâncias em que cometeu o crime, poderia pensar, por força do ambiente onde viveu e das experiências acumuladas, que a sua conduta tinha pleno respaldo no ordenamento jurídico. Ele não tinha a consciência profana do injusto (dificilmente alguém o fará entender que a sua conduta é errada ou injusta).

Naquele ambiente, ele contava com a aprovação geral, portanto, para ele a sua conduta era perfeitamente lícita. É como se ele dissesse: "eu sei que bater nos outros é crime, mas nessas circunstâncias, por flagrar meu cônjuge em adultério, eu tenho certeza de que agi de forma correta, justa, de modo a obter a aprovação do meio em que vivo; mesmo que for condenado, continuarei achando que agi de forma acertada".

Esse erro exclui a consciência da ilicitude, pois o agente deixa de saber que estava cometendo algo ilícito, injusto, errado.

31.8.2.2.2. Distinção entre erro de proibição e erro de tipo

No erro de tipo, o agente tem uma visão distorcida da realidade, não vislumbrando na situação que se lhe apresenta a existência de fatos descritos no tipo como elementares ou circunstâncias. É o caso do sujeito que pensa que a carteira de outrem lhe pertence, ante a semelhança entre ambas, desconhecendo estar subtraindo coisa alheia. É o do caçador que acerta as costas de um homem gordo, imaginando tratar-se de um tronco, ou o do ladrão que subtrai uma corrente dourada, supondo-a de ouro. Em todos esses casos o equívoco incidiu sobre a realidade e não sobre a interpretação que o agente fazia da norma, impedindo o autor de saber que estava cometendo um crime.

No erro de proibição, ao contrário, há uma perfeita noção acerca de tudo o que se está passando. O sujeito conhece toda a situação fática, sem que haja distorção da realidade. Ele sabe que a carteira pertence a outrem, que está atirando contra as costas de um homem, que um certo objeto é de ouro e assim por diante. Seu equívoco incide sobre o que lhe é permitido fazer diante daquela situação, ou seja, se é lícito retirar a carteira pertencente a outra pessoa, atirar nas costas de um homem etc. Há, por conseguinte, uma perfeita compreensão da situação de fato e uma errada apreciação sobre a injustiça do que faz. Nesse aspecto reside sua principal distinção com o erro de tipo.

Como bem sintetiza Asúa, no erro de tipo, o agente "no sabe lo que hace", ao passo que, no erro de proibição, ele "no sabe que su hecho es antijurídico o cree que está exculpado"[184].

---

184. *La ceguera jurídica*, p. 26.

O erro de proibição exclui a consciência da ilicitude, pois impede o agente de saber que faz algo injusto, enquanto o erro de tipo impede-o de saber que realiza um fato típico. O erro de tipo exclui o dolo e, quando inescusável, a culpa; o de proibição pode ser causa de exclusão da culpabilidade.

31.8.2.2.3. Erro de proibição e consciência atual da ilicitude

Como acima foi dito, o erro de proibição faz com que o agente não saiba que pratica um ato ilícito. Por essa razão, exclui do sujeito a consciência da ilicitude de sua ação ou omissão. Se, no momento em que realizava a conduta, não a sabia proibida, faltava-lhe naquele instante a consciência de que ela era ilícita, daí por que o erro de proibição sempre impedir o agente de ter a consciência atual da ilicitude.

Surge, então, um problema afeto à responsabilização do indivíduo, pois bastaria a ele alegar que não sabia que determinada ação era injusta, errada, indesejável, para ver-se cinicamente livre das consequências de seus atos. Sim, porque, sendo tal equívoco de índole subjetiva, dificilmente o juiz teria como contestar a alegação de que o agente interpretou mal a norma e supôs permitida uma conduta proibida. O cônjuge traído diria sempre que, no momento da desonra, pensou que tinha direito de matar o adúltero, imaginando estar fazendo o certo, por incorrer em erro de proibição, e nada poderia ser dito em sentido contrário, pois não se pode adivinhar o que os outros estão ou estavam pensando.

Para evitar essa porta aberta à impunidade, o legislador optou por não considerar a consciência atual da ilicitude requisito da culpabilidade. Desse modo, alegar erro de proibição não elimina a culpabilidade, pois não basta a mera exclusão da consciência atual da ilicitude.

31.8.2.2.4. Potencial consciência da ilicitude

A fim de se evitarem abusos, o legislador erigiu como requisito da culpabilidade não o conhecimento do caráter injusto do fato, mas a possibilidade de que o agente tenha esse conhecimento no momento da ação ou omissão. Trata-se da potencial consciência da ilicitude.

Dessa forma, o que importa é investigar se o sujeito, ao praticar o crime, tinha a possibilidade de saber que fazia algo errado ou injusto, de acordo com o meio social que o cerca, as tradições e costumes locais, sua formação cultural, seu nível intelectual, resistência emocional e psíquica e inúmeros outros fatores.

Agora, são aspectos externos, objetivos, que orientam o juiz na aferição da culpabilidade. Pouco adianta alegar não saber que a conduta era proibida, pois, se existia a possibilidade de sabê-la ilícita, o agente responderá pelo crime.

A potencial consciência da ilicitude, portanto, só é eliminada quando o sujeito, além de não conhecer o caráter ilícito do fato, não tinha nenhuma possibilidade de fazê-lo. Tomemos como exemplo um aldeão. Interessará saber se ele, pelas suas condições de vida, formação cultural e intelectual, bem como pela pressão exercida, costumes e tradições locais, tinha ou não como saber que agredir outra pessoa, ainda que seu cônjuge adúltero, é um fato injusto e inaceitável. Existindo tal possibilidade, pouco importará que ele não sabia ser sua conduta proibida, pois responderá pelo crime cometido.

Nos dias de hoje, não se admite mais que alguém suponha ser correto e justo matar outra pessoa por motivo que não seja a legítima defesa, o estado de necessidade ou qualquer outra causa excludente da ilicitude. Por essa razão, é praticamente impossível acolher alegação de exclusão da culpabilidade por erro de proibição no homicídio.

31.8.2.2.5. Exclusão da potencial consciência da ilicitude

O erro de proibição sempre exclui a atual consciência da ilicitude. No entanto, somente aquele que não poderia ter sido evitado elimina a potencial consciência. Com efeito, se esta é a possibilidade de conhecer o caráter injusto do fato e se o erro de proibição inevitável é aquele que o agente não tinha como evitar, somente essa modalidade de erro leva à exclusão da culpabilidade.

31.8.2.2.6. Espécies de erro de proibição

31.8.2.2.6.1. *Inevitável ou escusável*

O agente não tinha como conhecer a ilicitude do fato, em face das circunstâncias do caso concreto.

Consequência: se não tinha como saber que o fato era ilícito, inexistia a potencial consciência da ilicitude, logo, esse erro exclui a culpabilidade. O agente fica isento de pena.

31.8.2.2.6.2. *Evitável ou inescusável*

Embora o agente desconhecesse que o fato era ilícito, tinha condições de saber, dentro das circunstâncias, que contrariava o ordenamento jurídico.

Consequência: se ele tinha possibilidade, isto é, potencial para conhecer a ilicitude do fato, possuía a potencial consciência da ilicitude. Logo, a culpabilidade não será excluída. O agente não ficará isento de pena, mas, em face da inconsciência atual da ilicitude, terá direito a uma redução de pena de 1/6 a 1/3.

31.8.2.2.7. Descriminante putativa por erro de proibição ou erro de proibição indireto

É a causa de exclusão da ilicitude imaginada pelo agente, em razão de uma equivocada consideração dos limites autorizadores da justificadora. Não se confunde com a descriminante putativa por erro de tipo, uma vez que nesta há uma equivocada apreciação da realidade (o sujeito pensa que a vítima vai sacar uma arma, quando, na verdade, tira um lenço).

Na descriminante putativa por erro de proibição, há uma perfeita noção da realidade, mas o agente avalia equivocadamente os limites da norma autorizadora. É o caso do homem esbofeteado que se supõe em legítima defesa. Ele sabe que a agressão cessou, que seu agressor já está de costas, indo embora, mas supõe que, por ter sido humilhado, pode atirar por trás, matando o sujeito. Imagina, por erro, a existência de uma causa de exclusão da ilicitude, que, na verdade, não se apresenta. Só que não é um erro incidente sobre a situação de fato, mas sobre a apreciação dos limites da norma excludente (até que ponto a norma que prevê a legítima defesa permite ao agente atuar).

A consequência jurídica é a mesma do erro de proibição. O agente responderá pelo resultado com pena reduzida, se o erro for evitável, ou ficará isento de pena, se inevitável. Não devem ser confundidas as consequências do erro de tipo com as do erro de proibição.

31.8.3. Exigibilidade de conduta diversa

31.8.3.1. Introdução

De acordo com a teoria da normalidade das circunstâncias concomitantes, de Frank, para que se possa considerar alguém culpado do cometimento de uma infração penal, é necessário que esta tenha sido praticada em condições e circunstâncias normais, pois do contrário não será possível exigir do sujeito conduta diversa da que, efetivamente, acabou praticando.

31.8.3.2. Conceito

Consiste na expectativa social de um comportamento diferente daquele que foi adotado pelo agente. Somente haverá exigibilidade de conduta diversa quando a coletividade podia esperar do sujeito que tivesse atuado de outra forma.

31.8.3.3. Natureza jurídica

Trata-se de causa de exclusão da culpabilidade, fundada no princípio de que só podem ser punidas as condutas que poderiam ser evitadas. No caso, a inevitabilidade não tem a força de excluir a vontade, que subsiste como força propulsora da conduta, mas certamente a vicia, de modo a tornar incabível qualquer censura ao agente.

31.8.3.4. Causas que levam à exclusão da exigibilidade de conduta diversa

A lei prevê duas hipóteses:

(i) a coação moral irresistível;

(ii) a obediência hierárquica.

31.8.3.4.1. Coação moral irresistível

31.8.3.4.1.1. *Conceito de coação*

É o emprego de força física ou de grave ameaça para que alguém faça ou deixe de fazer alguma coisa.

31.8.3.4.1.2. *Espécies de coação*

São duas: Coação física (*vis absoluta*) e coação moral (*vis relativa*).

(i) Coação física: consiste no emprego de força física.

(ii) Coação moral: consiste no emprego de grave ameaça.

A coação moral, por sua vez, subdivide-se em duas espécies, **(ii.1) coação moral irresistível**, a qual ocorre quando o coato não tem condições de resistir; e **(ii.2) coação moral resistível**, hipótese na qual o coato tem condições de resistir. Há jurisprudência que aponta o afastamento dessa coação quando não adequadamente fundamentada, como no caso em que o magistrado afastou o constrangimento moral, tendo em vista que a recorrente integrava uma organização criminosa (STJ, AgRg no AREsp 1.662.300/RN, *DJU* 25-6-2020).

31.8.3.4.1.3. *Consequências da coação*

Existem três graus diferentes, dependendo da espécie. Pode haver atipicidade do fato, exclusão da culpabilidade ou mera atenuação da pena. Senão, vejamos.

(i) Física: exclui a conduta, uma vez que elimina totalmente a vontade. O fato passa a ser atípico.

É o caso do operador de trilhos que, amarrado por assaltantes à cadeira, não tem como fazer a mudança de nível dos trilhos e, assim, não consegue impedir a colisão das locomotivas. Não houve qualquer conduta de sua parte, pois a vontade foi totalmente eliminada pelo emprego da força física.

(ii) Moral irresistível: há crime, pois, mesmo sendo grave a ameaça, ainda subsiste um resquício de vontade que mantém o fato como típico. No entanto, o agente não será considerado culpado.

Quando o assaltante, apontando uma arma de fogo, diz para a vítima "a bolsa ou a vida", não está excluindo-lhe totalmente a vontade, embora a tenha pressionado de modo a inviabilizar qualquer resistência.

Assim, na coação moral irresistível, há fato típico e ilícito, mas o agente não é considerado culpado, em face da exclusão da exigibilidade de conduta diversa.

(iii) Moral resistível: há crime, pois, a vontade restou intangida, e o agente é culpável, uma vez que, sendo resistível a ameaça, era exigível conduta diversa. Entretanto, a coação moral resistível atua como uma circunstância atenuante genérica (CP, art. 65, III, *c*, 1ª parte).

31.8.3.4.1.4. *Diferença entre coação moral irresistível e estado de necessidade*

Na coação moral irresistível, o fato é objetivamente ilícito, incidindo causa dirimente (exclusão da culpabilidade). Se o fato não fosse antijurídico, por incidência do estado de necessidade, ninguém responderia por ele, nem o coacto (executor direto do crime, sob grave ameaça), nem o coator (que funciona como autor mediato do fato).

Por exemplo, um sequestrador diz ao pai de uma criança que, se ele não conseguir cem mil dólares em uma hora, nunca mais verá seu filho. O pai, desesperado, assalta um banco e paga o resgate. A situação (no caso, o assalto) não é lícita, nem se encontra acobertada pelo estado de necessidade, mas, ao contrário, trata-se de um ilícito cometido mediante coação moral irresistível. Se assim não fosse, ninguém responderia pelo roubo, já que sem ilicitude não existe crime.

Com efeito, se incidisse a excludente de ilicitude do estado de necessidade, não haveria infração penal e o coator somente responderia pelo constrangimento ilegal exercido sobre o pai (pelo roubo não, pois a antijuricidade estaria excluída). No entanto, como o fato é objetivamente ilícito, o sequestrador pode ser considerado autor mediato do assalto praticado pelo pai, sem prejuízo do sequestro e do constrangimento ilegal. Leva-se em conta, portanto, toda a situação.

Assim, houve fato típico e ilícito (crime), mas o pai não responde, em face da inexigibilidade de conduta diversa. O coator, ao contrário, é considerado como autor (mediato ou indireto) do roubo, justamente porque o fato foi típico e ilícito (se houvesse estado de necessidade, não haveria crime, e o coator não poderia ser responsabilizado por ele).

Totalmente diferente é a hipótese do náufrago que se vê obrigado a afogar o outro, para ficar com a única boia. Aqui, o fato é lícito, permitido pelo estado de necessidade, já que não existe a figura de um coator interagindo como autor mediato.

31.8.3.4.2. Obediência hierárquica

31.8.3.4.2.1. *Conceito*

É a obediência a ordem não manifestamente ilegal de superior hierárquico, tornando viciada a vontade do subordinado e afastando a exigência de conduta diversa.

31.8.3.4.2.2. *Requisitos da obediência hierárquica*

Para que configure causa de exclusão da exigibilidade de conduta diversa são necessários:

(i) um superior;

(ii) um subordinado;

(iii) uma relação de direito público entre ambos, já que o poder hierárquico é inerente à Administração Pública, estando excluídas da hipótese de obediência hierárquica as relações de direito privado, tais como as entre patrão e empregado;

(iv) uma ordem do primeiro para o segundo;

(v) ilegalidade da ordem, visto que a ordem legal exclui a ilicitude pelo estrito cumprimento do dever legal;

(vi) aparente legalidade da ordem.

31.8.3.4.2.3. *Conceito de ordem de superior hierárquico*

É a manifestação de vontade do titular de uma função pública a um funcionário que lhe é subordinado. Existem casos em que não há vinculação funcional, mas subordinação em virtude da situação.

É a hipótese do policial militar encarregado de manter a ordem na sala de audiências, devendo seguir as determinações administrativas que o magistrado lhe der, enquanto estiver nessa função. Embora sem vínculo administrativo-funcional, existe subordinação hierárquica para fins penais.

Assim, se o juiz mandar o miliciano algemar um advogado que o desacate, o subordinado cumprirá uma ordem ilegal, mas, diante de seus parcos conhecimentos jurídicos, aparentemente legal.

31.8.3.4.2.4. *Espécies de ordem e suas consequências*

A ordem pode ser legal ou ilegal.

Se a ordem for legal e o subordinado a cumpre, está no estrito cumprimento do dever legal. Não pratica crime, uma vez que está acobertado por causa de exclusão da ilicitude.

Em contrapartida, se a ordem é manifestamente ilegal, o subordinado deve responder pelo crime praticado, pois não tinha como desconhecer sua ilegalidade. Se aparentemente legal, ele não podia perceber sua ilegalidade, logo, exclui-se a exigibilidade de conduta diversa, e ele fica isento de pena.

Ainda, se o subordinado, por erro de proibição, supõe legal a ordem manifestamente ilegal, não existe exclusão da culpabilidade, já que se trata de erro evitável, constituindo mera causa de diminuição de pena (CP, art. 21, parte final).

31.8.3.4.2.5. *Obediência hierárquica e a Justiça Militar*

No caso do militar, tendo em vista a peculiaridade de suas funções, bem como a disciplina e a hierarquia da carreira (CPM, art. 163), a eximente deve ser interpretada de modo mais flexível, muito embora, consoante disposição do art. 38, § 2º, do CPM, o subordinado responda se a ordem for manifestamente criminosa ou, não o sendo, tiver atuado com abuso ou excesso de poder.

Finalmente, convém mencionar que o militar que descumprir ordem hierárquica não relacionada à chamada "matéria de serviço" responderá pelo crime do art. 301 do CPM e não pelo crime de recusa de obediência, consoante decisão do STM, na AP 00000737720137010201 RJ: "(...) 1. Militar que desobedece, livre e conscientemente, a ordem legal de autoridade militar incide na conduta típica do art. 301 do CPM. O dever de obediência hierárquica é peculiar no âmbito castrense e não exime o militar do cumprimento de uma determinação, salvo se manifestamente criminosa (...). 2. A conduta de não entregar o celular ao superior não é matéria de serviço e, por isso, não configura recusa de obediência ínsita no artigo 163 do CPM".

31.8.3.4.2.6. *Infiltração de agentes em organização criminosa*

A Lei das Organizações Criminosas, Lei n. 12.850/2013, destaca em seu art. 10 a possibilidade de infiltração de agentes da polícia em tarefas de investigação. Consoante o art. 13, parágrafo único, do referido diploma legal, a prática de crime pelo agente infiltrado no curso da investigação não é punível quando inexigível conduta diversa.

31.8.3.4.2.7. *Obediência hierárquica e Lei n. 13.344/2016*

É sabido que em relações de emprego regidas pela CLT não existe hierarquia entre empregador e empregado, mas relação de subordinação.

Ocorre que, com o advento da Lei n. 13.344/2016, temos a inclusão do art. 149-A no Código Penal, sendo que seu § 1º, III, parte final, estipula causa de aumento de pena para o crime de tráfico de pessoas na hipótese, dentre outras, de o agente se prevalecer "de autoridade ou de **superioridade hierárquica** inerente ao exercício de emprego, cargo ou função" (grifo nosso).

Infere-se que o legislador admite a existência de hierarquia em relação empregatícia, e, assim sendo, o instituto da obediência hierárquica (art. 22 do CP) pode englobar tais situações (relação de hierarquia no âmbito de vínculos empregatícios). Evidente que a análise deve ser feita caso a caso.

31.8.3.4.2.8. *Causas supralegais de exclusão da exigibilidade de conduta diversa*

São as que, embora não previstas em lei, levam à exclusão da culpabilidade.

Há duas posições quanto a sua existência. Vejamos cada uma delas.

(i) A primeira posição: sustenta que inexistem causas supralegais, com os seguintes fundamentos:

(i.1) é inaplicável a analogia *in bonam partem* em matéria de dirimentes, já que as causas de exculpação representam, segundo a clara sistemática da lei, preceitos excepcionais insuscetíveis de aplicação extensiva[185];

(i.2) Nélson Hungria lembra que os preceitos sobre causas descriminantes, excludentes ou atenuantes de culpabilidade ou de pena, ou extintivas da punibilidade, constituem *jus singulare* em relação aos incriminadores ou sancionadores e, assim, não admitem extensão além dos casos taxativamente enumerados;

(i.3) no Código Penal de 1969, que acabou não entrando em vigor, havia outra causa de inexigibilidade de conduta diversa, além das duas constantes do texto atual. Tratava-se do estado de necessidade exculpante, filiado à teoria diferenciadora e tido como causa excludente da culpabilidade. A essa orientação filiou-se o Código Penal Militar, que inseriu a dirimente em seu art. 39. Ora, o legislador de 1984, tendo à mão o texto, preferiu não mencionar o estado de necessidade exculpante como inexigibilidade de conduta diversa. Se assim agiu, é porque não tinha nenhuma vontade de que as hipóteses excedessem à coação moral irresistível e à obediência hierárquica;

(i.4) inexistem, por conseguinte, quaisquer lacunas que imponham a integração do ordenamento jurídico por meio da analogia.

(ii) Segunda posição: entende, contrariamente, que existem outras causas de exclusão da culpabilidade além das expressamente previstas, argumentando que:

---

185. Hans-Heinrich Jescheck, *Tratado*, cit., v. 1, p. 687-688.

(ii.1) a exigibilidade de conduta diversa é um verdadeiro princípio geral da culpabilidade. Contraria frontalmente o pensamento finalista punir o inevitável. Só é culpável o agente que se comporta ilicitamente, podendo orientar-se de modo diverso;

(ii.2) o pressuposto básico do princípio da não exigibilidade, segundo Goldschmidt, é a motivação normal. O que se quer dizer com isso é que a culpabilidade, para configurar-se, exige uma certa normalidade de circunstâncias. À medida que as circunstâncias se apresentem significativamente anormais, deve-se suspeitar da presença da anormalidade também no ato volitivo;

(ii.3) não admitir o emprego de causas supralegais de exclusão da ilicitude é violar o princípio da culpabilidade, o *nullum crimen sine culpa*, adotado pela reforma penal de 1984 (Exposição de Motivos, item 18).

> **Nosso entendimento:** em face do princípio *nullum crimen sine culpa*, não há como compelir o juiz a condenar em hipóteses nas quais, embora tenha o legislador esquecido de prever, verifica-se claramente a anormalidade de circunstâncias concomitantes, que levaram o agente a agir de forma diversa da que faria em uma situação normal. Por essa razão, não devem existir limites legais à adoção das causas dirimentes.

31.9. Responsabilidade penal objetiva

É inadmissível, salvo na hipótese da *actio libera in causa*.

Haverá responsabilidade objetiva sempre que o agente for considerado culpado, sem a comprovação de ter agido com dolo ou culpa ou sem o preenchimento dos requisitos da culpabilidade, apenas por ter causado o resultado.

À luz do princípio do estado de inocência (CF, art. 5º, LVII), cabe ao acusador o ônus de demonstrar a ocorrência do fato, seu nexo causal com o resultado naturalístico (quando houver), ter o agente concorrido com dolo ou culpa e, finalmente, sua capacidade de entender o caráter criminoso do fato e orientar-se de acordo com esse entendimento, a possibilidade de conhecimento do injusto e a exigibilidade de uma conduta diversa diante das circunstâncias concretas. A quem acusa impõe-se o ônus de provar (CPP, art. 156). A presunção que existe em Direito Penal é a da inocência (CF, art. 5º, LVII: "ninguém será considerado culpado até o trânsito em julgado de sentença penal condenatória").

Nos casos em que alguém seja punido sem ter atuado com dolo, ou pelo menos com culpa, ou sem culpabilidade, tem-se a denominada responsabilidade objetiva, para a qual basta a simples ocorrência de um fato ou resultado perturbador ou lesivo a bens jurídicos para que se responsabilize o agente causador.

O nosso Código Penal, de feição finalista, como comprovam diversos artigos (18, I e II, 19, 20, 21, 29, § 2º etc.), não acolhe a responsabilidade penal objetiva, à exceção da *actio libera in causa*.

Tal entendimento é referendado pelo próprio Superior Tribunal de Justiça, para o qual a responsabilidade objetiva, embora possível no âmbito civil e administrativo, não é admitida em direito penal.

32. CONCURSO DE PESSOAS

32.1. Nomenclatura

É também conhecido por codelinquência, concurso de agentes ou concurso de delinquentes. Com a reforma penal de 1984, passou-se a adotar, no Título IV, a denominação "concurso de pessoas", no lugar de "coautoria", visto que se trata de expressão "decerto mais abrangente, já que a coautoria não esgota as hipóteses de *concursus delinquentium*" (CP, Exposição de Motivos).

Com efeito, não é correto dizer que todos os casos de concurso de agentes caracterizam coautoria, dada a existência de outra forma de concurso chamada de participação. A expressão adotada pela nova legislação, qual seja, "concurso de pessoas", é bem mais adequada, pois abrange tanto a coautoria, que é apenas uma de suas espécies, quanto a participação.

32.2. Espécies de crimes quanto ao concurso de pessoas

32.2.1. Monossubjetivos ou de concurso eventual

São aqueles que podem ser cometidos por um ou mais agentes. Constituem a maioria dos crimes previstos na legislação penal, tais como homicídio, furto etc.

32.2.2. Plurissubjetivos ou de concurso necessário

São os que só podem ser praticados por uma pluralidade de agentes em concurso. É o caso da associação criminosa, da rixa etc.

Os crimes de concurso necessário subdividem-se em delitos de condutas paralelas, convergentes ou contrapostas. Senão, vejamos.

32.2.2.1. De condutas paralelas

As condutas auxiliam-se mutuamente, visando à produção de um resultado comum. Todos os agentes unem-se em prol de um objetivo idêntico, no sentido de concentrar esforços para a realização do crime. É o caso da associação criminosa (art. 288 do CP), em que todas as condutas se voltam para a consecução do mesmo fim, no caso, a prática de crimes.

32.2.2.2. De condutas convergentes

As condutas tendem a encontrar-se, e desse encontro surge o resultado. Não se voltam, portanto, para a frente, para o futuro, na busca da consecução do resultado delituoso, mas, ao contrário, uma se dirige à outra, e desse encontro resulta o delito. Por exemplo, o crime de bigamia (art. 235 do CP).

32.2.2.3. De condutas contrapostas

As condutas são praticadas umas contra as outras. Os agentes são, ao mesmo tempo, autores e vítimas. Por exemplo, crime de rixa (art. 137 do CP).

32.3. Espécies de concurso de pessoas

32.3.1. Concurso necessário

Refere-se aos crimes plurissubjetivos, os quais exigem o concurso de pelo menos duas pessoas. Aqui, a norma incriminadora, no seu preceito primário, reclama, como *conditio sine qua non* do tipo, a existência de mais de um autor, de maneira que a conduta não pode ser praticada por uma só pessoa. A coautoria é obrigatória, podendo haver ou não a participação de terceiros.

Assim, tal espécie de concurso de pessoas reclama sempre a coautoria, mas a participação pode ou não ocorrer, sendo, portanto, eventual. Por exemplo, a rixa só pode ser praticada em coautoria por três ou mais agentes. Entretanto, além deles, pode ainda um terceiro concorrer para o crime, na qualidade de partícipe, criando intrigas, alimentando animosidades entre os rixentos ou fornecendo-lhes armas para a refrega.

32.3.2. Concurso eventual

Refere-se aos crimes monossubjetivos, que podem ser praticados por um ou mais agentes.

Quando cometidos por duas ou mais pessoas em concurso, haverá coautoria ou participação, dependendo da forma como os agentes concorrerem para a prática do delito, mas tanto uma como outra podem ou não ocorrer, sendo ambas eventuais. O sujeito pode cometer um homicídio sozinho, em coautoria com alguém ou, ainda, ser favorecido pela participação de um terceiro que o auxilie, instigue ou induza.

32.4. Autoria

O conceito de autor tem enfrentado certa polêmica dentro da doutrina, comportando três posições. Passemos à análise das teorias sobre autoria.

32.4.1. Teoria unitária

Todos são considerados autores, não existindo a figura do partícipe. Autor é todo e qualquer causador do resultado típico, sem distinção.

Arrima-se na teoria da *conditio sine qua non*, pois, segundo esta, qualquer contribuição, maior ou menor, para o resultado é considerada sua causa.

É adotado na Itália, cujo Código Penal, em seu art. 110, pune do mesmo modo todos aqueles que concorrerem para o crime, e era a posição adotada pelo Brasil, no Código Penal de 1940 (art. 25). Não é mais adotada no Brasil, na Espanha, nem na Alemanha. No direito alemão, porém, adota-se a corrente unitária para os crimes culposos, entendendo--se como autores todos os que contribuam para o crime (não se admite, por lá, a participação em crime culposo).

32.4.2. Teoria extensiva

Do mesmo modo que o conceito unitário, toma por base a teoria da equivalência dos antecedentes (*conditio sine qua non*) e não faz qualquer diferenciação entre autor e partícipe: todos são autores.

Entretanto, mais moderada que a perspectiva unitária, tal corrente admite a existência de causas de diminuição de pena, com vistas a estabelecer diferentes graus de autor. Surge, então, a figura do cúmplice, ou seja, o autor menos importante, aquele que contribuiu de modo menos significativo para o evento.

Pode-se dizer, então, que, embora não fazendo distinção entre autoria e participação, acaba por aceitar uma autoria mitigada (na realidade, uma forma de participação mascarada), que é aquela em que se aplicam as causas de redução de pena, em face da menor importância da conduta. Passam a existir a figura do autor e a do cúmplice (autor menos relevante).

32.4.3. Teoria restritiva

Faz diferença entre autor e partícipe. A autoria não decorre da mera causação do resultado, pois não é qualquer contribuição para o desfecho típico que se pode enquadrar nesse conceito. Quanto ao significado da expressão "autor", o conceito restritivo comporta três vertentes:

32.4.3.1. Teoria ou critério objetivo-formal

Somente é considerado autor aquele que pratica o verbo, isto é, o núcleo do tipo legal. É, portanto, o que mata, subtrai, obtém vantagem ilícita, constrange etc. Autor é quem realiza a conduta principal, entendida como tal aquela descrita na definição legal.

Em contrapartida, partícipe será aquele que, sem realizar a conduta principal (o verbo), concorrer para o resultado.

Assim, o mandante de um crime não é considerado seu autor, visto que não lhe competiram os atos de execução do núcleo do tipo (quem manda matar, não mata, logo, não realiza o verbo do tipo). Igualmente, o chamado "autor intelectual", ou seja, aquele que planeja toda a empreitada delituosa, não é autor, mas partícipe, na medida em que não executa materialmente a conduta típica.

Pelo mesmo entendimento, se um agente segura a vítima enquanto outro com ela mantém conjunção carnal, ambos devem ser considerados autores de estupro, já que a figura típica do art. 213 do CP tem como núcleo a conduta de "constranger" (forçar a vítima a ter conjunção carnal ou a praticar outro ato libidinoso), e não a de "manter conjunção carnal".

A principal crítica a esse critério é a de que, não só o verbo do tipo pode ser considerado conduta principal, o que o torna insatisfatório na solução de determinados casos concretos. "Seria admissível considerar meros participantes, porque não realizaram nenhuma fração de condutas típicas, o chefe de uma associação criminosa de traficantes de drogas, que tem o comando e o controle de todos os que atuam na operação criminosa, ou o líder de uma organização mafiosa que atribui a seus comandados a tarefa de eliminar o dirigente de uma gangue rival? Seria razoável qualificar como partícipe quem, para a execução material de um fato típico, se serviu de um menor inimputável ou de um doente mental?"[186].

Pesem embora tais críticas, o critério oferece segurança jurídica e está arrimado na reserva legal. A conduta principal é aquela definida no tipo, com o qual o comportamento do agente no caso concreto deve se ajustar, e o que está definido no tipo é o verbo, logo, este é, por vontade da lei, o núcleo da ação principal.

32.4.3.2. Teoria ou critério objetivo-material

Autor não é aquele que realiza o verbo do tipo, mas a contribuição objetiva mais importante.

Trata-se de critério gerador de insegurança, na medida em que não se sabe, com precisão, o que vem a ser "contribuição objetiva mais importante". Fica-se na dependência exclusiva daquilo que o intérprete irá considerar relevante. Por essa razão, não é adotado.

32.4.3.3. Teoria do domínio do fato

Com relação ao concurso de pessoas, a teoria do domínio do fato traz uma perspectiva a fim de auxiliar na identificação do autor, coautor ou partícipe de determinada ação delituosa.

Embora sua origem esteja em Hans Welzel (1939), foi Claus Roxin, ao elaborar sua tese em 1963, quem proporcionou à teoria um efetivo direcionamento, buscando demonstrar a aplicação mais adequada ao caso concreto. Nesse contexto, vale lembrar o julgamento realizado pelo Supremo Tribunal Federal Alemão (*Bundesgerichthof*) no famoso caso dos atiradores do muro de Berlim (*Der Mauerschützen-Prozesse*), no qual a tese foi aplicada para determinar a autoria das autoridades políticas que davam a ordem para que se atirasse em quem estivesse na iminência de cruzar a fronteira para fugir para a Alemanha Ocidental. Até então, a jurisprudência alemã identificava e condenava como partícipe o agente que dava o comando para a execução de uma ação criminosa específica, e essa foi a razão que incentivou o desenvolvimento da teoria por Claus Roxin.

---

186. Alberto Silva Franco, *Código Penal*, cit., p. 344.

Desse modo, para Roxin, se o agente tem consciência da ação que será executada, poder de determinar a sua execução e poder de determinar sua interrupção até a produção do resultado, deve ser considerado seu autor, ainda que não tenha realizado o verbo ou núcleo do tipo.

O chefe da SS nazista que autoriza a eliminação física de seres humanos em campos de concentração é considerado coautor, ainda que não tenha executado pessoalmente o homicídio nem determinado especificamente um a um a sua prática.

Por outro lado, a mera condição de superior hierárquico não induz à autoria quando o superior não tem conhecimento dos atos praticados por seus subordinados, não se confundindo com a responsabilidade penal objetiva, banida do nosso sistema penal.

Nessa mesma perspectiva, Hans Welzel entende que a teoria do domínio do fato parte da teoria restritiva, adotando um critério objetivo-subjetivo, segundo o qual autor é aquele que detém o controle final do fato, dominando toda a realização delituosa, com plenos poderes para decidir sobre sua prática, interrupção e circunstâncias.

Não importa se o agente pratica ou não o verbo descrito no tipo legal, pois o que a lei exige é o controle de todos os atos, desde o início da execução até a produção do resultado.

Por essa razão, o mandante, embora não realize o núcleo da ação típica, deve ser considerado autor, uma vez que detém o controle final do fato até a sua consumação, determinando a prática delitiva.

Da mesma forma, o chamado "autor intelectual" de um crime é, de fato, considerado seu autor, pois não realiza o verbo do tipo, mas planeja toda a ação delituosa, coordena e dirige a atuação dos demais. É também considerado autor qualquer um que detenha o domínio pleno da ação, mesmo que não a realize materialmente.

Vale sempre lembrar que, além do controle de todos os atos e do poder para decidir sobre sua prática, interrupção e circunstâncias, é elementar que o agente tenha conhecimento real sobre os fatos. Segundo o próprio Roxin, o "ter de saber", que demonstra um conhecimento que meramente deveria existir, não se mostra suficiente para caracterizar o dolo.

Wessels, partidário dessa corrente, ensina que "autor é quem, como 'figura central' (= figura-chave) do acontecimento, possui o domínio do fato (dirigido planificadamente ou de forma coconfigurada) e pode, assim, deter ou deixar decorrer, segundo a sua vontade, a realização do tipo. Partícipe é quem, sem um domínio próprio do fato, ocasiona ou de qualquer forma promove, como 'figura lateral' do acontecimento real, o seu cometimento"[187]. Assim, autor é quem dirige a ação, tendo o completo domínio sobre a produção do resultado, enquanto partícipe é um simples concorrente acessório.

Alberto Silva Franco sustenta: "O autor não se confunde obrigatoriamente com o executor material. Assim, o chefe de uma associação criminosa de roubos a estabelecimentos bancários, que planeja a ação delituosa, escolhe as pessoas que devam realizá-la,

---

187. *Direito penal*, cit., p. 119.

distribuindo as respectivas tarefas, e ordena a concretização do crime, contando com a fidelidade de seus comandados, não é um mero participante, mas, sim, autor porque possui 'o domínio final da ação', ainda que não tome parte na execução material do fato criminoso. Do mesmo modo, não deixa de ser autor quem se serve de outrem, não imputável, para a prática de fato criminoso, porque é ele quem conserva em suas mãos o comando da ação criminosa"[188].

Damásio E. de Jesus, partidário dessa teoria, em complementação à restritiva, já que sustenta serem ambas conciliáveis, observa: "apresentando finalidade como fundamento, é amplamente adotada pela doutrina: Welzel, Stratenwerth, Maurach, Wessels, Roxin, Schröder, Jescheck, Gallas, Blei, Zaffaroni, Muñoz Conde, Córdoba Roda, Rodriguez Devesa, Mir Puig, Bacigalupo, Enrique Cury e Bockelman. No Brasil: Manoel Pedro Pimentel, Alberto Silva Franco, Nilo Batista, Luis Regis Prado, Cezar Bitencourt, Pierangeli e Luiz Flávio Gomes. É a teoria que passamos a adotar. De notar-se que a teoria do domínio do fato não exclui a restritiva. É um complemento"[189].

A base do domínio do fato está no finalismo, na medida em que é autor aquele que detém o controle final do fato. Para Jescheck, situa-se entre a extensiva e o critério formal-objetivo, pois combina elementos objetivos (prática de uma conduta relevante) com subjetivos (vontade de manter o controle da situação até a eclosão do resultado). É, por conseguinte, uma teoria objetivo-subjetiva[190].

> **Nosso entendimento:** o conceito unitário deve ser rechaçado de plano, pois não se pode equiparar aquele que realiza a conduta principal com o que coopera acessoriamente, como se ambos tivessem igualmente dado causa ao crime. Quem empresta a faca não está no mesmo patamar de quem desfere os golpes. A teoria extensiva padece do mesmo vício e tenta remediar a injusta equiparação unitária, com um subjetivismo perigoso: todos são autores, mas, no caso concreto, se uma conduta não se revelar tão importante, aplica-se uma causa de diminuição de pena. Ora, não é mais fácil separar autor de partícipe? A posição mais correta é a restritiva. Dentro dela, o critério formal-objetivo, ainda que padecendo de certas deficiências, é o que mais respeita o princípio da reserva legal.

Com efeito, conduta principal não é aquela que o operador do direito acha que é relevante, de acordo com as peculiaridades de cada caso concreto. Conduta principal é aquela que o tipo elegeu para descrever como crime.

Assim, a realização do verbo da conduta típica é, por opção político-criminal da sociedade, a ação considerada principal. Todas as demais, incluídas aí, a autoria intelectual,

---

188. *Código Penal*, cit., p. 345.
189. *Teoria do domínio do fato no concurso de pessoas*, São Paulo, Saraiva, 1999, p. 27.
190. *Tratado*, cit., v. 2, p. 898.

a do mandante, a do instigador ou indutor etc., por mais importantes que se revelem, são acessórias e devem, por isso, ser consideradas modalidades de participação.

A teoria do domínio do fato não explica satisfatoriamente o concurso de agentes no crime culposo, pela prosaica razão de que, neste delito, o agente não quer o resultado, logo, não pode ter domínio final sobre algo que não deseja.

Tanto é verdade que, segundo informa Santiago Mir Puig, "en Alemania los defensores de la teoría del dominio del hecho excluyen a los delitos imprudentes y limitan a los dolosos el ámbito de aplicación de la misma"[191].

Somente o critério formal-objetivo pode, com exatidão, aplicar a participação ao delito culposo. Assim, será autor aquele que realizar o verbo do tipo culposamente, isto é, com imprudência, negligência ou imperícia, e partícipe, o que tiver concorrido com culpa, sem, no entanto, realizar o verbo do tipo. Por exemplo, motorista imprudente atropela e mata um pedestre. Ele é o autor, pois foi ele quem matou a vítima. O acompanhante que, ao lado, o excitava, instigando-o a imprimir maior velocidade, é o partícipe. Convém notar que nenhum deles detinha o domínio final do fato.

32.5. Formas de concurso de pessoas

32.5.1. Coautoria

Todos os agentes, em colaboração recíproca e visando ao mesmo fim, realizam a conduta principal. Na lição de Johannes Wessels, "coautoria é o cometimento comunitário de um fato punível mediante uma atuação conjunta consciente e querida"[192]. Ocorre a coautoria, portanto, quando dois ou mais agentes, conjuntamente, realizam o verbo do tipo.

Conforme lembra Hans Welzel, "a coautoria é, em última análise, a própria autoria. Funda-se ela sobre o princípio da divisão do trabalho; cada autor colabora com sua parte no fato, a parte dos demais, na totalidade do delito e, por isso, responde pelo todo"[193].

A contribuição dos coautores no fato criminoso não necessita, contudo, ser materialmente a mesma, podendo haver uma divisão dos atos executivos. Por exemplo, no delito de roubo, um dos coautores emprega violência contra a vítima e o outro retira dela um objeto; no estupro, um constrange, enquanto o outro mantém conjunção carnal com a vítima, e assim por diante.

O coautor que concorre na realização do tipo também responderá pela qualificadora ou agravante de caráter objetivo quando tiver consciência desta e aceitá-la como possível.

---

191. *Derecho penal,* cit., p. 366.
192. *Direito penal,* cit., p. 121.
193. *Derecho penal alemán,* cit., p. 129.

32.5.1.1. Coautoria no crime omissivo próprio

Discute-se na doutrina se é cabível a coautoria no crime omissivo próprio.

Para uma corrente, não cabe coautoria em crime omissivo próprio, de modo que, se duas pessoas deixarem de prestar socorro a uma pessoa ferida, podendo cada uma delas fazê-lo sem risco pessoal, ambas cometerão o crime de omissão de socorro, isoladamente, não se concretizando hipótese de concurso de agentes. Isso porque quem se omite nada faz e, portanto, em nada fazendo, não pode realizar a conduta principal.

Sabendo-se que coautoria é a realização da conduta principal descrita no tipo por duas ou mais pessoas em concurso, fica clara a impossibilidade de o omitente atuar em coautoria. O que ocorre é a imputação jurídica do resultado àqueles que, tendo o dever jurídico de agir, se omitiram. Cada um responde por seu crime omissivo impróprio, sem falar em coautoria.

Para uma segunda corrente, no entanto, é possível a coautoria no crime omissivo próprio, desde que haja adesão voluntária de uma conduta a outra. Ausente o elemento subjetivo, cada agente responderá autonomamente pelo delito de omissão de socorro. A questão, portanto, não é pacífica.

32.5.1.2. Coautoria parcial ou funcional

Conceito adotado pela teoria do domínio do fato. Os atos executórios do *iter criminis* são distribuídos entre os diversos autores, de modo que cada um é responsável por um elo da cadeia causal, desde a execução até o momento consumativo. As colaborações são diferentes, constituindo partes e dados de união da ação coletiva, de forma que a ausência de uma faria frustrar-se o delito.

Por exemplo, no roubo, são divididas as ações de apoderamento do dinheiro, constrangimento dos sujeitos passivos mediante ameaça, vigilância e direção do veículo; no homicídio, um sujeito segura a vítima e outro a esfaqueia; no estupro, um ameaça com emprego de arma e outro mantém com a vítima conjunção carnal.

Distingue-se da coautoria direta, na qual todos os autores realizam a conduta principal, ou seja, praticam o verbo do tipo[194].

32.5.2. Participação

Partícipe é quem concorre para que o autor ou coautores realizem a conduta principal, ou seja, aquele que, sem praticar o verbo (núcleo) do tipo, concorre de algum modo para a produção do resultado.

Assim, no exemplo citado acima, pode-se dizer que o agente que exerce vigilância sobre o local para que seus comparsas pratiquem o delito de roubo é considerado partí-

---

194. Nesse sentido, Damásio E. de Jesus, *Teoria do domínio do fato no concurso de pessoas*, 3. ed., São Paulo, Saraiva, 2002, p. 25.

cipe, pois, sem realizar a conduta principal (não subtraiu, nem cometeu violência ou grave ameaça contra a vítima), colaborou para que os autores lograssem a produção do resultado.

Dois aspectos definem a participação: (i) vontade de cooperar com a conduta principal, mesmo que a produção do resultado fique na inteira dependência do autor; (ii) cooperação efetiva, mediante uma atuação concreta acessória da conduta principal.

32.6. Diferença entre autor e partícipe

(i) Autor: aquele que realiza a conduta principal descrita no tipo incriminador.

(ii) Partícipe: aquele que, sem realizar a conduta descrita no tipo, concorre para a sua realização.

De acordo com o que dispõe nosso Código Penal, pode-se dizer que autor é aquele que realiza a ação nuclear do tipo (o verbo), enquanto partícipe é quem, sem realizar o núcleo (verbo) do tipo, concorre de alguma maneira para a produção do resultado ou para a consumação do crime.

32.7. Natureza jurídica do concurso de agentes

32.7.1. Teoria unitária ou monista

Todos os que contribuem para a prática do delito cometem o mesmo crime, não havendo distinção quanto ao enquadramento típico entre autor e partícipe. Daí decorre o nome da teoria: todos respondem por um único crime.

32.7.2. Teoria dualista

Há dois crimes, quais sejam, um cometido pelos autores e um outro pelo qual respondem os partícipes.

32.7.3. Teoria pluralista ou pluralística

Cada um dos participantes responde por delito próprio, havendo uma pluralidade de fatos típicos, de modo que cada partícipe será punido por um crime diferente.

32.7.4. Teoria adotada pelo Código Penal quanto à natureza do concurso de pessoas

O Código Penal adotou, como regra, a teoria unitária, também conhecida como monista, determinando que todos, coautores e partícipes, respondam por um único delito.

Nesse passo, seu art. 29, *caput*, dispõe que: "Quem, de qualquer modo, concorre para o crime incide nas penas a este cominadas, na medida de sua culpabilidade". Assim, todos aqueles que, na qualidade de coautores ou partícipes, deram a sua contribuição para o resultado típico devem por ele responder, vale dizer, todas as condutas amoldam-se ao mesmo tipo legal.

32.7.4.1. Exceções pluralísticas ou desvio subjetivo de conduta

A teoria pluralista foi adotada, como exceção, no § 2º do art. 29 do CP, que dispõe: "Se algum dos concorrentes quis participar de crime menos grave, ser-lhe-á aplicada a pena deste (...)".

Com efeito, embora todos os coautores e partícipes devam, em regra, responder pelo mesmo crime, excepcionalmente, com o fito de evitar-se a responsabilidade objetiva, o legislador determina a imputação por outra figura típica quando o agente quis participar de infração menos grave.

É o caso do motorista que conduz três larápios a uma residência para o cometimento de um furto. Enquanto aguarda, candidamente, no carro, os executores ingressarem no local e efetuarem a subtração sem violência (furto), estes acabam por encontrar uma moradora acordada, que tenta reagir e, por essa razão, é estuprada e morta. O partícipe que imaginava estar ocorrendo apenas um furto responderá somente por este crime, do qual quis tomar parte. Interessante: o delito principal foi latrocínio e estupro, mas o partícipe só responderá por furto, único fato que passou pela sua mente (se o resultado mais grave for previsível, a pena ainda poderá ser aumentada até a metade, mas o delito continuará sendo o mesmo).

Há ainda outras exceções pluralísticas em que o partícipe responde como autor de crime autônomo: o provocador do aborto responde pela figura do art. 126 do Código Penal, ao passo que a gestante que consentiu as manobras abortivas, em vez de ser partícipe, responde por crime autônomo (CP, art. 124); na hipótese de casamento entre pessoa já casada e outra solteira, respondem os agentes, respectivamente, pelas figuras tipificadas no art. 235, *caput* e § 1º, do CP.

32.8. Da participação

32.8.1. Natureza jurídica da participação

De acordo com a teoria da acessoriedade, a participação é uma conduta acessória à do autor, tida por principal.

Considerando que o tipo penal somente contém o núcleo (verbo) e os elementos da conduta principal, os atos do partícipe acabam não encontrando qualquer enquadramento. Não existe descrição típica específica para quem auxilia, instiga ou induz outrem a realizar a conduta principal, mas tão somente para quem pratica diretamente o próprio verbo do tipo. Desse modo, ao intérprete restaria a dúvida de como proceder à adequação típica nesses casos sem ofensa ao princípio da reserva legal.

Tome-se como exemplo a ação do agente que cede a arma para o autor eliminar a vítima. Como proceder ao enquadramento da conduta de quem não matou, mas ajudou a fazê-lo, em um tipo, cuja descrição contém a fórmula "matar alguém"? Tratando-se de comportamento acessório e não havendo correspondência entre a conduta do partícipe e as elementares do tipo, faz-se necessária uma norma de extensão ou ampliação que leve a participação até o tipo incriminador. Essa norma funciona como uma ponte de ligação entre o tipo legal e a conduta do partícipe. Trata-se do art. 29 do Código Penal, segundo o qual quem concorrer, de qualquer forma, para um crime por ele responderá.

Tal norma faz com que o agente que contribuiu para um resultado sem, no entanto, praticar o verbo possa ser enquadrado no tipo descritivo da conduta principal. Assim, quem ajudou a matar não praticou a conduta descrita no art. 121 do Código Penal, mas, como concorreu para o seu cometimento, será alcançado pelo tipo do homicídio, graças à regra do art. 29. Por isso, essa norma é chamada de norma de extensão ou ampliação da figura típica, sendo tal extensão chamada de pessoal (faz com que o tipo alcance pessoas diversas do autor principal) e espacial (atinge condutas distintas da do autor). Opera-se, assim, uma adequação típica mediata ou indireta.

Não existe correspondência direta entre o comportamento e o tipo, uma vez que o partícipe não praticou o verbo do tipo, inexistindo, portanto, enquadramento. No entanto, por força do art. 29 do Código Penal, denominado norma de extensão, a figura típica é ampliada e alcança o partícipe.

Como dito acima, essa norma é denominada pela doutrina "norma de extensão pessoal e espacial". Pessoal porque estende o tipo, permitindo que alcance outras pessoas além do autor; espacial porque o tipo é ampliado no espaço, a fim de alcançar condutas acessórias distintas da realização do núcleo da ação típica. Por exemplo:

Sujeito esfaqueia a vítima até matá-la = enquadramento direto, ou seja, adequação típica imediata, ante a integral correspondência entre conduta e tipo. A figura típica diz "matar alguém", e o agente efetivamente matou, realizando todas as elementares descritas no modelo incriminador.	O agente segura a vítima, enquanto o autor principal desfere os pontaços. Como não realizou a conduta principal, ou seja, não matou, inexiste correspondência direta entre ela e o tipo do art. 121; no entanto, devido à norma de ampliação ou extensão, responderá por homicídio, já que contribuiu de qualquer modo para a sua realização.

32.8.2. Espécies de acessoriedade

São quatro:

32.8.2.1. Mínima

Basta ao partícipe concorrer para um fato típico, pouco importando que não seja ilícito. Para essa corrente, quem concorre para a prática de um homicídio acobertado pela legítima defesa responde pelo crime, pois só importa saber se o fato principal é típico.

32.8.2.2. Limitada

O partícipe só responde pelo crime se o fato principal é típico e ilícito.

32.8.2.3. Extremada

O partícipe somente é responsabilizado se o fato principal é típico, ilícito e culpável. Dessa forma, não responderá por crime algum se tiver concorrido para a atuação de um inimputável.

32.8.2.4. Hiperacessoriedade

O fato deve ser típico, ilícito e culpável, incidindo ainda sobre o partícipe todas as agravantes e atenuantes de caráter pessoal relativas ao autor principal. Responde por tudo e mais um pouco, portanto.

32.8.2.5. Teoria adotada pelo Código Penal

Nas edições anteriores, acompanhando o entendimento doutrinário dominante, adotávamos a acessoriedade limitada, sustentando que o fato principal não precisava ser culpável para que o agente dele fosse considerado partícipe. Bastava ser típico e ilícito (ou antijurídico). Essa é a teoria adotada pelo Código Penal.

> **Nosso entendimento:** deve ser aplicada a teoria da acessoriedade extremada (ou máxima).

Passamos, no entanto, com Flávio Augusto Monteiro de Barros, a entender que deve ser aplicada a teoria da acessoriedade extremada (ou máxima). Tal se verifica claramente no caso da autoria mediata. O autor mediato não é partícipe: é também autor principal, pois pratica a conduta principal, realiza o verbo do tipo, só que não diretamente, mas pelas mãos de outra pessoa, seu instrumento. Por isso é chamado de "o sujeito de trás". O "sujeito da frente" é, na realidade, seu fantoche, um pseudoexecutor, uma *longa manus* do autor mediato, o qual funciona como o verdadeiro realizador do tipo.

Ilustrando: quem induz uma criança a saltar de um edifício realiza indiretamente o verbo do tipo "matar", servindo-se do desforço físico da própria vítima. Quem instiga um louco ou um menor inimputável a executar uma ação típica não é partícipe, mas autor direto e imediato (realiza o verbo por meio de outrem).

Assim, se o fato for apenas típico e antijurídico, mas o agente não tiver culpabilidade, não ocorre participação, contrariamente ao que sustenta a acessoriedade limitada: existe é autoria mediata.

A participação, por conseguinte, necessita da culpabilidade do sujeito ativo para ser aplicada, exatamente como defende a acessoriedade extremada, pois, do contrário, haverá autoria (mediata) e não a figura do partícipe.

32.8.3. Formas de participação

São duas:

32.8.3.1. Moral

Instigação e induzimento.

Instigar é reforçar uma ideia já existente. O agente já a tem em mente, sendo apenas reforçada pelo partícipe, ao passo que induzir é fazer brotar a ideia no agente. O agente não tinha ideia de cometer o crime, mas ela é colocada em sua mente.

32.8.3.2. Material

Auxílio.

É a forma de participação material que corresponde à antiga cumplicidade. Considera-se, assim, partícipe aquele que presta ajuda efetiva na preparação ou execução do delito.

Segundo José Frederico Marques, "são auxiliares da preparação do delito os que proporcionam informações que facilitem a execução, ou os que fornecem armas ou outros objetos úteis ou necessários à realização do projeto criminoso; e da execução, aqueles que, sem realizar os respectivos atos materiais, nela tomam parte pela prestação de qualquer ajuda útil"[195].

Podem-se elencar os seguintes exemplos de auxílio: a vigilância exercida durante a execução de um crime; emprestar arma; segurar a vítima para impedi-la de reagir, facilitando a tarefa criminosa do executor; conduzir ladrões, em qualquer veículo, ao local do crime.

32.8.3.3. Cumplicidade

O Código Penal anterior ao de 1940 classificava os agentes do crime em autores e cúmplices. Ao lado da coautoria (participação primária), existia a cumplicidade (participação secundária).

Nessa sistemática, era considerado autor quem resolvia e executava o delito. O cúmplice desempenhava um papel subalterno, como, por exemplo, fornecer instrução para a prática do crime ou prestar auxílio à sua execução. O Código também estabelecia um critério classificador das várias formas de participação.

---

195. *Tratado*, cit., p. 418.

No vigente Código Penal há apenas duas formas de concurso de agentes: a coautoria e a participação nas suas diversas modalidades. O auxílio, como forma de participação, nada mais é do que a antiga cumplicidade sem as distinções outrora existentes[196].

Há quem sustente que cúmplice é aquele que contribui para o crime prestando auxílio ao autor ou partícipe, exteriorizando a conduta por um comportamento ativo (a condução da vítima até o local do crime, a revelação de horário de menor vigilância em instituições bancárias etc.)[197].

Welzel entende que a cumplicidade consiste em prestar ajuda dolosa a um fato doloso. Pode prestar-se mediante ações concretas ou conselhos, logo também espiritualmente e até mesmo por omissão (a promessa de não denunciar um fato à polícia pode ser uma forma de estímulo e, por conseguinte, de cumplicidade). Na cumplicidade, o sujeito tem de favorecer o fato principal, ou seja, prestar uma colaboração, como ceder uma gazua a um ladrão, sendo uma conduta acessória, que merece pena atenuada[198].

Nosso entendimento: "cúmplice" é uma expressão que não se ajusta ao atual sistema da Parte Geral do Código Penal.

A legislação anterior não distinguia autor de partícipe, considerando toda e qualquer contribuição para o resultado, por mais ínfima que fosse, como coautoria (teoria extensiva).

Assim, se todas as condutas pertenciam a uma única categoria, no momento de dosar a pena de cada um dos coautores seria necessário separar aqueles com atuação preponderante dos que apenas contribuíram de modo singelo para a eclosão do evento típico. Estes últimos eram chamados de meros cúmplices, o que significava serem autores de menor relevância, cuja pena deveria ser dosada mais próxima ao piso legal.

Atualmente, como existe a distinção entre coautores e partícipes, e, dentro desta última classificação, a menor participação, a expressão "cumplicidade" perdeu todo e qualquer interesse.

Da participação posterior à consumação: considerando a necessidade da relevância causal da conduta do coautor ou partícipe, somente poderá ser considerado como tal o agente cuja conduta contribuir para a produção do resultado típico.

Desse modo, o fato que constitui a coautoria ou a participação deve ser realizado antes ou durante o delito, nunca depois da consumação. Se posterior, não será considerado concurso de agentes, mas crime autônomo. Por exemplo, no delito de furto de veículo automotor com a finalidade de transporte para outro país, o agente que, sem tomar parte na subtração, recebe o veículo apenas com esse objetivo não será considerado partícipe de furto qualificado (CP, art. 155, § 5º, c/c o art. 29), mas autor de receptação, pois sua atuação deu-se após a produção do resultado consumativo.

196. Nesse sentido: José Frederico Marques, *Tratado*, cit., p. 413-417.
197. Nesse sentido: Mirabete, *Manual*, cit., p. 231.
198. *Derecho penal alemán*, cit., p. 143.

32.8.4. Participação e crime culposo

Há duas posições. Vejamos cada uma delas.

(i) Tratando-se o tipo culposo de tipo aberto, em que não existe descrição de conduta principal, dada a generalidade de sua definição, mas tão somente previsão genérica ("se o crime é culposo..."), não há que se falar em participação, que é acessória.

Desse modo, toda concorrência culposa para o resultado constituirá crime autônomo. Por exemplo, motorista imprudente é instigado, por seu acompanhante, a desenvolver velocidade incompatível com o local, vindo a atropelar e matar uma pessoa. Ambos serão autores de homicídio culposo, não havendo que se falar em participação, uma vez que, dada a natureza do tipo legal, fica impossível detectar qual foi a conduta principal.

(ii) Mesmo no tipo culposo, que é aberto, é possível definir qual a conduta principal. No caso do homicídio culposo, por exemplo, a descrição típica é "matar alguém culposamente"; logo, quem matou é o autor e quem o auxiliou, instigou ou induziu à conduta culposa é o partícipe.

Na hipótese acima ventilada, quem estava conduzindo o veículo é o principal responsável pela morte, pois foi quem, na verdade, matou a vítima. O acompanhante não matou ninguém, até porque não estava dirigindo o automóvel. Por essa razão, é possível apontar uma conduta principal (autoria) e outra acessória (participação).

Podemos ainda lembrar o clássico exemplo dos dois pedreiros que, juntos, arremessam uma tábua de um prédio para outro, mas não imprimem força suficiente, de modo que o objeto contundente despenca pelo estreito vão entre os dois prédios, matando um mendigo que dormia no beco, lá embaixo. Ambos são coautores de homicídio culposo, pois mataram o infeliz, mediante conduta imprudente, consistente em jogar a tábua de modo tão arriscado. Suponhamos que o mestre de obras tenha determinado a ambos que assim procedessem. Neste caso, teríamos este último como partícipe. Assim, é mesmo possível coautoria e participação em crime culposo.

Convém deixar registrada a dificuldade que a teoria do domínio do fato tem para explicar a autoria e o concurso de agentes no crime culposo. Sim, porque, se o agente não quer o resultado, como poderá ter o domínio final sobre ele? Preferimos o critério formal--objetivo, dentro da teoria restritiva.

32.8.5. Participação de participação

Quando ocorre uma conduta acessória de outra conduta acessória. É o auxílio do auxílio, o induzimento ao instigador etc.

32.8.6. Participação sucessiva

Ocorre quando o mesmo partícipe concorre para a conduta principal de mais de uma forma. Assim, em primeiro lugar auxilia ou induz, em seguida instiga e assim por diante.

Não há auxílio do auxílio, mas uma relação direta entre partícipe e autor, pela qual o primeiro concorre de mais de uma maneira. Por exemplo, o partícipe induz o autor a praticar um crime e depois o auxilia nesse cometimento.

32.8.7. Conivência ou participação negativa (*crimen silenti*)

Ocorre quando o sujeito, sem ter o dever jurídico de agir, omite-se durante a execução do crime, quando tinha condições de impedi-lo.

A conivência não se insere no nexo causal, como forma de participação, não sendo punida, salvo se constituir delito autônomo. Assim, a tão só ciência de que outrem está para cometer ou comete um crime, sem a existência do dever jurídico de agir (CP, art. 13, § 2º), não configura participação por omissão.

Na lição de Aníbal Bruno, "a simples presença no ato de consumação ou a não denúncia à autoridade competente de um fato delituoso de que se tem conhecimento não pode constituir participação punível. É a chamada conivência"[199].

32.8.8. Participação por omissão

Dá-se quando o sujeito, tendo o dever jurídico de agir para evitar o resultado (CP, art. 13, § 2º), omite-se intencionalmente, desejando que ocorra a consumação.

A diferença em relação à conivência é que nesta não há o dever jurídico de agir, afastando-se, destarte, a participação. Já no caso da participação por omissão, como o omitente tinha o dever de evitar o resultado, por este responderá na qualidade de partícipe.

Para que se caracterize a participação por omissão é necessário que ocorram, na lição de Aníbal Bruno, "os elementos de ser uma conduta inativa voluntária, quando ao agente cabia, na circunstância, o dever jurídico de agir, e ele atua com a vontade consciente de cooperar no fato"[200]. Por exemplo, se um empregado que deve fechar a porta do estabelecimento comercial não o faz para que terceiro possa mais tarde praticar uma subtração, há participação criminosa no furto, em decorrência do não cumprimento do dever jurídico de impedir o resultado.

A diferença entre conivência ou participação negativa e participação por omissão evidencia-se no seguinte exemplo: um pipoqueiro e um policial militar presenciam um torcedor de futebol ser espancado por membros da torcida adversária. Em vez de prestarem socorro, ficam rindo, não se importando se a vítima sobreviverá ou morrerá espancada (dolo eventual, portanto). O vendedor de pipoca não responde pelo homicídio, uma vez que não tinha o dever jurídico de impedir o resultado, mas tão somente pela omissão de socorro qualificada pelo resultado morte (CP, art. 135, parágrafo único). Não participou do homicídio, foi apenas conivente, tendo cometido um delito omissivo próprio. Isto é conivência ou participação negativa.

O miliciano, no entanto, será considerado partícipe do delito previsto no art. 121 do CP, pois, tendo o dever jurídico de agir, na modalidade dever legal (CP, art. 13, § 2º, *a*), realiza uma conduta omissiva imprópria, respondendo pelo resultado. Não se trata de mera conivência, pois ele participou de ação homicida, auxiliando na morte do ofendido,

---

199. *Direito penal*, cit., t. 2, p. 278.
200. *Direito penal*, cit., p. 278.

na medida em que, podendo e devendo fazê-lo, não interferiu nos acontecimentos. É um partícipe da ação homicida (participação por omissão).

Convém notar que a participação por omissão exige dolo, dada a necessidade de liame subjetivo, não sendo admissível participação culposa em crime doloso (o partícipe tem de se omitir, querendo ou aceitando o risco de o resultado ocorrer). Assim, se houver culpa, o policial responderá por homicídio culposo, e não por participação no homicídio doloso. Por exemplo, o militar se distrai comendo pipoca e, quando percebe a gravidade da situação, já é tarde demais. Atuou com negligência; logo, não pode responder pelo mesmo crime daqueles que, intencionalmente, mataram o torcedor.

32.8.9. Participação em crime omissivo

Não se confunde com a participação por omissão acima estudada. Segundo Aníbal Bruno, "pode-se concorrer por omissão em crime comissivo, como se pode concorrer por ação em crime omissivo próprio ou impróprio"[201].

A participação em crime omissivo consiste em uma atitude ativa do agente, que auxilia, induz ou instiga outrem a omitir a conduta devida. Por exemplo, se o agente instiga outrem a não efetuar o pagamento de sua prestação alimentícia, responderá pela participação no crime de abandono material.

Assim também ocorre quanto à conduta do paciente que convence o médico a não comunicar à autoridade competente a moléstia de que é portador e cuja notificação é compulsória.

32.8.10. Participação impunível

Ocorre quando o fato principal não chega a ingressar em sua fase executória. Como antes disso o fato não pode ser punido, a participação também restará impune (CP, art. 31).

32.9. Requisitos do concurso de pessoas

32.9.1. Pluralidade de condutas

Para que haja concurso de agentes, exigem-se, no mínimo, duas condutas, quais sejam, duas principais, realizadas pelos autores (coautoria), ou uma principal e outra acessória, praticadas, respectivamente, por autor e partícipe. Da mesma forma que "uma andorinha não faz verão", uma só conduta não caracteriza o concurso de pessoas.

32.9.2. Relevância causal de todas as condutas

Se a conduta não tem relevância causal, isto é, se não contribuiu em nada para a eclosão do resultado, não pode ser considerada como integrante do concurso de pessoas.

---

201. *Direito penal*, cit., t. 2, p. 278.

Assim, por exemplo, não se pode falar em concurso quando a outra conduta é praticada após a consumação do delito. Se ela não tem relevância causal, então o agente não concorreu para nada, desaparecendo o concurso.

32.9.3. Liame subjetivo ou concurso de vontades

É imprescindível a unidade de desígnios, ou seja, a vontade de todos de contribuir para a produção do resultado, sendo o crime produto de uma cooperação desejada e recíproca. Sem que haja um concurso de vontades objetivando um fim comum, desaparecerá o concurso de agentes, surgindo em seu lugar a chamada autoria colateral, com todas as consequências que serão adiante estudadas.

É necessária a homogeneidade de elemento subjetivo, não se admitindo participação dolosa em crime culposo e vice-versa. No caso, por exemplo, de um pai desalmado que coloca o filho menor no meio de uma autoestrada, propiciando, com isso, que ele seja atropelado e morto, será considerado autor mediato de homicídio doloso e não partícipe de homicídio culposo, pois se serviu do condutor do automóvel que esmagou a criança como se fosse instrumento de sua atuação.

Embora imprescindível que as vontades se encontrem para a produção do resultado, não se exige prévio acordo, bastando apenas que uma vontade adira à outra. Por exemplo, a babá abandona o infante em uma área de intensa criminalidade, objetivando seja ele morto. Será partícipe do homicídio, sem que o assassino saiba que foi ajudado.

32.9.4. Identidade de infração para todos

Tendo sido adotada a teoria unitária ou monista, em regra, todos, coautores e partícipes, devem responder pelo mesmo crime, ressalvadas apenas as exceções pluralísticas.

32.10. Outros conceitos

32.10.1. Autoria mediata

Autor mediato é aquele que se serve de pessoa sem condições de discernimento para realizar por ele a conduta típica. Ela é usada como um mero instrumento de atuação, como se fosse uma arma ou um animal irracional. O executor atua sem vontade ou consciência, considerando-se, por essa razão, que a conduta principal foi realizada pelo autor mediato.

A autoria mediata distingue-se da intelectual, porque nesta o autor intelectual atua como mero partícipe, concorrendo para o crime sem realizar a ação nuclear do tipo. É que o executor (o que recebeu a ordem ou promessa de recompensa) sabe perfeitamente o que está fazendo, não se podendo dizer que foi utilizado como instrumento de atuação. O executor é o autor principal, pois realizou o verbo do tipo, enquanto o mandante atua como partícipe, pela instigação, induzimento ou auxílio. Por exemplo, quem manda um pistoleiro matar, não mata, logo, não realiza o núcleo do tipo e não pode ser considerado autor (o art. 121 não descreve a conduta "mandar matar", mas "matar alguém"), respondendo como partícipe; agora, se o agente manda um louco realizar a conduta, aí sim será autor (mediato), porque o insano foi usado como seu instrumento (*longa manus*).

Hans Welzel cita, como exemplos clássicos de autoria mediata: (i) o médico que, dolosa e insidiosamente, entrega uma injeção de morfina, em dose demasiadamente forte, para a enfermeira, que, sem desconfiar de nada, a aplica em um enfermo, matando-o. O médico é autor mediato de homicídio doloso, pois usou sua assistente como instrumento de sua agressão, ao passo que a enfermeira não será partícipe deste delito, respondendo por crime culposo, desde que tenha atuado com imprudência ou negligência, ou por crime nenhum, se o seu erro tiver sido inevitável; (ii) "A" obriga "B", mediante grave ameaça, a ingerir substância abortiva. "A" é autor mediato de aborto, ao passo que "B" terá a sua culpabilidade excluída pela inexigibilidade de conduta diversa; (iii) o agente desmoraliza e ameaça a vítima, levando-a dolosamente a uma situação de desespero em que esta se suicida. Responde como autor mediato de homicídio, e não por indução e instigamento ao suicídio; (iv) "A", desejando a morte de um enfermo mental, incita-o a atacar "B", exímio atirador, o qual mata o demente em legítima defesa. "A" é autor mediato de homicídio doloso, pois usou "B" como extensão de seu corpo, para agredir a vítima[202].

Importante frisar que na autoria mediata ocorre adequação típica direta, porque para o ordenamento jurídico foi o próprio autor mediato quem realizou o núcleo da ação típica, ainda que pelas mãos de outra pessoa.

A autoria mediata pode resultar de:

(i) ausência de capacidade penal da pessoa da qual o autor mediato se serve. Por exemplo, induzir um inimputável a praticar crime;

(ii) coação moral irresistível. Se a coação for física, haverá autoria imediata, desaparecendo a conduta do coato;

(iii) provocação de erro de tipo escusável. Por exemplo, o autor mediato induz o agente a matar um inocente, fazendo-o crer que estava em legítima defesa;

(iv) obediência hierárquica. O autor da ordem sabe que esta é ilegal, mas se aproveita do desconhecimento de seu subordinado.

Em todos esses casos, não foi a conduta do autor mediato que produziu o resultado, mas a de pessoa por ele usada como mero instrumento de seu ataque.

→ **Atenção:** não há autoria mediata nos crimes de mão própria, nem nos delitos culposos; inexiste concurso de agentes entre o autor mediato e o executor usado.

32.10.2. Autoria colateral

Ocorre quando mais de um agente realiza a conduta, sem que exista liame subjetivo entre eles. Por exemplo, "A" e "B" disparam simultaneamente na vítima, sem que um conheça a conduta do outro.

---

202. *Derecho penal alemán*, cit., p. 124-126.

Ante a falta de unidade de desígnios, cada um responderá pelo crime que cometeu, ou seja, um será autor de homicídio consumado e o outro, de homicídio tentado, sendo inaplicável a teoria unitária ou monista.

32.10.3. Autoria incerta

Ocorre quando, na autoria colateral, não se sabe quem foi o causador do resultado.

No exemplo acima, surgirá a autoria incerta quando for impossível determinar-se qual dos dois executores efetuou o disparo causador da morte. Sabe-se quem realizou a conduta, mas não quem deu causa ao resultado (é certo que "A" e "B" atiraram, mas, se as armas têm o mesmo calibre, como saber qual o projétil causador da morte?). Nesse caso, aplicando-se o princípio do *in dubio pro reo*, ambos devem responder por homicídio tentado.

Convém lembrar aqui o famoso exemplo dos dois garçons que, desejando matar o indesejável freguês, o qual os ofende todos os dias, resolvem envenená-lo, sem que um saiba da conduta do outro. Uma pura coincidência: ambos decidiram matar a vítima no mesmo dia. Um ministra raticida na cervejinha e o outro na comida do ofendido, que vem a falecer. A perícia aponta a morte por envenenamento. Como não se sabe se a morte foi provocada pelo veneno da comida ou da bebida, a solução será aplicar o princípio do *in dubio pro reo*, responsabilizando ambos por tentativa. A inexistência do liame subjetivo impede que sejam condenados pelo resultado morte, sendo, conforme já assinalado, inaplicável a teoria unitária ou monista.

Observe-se que, se as doses fossem, por si sós, insuficientes para causar a morte, haveria crime impossível para os dois garçons, pois o que vale é o comportamento de cada um, isoladamente considerado, sendo irrelevante que a soma dos venenos tenha atingido a quantidade letal, pois não se pode responsabilizá-los objetivamente. Em outras palavras: como um não sabia da conduta do outro, não pode por ela responder.

32.10.4. Autoria desconhecida ou ignorada

Não se consegue apurar sequer quem foi o realizador da conduta. Difere da autoria incerta, porque, enquanto nesta se sabe quem foram os autores, mas não quem produziu o resultado, na ignorada não se sabe nem quem praticou a conduta. A consequência, nesse caso, é o arquivamento do inquérito policial, por ausência de indícios.

32.10.5. Multidão delinquente

É o caso de linchamentos ou crimes praticados sob influência de multidão em tumulto. Os agentes responderão pelo crime em concurso, tendo, no entanto, direito à atenuante genérica prevista no art. 65, III, *e*, do CP.

32.10.6. Delação e colaboração premiadas

No contexto de concurso de pessoas, vale uma rápida menção aos institutos da colaboração e delação premiadas. Na delação premiada, espécie do gênero colaboração, o agente, voluntariamente, colabora com a justiça penal apontando coautores ou partícipes, auxiliando na recuperação do produto ou proveito do crime, cooperando para que haja a localização da vítima com vida e integridade física preservadas, dentre outros, tudo com o fim de ser agraciado por benefícios penais.

Esse instituto está previsto em diversas leis esparsas, quais sejam, Lei de Crimes Hediondos (Lei n. 8.072/90, art. 8º, parágrafo único); Lei de Drogas (Lei n. 11.343/2006, art. 41); Lei de Proteção a Vítimas e Testemunhas (Lei n. 9.807/99, arts. 13 e 14); Lei do Crime Organizado (Lei n. 12.850/2013, art. 14); Lei de Lavagem de Capitais (Lei n. 9.613/98, art. 1º, § 5º); Lei dos Crimes contra a Ordem Tributária, Econômica e contra as Relações de Consumo (Lei n. 8.137/90, art. 16, parágrafo único); art. 159, § 4º, do Código Penal.

Por sua vez, a colaboração premiada se consubstancia num acordo jurídico entabulado entre acusação, ou a polícia (STF, ADIn 5.508, *DJe* 125, de 20-6-2018), e defesa, em razão do auxílio, voluntário, do agente à justiça penal, a fim de alcançar os fins descritos no art. 4º da Lei n. 12.850/2013, tais como apontando coautores ou partícipes, revelando informações relevantes para o desmantelamento da organização criminosa, auxiliando na recuperação do produto ou proveito do crime, cooperando para que haja a localização da vítima com vida e integridade física preservadas, dentre outros, tudo com o fim de alcançar benefícios legais.

33. COMUNICABILIDADE E INCOMUNICABILIDADE DE ELEMENTARES E CIRCUNSTÂNCIAS

Art. 30. Não se comunicam as circunstâncias e as condições de caráter pessoal, salvo quando elementares do crime.

33.1. Das circunstâncias

33.1.1. Conceito

São dados acessórios, não fundamentais para a existência da figura típica, que ficam a ela agregados, com a função de influenciar na pena. Como o próprio nome diz, apenas circundam o crime, não integrando a sua essência.

Dessa forma, sua exclusão não interfere na existência da infração penal, mas apenas a torna mais ou menos grave.

Encontram-se na Parte Geral ou na Parte Especial, situando-se, neste último caso, nos parágrafos dos tipos incriminadores (os chamados tipos derivados). Por exemplo, se o furto é praticado durante o repouso noturno, incide uma causa de aumento de pena de 1/3 (CP, art. 155, § 1º); se o roubo é cometido com emprego de arma, a pena será elevada de 2/3 (CP, art. 157, § 2º-A, I); se o homicídio é cometido sob o domínio de violenta emoção, logo em seguida a injusta provocação do ofendido, a pena será reduzida de 1/6 a 1/3 (CP, art. 121, § 1º).

Em todos esses casos, retirada a circunstância, o crime continua existindo, pois ocorre furto durante o dia, roubo sem emprego de arma e homicídio cometido com frieza, de maneira que a sua função é apenas a de influenciar na pena.

33.1.2. Espécies de circunstâncias

33.1.2.1. Subjetivas ou de caráter pessoal

Dizem respeito ao agente e não ao fato.

São elas: os antecedentes, a personalidade, a conduta social, os motivos do crime (quem tem motivo é o agente, e não o fato), a menoridade relativa, a maioridade senil (maior de setenta anos na data do julgamento), a reincidência, o parentesco do autor com o ofendido (cônjuge, ascendente, descendente ou irmão...) etc.

33.1.2.2. Objetivas

Relacionam-se ao fato, e não ao agente.

Por exemplo, o tempo do crime (se cometido à noite, de manhã, em época de festividades); o lugar do crime (local público, ermo, de grande circulação de pessoas); o modo de execução (emboscada, traição, dissimulação, surpresa); os meios empregados para a prática do crime (mediante arma, veneno, fogo, asfixia, tortura, explosivo, meio insidioso ou cruel); a qualidade da coisa (pequeno valor, bem público, de uso comum); a qualidade da vítima (mulher grávida, criança, velho ou enfermo) etc.

Além das circunstâncias, existem as chamadas elementares.

33.2. Das elementares

33.2.1. Conceito

Provêm de elemento, que significa componente básico, essencial, fundamental, configurando assim todos os dados fundamentais para a existência da figura típica, sem os quais esta desaparece (atipicidade absoluta) ou se transforma em outra (atipicidade relativa).

Ilustrando, não existe furto sem a conduta de subtrair (retirar contra a vontade da vítima). Por essa razão, o consentimento do ofendido exclui uma elementar e torna atípica a conduta.

Ainda, se a subtração não se dá com finalidade de assenhoreamento definitivo (para si ou para outrem), mas apenas para uso, também faltará uma elementar, do mesmo modo se a *res furtiva* não for coisa alheia móvel.

São, portanto, componentes básicos do furto: subtrair + coisa alheia móvel + para si ou para outrem. Sem nenhum desses dados não existe tal crime. São, por isso, suas elementares.

Sem pessoa humana viva como objeto material não existe homicídio; sem vida intrauterina é impossível o aborto; sem funcionário público como autor não existe crime contra a administração pública; sem o ardil ou a fraude não há estelionato.

As elementares encontram-se no *caput* dos tipos incriminadores, que, por essa razão, são chamados de tipos fundamentais.

33.2.2. Espécies de elementares

Do mesmo modo como sucede com as circunstâncias, as elementares podem ser objetivas ou subjetivas, conforme digam respeito ao fato ou ao agente.

33.3. Circunstâncias elementares

Respeitável segmento doutrinário, liderado por Nélson Hungria, sustenta existir uma categoria intermediária, a qual não chega a ser uma elementar, mas também não pode ser resumida a uma mera circunstância. Trata-se de entes híbridos, metade elementar, metade circunstância. São as chamadas circunstâncias elementares, assim retratadas por Alberto Silva Franco: "As circunstâncias são os fatos ou dados, de natureza objetiva ou subjetiva, que não interferem, porque acidentais, na configuração do tipo, destinando-se apenas a influir sobre a quantidade de pena cominada para efeito de aumentá-la ou de diminuí-la. Algumas circunstâncias participam, no entanto, da própria estrutura da figura criminosa e deixam, por via de consequência, de ser acidentais para se transformarem em circunstâncias essenciais ou elementares do tipo"[203]. São elas as qualificadoras. Não se cuidam de elementares, porque o crime existe mesmo sem elas (passaria a ser simples, em vez de qualificado), mas não são circunstâncias comuns, na medida em que fixam novos limites de pena (por exemplo, no homicídio, a pena passa de seis a vinte para doze a trinta anos), funcionando quase como um novo tipo.

Tal categoria recebe o mesmo tratamento das elementares, e os parágrafos em que se situam são chamados de tipos derivados autônomos ou independentes.

> **Nosso entendimento:** as qualificadoras são circunstâncias como outra qualquer, pois o que interessa é que, com ou sem a sua presença, o crime continuará existindo. Se a qualificadora fosse essencial, sem ela o delito desapareceria, o que não acontece.

Assim, não existe circunstância elementar, o que, inclusive, configura uma contradição em si mesma (algo como um palmeirense-corintiano). Ou o componente é essencial, encontra-se no *caput* e será elementar, ou configurará mera circunstância, sem nenhuma hierarquia.

33.4. A regra do art. 30 do CP

Feitos esses esclarecimentos, e considerando que não existem circunstâncias elementares, a norma do art. 30 do CP deve ser interpretada do seguinte modo:

(i) As circunstâncias subjetivas ou de caráter pessoal jamais se comunicam, sendo irrelevante se o coautor ou partícipe delas tinha conhecimento. Assim, se um dos agentes

---

203. *Código Penal*, cit., p. 382.

é reincidente, por exemplo, tal circunstância não se comunicará, em hipótese alguma, ainda que os demais dela tenham conhecimento.

(ii) As circunstâncias objetivas comunicam-se, mas desde que o coautor ou partícipe delas tenha conhecimento. Assim, por exemplo, se o crime for cometido por asfixia, o terceiro que dele participava somente responderá pela circunstância se tiver conhecimento dela.

(iii) As elementares, sejam objetivas, sejam subjetivas, se comunicam, mas desde que o coautor ou partícipe delas tenha conhecimento. Por exemplo, a condição de funcionário público é essencial para o delito do art. 312 do CP (peculato). Trata-se, portanto, de elementar. Pois bem, pouco importa o seu caráter subjetivo ou pessoal, porque, sendo elementar, comunica-se ao partícipe que dela tiver ciência. Assim, o particular que, conscientemente, participa de um peculato responde por esse crime, ante o disposto no art. 30 do CP.

33.5. Casos específicos

33.5.1. Concurso de pessoas no infanticídio

Esse crime é composto pelos seguintes elementos: ser mãe (crime próprio); matar; o próprio filho; durante o parto ou logo após; sob influência do estado puerperal. É o crime em que a mãe mata o próprio filho, durante o parto ou logo após, sob influência do estado puerperal. Essa é a descrição típica contida no art. 123 do Código Penal. Excluído algum dos dados constantes do infanticídio, a figura típica deixará de existir como tal, passando a ser outro crime (atipicidade relativa).

Todos os componentes do tipo, inclusive o estado puerperal, são, portanto, elementares desse crime. Assim, em regra, comunicam-se ao coautor ou partícipe, salvo se ele desconhecia a sua existência, evitando-se a responsabilidade objetiva.

Diferentes, porém, poderão ser as consequências, conforme o terceiro seja autor, coautor ou partícipe.

Vejamos três situações possíveis.

(i) A mãe mata o próprio filho, contando com o auxílio de terceiro: mãe é autora de infanticídio, e as elementares desse crime comunicam-se ao partícipe, que, assim, responde também por ele. Somente no caso de o terceiro desconhecer alguma elementar é que responderá por homicídio. A "circunstância" de caráter pessoal (estado puerperal) comunica-se ao partícipe, justamente porque não é circunstância, mas elementar.

(ii) O terceiro mata o recém-nascido, contando com a participação da mãe: aquele comete crime de homicídio, pois foi autor da conduta principal, inexistindo correspondência entre a sua ação e os elementos definidores do infanticídio. Opera-se a adequação típica imediata entre a sua conduta e a prevista no art. 121 do Código Penal. Ele matou alguém; logo, cometeu homicídio. A mãe foi sua partícipe, já que não realizou o núcleo do tipo (não matou, apenas ajudou), devendo responder por homicídio.

> **Nosso entendimento:** embora essa seja a solução apontada pela boa técnica jurídica e a prevista no art. 29, *caput*, do Código Penal (todo aquele que concorre para um crime incide nas penas a ele cominadas), não pode, aqui, ser adotada, pois levaria ao seguinte contrassenso: se a mãe matasse a criança, responderia por infanticídio, mas, como apenas ajudou, responderá por homicídio. Não seria lógico.

Nessa segunda hipótese, a mãe, portanto, responde por infanticídio.

(iii) Mãe e terceiro executam em coautoria a conduta principal, matando a vítima: a mãe será autora de infanticídio, e o terceiro, por força da teoria unitária ou monista, responderá pelo mesmo crime, nos termos expressos do art. 29, *caput*, do Código Penal.

→ **Atenção:** alguns autores distinguem as circunstâncias pessoais das personalíssimas, concluindo que em relação a estas não há comunicabilidade. Para essa corrente, o estado puerperal, apesar de elementar, não se comunica ao partícipe, que responderá por homicídio, evitando que se beneficie de um privilégio imerecido.

Apesar de aparentemente mais justo, esse entendimento não tem amparo legal, pois o art. 30 não distingue entre elementares pessoais e personalíssimas. Sendo elementar, comunica-se, salvo quando desconhecida. Compartilha esse entendimento José Frederico Marques[204].

Nélson Hungria chegou a fazer distinção entre elementar pessoal e personalíssima, entendendo ser incomunicável esta última. Em sua última edição dos *Comentários ao Código Penal*, no entanto, modificou seu entendimento, reconhecendo que a lei não autoriza qualquer distinção entre pessoal e personalíssima. Assim, quando forem circunstâncias, serão incomunicáveis, e, quando elementares, comunicáveis[205].

33.5.2. Qualificadora da promessa de recompensa no homicídio

O homicídio continua existindo com ou sem essa qualificadora, por se tratar de mera circunstância. A lei procurou aumentar a pena do executor de homicídio que atua impelido pelo abjeto e egoístico motivo pecuniário, reservando tratamento mais severo para os chamados "matadores de aluguel".

A circunstância tem caráter pessoal, porque se trata do motivo do crime, ou seja, algo ligado ao agente, não ao fato (é o autor quem tem motivos para fazer ou deixar de fazer alguma coisa e não o fato).

Assim, tratando-se de circunstância de caráter pessoal, não se comunica ao partícipe, nos termos expressos do art. 30.

Por exemplo, pai desesperado, que deseja eliminar perigoso marginal que estuprou e matou sua filha, contrata pistoleiro profissional, o qual comete o homicídio sem saber dos motivos de seu contratante, apenas pela promessa de paga. Evidentemente, não

---

204. *Tratado*, cit., v. 2, p. 410.
205. Nélson Hungria, *Comentários*, cit., v. 5, p. 266.

poderão responder pelo mesmo crime, pois seus motivos são diversos e incomunicáveis. O pai responderá por homicídio privilegiado (partícipe), e o executor, por crime qualificado (autor).

Essa posição não é pacífica. Há quem sustente (Nélson Hungria) que as qualificadoras não são circunstâncias comuns, mas um meio-termo entre as elementares e as circunstâncias, ou seja, encontram-se situadas em uma zona cinzenta, intermediária, não sendo nem uma coisa, nem outra. São, na verdade, circunstâncias-elementares e, como tais, seguem a regra das elementares, comunicando-se independentemente de sua natureza subjetiva ou objetiva. A qualificadora da promessa de recompensa, portanto, como circunstância elementar, comunicar-se-ia ao mandante, tal e qual uma elementar.

> **Nosso entendimento:** só existem elementares (que estão no *caput* e são essenciais para a existência do crime) e circunstâncias (que estão nos parágrafos e não são fundamentais, de modo que, mesmo excluídas, a infração continua existindo). Sem a qualificadora o crime ainda existe, só que na forma simples ou privilegiada, de modo que configura mera circunstância.

33.6. Participação impunível

São atípicos o auxílio, a instigação e o induzimento de fato que fica na fase preparatória, sem que haja início de execução (CP, art. 31).

Por exemplo, um sujeito pede a um chaveiro uma chave falsa para cometer um furto e é atendido pelo irresponsável profissional; no entanto, comete o furto por escalada, sem usar o artefato. Como não houve nenhuma contribuição causal do chaveiro, este não será considerado partícipe do furto. Seu auxílio não chegou a ingressar sequer na fase de execução, sendo, portanto, impunível (na verdade, tecnicamente falando, sua conduta seria atípica).

34. DA SANÇÃO PENAL

34.1. Considerações preliminares

A sanção penal comporta duas espécies: a pena e a medida de segurança.

34.2. Conceito de pena

Sanção penal de caráter aflitivo, imposta pelo Estado, em execução de uma sentença, ao culpado pela prática de uma infração penal, consistente na restrição ou privação de um bem jurídico, cuja finalidade é aplicar a retribuição punitiva ao delinquente, promover a sua readaptação social e prevenir novas transgressões pela intimidação dirigida à coletividade.

34.3. Finalidades

As finalidades da pena são explicadas por três teorias. Vejamos cada uma delas.

34.3.1. Teoria absoluta ou da retribuição

A finalidade da pena é punir o autor de uma infração penal. A pena é a retribuição do mal injusto, praticado pelo criminoso, pelo mal justo previsto no ordenamento jurídico (*punitur quia peccatum est*).

34.3.2. Teoria relativa, finalista, utilitária ou da prevenção

A pena tem um fim prático e imediato de prevenção geral ou especial do crime (*punitur ne peccetur*).

A prevenção é especial porque a pena objetiva a readaptação e a segregação sociais do criminoso como meios de impedi-lo de voltar a delinquir. A prevenção geral é representada pela intimidação dirigida ao ambiente social (as pessoas não delinquem porque têm medo de receber a punição).

34.3.3. Teoria mista, eclética, intermediária ou conciliatória

A pena tem a dupla função de punir o criminoso e prevenir a prática do crime, pela reeducação e pela intimidação coletiva (*punitur quia peccatum est et ne peccetur*).

34.4. Características da pena

34.4.1. Legalidade

A pena deve estar prevista em lei vigente, não se admitindo seja cominada em regulamento ou ato normativo infralegal (CP, art. 1º, e CF, art. 5º, XXXIX).

34.4.2. Anterioridade

A lei já deve estar em vigor na época em que for praticada a infração penal (CP, art. 1º, e CF, art. 5º, XXXIX).

34.4.3. Personalidade

A pena não pode passar da pessoa do condenado (CF, art. 5º, XLV). Assim, a pena de multa, ainda que considerada dívida de valor para fins de cobrança, não pode ser exigida dos herdeiros do falecido.

34.4.4. Individualidade

A sua imposição e cumprimento deverão ser individualizados de acordo com a culpabilidade e o mérito do sentenciado (CF, art. 5º, XLVI).

34.4.5. Inderrogabilidade

Salvo as exceções legais, a pena não pode deixar de ser aplicada sob nenhum fundamento. Assim, por exemplo, o juiz não pode extinguir a pena de multa levando em conta seu valor irrisório.

34.4.6. Proporcionalidade

A pena deve ser proporcional ao crime praticado (CF, art. 5º, XLVI e XLVII). Logo, de acordo com a Súmula 440 do STJ, "Fixada a pena-base no mínimo legal, é vedado o estabelecimento de regime prisional mais gravoso do que o cabível em razão da sanção imposta, com base apenas na gravidade abstrata do delito".

34.4.7. Humanidade

Não são admitidas as penas de morte, salvo em caso de guerra declarada, perpétuas (CP, art. 75), de trabalhos forçados, de banimento e cruéis (CF, art. 5º, XLVII).

34.5. Classificação

As penas classificam-se em:

(i) privativas de liberdade;

(ii) restritivas de direitos;

(iii) pecuniárias.

35. DAS PENAS PRIVATIVAS DE LIBERDADE

35.1. Espécies

São três:

(i) Reclusão;

(ii) Detenção;

(iii) Prisão simples (para as contravenções penais).

35.2. Regimes penitenciários

(i) Fechado: cumpre a pena em estabelecimento penal de segurança máxima ou média.

(ii) Semiaberto: cumpre a pena em colônia penal agrícola, industrial ou em estabelecimento similar.

(iii) Aberto: trabalha ou frequenta cursos em liberdade, durante o dia, e recolhe-se em Casa do Albergado ou estabelecimento similar à noite e nos dias de folga.

35.3. Do regime inicial de cumprimento de pena

35.3.1. Considerações preliminares

De acordo com o art. 110 da Lei de Execução Penal, o juiz deverá estabelecer na sentença o regime inicial de cumprimento da pena, com observância do art. 33 do Código Penal, o qual estabelece distinção quanto à pena de reclusão e de detenção.

35.3.2. Sentença omissa quanto ao regime inicial

Se não houver expressa menção quanto ao regime inicial, a dúvida deve ser resolvida em prol do regime mais benéfico, desde que juridicamente cabível. Por exemplo, réu primário condenado a 6 anos de reclusão, sem que a sentença faça referência alguma quanto ao regime inicial. Sendo possíveis, na hipótese, tanto o fechado quanto o semiaberto, a pena deverá ser cumprida neste último, por ser mais brando.

35.3.3. Gravidade do delito e regime inicial fechado

A gravidade do delito por si só não basta para determinar a imposição do regime inicial fechado, sendo imprescindível verificar o conjunto das circunstâncias de natureza objetiva e subjetiva previstas no art. 59 do CP, tais como grau de culpabilidade, personalidade, conduta social, antecedentes etc., salvo se, devido à quantidade da pena, for obrigatório aquele regime.

Nesse sentido, o julgado recente do HC 612.016/SP em que "O regime de cumprimento de pena mais gravoso até pode ser estabelecido, mas, para tanto, é necessária fundamentação específica, com base em elementos concretos extraídos dos autos" (STJ, HC 612.016/SP, *DJU* 22-9-2020).

Em igual sentido é o teor da Súmula 718 do STF: "A opinião do julgador sobre a gravidade em abstrato do crime não constitui motivação idônea para a imposição de regime mais severo do que o permitido segundo a pena aplicada".

No mesmo sentido: Súmula 440 do STJ: "Fixada a pena no mínimo legal, é vedado o estabelecimento de regime prisional mais gravoso do que o cabível em razão da sanção imposta, com base apenas na gravidade abstrata do delito".

Finalmente, convém ressaltar que é possível a fixação de regime inicial de cumprimento de pena mais gravoso com base no perigo concreto do delito, somada a outras circunstâncias envolvendo a prática do crime, conforme se vê no julgamento do AgRg no HC 604.159/RJ, julgado pelo STJ (*DJU* 22-9-2020).

35.3.4. Regimes penitenciários iniciais da pena de reclusão

(i) Se a pena imposta for superior a 8 anos: inicia o seu cumprimento em regime fechado.

(ii) Se a pena imposta for superior a 4, mas não exceder a 8 anos: inicia em regime semiaberto.

(iii) Se a pena for igual ou inferior a 4 anos: inicia em regime aberto.

(iv) Se o condenado for reincidente: independentemente de a pena ser superior a 8 anos ou superior a 4, mas não exceder a 8 anos, o regime inicial será o fechado. Entretanto, se a pena for de até 4 anos, o regime inicial poderá ser o semiaberto (se as circunstâncias judiciais forem favoráveis) ou o fechado (se as circunstâncias judiciais forem desfavoráveis). Nesse sentido, a Súmula 269 do STJ: É admissível a adoção do regime prisional semiaberto aos reincidentes condenados a pena igual ou inferior a quatro anos se favoráveis as circunstâncias judiciais.

Outra exceção criada pela jurisprudência ocorreu em um caso no qual o réu, reincidente, furtou bem insignificante. Nessa situação, o STF concordou com a atitude do magistrado que não aplicou o princípio da insignificância para declarar o fato atípico, frente à reincidência do réu, mas utilizou a circunstância de o bem furtado ser insignificante para fins de fixar o regime inicial aberto. "Desse modo, o juiz não absolve o réu, mas utiliza a insignificância para criar uma exceção jurisprudencial à regra do art. 33, § 2º, c, do CP, com base no princípio da proporcionalidade" (STF, 1ª Turma, HC 135164/MT, Rel. Min. Marco Aurélio, red. p/ ac. Min. Alexandre de Moraes, julgado em 23-4-2019. *Info* 938).

> **Nosso entendimento:** discordamos desta posição, uma vez que, segundo o art. 33, § 2º, *b* e *c*, os regimes iniciais semiaberto e aberto pressupõem primariedade do sentenciado. Para nós, reincidente que recebe pena de reclusão deve sempre começar seu cumprimento no regime fechado.

Há, também, uma possibilidade excepcional de o juiz conceder o regime aberto ao sentenciado a reclusão mesmo que reincidente, qual seja, quando, embora reincidente, o sentenciado foi anteriormente condenado a pena de multa, desde aquela fosse inferior ou igual a 4 anos. O fundamento se dá pelo art. 77, § 1º, do Código Penal, que permite a concessão de *sursis* ao sentenciado que, embora reincidente, foi condenado anteriormente apenas à pena de multa.

(v) Se as circunstâncias do art. 59 do CP forem desfavoráveis ao condenado: inicia em regime fechado.

Não se tratando de pena superior a 8 anos (art. 33, § 2º, *a*, do CP), a imposição de regime inicial fechado depende de fundamentação adequada em face do que dispõem as alíneas *a*, *b* e *c* do mesmo parágrafo (2º) e também o § 3º, c/c o art. 59 do mesmo diploma. Em igual sentido é o teor da Súmula 719 do STF: "A imposição do regime de cumprimento mais severo do que a pena aplicada permitir exige motivação idônea".

35.3.5. Regimes penitenciários iniciais da pena de detenção

(i) Se a pena for superior a 4 anos: inicia em regime semiaberto.

(ii) Se a pena for igual ou inferior a 4 anos: inicia em regime aberto.

(iii) Se o condenado for reincidente: inicia no regime mais gravoso existente, ou seja, no semiaberto.

(iv) Se as circunstâncias do art. 59 do Código Penal forem desfavoráveis ao condenado: inicia no regime mais gravoso existente, ou seja, no semiaberto.

→ **Atenção:** não existe regime inicial fechado na pena de detenção (CP, art. 33, *caput*), a qual começa obrigatoriamente em regime semiaberto ou aberto.

O Superior Tribunal de Justiça já decidiu que o regime inicial de cumprimento da pena de detenção deve ser o aberto ou semiaberto, até porque assim prevê a lei, de acordo com o dispositivo legal mencionado, contudo, é admitido o regime fechado em caso de regressão.

Tal entendimento vem sendo mantido pelos demais tribunais. Assim, se o réu comete crime apenado com detenção, sendo condenado a cumprir a respectiva pena em regime aberto ou semiaberto, poderá regredir de regime no caso de falta grave.

35.3.5.1. Regime inicial fechado na pena de detenção

O CP somente veda o regime inicial fechado, não impedindo que o condenado a pena de detenção submeta-se a tal regime, em virtude de regressão.

DAS PENAS PRIVATIVAS DE LIBERDADE	
RECLUSÃO	*DETENÇÃO*
• **Regime inicial fechado:** pena aplicada superior a 8 anos	• **Regime inicial semiaberto:** pena aplicada superior a 4 anos
• **Regime inicial semiaberto:** pena maior que 4 anos e não superior a 8 anos	• **Regime inicial aberto:** pena igual ou inferior a 4 anos
• **Regime inicial aberto:** 4 anos ou menos	• **Réu reincidente:** semiaberto
• **Réu reincidente:** a lei diz que o regime inicial fechado é obrigatório, mas a Súmula 269 do STJ diz que o juiz poderá fixar o semiaberto se a pena aplicada ao reincidente não exceder a 4 anos	• **Circunstâncias judiciais desfavoráveis:** juiz pode impor regime inicial semiaberto (faculdade)
• **Circunstâncias judiciais desfavoráveis:** juiz pode impor regime inicial fechado (é discricionário)	

35.3.6. Regime inicial na pena de prisão simples

Não existe regime inicial fechado, devendo a pena ser cumprida em semiaberto ou aberto, em estabelecimento especial ou seção especial de prisão comum, sem rigor penitenciário (LCP, art. 6º).

A diferença em relação à pena de detenção é que a lei não permite o regime fechado nem mesmo em caso de regressão, ao contrário do que acontece na pena de detenção. A regressão, quanto à pena de prisão simples, só ocorre do aberto para o semiaberto.

35.3.7. Soma e unificação de penas para aplicação da regra do concurso de crimes e regime inicial de cumprimento de pena

O regime inicial de cumprimento de pena será determinado de acordo com o total imposto, seja este resultante da soma, como no caso de concurso material ou formal imperfeito, seja da aplicação do critério da exasperação, na hipótese de concurso formal perfeito e crime continuado.

Se houver alguma pena de reclusão, o regime inicial será determinado de acordo com o montante a ser cumprido (se superior a 8 anos, regime fechado; se superior a 4, mas não exceder a 8, semiaberto; se igual ou inferior a 4, aberto), salvo em se tratando de reincidente, caso em que o regime inicial será obrigatoriamente fechado.

Se todas as penas impostas forem de detenção, na pior das hipóteses o regime inicial será o semiaberto, pois só existe regime fechado na pena de detenção em caso de regressão.

Sobrevindo alguma nova condenação durante a execução, a nova pena será somada ou unificada com o restante e sobre o total far-se-á o cálculo do novo regime a ser cumprido. Assim, se, por exemplo, quando faltavam 2 anos de detenção, sobreviessem 7 anos de reclusão, em virtude de novo processo, os 9 restantes (2 de detenção + 7 de reclusão) teriam de ser cumpridos em regime fechado.

No caso de condenações provenientes de diferentes processos, procede-se, inicialmente, ao cálculo de soma ou unificação de penas (quando houver conexão ou continência entre os crimes) e, em seguida, de acordo com o total a que se chegar, fixa-se o regime inicial.

35.4. Classificação dos condenados e individualização da execução penal

De acordo com o art. 5º da Lei de Execuções Penais, "os condenados serão classificados, segundo os seus antecedentes e personalidade, para orientar a individualização da execução penal". "A classificação será feita por Comissão Técnica de Classificação (CTC) que elaborará o programa individualizador da pena privativa de liberdade adequada ao condenado ou preso provisório" (art. 6º).

A Constituição Federal estabelece em seu art. 5º, XLVI, que a lei regulará a individualização da pena. Individualizar a pena é também adaptar a sua execução às características pessoais do condenado, com o objetivo de proporcionar a sua reintegração social.

Buscando sempre readaptar o condenado ao convívio social, a individualização da pena, em matéria de execução, pressupõe que "a cada sentenciado, conhecida a sua personalidade e analisado o fato cometido, corresponda tratamento penitenciário adequado" (cf. Exposição de Motivos da Lei de Execução Penal).

Instrumento importante para buscar a individualização da execução da pena é a prévia classificação dos criminosos de acordo com seus antecedentes e personalidade. Ela será feita pela Comissão Técnica de Classificação, órgão colegiado presidido pelo diretor do estabelecimento carcerário e composto por um psicólogo, um psiquiatra e um assistente social, além de dois chefes de serviço, desde que se trate de pena privativa de liberdade, ou composto apenas por fiscais do Serviço Social, nos demais casos.

A redação do art. 6º da LEP restringe as funções da Comissão Técnica de Classificação, a qual não tem a missão de acompanhar a execução das penas privativas de liberdade, nem pode propor progressões ou regressões de regime.

Atualmente, o art. 6º da LEP diz apenas que caberá à CTC elaborar o programa individualizador da pena privativa de liberdade adequada ao condenado ou ao preso provisório, sem fazer referência ao acompanhamento do cumprimento da pena privativa de liberdade. Com isso, caberá, agora, à Comissão Técnica de Classificação, apenas no início da pena, submeter o condenado a exame criminológico, estabelecer seu perfil psicológico e classificá-lo de acordo com a sua personalidade, bem como com seus antecedentes.

A partir daí, elaborará todo o programa individualizador da pena privativa de liberdade, nos termos dos arts. 5º e 6º da LEP, bem como do art. 34, *caput*, do CP, o qual dispõe: "O condenado será submetido, no início do cumprimento da pena, a exame criminológico de classificação para individualização da execução".

O mesmo art. 6º da LEP inclui o preso provisório no rol daqueles que estarão sujeitos ao programa individualizador elaborado pela Comissão Técnica de Classificação, suscitando críticas na doutrina: "Não se encontra justificativa para inclusão do preso provisório, mesmo porque, de regra recolhidos em cadeias públicas (LEP, art. 102), e estas não dispõem de condições para formar a CTC (Comissão Técnica de Classificação), conforme prevê o art. 7º. Demais disso, não se compactua com a ideia de realização de exame criminológico em relação ao preso provisório, ainda que já sentenciado, mas sem que tenha ocorrido o trânsito em julgado da condenação, devido ao Princípio constitucional da Presunção de Inocência"[206].

Para classificar os delinquentes de acordo com sua personalidade, é necessário recorrer à biotipologia, que é o estudo da personalidade do criminoso. O exame criminológico é uma das espécies de biotipologia. É obrigatório para os condenados à pena privativa de liberdade em regime fechado (LEP, art. 8º, *caput*) e facultativo para os condenados a cumprir pena em regime semiaberto (art. 8º, parágrafo único). Surge aqui uma contradição: o art. 35, *caput*, do CP, contrariamente ao que dispõe o parágrafo único do art. 8º, determina a obrigatoriedade do exame criminológico também para os condenados em regime semiaberto. Embora a questão não seja pacífica, predomina o entendimento jurisprudencial de que a Lei de Execução Penal, lei especial, deve prevalecer, sendo, portanto, facultativo o exame nesse caso.

35.5. Da progressão de regime

35.5.1. Considerações preliminares e conceito

A sentença penal condenatória, ao transitar em julgado, o faz com a cláusula *rebus sic stantibus*, ou seja, será imutável apenas enquanto os fatos permanecerem como se encontram.

A alteração da situação fática existente ao tempo da condenação faz com que o Juízo da execução promova as necessárias adaptações a fim de adequar a decisão à nova realidade.

---

206. Maurício Kuehne, Direito penal e processual penal, *Revista Magister*, ano I, n. 2, out./nov. 2004, Porto Alegre, Ed. Magister, p. 7.

Assim, o fato de alguém ter recebido um determinado regime de cumprimento da pena não significa que tenha de permanecer todo o tempo nesse mesmo regime. O processo de execução é dinâmico e, como tal, está sujeito a modificações.

Todavia, o legislador previu a possibilidade de alguém, que inicia o cumprimento de sua pena em um regime mais gravoso (fechado ou semiaberto), obter o direito de passar a uma forma mais branda e menos expiativa de execução. A isso denomina-se progressão de regime. Trata-se da passagem do condenado de um regime mais rigoroso para outro mais suave, de cumprimento da pena privativa de liberdade, desde que satisfeitas as exigências legais (requisitos para a progressão).

35.5.2. Requisitos para a progressão de regime

São dois:

(i) Objetivo: consiste no tempo de cumprimento de pena no regime anterior, que, antes do advento da Lei n. 13.964/2019, era de, em regra, 1/6 da pena. Agora, com a novel legislação, o tempo de cumprimento de pena foi alterado para o seguinte:

(i) 16% da pena, se o apenado for primário e o crime tiver sido cometido sem violência à pessoa ou grave ameaça (art. 112, I, da LEP);

(ii) 20% da pena, se o apenado for reincidente em crime cometido sem violência à pessoa ou grave ameaça (art. 112, II, da LEP);

(iii) 25% da pena, se o apenado for primário e o crime tiver sido cometido com violência à pessoa ou grave ameaça (art. 112, III, da LEP);

(iv) 30% da pena, se o apenado for reincidente em crime cometido com violência à pessoa ou grave ameaça (art. 112, IV, da LEP);

(v) 40% da pena, se o apenado for condenado pela prática de crime hediondo ou equiparado, se for primário (art. 112, V, da LEP);

(vi) 50% da pena, se condenado pela prática de crime hediondo ou equiparado, com resultado morte, se for primário, vedado o livramento condicional (art. 112, VI, *a*, da LEP); por exercer o comando, individual ou coletivo, de organização criminosa estruturada para a prática de crime hediondo ou equiparado (art. 112, VI, *b*, da LEP); condenado pela prática do crime de constituição de milícia privada (art. 112, *c*, da LEP);

(vii) 60% da pena, se o apenado for reincidente na prática de crime hediondo ou equiparado;

(viii) 70% da pena, se o apenado for reincidente em crime hediondo ou equiparado com resultado morte, vedado o livramento condicional.

A cada nova progressão exige-se o requisito temporal. O novo cumprimento da porcentagem da pena (16, 20, 25, 30 ou 50%), porém, refere-se ao restante da pena e não à pena inicialmente fixada na sentença.

→ **Atenção:** para os crimes hediondos e equiparados o requisito objetivo deve atingir os patamares de 40%, para os réus primários; 50% para os réus primários que praticaram crime hediondo ou equiparado com resultado morte; 60% para os réus reincidentes e 70% para os réus reincidentes que praticaram crime hediondo ou equiparado com resultado morte, da pena efetivamente cumprida (art. 112, V, VI, VII e VIII, da LEP)[207]. Conforme entendimento jurisprudencial, a porcentagem de 60 e 70% somente são aplicadas em caso de reincidente específico, que tenha sido condenado pela prática de outro crime hediondo ou equiparado (STJ, 6ª Turma, HC 581315-PR, Rel. Min. Sebastião Reis Júnior, julgado em 6-10-2020. *Info* 681, STF, Plenário, ARE 1.327.963/SP, Rel. Min. Gilmar Mendes, julgado em 17-9-2021. Repercussão Geral – Tema 1.169, *Info* 1.032).

(ii) Subjetivo: compreende a boa conduta carcerária, assim atestada pelo diretor do estabelecimento carcerário (art. 112, § 1º, da LEP – com redação dada pela Lei n. 13.964/2019). Boa conduta significa o preenchimento de uma série de requisitos de ordem pessoal, tais como a autodisciplina, o senso de responsabilidade do sentenciado e o esforço voluntário e responsável deste em participar do conjunto das atividades destinadas a sua harmônica integração social, avaliado de acordo com seu comportamento perante o delito praticado, seu modo de vida e sua conduta carcerária.

→ **Atenção:** consoante o § 6º do art. 112 da LEP, com redação dada pela citada lei: "O cometimento de falta grave durante a execução da pena privativa de liberdade interrompe o prazo para a obtenção da progressão de regime de cumprimento de pena, caso em que o reinício da contagem do requisito objetivo terá como base a pena remanescente".

Vale mencionar que a decisão do juiz que determinar a progressão de regime será sempre motivada e precedida de manifestação do Ministério Público e do defensor (art. 112, § 2º, da LEP – com redação dada pela Lei n. 13.964/2019).

Ainda, importante lembrar que a Lei n. 10.792/2003 suprimiu a exigência de outro requisito, qual seja, que a decisão, motivada, fosse precedida de parecer da Comissão Técnica de Classificação e do exame criminológico, quando necessário. A Lei n. 13.964/2019, por sua vez, não restabeleceu esse requisito.

Tal omissão, no entanto, não impede o juiz da execução, se entender necessário para sua convicção, de exigir a realização do exame criminológico, como instrumento auxiliar capaz de respaldar o provimento jurisdicional concessivo ou denegatório do benefício.

O STJ, inclusive, editou a Súmula 439, no sentido de que: "Admite-se exame criminológico pelas peculiaridades do caso, desde que em decisão motivada".

No tocante ao parecer da Comissão Técnica de Classificação, temos, igualmente, que tal pode ser realizado, se o Juízo das Execuções, diante das peculiaridades da causa, assim o entender, servindo de base para o deferimento ou indeferimento do pedido, desde que o faça de forma fundamentada.

Ademais, a LEP, mesmo com as modificações realizadas pela Lei n. 13.964/2019, que, aliás, também não fez menção ao parecer técnico em questão, conforme já mencionado,

---

207. De acordo com o § 5º do art. 112 da LEP: "Não se considera hediondo ou equiparado, para os fins deste artigo, o crime de tráfico de drogas previsto no § 4º do art. 33 da Lei n. 11.343/2006" (redação dada pela Lei n. 13.964/2019).

não impede que o juiz da execução colha a opinião da Comissão Técnica de Classificação, a qual individualizou o cumprimento da pena desde o seu início, nem que exija exame criminológico. Em ambos os casos há uma faculdade por parte do juiz.

→ **Atenção**: o termo inicial para a progressão de regime, segundo se deliberou majoritariamente, e em conformidade com jurisprudência dos Tribunais Superiores, deverá ser a data em que se considerarem preenchidos os requisitos objetivo e subjetivo descritos no art. 112 da Lei de Execução Penal, e não a data em que efetivamente foi deferida a progressão. Importante ressaltar que o termo inicial será o do momento em que for preenchido o último requisito, seja objetivo ou subjetivo (TJ/SP: Agravo de Execução Penal n. 0006793-98.2023.8.26.0502, Rel. Desembargador Hermann Herschander, julgado em 26-7-2023).

35.5.3. Manifestação do Ministério Público e do defensor

É obrigatória a manifestação prévia do Ministério Público e do defensor, para a concessão de progressão de regime, consoante art. 112, § 2º, da LEP (com redação dada pela Lei n. 13.964/2019).

35.5.4. Progressão por salto

Consiste na passagem direta do regime fechado para o aberto. Não é permitida pela LEP, a qual exige o cumprimento de determinado *quantum* de pena no regime anterior que, antes da vigência da Lei n. 13.964/2019, era de 1/6, agora é de 16, 20, 25, 30 ou 50%, a depender do caso, consoante art. 112, I, II, III, IV e VI, *b* e *c*, da LEP. Por essa razão a lei vigente torna obrigatória a passagem pelo regime intermediário (semiaberto).

Na Exposição de Motivos da Lei de Execução Penal, afirma-se claramente que "se o condenado estiver no regime fechado não poderá ser transferido diretamente para o regime aberto".

Em 2012, a progressão *per saltum* foi sumulada pelo STJ, pacificando a questão. SúEm 2012, a progressão *per saltum* foi sumulada pelo STJ, pacificando a questão. Súmula 491: "É inadmissível a chamada progressão *per saltum* de regime prisional".

De acordo com o entendimento do STF, exarado quando ainda vigente a fração de 1/6, a quantidade de pena cumprida pela segunda vez tem como base a pena imposta na sentença que se está executando, e não o tempo que resta a cumprir.

Por exemplo, o réu é condenado a 12 anos de reclusão; após o cumprimento de 1/6 da pena, ou seja, 2 anos, tem direito a passar para o regime semiaberto, desde que seu mérito autorize a progressão. Para obter a passagem para o regime aberto, teria de cumprir mais 1/6. Tal período deve incidir sobre os 12 anos aplicados na sentença, e não sobre os 10 anos que restaram.

Nosso entendimento: o segundo 1/6 (ou a porcentagem definida conforme art. 112 da LEP) deveria ser calculado pela pena restante, ante o princípio de que pena cumprida é pena extinta (CP, art. 113.

É provável que o mesmo raciocínio venha a valer para a nova lei, mas, evidentemente, com um *quantum* de pena diferente, ou seja, em vez de 1/6, será de 16, 20, 25, 30 ou 50% da pena, a depender do caso.

35.5.5. Falta de vaga no regime semiaberto

A alegação de falta de instituição para cumprimento da pena no regime semiaberto não autoriza, em princípio, ao magistrado a oportunidade de conceder regime aberto ou prisão-albergue domiciliar ao sentenciado que se encontra cumprindo pena em regime fechado. A evolução do regime prisional fechado há que ser, obrigatoriamente, para o regime semiaberto, conforme gradação estabelecida no art. 33, § 1º, do Código Penal.

O STF pacificou essa questão na Súmula Vinculante n. 56: "A falta de estabelecimento penal adequado não autoriza a manutenção do condenado em regime prisional mais gravoso, devendo-se observar, nesta hipótese, os parâmetros fixados no Recurso Extraordinário (RE) 641.320". Ao dar parcial provimento ao RE 641.320, o Plenário do Supremo seguiu o voto do relator, Ministro Gilmar Mendes, e fixou a tese nos seguintes termos: (i) a falta de estabelecimento penal adequado não autoriza a manutenção do condenado em regime prisional mais gravoso; (ii) os juízes da execução penal poderão avaliar os estabelecimentos destinados aos regimes semiaberto e aberto, para qualificação como adequados a tais regimes. São aceitáveis estabelecimentos que não se qualifiquem como "colônia agrícola, industrial" (regime semiaberto) ou "casa de albergado ou estabelecimento adequado" (regime aberto) (art. 33, § 1º, *b* e *c*); (iii) havendo déficit de vagas, deverá determinar-se: (i) a saída antecipada do sentenciado do regime com falta de vagas; (ii) a liberdade eletronicamente monitorada ao sentenciado que sai antecipadamente ou é posto em prisão domiciliar por falta de vagas; (iii) o cumprimento de penas restritivas de direito e/ou estudo ao sentenciado que progride ao regime aberto. Até que sejam estruturadas as medidas alternativas propostas, poderá ser deferida a prisão domiciliar ao sentenciado.

35.5.6. Preso provisório e progressão de regime

A progressão é forma de cumprimento da pena e pressupõe a execução penal, ou seja, que a sentença condenatória tenha transitado em julgado. Assim, não tem direito a ela, evidentemente, o preso provisório.

No entanto, o Supremo Tribunal Federal acabou editando a Súmula 716, cujo teor é o seguinte: "Admite-se a progressão de regime de cumprimento da pena ou a aplicação imediata de regime menos severo nela determinada, antes do trânsito em julgado da sentença condenatória".

No mesmo sentido é o teor da Súmula 717: "Não impede a progressão de regime de execução da pena, fixada em sentença não transitada em julgado, o fato de o réu encontrar-se em prisão especial".

35.5.7. *Habeas corpus* e progressão de regime

A progressão do condenado de um regime para outro menos rigoroso implica o exame de requisitos objetivos e subjetivos e, via de consequência, a produção de provas, o que não é possível fazer no procedimento sumário do *habeas corpus*. Além disso, o Superior Tribunal de Justiça já uniformizou sua jurisprudência no sentido de ser inadequada tal medida em substituição a recursos especial e ordinário, ou revisão criminal, admitindo-se, de ofício, a concessão da ordem apenas excepcionalmente, quando da constatação de ilegalidade flagrante, abuso de poder ou teratologia. Tudo isso para não banalizar o precípuo objetivo daquele remédio constitucional e evitar a desordem na lógica recursal.

35.5.8. Progressão de regime em casos específicos

35.5.8.1. Progressão de regime nos crimes hediondos (Lei n. 8.072/90)

O Poder Constituinte de 1988, ao promulgar o Texto Constitucional, determinou que os delitos considerados de maior temibilidade social deveriam receber tratamento mais rigoroso. É o que se infere do disposto no art. 5º, XLIII, da CF, o qual dispõe que: "A lei considerará crimes inafiançáveis e insuscetíveis de graça ou anistia a prática da tortura, o tráfico de drogas, o terrorismo e os definidos como crimes hediondos, por eles respondendo os mandantes, os executores e os que, podendo evitá-los, se omitirem".

Nessa esteira, adveio a Lei dos Crimes Hediondos, que, originalmente, dispunha, em seu art. 2º, que os crimes hediondos e equiparados (tortura, tráfico de drogas e terrorismo) seriam insuscetíveis de liberdade provisória, e a pena deveria ser cumprida *integralmente* em regime fechado.

Uma das consequências dessa previsão é que era vedada a progressão de regimes, por força da necessidade do integral cumprimento da pena em regime de total segregação, contudo, com o advento da Lei n. 11.464/2007 a progressão de regime passou a ser expressamente admitida.

35.5.8.2. Lei n. 13.964/2019 e a progressão de regime nos crimes hediondos e equiparados

A Lei n. 13.964/2019 não alterou o § 1º do art. 2º da Lei de Crimes Hediondos, o que significa que a progressão de regime para tais crimes continua sendo admitida, entretanto, o novel diploma alterou o art. 112 da LEP, modificando o requisito temporal para obtenção do benefício da seguinte forma:

(i) 40% da pena, se o apenado for condenado pela prática de crime hediondo ou equiparado, se for primário (art. 112, V, da LEP);

(ii) 50% da pena, se o apenado for condenado pela prática de crime hediondo ou equiparado, com resultado morte, se for primário (art. 112, VI, *a*, da LEP);

(iii) 60% da pena, se o apenado for reincidente na prática de crime hediondo ou equiparado (art. 112, VII, da LEP);

(iv) 70% da pena, se o apenado for reincidente em crime hediondo ou equiparado com resultado morte (art. 112, VIII, da LEP).

→ **Atenção:** não se considera hediondo ou equiparado, para os fins deste artigo, o crime de tráfico de drogas previsto no § 4º do art. 33 da Lei n. 11.343/2006 (art. 112, § 5º, da LEP – com redação dada pela Lei n. 13.964/2019).

→ **Atenção:** de acordo com o § 6º do art. 112 da LEP: "O cometimento de falta grave durante a execução da pena privativa de liberdade interrompe o prazo para a obtenção da progressão no regime de cumprimento da pena, caso em que o reinício da contagem do requisito objetivo terá como base a pena remanescente" (redação dada pela Lei n. 13.964/2019).

Além do requisito temporal de cumprimento de pena, exige-se boa conduta carcerária atestada pelo Diretor do Estabelecimento (§ 1º do art. 112 – com redação dada pela Lei n. 13.964/2019) e, que a decisão do juiz que determinar a progressão de regime seja sempre motivada e precedida de manifestação do Ministério Público e do defensor (art. 112, § 2º, da LEP – com redação dada pela Lei n. 13.964/2019).

Todavia, nada impede que os magistrados determinem a realização de exame criminológico para tanto, quando entenderem necessário, consideradas as eventuais peculiaridades do caso, desde que o façam em decisão adequadamente motivada. Nesse sentido, também a Súmula Vinculante 26. *Vide*, também, Súmula 439 do STJ.

Ainda, a pena unificada para atender ao limite de 40 anos de cumprimento, determinado pelo art. 75 do Código Penal (com redação dada pela Lei n. 13.964/2019), não é considerada para a concessão de outros benefícios, como o livramento condicional ou o regime mais favorável de execução.

Então, o cumprimento de 40, 50, 60 ou 70% da pena para obter a progressão de regime ocorrerá com base na pena total aplicada na sentença condenatória e não sobre o limite definido no art. 75 do Código Penal (com redação dada pela Lei n. 13.964/2019), qual seja, 40 anos, fato este que poderá suscitar questionamentos na doutrina, em função da vedação constitucional da pena de caráter perpétuo (CF, art. 5º, XLVII).

Finalmente, temos que, para os crimes hediondos e assemelhados cometidos antes da vigência da Lei n. 13.964/2019, nas hipóteses em que a lei nova for prejudicial (por exemplo, cumprimento de 70% da pena, quando reincidente em crime hediondo ou equiparado com resultado morte), ela não retroagirá (princípio da irretroatividade *in pejus*) e a progressão se dará pela regra anterior (mais benéfica).

Dito isso, violaria o princípio da proporcionalidade conferir tratamento penal diferenciado e resposta penal de diversa severidade para delitos que produzem o mesmo dano e repulsa social. Tem-se, portanto, que a progressão de regime é possível para todos os delitos hediondos e equiparados.

35.5.8.3. Progressão nos crimes contra a administração pública

Ficará condicionada à reparação do dano causado ao erário, devidamente atualizado e com todos os consectários legais, ou à devolução do produto do crime. Desse modo, além do cumprimento do percentual necessário da pena, a depender do caso, e da boa conduta carcerária, requisitos impostos pelo art. 112 da Lei de Execução Penal (redação dada pela Lei n. 13.964/2019), a atual legislação, nos crimes contra a administração pública, acrescentou mais um, consistente na recomposição do patrimônio público lesado.

35.6. Das regras nos regimes penitenciários

35.6.1. Regime fechado

São as seguintes:

(i) exame criminológico: no início do cumprimento da pena, o condenado será submetido a exame criminológico de classificação para individualização da execução (art. 34, *caput*, do CP e art. 8º, *caput*, da LEP).

O art. 9º-A da LEP trata de tema polêmico: a classificação genética (identificação do perfil genético, mediante extração de DNA — ácido desoxirribonucleico, por técnica adequada e indolor) de presos condenados por crime doloso praticado com violência grave contra a pessoa, bem como por crime contra a vida, contra a liberdade sexual ou por crime sexual contra vulnerável. Tal banco de dados genético, que será sigiloso, será acessado por juiz competente, a pedido da autoridade policial, federal ou estadual, no caso de inquérito instaurado.

Sobre o tema de perfil genético, podemos destacar a recente Lei n. 14.069/2020 que criou o Cadastro Nacional de Pessoas Condenadas por Crime de Estupro. Essa norma visa conter informações de pessoas condenadas por esse crime possuindo, entre outras informações, a identificação do perfil genético.

Importante mencionar que a Lei n. 13.964/2019 acrescentou os §§ 1º-A, 3º, 4º e 8º ao art. 9º-A da LEP:

"§ *1º-A A regulamentação deverá fazer constar garantias mínimas de proteção de dados genéticos, observando as melhores práticas da genética forense.*

(...)

§ *3º Deve ser viabilizado ao titular de dados genéticos o acesso aos seus dados constantes nos bancos de perfis genéticos, bem como a todos os documentos da cadeia de custódia que gerou esse dado, de maneira que possa ser contraditado pela defesa.*

§ *4º O condenado pelos crimes previstos no* caput *deste artigo que não tiver sido submetido à identificação do perfil genético por ocasião do ingresso no estabelecimento prisional deverá ser submetido ao procedimento durante o cumprimento da pena;*

(...)

§ *8º Constitui falta grave a recusa do condenado em submeter-se ao procedimento de identificação do perfil genético".*

(ii) trabalho interno: fica sujeito ao trabalho interno durante o dia, de acordo com suas aptidões ou ocupações anteriores à pena.

O trabalho é um direito social de todos (art. 6º da CF); o trabalho do condenado tem finalidade educativa e produtiva (art. 28 da LEP); é remunerado, não podendo tal remuneração ser inferior a 3/4 do salário mínimo (arts. 39 do CP e 29 da LEP); o preso tem direito aos benefícios da Previdência Social (arts. 39 do CP e 41, III, da LEP); não se sujeita o trabalho do preso ao regime da CLT e à legislação trabalhista, uma vez que não decorre de contrato livremente firmado com o empregador, sujeitando-se a regime de direito público (art. 28, § 2º, da LEP); o trabalho interno é dever do preso (arts. 31 e 39, V, da LEP); a recusa deste ao trabalho constitui falta grave (art. 50, VI, da LEP); o preso provisório não está obrigado ao trabalho (art. 31, parágrafo único, da LEP); tampouco o preso político (art. 200 da LEP); na atribuição do trabalho, deverão ser levadas em conta a habilitação, a condição pessoal e as necessidades futuras do preso (art. 32 da LEP); a jornada normal de trabalho não será inferior a 6, nem superior a 8 horas, com descanso nos domingos e feriados (art. 33 da LEP); serviços de conservação e manutenção do estabelecimento penal podem ter horário especial (art. 33, parágrafo único, da LEP).

(iii) **trabalho externo**: é admissível o trabalho fora do estabelecimento carcerário, em serviços ou obras públicas, desde que tomadas as cautelas contra a fuga e em favor da disciplina (arts. 34, § 3º, do CP e 36 da LEP).

O limite máximo de presos corresponderá a 10% do total dos empregados da obra (art. 36, § 1º, da LEP); o trabalho externo confere os mesmos direitos do trabalho interno; exige o preenchimento dos seguintes requisitos: aptidão, disciplina, responsabilidade e cumprimento de 1/6 da pena; é indispensável o exame criminológico antes de autorizar o trabalho externo, pois não existe outro meio de avaliar se o condenado preenche os requisitos subjetivos para o benefício; o trabalho externo depende de autorização administrativa do diretor do estabelecimento.

(iv) **autorizações de saída**: são benefícios aplicáveis aos condenados em regime fechado ou semiaberto e subdividem-se em permissão de saída e saída temporária;

(iv.1) **permissão de saída**: conforme preceitua o art. 120 da LEP, "os condenados que cumprem pena em regime fechado ou semiaberto e os presos provisórios poderão obter permissão para sair do estabelecimento, mediante escolta, quando ocorrer um dos seguintes fatos:

(i) falecimento ou doença grave do cônjuge, companheira, ascendente, descendente ou irmão;

(ii) necessidade de tratamento médico".

O parágrafo único desse dispositivo confere a atribuição para conceder a permissão de saída ao diretor do estabelecimento onde se encontra o preso. Trata-se, portanto, de medida meramente administrativa.

De acordo com o disposto no art. 121 da LEP, "a permanência do preso fora do estabelecimento terá a duração necessária à finalidade da saída". Entretanto, como bem enfatiza Julio Fabbrini Mirabete, "nada impede que o juiz da execução, tendo a competência administrativa originária para as autorizações de saída (art. 66, VI), possa conceder a permissão"[208], em caso de injusta recusa por parte da autoridade administrativa.

(iv.2) **saída temporária**: cabível somente para os condenados que cumprem pena em regime semiaberto, conforme o art. 122 da LEP.

---

208. *Execução penal*, cit., p. 303.

A saída temporária não se aplica ao preso em regime fechado, tendo em vista a natureza mais reclusa dessa forma de cumprimento de pena, incompatível com a liberação sem vigilância, ainda que temporária.

Sobre a possibilidade da saída temporária no regime semiaberto, *vide* comentários mais adiante.

(v) remição: é o direito que o condenado em regime fechado ou semiaberto tem de remir, por trabalho ou por estudo, parte do tempo de execução da pena. A Lei n. 12.433/2011, trouxe inúmeras inovações ao instituto da remição, ampliando o benefício para abarcar também a atividade estudantil.

Assim, o condenado que cumpre pena em regime semiaberto (e fechado) poderá remir, não só pelo trabalho, mas também pela frequência a curso de ensino regular ou de educação profissional, parte do tempo de execução da pena ou do período de prova, observado o disposto no inciso I do § 1º do art. 126 da LEP. Sobre a possibilidade da remição no regime aberto, *vide* comentários mais adiante.

Deve-se atentar para o fato de que a lei não fala em "remissão", pois não quer dar a ideia de perdão ou indulgência ao preso, mas em "remição", visto que se trata de um verdadeiro pagamento: o condenado está pagando um dia de pena a cada 3 dias de trabalho (art. 126 da LEP) ou um dia de pena a cada 12 (doze) horas de frequência escolar — atividade de ensino fundamental, médio, inclusive profissionalizante, ou superior, ou ainda de requalificação profissional — divididas, no mínimo, em 3 (três) dias (LEP, art. 126, § 1º, I).

As atividades de estudo poderão ser desenvolvidas de forma presencial ou por metodologia de ensino a distância e deverão ser certificadas pelas autoridades educacionais competentes dos cursos frequentados (LEP, art. 126, § 2º).

O tempo a remir em função das horas de estudo será acrescido de 1/3 (um terço) no caso de conclusão do ensino fundamental, médio ou superior durante o cumprimento da pena, desde que certificada pelo órgão competente do sistema de educação (LEP, art. 126, § 5º).

Em regra, somente pode ser considerada, para os fins de remição, a jornada completa de trabalho, ou seja, aquele que trabalhar menos de 6 horas em um dia não terá direito ao desconto; por outro lado, não é possível ao condenado aproveitar o que exceder a 8 horas de trabalho em um dia. Para fins de cumulação dos casos de remição, as horas diárias de trabalho e de estudo serão definidas de forma a se compatibilizarem (LEP, art. 126, § 3º).

O preso que pretende trabalhar, mas não consegue porque o estabelecimento não lhe oferece condições (como no caso de cadeias superlotadas), não tem direito ao desconto, pois a mera vontade de trabalhar (ou estudar) não passa de um desejo, uma boa intenção, mera expectativa de direito. Para ter acesso ao benefício é imprescindível o efetivo trabalho ou estudo.

Somente em um caso o preso terá direito a remir o tempo de pena sem trabalhar ou estudar: se já vinha trabalhando ou estudando, sofre acidente do trabalho e fica impossibilitado de prosseguir (art. 126, § 4º, da LEP).

As atividades exercidas por distração ou acomodação não são consideradas trabalho, para fins de remição; a remição aplica-se às hipóteses de prisão cautelar (art. 126, § 7º, da LEP).

"A remição será declarada pelo juiz da execução, ouvidos o Ministério Público e a defesa" (LEP, art. 126, § 8º).

Aplicada falta grave, o juiz poderá revogar até 1/3 (um terço) do tempo remido, observado o disposto no art. 57, recomeçando a contagem a partir da data da infração disciplinar (art. 127 da LEP).

Convém notar que, se o juiz da execução já tiver concedido a remição e não couber mais recurso, o condenado não perderá o tempo remido.

O tempo remido será computado como pena cumprida, para todos os efeitos (LEP, art. 128).

A autoridade administrativa encaminhará mensalmente ao juízo da execução cópia do registro de todos os condenados que estejam trabalhando ou estudando, com informação dos dias de trabalho ou das horas de frequência escolar ou de atividades de ensino de cada um deles (LEP, art. 129, *caput*).

O condenado autorizado a estudar fora do estabelecimento penal deverá comprovar mensalmente, por meio de declaração da respectiva unidade de ensino, a frequência e o aproveitamento escolar (LEP, art. 129, § 1º). Dar-se-á a ele a relação de seus dias remidos (LEP, art. 129, § 2º).

Finalmente, por força das inovações trazidas pela Lei n. 12.433/2011, a Súmula 341 do STJ encontra-se incompleta, no sentido de que "A frequência a curso de ensino formal é causa de remição de parte do tempo de execução de pena sob regime fechado ou semiaberto", tendo em vista que os presos em regime aberto e em liberdade condicional também terão direito à remição nesse caso.

→ **Atenção: remição e posse de telefone celular** – de acordo com o inciso VII do art. 50 da LEP, comete falta grave o condenado à pena privativa de liberdade que "tiver em sua posse, utilizar ou fornecer aparelho telefônico, de rádio ou similar, que permita a comunicação com outros presos ou com o ambiente externo". Ainda, o art. 319-A do Código Penal tipifica a conduta daquele que, tendo o dever legal de impedir o acesso do preso ao aparelho telefônico, rádio ou similar, torna-se omisso. Finalmente, o art. 349-A do Código Penal tipifica como crime o ingresso, a promoção, intermediação, auxílio ou facilitação da "entrada de aparelho telefônico de comunicação móvel, de rádio ou similar, sem autorização legal, em estabelecimento prisional".

A combinação da ausência de medidas administrativas efetivas que impedissem a entrada do telefone móvel nos presídios, com a inexistência de uma punição efetiva para aqueles que permitissem a sua entrada e para aqueles que o utilizassem, trouxe um resultado bombástico: a atuação vertiginosa e descontrolada da criminalidade organizada por todo o País.

A Lei n. 11.466, de 28 de março de 2007, foi criada com o intuito de suprir a omissão legal, trazendo duas inovações. Vejamos:

(i) Posse de telefone celular e falta grave: A atual lei incluiu o inciso VII no art. 50 da LEP, passando a considerar que comete falta grave o condenado à pena privativa de liberdade que "tiver em sua posse, utilizar ou fornecer aparelho telefônico, de rádio ou similar, que permita a comunicação com outros presos ou com o ambiente externo".

A partir desse momento, a consideração da posse do telefone celular como falta grave acarretará ao condenado uma série de consequências, como a revogação de até 1/3 dos dias remidos (por força da Lei n. 12.433/2011), a impossibilidade da concessão do livramento condicional, a impossibilidade da progressão de regime, bem como possibilitará a regressão de regime.

Além disso, conforme o art. 53 da LEP, será possível aplicar as sanções de suspensão ou restrição de direitos (art. 41, parágrafo único, da LEP), isolamento ou inclusão no regime disciplinar diferenciado.

Ressalte-se que, embora o art. 50 se refira ao condenado à pena privativa de liberdade, os presos provisórios também se sujeitarão às sanções disciplinares, compatíveis com a sua situação, em decorrência do cometimento, no caso, de falta grave, pois, de acordo com o art. 44, parágrafo único, da Lei de Execução Penal, "estão sujeitos à disciplina o condenado à pena privativa de liberdade ou restritiva de direitos e o preso provisório".

Mencione-se, ainda, que, de acordo com a Súmula 716 do STF, "admite-se a progressão de regime de cumprimento da pena ou a aplicação imediata de regime menos severo nela determinada, antes do trânsito em julgado da sentença condenatória". Dessa forma, será possível decretar a regressão de regime no caso de preso provisório que for flagrado na posse de telefone celular.

(ii) Posse ou utilização de telefone celular e crime praticado por Diretor de Penitenciária ou agente público: dispõe o art. 319-A: "Deixar o Diretor de Penitenciária e/ou agente público, de cumprir seu dever de vedar ao preso o acesso a aparelho telefônico, de rádio ou similar, que permita a comunicação com outros presos ou com o ambiente externo: Pena: detenção, de 3 (três) meses a 1 (um) ano".

A atual lei, portanto, acrescentou o art. 319-A ao Código Penal, tipificando a conduta daquele que, tendo o dever legal de impedir o acesso do preso ao aparelho telefônico, rádio ou similar, torna-se omisso. Não se pune criminalmente, portanto, no caso, o preso que utiliza o aparelho telefônico, rádio ou similar, mas tão somente o Diretor de Penitenciária ou agente público (por exemplo, carcereiro) que deixa de cumprir o dever de vedar ao preso o acesso ao aparelho.

Foi acrescido ao Código Penal, no Capítulo III, o denominado "Dos Crimes contra a Administração da Justiça". O art. 349-A tipifica como crime o ingresso, a promoção, intermediação, auxílio ou facilitação da "entrada de aparelho telefônico de comunicação móvel, de rádio ou similar, sem autorização legal, em estabelecimento prisional. Pena: detenção, de 3 (três) meses a 1 (um) ano".

Trata-se, portanto, de crime comum, que pode ser praticado pelo particular, normalmente por familiares dos presos, suprindo, assim, a antiga omissão do art. 319-A, que apenas incriminava a conduta do agente público.

35.6.2. Regime semiaberto

São elas:

(i) exame criminológico: o Código Penal dispõe que é necessária a sua realização antes do ingresso nesse regime (CP, art. 35), mas a LEP prevê que tal exame não será obrigatório, podendo ou não ser realizado (art. 8º, parágrafo único).

Diante da indisfarçável contradição entre o art. 35 do Código Penal — que estabelece ser compulsório e imprescindível o exame criminológico para que o detento ingresse no regime semiaberto — e o parágrafo único do art. 8º da Lei n. 7.210/84 — que dispõe, expressamente, ser facultativo tal procedimento, ao usar o vocábulo "poderá" —, deve prevalecer a regra da Lei de Execução Penal, que é posterior, dado que o direito material sempre precede ao formal;

(ii) trabalho: segue as mesmas regras do regime fechado, dando direito também à remição, com a diferença de que é desenvolvido no interior da colônia penal, em maior liberdade do que no estabelecimento carcerário;

(iii) autorizações de saída: são benefícios aplicáveis aos condenados em regime fechado ou semiaberto e subdividem-se em permissão de saída e saída temporária;

(iii.1) permissão de saída: conforme preceitua o art. 120 da LEP, "os condenados que cumprem pena em regime fechado ou semiaberto e os presos provisórios poderão obter permissão para sair do estabelecimento, mediante escolta, quando ocorrer um dos seguintes fatos:

(i) falecimento ou doença grave do cônjuge, companheira, ascendente, descendente ou irmão;

(ii) necessidade de tratamento médico".

O parágrafo único desse dispositivo confere a atribuição para conceder a permissão de saída ao diretor do estabelecimento onde se encontra o preso. Trata-se, portanto, de medida meramente administrativa.

De acordo com o disposto no art. 121 da LEP, "a permanência do preso fora do estabelecimento terá a duração necessária à finalidade da saída". Entretanto, como bem enfatiza Julio Fabbrini Mirabete, "nada impede que o juiz da execução, tendo a competência administrativa originária para as autorizações de saída (art. 66, VI), possa conceder a permissão"[209], em caso de injusta recusa por parte da autoridade administrativa.

(iii.2) saída temporária: conforme o art. 122 da LEP, "os condenados que cumprem pena em regime semiaberto poderão obter autorização para saída temporária do estabelecimento, sem vigilância direta, nos seguintes casos:

(i) visita à família;

(ii) frequência a curso supletivo profissionalizante, bem como de instrução do segundo grau ou superior, na comarca do juízo da execução;

(iii) participação em atividades que concorram para o retorno ao convívio social".

---

209. *Execução penal*, cit., p. 303.

→ **Atenção:** a Lei n. 13.964/2019 adicionou o § 2º ao art 122 da LEP, dispondo que: "Não terá direito à saída temporária a que se refere o *caput* deste artigo o condenado que cumpre pena por praticar crime hediondo com resultado morte".

Ao contrário do que ocorre com as permissões de saída (art. 120), nas saídas temporárias a lei permite a saída "sem vigilância direta", isto é, sem escolta, porém, isso não impedirá a utilização de equipamento de monitoração eletrônica, quando assim determinar o juiz da execução (LEP, art. 122, parágrafo único).

Dispõe o art. 123 da LEP que a autorização será concedida por ato motivado do juiz da execução, ouvidos o Ministério Público e a administração penitenciária, e dependerá da satisfação dos seguintes requisitos:

(i) comportamento adequado;

(ii) cumprimento mínimo de 1/6 da pena, se o condenado for primário, e 1/4, se reincidente;

(iii) compatibilidade do benefício com os objetivos da pena. A competência para conceder a saída temporária é do juiz da execução, como já previsto no art. 66, IV, da LEP.

Com isso, cumpre observar que a competência para conceder a saída temporária é do juiz da execução, nos termos dos arts. 66, IV, e 123, *caput*, da LEP, tratando-se, portanto, de ato jurisdicional, que pressupõe motivação da decisão e prévia manifestação do sentenciado e do representante do Ministério Público.

No que toca à exigência de o condenado cumprir 1/6 da pena, se primário, e 1/4, se reincidente, necessário ressaltar que, se o preso veio do regime fechado, onde já cumpriu 1/6 para a progressão, esse período será computado para fins de obtenção da saída temporária, sendo desnecessário cumpri-lo novamente no regime semiaberto para ter direito à saída temporária. Nesse sentido, a Súmula 40 do Superior Tribunal de Justiça: "Para obtenção dos benefícios de saída temporária e trabalho externo, considera-se o tempo de cumprimento da pena no regime fechado".

Exigem-se, ainda, comportamento adequado e compatibilidade do benefício com os objetivos da pena (incs. I e III).

Estabelece o art. 124 da LEP que a autorização será concedida por prazo não superior a 7 dias, podendo ser renovada por mais quatro vezes durante o ano, mas o § 2º deste artigo ressalta que, "quando se tratar de frequência a curso profissionalizante, de instrução de ensino médio ou superior, o tempo de saída será o necessário para o cumprimento das atividades discentes", até porque dificilmente haveria um curso de apenas 7 dias de duração, por quatro vezes ao ano. Ressalva o § 3º que, nos demais casos, as autorizações de saída somente poderão ser concedidas com prazo mínimo de 45 (quarenta e cinco) dias de intervalo entre uma e outra.

Há algumas condições que deverão ser impostas pelo juiz ao condenado. Assim, consoante o § 1º do art. 124 da LEP: "Ao conceder a saída temporária, o juiz imporá ao beneficiário as seguintes condições, entre outras que entender compatíveis com as circunstâncias do caso e a situação pessoal do condenado: I — fornecimento do endereço onde reside a família a ser visitada ou onde poderá ser encontrado durante o gozo do benefício; II – recolhimento à residência visitada, no período noturno; III – proibição de frequentar bares, casas noturnas e estabelecimentos congêneres".

Dispõe o art. 125 da LEP que o benefício será automaticamente revogado quando o condenado praticar fato definido como crime doloso, for punido por falta grave, desatender as condições impostas na autorização ou revelar baixo grau de aproveitamento do curso. Sendo automática a revogação, o juízo da execução poderá determiná-la *ex officio*, mesmo sem prévio requerimento do Ministério Público.

Seu parágrafo único assegura que a recuperação do direito à saída temporária dependerá da absolvição no processo penal, do cancelamento da punição disciplinar ou da demonstração do merecimento do condenado.

→ **Atenção:** saída temporária e monitoramento eletrônico – a Lei n. 12.258/2010, passou a autorizar a fiscalização de presos por intermédio do sistema de monitoramento eletrônico, estando, no entanto, sujeita à regulamentação pelo Poder Executivo (art. 3º).

→ **Atenção:** o monitoramento eletrônico, por depender de estrutura do Estado, não é condição necessária para a detração, que deverá também ser computada ao réu ou investigado ao qual não se disponibilizou o aparelho, por deficiência do poder público, não se justificando a diferença de tratamento penal, em razão de a responsabilidade não ser do indivíduo (REsp n. 1.977.135/SC, Rel. Min. Joel Ilan Paciornik, Terceira Seção, julgado em 23-11-2022, *DJe* de 28-11-2022).

→ **Atenção:** não se aplica limite temporal à análise do requisito subjetivo para concessão de saída temporária, devendo ser considerado todo o período de execução da pena, a fim de se averiguar o mérito do apenado (STJ. 5ª Turma. HC 795.970-SC, Rel. Min. Reynaldo Soares da Fonseca, julgado em 14-3-2023).

Desse modo, de acordo com o art. 146-B, acrescido à Lei de Execução Penal, o juiz poderá definir a fiscalização por meio da monitoração eletrônica quando: (i) autorizar a saída temporária no regime semiaberto (inciso II); (ii) determinar a prisão domiciliar (inciso IV).

O art. 146-C da LEP traz algumas instruções acerca dos cuidados que deverá o condenado adotar em relação ao equipamento. Assim, dentre os deveres impostos está o de: (i) receber visitas do servidor responsável pela monitoração eletrônica, responder aos seus contatos e cumprir suas orientações (inciso I); (ii) abster-se de remover, de violar, de modificar, de danificar de qualquer forma o dispositivo de monitoração eletrônica ou de permitir que outrem o faça (inciso II).

Caso haja a comprovada violação desses deveres, poderá o juiz da execução, a seu critério, e ouvidos o MP e a defesa, promover a regressão do regime; a revogação da autorização de saída temporária; a revogação da prisão domiciliar; ou dar uma advertência, por escrito, para todos os casos em que decida não aplicar alguma das medidas previstas nos incisos I a VI desse parágrafo (LEP, art. 146-C, parágrafo único, I, II, VI e VII, respectivamente).

Ainda, caso o sentenciado tente destruir o equipamento de monitoração eletrônica, além de cometer ilícito passível de revogação do benefício concedido, comete também o crime inscrito no art. 163, parágrafo único, III, do Código Penal, qual seja, crime de dano qualificado.

Finalmente, preceitua o art. 146-D que a monitoração eletrônica poderá ser revogada: (i) quando se tornar desnecessária ou inadequada (inciso I); (ii) se o acusado ou condenado violar os deveres a que estiver sujeito durante a sua vigência ou cometer falta grave (inciso II).

(iv) remição: segue as mesmas regras do regime fechado.

35.6.3. Regime aberto

35.6.3.1. Requisitos

Exige-se autodisciplina e senso de responsabilidade do condenado (CP, art. 36), somente podendo ingressar nesse regime se estiver trabalhando ou comprovar a possibilidade de fazê-lo, apresentar mérito para a progressão e aceitar as condições impostas pelo juiz (LEP, arts. 113 e 114).

O pressuposto para o ingresso no regime aberto é a aceitação pelo condenado do seu programa e das condições impostas pelo juiz. Caso o condenado se recuse expressamente a aceitá-los ou se deduza, por seu comportamento, que não os aceita, não se lhe pode conceder a progressão.

O programa a que se refere tal dispositivo é o estabelecido na lei federal ou local para a prisão-albergue ou outra espécie de regime aberto.

35.6.3.2. Condições

Podem ser gerais ou obrigatórias, e especiais.

As condições gerais e obrigatórias são aquelas previstas no art. 115, I a IV, da LEP, as quais devem obrigatoriamente ser impostas pelo juiz. São elas: (i) permanecer no local que for designado, durante o repouso e nos dias de folga; (ii) sair para o trabalho e retornar nos horários fixados; (iii) não se ausentar da cidade onde reside sem autorização judicial; (iv) comparecer a juízo, para informar e justificar as suas atividades, quando for determinado.

Além destas, de incidência obrigatória, o juiz da execução, se quiser, poderá impor outras a seu critério. São as chamadas condições especiais, afetas ao juízo discricionário do juiz da execução.

Prevê o art. 116 da LEP a possibilidade de o juiz modificar as condições estabelecidas, de ofício, a requerimento do Ministério Público, da autoridade administrativa ou do condenado, desde que as circunstâncias assim o recomendem.

As condições especiais são as que o juiz pode estabelecer, segundo seu prudente arbítrio, levando em conta a natureza do delito e as condições pessoais do autor. Por exemplo, proibição de frequentar determinados lugares (casas de bebidas, certas reuniões, espetáculos ou diversões públicas); não trazer armas ou instrumentos capazes de ofender a integridade corporal de outrem etc.

→ **Atenção:** (...) as horas de recolhimento domiciliar noturno e nos dias de folga devem ser convertidas em dias para contagem da detração da pena. Se no cômputo total remanescer período menor que vinte e quatro horas, essa fração de dia deverá ser desprezada (REsp n. 1.977.135/SC, Rel. Min. Joel Ilan Paciornik, Terceira Seção, *DJe* de 28-11-2022.)

35.6.3.3. Casa do Albergado

Destina-se ao cumprimento da pena privativa de liberdade em regime aberto (LEP, art. 93).

35.6.3.3.1. Inexistência de Casa do Albergado na comarca

Dispõe o art. 117 que somente se admitirá o recolhimento em residência particular quando se tratar de condenado que esteja em uma das situações estabelecidas no referido dispositivo: condenado maior de setenta anos, acometido de doença grave, condenada gestante, condenada com filho menor ou deficiente físico ou mental.

A inexistência de vaga na comarca não se encontra elencada entre as hipóteses legais autorizadoras da prisão domiciliar, tampouco é hipótese assemelhada a uma daquelas, de maneira que não se pode falar em aplicação do dispositivo por analogia, que, como se sabe, só é possível entre casos semelhantes. Por essa razão, o condenado deve ser recolhido à cadeia pública ou outro presídio comum, em local adequado, e não deixado em inteira liberdade.

O STJ, no entanto, vem se posicionando em sentido contrário, entendendo que o condenado não pode ser punido pela ineficiência do Estado (STJ, AgRg no REsp 1.373.331/MG). O argumento principal é o de que a LEP fixou o prazo de 6 meses, a contar da sua publicação, para que tivesse sido providenciada a aquisição ou desapropriação de prédios para instalação de Casas do Albergado em número suficiente para possibilitar o ingresso no regime aberto de todos os condenados que a ele fizessem jus (LEP, art. 203, § 2º). Em igual sentido, a Súmula vinculante 56, a qual dispõe que a ausência de estabelecimento prisional adequado não autoriza a manutenção do condenado em regime mais gravoso.

35.6.3.4. Prisão-albergue domiciliar

A Lei de Execução Penal, em seu art. 117, criou uma modalidade de prisão domiciliar, qual seja, a relativa ao cumprimento de pena imposta por decisão transitada em julgado. Com efeito, estabeleceu as hipóteses em que o condenado em regime aberto pode recolher-se em sua própria residência, em vez da Casa do Albergado: (i) condenado maior de 70 anos; (ii) condenado acometido de doença grave; (iii) condenada gestante; (iv) condenada com filho menor ou deficiente físico ou mental.

Observe-se que na primeira hipótese a idade a que se refere a lei é a do momento da execução. No tocante à última hipótese, a prisão-albergue domiciliar também poderá ser estendida ao sentenciado do sexo masculino, por aplicação analógica.

Preceitua o art. 146-B, acrescido à Lei de Execução Penal, que o juiz poderá definir a fiscalização por meio da monitoração eletrônica quando: (i) autorizar a saída temporária no regime semiaberto (inciso II); (ii) determinar a prisão domiciliar (inciso IV). Sobre o tema, *vide* item 35.6.2 (iii.2).

35.6.3.5. Outras regras

(i) autorizações de saída: são benefícios aplicáveis somente aos condenados em regime fechado ou semiaberto e subdividem-se em permissão de saída e saída temporária.

Especificamente quanto à modalidade da saída temporária, não deverá ser concedida na hipótese de regime aberto, uma vez que o condenado não precisa sair, pois já está em liberdade durante todo o dia.

(ii) Remição: o condenado que cumpre pena em regime aberto ou semiaberto e o que usufrui liberdade condicional podem remir, pela frequência a curso de ensino regular ou de educação profissional, parte do tempo de execução da pena ou do período de prova, observado o disposto no inciso I do § 1º do art. 126 (LEP, art. 126, § 6º).

35.6.3.6. Regressão de regime

É a volta do condenado ao regime mais rigoroso, por ter descumprido as condições impostas para ingresso e permanência no regime mais brando.

Embora a lei vede a progressão por salto (saltar diretamente do fechado para o aberto), é perfeitamente possível regredir do aberto para o fechado, sem passar pelo semiaberto. Do mesmo modo, a despeito de a pena de detenção não comportar regime inicial fechado, ocorrendo a regressão, o condenado poderá ser transferido para aquele regime. Note que o STJ julgou pela regressão de regime devido ao descumprimento das condições para a mantença do regime aberto (STJ, AgRg no HC 599.580/SP, *DJU* 29-9-2020).

As hipóteses de regressão são as seguintes:

(i) prática de fato definido como crime doloso: em se tratando de delito culposo ou de contravenção, a regressão ficará a critério do juízo da execução;

(ii) prática de falta grave: graves são as faltas relacionadas no art. 50 da LEP, dentre as quais se destaca a fuga. Embora não tipifique crime, a fuga é uma grave violação dos deveres disciplinares do condenado, ensejando punições na órbita administrativa. Isso sem contar que a falta grave autoriza a regressão para regime mais gravoso (LEP, arts. 50 e 118, I) com a determinação cautelar da suspensão do regime que se encontrava apenado, mais a perda dos dias remidos, sem prejuízo do direito do agente de ser ouvido antes da decisão final acerca da regressão (LEP, art. 118, § 2º).

Mencione-se que o art. 50, VII, da LEP considera como falta grave o condenado à pena privativa de liberdade que "tiver em sua posse, utilizar ou fornecer aparelho telefônico, de rádio ou similar, que permita a comunicação com outros presos ou com o ambiente externo".

A partir daí, a consideração da posse do telefone celular como falta grave acarreta ao condenado uma série de consequências, como a revogação de até 1/3 dos dias remidos, a impossibilidade da concessão do livramento condicional e da progressão de regime, bem como a possibilidade da regressão de regime.

Também vale destacar que a Lei n. 13.964/2019 acrescentou o § 8º ao art. 9º-A da LEP, dispondo que constitui falta grave a recusa do condenado por crime praticado, dolosamente, com violência de natureza grave contra pessoa, ou por qualquer dos crimes previstos no art. 1º da Lei n. 8.072/90, em submeter-se ao procedimento de identificação do perfil genético.

E mais, a Lei n. 13.964/2019 acrescentou o inciso VIII ao art. 50 da LEP, segundo o qual comete falta grave o condenado à pena privativa de liberdade que "recusar submeter-se ao procedimento de identificação do perfil genético".

(iii) sofrer condenação, por crime anterior, cuja pena, somada ao restante da pena em execução, torne incabível o regime (art. 111);

(iv) frustrar os fins da execução, no caso de estar em regime aberto: isso ocorre quando o condenado assume uma conduta que demonstre incompatibilidade com o regime aberto. Por exemplo, abandonar o emprego. Essa hipótese é mais abrangente do que a prevista no item *b*;

(v) não pagamento da multa cumulativa, no caso de regime aberto: tal hipótese foi revogada pela Lei n. 9.268, de 1º de abril de 1996, que considerou a multa como dívida de valor para fins de cobrança, sem qualquer possibilidade de repercutir negativamente o seu não pagamento, no direito de liberdade do condenado.

(vi) monitoramento eletrônico e regressão: de acordo com as hipóteses mencionadas no art. 146-B, existe a possibilidade de regressão de regime no caso de descumprimento dos deveres insculpidos no art. 146-C.

Caso haja a comprovada violação desses deveres, poderá o juiz da execução, a seu critério, e ouvidos o MP e a defesa, promover a regressão do regime; a revogação da autorização de saída temporária; a revogação da prisão domiciliar; ou dar uma advertência, por escrito, para todos os casos em que decida não aplicar alguma das medidas previstas nos incisos I a VI desse parágrafo (LEP, art. 146-C, parágrafo único, I, II, VI e VII, respectivamente).

35.6.4. Regime disciplinar diferenciado

O art. 52 da LEP estabeleceu o chamado regime disciplinar diferenciado, para o condenado definitivo e o preso provisório, nacional ou estrangeiro, que cometerem crime doloso capaz de ocasionar subversão da ordem ou disciplina internas (art. 52, *caput*, da LEP – com redação dada pela Lei n. 13.964/2019).

De acordo com a redação do art. 52 da LEP, tal regime consistirá no recolhimento em cela individual (inciso II); visitas quinzenais, de duas pessoas por vez, a serem realizadas em instalações equipadas para impedir o contato físico e a passagem de objetos, por pessoa da família ou, no caso de terceiro, autorizado judicialmente, com duração de duas horas (inciso III); saída da cela por duas horas diárias para banho de sol, em grupos de até quatro presos, desde que não haja contato com os presos do mesmo grupo criminoso (inciso IV); entrevistas sempre monitoradas, exceto aquelas com seu defensor, em instalações equipadas para impedir o contato físico e a passagem de objetos, salvo expressa autorização judicial em contrário (inciso V); fiscalização do conteúdo da correspondência (inciso VI); participação em audiências judiciais preferencialmente por videoconferência, garantindo-se a participação do defensor no mesmo ambiente do preso (inciso VII), pelo prazo máximo de até dois anos, sem prejuízo da repetição da sanção por nova falta grave da mesma espécie (inciso I).

Aplica-se também esse regime ao condenado ou preso provisório, nacional ou estrangeiro, que apresente alto risco para a ordem e a segurança do estabelecimento penal ou da sociedade, ou, ainda, sob os quais recaiam fundadas suspeitas de envolvimento ou participação, a qualquer título, em organização criminosa, associação criminosa ou milícia privada, independentemente da prática de falta grave (art. 52, § 1º, I e II, da LEP, com redação dada pela Lei n. 13.964/2019).

Vale mencionar que a Lei n. 13.964/2019 revogou o § 2º do art. 52 da LEP e acrescentou os seguintes parágrafos:

§ 3º Existindo indícios de que o preso exerce liderança em organização criminosa, associação criminosa ou milícia privada, ou que tenha atuação criminosa em 2 (dois) ou mais Estados da Federação, o regime disciplinar diferenciado será obrigatoriamente cumprido em estabelecimento prisional federal.

§ 4º Na hipótese dos parágrafos anteriores, o regime disciplinar diferenciado poderá ser prorrogado sucessivamente, por períodos de 1 (um) ano, existindo indícios de que o preso:

I – continua apresentando alto risco para a ordem e a segurança do estabelecimento penal de origem ou da sociedade;

II – mantém os vínculos com organização criminosa, associação criminosa ou milícia privada, considerados também o perfil criminal e a função desempenhada por ele no grupo criminoso, a operação duradoura do grupo, a superveniência de novos processos criminais e os resultados do tratamento penitenciário.

§ 5º Na hipótese prevista no § 3º deste artigo, o regime disciplinar diferenciado deverá contar com alta segurança interna e externa, principalmente no que diz respeito à necessidade de se evitar contato do preso com membros de sua organização criminosa, associação criminosa ou milícia privada, ou de grupos rivais.

§ 6º A visita de que trata o inciso III do caput deste artigo será gravada em sistema de áudio ou de áudio e vídeo e, com autorização judicial, fiscalizadas por agente penitenciário.

§ 7º Após os primeiros 6 (seis) meses de regime disciplinar diferenciado, o preso que não receber a visita de que trata o inciso III do caput *deste artigo poderá, após prévio agendamento, ter contato telefônico, que será gravado, com uma pessoa da família, 2 (duas) vezes por mês e por 10 (dez) minutos.*

É importante ressaltar que, segundo o art. 54, § 1º, do CP, "a autorização para inclusão do preso em regime disciplinar dependerá de requerimento circunstanciado elaborado pelo diretor do estabelecimento ou outra autoridade administrativa". Essa sanção disciplinar somente poderá ser aplicada por prévio e fundamentado despacho do juiz competente (art. 54, *caput*). Não se trata, portanto, de decisão meramente administrativa. Exige-se, finalmente, que o ato judicial de inclusão nesse regime seja precedido de manifestação do Ministério Público e da defesa, devendo a decisão ser prolatada no prazo máximo de 15 dias (art. 54, § 2º). O STJ no AgRg no HC 593.118/RO bem fundamentou o RDD quando esclarece que "A respectiva transferência para o RDD — Regime Disciplinar Diferenciado está devidamente fundamentada, ante o seu grau de periculosidade e comprovada participação em crimes dolosos que ocasionaram a subversão da ordem, diante da constatação de que, mesmo segregado, ele continuou a praticar diversos crimes" (STJ, AGRG no HC 593.118/RO, *DJU* 24-8-2020).

Destaca-se que o parágrafo único do art. 87 da LEP previu que a União Federal, os Estados, o Distrito Federal e os Territórios poderão construir penitenciárias destinadas, exclusivamente, aos presos provisórios e condenados que estejam em regime fechado, sujeitos ao regime disciplinar diferenciado.

Nessa senda, insta destacar que é dever constitucional do Estado proteger a sociedade e tutelar com um mínimo de eficiência o bem jurídico. É o princípio da proteção do bem jurídico, pelo qual os interesses relevantes devem ser protegidos de modo eficiente. O cidadão tem o direito constitucional a uma administração eficiente (CF, art. 37, *caput*). Diante da situação de instabilidade institucional provocada pelo crescimento do crime organizado, fortemente infiltrado no sistema carcerário brasileiro, de onde provém grande parte de crimes contra a vida, a liberdade e o patrimônio de uma sociedade cada vez mais acuada, o Poder Público tem a obrigação de tomar medidas, no âmbito legislativo e estrutural, capazes de garantir a ordem constitucional e o Estado Democrático de Direito.

Prova da importância que nossa CF confere a tais valores encontra-se no seu art. 5º, *caput*, garantindo a todos a inviolabilidade do direito à vida, à liberdade, à igualdade, à segurança e à propriedade, bem como no inciso XLIV desse mesmo artigo, o qual considera imprescritíveis as ações de grupos armados, civis ou militares, contra a ordem constitucional e o Estado Democrático. Assim, cediço que não existem garantias constitucionais absolutas e que essas devem harmonizar-se formando um sistema equilibrado.

Nesse sentido, o STJ já se posicionou afirmando que os princípios fundamentais contidos na CF/88 não são ilimitados e, por isso, a instituição do Regime Disciplinar Diferenciado pelo legislador está em consonância com o princípio da proporcionalidade. Isso porque a Lei n. 10.792/2003, que alterou a redação do art. 52 da LEP, buscou dar efetividade à crescente necessidade de segurança nos estabelecimentos prisionais, assim como resguardar a ordem pública.

Convém, finalmente, mencionar que embora ainda persistam entendimentos pela inconstitucionalidade do regime disciplinar diferenciado, o nosso é de que não existe nenhuma inconstitucionalidade em implementar regime penitenciário mais rigoroso para membros de organizações criminosas ou de alta periculosidade, os quais, de dentro dos presídios, arquitetam ações delituosas e até terroristas, estando de acordo com os princípios da isonomia e proporcionalidade conferir tratamento mais gravoso a delinquentes mais perigosos.

35.7. Direitos do preso

De acordo com a exposição de motivos da LEP: "É comum, no cumprimento das penas privativas de liberdade, a privação ou a limitação de direitos inerentes ao patrimônio jurídico do homem não alcançados pela sentença condenatória. Essa hipertrofia da punição não só viola medida da proporcionalidade, como se transforma em poderoso fator de reincidência, pela formação de focos criminógenos que propicia".

A LEP preocupou-se em assegurar ao condenado todas as condições para a harmônica integração social, por meio de sua reeducação e da preservação de sua dignidade (cf. princípio contido no art. 1º da LEP).

O preso conserva todos os direitos não atingidos pela condenação (CP, art. 38, e LEP, art. 3º). São eles:

(i) Direito à vida: é o direito de não ter interrompido o processo vital, senão pela morte espontânea e inevitável[210].

A Constituição tutela a vida como o mais importante bem do homem, proibindo a pena de morte, salvo em casos de guerra declarada.

A proibição à pena capital constitui limitação material explícita ao poder de emenda (cláusula pétrea – núcleo constitucional intangível), nos termos do art. 60, § 4º, IV, da Constituição Federal. Se a Constituição proíbe a imposição da pena de morte ao condenado, mesmo após o devido processo legal, o Estado deve garantir a vida do preso durante a execução da pena.

(ii) Direito à integridade física e moral: está garantido nos seguintes dispositivos: (i) CF, art. 5º, III: "Ninguém será submetido a tortura nem a tratamento desumano ou degradante"; (ii) CF, art. 5º, XLIX: "É assegurado aos presos o respeito à integridade física e moral"; (iii) LEP, art. 3º, e art. 38 do CP: *vide supra*; (iv) LEP, art. 40: "Impõe-se a todas as autoridades o respeito à integridade física e moral dos condenados e dos presos provisórios".

(iii) Direito à igualdade: na Constituição e na LEP:

(i) CF, art. 5º, *caput* e inciso I: princípio da isonomia (todos merecem tratamento igualitário perante a lei); (ii) CF, art. 3º, IV: "A República Federativa do Brasil tem por objetivo fundamental promover o bem de todos, sem preconceitos de origem, raça, sexo, cor, idade e quaisquer outras formas de discriminação"; (iii) LEP, art. 2º, parágrafo único: veda discriminações quanto ao preso provisório e aos condenados de outras jurisdições; (iv) LEP, art. 3º, parágrafo único: "Não haverá qualquer distinção de natureza racial, social, religiosa ou política"; (v) LEP, art. 41, XII: todo preso tem direito à igualdade de tratamento; (vi) LEP, art. 42: o preso provisório e o internado têm os mesmos direitos do condenado.

(iv) Direito de propriedade: direito subjetivo de gozar, fruir e dispor do bem, oponível a todas as demais pessoas (CC, art. 1.228 e parágrafos). Está resguardado na Constituição como direito fundamental de todos (art. 5º, XXII, XXVII, XXVIII, XXIX e XXX) e consagrado como pressuposto básico da ordem econômica (art. 170, II).

Na LEP há menções expressas ao direito de propriedade nos arts. 29, § 2º, e 41, IV (direito à formação de pecúlio).

---

210. José Afonso da Silva, *Curso de direito constitucional*, São Paulo, Revista dos Tribunais, p. 177.

(v) Direito à liberdade de pensamento e convicção religiosa: também garantido na CF e na LEP: (i) CF, arts. 5º, IV, VI, VII, VIII e IX, e 220; (ii) LEP, art. 24 e parágrafos: o preso tem direito à assistência religiosa, mas nenhum preso poderá ser obrigado a participar de atividade religiosa ou culto.

(vi) Direito à inviolabilidade da intimidade, da vida privada, da honra e imagem: nos seguintes dispositivos: (i) CF, art. 5º, X; (ii) LEP, art. 39, III: direito a ser tratado com urbanidade pelos companheiros; (iii) LEP, art. 41, VIII: direito do preso à proteção contra qualquer forma de sensacionalismo; (iv) LEP, art. 41, XI: direito a ser chamado pelo próprio nome.

(vii) Direito de petição aos Poderes Públicos em defesa de direitos ou contra abuso de poder: sobre ele dispõem: (i) CF, art. 5º, XXXIV, *a*: direito de petição e representação; (ii) CF, art. 5º, XXXIV, *b*: direito à obtenção de certidões para defesa de direito; (iii) LEP, art. 41, XIV: garantia que todo preso tem de representar e peticionar para resguardo de seus direitos.

(viii) Direito à assistência jurídica: garantido na Constituição e na LEP: (i) CF, art. 5º, LXXIV: "O Estado prestará assistência jurídica integral e gratuita aos que comprovarem insuficiência de recursos"; (ii) LEP, arts. 11, III, 15, 16, 41, IX, c/c o art. 7º, III, da Lei n. 8.906/94.

Note-se que a LEP prevê a assistência jurídica ao preso dentro do presídio e atribuir competências à Defensoria Pública: *vide* arts. 61, VIII, 80, 81-A, 81-B, 83, § 5º, 129, 144 e 183.

(ix) Direito à educação e à cultura: está nos seguintes dispositivos: (i) CF, art. 205: a educação é direito de todos e dever do Estado; (ii) CF, art. 215: o Estado deve garantir a todos o pleno exercício dos direitos culturais e o acesso às fontes da cultura nacional; (iii) LEP, art. 11, IV: todo preso tem direito à assistência educacional; (iv) LEP, arts. 17 a 21: a assistência educacional compreende a formação profissional do preso e a instrução escolar obrigatória de primeiro grau (CF, art. 208, I).

(x) Direito ao trabalho remunerado: *vide* art. 29 e parágrafos da LEP.

→ Atenção: o patamar mínimo diferenciado de remuneração aos presos previsto no art. 29, *caput*, da Lei n. 7.210/84 (Lei de Execução Penal – LEP) não representa violação aos princípios da dignidade humana e da isonomia, sendo inaplicável à hipótese a garantia de salário mínimo prevista no art. 7º, IV, da Constituição Federal (STF. Plenário. ADPF 336/DF, Rel. Min. Luiz Fux, julgado em 27-2-2021).

(xi) Direito à indenização por erro judiciário: na Constituição e no Código de Processo Penal: (i) CF, art. 5º, LXXV; (ii) CPP, art. 630.

(xii) Direito à alimentação, vestuário e alojamento com instalações higiênicas: LEP, arts. 12 e 13.

(xiii) Direito de assistência à saúde: LEP, art. 14 e parágrafos (com os acréscimos determinados pela Lei n. 11.942/2009).

(xiv) Direito à assistência social: LEP, art. 22.

(xv) Direito à individualização da pena: garantido na CF, na LEP e no CP: (i) CF, art. 5º, XLI, XLVI, XLVIII e L; (ii) LEP: arts. 5º, 6º, 8º, 9º, 19 e seu parágrafo único, 32, §§ 2º e

3º, 33, parágrafo único, 41, XII, parte final, 57, 82, §§ 1º e 2º, 86, § 1º, 110, 112, 114 e incisos, 117 e incisos, 120 e 121, 122 a 125; (iii) CP, art. 59.

(xvi) Direito de receber visitas: LEP, art. 41, X. Esse direito pode ser limitado por ato motivado do diretor do estabelecimento ou do juiz, não constituindo direito absoluto do reeducando, nos termos do parágrafo único do art. 41.

O regime disciplinar diferenciado, imposto para o preso provisório, ou condenado, nacional ou estrangeiro, que cometerem crime doloso capaz de subverter a ordem e disciplina internas, ou para presos de alto risco, autoriza a restrição das visitas, nos seguintes termos: "visitas quinzenais, de 2 pessoas por vez, a serem realizadas em instalações equipadas para impedir o contato físico e a passagem de objetos, por pessoa da família ou, no caso de terceiro, autorizado judicialmente, com duração de 2 horas"(art. 52, III, da LEP, com redação dada pela Lei n. 13.964/2019).

(xvii) Direitos políticos: CF, art. 15, III: a condenação transitada em julgado acarreta a suspensão dos direitos políticos enquanto durarem seus efeitos. O art. 15, III, da CF é autoexecutável, sendo desnecessária a norma regulamentadora, contrariamente ao que ocorria com o antigo texto constitucional.

A suspensão dos direitos políticos ocorre mesmo no caso de concessão de *sursis*, já que se trata de efeito extrapenal automático e genérico da condenação, que independe da execução ou suspensão condicional da pena principal.

A perda de mandato eletivo decorre de condenação por crime praticado com abuso de poder ou violação de dever para com a Administração Pública quando a pena for igual ou superior a 1 ano ou, nos demais casos, quando a pena for superior a 4 anos. Trata-se de efeito extrapenal específico que precisa ser motivadamente declarado na sentença.

Sobre hipóteses de inelegibilidade, *vide* art. 1º da LC n. 64/90, com a redação determinada pela LC n. 135, de 4 de junho de 2010 ("Ficha Limpa").

35.7.1. Superveniência de doença mental

O condenado deve ser transferido para hospital de custódia e tratamento psiquiátrico (CP, art. 41), e a pena poderá ser substituída por medida de segurança (LEP, art. 183).

Caracteriza constrangimento ilegal a manutenção do condenado em cadeia pública quando for caso de medida de segurança.

Sobrevindo doença mental, opera-se a transferência do preso para hospital de custódia e tratamento psiquiátrico, porém, caso não seja instaurado incidente de execução para conversão da pena em medida de segurança, ele continuará cumprindo pena e, ao término dela, deverá ser liberado, mesmo que não tenha recobrado a higidez mental. Aliás, ainda que seja convertida a pena privativa de liberdade em medida de segurança em razão de superveniência de doença mental, o Superior Tribunal de Justiça tem entendido que aquela deve perdurar pelo período de cumprimento da reprimenda imposta na sentença condenatória, sob pena de ofensa à coisa julgada (STJ, HC 373.405/SP e STJ, RHC 40.811/SP).

Da mesma forma, após o cumprimento da pena, não mais poderá ser instaurado incidente para transformação em medida de segurança. A única solução é fazer a transferência, e, caso seja constatado o caráter duradouro da perturbação mental, proceder-se-á à conversão em medida de segurança.

35.8. Da detração penal

35.8.1. Conceito

É o cômputo, na pena privativa de liberdade e na medida de segurança, do tempo de prisão provisória, no Brasil ou no estrangeiro, o de prisão administrativa e o de internação em hospital de custódia e tratamento ou estabelecimento similar.

Trata-se de instituto jurídico que deve ser reconhecido pelo próprio juiz que sentencia e condena o réu. A detração deve ser levada em consideração pelo juiz que proferir sentença condenatória, para fins de fixação de regime inicial de cumprimento de pena, e não mais pelo juiz da execução penal.

Antes da alteração legislativa, era um incidente de execução, previsto no art. 66, III, c, da LEP. Agora, o tempo de prisão provisória, de prisão administrativa ou de internação, no Brasil ou no estrangeiro, será computado para fins de determinação do regime inicial de pena privativa de liberdade. Essa é a detração prevista no art. 42 do CP. Seu pressuposto é evitar que uma pessoa fique presa mais tempo do que a pena imposta na sentença condenatória. A prisão provisória não é punição, mas instrumento auxiliar da tutela jurisdicional. É por essa razão que, nos casos em que for decretada a prisão preventiva, esse tempo será descontado da futura pena privativa de liberdade, evitando-se dupla apenação pelo mesmo fato.

35.8.2. Detração e pena privativa de liberdade

A interpretação literal do dispositivo que trata da detração nos leva à conclusão de que somente será possível a aplicação da detração nas penas privativas de liberdade, dado que a lei não menciona nem a pena de multa, nem as restritivas de direitos. No caso das restritivas, porém, o óbice não parece justificável, conforme veremos a seguir.

35.8.3. Detração e medidas cautelares diversas da prisão

Temos apenas duas modalidades de prisão provisória: preventiva e temporária (CPP, art. 283)[211].

→ **Atenção**: a prisão em flagrante não pode ser considerada modalidade de prisão provisória, uma vez que ninguém mais permanece preso durante o processo, em razão do flagrante. Trata-se de mera detenção provisória até que o juiz decida pela sua conversão em prisão preventiva ou pela liberdade provisória.

---

211. A Lei n. 13.964/2019 alterou a redação do art. 283 do CPP, substituindo "prisão temporária" e "prisão preventiva" pelo termo "prisão cautelar" que, na verdade, é gênero que comporta como espécies a prisão temporária e a prisão preventiva.

Ilustrando, antes da condenação criminal transitada em julgado da condenação, o sujeito só poderá ser preso em três situações: flagrante delito, prisão preventiva e prisão temporária. No entanto, só poderá permanecer nessa condição em duas delas: prisão temporária e preventiva.

Vale lembrar que a prisão em flagrante perdeu seu caráter de prisão provisória. Ninguém mais responde a um processo criminal por estar preso em flagrante. Em outras palavras, o sujeito é preso em razão do estado de flagrância, mas não permanece nessa condição por muito mais tempo. A Lei n. 13.964/2019, que alterou o Código de Processo Penal, não fez qualquer mudança nesse sentido, mas estabeleceu como procedimento o seguinte: lavrado o auto, a autoridade policial deverá remetê-lo ao juiz competente no prazo máximo de até 24 horas a partir da prisão. O juiz, então, deverá promover audiência de custódia com a presença do acusado, seu advogado constituído ou membro da defensoria pública e o Membro do Ministério Público e, nessa audiência, não se limitará a analisar a regularidade formal do flagrante, devendo justificar se é caso de convertê-lo em preventiva. Não havendo fundamento para a prisão preventiva, o agente deverá ser solto e responder ao processo em liberdade.

Por outro lado, o art. 319 do CPP prevê nove providências cautelares para a tutela do processo, as quais têm preferência sobre a custódia cautelar, evitando-se, ao máximo, a medida extrema do encarceramento antes da decisão condenatória definitiva.

→ **Atenção**: em alguns casos, a prisão preventiva é cumprida no próprio domicílio do agente, desde que presentes as situações excepcionais dos arts. 318 e 318-A, ambos do CPP. É a prisão preventiva domiciliar.

As providências cautelares mencionadas são: comparecimento periódico em juízo, no prazo e nas condições fixadas pelo juiz, para informar e justificar atividades; proibição de acesso ou frequência a determinados lugares quando, por circunstâncias relacionadas ao fato, deva o indiciado ou acusado permanecer distante desses locais para evitar o risco de novas infrações; proibição de manter contato com pessoa determinada quando, por circunstâncias relacionadas ao fato, deva o indiciado ou acusado dela permanecer distante; proibição de ausentar-se da Comarca quando a permanência seja conveniente ou necessária para a investigação ou instrução; recolhimento domiciliar no período noturno e nos dias de folga quando o investigado ou acusado tenha residência e trabalho fixos; suspensão do exercício de função pública ou de atividade de natureza econômica ou financeira quando houver justo receio de sua utilização para a prática de infrações penais; internação provisória do acusado nas hipóteses de crimes praticados com violência ou grave ameaça, quando os peritos concluírem ser inimputável ou semi-imputável (art. 26 do Código Penal) e houver risco de reiteração; fiança, nas infrações que a admitem, para assegurar o comparecimento a atos do processo, evitar a obstrução do seu andamento ou em caso de resistência injustificada à ordem judicial; monitoração eletrônica.

A questão que se coloca é: *cabe detração penal nas medidas alternativas previstas no art. 319 do CPP, como se fossem modalidades de prisão provisória?* A resposta, a princípio, é *não*. O CP é claro: só cabe detração da prisão provisória (art. 42), não sendo possível nas providências acautelatórias de natureza diversa.

Convém notar que o *caput* do art. 319 do CPP é expresso ao dizer que tais providências são "medidas cautelares *diversas da prisão*". Ora, sendo diversas da prisão provisória, com ela não se confundem.

Do mesmo modo, o art. 321 do CPP é suficientemente claro: "Ausentes os requisitos que autorizam a decretação da prisão preventiva (...)", isto é, quando não for o caso de se decretar a prisão preventiva, "o juiz deverá conceder liberdade provisória, impondo, se for o caso, as medidas cautelares previstas no art. 319 deste Código".

A redação é clara ao indicar que as medidas cautelares alternativas não constituem espécie de prisão provisória, mas restrições que acompanham a liberdade provisória. Duas são as opções: prisão preventiva ou liberdade provisória (acompanhada ou não de medidas restritivas). Na primeira cabe detração, na segunda, não.

Uma das medidas previstas, por exemplo, é a fiança (CPP, art. 319, VIII). Não há como a liberdade provisória com fiança ser equiparada à prisão provisória.

Da mesma forma, a prisão preventiva em nada se parece com a liberdade provisória monitorada eletronicamente, ou acompanhada de alguma proibição (de sair da comarca, manter contato com pessoas determinadas, frequentar lugares ou exercer função pública ou atividade financeira) ou obrigação (de recolhimento domiciliar noturno ou comparecer ao juízo periodicamente). Estar solto provisoriamente não é o mesmo que estar preso provisoriamente.

Em um caso, porém, pese embora a sofrível técnica legislativa empregada, não há como negar a detração. Estamos falando da internação provisória, prevista no art. 319, VII, do CPP.

A crítica que se faz consiste no fato de o legislador ter colocado no mesmo dispositivo liberdade provisória com fiança ou outra restrição e liberdade provisória mediante internação provisória. Não há como estar em liberdade provisória internado em um hospital de custódia e tratamento psiquiátrico. A inserção da internação provisória como medida restritiva que acompanha a liberdade provisória (CPP, art. 321) constitui uma contradição em si mesma.

Daí por que, contornando essa falta de visão sistemática na elaboração do rol de medidas previstas no art. 319 do CPP, é forçoso reconhecer o direito à detração penal para o réu internado provisoriamente, uma vez que o art. 42 do CP é absolutamente claro ao admitir o benefício tanto para a prisão quanto para a internação provisória.

Assim, para efeito de contagem do prazo mínimo da medida de segurança, após o qual se realiza o exame de cessação da periculosidade (LEP, art. 175 e incisos), desconta-se o tempo em que o sujeito esteve submetido à internação provisória.

Nos demais casos, porém, não há que se falar em detração, pois está-se diante de hipótese diversa da prisão provisória, consistente na concessão de liberdade provisória com alguma restrição acautelatória.

Destaca-se que o STJ entende que "é possível considerar o tempo submetido à medida cautelar de recolhimento noturno, aos finais de semana e dias não úteis, supervisionados por monitoramento eletrônico, com o tempo de pena efetivamente cumprido, para detração da pena". Entretanto, o cálculo realizado para detração deverá considerar as horas de efetivo recolhimento domiciliar, e não os dias (STJ, 3ª Seção, HC 455.097/PR, Rel. Min. Laurita Vaz, julgado em 14-4-2021).

35.8.4. Detração e o juízo da execução

Cabe ao juiz da condenação aplicar desde logo a detração, para a fixação de um regime de pena mais favorável ao acusado, evitando prejuízo ao condenado com a demora dos trâmites do processo de execução penal e sua inserção desnecessária no sistema carcerário.

35.8.5. Detração em penas restritivas de direitos

Como o CP somente fala em detração na hipótese de pena privativa de liberdade, a interpretação literal do texto poderia levar à conclusão de que o benefício não deveria ser estendido à pena restritiva de direitos.

Deve-se considerar, no entanto, que, se a lei admite o desconto do tempo de prisão provisória para a pena privativa de liberdade, beneficiando quem não fez jus à substituição por penalidade mais branda, refulgiria ao bom senso impedi-lo nas hipóteses em que o condenado merece tratamento legal mais tênue, por ter satisfeito todas as exigências de ordem objetiva e subjetiva.

Quando se mantém alguém preso durante o processo, para, ao final, aplicar-lhe pena não privativa de liberdade, com ainda maior razão não deve ser desprezado o tempo de encarceramento cautelar. Além disso, a pena restritiva de direitos substitui a privativa de liberdade pelo mesmo tempo de sua duração (CP, art. 55), tratando-se de simples forma alternativa de cumprimento da sanção penal, pelo mesmo período. Assim, deve ser admitida a detração.

Por exemplo, o agente é condenado a 8 meses de detenção, os quais vêm a ser substituídos pelo mesmo tempo de prestação de serviços à comunidade. Se o tempo de prisão provisória pode ser descontado dos 8 meses de detenção, não há razão lógica que impeça tal desconto nos 8 meses da pena restritiva aplicada em substituição.

35.8.6. Detração e medida de segurança

Admite-se detração do tempo de prisão provisória em relação ao prazo mínimo de internação. O exame de cessação da periculosidade, portanto, será feito após o decurso do prazo mínimo fixado, menos o tempo de prisão provisória.

Vale lembrar que a decisão que concede a detração penal precisa ser fundamentada, sob pena de nulidade, por força de exigência constitucional (CF, art. 93, IX).

35.8.7. Detração em pena de multa

Não é admitida.

35.8.8. Detração e *sursis*

Não é possível.

O *sursis* é um instituto que tem por finalidade impedir o cumprimento da pena privativa de liberdade. Assim, impossível a diminuição de uma pena que nem sequer está sendo cumprida, por se encontrar suspensa.

Observe-se, porém, que, se o *sursis* for revogado, a consequência imediata é que o sentenciado deve cumprir integralmente a pena aplicada na sentença, e nesse momento caberá a detração, pois o tempo de prisão provisória será retirado do tempo total da pena privativa de liberdade.

35.8.9. Detração e prisão provisória em outro processo

Primeiramente vale registrar que prisão provisória é o tempo em que o réu esteve preso por força de prisão preventiva ou de prisão temporária. Conforme já explicitado, a prisão em flagrante perdeu seu caráter de prisão provisória. Ninguém mais responde a um processo criminal por estar preso em flagrante.

É possível descontar o tempo de prisão provisória de um processo, cuja sentença foi absolutória, em outro processo de decisão condenatória? Há três posições:

(i) sim, desde que o crime pelo qual o réu foi condenado tenha sido praticado antes da prisão no processo em que o réu foi absolvido, para evitar que o agente fique com um crédito para com a sociedade;

(ii) sim, desde que o crime pelo qual houve condenação tenha sido anterior à absolvição no outro processo;

(iii) sim, desde que haja conexão ou continência entre os crimes dos diferentes processos.

> **Nosso entendimento:** primeira posição. É possível a detração penal em processos distintos, ainda que os crimes não sejam conexos, de acordo com o que dispõe a LEP, art. 111.

A Constituição da República, em razão da magnitude conferida ao *status libertatis* (CF, art. 5º, XV), inscreveu no rol dos direitos e garantias individuais regra expressa que obriga o Estado a indenizar o condenado por erro judiciário ou quem permanecer preso por tempo superior ao fixado na sentença (CF, art. 5º, LXXV), situações essas equivalentes à de quem foi submetido a prisão processual e posteriormente absolvido.

Em face desse preceito constitucional, o art. 42 do CP e o art. 111 da LEP devem ser interpretados de modo a abrigar a tese de que o tempo de prisão provisória, imposta em processo no qual o réu foi absolvido, seja computado para a detração de pena imposta em processo relativo a crime anteriormente cometido.

35.8.10. Detração para fins de prescrição

Pode ser aplicada calculando-se a prescrição sobre o restante da pena. Por exemplo, o sujeito ficou preso provisoriamente por 60 dias. Desconta-se esse período da pena aplicada e calcula-se a prescrição em função do que resta a ser cumprido.

Entretanto, o STJ já julgou em sentido contrário, entendendo que a norma prevista no art. 113 do Código Penal não admite o desconto da pena *in concreto*, para efeitos prescricionais do tempo em que o réu esteve provisoriamente preso.

36. DAS PENAS RESTRITIVAS DE DIREITOS

36.1. Considerações preliminares

36.1.1. Antecedente histórico

O 6º Congresso das Nações Unidas, reconhecendo a necessidade de buscar alternativas para a pena privativa de liberdade, cujos altíssimos índices de reincidência (mais de 80%) recomendavam uma urgente revisão, incumbiu o Instituto da Ásia e do Extremo Oriente para a Prevenção do Delito e Tratamento do Delinquente de estudar a questão. Apresentada a proposta, foi aprovada no 8º Congresso da ONU, realizado em 14 de dezembro de 1990, sendo apelidada de Regras de Tóquio, também conhecidas como Regras Mínimas das Nações Unidas para a Elaboração de Medidas Não Privativas de Liberdade.

O objetivo fundamental das Regras de Tóquio era promover o emprego de medidas não privativas de liberdade.

36.1.2. Alternativas penais

São todas as opções oferecidas pela lei penal a fim de que se evite a pena privativa de liberdade. Comportam duas espécies: **(i) as medidas penais alternativas** (transação, suspensão do processo etc.); **(ii) as penas alternativas**.

36.1.3. Conceito de medidas penais alternativas

Constituem toda e qualquer medida que venha a impedir a imposição da pena privativa de liberdade, tais como reparação do dano extintiva da punibilidade, exigência de representação do ofendido para determinados crimes, transação penal, suspensão condicional do processo, composição civil caracterizadora da renúncia ao direito de queixa ou representação etc.

Não se trata de penas, mas de institutos que impedem ou paralisam a persecução penal, não se confundindo, portanto, com as penas alternativas.

36.1.4. Classificação das medidas penais alternativas

As medidas alternativas se classificam em consensuais e não consensuais, conforme dependam ou não da concordância do acusado. Como exemplo das primeiras temos a suspensão condicional do processo e a composição civil extintiva da punibilidade; caracterizam a segunda espécie o *sursis* e o perdão judicial.

36.1.5. Conceito de penas alternativas

Constituem toda e qualquer opção sancionatória oferecida pela legislação penal para evitar a imposição da pena privativa de liberdade.

Ao contrário das medidas alternativas, constituem verdadeiras penas, as quais impedem a privação da liberdade. Compreendem a pena de multa e as penas restritivas de direitos.

36.1.6. Classificação das penas alternativas

Também se classificam em consensuais e não consensuais. Senão, vejamos.

36.1.6.1. Penas alternativas consensuais

Sua aplicação depende da aquiescência do agente. Por exemplo, pena não privativa de liberdade (multa ou restritiva de direitos) aplicada na transação penal (Lei n. 9.099/95, art. 76).

36.1.6.2. Penas alternativas não consensuais

Independem do consenso do imputado. Subdividem-se em:

(i) diretas: são aplicadas diretamente pelo juiz, sem passar pela pena de prisão, como no caso da imposição da pena de multa cominada abstratamente no tipo penal ou das penas restritivas de direitos do Código de Trânsito Brasileiro, as quais são previstas diretamente no tipo, não carecendo de substituição.

(ii) substitutivas: quando o juiz primeiro fixa a pena privativa de liberdade e, depois, obedecidos os requisitos legais, a substitui pela pena alternativa.

36.1.7. Diferença entre medidas penais alternativas e penas alternativas

Medidas alternativas são soluções processuais ou penais para evitar o encarceramento cautelar provisório (por exemplo, rol de medidas cautelares previstas no art. 319 do CPP, incluindo a concessão de fiança) ou a prisão imposta por condenação criminal definitiva (por exemplo, suspensão condicional do processo, ampliação das hipóteses de cabimento de fiança, facilitação da progressão de regime, maior acesso ao livramento condicional e ao *sursis* etc.).

Diferem das penas alternativas porque não constituem penas, mas opções para evitar a persecução penal e, por conseguinte, a imposição da pena privativa de liberdade, por sentença judicial.

36.2. Das penas alternativas em geral

36.2.1. Penas alternativas

O Código Penal contempla, além da já existente e conhecida pena pecuniária, outras dez sanções alternativas:

(i) prestação de serviços à comunidade;

(ii) limitação de fim de semana;

(iii) cinco interdições temporárias de direito: proibição do exercício de cargo, função pública ou mandato eletivo; proibição do exercício de profissão ou atividade; suspensão da habilitação para dirigir veículo (entendemos que esta foi extinta pelo novo Código de Trânsito Brasileiro); proibição de frequentar determinados lugares e proibição de inscrever-se em concurso, avaliação ou exames;

(iv) prestação pecuniária em favor da vítima;

(v) prestação pecuniária inominada;

(vi) perda de bens e valores.

36.2.2. Natureza do elenco legal das penas alternativas

Trata-se de rol taxativo, não havendo possibilidade de o juiz criar, discricionariamente, novas sanções substitutivas.

36.2.3. Modificação na tendência de recrudescimento do sistema penal brasileiro

Com a atual legislação, modificou-se a tendência de recrudescimento do sistema penal brasileiro. Paralelamente, amplia-se um pouco mais o novo modelo de jurisdição consensual e alternativa inaugurado em 1995 com a Lei dos Juizados Especiais Criminais, em oposição ao modelo penal clássico, cuja eficiência estava fundada na difusão do medo coletivo da sanção penal (prevenção geral), pela convicção de que, quanto mais severa a repressão, maior a inibição à prática delituosa.

Posteriormente, sobreveio a Lei n. 9.605/98, que definiu os crimes contra o meio ambiente, a qual, em seu art. 8º, aumentou o rol das penas restritivas de direitos aplicáveis aos delitos nela tipificados.

É certo que, por um lado, o modelo penal clássico já contava com medidas alternativas despenalizadoras, tais como livramento condicional, *sursis*, remição de pena, multa substitutiva etc.; no entanto, não se pode negar que a Lei n. 9.714/98 caracteriza a adoção de um compromisso ainda maior com um novo e alternativo modelo penal, o qual passará a conviver lado a lado com o sistema tradicional ainda vigente.

36.2.4. Finalidade das penas alternativas

A finalidade das penas alternativas é dar cumprimento ao disposto no art. 5º, XLVI, da Constituição Federal, que prevê a pena de prestação social alternativa, e atingir as seguintes metas:

(i) diminuir a superlotação dos presídios e reduzir os custos do sistema penitenciário;

(ii) favorecer a ressocialização do autor do fato, evitando o deletério ambiente do cárcere e a estigmatização dele decorrente;

(iii) reduzir a reincidência, uma vez que a pena privativa de liberdade, dentre todas, é a que detém o maior índice de reincidência;

(iv) preservar os interesses da vítima.

36.2.5. Classificação das infrações penais segundo o grau de lesividade para aplicação das penas alternativas

(i) **Infrações de lesividade insignificante:** acarretam a atipicidade do fato, uma vez que não é razoável que o tipo penal descreva como infração penal fatos sem absolutamente nenhuma repercussão social.

(ii) **Infrações de menor potencial ofensivo:** menor potencial ofensivo não se confunde com lesividade insignificante. São os crimes punidos com pena de até dois anos de prisão e todas as contravenções, os quais são beneficiados por todas as medidas consensuais despenalizadoras da Lei dos Juizados Especiais.

(iii) **Infrações de médio potencial ofensivo:** punidas com pena mínima não superior a um ano, admitem a suspensão condicional do processo, prevista no art. 89 da Lei n. 9.099/95. São também os crimes culposos e os dolosos punidos com pena de até 4 anos, excluídos os crimes cometidos com violência ou grave ameaça à pessoa, beneficiando-se com a aplicação de penas substitutas.

(iv) **Infrações de grande potencial ofensivo:** crimes graves, mas não definidos como hediondos – homicídio simples, por exemplo.

(v) **Infrações hediondas:** às quais se aplica o regime especial da Lei dos Crimes Hediondos. Por exemplo, lesão corporal dolosa de natureza gravíssima (art. 129, § 2º) e lesão corporal seguida de morte (art. 129, § 3º), quando praticadas contra autoridade ou agente descrito nos arts. 142 e 144 da Constituição Federal, integrantes do sistema prisional e da Força Nacional de Segurança Pública, no exercício da função ou em decorrência dela, ou contra seu cônjuge, companheiro ou parente consanguíneo até terceiro grau, em razão dessa condição (art. 1º, I-A, da Lei n. 8.072/90).

36.2.6. Incidência do sistema penal alternativo

O sistema penal alternativo incide prioritariamente nos grupos intermediários, quais sejam, (ii) e (iii). Mas isso não significa que não haja medida alternativa também nos grupos (iv) e (v), inclusive nas infrações hediondas, para as quais se prevê livramento condicional (Lei n. 8.072/90, art. 5º).

→ **Atenção:** consoante o art. 112, VI, *a*, e VIII, da LEP (com redação dada pela Lei n. 13.964/2019), será vedado o livramento condicional quando o apenado for condenado pela prática de crime hediondo ou equiparado, com resultado morte, se for primário, bem como quando o apenado for reincidente em crime hediondo ou equiparado com resultado morte.

36.2.7. Espécies das penas alternativas

São duas:

(i) penas restritivas de direitos;

(ii) pena de multa.

36.3. Das penas alternativas restritivas de direito

36.3.1. Classificação das penas alternativas restritivas de direitos

Podem ser:

(i) penas restritivas de direitos em sentido estrito;

(ii) penas restritivas de direitos pecuniárias.

36.3.1.1. Penas restritivas de direitos em sentido estrito

Consistem em uma restrição qualquer ao exercício de uma prerrogativa ou direito. São elas:

(i) prestação de serviços à comunidade;

(ii) limitação de fim de semana;

(iii) as cinco interdições temporárias de direitos: proibição de frequentar determinados lugares; proibição do exercício de cargo, função pública ou mandato eletivo; proibição do exercício de profissão ou atividade; suspensão da habilitação para dirigir veículo (entendemos que esta foi extinta pelo atual Código de Trânsito Brasileiro) e proibição de inscrever-se em concurso, avaliação ou exames públicos.

36.3.1.2. Penas restritivas de direitos pecuniárias

Implicam uma diminuição do patrimônio do agente ou uma prestação inominada em favor da vítima ou seus herdeiros. São elas:

(i) prestação pecuniária em favor da vítima;

(ii) prestação inominada;

(iii) perda de bens e valores.

36.3.2. Distinção entre a pena de multa e as penas restritivas de direito pecuniárias

A multa não pode ser convertida em pena privativa de liberdade, sendo considerada, para fins de execução, dívida de valor (CP, art. 51). As penas alternativas pecuniárias, ao contrário, admitem conversão (CP, art. 44, § 4º). Por essa razão, não há como confundir as novas espécies de penas restritivas de direitos constantes do art. 43 do CP com a pena de multa, embora todas tenham caráter pecuniário.

36.3.3. Requisitos para a substituição da pena privativa de liberdade por pena alternativa restritiva de direitos

36.3.3.1. Requisitos objetivos

São os seguintes:

(i) quantidade da pena privativa de liberdade aplicada: deve ser igual ou inferior a 4 anos. No caso de condenação por crime culposo, a substituição será possível, independentemente da quantidade da pena imposta, não existindo tal requisito;

(ii) natureza da infração penal: crime cometido sem violência ou grave ameaça à pessoa. O crime culposo, mesmo quando perpetrado com emprego de violência, como é o caso do homicídio culposo e das lesões corporais culposas, em regra, admite a substituição por pena restritiva. A lei, portanto, refere-se apenas à violência dolosa.

→ **Atenção:** o Código de Trânsito Brasileiro, em seu art. 312-B, dispõe que: "Aos crimes previstos no § 3º do art. 302 e no § 2º do art. 303 deste Código não se aplica o disposto no inciso I do *caput* do art. 44 do Decreto-Lei n. 2.848, de 7 de dezembro de 1940 (Código Penal)".

36.3.3.2. Requisitos subjetivos

São os seguintes:

(i) não ser o réu reincidente em crime doloso: atualmente, o reincidente pode beneficiar-se da substituição, pois a atual lei vedou o benefício apenas ao reincidente em crime doloso. Dessa forma, somente aquele que, após ter sido definitivamente condenado pela prática de um crime doloso, vem a cometer novo crime doloso fica impedido de beneficiar-se da substituição. Se entre a extinção da pena do crime doloso anterior e a prática do novo delito doloso tiver decorrido mais de 5 anos, o condenado fará jus à substituição, não subsistindo a vedação (o chamado período depurador, também conhecido como prescrição quinquenal da reincidência);

(ii) a culpabilidade, os antecedentes, a conduta ou a personalidade ou ainda os motivos e circunstâncias recomendarem a substituição: convém notar que esses requisitos constituem uma repetição das circunstâncias constantes do art. 59, *caput*, do CP, salvo duas: comportamento da vítima e consequências do crime, coincidentemente as únicas de natureza objetiva. Assim, o art. 44, III, do CP somente levou em conta as circunstâncias subjetivas do mencionado art. 59.

36.3.3.3. Requisito da quantidade de pena na hipótese de concurso de crimes

Na hipótese de concurso de crimes, deve ser levado em conta o total da pena imposta, em decorrência da aplicação do critério da exasperação.

Desse modo, se, aplicada a regra do concurso formal ou do crime continuado, o total da pena privativa de liberdade efetivamente imposta não exceder a 4 anos, será possível a substituição por pena alternativa.

Na hipótese de concurso material, também será vedado o benefício se o total fixado *in concreto* exceder a 4 anos, pouco importando que cada uma das penas, isoladamente, seja inferior a esse patamar. Assim, se, por exemplo, o agente vem a ser condenado a 2 anos de detenção por um crime e a 3 anos de detenção por outro, ambos cometidos em concurso material, não terá direito ao benefício da substituição por pena alternativa, uma vez que, somadas, essas penas excedem o limite legal de 4 anos.

Note-se que o art. 44, I, do CP refere-se de modo expresso à pena efetivamente aplicada e não à pena cominada abstratamente.

36.3.4. Aplicação do benefício da pena alternativa em hipóteses específicas

36.3.4.1. Crime cometido sem violência ou grave ameaça

A lei está se referindo exclusivamente à violência dolosa, não impedindo o benefício no caso de homicídio culposo e lesões corporais culposas.

A violência que obsta a substituição é a empregada contra a pessoa; logo, se há emprego de força bruta contra coisa, seja pública ou privada, nada impede a aplicação da pena alternativa.

36.3.4.2. Crime de lesão corporal leve (CP, art. 129, *caput*), constrangimento ilegal (art. 146), ameaça (art. 147) e contravenção de vias de fato (LCP, art. 21)

Embora cometidos com violência ou ameaça, admitem a substituição por pena alternativa, pois se trata de infrações de menor potencial ofensivo, as quais comportam transação penal e imposição consensual de pena não privativa de liberdade.

Assim, se, antes mesmo de instaurada a relação processual, tais infrações penais beneficiam-se de medidas penais alternativas, não há razão para impedi-las na sentença final, quando transcorrido todo o processo.

Não se aplica, portanto, o requisito da não violência ou da ausência de grave ameaça, sendo possível a imposição de pena alternativa.

36.3.4.3. Violência doméstica e familiar contra a mulher

A Lei n. 11.340/2006 surgiu tendo como um dos intuitos criar mecanismos para coibir a violência doméstica e familiar contra a mulher. Além disso, dispôs sobre a criação dos Juizados de Violência Doméstica e Familiar contra a Mulher e estabeleceu medidas de assistência e proteção às mulheres em situação de violência doméstica e familiar.

Insta salientar que a Lei n. 13.984/2020 estabeleceu como medidas protetivas de urgência a frequência do agressor a centro de educação e de reabilitação além de acompanhamento psicossocial.

A lei dificultou a aplicação de penas alternativas. Assim dispõe o art. 17 do referido diploma legal: "É vedada a aplicação, nos casos de violência doméstica e familiar contra a mulher, de penas de cesta básica ou outras de prestação pecuniária, bem como a substituição de pena que implique o pagamento isolado de multa". Trata-se de dispositivo penal mais gravoso, na medida em que limita a incidência das penas alternativas. Tratando-se de *novatio legis in pejus*, não pode retroagir para prejudicar o réu.

Convém mencionar que os arts. 5º e 7º da referida lei nos trazem o conceito de violência doméstica e familiar contra a mulher. Podemos conceituá-la, nos termos da lei, como "qualquer ação ou omissão baseada no gênero que lhe cause morte, lesão, sofrimento físico, sexual ou psicológico e dano moral ou patrimonial" no âmbito da unidade doméstica, no âmbito da família ou em qualquer relação íntima de afeto, na qual o agressor conviva ou tenha convivido com a ofendida, independentemente de coabitação.

Em virtude da pandemia do coronavírus (COVID-19), houve também a publicação da Lei n. 14.022/2020 dispondo sobre medidas de enfrentamento à violência doméstica e familiar contra a mulher, crianças, adolescentes, pessoas idosas e pessoas com deficiência durante a emergência de saúde pública decorrente do coronavírus.

Por fim, vale lembrar que a Lei n. 14.149/2021 instituiu o Formulário Nacional de Avaliação de Risco, a ser aplicado à mulher vítima de violência doméstica e familiar, e cujo objetivo é identificar os fatores que indicam o risco de a mulher vir a sofrer qualquer forma de violência no âmbito das relações domésticas.

36.3.4.4. Condenação por crime hediondo

A pena por crime previsto na Lei n. 8.072/90 deve ser cumprida *inicialmente*, e em regime fechado (art. 2º, § 1º, da Lei n. 8.072/90), de forma que inexiste óbice legal para a conversão da pena em restritiva de direitos. Evidente que tal substituição só pode ocorrer desde que o agente preencha os requisitos do art. 44 do CP. Vale destacar que, preenchidos os requisitos do art. 77 do CP, inexiste óbice à concessão do *sursis* aos condenados por crimes hediondos.

De qualquer modo, pondere-se que dificilmente os autores desses crimes irão preencher os requisitos dos arts. 44, III, e 77 do CP, dado que a personalidade do agente, os motivos e circunstâncias do crime provavelmente não indicarão a substituição por pena alternativa ou a concessão do *sursis* como suficiente para uma adequada resposta penal.

O STJ, no entanto, já teve a oportunidade de autorizar a substituição da pena privativa de liberdade por pena alternativa, deferindo a medida.

36.3.4.5. Condenação por tráfico de drogas

A Lei n. 11.343/2006, buscando dar um tratamento mais rigoroso aos condenados por tráfico de drogas, em sua redação original vedou expressamente a concessão do *sursis* e a conversão da pena em restritiva de direito, nos crimes previstos nos arts. 33, *caput* e § 1º, e 34 a 37. No entanto, o STF declarou inconstitucional a parte final do art. 44 da Lei n. 11.343/2006, bem como da expressão "vedada a conversão em penas restritivas de direitos", prevista no § 4º do art. 33 do mesmo diploma legal.

Dessa maneira, a benesse da conversão da pena privativa de liberdade em restritiva de direitos, uma vez preenchidos os requisitos legais, se aplica ao crimes da Lei de Drogas.

36.3.4.6. Condenação por roubo simples praticado com emprego de meio que reduza a vítima à impossibilidade de resistência

Se a pena aplicada for de 4 anos, surgirá a dúvida sobre a possibilidade ou não de substituição por pena alternativa. Isto porque não houve emprego nem de violência nem de ameaça, mas de um terceiro meio não previsto em lei como óbice ao benefício.

A nosso ver, não cabe a substituição, uma vez que se trata de forma imprópria de violência. Não se cuida aqui de empregar analogia *in malam partem*, mas de obter o exato significado da expressão "violência", empregada no art. 44 do CP, significando qualquer meio exercido contra a vítima para forçá-la a agir ou omitir-se contra sua vontade, seja a força bruta, seja por meio de quaisquer artifícios que aniquilem sua capacidade de querer.

36.3.4.7. Lei de Lavagem de Dinheiro

O art. 1º, § 5º da Lei de Lavagem de Dinheiro (Lei n. 9.613/98) prevê expressamente a possibilidade de substituição da pena privativa de liberdade por pena restritiva de direitos, independentemente da quantidade da sanção imposta, e a qualquer tempo, "se o autor, coautor ou partícipe colaborar espontaneamente com as autoridades, prestando esclarecimentos que conduzam à apuração das infrações penais, à identificação dos autores, coautores e partícipes, ou à localização dos bens, direitos ou valores objeto do crime".

Ademais, cumpre ressaltar que, como essa previsão introduzida pela referida lei é mais benéfica, até porque não existia na legislação anterior, ela é retroativa.

36.3.4.8. Crimes de trânsito e Lei n. 13.281/2016

O art. 312-A do CTB dispõe sobre as modalidades de atividades de prestação de serviço à comunidade ou entidades públicas que devem ser aplicadas quando o juiz realizar a substituição de pena privativa de liberdade por pena restritiva de direitos para os crimes relacionados nos arts. 302 a 312 daquele diploma legal. É de suma importância destacar que com advento da Lei n. 14.071, de 13 de outubro de 2020, foi incluído o art. 312-B no CTB, não permitindo a conversão da pena privativa de liberdade pela restritiva de direito nos casos dos arts. 302, § 3º e 303, § 2º do referido Código.

Dessa forma, essa regra, por se tratar de regra especial, afasta, quanto aos delitos de trânsito, a previsão do art. 44, § 2º, do CP.

→ Atenção: saliente-se que, com o advento da Lei n. 13.440/2017, passou a existir um tipo penal com as três espécies de penas cumuladas no preceito secundário. Isso porque o art. 244-A do ECA (submeter criança ou adolescente à prostituição ou à exploração sexual) agora determina, obrigatoriamente, a pena de perda de bens e valores utilizados na prática criminosa em favor do Fundo dos Direitos da Criança e do Adolescente da unidade da Federação em que foi cometido o crime, ressalvado o direito de terceiro de boa-fé. Então, além da pena privativa de liberdade de reclusão e multa, já anteriormente previstas, agora temos a inclusão da pena restritiva de direitos consistente na perda de bens e valores.

36.3.4.9. Aplicação em casos de reincidência

36.3.4.9.1. Reincidente em crime doloso

A lei é expressa ao vedar o benefício ao reincidente em crime doloso (CP, art. 44, II); logo, em hipótese alguma poderá obter a substituição da pena privativa de liberdade por restritiva de direitos.

Como a lei não excepcionou a hipótese da condenação à pena de multa, como o fez no *sursis* (CP, art. 77, § 1º), se o agente for reincidente em crime doloso não terá direito ao benefício da pena alternativa, ainda que a condenação anterior tenha sido a pena pecuniária.

> → **Atenção:** sobre a reincidência, importante lembrar que, decorridos mais de 5 anos entre a extinção da pena anterior e a prática do novo delito (período depurador), opera-se a chamada prescrição quinquenal da reincidência, cessando, em virtude dela, a reincidência e qualquer óbice para a substituição por pena alternativa (CP, art. 64, I).

36.3.4.9.2. Reincidente específico

Da mesma forma que o reincidente em crime doloso, não tem direito ao benefício (CP, art. 44, § 3º). Será considerado como tal o agente que reincidir em crime da mesma espécie, isto é, previsto no mesmo tipo legal, pouco importando se na forma simples, privilegiada, qualificada, consumada ou tentada.

Destaca-se, contudo, que para o STJ, reincidente específico é aquele que pratica novo crime idêntico. Portanto, um sujeito condenado por furto simples e, posteriormente, pratica novo furto simples, não terá direito à substituição. Já um sujeito condenado por furto simples e, depois, pratica furto qualificado, terá direito à substituição, pois, para o STJ, são crimes de mesma espécie, mas não idênticos (STJ, 3ª Seção, AREsp 1716664-SP, Rel. Min. Ribeiro Dantas, julgado em 25-8-2021, *Info* 706).

36.3.4.9.3. Demais reincidentes

Quanto aos demais reincidentes, o benefício poderá ser concedido. No entanto, para que isso seja possível, será necessário que, além do preenchimento de todos os requisitos legais, o juiz entenda que a medida é socialmente recomendável. Trata-se, portanto, de faculdade do juiz da condenação, e não de direito público subjetivo do condenado.

36.3.4.9.4. Reincidência e a questão do § 3º do art. 44 do CP

Este dispositivo prevê que, "se o condenado for reincidente, o juiz poderá aplicar a substituição, desde que, em face da condenação anterior, a medida seja socialmente recomendável e a reincidência não tenha se operado em virtude da prática do mesmo crime". Como se nota, essa regra admite o benefício para todos os reincidentes, somente o impedindo para o reincidente específico.

Ora, há uma aparente contradição entre esse § 3º e o inciso II do art. 44 do CP. Isto porque este último é expresso ao proibir o benefício da substituição por pena alternativa ao reincidente em crime doloso, ao passo que o § 3º do art. 44 se refere genericamente a todos os reincidentes, exigindo apenas que a medida se revele socialmente recomendável, ressalvado apenas o reincidente específico.

Dessa forma, fica a dúvida: afinal de contas, o reincidente doloso tem direito às penas alternativas ou, tanto quanto o reincidente específico, não faz jus à substituição?

Nosso entendimento: entendemos que o § 3º do art. 44 não tem o condão de revogar a letra expressa de seu inciso II; portanto, ao se referir ao "condenado reincidente", está fazendo menção ao não reincidente em crime doloso, pois, do contrário, tornaria letra morta a proibição anterior. A conclusão a que se chega, enfim, é a de que nem o reincidente em crime doloso nem o reincidente específico têm direito à substituição da pena privativa de liberdade por pena alternativa.

Em sentido contrário orienta-se Luiz Flávio Gomes, para quem, "se de um lado o inc. II do art. 44 excluiu o instituto da substituição para o réu reincidente em crime doloso, de outro, o § 3º do mesmo dispositivo abriu a possibilidade de exceção, nesses termos: se o condenado for reincidente (em crime doloso, evidentemente, porque o § 3º está em conexão lógica, topográfica e sistemática com o inc. II citado), o juiz poderá aplicar a substituição, desde que, em face de condenação anterior, a medida seja socialmente recomendável e a reincidência não se tenha operado em virtude da prática do mesmo crime"[212]. Para o ilustre penalista, a norma do § 3º do art. 44 foi criada para abrandar os rigores da proibição do inciso II do mesmo artigo, aplicando-se, por conseguinte, ao reincidente em crime doloso (se ele não for reincidente específico, poderá ter acesso ao benefício).

No mesmo sentido de Luiz Flávio Gomes é o entendimento do STJ. O Tribunal, em 2021, entendeu que, como regra, o condenado que for reincidente em crime doloso não terá direito à substituição da pena privativa de liberdade por restritiva de direitos (art. 44, II, do CP). Entretanto, excepcionalmente, o magistrado poderá conceder a pena restritiva de direitos ao condenado reincidente, desde que cumpridos dois requisitos, previstos no § 3º do art. 44: a substituição deve se mostrar socialmente recomendável; a reincidência não pode ocorrer em virtude da prática do mesmo crime, ou seja, não pode ser reincidente específico (STJ, 3ª Seção, AREsp 1716664-SP, Rel. Min. Ribeiro Dantas, julgado em 25-8-2021, *Info* 706).

Com essa interpretação surge um problema: se o § 3º mencionado diz respeito somente ao reincidente em crime doloso, não se aplicando aos demais reincidentes, a exigência feita pelo dispositivo, no sentido de que somente haverá a substituição se a medida for socialmente recomendável, não poderia ser feita para toda a imensa gama de reincidentes que não o fossem em crime doloso. Não nos parece ter sido esse o espírito da lei, a qual pretendeu vedar de forma absoluta o benefício aos reincidentes dolosos e específicos, e, no que tange aos demais reincidentes, condicionar sua aplicação à conveniência social da medida.

36.3.4.9.5. Síntese da questão atinente à reincidência e a possibilidade de aplicação do benefício da pena alternativa

Em suma, de acordo com nosso entendimento, as regras são as seguintes:

---

212. *Penas e medidas alternativas*, cit., p. 114.

(i) **reincidente em crime doloso**: não pode em hipótese alguma, salvo se decorrido o período depurador;

(ii) **reincidente específico**: idem;

(iii) **reincidente**: pode, desde que preenchidos os requisitos legais, e o juiz entenda ser a medida socialmente recomendável.

Ainda, como regras complementares, temos o seguinte:

(i) na condenação a pena igual ou inferior a um ano, a substituição pode ser feita por multa ou por uma pena restritiva de direitos, pouco importando se a infração é dolosa ou culposa.

Nunca poderá haver, no entanto, aplicação cumulativa de multa e pena restritiva de direitos, sendo a pena igual ou inferior a um ano. Caso a sanção imposta seja superior a um ano, a pena privativa de liberdade pode ser substituída por uma pena restritiva de direitos e multa ou por duas restritivas de direitos (CP, art. 44, § 2º);

(ii) se o condenado for reincidente, o juiz poderá aplicar a substituição, desde que, em face de condenação anterior, a medida seja socialmente recomendável, e a reincidência não se tenha operado em virtude da prática do mesmo crime (CP, art. 44, § 3º);

(iii) a pena restritiva de direitos converte-se em privativa de liberdade quando ocorrer o descumprimento injustificado da restrição imposta. No cálculo da pena privativa de liberdade a executar será deduzido o tempo cumprido da pena restritiva de direitos, respeitado o saldo mínimo de 30 dias de detenção ou reclusão (CP, art. 44, § 4º);

(iv) sobrevindo condenação a pena privativa de liberdade por outro crime, o juiz da execução penal decidirá sobre a conversão, podendo deixar de aplicá-la se for possível ao condenado cumprir a pena substitutiva anterior (CP, art. 44, § 5º). Por exemplo, o condenado está pagando em parcelas uma pena de prestação pecuniária, quando vem a sofrer nova condenação a pena privativa de liberdade em regime fechado. Nada impede que, preso, continue a pagar a pena alternativa, sendo desnecessária a conversão.

36.3.4.10. A revogação do art. 60, § 2º, do CP e a possibilidade de aplicação do benefício da pena alternativa

Para Luiz Flávio Gomes, referido dispositivo, que tratava da multa substitutiva ou vicariante, aplicada em substituição à pena privativa de liberdade igual ou inferior a 6 meses, está revogado, uma vez que, com a atual redação do art. 44, § 2º, tornou-se possível a substituição por multa, quando a pena privativa de liberdade não exceder a um ano, desde que preenchidos os demais requisitos do referido art. 44[213]. A multa vicariante, portanto, passa a ser prevista no art. 44 e seu § 2º, ficando revogado o art. 60, § 2º, do CP.

Entendemos correta esta posição. O art. 60, § 2º, do CP exige três requisitos para a substituição da pena privativa de liberdade aplicada por multa: (i) que essa pena seja igual

---

213. *Penas e medidas alternativas à prisão*, cit., p. 120. No mesmo sentido, Damásio E. de Jesus, *Direito penal*, cit., v. 1, p. 535.

ou inferior a seis meses; (ii) que o réu não seja reincidente em crime doloso (CP, art. 44, II); (iii) e que as circunstâncias judiciais lhe sejam favoráveis (CP, art. 44, III).

Ressaltamos que o art. 44, § 2º, do Estatuto Repressivo permite a substituição, quando a pena imposta não exceder a um ano. Assim, opera-se uma *novatio legis in mellius*, a qual, ainda, retroage para alcançar fatos anteriores (CF, art. 5º, XL). Em suma, o primeiro requisito foi elevado de seis meses para um ano.

Convém notar que não interessa se o crime foi cometido com ou sem violência ou grave ameaça, bastando que os três requisitos sejam preenchidos.

Há quem entenda que o art. 60, § 2º, continua em vigor para alcançar a hipótese de crime cometido mediante violência ou grave ameaça, cuja pena não exceda a 6 meses. Assim, neste caso não incidiria o art. 44, § 2º, do CP, pois sua aplicação é restrita aos delitos não violentos, restando um campo residual para a regra antiga.

> **Nosso entendimento:** discordamos dessa posição, pois, com o art. 44, § 2º, a matéria passou a ser disciplinada de modo diverso, operando-se a revogação tácita.

Além disso, se a pena aplicada não excede a seis meses, ou a infração é de menor potencial ofensivo (pena máxima cominada não superior a 2 anos) ou o crime foi cometido sem violência ou grave ameaça. Deste modo, a norma do art. 60, § 2º, foi mesmo revogada tacitamente, por sua matéria ter sido integralmente regulada pela lei posterior, não lhe restando mesmo nenhum espaço.

36.3.5. Manutenção do benefício da pena alternativa aplicada em hipóteses específicas

36.3.5.1. Condenação posterior a pena privativa de liberdade

Se durante a execução da pena restritiva de direitos sobrevier condenação por outro crime a pena privativa de liberdade, a conversão não será obrigatória, podendo o juiz decidir pela subsistência da pena restritiva sempre que o seu cumprimento for compatível com a nova sanção (CP, art. 44, § 5º).

36.3.5.1.1. Procedimento da conversão da pena alternativa em privativa de liberdade

De acordo com o § 5º do art. 44, sobrevindo condenação a pena privativa de liberdade por outro crime, o juiz da execução decidirá sobre a conversão, podendo deixar de aplicá-la se for possível ao condenado cumprir a pena substitutiva anterior.

Dessa forma, de acordo com o novo dispositivo, haverá a conversão da pena restritiva de direitos em privativa de liberdade quando:

(i) durante o cumprimento da pena alternativa, sobrevier condenação a pena privativa de liberdade. Trata-se de decisão transitada em julgado, por imperativo do princípio do estado de inocência.

(ii) a nova condenação tornar impossível o cumprimento da pena alternativa.

Além disso, também haverá conversão quando:

(i) o condenado não for encontrado para ser intimado do início do cumprimento da pena;

(ii) houver o descumprimento injustificado da restrição imposta ou quando o condenado praticar falta grave.

> → **Atenção:** observe que, antes de converter a pena restritiva de direitos em privativa de liberdade, deve-se possibilitar ao condenado ampla defesa de seus direitos, com a instauração do devido processo legal e a observância do contraditório, pois esses princípios também devem ser observados na execução penal, durante a qual subsiste o devido processo legal.

36.3.5.1.2. Tempo de cumprimento da pena privativa de liberdade resultante de conversão

Convertida a pena restritiva de direitos em privativa de liberdade, será deduzido o tempo em que o condenado esteve solto, devendo ele cumprir preso somente o período restante.

A lei determina, no entanto, seja respeitado um saldo mínimo de 30 dias de detenção ou reclusão, não podendo o agente ficar preso por menos tempo, ainda que restassem menos de 30 dias para o cumprimento integral da pena alternativa. Desse modo, se, operada a dedução, resultar um período inferior, o condenado deverá ficar pelo menos 30 dias preso. Tratando-se de prisão simples, não há exigência de período mínimo (CP, art. 44, § 4º).

De acordo com a legislação anterior, desprezava-se o tempo de cumprimento da pena restritiva, e o sujeito tinha de cumprir preso todo o período correspondente à pena aplicada na sentença condenatória, o que era profundamente injusto.

Quanto às penas restritivas pecuniárias, como não existe tempo de cumprimento de pena a ser descontado, o mais justo é que se deduza do tempo de pena privativa de liberdade a ser cumprido o percentual já pago pelo condenado. Assim, se já tiver pagado metade do valor, somente terá de cumprir preso metade da pena privativa aplicada na sentença condenatória.

> → **Atenção:** na hipótese de aplicação da pena restritiva de direitos imposta em transação penal, nas infrações de competência dos juizados especiais criminais, a sentença que aplica a penalidade por ocasião da audiência preliminar, de que cuida o art. 76 da Lei n. 9.099/95, não é condenatória nem absolutória, mas homologatória da transação penal.

Dessa forma, desobedecidas as restrições impostas pela transação penal, a consequência não será a conversão em pena privativa de liberdade, mas a desconstituição do acordo penal e a remessa dos autos ao Ministério Público para o oferecimento da denúncia, dando-se início ao processo criminal pelas vias normais. Nesse sentido, a Súmula Vinculante 35: A homologação da transação penal prevista no art.

76 da Lei n. 9.099/95 não faz coisa julgada material e, descumpridas suas cláusulas, retoma-se a situação anterior, possibilitando-se ao Ministério Público a continuidade da persecução penal mediante oferecimento de denúncia ou requisição de inquérito policial.

36.3.5.2. Regime aberto e *sursis*

A condenação não torna, em nenhum desses dois casos, impossível o cumprimento da pena alternativa, razão pela qual não acarreta a conversão em pena privativa de liberdade.

36.3.5.3. Regime fechado e semiaberto

A condenação nesse caso torna impossível o prosseguimento da execução da pena alternativa restritiva de direitos, acarretando, por conseguinte, a sua conversão em privativa de liberdade. Em se tratando de pena alternativa pecuniária, contudo, não haverá a conversão, uma vez que não existe qualquer incompatibilidade entre o cumprimento desta e a nova condenação.

36.3.5.4. Não pagamento da multa substitutiva ou vicariante por devedor solvente

Por não se tratar de pena restritiva de direitos, não se submete às regras de conversão destas. Com efeito, à multa vicariante aplica-se a regra do art. 51 do CP, segundo a qual, para fins de execução, a multa será considerada dívida de valor, estando proibida, de modo expresso e indiscutível, a sua conversão em pena privativa de liberdade.

A conversão, portanto, somente terá incidência sobre as penas restritivas de direitos em sentido estrito e restritivas de direitos pecuniárias.

36.3.6. Das penas alternativas restritivas de direito em sentido estrito (prestação de serviços à comunidade, limitação de fim de semana, interdição temporária de direitos)

36.3.6.1. Características

Em regra, possuem natureza de penas substitutivas, isto é, não são cominadas abstratamente pelo tipo, mas substituem as penas privativas de liberdade, desde que preenchidos os requisitos legais.

Desse modo, a pena restritiva de direitos, embora seja autônoma, tem caráter substitutivo, não podendo ser aplicada diretamente e sim em substituição à pena corporal imposta.

No atual Código de Trânsito Brasileiro (Lei n. 9.503/97), porém, há alguns casos de cominação abstrata e autônoma de pena restritiva de direitos (arts. 302, 303 e 306). Importante destacar que, segundo a Lei n. 14.071, de 13 de outubro de 2020, para os casos dos arts. 302, § 3º e 303, § 2º, do CTB, as penas restritivas do art. 44, I, do CP não mais se aplicam.

36.3.6.2. Duração

A redação do art. 55, prevê que "as penas restritivas de direitos referidas nos incisos IV, V e VI do art. 43 terão a mesma duração da pena privativa de liberdade substituída, ressalvado o disposto no § 4º do art. 46". Dessa forma, foi inserida uma ressalva até então não existente.

36.3.6.2.1. Exceção à regra legal do art. 55

O art. 46, § 4º, do CP, ao tratar da prestação de serviços à comunidade, passou a dispor que: "Se a pena substituída for superior a 1 (um) ano, é facultado ao condenado cumprir a pena substitutiva em menor tempo (art. 55), nunca inferior à metade da pena privativa de liberdade fixada".

Assim, quando a pena privativa de liberdade a ser substituída por essa restritiva de direitos for igual ou inferior a um ano, o seu tempo de duração será o mesmo. Por exemplo, 8 meses de detenção equivalem a 8 meses de prestação de serviços à comunidade. No entanto, sendo a pena privativa superior a um ano, o juiz poderá fixar uma duração menor do que esse total, desde que não inferior à sua metade.

Esse benefício foi estendido também para a limitação de fim de semana e para as interdições temporárias de direitos, por determinação expressa do art. 55 do CP. Dessa forma, a prestação de serviços à comunidade, a limitação de fim de semana e as interdições temporárias de direitos, quando forem aplicadas em substituição a penas privativas de liberdade superiores a um ano, não terão necessariamente a mesma duração destas, podendo ser fixadas em quantidade menor, desde que não inferior à metade.

36.3.6.2.2. Injustiças decorrentes dessa regra

Sujeito condenado a um ano e 6 meses de detenção tem sua pena substituída por 9 meses de prestação de serviços à comunidade (metade da pena fixada, de acordo com o art. 46, § 4º, do CP). Se tivesse sido condenado a 11 meses de detenção, teria de cumprir exatamente esse período de pena restritiva, já que o benefício da substituição por tempo menor só se aplica quando a pena aplicada exceder a um ano.

> **Nosso entendimento:** diante do exposto, entendemos que o benefício da substituição por tempo menor, nunca inferior à metade da pena privativa de liberdade imposta, deve ser estendido também às penas inferiores a um ano, em atenção ao princípio da proporcionalidade.

Há entendimento de que não há nenhuma injustiça nessa regra, sendo desnecessário estendê-la aos condenados a penas iguais ou inferiores a um ano. Isto porque, embora a pena seja substituída por metade, compensa-se o benefício dobrando a carga diária de horas de trabalho. Assim, o condenado, em vez de cumprir dois anos de prestação de serviços à comunidade, à razão de uma hora por dia, cumpre apenas um ano, trabalhando duas horas por dia. Como se costuma dizer: acaba dando na mesma.

Tal posição, a nosso ver, não merece prosperar, em face do que dispõe o art. 55 do CP, o qual estendeu para a limitação de fim de semana e para as interdições temporárias de direito a regra aqui mencionada.

Ora, é impossível compensar horas nas interdições, uma vez que o condenado fica 24 horas por dia impedido de exercitar o direito. O argumento somente seria válido se a regra se limitasse às prestações de serviço à comunidade, o que não acontece. Daí por que o dispositivo é mesmo infeliz e inconstitucional, devendo ser ampliado às penas iguais ou inferiores a um ano.

36.3.6.3. Possibilidade de cumulação

Sendo substitutivas, não podem ser aplicadas cumulativamente com as penas privativas de liberdade que substituem. Ou o juiz aplica a privativa de liberdade ou a substitui pela restritiva de direitos.

No caso das penas restritivas do Código de Trânsito Brasileiro é possível a aplicação cumulativa, uma vez que elas estão cominadas abstratamente no tipo, cumulativamente com as penas privativas de liberdade.

36.3.6.4. Tipos de penas restritivas de direitos

São de dois tipos:

(i) genéricas: substituem as penas privativas de liberdade em qualquer crime, satisfeitos os requisitos legais. São a prestação de serviços à comunidade, a limitação de fim de semana, a prestação pecuniária e a perda de bens e valores;

(ii) específicas: só substituem as penas privativas de liberdade impostas pela prática de determinados crimes. São as interdições temporárias de direitos, salvo a pena de proibição de frequentar determinados lugares, que é genérica.

36.3.6.5. Espécies

36.3.6.5.1. Prestação de serviços à comunidade ou a entidades públicas

Possui as seguintes características:

(i) consiste na atribuição de tarefas ao condenado, junto a entidades assistenciais, hospitais, orfanatos e outros estabelecimentos congêneres, em programas comunitários ou estatais, ou em benefício de entidades públicas;

(ii) a prestação de serviços à comunidade ou a entidades públicas é aplicável às condenações superiores a 6 meses de privação da liberdade;

(iii) as tarefas não serão remuneradas, uma vez que se trata do cumprimento da pena principal (LEP, art. 30), e não existe pena remunerada;

(iv) as tarefas serão atribuídas conforme as aptidões do condenado;

(v) a carga horária de trabalho consiste em uma hora por dia de condenação, fixada de modo a não prejudicar a jornada normal de trabalho (CP, art. 46, § 3º);

(vi) cabe ao juiz da execução designar a entidade credenciada junto à qual o condenado deverá trabalhar (LEP, art. 149, I);

(vii) a entidade comunicará mensalmente ao juiz da execução, mediante relatório circunstanciado, sobre as atividades e o aproveitamento do condenado (LEP, art. 150);

(viii) se a pena substituída for superior a um ano, é facultado ao condenado cumprir a pena substitutiva em tempo inferior ao da pena privativa substituída (CP, arts. 55 e 46, § 4º), nunca inferior à metade da pena privativa de liberdade fixada;

(ix) por entidades públicas devemos entender tanto as pertencentes à Administração direta quanto à indireta passíveis de serem beneficiadas pela prestação dos serviços. Assim, além da própria Administração direta, podem receber a prestação de serviços: as empresas públicas, as sociedades de economia mista, as autarquias, as entidades subvencionadas pelo Poder Público.

36.3.6.5.2. Limitação de fim de semana

Tem como características:

(i) a limitação de fim de semana consiste na obrigação do condenado de permanecer aos sábados e domingos, por 5 horas diárias, na Casa do Albergado (LEP, art. 93) ou outro estabelecimento adequado;

(ii) o estabelecimento encaminhará mensalmente ao juiz da execução relatório sobre o aproveitamento do condenado.

36.3.6.5.3. Da interdição temporária de direitos

Características:

(i) proibição do exercício de cargo, função ou atividade pública, bem como de mandato eletivo: trata-se de pena específica, uma vez que só pode ser aplicada ao crime cometido no exercício do cargo ou função, com violação de deveres a estes inerentes (CP, art. 56), e desde que preenchidos os requisitos legais para a substituição. Quando a lei fala de cargo, está se referindo ao efetivo, e não ao eventual;

→ Atenção: no que toca à suspensão de mandato eletivo, a condenação criminal transitada em julgado acarreta a suspensão dos direitos políticos, enquanto durarem seus efeitos, nos termos do art. 15, III, da Constituição (norma de eficácia plena, que não depende de lei regulamentadora para gerar efeitos).

(ii) proibição do exercício de profissão, atividade ou ofício que dependam de habilitação especial, autorização ou licença do Poder Público: também se trata de restritiva específica, pois só se aplica aos crimes cometidos no exercício da profissão ou atividade e se houver violação de deveres a estas relativos (CP, art. 56);

(iii) suspensão de autorização ou habilitação para dirigir veículo: da mesma forma que as anteriores, cuida-se aqui de pena específica, só aplicável aos delitos culposos de trânsito (não se enquadram nessa categoria os veículos movidos a tração animal e a propulsão humana);

→ **Atenção:** mesmo no caso da imposição dessa pena, o juiz deve comunicar à autoridade de trânsito a ocorrência do acidente, para apreensão da carteira de habilitação e sujeição do motorista a novos exames, pois se trata de medida meramente administrativa, cuja aplicação não configura *bis in idem*.

→ **Atenção:** o CP não obriga a que, nos crimes culposos de trânsito, aplique-se sempre a interdição temporária de habilitação para dirigir veículos, podendo ser aplicada outra pena restritiva de direitos. Entenda-se: o que a lei diz é que o juiz só pode aplicar a pena de suspensão de habilitação para os crimes culposos de trânsito, isto é, não pode impor essa restritiva para nenhum outro crime. Os crimes culposos de trânsito não são, contudo, punidos obrigatoriamente com essa pena, podendo o juiz escolher outra restritiva. Assim, toda suspensão pune um crime culposo de trânsito, mas nem todo crime culposo de trânsito é punido com a suspensão.

→ **Atenção:** com o atual Código de Trânsito Brasileiro, a suspensão ou proibição de obter habilitação para dirigir veículo automotor pode ser imposta como pena principal, isolada ou cumulativamente com outras penalidades (Lei n. 9.503/97, arts. 292 e 293).

(iv) proibição de frequentar determinados lugares (Lei n. 9.714/98): além de pena restritiva de direitos, funciona como condição do *sursis* especial, conforme disposto no art. 78, § 2º, *a*, do Código Penal;

(v) proibição de inscrever-se em concurso, avaliação ou exames públicos: essa espécie de interdição temporária de direitos está prevista no inciso V do art. 47 do CP, tendo em vista a também nova modalidade criminosa contemplada no art. 311-A. Sob a rubrica "Fraudes em certames de interesse público", o tipo penal incrimina as ações de *utilizar* ou *divulgar*, indevidamente, com o fim de beneficiar a si ou a outrem, ou de comprometer a credibilidade do certame, conteúdo sigiloso de: (i) concurso público; (ii) avaliação ou exames públicos; (iii) processo seletivo para ingresso no ensino superior; ou (iv) exame ou processo seletivo previsto em lei. Pune, igualmente, aquele que permite ou facilita o acesso de pessoas não autorizadas às informações sigilosas. Em tais situações, poderá ser imposta a proibição de o agente inscrever-se em concurso, avaliação ou exames públicos.

36.3.6.6. Sobre a pena de suspensão de autorização ou habilitação para dirigir veículo

36.3.6.6.1. Alterações promovidas pelo Código de Trânsito

De acordo com o disposto no art. 292 do Código de Trânsito, a suspensão ou proibição de se obter a permissão ou habilitação para dirigir pode ser imposta como penalidade principal, isolada ou cumulativamente com outra pena, devendo ter a duração de 2 meses a 5 anos.

A suspensão pressupõe permissão ou habilitação já concedida, enquanto a proibição aplica-se àquele que ainda não obteve uma ou outra, conforme o caso.

36.3.6.6.2. Diferenças entre a suspensão para dirigir do atual Código de Trânsito e a pena restritiva de direitos prevista no art. 47, III, do Código Penal

Podemos enumerar as seguintes diferenças:

(i) a interdição temporária de direitos do Código Penal não alcança a proibição de obter permissão ou habilitação para dirigir veículo, limitando-se à suspensão da licença já concedida. Desse modo, a pena prevista na Parte Geral somente pode ser aplicada a quem já tiver habilitação válida;

(ii) a pena restritiva de direitos trazida pelo atual Código de Trânsito, contrariando o disposto no art. 44 do Código Penal, não tem caráter substitutivo. No sistema tradicional, até então o único em vigor, o juiz deve, em primeiro lugar, fixar a pena privativa de liberdade, de acordo com o critério trifásico (art. 68, *caput*). Aplicada a pena *in concreto*, caso seja inferior a 4 anos ou se trate de crime culposo (qualquer que seja a pena), e desde que preenchidos os demais requisitos legais (CP, art. 44, II e III), o juiz procede à substituição da pena privativa de liberdade pela restritiva de direitos;

(iii) devido ao seu caráter substitutivo, a pena restritiva de direitos tratada pelo Código Penal não é cominada abstratamente no tipo, nem tem seus limites mínimo e máximo previstos no preceito secundário da norma. Ao contrário, tem exatamente a mesma duração da pena privativa de liberdade substituída (CP, art. 55). Assim, o juiz, em primeiro lugar, aplica a pena privativa de liberdade, e somente então, se esta for cabível, a substitui por restritiva de direitos, pelo mesmo tempo de duração;

(iv) dado seu caráter substitutivo, a suspensão de habilitação prevista no Código Penal não pode ser aplicada em conjunto com pena privativa de liberdade: é uma ou outra. Excepcionalmente, permite-se a aplicação cumulativa, mas, ainda assim, se a pena privativa de liberdade tiver sido suspensa condicionalmente (CP, art. 69, § 1º);

(v) no atual sistema do Código de Trânsito, a suspensão ou proibição de permissão ou habilitação apresenta as seguintes características: (i) não tem caráter substitutivo, isto é, não substitui pena privativa de liberdade fixada pelo mesmo tempo de duração; (ii) é cominada abstratamente no tipo, tendo seus limites mínimo e máximo nele traçados, não havendo que falar em substituição pelo mesmo período da pena privativa de liberdade aplicada; (iii) sua dosagem obedece aos mesmos critérios previstos no art. 68, *caput*, do Código Penal; (iv) tratando-se de pena não substitutiva, nada impede seja aplicada cumulativamente com pena privativa, pouco importando tenha esta sido ou não suspensa condicionalmente.

36.3.6.6.3. Crimes punidos com a atual modalidade de pena restritiva

São os seguintes: homicídio culposo e lesão culposa, praticados na condução de veículo automotor, direção em estado de embriaguez, violação de suspensão ou proibição impostas e participação em disputa não autorizada ("racha").

36.3.6.6.4. Forma de aplicação da atual pena de suspensão ou proibição

Nos crimes acima mencionados, o juiz deverá dosar a suspensão ou proibição entre o mínimo de 2 meses e o máximo de 5 anos, de acordo com as circunstâncias judiciais

(CP, art. 59, *caput*), as agravantes e atenuantes e as causas de aumento e diminuição, seguindo-se idêntico critério ao das penas privativas de liberdade.

Somente na hipótese do crime previsto no art. 307 do atual Código de Trânsito, qual seja, o de violação da suspensão ou proibição, a pena restritiva terá idêntico prazo ao da pena privativa aplicada. Frise-se, contudo, que não há substituição, mas cumulação de penas.

36.3.6.6.5. Caráter não substitutivo – cumulação com pena privativa de liberdade

Conforme já dito, a Lei n. 9.503/97 também possibilita a aplicação de pena privativa de liberdade, não suspensa condicionalmente, cumulativamente com pena restritiva de direitos, contrariando o disposto no art. 69, § 1º, da Parte Geral. Aplicada junto com pena privativa de liberdade, a atual penalidade de interdição temporária de direitos não se inicia enquanto o sentenciado, por efeito de condenação penal, estiver recolhido a estabelecimento prisional (CTB, art. 293, § 2º).

36.3.6.6.6. Execução da interdição imposta

Transitada em julgado a sentença condenatória, o réu será intimado a entregar à autoridade judiciária, em 48 horas, a Permissão para Dirigir ou a Carteira de Habilitação.

36.3.6.6.7. Impossibilidade de cumulação com a suspensão da habilitação prevista no Código Penal

A pena de suspensão da habilitação para dirigir veículo, prevista no art. 47, III, do Código Penal, e que pode ser aplicada em substituição (CP, art. 44), pelo mesmo tempo de duração (art. 55), aos delitos culposos de trânsito (art. 57), não tem mais cabimento nos crimes previstos no Código de Trânsito, para os quais foi cominada, abstratamente, a atual interdição temporária de direitos.

Não teria sentido, por exemplo, no crime de lesão corporal culposa na direção de veículo automotor, substituir a pena privativa de liberdade pela suspensão de habilitação prevista no Código Penal e cumulá-la com a suspensão ou proibição da atual lei. É possível, no entanto, substituir a pena privativa de liberdade concretamente fixada por outra restritiva de direitos, como a prestação de serviços à comunidade ou a limitação de fim de semana, e cumulá-la com a interdição de direitos, já que não são incompatíveis ou redundantes.

36.3.6.6.8. Impossibilidade de aplicação da suspensão de habilitação prevista no Código Penal também aos demais crimes do atual Código de Trânsito Brasileiro

Quanto aos crimes de omissão de socorro (CTB, art. 304), fuga do local do acidente (art. 305), direção sem habilitação (art. 309), entrega de veículo automotor a pessoa não habilitada ou sem condições de dirigi-lo (art. 310), condução de veículo em velocidade incompatível com o local (art. 311) e inovação artificiosa de inquérito policial ou processo criminal (art. 312), para os quais não é prevista abstratamente a interdição temporária de direitos, em princípio nada impediria a substituição da pena privativa aplicada pela suspensão de habilitação prevista no art. 47, III, do Código Penal.

No entanto, como o art. 57 do Estatuto Repressivo somente permite a aplicação dessa pena aos delitos culposos de trânsito, considerando que todos os crimes acima referidos são dolosos, não será aplicável a substituição.

36.3.6.6.9. Revogação da pena prevista no Código Penal

Não existindo mais qualquer alternativa em que possa ser aplicada, visto que os delitos culposos de trânsito passaram a ser punidos com a atual interdição temporária de direitos, considera-se revogada a pena de suspensão de habilitação para dirigir veículo prevista no art. 47, III, do Código Penal brasileiro.

36.3.6.6.10. Aplicação cumulativa de pena privativa de liberdade e suspensão ou proibição para dirigir veículo

Nos crimes em que a lei comina cumulativamente essa pena restritiva de direitos com a privativa de liberdade (arts. 302, 303, 306, 307 e 308 do CTB) é possível a imposição de ambas em concurso material. Trata-se de regra especial aos crimes do Código de Trânsito, que contraria a regra geral do art. 69, § 1º, do Código Penal, a qual tolera o concurso somente no caso de a privativa de liberdade ser suspensa condicionalmente. Havendo imposição conjunta, a interdição do direito não se iniciará enquanto o condenado estiver recolhido a estabelecimento prisional. Importante destacar que, segundo a Lei n. 14.071, de 13 de outubro de 2020, para os casos dos arts. 302, § 3º e 303, § 2º, do CTB, as penas restritivas do art. 44, I, do CP não mais se aplicam.

36.3.6.6.11. Efeito extrapenal da condenação

O condutor condenado por qualquer dos delitos previstos no Código de Trânsito Brasileiro perderá sua habilitação ou permissão, ficando obrigado a submeter-se a novos exames para que possa voltar a dirigir, de acordo com as normas estabelecidas pelo Contran. Trata-se de efeito extrapenal automático da condenação, que independe de expressa motivação na sentença. Não importa, tampouco, para a incidência desse efeito, a espécie de pena aplicada ou até mesmo eventual prescrição da pretensão punitiva ou executória (CTB, art. 160).

36.3.6.6.12. Execução da pena de suspensão ou proibição de dirigir

De acordo com o disposto no art. 293, § 1º, do Código de Trânsito, transitada em julgado a decisão condenatória que impuser a penalidade de suspensão ou proibição de obter a permissão ou habilitação, o réu será intimado a entregar à autoridade judiciária, em 48 horas, a Permissão para Dirigir ou a Carteira de Habilitação. De qualquer forma, a pena será sempre comunicada pela autoridade judiciária ao Contran e ao órgão de trânsito local, para os fins mencionados no tópico anterior.

36.3.6.6.13. Inexistência de *bis in idem*

Não há que falar em dupla apenação, uma vez que se trata de penalidade administrativa, de natureza diversa da sanção penal.

36.3.6.6.14. Reincidência específica e seus efeitos

Nos mesmos moldes do art. 5º da Lei de Crimes Hediondos, a Lei n. 9.503/97 traz novamente à baila o conceito de reincidência específica. Trata-se do agente que, após ter sido definitivamente condenado por qualquer dos crimes previstos no Código de Trânsito, vem a cometer novo delito ali também tipificado.

Os efeitos da reincidência específica: nos crimes em que a lei já prevê a pena de suspensão ou proibição de obter a permissão ou habilitação para dirigir veículo (CTB, arts. 302, 303, 306, 307 e 308), a reincidência atua como circunstância agravante preponderante (CP, art. 61, I, c/c o art. 67), naqueles em que o Código de Trânsito não comina essa modalidade de interdição temporária de direitos (CTB, arts. 304, 305, 309, 310, 311 e 312), o juiz a aplicará, sem prejuízo das demais penas previstas (art. 296 do CTB). Neste último caso, a fim de que a reincidência não prejudique o agente duas vezes, não poderá ser aplicada como agravante.

36.3.6.6.15. Suspensão ou proibição cautelar

Em qualquer fase da investigação ou da ação penal, havendo necessidade para garantia da ordem pública, poderá o juiz, como medida cautelar, de ofício ou a requerimento do Ministério Público, ou ainda mediante representação da autoridade policial, decretar, em decisão motivada, a suspensão da permissão ou da habilitação para dirigir veículo, ou a proibição de sua obtenção.

Da decisão que decretar a providência cautelar ou da que indeferir o requerimento do Ministério Público caberá recurso em sentido estrito, sem efeito suspensivo.

Trata-se de decisão cautelar de natureza processual, que tem por finalidade impedir que o condutor continue a provocar danos ou a colocar em perigo a coletividade, enquanto se aguarda o desfecho definitivo do processo. Cabe recurso em sentido estrito não apenas da decisão que indefere o requerimento, mas também da que impõe a suspensão ou proibição cautelar.

36.3.6.6.16. Prisão em flagrante e fiança

Ao condutor de veículo, nos casos de acidentes de trânsito de que resulte vítima, não se imporá prisão em flagrante, nem se exigirá fiança, se prestar pronto e integral socorro àquela (CTB, art. 301). Essa regra visa estimular o causador do acidente a socorrer a vítima sem correr o risco de ser preso em flagrante.

Contudo, vale registrar que, de acordo com a regra do art. 291, § 2º, do CTB, presente uma das hipóteses do § 1º, deverá ser instaurado inquérito policial para a investigação do crime, não sendo cabível o termo circunstanciado.

Assim, será instaurado inquérito policial se o agente estiver "I – sob a influência de álcool ou qualquer outra substância psicoativa que determine dependência; II – participando, em via pública, de corrida, disputa ou competição automobilística, de exibição ou demonstração de perícia em manobra de veículo automotor, não autorizada pela autoridade competente; III – transitando em velocidade superior à máxima permitida para a via em 50 km/h (cinquenta quilômetros por hora)". Em tais situações, será possível a prisão em flagrante.

36.3.6.6.17. Agravantes específicas nos crimes de trânsito

São aquelas que agravam somente as penas dos crimes de trânsito:

(i) ter praticado o crime com dano potencial para duas ou mais pessoas ou com grande risco de grave dano patrimonial a terceiros;

(ii) utilizando veículo sem placas, com placas falsas ou adulteradas;

(iii) sem possuir permissão para dirigir ou carteira de habilitação;

(iv) com permissão ou habilitação de categoria diferente do veículo;

(v) quando sua profissão ou atividade exigir cuidados especiais com o transporte de passageiros ou de carga;

(vi) utilizando veículo em que tenham sido adulterados equipamentos ou características que afetem a sua segurança ou o seu funcionamento de acordo com os limites de velocidade prescritos nas especificações do fabricante;

(vii) sobre faixa de trânsito temporária ou permanentemente destinada a pedestres.

36.3.6.6.18. Multa reparatória

Consiste na condenação criminal do agente, mediante depósito judicial em favor da vítima ou seus sucessores, ao pagamento de uma quantia calculada de acordo com o critério do dia-multa, previsto no art. 49, § 1º, do CP, sempre que houver prejuízo material resultante do crime.

O valor da multa será fixado de acordo com dois fatores, quais sejam, extensão do dano e capacidade econômica do agente, devendo o juiz buscar a justa medida entre ambos.

Esse dispositivo reforça a tendência da moderna criminologia de privilegiar o interesse da vítima, outrora tão esquecida pela política criminal.

36.4. Das penas alternativas pecuniárias

36.4.1. Prestação pecuniária

A prestação pecuniária consiste no pagamento em dinheiro, à vista ou em parcelas, à vítima, a seus dependentes ou a entidade pública ou privada com destinação social, de importância fixada pelo juiz, não inferior a um salário mínimo, nem superior a 360 salários mínimos.

O Poder Judiciário não pode ser o destinatário da prestação, pois, apesar de ter destinação social, não é entidade.

O montante será fixado livremente pelo juiz, de acordo com o que for suficiente para a reprovação do delito, levando-se em conta a capacidade econômica do condenado e a extensão do prejuízo causado à vítima ou seus herdeiros. Em hipótese alguma será possível sair dos valores mínimo e máximo fixados em lei, não se admitindo, por exemplo, prestação em valor inferior a um salário mínimo, nem mesmo em caso de tentativa.

Deve-se frisar que o legislador, ao fixar o teto máximo da prestação pecuniária em 360 salários mínimos, seguiu critério diverso daquele que regulamenta a perda de bens e valores (CP, art. 45, § 3º), no qual o limite do valor é o total do prejuízo suportado pela vítima ou o do provento obtido com o crime (o que for maior). A nosso ver, andou bem o legislador, uma vez que, se limitasse o valor da prestação pecuniária ao prejuízo suportado pelo ofendido, estaria inviabilizando sua aplicação àqueles crimes em que não ocorre prejuízo, como, por exemplo, em alguns delitos tentados.

O valor pago será deduzido do montante de eventual condenação em ação de reparação civil, se coincidentes os beneficiários, o que vale dizer, a fixação da prestação pecuniária não impede a futura ação civil reparatória (*actio civilis ex delicto*).

Importante notar que, se o juiz atribuir o benefício da prestação pecuniária a alguma entidade, no lugar da vítima ou seus herdeiros, não haverá dedução do valor na futura ação indenizatória, porquanto não coincidentes os beneficiários.

Admite-se que o pagamento seja feito em ouro, joias, títulos mobiliários e imóveis, em vez de moeda corrente.

Finalmente, de acordo com o disposto na Lei n. 11.340/2006, art. 17, "é vedada a aplicação, nos casos de violência doméstica e familiar contra a mulher, de penas de cesta básica ou outras de prestação pecuniária, bem como a substituição de pena que implique o pagamento isolado de multa".

36.4.2. Prestação inominada

No caso de aceitação pelo beneficiário, a prestação pecuniária poderá consistir em prestação de outra natureza, como, por exemplo, entrega de cestas básicas a carentes, em entidades públicas ou privadas. A interpretação, aqui, deve ser a mais ampla possível, sendo, no entanto, imprescindível o consenso do beneficiário quando o crime tiver como vítima pessoa determinada.

Damásio E. de Jesus entende que a prestação inominada corresponde a uma espécie de "pena inominada", o que feriria o princípio da legalidade, trazendo incertezas ao aplicador da lei e ensejando dúvida a respeito do verdadeiro conteúdo da resposta penal. Faz, porém, a seguinte ressalva: "o dispositivo, contudo, encontra-se em consonância com as Regras de Tóquio, que recomendam ao juiz, depois de arrolar dezesseis medidas penais alternativas (*non-custodial measures*), a aplicação, se necessário e conveniente, de 'qualquer outra medida que não envolva detenção pessoal'. Medida liberal, corresponde, entretanto, ao ideal de justiça, pela qual ao juiz, nas infrações de menor gravidade lesiva cometidas por acusados não perigosos, atribuir-se-ia o poder de aplicar qualquer pena, respeitados os princípios da segurança social e da dignidade, desde que adequada ao fato e às condições pessoais do delinquente"²¹⁴.

Convém ressaltar que essa pena não pode consistir no pagamento em dinheiro, para que não se confunda com a prestação pecuniária, nem na prestação de trabalho, pois, para essa finalidade, já existe a prestação de serviços à comunidade.

Ressalve-se, finalmente, que, nos casos de violência doméstica e familiar contra a mulher de que trata a Lei n. 11.340/2006, é vedada a aplicação de prestação inominada de entrega de cesta básica (art. 17).

36.4.3. Perda de bens e valores

Trata-se da decretação de perda de bens móveis, imóveis ou de valores, tais como títulos de crédito, ações etc. Não pode alcançar bens de terceiros, mas apenas os bens do condenado, já que a pena não pode passar de sua pessoa (CF, art. 5º, XLV).

Essa pena consiste no confisco generalizado do patrimônio lícito do condenado, imposto como pena principal substitutiva da privativa de liberdade imposta. Trata-se de pena de grande utilidade, pois permite a constrição dos bens do infrator, sem o ônus de demonstrar sua origem ilícita.

Não devemos confundir a perda de bens e valores, prevista como pena alternativa pela atual legislação, com o confisco dos bens que constituírem instrumento, produto e proveito do crime (*instrumenta e producta sceleris* – CP, art. 91, II, *a* e *b*). Enquanto a perda de bens e valores é pena principal, o confisco configura mero efeito secundário extrapenal da condenação.

A perda de bens e valores pertencentes aos condenados, ressalvada a legislação especial, dar-se-á em favor do Fundo Penitenciário Nacional, e o seu valor terá como teto o montante do prejuízo causado ou do provento obtido pelo agente ou terceiro, em consequência da prática do crime, decidindo-se, na dúvida, pelo valor mais elevado. Por exemplo, no crime de dano, o prejuízo da vítima é superior ao lucro do agente, que, aliás, pode não ser nenhum. Prevalecerá, nesse caso, o montante equivalente ao prejuízo suportado pelo ofendido.

Excepcionalmente, de acordo com o que dispuser a legislação especial, os bens e valores poderão reverter a outras entidades e fins. Por exemplo, um empresário ganancioso contrata um famoso conjunto musical; porém, temendo a realização de um outro *show* no mesmo horário, no estabelecimento rival, resolve incendiá-lo, obtendo com isso grande lucro, na medida em que sua casa de espetáculos ficou completamente lotada ante a falta de concorrência naquela noite. Se a sua vantagem foi maior, o seu lucro será o li-

---

214. *Direito penal*, cit., v. 1, p. 537.

mite máximo do confisco; se, contudo, o prejuízo da vítima tiver excedido a vantagem do agente, tal dano norteará o *quantum* a ser confiscado.

O Fundo Penitenciário Nacional foi instituído pela Lei Complementar n. 79/94, está regulamentado pelo Decreto n. 1.093/94, e tem por finalidade proporcionar recursos e meios destinados a financiar e apoiar as atividades e os programas de modernização do Sistema Penitenciário brasileiro, tais como a construção, a reforma e a ampliação de estabelecimentos carcerários. O FUNPEN pode repassar recursos para os Estados para a consecução de seus fins.

Convém relembrar o que acima foi dito, no sentido de que a perda de bens e valores não pode recair sobre o patrimônio ilícito do condenado, ou seja, não tem por objeto o produto (vantagem direta obtida com a prática delituosa — por exemplo, o bem móvel furtado), nem o proveito (vantagem indireta — por exemplo, o dinheiro obtido pelo ladrão com a venda do bem furtado), mas apenas os bens que integram o patrimônio legal e regular do agente.

36.4.4. Princípio da personalidade da pena (CF, art. 5º, XLV)

A CF, em seu art. 5º, XLV, é expressa ao determinar, sem exceção, que nenhuma pena passará da pessoa do condenado. Nem poderia ser diferente: pena é castigo, retribuição, ainda que sua finalidade seja também reeducativa, de maneira que o sucessor não pode ser castigado, nem reeducado por algo que outra pessoa cometeu. A pena é personalíssima e em hipótese alguma pode comunicar-se a terceiros, na medida em que a responsabilidade objetiva foi repudiada pela atual ordem constitucional. Não existe nexo causal nem normativo entre a condição de herdeiro e a infração cometida pelo *de cujus*, sendo inviável qualquer extensão, ainda que limitada até as forças da herança.

Quando a Constituição fala em possibilidade de a reparação do dano e o perdimento dos bens serem estendidos aos sucessores, está-se referindo aos efeitos secundários da condenação, consistentes em tornar certa a obrigação de reparar o dano *ex delicto* e no confisco dos instrumentos, bem como do produto e proveito do crime em favor da União. O que se comunica, portanto, não é a pena, mas os efeitos extrapenais automáticos da condenação, de que trata o art. 91, I e II, do CP.

Quanto à perda de bens e valores, não há sequer que se falar em função reparatória, já que o beneficiário não é a vítima e seus dependentes, mas o Fundo Penitenciário Nacional, não havendo a relação com a obrigação de indenização *ex delicto*.

No que diz respeito à prestação pecuniária, embora tenha finalidade reparatória, não perde o seu caráter de pena. Em primeiro lugar porque nem sempre o valor pago será descontado da futura indenização *ex delicto*, como, por exemplo, na hipótese de o beneficiário ser uma entidade e não a própria vítima. Nesse caso, não há nenhuma finalidade reparatória. Ora, a prestação pecuniária não pode em alguns casos ser pena e em outros reparação do dano, dependendo de quem o juiz escolher como destinatário do pagamento. Além disso, se não for paga, pode ser convertida em pena privativa da liberdade.

Se a pena de multa, que não pode ser convertida em privativa, não passa da pessoa do delinquente, não parece correto permitir que a prestação pecuniária, que admite tal conversão, se transfira aos herdeiros do falecido.

Finalmente, se, por um lado, o art. 5º, XLV, da CF, ao prever o princípio da personalidade da pena, permitiu a transmissão aos herdeiros da obrigação de reparar o dano, por outro exigiu prévia regulamentação expressa em lei. Trata-se, portanto, de norma constitucional de eficácia limitada, cuja incidência depende de legislação inferior complementadora que discipline o assunto. Como a Lei n. 9.714/98 limitou-se a criar as penas de prestação pecuniária e perda de bens e valores, sem regulamentar, em momento algum, a transmissão da obrigação aos sucessores, ainda não é possível cogitar de tal hipótese.

Contudo, para Luiz Flávio Gomes, uma vez fixado na sentença, a prestação pecuniária e o perdimento de bens e valores podem ser cobrados dos herdeiros, até os limites da herança, uma vez que se destinam exclusivamente à reparação de parcela do dano patrimonial suportado pela vítima, não tendo, portanto, caráter de pena. Sustenta que a CF, em seu art. 5º, XLV, ao dispor sobre o princípio da personalidade da pena, ressalva expressamente a possibilidade de a obrigação de reparar o dano ser executada contra os sucessores do condenado e o perdimento de bens ultrapassar a pessoa do delinquente. Alicerça seu entendimento no fato de essas penas alternativas possuírem finalidade exclusivamente reparatória, ao contrário da pena de multa, a qual, por ter caráter punitivo, não pode passar da pessoa do condenado[215].

36.4.5. Execução da prestação pecuniária

É feita pelo próprio beneficiário, que, em caso de descumprimento, comunica o ocorrido ao juízo da execução para que se proceda à conversão em pena privativa de liberdade.

Desse modo, transitada em julgado a sentença que impôs a prestação pecuniária, o beneficiário deverá extrair cópia do título executivo e ingressar com a execução por quantia certa contra devedor solvente, no juízo cível. Frustrada a cobrança e inexistindo bens para penhora, cabe ao beneficiário comunicar o ocorrido ao juízo da execução penal para que, cientificado o Ministério Público, se proceda à conversão da prestação pecuniária em pena privativa de liberdade.

QUADRO SINÓTICO

Penas alternativas: quaisquer penas que o juiz puder aplicar em substituição à pena privativa de liberdade. Atualmente são 10 (dez) [9 (nove) restritivas de direito, dentre as quais 6 (seis) em sentido estrito e 3 (três) pecuniárias] + a pena de multa.

---

215. *Penas e medidas alternativas*, cit., p. 138.

Espécies:

(i) Restritivas de direito:

(i.1) em sentido estrito: prestação de serviços à comunidade, limitação de fim de semana e quatro interdições temporárias de direito (proibição do exercício de cargo ou função pública, proibição do exercício de atividade ou profissão que dependa de habilitação especial ou licença do Poder Público, suspensão da habilitação para dirigir veículo e proibição de frequentar lugares).

(i.2) pecuniárias: prestação pecuniária, prestação inominada e perda de bens e valores.

(ii) Multa (diferencia-se das restritivas pecuniárias porque, ao contrário destas, a multa não pode ser convertida em privativa de liberdade, sendo considerada dívida de valor para fins de execução).

Características: substituem a pena privativa de liberdade aplicada na sentença condenatória, desde que preenchidos os requisitos legais (CP, art. 44 e incisos). Em regra, são genéricas, ou seja, podem ser aplicadas em substituição a qualquer espécie de crimes, obedecidos os requisitos impostos pela lei. Três penas restritivas, no entanto, são específicas, só podendo ser aplicadas a determinados crimes. São elas: proibição do exercício do cargo ou função pública (só para crimes cometidos em seu exercício), proibição do exercício de profissão ou atividade (só para crimes cometidos em seu exercício) e suspensão da habilitação ou autorização para dirigir veículos (só para delitos culposos de trânsito).

Requisitos para a substituição: (i) que a pena total imposta na sentença condenatória não exceda a 4 (quatro) anos, salvo se o delito for culposo + (ii) que o crime tenha sido cometido sem violência ou grave ameaça contra a pessoa, salvo se for culposo + (iii) que o réu não seja reincidente em crime doloso (se a condenação anterior tiver sido a pena de multa, cabe *sursis*, mas não pena alternativa), nem reincidente específico em crime culposo (CP, art. 44, § 3º, parte final) + (iv) que a culpabilidade, os antecedentes, a personalidade e a conduta social autorizem a substituição.

Conversão da pena alternativa em privativa de liberdade: se houver descumprimento injustificado da restrição imposta ou se houver condenação que torne impossível a continuidade do cumprimento da pena alternativa (CP, art. 44, §§ 4º e 5º). Operada a conversão, aproveita-se o tempo de pena até então decorrido, salvo se restarem menos de 30 (trinta) dias, caso em que serão cumpridos, pelo menos, esses 30 (trinta) dias.

Primeira classe e classe econômica: como cabe pena alternativa para penas de até 4 (quatro) anos, a lei acabou estabelecendo um rol bastante diverso e variável de beneficiários, pois o limite compreende quem recebeu desde 1 (um) dia até 4 (quatro) anos de pena. Visando a evitar injustiças, o CP separou tais condenados em duas classes: (i) se a pena imposta for igual ou inferior a 1 (um) ano, a pena privativa de liberdade será substituída por uma multa ou por uma restritiva. É a turma da primeira classe. (ii) Se, no entanto, a pena imposta for maior do que 1 (um) ano e não exceder a 4 (quatro), o juiz poderá aplicar duas restritivas ou uma restritiva + uma de multa (CP, art. 44, § 2º). É a turma que viaja de econômica. De fato, o legislador tinha mesmo de fazer uma distinção, pois, entre o condenado que recebe um dia e o que recebe quatro anos, há grande diferença, embora ambos possam ser beneficiados com a substituição.

37. DA PENA DE MULTA

37.1. Critério adotado

O CP adotou o critério do dia-multa.

37.2. Espécies

São duas: (i) cominada diretamente no preceito secundário do tipo penal incriminador, exemplo, arts. 155 e 171, ambos do CP; (ii) multa substitutiva ou vicariante, que consiste naquela imposta em substituição a uma pena privativa de liberdade (art. 44, § 2º, do CP).

37.3. Destinação da pena de multa

O valor arrecadado com a multa, sempre que a condenação for proveniente da Justiça Comum, no Estado de São Paulo, será revertido em favor do Fundo Penitenciário do Estado de São Paulo — FUNPESP, vinculado à Secretaria Estadual da Administração Penitenciária, criado pela Lei estadual n. 9.171, de 31 de maio de 1995, cuja finalidade é a construção, reforma, ampliação e aprimoramento de estabelecimentos carcerários, dentre outros aperfeiçoamentos do Sistema Penitenciário.

37.4. Cálculo do valor da pena de multa

O resultado se dá após a superação de três etapas, quais sejam:

(i) identificação do número de dias-multa;

(ii) identificação do valor de cada dia-multa;

(iii) multiplicação do número de dias-multa pelo valor de cada um deles.

37.4.1. Identificação do número de dias-multa

A lei fixa um limite mínimo de 10 e um máximo de 360 dias-multa. A questão é como situar o número de dias-multa dentro desses limites.

Existem três posições a esse respeito:

(i) para a primeira, deve-se levar em conta a capacidade econômica do condenado: quanto mais rico, maior o número de dias fixado (CP, art. 60);

(ii) para a segunda, utiliza-se o mesmo critério para a fixação da pena privativa de liberdade, previsto no art. 68, *caput*, do Código Penal: partindo do mínimo, o juiz levará em consideração as circunstâncias judiciais previstas no art. 59 do CP; em seguida, as agravantes e atenuantes genéricas; e, numa última fase, fará incidir as causas de aumento e de diminuição (critério trifásico);

(iii) para uma terceira, o número de dias-multa é fixado de acordo com a culpabilidade do agente, mas levando em conta apenas o art. 59, *caput*, do CP, que equivaleria à primeira fase de fixação da pena.

Nosso entendimento: até a entrada em vigor da Lei n. 9.268/96, entendíamos que a posição mais correta era a segunda (sendo também aceitável a terceira), uma vez que, em caso de conversão, cada dia-multa correspondia a um dia de detenção. Nesse caso, se fosse adotada a primeira posição, o número de dias-multa de um condenado economicamente mais favorecido seria superior ao de um outro menos aquinhoado, e, ocorrendo a conversão da multa em detenção, o rico ficaria mais tempo preso do que o pobre, não porque tivesse cometido uma infração mais grave, mas apenas por ser mais rico, o que não nos parece justo. De acordo com a segunda e terceira posições, o número de dias-multa é dosado de acordo com o grau de culpabilidade de cada agente, não havendo disparidade na hipótese de uma conversão. Com a alteração legislativa e a impossibilidade de conversão da multa em pena privativa de liberdade, acabou o grande argumento para dosar o número de dias-multa de acordo com a culpabilidade. Assim, atualmente, entendemos que somente deve existir um critério, tanto para o cálculo do número de dias-multa quanto para a aferição do seu valor: o fixado pelo art. 60, *caput*, do Código Penal, ou seja, principalmente a capacidade econômica de cada condenado.

→ **Atenção:** de acordo com a segunda posição, é possível que o número de dias-multa fique abaixo do limite mínimo, pois a causa de diminuição não se atém aos limites da pena.

Por exemplo, um crime tentado em que as circunstâncias judiciais sejam favoráveis e inexista qualquer agravante legal. Superadas as duas primeiras fases, o número não pôde ser elevado além de 10 dias-multa. Na terceira fase, haverá a redução de 1/3 a 2/3, ficando diminuído o limite mínimo da lei.

37.4.2. Identificação do valor de cada dia-multa

O valor é fixado com base no maior salário mínimo vigente ao tempo da infração penal, variando entre o limite mínimo de 1/30 até 5 salários mínimos.

O juiz situará esse valor dentro dos limites, atendendo à capacidade econômica do réu, podendo, ainda, aumentar o valor até o triplo, se entendê-lo insuficiente e ineficaz em face da situação financeira do acusado.

→ **Atenção:** note que, enquanto há três posições quanto ao critério para fixar o número de dias-multa, no que toca ao valor inexiste divergência.

37.4.2.1. Correção monetária

Como a lei manda tomar por base o valor do salário mínimo vigente na data do fato (princípio da anterioridade da pena), por equidade também determina a sua atualização de acordo com os índices de correção monetária.

Quanto ao termo inicial dessa atualização, a questão é polêmica, tendo só há pouco sido fixada a posição final do STJ.

Acerca do termo inicial para incidência da correção monetária há sete posições:

(i) a partir da data do fato: como se trata de simples atualização do valor, este deve equivaler ao da data em que foi praticada a infração penal. Atualmente, é a posição pacífica do Superior Tribunal de Justiça (ver também, a respeito, Súmula 43);

(ii) a partir da citação do condenado devedor para pagamento da multa;

(iii) a partir do trânsito em julgado da sentença condenatória;

(iv) não incide mais, pois a correção monetária foi extinta pelo Decreto-lei n. 2.284/86, que instituiu novo regime econômico;

(v) a partir do trânsito em julgado para ambas as partes;

(vi) a partir da sentença condenatória;

(vii) a partir do 11º dia subsequente à citação para pagamento da multa, nos termos do art. 164 da LEP.

> **Nosso entendimento:** estamos de acordo com a posição (i), qual seja, o termo inicial para incidência da correção monetária na pena de multa é a partir da data do fato.

37.5. Valor irrisório

Multa não pode ser extinta por esse fundamento, pois uma das características da pena é a sua inderrogabilidade, isto é, a certeza de seu cumprimento.

37.6. Conversão da multa em pena de detenção

Não existe mais.

Com a alteração do art. 51 do CP pela Lei n. 13.964/2019, a multa será executada perante o juiz da execução penal e será considerada dívida de valor, podendo adentrar à dívida ativa e ser causa interruptiva e suspensiva da prescrição.

Antes da referida mudança, a competência para promover a execução da pena de multa era da Procuradoria da Fazenda Pública, consoante a Súmula 521 do STJ. Com a novel legislação, tal atribuição passou a ser do Ministério Público perante o juiz da execução penal.

37.7. Superveniência de doença mental

Acarreta a suspensão da execução da multa.

Atente-se que a prescrição continua correndo, pois inexiste, nesse caso, causa suspensiva ou interruptiva do lapso prescricional.

37.8. Da multa substitutiva ou vicariante

37.8.1. Previsão legal

Estava prevista no art. 60, § 2º, do CP e consistia na substituição da pena privativa de liberdade não superior a 6 meses por multa, desde que preenchidos os demais requisitos do art. 44 do mesmo CP.

Ocorre que referido dispositivo está revogado, uma vez que, com a atual redação do art. 44, § 2º, tornou-se possível a substituição por multa, quando a pena privativa de liberdade for igual ou inferior a um ano, desde que preenchidos os demais requisitos do referido art. 44. Assim, a aplicação do benefício tornou-se mais abrangente, alcançando penas maiores do que o limite anterior. O art. 60, § 2º, do CP está, portanto, revogado por ter perdido a usabilidade.

Tal entendimento, contudo, não é pacífico. Com efeito, o art. 60, § 2º, do CP fala na aplicação da multa vicariante quando preenchidos três requisitos: (i) pena imposta de seis meses ou menos; (ii) réu não reincidente em crime doloso (CP, art. 44, II); (iii) culpabilidade, antecedentes, personalidade, conduta social e motivos do crime favoráveis ao agente (CP, art. 44, III). O art. 44, § 2º, fala em pena aplicada de um ano ou menos e exige um requisito a mais: que o crime tenha sido cometido sem violência ou grave ameaça. Por essa razão, há quem sustente que o art. 60, § 2º, continua em vigor para alcançar os crimes cometidos com violência ou grave ameaça, cuja pena aplicada não exceda seis meses, ficando o art. 44, § 2º, reservado aos delitos sem violência ou ameaça.

> **Nosso entendimento:** não concordamos com a citada posição, qual seja, que o art. 60, § 2º, continua em vigor para alcançar os crimes cometidos com violência ou grave ameaça, cuja pena aplicada não exceda seis meses, ficando o art. 44, § 2º, reservado aos delitos sem violência ou ameaça.

A matéria foi integralmente regulada pela Lei n. 9.714/98, que pretendeu dar novo tratamento a todo o tema. Nos termos do art. 2º, § 1º, parte final, da Lei de Introdução às Normas do Direito Brasileiro, a lei posterior revoga tacitamente a anterior "quando regule inteiramente a matéria de que tratava a lei anterior". Tudo foi tratado novamente de outro modo, tendo-se operado a ab-rogação do dispositivo anterior. Além disso, se o crime cometido com violência ou grave ameaça for punido com pena de seis meses ou menos, é sinal de que se trata de infração de menor potencial ofensivo, que não encontra óbice para a substituição no art. 44, conforme anteriormente mencionado.

37.8.2. Aplicação

É necessário que primeiro se fixe a pena privativa de liberdade para que, então, se proceda à substituição. Na fixação da multa substitutiva não é necessário haver correspondência entre a quantidade de dias-multa e a quantidade de pena privativa de liberdade substituída. O juiz, portanto, é livre para fixar o número de dias-multa e o valor de cada um deles, não se atrelando compulsoriamente à quantidade da pena de prisão.

37.8.3. Não pagamento da multa substitutiva ou vicariante por devedor solvente

Como vimos, com a Lei n. 9.714/98, essa espécie de multa passou a ser regida pelo art. 44, § 1º, do CP, ficando revogado o art. 60, § 2º, do Estatuto Repressivo. Entretanto, por não se tratar de pena restritiva de direitos, não se submete às regras de conversão destas. Com efeito, à multa vicariante aplica-se a regra do art. 51 do CP, segundo a qual, para fins de execução, a multa será considerada dívida de valor, estando proibida, de modo expresso e indiscutível, a sua conversão em pena privativa de liberdade. A conversão, portanto, somente terá incidência sobre as penas restritivas de direitos em sentido estrito e restritivas de direitos pecuniárias.

37.8.4. Cumulação de multas

Quando a lei penal cominar pena privativa de liberdade mais multa, operada a substituição da privativa pela multa vicariante, deverão ser impostas duas multas (a substitutiva mais a cominada abstratamente no tipo), ou a multa aplicada em substituição absorve a prevista *in abstracto*?

Por exemplo, no crime de furto, punido com reclusão de um a quatro anos e multa, substituída a pena privativa de liberdade pela pecuniária, deverá o agente pagar duas multas, a vicariante e a cominada abstratamente, ou só a vicariante, ficando esta última absorvida?

Entendemos que devem incidir ambas as penas, por três razões: (i) a multa substitutiva tem natureza jurídica diversa da prevista *in abstracto*, nada justificando que a aplicação da primeira faça esta última desaparecer; (ii) se a lei comina duas penas ao crime (a privativa de liberdade e a pecuniária), é sinal de que deseja que o réu responda pelas duas, e não por apenas uma delas; (iii) o CP, no seu art. 44, § 2º, fala que a multa substitui somente a pena privativa de liberdade. Por essa razão, entendemos possível a cumulação de multas.

Essa questão, no entanto, atualmente só se impõe quando a cominação for feita no CP, uma vez que, se tal previsão cumulativa de pena privativa de liberdade com multa for feita em lei especial, não será possível a substituição. Com efeito, nos termos da Súmula 171 do STJ, "Cominadas cumulativamente, em lei especial, penas privativa de liberdade e pecuniária, é defeso a substituição da prisão por multa".

37.9. Multa e violência doméstica e familiar contra a mulher

De acordo com o disposto no art. 17 da Lei n. 11.340/2006, "é vedada a aplicação, nos casos de violência doméstica e familiar contra a mulher, de penas de cesta básica ou outras de prestação pecuniária, bem como a substituição de pena que implique o pagamento isolado de multa".

Como já vimos, trata-se de dispositivo penal mais gravoso, na medida em que limita a incidência das penas alternativas. Tratando-se de *novatio legis in pejus*, não pode retroagir para prejudicar o réu. Convém mencionar que os arts. 5º e 7º da mencionada lei nos trazem o conceito de violência doméstica e familiar contra a mulher.

37.10. *Habeas corpus* e pena de multa

Consoante a Súmula 693 do STF: "não cabe *habeas corpus* contra decisão condenatória a pena de multa, ou relativo a processo em curso por infração penal a que a pena pecuniária seja a única cominada". No caso de eventual ilegalidade, o remédio constitucional adequado é o mandado de segurança (art. 5º, LXIX, da CF).

38. DAS MEDIDAS DE SEGURANÇA

38.1. Conceito

Sanção penal imposta pelo Estado, na execução de uma sentença, cuja finalidade é exclusivamente preventiva, no sentido de evitar que o autor de uma infração penal que tenha demonstrado periculosidade volte a delinquir.

38.2. Finalidade

É exclusivamente preventiva, visando tratar o inimputável e o semi-imputável que demonstraram, pela prática delitiva, potencialidade para novas ações danosas.

38.3. Sistemas

São dois:

(i) Vicariante: pena ou medida de segurança.

(ii) Duplo binário: pena e medida de segurança.

Nosso Código Penal, com a reforma da parte geral em 1984, adotou o sistema vicariante, sendo impossível a aplicação cumulativa de pena e medida de segurança. Aos imputáveis, pena; aos inimputáveis, medida de segurança; aos semi-imputáveis, uma ou outra, conforme recomendação do perito.

38.4. Pressupostos

São dois:

(i) Prática de crime.

(ii) Potencialidade para novas ações danosas.

38.4.1. Prática do crime

Não se aplica medida de segurança:

(i) se não houver prova da autoria;

(ii) se não houver prova do fato;

(iii) se estiver presente causa de exclusão da ilicitude;

(iv) se o crime for impossível;

(v) se ocorreu a prescrição ou outra causa extintiva da punibilidade.

→ Atenção: em todos esses casos, não ficou demonstrada a prática de infração penal; logo, não se impõe a medida de segurança (não é qualquer doente mental que recebe essa sanção, mas tão somente aqueles que realizam fatos típicos e ilícitos).

38.4.2. Periculosidade

É a potencialidade para praticar ações lesivas. Revela-se pelo fato de o agente ser portador de doença mental.

Na inimputabilidade, a periculosidade é presumida. Basta o laudo apontar a perturbação mental para que a medida de segurança seja obrigatoriamente imposta.

Na semi-imputabilidade, precisa ser constatada pelo juiz. Mesmo o laudo apontando a falta de higidez mental, deverá ainda ser investigado, no caso concreto, se é caso de pena ou de medida de segurança.

No primeiro caso, tem-se a periculosidade presumida. No segundo, a periculosidade real.

→ Atenção: relatório psiquiátrico do estabelecimento penal não supre o exame de cessação da periculosidade.

→ Atenção: laudo sem fundamentação e impreciso: não tem valor, sendo necessário que seja fundamentado e conclua expressamente se cessou ou não a periculosidade.

38.5. Espécies de medida de segurança

São duas:

(i) Detentiva: internação em hospital de custódia e tratamento psiquiátrico (CP, art. 97).

(ii) Restritiva: sujeição a tratamento ambulatorial (CP, art. 97).

→ Atenção: no julgamento do EREsp 998.128/MG (j. 27-11-2019), a Terceira Seção do STJ dirimiu a divergência e estabeleceu que o fator determinante para a imposição de medida de segurança não é a espécie de pena cominada ao imputável, mas seu nível de periculosidade. Se o exame que conclui pela inimputabilidade estabelece que não há um elevado grau de periculosidade, a medida de segurança restritiva é suficiente, ainda que o fato seja punido com reclusão.

38.5.1. Medida de segurança detentiva

38.5.1.1. Características

São as seguintes:

(i) é obrigatória quando a pena imposta for a de reclusão, conforme art. 97 do CP. Entretanto, o STJ não aplica o art. 97 do CP de forma absoluta. Segundo entendimento do referido Tribunal, à luz dos princípios da adequação, da razoabilidade e da proporcionalidade, a medida de segurança deve ser aplicada de acordo com a periculosidade do agente, e não com a natureza da pena privativa de liberdade cominada ao crime. Nesse contexto, caberá ao juiz, no caso concreto, analisar qual o melhor tratamento para o inimputável, detentiva ou restritiva (STJ, 3ª Seção, EREsp 998.128-MG, Rel. Mil Ribeiro Dantas, julgado em 27-11-2019, *Info* 662);

(ii) será por tempo indeterminado, perdurando enquanto não for averiguada, mediante perícia médica, a cessação da periculosidade;

Entretanto, com base na proibição de penas de caráter perpétuo e na dignidade humana, os Tribunais superiores têm firmado entendimento de que o tempo de internação não pode ser indeterminado. Assim, o STJ editou a Súmula 527, nos seguintes termos: "O tempo de duração da medida de segurança não deve ultrapassar o limite máximo da pena abstratamente cominada ao delito praticado".

(iii) a cessação da periculosidade será averiguada após um prazo mínimo, variável entre um e 3 anos;

(iv) a averiguação pode ocorrer a qualquer tempo, mesmo antes do término do prazo mínimo, se o juiz da execução determinar (LEP, art. 176).

38.5.1.2. Local da internação

O internado será recolhido a estabelecimento dotado de características hospitalares (art. 99 do CP). Na falta de vaga, a internação pode dar-se em hospital comum ou particular, mas nunca em cadeia pública. De acordo com a uníssona jurisprudência do Superior Tribunal de Justiça, constitui constrangimento ilegal a manutenção de réu destinatário da medida de segurança em estabelecimento inadequado por inexistência de vaga em hospital.

38.5.1.3. Desinternação

Será sempre condicional, devendo ser restabelecida a situação anterior se o agente, antes do decurso de um ano, pratica fato indicativo de sua periculosidade (não necessariamente crime).

38.5.1.4. Possibilidade de aplicação de medida de segurança detentiva (internação em hospital de custódia e tratamento) em crime apenado com detenção

A medida de segurança de tratamento ambulatorial nos crimes apenados com detenção é facultativa, ficando condicionada ao maior ou menor potencial de periculosidade do inimputável, de modo que pode o juiz optar pela sua internação em hospital de custódia e tratamento psiquiátrico, mediante exame do caso concreto e da periculosidade demonstrada. Dessa forma, temos a seguinte regra:

(i) crime apenado com reclusão: a internação em hospital de custódia e tratamento psiquiátrico é obrigatória (CP, art. 97), não podendo ser aplicada a medida de segurança restritiva (tratamento ambulatorial). Em sentido contrário, entendimento do STJ publicado no informativo 662;

→ **Atenção:** nesse contexto, vale destacar sobre a Lei de Drogas e inaplicabilidade do art. 97 do CP: a atual Lei de Drogas (Lei n. 11.343/2006) seguiu a mesma linha, deixando a cargo do juiz a avaliação quanto à necessidade ou não de internação, independentemente da natureza da pena privativa de liberdade.

(ii) crime apenado com detenção: o tratamento ambulatorial é facultativo (CP, art. 97), podendo, conforme o caso, o juiz aplicar a medida de segurança detentiva (internação em hospital de custódia e tratamento psiquiátrico).

Destaca-se que, apesar da previsão do art. 97 do CP, o STJ entende que referido artigo não deve ser aplicado de forma isolada, devendo ser considerado qual o melhor tratamento, de acordo com as necessidades do inimputável, de acordo com os princípios da adequação, razoabilidade e proporcionalidade. Nesse contexto, ainda que o inimputável pratique um crime punido com pena de reclusão, será possível submetê-lo a tratamento ambulatorial, desde que fique demonstrado que essa é a medida de segurança que melhor se ajusta ao caso concreto (STJ, 3ª Seção, EREsp 998.128-MG, Rel. Min. Ribeiro Dantas, julgado em 27-11-2019, *Info* 662).

A respeito dessa questão já decidiu o Supremo Tribunal Federal que tanto a internação em hospital de custódia quanto o tratamento psiquiátrico, como o acompanhamento médico-ambulatorial, pressupõem, ao lado do fato típico, a periculosidade, ou seja, que o agente possa vir a praticar outro crime, até porque, em consonância com o que determina o art. 319, VII, do CPP.

Entretanto, já houve casos em que o Supremo Tribunal Federal concordou com a decretação da prisão preventiva de agente que respondia o processo em liberdade, período no qual estava submetido a tratamento ambulatorial, mesmo sem laudo médico pericial conclusivo, haja vista que concluiu pela periculosidade do agente diante de outras circunstâncias.

38.5.2. Medida de segurança restritiva

38.5.2.1. Características

São as seguintes:

(i) se o fato é punido com detenção, o juiz pode submeter o agente a tratamento ambulatorial;

(ii) o tratamento ambulatorial será por prazo indeterminado até a constatação da cessação da periculosidade;

(iii) a constatação será feita por perícia médica após o decurso do prazo mínimo;

(iv) o prazo mínimo varia entre 1 e 3 anos;

(v) a constatação pode ocorrer a qualquer momento, até antes do prazo mínimo, se o juiz da execução determinar (LEP, art. 176).

38.5.2.2. Critério para fixar o prazo mínimo

Será fixado de acordo com o grau de perturbação mental do sujeito, bem como segundo a gravidade do delito. Com relação a este último ponto, deve-se ressaltar que, embora a medida de segurança não tenha finalidade retributiva, não devendo, por isso, estar associada à repulsa do fato delituoso, a maior gravidade do crime recomenda cautela na liberação ou desinternação do portador de periculosidade.

38.5.2.3. Liberação

Será sempre condicional, devendo ser restabelecida a situação anterior se, antes do decurso de um ano, o agente praticar fato indicativo de sua periculosidade (não necessariamente crime).

38.5.2.4. Conversão do tratamento ambulatorial em internação

O § 4º do art. 97 do CP prevê que poderá o juiz, em qualquer fase do tratamento ambulatorial, determinar a internação do agente, se essa providência for necessária para fins curativos.

38.6. Semi-imputável (CP, art. 98)

Aplica-se o sistema vicariante: ou o juiz reduz a pena de 1/3 a 2/3, ou a substitui por medida de segurança. A decisão que determina a substituição precisa ser fundamentada, e só deve ser determinada se o juiz a entender cabível, inexistindo direito subjetivo do agente. A diminuição de pena é obrigatória.

Vale mencionar a decisão do Superior Tribunal de Justiça no sentido de que é possível a substituição da pena pela medida de segurança do art. 98 do CP em sede de apelação, ainda quando esta seja apenas da defesa, não se aplicando a Súmula 525 do STF, vez que essa foi editada quando vigia o sistema duplo-binário (HC 185.071/SP).

38.7. Inimputabilidade e medida de segurança

A inimputabilidade se dá em três casos:

(i) art. 26 do CP – doença mental ou desenvolvimento mental incompleto ou retardado: aplica-se medida de segurança;

(ii) art. 27 do CP – menoridade: não se aplica medida de segurança, sujeitando-se o adolescente a legislação própria (Lei n. 8.069/90, Estatuto da Criança e do Adolescente);

(iii) art. 28 do CP – embriaguez completa e involuntária, proveniente de caso fortuito ou força maior: não se aplica a medida de segurança, pois é o caso de absolvição própria, de acordo com o próprio art. 28.

38.8. Medida de segurança e *reformatio in pejus* (Súmula 525 do STF)

O Supremo Tribunal Federal pronunciou-se no sentido de que, com a reforma penal de 1984, a medida de segurança passou a ser aplicada somente aos inimputáveis e aos semi-imputáveis, podendo substituir a pena privativa de liberdade quando for o caso, conforme inteligência dos arts. 97 e 98 do CP; assim, a Súmula 525 do STF, editada antes da citada reforma, subsiste apenas para vedar a *reformatio in pejus* no caso específico da medida de segurança. As medidas de segurança submetem-se também aos princípios da reserva legal e da anterioridade, uma vez que acarretam gravame e restrição ao *jus libertatis* do sentenciado.

38.9. Procedimento para execução da medida de segurança

Comporta os seguintes passos:

(i) transitada em julgado a sentença, expede-se a guia de internamento ou de tratamento ambulatorial, conforme a medida de segurança seja detentiva ou restritiva;

(ii) é obrigatório dar ciência ao Ministério Público da guia referente à internação ou ao tratamento ambulatorial;

(iii) o diretor do estabelecimento onde a medida de segurança é cumprida, até um mês antes de expirar o prazo mínimo, remeterá ao juiz um minucioso relatório que o habilite a resolver sobre a revogação ou a permanência da medida;

(iv) o relatório será instruído com o laudo psiquiátrico;

(v) o relatório não supre o exame psiquiátrico (*vide* observação *supra*);

(vi) vista ao Ministério Público e ao defensor do sentenciado para manifestação dentro do prazo de 3 dias para cada um;

(vii) o juiz determina novas diligências ou profere decisão em 5 dias;

(viii) da decisão proferida caberá agravo, com efeito suspensivo (LEP, art. 179).

38.10. Aplicação provisória da medida de segurança

A Lei n. 7.209/84, que modificou o Código Penal, não repetiu a regra do art. 80 do Código de 1940, sendo certo que tal alteração também propiciou a revogação dos arts. 378 e 380 do Código de Processo Penal, que tratam da aplicação provisória da medida de segurança.

No entanto, o art. 319 do CPP trouxe um extenso rol de medidas cautelares alternativas à prisão, passando a prever a internação provisória do acusado nas hipóteses de crimes praticados com violência ou grave ameaça, quando os peritos concluírem ser inimputável ou semi-imputável (CP, art. 26) e houver risco de reiteração (inciso VII).

38.11. Competência para revogar a medida de segurança

Com o advento da Lei n. 7.210/84 (art. 176), a competência para conhecer do pedido de revogação da medida de segurança, por cessação da periculosidade, é do juiz da execução e não mais da segunda instância, ficando, nesse passo, revogado tacitamente o art. 777 do CPP.

38.12. Medida de segurança e a detração

O juiz deve fixar na sentença um prazo mínimo de duração da medida de segurança, entre 1 e 3 anos. Computa-se nesse prazo mínimo, pela detração, o tempo de prisão provisória, o de prisão administrativa e o de internação em hospital de custódia e tratamento psiquiátrico ou estabelecimento adequado (CP, arts. 41 e 42).

38.13. Medida de segurança e prescrição

A medida de segurança está sujeita à prescrição, porém não há na legislação disposição específica que a regule. Assim, há entendimento nc sentido de que, não havendo imposição de pena, o prazo prescricional será calculado com base no mínimo abstrato cominado ao delito cometido pelo agente.

Todavia, tanto o Supremo Tribunal Federal quanto o Superior Tribunal de Justiça já decidiram em sentido contrário, entendendo que o prazo prescricional deverá ser calculado com base no máximo da pena abstratamente cominada.

Em se tratando de medida de segurança substitutiva, há posicionamento no sentido de que deve ser levado em conta para efeitos de prescrição o restante da pena.

Observe-se que, operada a prescrição, que é uma das causas de extinção da punibilidade, não mais se impõe a medida de segurança nem subsiste a que tenha sido imposta (CP, art. 96, parágrafo único).

38.14. Conversão da pena em medida de segurança

É possível que no curso da execução da pena privativa de liberdade sobrevenha doença mental ou perturbação da saúde mental ao condenado. Nesses casos, a LEP autoriza ao juiz, de ofício, a requerimento do Ministério Público, da Defensoria Pública ou da autoridade administrativa, a conversão da pena privativa de liberdade em medida de segurança (LEP, art. 183).

A conversão somente poderá ocorrer durante o prazo de cumprimento da pena, e exige perícia médica. Na conversão, também são aplicáveis as normas gerais atinentes à imposição de medida de segurança (CP, arts. 96 a 99) e sua execução (LEP, arts. 171 a 179). Desse modo, realizada a conversão, a execução deverá persistir enquanto não cessar a periculosidade do agente. Não mais se cogita o tempo de duração da pena substituída. Contudo, há posicionamento do Superior Tribunal de Justiça no sentido de que a medida de segurança convertida não pode ultrapassar o tempo de duração do restante da pena, conforme já exposto anteriormente, de modo que, se, encerrado o prazo da pena, ainda persistir a necessidade de tratamento, deverá o condenado ser encaminhado ao juízo cível nos termos do art. 682, § 2º, do CPP.

O entendimento tem se orientado no sentido de que a medida de segurança imposta em substituição à pena privativa de liberdade não pode ter duração indeterminada, mas, no máximo, o tempo total imposto na sentença condenatória. Portanto, para o STJ deve ser aplicado por analogia o art. 682, § 2º, do CPP, que rege a hipótese prevista no art. 41 do CP (mera transferência do condenado), à hipótese prevista no art. 183 da LEP (conversão em medida de segurança).

Ainda, o posicionamento da Súmula 527 do STJ: "O tempo de duração da medida de segurança não deve ultrapassar o limite máximo da pena abstratamente cominada ao delito praticado".

38.15. Medida de segurança como medida cautelar diversa da prisão

A Lei n. 12.403/2011 trouxe ao CPP diversas medidas cautelares diversas da prisão, dentre elas a "internação provisória do acusado nas hipóteses de crimes praticados com violência ou grave ameaça, quando os peritos concluírem ser inimputável ou semi-imputável (art. 26 do Código Penal) e houver risco de reiteração" (art. 319, VII, do CPP).

Tal previsão não caracteriza medida de segurança, pois não consiste em uma sanção penal, mas apenas e tão somente numa medida acautelatória, que tem por escopo evitar reiteração criminosa por parte dos agentes que praticaram crimes com violência ou grave ameaça contra à pessoa.

Registre-se que o período de internação provisória será descontado de eventual pena ou medida de segurança aplicada em razão de sentença condenatória irrecorrível (art. 42 do CP).

38.16. Aplicação sucessiva de medida de segurança

No caso do agente que responde a mais de um processo criminal, sendo que em ambos lhe é aplicada medida de segurança, deve-se unificá-las numa só execução.

38.17. Medida de segurança e indulto

De acordo com a jurisprudência do STJ e do STF, é possível a outorga do benefício constitucional do indulto a quem cumpre medida de segurança, haja vista que, em razão de seu caráter penal, sujeita-se aos mesmos regramentos aplicáveis às penas. Nesse sentido, RE 628.658 do STF.

38.18. Internação cível

O STJ entende que o tempo da medida de segurança não pode ultrapassar a pena máxima cominada ao delito praticado pelo agente. Nesse sentido, a Súmula 527 do STJ: O tempo de duração da medida de segurança não deve ultrapassar o limite máximo da pena abstratamente cominada ao delito praticado. Já o STF entende que o prazo da medida de segurança não pode ultrapassar 30 anos, conforme limitação do art. 75 do CP, ainda que a periculosidade do agente não tenha cessado por completo. Dessa forma, findo o prazo de 30 anos e subsistindo a periculosidade do agente, a medida cabível é a ação de interdição civil, que deverá ser ajuizada pelo Ministério Público (art. 9º da Lei n. 10.216/2001).

→ **Atenção:** com o advento da Lei n. 13.964/2019, a qual alterou o art. 75 e § 1º, do CP, é provável que se entenda que o tempo de cumprimento da medida de segurança não pode ultrapassar 40 anos e não mais 30 anos.

39. DA APLICAÇÃO DA PENA

Art. 68. A pena-base será fixada atendendo-se ao critério do art. 59 deste Código; em seguida serão consideradas as circunstâncias atenuantes e agravantes; por último, as causas de diminuição e de aumento.

39.1. Elementar

É todo componente essencial da figura típica, sem o qual esta desaparece (atipicidade absoluta) ou se transforma (atipicidade relativa). Encontra-se sempre no chamado tipo fundamental ou tipo básico, que é o *caput* do tipo incriminador.

39.2. Das circunstâncias

39.2.1. Conceito

Circunstância é todo dado secundário e eventual agregado à figura típica, cuja ausência não influi de forma alguma sobre a sua existência. Tem a função de agravar ou abrandar a sanção penal e situa-se nos parágrafos.

39.2.2. Classificação das circunstâncias

39.2.2.1. Quanto à sua natureza

(i) objetivas ou reais: dizem respeito aos aspectos objetivos do fato típico. Por exemplo, lugar e tempo do crime, objeto material, qualidades da vítima, meios e modos de execução e outras relacionadas ao delito.

(ii) subjetivas ou pessoais: relacionam-se ao agente, e não ao fato concreto. Por exemplo, antecedentes, personalidade, conduta social, reincidência e motivos do crime.

39.2.2.2. Quanto à sua aplicação

(i) judiciais: não estão elencadas na lei, sendo fixadas livremente pelo juiz, de acordo com os critérios fornecidos pelo art. 59 do Código Penal.

(ii) legais: estão expressamente discriminadas em lei, e sua aplicação é obrigatória por parte do juiz.

39.2.3. Espécies de circunstâncias legais

39.2.3.1. Gerais ou genéricas

São as circunstâncias legais previstas na Parte Geral do Código Penal. Podem ser:

(i) agravantes ou qualificativas: estão previstas nos arts. 61 e 62 do CP;

(ii) atenuantes: estão previstas nos arts. 65 e 66 do CP;

(iii) causas de aumento e diminuição: encontram-se nos arts. 14, parágrafo único, 28, § 2º, 70 e 71, parágrafo único, todos do CP.

As agravantes e atenuantes agravam ou atenuam a pena em quantidades não fixadas previamente, ficando o *quantum* do acréscimo ou da atenuação a critério de cada juiz, de acordo com as peculiaridades do caso concreto (1 mês, 3 meses, 6 meses etc.). Dessa forma, as agravantes e atenuantes alteram a pena em índices não fixados expressamente na lei (CP, arts. 61 a 67).

As causas de aumento e diminuição de pena previstas na Parte Geral são aquelas que aumentam ou diminuem a pena em quantidades previamente fixadas em lei (1/3, metade, 2/3 etc.). Como exemplo, podemos lembrar os seguintes dispositivos da Parte Geral do Código Penal: arts. 14, parágrafo único, 16, 21, 26, parágrafo único, 29, § 1º, 70 e 71 e seu parágrafo.

39.2.3.2. Especiais ou específicas

Estão previstas na Parte Especial do Código Penal. Podem ser:

(i) qualificadoras: estão sediadas em parágrafos dos tipos incriminadores e têm por função alterar os limites de pena (no furto, por exemplo, elevam a pena de 1 a 4 anos de reclusão para 2 a 8 ou 3 a 8 anos de reclusão; no homicídio, a pena passa de 6 a 20 para 12 a 30 anos de reclusão).

(ii) causas específicas ou especiais de aumento e diminuição de pena: são causas de aumento ou diminuição que dizem respeito a delitos específicos previstos na Parte Especial. Assim, no caso de roubo praticado em concurso de agentes ou com restrição da liberdade da vítima (chamado impropriamente de roubo qualificado), o que há na verdade é uma causa de aumento, pois a pena é aumentada de 1/3 até a metade (CP, art. 157, § 2º, II e V). No caso do latrocínio, porém, há uma verdadeira qualificadora, pois a pena passa de 4 a 10 para 20 a 30 anos de reclusão (ver quadro na página seguinte).

→ Atenção: a Lei n. 13.964/2019 adicionou o inciso VII ao § 2º do art. 157 do CP, estabelecendo nova causa de aumento de pena, qual seja, quando a violência ou grave ameaça é exercida com o emprego de arma branca. Ainda, a referida legislação também acrescentou o § 2º-B, trazendo também causa de aumento de pena, nos seguintes termos: "Se a violência ou grave ameaça é exercida com o emprego de arma de fogo de uso restrito ou proibido, aplica-se em dobro a pena prevista no *caput* deste artigo".

39.2.4. Do sistema trifásico para aplicação da pena

39.2.4.1. Fundamento legal

O Código Penal, em seu art. 68, adotou o sistema trifásico de cálculo da pena, acolhendo, assim, a posição de Nélson Hungria, que sustentava que o processo individualizador da pena deveria desdobrar-se em três etapas:

(i) o juiz fixa a pena de acordo com as circunstâncias judiciais;

(ii) o juiz leva em conta as circunstâncias agravantes e atenuantes legais;

(iii) o juiz leva em conta as causas de aumento ou de diminuição de pena.

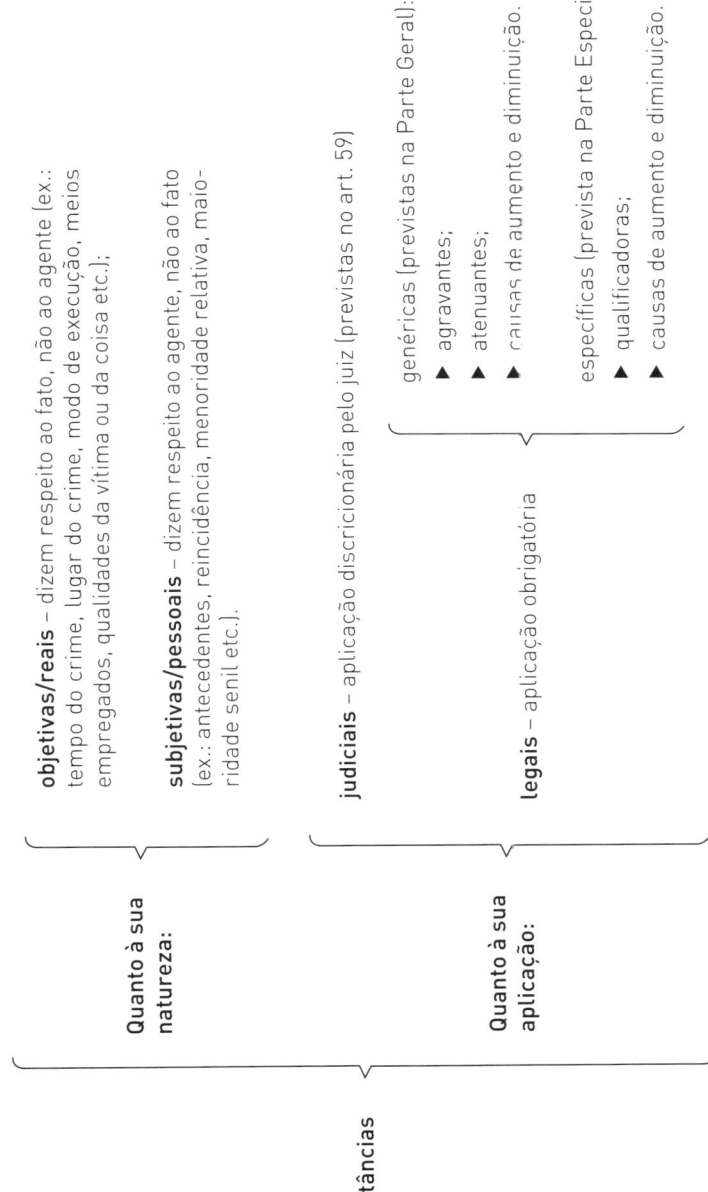

Circunstâncias

Quanto à sua natureza:

objetivas/reais – dizem respeito ao fato, não ao agente (ex.: tempo do crime, lugar do crime, modo de execução, meios empregados, qualidades da vítima ou da coisa etc.);

subjetivas/pessoais – dizem respeito ao agente, não ao fato (ex.: antecedentes, reincidência, menoridade relativa, maioridade senil etc.).

Quanto à sua aplicação:

judiciais – aplicação discricionária pelo juiz (previstas no art. 59)

legais – aplicação obrigatória

genéricas (previstas na Parte Geral):
▲ agravantes;
▲ atenuantes;
▲ causas de aumento e diminuição.

específicas (prevista na Parte Especial)
▲ qualificadoras;
▲ causas de aumento e diminuição.

Embora haja posição no sentido de que existe uma quarta fase, consistente na operação de substituição da pena privativa de liberdade pela pena restritiva de direitos ou pela pena pecuniária[216], o sistema trifásico é o sistema que deverá ser respeitado pelo juiz ao calcular a pena imposta ao réu na sentença condenatória, em atenção à norma constitucional que obriga a lei a regularizar a individualização da pena (art. 5º, XLVI).

Importante lembrar que, antes de iniciar a aplicação da pena, o juiz deve verificar se existe ou não qualificadora, a fim de saber dentro de quais limites procederá à dosimetria (se o homicídio for simples, a pena será fixada entre um mínimo de 6 e um máximo de 20 anos, mas, se estiver presente a qualificadora, a dosagem dar-se-á entre 12 e 30 anos). Assim, antes de dar início à primeira fase, o juiz deve verificar se o crime é simples ou qualificado.

39.2.4.2. Regras básicas

Deve o juiz:

(i) verificar, *ab initio*, se o crime é simples ou qualificado, a fim de saber, desde logo, dentro de quais limites de pena procederá à operação de dosimetria;

(ii) iniciar a operação de dosagem, partindo sempre do limite mínimo;

(iii) justificar a cada operação as circunstâncias que entendeu relevantes na dosimetria da pena, especialmente no caso de agravá-la ou aumentá-la, sob pena de nulidade;

(iv) aplicar, na primeira fase, as circunstâncias judiciais, de acordo com os critérios fixados no art. 59 do CP.

Não basta a simples referência genérica às circunstâncias abstratamente elencadas no mencionado artigo; necessário se faz que o juiz se refira de modo específico aos elementos concretizadores das circunstâncias judiciais fixadas no art. 59 do CP.

Nesta fase, não será possível fixar a pena abaixo do mínimo, ainda que todas as circunstâncias sejam favoráveis ao agente, nem acima do máximo. Do mesmo modo que no caso das agravantes e atenuantes, a lei não diz quanto o juiz deve aumentar ou diminuir em cada circunstância, ficando esse *quantum* a critério do juiz;

(v) na segunda fase, aplicar as atenuantes e agravantes incidentes à espécie, estabelecendo a quantidade de cada aumento ou redução, com a observância de que, nesta fase, a pena também não pode sair dos limites legais, nem aquém, nem acima;

(vi) na terceira e última fase, proceder aos aumentos e diminuições previstos nas Partes Geral e Especial, podendo a pena ficar abaixo do mínimo ou acima do máximo. Por exemplo, no caso do homicídio simples tentado, se, decorridas as duas primeiras fases, a pena do homicídio continuar no piso legal (6 anos), a redução decorrente da tentativa poderá fazer com que a pena chegue até a 2 anos (6 − 2/3, de acordo com a regra do art. 14, parágrafo único, do CP).

---

216. Nesse sentido: Alberto Silva Franco, *Código Penal*, cit., p. 822.

Ante o exposto, conclui-se que a operação de apenamento há de ser fundamentada em cada etapa, possibilitando ao réu, para garantia do exercício de defesa, ciência exata sobre o peso ou grau de aumento e diminuições, a partir de pena-base isoladamente adotada sob os critérios do art. 59 do CP. O desrespeito ao critério trifásico de aplicação da pena e a ausência de fundamentação em cada etapa acarretam a anulação da sentença.

39.2.4.3. Das fases de aplicação da pena

39.2.4.3.1. Primeira fase

Nesta fase é feita a análise das circunstâncias judiciais, também conhecidas como circunstâncias inominadas, uma vez que não são elencadas exaustivamente pela lei, que apenas fornece parâmetros para sua identificação (CP, art. 59). Ficam a cargo da análise discricionária do juiz, diante de determinado agente e das características do caso concreto. Justamente pelo fato de a lei penal reservar ao juiz um considerável arbítrio na valorização das circunstâncias é que se faz necessário fundamentar a fixação da pena-base.

→ **Atenção:** nos termos do art. 59, II, parte final, nessa primeira fase de fixação de pena, o juiz jamais poderá sair dos limites legais, não podendo reduzir aquém do mínimo, nem aumentar além do máximo (nesse sentido: Súmula 231 do STJ). Do mesmo modo, a lei não diz quanto o juiz deve aumentar ou diminuir em cada circunstância, sendo esse *quantum* de livre apreciação do juiz.

As circunstâncias judiciais são:

(i) Culpabilidade: a expressão não foi feliz. Culpabilidade é o juízo de reprovação exercido sobre o autor de um fato típico e ilícito. Trata-se de pressuposto para a aplicação da pena. Se houver culpabilidade, o agente responderá pelo fato; caso contrário, será absolvido. Desse modo, a culpabilidade funciona como pressuposto para que o sujeito seja condenado e receba uma apenação, e não como critério de dosagem da quantidade da pena a ser aplicada. Pretendeu o legislador que o "grau de culpabilidade", e não a culpabilidade, fosse o fator a orientar a dosimetria penal. Assim, todos os culpáveis serão punidos, mas aqueles que tiverem um grau maior de culpabilidade receberão, por justiça, uma apenação mais severa.

Do mesmo modo, o dolo e a culpa integram o fato típico, sendo elementos inseparáveis da conduta. Não poderiam, por essa razão, jamais atuar na fase de fixação da pena, pois a sua existência é pressuposto para que haja fato típico. No entanto, o grau de culpa e a intensidade do dolo importam na quantidade de pena que será atribuída ao acusado. Em outras palavras, todos que agem com dolo ou culpa cometem crime doloso ou culposo, mas, dependendo da intensidade dessa culpa ou desse dolo, a pena será mais ou menos branda.

Além do grau de dolo e culpa, todas as condições pessoais do agente, a avaliação dos atos exteriores da conduta, do fim almejado e dos conflitos internos do réu, de acordo com a consciência valorativa e os conceitos éticos e morais da coletividade, são considerados pelo juiz, ao fixar essa circunstância judicial.

(ii) Antecedentes: são todos os fatos da vida pregressa do agente, bons ou maus, ou seja, tudo o que ele fez antes da prática do crime, sobretudo os aspectos passados da vida criminosa do réu.

Em outros tempos, esse conceito tinha abrangência mais ampla, englobando o comportamento social, relacionamento familiar, disposição para o trabalho, padrões éticos e morais etc. A atual lei penal, porém, acabou por considerar a "conduta social" do réu como circunstância independente dos antecedentes, esvaziando, por conseguinte, seu significado. Desse modo, antecedentes passaram a significar, apenas, anterior envolvimento em inquéritos policiais e processos criminais.

No que diz respeito a inquéritos policiais e ações penais em andamento, o STJ editou a Súmula 444, no sentido de que é vedada sua utilização para agravar a pena-base.

No que se refere à absolvição por insuficiência de provas (CPP, art. 386, VII). Em sentido contrário, segundo entendimento jurisprudencial, configuram maus antecedentes as condenações anteriores já atingidas pelo período depurador de cinco anos, previsto no art. 64, I, do CP, o que afasta o reconhecimento da reincidência (STJ, 5ª Turma, AgRg no HC 558.745/SP, Rel. Min. Reynaldo Soares da Fonseca, julgado em 15-9-2020); bem como no caso de mais de uma condenação anterior, situação na qual uma das condenações poderá ser utilizada para reconhecer a reincidência, e a outra como maus antecedentes.

No caso de sentença condenatória alcançada pela prescrição retroativa, porém, o STJ manifestou-se pela inexistência de maus antecedentes (REsp 147.0876/AL).

39.2.4.3.1.1. *Antecedentes e transação penal (Lei n. 9.099/95, art. 76, §§ 4º e 6º)*

De acordo com o art. 76, § 4º, da mencionada lei, no caso de transação penal, a imposição de pena restritiva de direitos ou multa não importará em reincidência, sendo registrada apenas para impedir novamente o mesmo benefício no prazo de 5 anos. A imposição da sanção constante do § 4º não constará de certidão de antecedentes criminais, salvo para os fins previstos no mesmo dispositivo.

39.2.4.3.1.2. *Antecedentes e suspensão condicional do processo (Lei n. 9.099/95, art. 89)*

Nos crimes em que a pena mínima cominada for igual ou inferior a 1 ano, abrangidos ou não pela referida lei, o Ministério Público, ao oferecer a denúncia, poderá propor a suspensão do processo, por 2 a 4 anos, desde que preenchidos os requisitos legais. Aceita a proposta, o acusado se submeterá a um período de prova[217].

39.2.4.3.1.3. *A prescrição quinquenal da reincidência, e os antecedentes*

O art. 64, I, do CP prevê a prescrição da reincidência, se entre a data do cumprimento ou extinção da pena e a infração posterior tiver decorrido tempo superior a 5 anos. Nesse caso, a condenação anterior caducaria e não poderia gerar a reincidência.

---

217. No sentido de que não configura maus antecedentes, ainda que não expirado o período de prova: Celso Delmanto, *Código*, cit., p. 110.

Tal sistema, conhecido como da temporariedade, e que tem por objetivo evitar que uma condenação criminal marque perpetuamente a vida do agente, limita os efeitos da reincidência no tempo.

A dúvida reside na possibilidade de sua aplicação aos antecedentes criminais. Há duas posições:

(i) de acordo com a primeira posição, continuam a gerar os maus antecedentes, portanto não se aplica o disposto no art. 64, I, do CP. A existência de condenações penais anteriores irrecorríveis, mesmo revelando-se inaplicável a circunstância agravante da reincidência, ante o que dispõe o art. 64, I, do CP, não inibe o Poder Judiciário de considerá-las, no processo de dosimetria da pena, como elementos caracterizadores de maus antecedentes. Justifica-se o período depurador relativo à reincidência, de cinco anos, haja vista que tal circunstância acarreta vários gravames ao agente. Já os antecedentes possuem apenas um efeito, qual seja, mensurar a pena-base, e dependem do critério do julgador, sendo de consideração facultativa, não havendo por que se falar em caducidade dos maus antecedentes. Essa é a nova posição do STF, consoante julgamento do RE 593.818, no qual ficou definido que o prazo de 5 anos, previsto no art. 64, I, do CP, não impede o reconhecimento de maus antecedentes para fins de fixação da pena-base.

(ii) Em contrapartida, a segunda posição defende que não geram os maus antecedentes, portanto se estende o critério previsto no art. 64, I, do CP aos maus antecedentes. A reincidência é de efeito limitado no tempo. Também os antecedentes criminais não são perpétuos. Os adeptos dessa corrente sustentam que o estigma da sanção criminal não é perene. Limita-se no tempo. Transcorrido o tempo referido sem outro delito, evidencia-se a ausência de periculosidade. O condenado quita a sua obrigação com a justiça penal. Conclusão válida para os antecedentes, pois seria ilógico afastar expressamente a agravante e persistir genericamente para recrudescer a sanção aplicada.

O STJ, apesar de adotar a primeira corrente, tem decisão no sentido de que, quando os registros forem muito antigos, admite-se o afastamento de sua análise desfavorável, em aplicação à teoria do direito ao esquecimento (STJ, 6ª Turma, HC 452.570/PR, Rel. Min. Antonio Saldanha Palheiro, julgado em 2-2-2021).

> **Nosso entendimento:** concordamos com a primeira posição. Na hipótese de prescrição da reincidência, a condenação que caducou para esse fim continua válida para gerar maus antecedentes. É claro que, com o passar do tempo, os processos e condenações anteriores vão perdendo a influência sobre a pena de futuros crimes, mas, de acordo com as peculiaridades de cada caso concreto, não se podendo falar em prazo fixo de prescrição.

39.2.4.3.1.4. *Prova dos antecedentes*

Entendia-se que não bastavam referências inscritas na folha de antecedentes expedida pelo Instituto de Identificação da Secretaria de Segurança Pública. Exigia-se certidão cartorária, nos termos do disposto no art. 155 do CPP. Entretanto, em 2019, o STJ editou a Súmula 636: A folha de antecedentes criminais é documento suficiente a comprovar os maus antecedentes e a reincidência.

(i) Conduta social: seu conceito era abrangido pelo de antecedentes, até a reforma penal, quando passaram a ter significados diversos. Enquanto os antecedentes se restringem aos envolvimentos criminais do agente, a conduta social tem um alcance mais amplo, referindo-se às suas atividades relativas ao trabalho, seu relacionamento familiar e social e qualquer outra forma de comportamento dentro da sociedade.

Nesse contexto, relevante mencionar que o STJ, no julgamento do HC 315.862/GO, entendeu que não justifica a valoração negativa em termos da circunstância da "conduta social" o fato isolado de o réu ser usuário de droga. Por sua vez, o STF, no julgamento do RHC 130.132, entendeu que condenações anteriores transitadas em julgado não podem ser utilizadas como sinônimo de conduta social desfavorável.

(ii) Personalidade: é a índole do agente, seu perfil psicológico e moral. Seu conceito pertence mais ao campo da psicologia e psiquiatria do que ao do direito, exigindo-se uma investigação dos antecedentes psíquicos e morais do agente, de eventuais traumas de infância e juventude, das influências do meio circundante, da capacidade para elaborar projetos para o futuro, do nível de irritabilidade e periculosidade, da maior ou menor sociabilidade, dos padrões éticos e morais, do grau de autocensura etc. A intensificação acentuada da violência, a brutalidade incomum, a ausência de sentimento humanitário, a frieza na execução do crime, a inexistência de arrependimento ou sensação de culpa são indicativos de má personalidade. Ainda, não se pode perder de vista que a análise dos traços de personalidade do agente deve ser realizada com cautela, pois há características que podem, ou não, ter relevância no momento da fixação da pena-base. Por exemplo, se o réu tem como traço de personalidade a perversidade sexual, isso pode ser utilizado para aumentar a pena-base num crime contra a dignidade sexual, mas tal característica não tem qualquer relevância para o mesmo intento num crime de roubo.

(iii) Motivos do crime: são os precedentes psicológicos propulsores da conduta. A maior ou menor aceitação ética da motivação influi na dosagem da pena (praticar um crime por piedade é menos reprovável do que fazê-lo por cupidez). Caso o motivo configure qualificadora, agravante ou atenuante genérica, causa de aumento ou de diminuição, não poderá ser considerado como circunstância judicial, evitando o *bis in idem*.

(iv) Circunstâncias e consequências do crime: possuem caráter genérico, incluindo-se nessa referência as de caráter objetivo e subjetivo não inscritas em dispositivo específico. As circunstâncias podem dizer respeito, por exemplo, à duração do tempo do delito, que pode demonstrar maior determinação do criminoso, ao local do crime, que pode indicar a maior periculosidade do agente; à atitude de frieza, insensibilidade do agente durante ou após a prática da conduta criminosa. As consequências dizem respeito à extensão do dano produzido pelo delito, desde que não constituam circunstâncias legais. Embora todos os crimes praticados com violência causem repulsa, alguns trazem consequências particularmente danosas, como o latrocínio em que a vítima era casada, deixando viúva e nove filhos, dois deles com trauma psíquico irreversível. No caso do chamado crime exaurido, que é aquele onde, mesmo após a consumação, o agente perseverou na sua agressão ao bem jurídico, as consequências do crime atuam decisivamente para o aumento da pena.

(v) Comportamento da vítima: embora inexista compensação de culpas em Direito Penal, se a vítima contribuiu para a ocorrência do crime, tal circunstância é levada em consideração, abrandando-se a apenação do agente. Há, inclusive, estudos de vitimologia a demonstrar que as vítimas muitas vezes contribuem para a eclosão do ato criminoso. O comportamento da vítima também é tido pela lei como circunstância atenuante genérica ou causa de privilégio ao se fazer referência a "injusta provocação da vítima" nos arts. 65, III, *c*, última parte, 121, § 1º, 2ª parte, e 129, § 4º, última parte, todos do Código Penal. Se a vítima não contribuiu para o crime, trata-se de circunstância judicial neutra, que não prejudica o réu.

→ **Atenção:** entendemos que a revelia do acusado não é circunstância judicial, não servindo para exacerbar a pena.

39.2.4.3.1.5. *Outras consequências das circunstâncias judiciais*

Podem ser:

(i) Escolher qual a pena a ser aplicada: ocorre nas hipóteses em que o legislador, no preceito secundário da norma incriminadora, cominou penas alternativas; neste caso deve o juiz escolher uma delas, com fundamento nas circunstâncias judiciais. Por exemplo, art. 140, *caput*, do Código Penal, que comina a pena de detenção, de um a 6 meses, ou multa. Não podem ser aplicadas cumulativamente.

(ii) Escolher qual o regime inicial de pena: após cumprir-se o disposto no art. 68 do CP, ou seja, após a fixação da pena com respeito ao sistema trifásico, e, ao final, tendo sido aplicada a pena privativa de liberdade, cumpre ao juiz, com base no art. 33, estabelecer o regime inicial de cumprimento de pena do condenado, cuja determinação far-se-á com observância dos critérios previstos no art. 59 do CP (CP, art. 33, § 3º). Assim é que a sentença condenatória que fixa para cumprimento inicial da pena regime prisional mais rigoroso do que aquele a que o condenado tinha direito deve ser fundamentada, com indicação dos motivos de fato e de direito nos quais se apoiou. Deverá, portanto, o julgador observar as causas judiciais do art. 59 do CP.

→ **Atenção:** a omissão do estabelecimento do regime inicial da condenação pode acarretar a nulidade da sentença, uma vez que por imperativo legal do art. 33, § 3º, cabe ao juiz da causa fixar a sentença condenatória e, com fundamentação adequada, o regime inicial de cumprimento de pena. E, por tratar-se de matéria afeta ao juízo de conhecimento, não cabe ao tribunal de apelação e tampouco ao juízo da execução suprir essa omissão, sob pena de supressão de instância.

No caso de declaração de nulidade da sentença, ela é anulada e outra deve ser proferida, a fim de fixar o regime inicial de cumprimento de pena, fundamentadamente.

(iii) Substituir a pena privativa de liberdade por outra, quando a lei prever essa possibilidade: pode-se elencar como exemplo o art. 44 do CP, que permite a substituição por pena de multa quando for aplicada pena privativa de liberdade inferior a um ano, e o sentenciado preencher os demais requisitos exigidos em lei, quais sejam, aqueles previstos nos incisos II e III e § 2º do mencionado art. 44 do CP.

Dentre os critérios, destaque-se o inciso III, que se refere a "culpabilidade, os antecedentes, a conduta social e a personalidade do condenado, bem como os motivos e as circunstâncias indicarem que essa substituição seja suficiente".

39.2.4.3.2. Segunda fase

39.2.4.3.2.1. *Parte A: circunstâncias genéricas agravantes*

Sempre agravam a pena, não podendo o juiz deixar de levá-las em consideração. A enumeração é taxativa, de modo que, se não estiver expressamente prevista como circunstância agravante, poderá ser considerada conforme o caso como circunstância judicial.

A prevista no art. 61, I, trata da reincidência.

As previstas no art. 61, II, só se aplicam aos crimes dolosos ou preterdolosos. Não se aplicam aos crimes culposos. Por exemplo, o agente lesiona culposamente o seu cônjuge. Neste caso a agravante do art. 61, II, *a*, não terá incidência. Isto porque o agente não visa a determinada pessoa, pois não quer o resultado.

As previstas no art. 62 só se aplicam no caso de concurso de agentes.

Nunca podem elevar a pena acima do máximo previsto em lei.

- As circunstâncias genéricas agravantes previstas no art. 61 são as seguintes:

(i) Reincidência: veja mais adiante comentário à parte.

(ii) Motivo fútil: é o motivo frívolo, mesquinho, desproporcional, insignificante, sem importância, do ponto de vista do *homo medius*. É aquele incapaz, por si só, de justificar a conduta ilícita.

No tocante à ausência de motivo, entendemos que praticar um crime sem nenhum motivo é ainda pior que praticá-lo por mesquinharia, estando, portanto, incluído no conceito de fútil, embora haja posicionamentos na jurisprudência em sentido contrário.

No que diz respeito ao ciúme, a maioria da doutrina e da jurisprudência tem-se manifestado no sentido de que ele não caracteriza o motivo fútil por constituir fonte de paixão e forte motivo para o cometimento de um crime, não constituindo antecedente psicológico desproporcionado.

No que se refere à embriaguez, em regra, é incompatível com a futilidade, uma vez que o sujeito embriagado nem sempre tem consciência exata de seus atos, de modo que suas razões para o cometimento de um crime não podem ser consideradas indubitavelmente fúteis. No entanto, como vige a responsabilidade objetiva no campo da ebriedade na legislação brasileira, é possível supor que os atos da pessoa embriagada sejam desproporcionais ao cometimento do crime e, portanto, fúteis.

A jurisprudência diverge quanto à compatibilidade entre esse estado e o motivo fútil, sendo possível encontrar posições variadas, sob os mais diversos fundamentos: (i) a embriaguez exclui a futilidade do crime; (ii) a embriaguez é incompatível com o motivo fútil quando comprometa inteiramente a capacidade de discernimento do agente, não tendo este, ante a perturbação produzida pela substância alcoólica, condições de realizar um juízo de proporção entre o motivo e a sua ação; portanto, para esta corrente, só a embriaguez que inteiramente comprometa o estado psíquico do agente afastaria a futilidade da motivação; (iii) a embriaguez, mesmo incompleta, afastaria o motivo fútil, pois também não permite a realização pelo agente do juízo de proporção entre o motivo e a ação pelo agente; (iv) o princípio da *actio libera in causa* deve ser aceito em relação às circunstâncias qualificadoras ou agravantes, não sendo afastadas ante o reconhecimento da embriaguez voluntária do agente.

> **Nosso entendimento:** adotamos esta última posição. Só a embriaguez completa decorrente de caso fortuito ou força maior tem relevância no Direito Penal. Se voluntária ou culposa, a embriaguez não excluirá nem o crime nem a qualificadora ou circunstância agravante, por influxo da teoria da *actio libera in causa*.

(iii) Motivo torpe: é o motivo abjeto, ignóbil, repugnante, ofensivo à moralidade média e ao sentimento ético comum[218]. Configuram-no a cupidez, a maldade, o egoísmo, a vingança e qualquer outro de natureza vil.

Alguns julgados entendem que a vingança, por si só, não configura motivo torpe. Com razão! Veja o caso do pai que se vinga do estuprador de sua filha de 9 anos, matando-o. Há homicídio, mas o motivo seria torpe? Parece-nos que não, pois a hipótese é de relevante valor moral. Nesse contexto, vale citar a doutrina de Cezar Roberto Bittencourt: "A vingança, como sentimento de represália e desforra por alguma coisa sucedida, pode, segundo as circunstâncias que a determinaram, configurar ou não o motivo torpe, o que se verifica e dessume pela sua origem e natureza"[219].

(iv) Finalidade de facilitar ou assegurar a execução, ocultação, impunidade ou vantagem de outro crime: nesse caso, existe conexão entre os crimes. A conexão agravadora pode ser teleológica, quando o crime é praticado para assegurar a execução do outro. Pode também ser consequencial, quando um crime é praticado em consequência de outro, visando garantir-lhe a ocultação, impunidade ou vantagem. No caso do homicídio doloso, essas espécies de conexão constituem qualificadoras e não meras agravantes.

(v) À traição, emboscada, dissimulação ou qualquer outro recurso que dificulte ou torne impossível a defesa do ofendido: à traição, segundo Hungria, é o crime "cometido mediante ataque súbito e sorrateiro, atingindo a vítima, descuidada ou confiante, antes de perceber o gesto criminoso"[220]. Para E. Magalhães Noronha, a traição "deve ser

---

218. Nélson Hungria, *Comentários*, cit., v. 5, p. 140.
219. *Código Penal comentado*, 7. ed., Saraiva, p. 513.
220. Nélson Hungria e Heleno Cláudio Fragoso, *Comentários ao Código Penal*, 5. ed., Rio de Janeiro, Forense, 1979, v. 5, p. 168.

informada antes pela quebra de fidelidade, ou confiança, depositada no sujeito ativo..., do que pelo ataque brusco ou de inopino"[221]. Emboscada é a tocaia, o ataque inesperado de quem se oculta, aguardando a passagem da vítima pelo local. Dissimulação é a ocultação da vontade ilícita, visando apanhar o ofendido desprevenido. É o disfarce que esconde o propósito delituoso[222]. Qualquer outro recurso que dificulte ou impossibilite a defesa: trata-se de formulação genérica, cujo significado se extrai por meio da interpretação analógica. Pode ser a surpresa ou qualquer outro recurso.

(vi) **Emprego de veneno, fogo, explosivo, tortura ou outro meio insidioso ou cruel, ou de que possa resultar perigo comum:** veneno é a substância tóxica que perturba ou destrói as funções vitais (STJ, AgRg no AREsp 850.933/SP, *DJU* 9-11-2016). Fogo é a combustão ou qualquer outro meio que provoque queimaduras na vítima, como uma lamparina acesa. Explosivo é toda substância inflamável que possa produzir explosão, estouro, detonação. Tortura é a imposição de sofrimento físico ou moral na vítima, desnecessário no mais das vezes para a prática do crime, demonstrando o sadismo, a insensibilidade do agente. A tortura, porém, pode constituir crime autônomo quando acompanhada das circunstâncias previstas na Lei n. 9.455, de 7 de abril de 1997 (art. 1º, *caput* e parágrafos). Meio insidioso é uma formulação genérica que engloba qualquer meio pérfido, que se inicia e progride sem que seja possível percebê-lo prontamente e cujos sinais só se evidenciam quando em processo bastante adiantado. Geralmente, o veneno é ministrado insidiosamente, sem que a vítima perceba que está sendo envenenada. Meio cruel é outra forma geral, definido na Exposição de Motivos como todo aquele que aumenta o sofrimento do ofendido ou revela uma brutalidade fora do comum ou em contraste com o mais elementar sentimento de piedade. Reiteração de golpes de faca configura meio cruel. Meio de que possa resultar perigo comum é a última fórmula genérica, interpretada de acordo com o caso anterior especificado, que é o emprego de explosivo. Configuram-no disparos de arma de fogo contra a vítima, próximo a terceiros.

(vii) **Contra ascendente, descendente, cônjuge ou irmão:** a agravante repousa na necessidade de reprimir com maior rigor "a insensibilidade moral do agente que se manifesta na violação dos sentimentos de estima, solidariedade e apoio mútuo entre parentes próximos"[223].

O parentesco pode ser o legítimo ou ilegítimo, natural (consanguíneo) ou civil (por adoção).

Quanto ao cônjuge, não se exige o casamento, sendo admissível no caso de união estável (CF, art. 226, § 5º) ou no matrimônio meramente religioso.

No caso de separação de fato, não subsiste a agravante, já que o sentido da agravante é punir com maior rigor aquele que viola a relação de fidelidade, proteção e apoio

---

221. E. Magalhães Noronha, *Direito penal*; dos crimes contra a pessoa, 26. ed., São Paulo, 1994, v. 2, p. 24.

222. Magalhães Noronha, *Direito penal*, cit., v. 2, p. 26.

223. Aníbal Bruno, *Direito penal*, cit., t. 3, p. 128.

mútuo, o que não se verifica entre cônjuges separados, separado de fato e desquitado. O casamento só se prova com a certidão de casamento, nos termos do art. 155, parágrafo único, do CPP. Já se aceitou, como prova, cópia não autenticada.

(viii) Com abuso de autoridade ou prevalecendo-se de relações domésticas, de coabitação ou de hospitalidade: "(...) o fundamento da exasperação da pena nestas circunstâncias consiste no fato de o agente transformar em agressão o que devia ser apoio e assistência. Como aquela atitude de solidariedade e auxílio era o que devia ser nessas situações, o agente viola a confiança natural em que se encontra a vítima, o que lhe diminui a defesa, facilitando a execução da ação criminosa e favorecendo a segurança do seu autor"[224].

Abuso de autoridade diz respeito à autoridade nas relações privadas, e não públicas, como o abuso na qualidade de tutor.

Relações domésticas são aquelas entre as pessoas que participam da vida em família, ainda que dela não façam parte, como criados, amigos e agregados. Coabitação indica convivência sob o mesmo teto. Hospitalidade é a estada na casa de alguém, sem coabitação[225].

(ix) Com abuso de poder ou violação de dever inerente a cargo, ofício, ministério ou profissão: o cargo ou ofício devem ser públicos. Observe-se que no crime de concussão, que é uma espécie de extorsão praticada pelo funcionário público, com abuso de autoridade, contra o particular, que cede *metu publicae potestatis*, não incide a mencionada agravante. O ministério refere-se a atividades religiosas. A profissão diz respeito a qualquer atividade exercida por alguém, como meio de vida.

(x) Contra criança, maior de 60 anos, enfermo ou mulher grávida: prevalece o Estatuto da Criança e do Adolescente, que, em seu art. 2º, considera criança a pessoa até os 12 anos de idade incompletos.

Tal circunstância não se aplica ao delito de abandono material, por constituir elementar deste, do contrário haveria desrespeito ao princípio do *ne bis in idem*.

Igualmente, nos delitos contra a liberdade sexual não incide a mencionada agravante quando a idade da vítima é elementar do delito, como na hipótese em que a violência é presumida por força da idade daquela (STJ, HC 344.277).

Com a alteração do art. 61 do CP, promovida pelo art. 110 do Estatuto da Pessoa Idosa, o qual substituiu a palavra "velho" pelo termo "maior de 60 (sessenta) anos", passamos a ter na lei penal um limite cronológico para a incidência da agravante, qual seja, 60 anos. Dessa forma, a partir da inovação legislativa, afastou-se qualquer discussão doutrinária ou jurisprudencial acerca do que se considera pessoa idosa, para efeito de incidência da agravante em estudo.

Enfermo é a pessoa doente, que tem reduzida sua condição de defesa. Consideram-se o cego e o paraplégico como tal.

---

224. Aníbal Bruno, *Direito penal*, cit., t. 2, p. 128.
225. Damásio E. de Jesus, *Direito penal*, cit., 23. ed., v. 1, p. 563.

A circunstância "mulher grávida" foi acrescentada pela Lei n. 9.318/96.

Assim, a sanção penal do crime sofreu uma majoração na hipótese de a lesão ser praticada contra ascendente, descendente, irmão, cônjuge ou companheiro, ou com quem conviva ou tenha convivido, ou, ainda, prevalecendo-se o agente das relações domésticas, de coabitação ou hospitalidade.

Em se tratando de lesões corporais de natureza grave, gravíssima ou seguidas de morte (CP, art. 129, §§ 1º, 2º e 3º), a violência doméstica atuará como causa de aumento de 1/3, não podendo funcionar como qualificadora, pois essas formas já são qualificadas e têm pena bem mais elevada. A causa de aumento consta do § 10, com isso, no delito de lesões corporais, excluída a forma culposa do § 6º do art. 129 do CP, caracterizando-se a violência doméstica, já não incidirão as agravantes do art. 61, II, *e* (contra ascendente, descendente, irmão ou cônjuge) e *f* (prevalecendo-se de relações domésticas, de coabitação ou com violência contra a mulher na forma da lei específica).

Se as lesões forem de natureza leve, a circunstância atuará como qualificadora; nas formas já qualificadas pela lesão grave, gravíssima ou seguida de morte, funcionará como causa especial de aumento.

→ **Atenção:** a aplicação da agravante do art. 61, II, *f*, do CP, ao delito do art. 129, § 9º, do CP, não configura *bis in idem*. O tipo penal em sua forma qualificada tutela a violência doméstica, enquanto a agravante, em sua parte final, tutela isoladamente a violência contra a mulher (STJ. 5ª Turma. AgRg no REsp 1.998.980-GO, Rel. Min. Joel Ilan Paciornik, julgado em 8-5-2023).

O § 13 do art. 129, acrescentado pela Lei n. 14.188/2021, trata da lesão corporal quando praticada contra a mulher em razão de sua condição de sexo feminino: "§ 13. Se a lesão for praticada contra a mulher, por razões da condição do sexo feminino, nos termos do § 2º-A do art. 121 deste Código: Pena — reclusão, de 1 (um) a 4 (quatro anos)".

(xi) Quando o ofendido estava sob proteção da autoridade: "o que se ofende não é só o bem jurídico do indivíduo, mas o respeito à autoridade que o tem sob a sua imediata proteção e cresce ainda a reprovação do fato pela audácia do agente (...)"[226]. Por exemplo, vítima que cumpre pena em presídio, despojada do direito de locomoção e de meios de defesa, estando, portanto, sob a tutela da administração do estabelecimento prisional e do juízo das execuções criminais.

(xii) Em ocasião de incêndio, naufrágio, inundação ou qualquer calamidade pública ou de desgraça particular do ofendido: pune-se o sadismo, o oportunismo imoral revelador de personalidade perversa e a absoluta ausência de solidariedade humana. A expressão "qualquer calamidade pública" deve ser interpretada como qualquer calamidade pública equiparável ao incêndio, naufrágio ou inundação.

(xiii) Em estado de embriaguez preordenada: o agente se embriaga para cometer o crime.

---

226. Aníbal Bruno, *Direito penal*, cit., t. 3, p. 129.

- As agravantes genéricas do art. 62 são as seguintes:

(xiv) Promover ou organizar a cooperação no crime: promover a realização do crime é dar a ideia e concretizar a conduta delituosa. É o autor intelectual do crime, o organizador, chefe ou líder.

Exige-se que haja uma efetiva ascendência do artífice intelectual sobre os demais, não se configurando a agravante quando ocorre simples sugestão. Da mesma forma, se não houve ajuste prévio, de modo a ser possível distinguir a submissão de um em relação ao outro, inexiste a agravante.

(xv) Dirigir a atividade dos demais: é articular e fiscalizar a execução, supervisionando-a.

(xvi) Coagir ou induzir outrem à execução material do crime: coagir é usar de violência física (*vis absoluta*) ou moral (*vis compulsiva*) para obrigar alguém, de forma irresistível ou não, a praticar o crime. A agravante incidirá quer a coação seja irresistível, quer não, pois a lei não faz distinção nesse sentido.

Tem-se entendido que a coação acarreta não só a agravante para o crime praticado pelo coacto como a responsabilidade pelo delito de constrangimento ilegal (CP, art. 146). Contudo, tal opinião não prospera, uma vez que a coação, dessa maneira, funcionaria como crime e ao mesmo tempo como agravante de outro delito, o que conduziria ao *bis in idem*.

Induzir é insinuar, fazer nascer a ideia de praticar o crime. Nesse caso, incidindo a agravante, o partícipe receberá uma reprimenda mais elevada do que o autor principal.

(xvii) Instigar ou determinar a cometer crime alguém que esteja sob sua autoridade ou não seja punível em virtude de condição ou qualidade pessoal: instigar é reforçar uma ideia preexistente. Determinar é ordenar, impor.

Exige-se que o autor do crime esteja sob a autoridade de quem instiga ou determina. A lei se refere a qualquer tipo de relação de subordinação, de natureza pública, privada, religiosa, profissional ou doméstica, desde que apta a influir no ânimo psicológico do agente. O agente atua por instigação ou por determinação, aproveitando-se da subordinação do executor ou em virtude de sua impunibilidade (menoridade, insanidade etc.).

(xviii) Executar o crime ou dele participar em razão de paga ou promessa de recompensa: pune-se o criminoso mercenário. Não é preciso que a recompensa seja efetivamente recebida. Tal circunstância agravante não incide nos crimes contra o patrimônio porque é da índole dessa modalidade de infrações penais a obtenção de vantagem econômica.

39.2.4.3.2.2. *Parte B: circunstâncias genéricas atenuantes*

Sempre atenuam a pena. Sua aplicação é obrigatória. Nunca podem reduzir a pena aquém do mínimo legal (Súmula 231 do STJ) e estão elencadas no art. 65. No art. 66 encontra-se a chamada circunstância atenuante inominada, a qual, embora não prevista expressamente em lei, pode ser considerada em razão de algum outro dado relevante.

- As circunstâncias genéricas atenuantes são as seguintes:

(i) ser o agente menor de 21 anos na data do fato: é a circunstância atenuante mais importante, prevalecendo sobre todas as demais. Leva-se em conta a idade do agente na data do fato, pois o Código Penal adotou a teoria da atividade (art. 4º).

A menoridade só se prova mediante certidão de nascimento. A jurisprudência, contudo, tem abrandado essa posição, admitindo outros meios de prova, como a cédula de identidade e a data de nascimento constante da folha de antecedentes.

Há também entendimento sumulado do STJ (Súmula 74) no sentido de que, "para efeitos penais, o reconhecimento da menoridade do réu requer prova por documento hábil". É irrelevante que tenha havido emancipação civil do agente ou que esse tenha casado, uma vez que tais fatos não repercutem na esfera penal. É obrigatória a consideração pelo juiz da referida atenuante, e a sua desconsideração gera nulidade da sentença.

(ii) ser o agente maior de 70 anos na data da sentença: data da sentença é a data em que esta é publicada pelo juiz em cartório. A expressão *sentença* é empregada em sentido amplo, compreendendo as sentenças de primeira instância e os acórdãos. Nula é a decisão que desconsidera tal circunstância na individualização da pena.

(iii) desconhecimento da lei: embora não isente de pena (CP, art. 21), serve para atenuá-la, ao passo que o erro sobre a ilicitude do fato exclui a culpabilidade.

Ressalte-se que nas contravenções penais o erro ou a errada compreensão da lei, se escusáveis, geram perdão judicial (LCP, art. 8º); contudo, se o erro não for justificável, incidirá a atenuante em estudo.

(iv) motivo de relevante valor social ou moral: valor moral se refere ao interesse subjetivo do agente, avaliado de acordo com postulados éticos, o conceito moral da sociedade e a dignidade da meta pretendida pelo agente.

Valor social é o interesse coletivo ou público em contrariedade não manifesta ao crime praticado. Constituindo privilégio, no caso do homicídio doloso (CP, art. 121, § 1º) ou das lesões corporais (CP, art. 129, § 4º), não configura atenuante.

Contudo, há que se observar que no caso do homicídio privilegiado pelo relevante valor social ou moral exige-se o preenchimento de duplo pressuposto: reação em seguida a injusta provocação da vítima, de modo que a ausência de tais pressupostos pode não configurar o privilégio, mas não impede a incidência da atenuante.

(v) ter o agente procurado, por sua espontânea vontade e com eficiência, logo após o crime, evitar-lhe ou minorar-lhe as consequências: esse arrependimento difere do arrependimento eficaz, uma vez que, neste último, o agente consegue evitar a produção do resultado (CP, art. 15), enquanto o arrependimento-atenuante só ocorre depois que o resultado se produziu.

(vi) reparação do dano até o julgamento: deve ocorrer até o julgamento de primeira instância. Se a reparação do dano anteceder o recebimento da denúncia ou queixa e se preenchidos os demais requisitos do art. 16 do Código Penal, há causa de diminuição de pena (arrependimento posterior) e não atenuante genérica.

No caso do peculato culposo, a reparação do dano até a sentença isenta de pena (CP, art. 312, § 3º). No crime de emissão de cheque sem suficiente provisão de fundos, a reparação do dano até o recebimento da denúncia extingue a punibilidade do agente (Súmula 554 do STF); porém, se houver o emprego de fraude, este responderá pelo crime, podendo fazer jus à atenuante, caso repare o dano.

(vii) praticar o crime sob coação moral resistível, obediência de autoridade superior, ou sob influência de violenta emoção provocada por ato injusto da vítima: coação resistível é o constrangimento vencível, que não isenta da responsabilidade penal, mas, mesmo assim, funciona como atenuante genérica, já que a pressão externa com certeza pode influir na prática do delito. A coação física exclui a conduta, tornando o fato atípico. A coação moral irresistível exclui a culpabilidade, isentando de pena.

A obediência a ordem manifestamente ilegal não exclui a culpabilidade, mas permite a atenuação da pena.

O domínio de violenta emoção pode caracterizar causa de diminuição específica, também chamada de privilégio, no homicídio doloso (CP, art. 121, § 1º) e nas lesões corporais dolosas (CP, art. 129, § 4º). Se o agente não estiver sob o domínio, mas mera influência, haverá a atenuante genérica, e não o privilégio. Além disso, o privilégio exige o requisito temporal "logo em seguida", o que inexiste para a incidência da atenuante. Cumpre observar que a distinção entre emoção atenuante e emoção privilégio só tem relevância nos dois delitos retroapontados, dado que nos demais crimes a emoção só pode funcionar como circunstância atenuante genérica.

(viii) confissão espontânea da autoria do crime perante a autoridade: a confissão espontânea é considerada um serviço à justiça, uma vez que simplifica a instrução criminal e confere ao julgador a certeza moral de uma condenação justa. Pode ser prestada judicial ou extrajudicialmente, desde que perante a autoridade judicial ou policial.

A lei exige a confissão espontânea e não a meramente voluntária, de modo que a confissão feita por sugestão de terceiro não caracteriza a atenuante, uma vez que, além de voluntária, deve ser espontânea.

Além disso, o agente que confessa a autoria, quando já desenvolvidas todas as diligências e existindo fortes indícios, ao final confirmados, não faz jus à atenuante. Para a incidência desta, é necessária a admissão da autoria, quando esta ainda não era conhecida, sendo irrelevante a demonstração de arrependimento, pois o que a lei pretende é beneficiar o agente que coopera espontaneamente com o esclarecimento dos fatos.

A confissão qualificada, em que o acusado admite a autoria, mas alega ter agido acobertado por causa excludente da ilicitude (confessa ter matado em legítima defesa), não atenua a pena, já que, neste caso, o acusado não estaria propriamente colaborando para a elucidação da autoria, tampouco concordando com a pretensão acusatória, mas agindo no exercício do direito de autodefesa.

A confissão extrajudicial só funciona como atenuante se não infirmada em juízo, portanto, negada a autoria no interrogatório judicial, fica afastada a minorante.

A confissão em segunda instância, após a sentença condenatória, não produz efeitos, uma vez que neste caso não se pode falar em cooperação espontânea quando a versão do acusado já foi repudiada pela sentença de primeiro grau.

Nesse sentido, o STJ editou a Súmula 545 nos seguintes termos: "Quando a confissão for utilizada para a formação do convencimento do julgador, o réu fará jus à atenuante prevista no art. 65, III, *d*, do Código Penal". Ou seja, para o STJ, contrariando nosso posicionamento, se o julgador utilizar a confissão do réu na condenação, ele fará jus à atenuante, independentemente de qualquer valoração adicional.

Por fim, vale mencionar que, no caso específico de crime de tráfico de entorpecentes, a Súmula 630 do STJ dispõe que a incidência da atenuante da confissão espontânea exige o reconhecimento da traficância pelo acusado, não bastando a mera admissão da posse ou propriedade para uso próprio.

(ix) praticar o crime sob influência de multidão em tumulto, se não o provocou: ainda que a reunião da qual se originou o tumulto não tivesse fins lícitos, se o agente não lhe deu causa, tem direito à atenuação.

39.2.4.3.2.2.1. Atenuantes inominadas

Não estão especificadas em lei, podendo ser anteriores ou posteriores ao crime. Devem ser relevantes. A redução é obrigatória se identificada alguma atenuante não expressa. Damásio E. de Jesus dá alguns exemplos: "confissão espontânea da autoria de crime imputada a outrem, não abrangida pelo art. 65, III, *d*, o casamento do agente com a vítima no crime de lesão corporal etc."[227]. Podemos também lembrar casos como o do agente que se encontra desesperado em razão de desemprego, moléstia grave na família ou o caso do arrependimento ineficaz.

39.2.4.3.2.2.2. Consequência das agravantes e atenuantes genéricas

Como circunstâncias influem na sanção penal, agravando-a ou atenuando-a. Nos termos do art. 68, *caput*, são levadas em conta na segunda fase de fixação da pena. Assim, o juiz partirá do mínimo legal sempre.

Assim, na primeira fase de fixação da pena o juiz analisa a presença das circunstâncias judiciais. Se favoráveis, mantém a pena no mínimo; caso contrário, eleva a reprimenda. Superada essa primeira fase, o juiz vai aos arts. 61, 62, 65 e 66 e verifica se estão presentes agravantes e/ou atenuantes, elevando ou diminuindo a sanção.

→ **Atenção:** em nenhuma dessas duas primeiras fases o juiz poderá diminuir ou aumentar a pena fora de seus limites legais (Súmula 231 do STJ).

Ao estabelecer a pena, deve-se respeitar o princípio da legalidade, fazendo-o dentro dos limites legais, como prevê o art. 59, II, do CP. Aplicadas fora dos limites previstos pela lei penal, surge uma subespécie delituosa, com um novo mínimo e um novo máximo. E, mais, cria-se um novo sistema, o das penas indeterminadas.

---

227. *Direito penal*, cit., v. 1, p. 579.

39.2.4.3.3. Terceira fase

39.2.4.3.3.1. *Parte A: causas de aumento e diminuição genéricas*

São assim chamadas porque se situam na Parte Geral do Código Penal. São as causas que aumentam ou diminuem as penas em proporções fixas (1/2, 1/3, 1/6, 2/3 etc.).

(i) Exemplo de causa de aumento: concurso formal (art. 70), crime continuado (art. 71) e crime continuado específico (art. 71, parágrafo único).

Essas causas podem elevar a pena além do máximo e diminuí-la aquém do mínimo, ao contrário das circunstâncias anteriores.

(ii) Exemplo de causa de diminuição: tentativa (art. 14, parágrafo único), arrependimento posterior (art. 16), erro de proibição evitável (art. 21, 2ª parte), semi-imputabilidade (art. 26, parágrafo único), menor participação (art. 29, § 1º) etc. (STJ, AgRg no HC 494.055/SP, *DJU* 28-9-2020).

39.2.4.3.3.1.1. Consequência das causas de aumento e diminuição

Não interessa se estão previstas na Parte Geral ou na Parte Especial: essas causas são levadas em consideração na última fase de fixação de pena, nos termos do já citado art. 68.

Por exemplo, furto simples tentado. A pena do consumado varia de 1 a 4 anos de reclusão. Partindo do mínimo legal de um ano, o juiz, em uma primeira fase, consulta o art. 59 para saber se as circunstâncias são favoráveis ou não ao agente; em seguida, verifica se há agravantes ou atenuantes; na última fase, irá diminuir a pena de 1/3 a 2/3 em face da tentativa, supondo que, após as duas primeiras fases, a pena tenha permanecido no mínimo legal. Nesse caso, na terceira e última fase, com a redução de 1/3 ou de 2/3, essa pena obrigatoriamente ficará inferior ao mínimc.

→ **Atenção:** somente na última fase, com as causas de aumento ou de diminuição, é que a pena poderá sair dos limites legais.

Inclusive o Supremo Tribunal Federal já firmou jurisprudência no sentido de que, se o tipo penal previr os índices mínimo e máximo para o agravamento da pena, em decorrência de causa especial de aumento, não pode a sentença adotar o índice máximo sem fundamentação específica.

39.2.4.3.3.1.2. Circunstâncias legais especiais ou específicas

São aquelas que se situam na Parte Especial do Código Penal. Podem ser:

(i) qualificadoras;

(ii) causas de aumento e de diminuição.

(i) Qualificadoras: só estão previstas na Parte Especial. Sua função é a de alterar os limites mínimo e/ou máximo da pena. Dessa forma, a consequência das qualificadoras consiste em elevar os limites abstratos da pena privativa de liberdade.

A pergunta que se faz é: em que fase da fixação da pena entram as qualificadoras? Em nenhuma. Ora, se elas apenas alteram os limites de pena, precedem as fases de dosagem dentro desses limites.

Assim, o juiz, antes de iniciar a primeira fase de fixação de pena, deve observar se o crime é simples ou qualificado para saber dentro de quais limites irá fixar a reprimenda. Por exemplo, no furto simples, a pena varia de um a 4 anos, e é nesses limites que será dosada nas três fases; se o furto for qualificado, os limites passam a ser de 2 a 8 anos, e é dentro destes que a pena será fixada.

→ **Atenção:** se os jurados reconhecem que o réu usou de dissimulação e de recurso que dificultou a defesa, isso deve ensejar uma única elevação em decorrência da qualificadora do art. 121, § 2º, IV, do CP, ainda que tenham sido quesitos separados (STJ. 6ª Turma. AgRg nos EDcl no REsp 1.918.273/SC, Rel. Min. Laurita Vaz, julgado em 7-2-2023).

39.2.4.3.3.2. *Parte B: causas de aumento e diminuição da Parte Especial*

Vale o mesmo comentário sobre as causas de aumento e diminuição da Parte Geral, com a única diferença de que estas se encontram na Parte Especial, ligadas a um crime específico.

39.2.4.3.3.2.1. Conflito e concurso entre as circunstâncias

Como acabamos de ver, fixados os limites mínimo e máximo da pena, o juiz, partindo do mínimo legal, aplicará a pena em três sucessivas fases.

Pode ocorrer, no entanto, que em cada uma dessas fases haja um conflito entre algumas circunstâncias que querem elevar a pena e outras benéficas ao agente. Neste caso, deve o juiz proceder da forma adiante exposta.

(i) Conflito entre agravantes e atenuantes: é possível que na segunda fase de fixação da pena ocorra para o julgador o seguinte problema: diante de três agravantes e apenas duas atenuantes aplicáveis ao caso concreto, seria possível subtrair das três agravantes as duas atenuantes e, assim, aplicar somente a circunstância agravante que sobrou (3 agravantes − 2 atenuantes = 1 agravante)? Evidentemente que não, pois, dependendo da natureza da circunstância em questão, esta poderá valer mais do que duas ou três outras juntas, ou seja, pode ser que uma atenuante sozinha valha mais do que duas agravantes.

Tal questão é solucionada pelo art. 67 do Código Penal, que prevê quais as circunstâncias mais relevantes que possuem preponderância em um eventual conflito. São preponderantes os motivos determinantes do crime, a personalidade do agente e a reincidência.

Como se nota, o legislador optou por dar prevalência às circunstâncias de caráter subjetivo, as quais possuem preferência sobre as de caráter objetivo.

A jurisprudência, porém, vem entendendo que a circunstância mais importante de todas, mais até do que os motivos do crime, a personalidade do agente e a reincidência, é a da menoridade relativa. Assim, essa atenuante genérica terá preferência sobre qualquer outra circunstância agravante ou atenuante. Se o agente, portanto, era menor de 21 anos à data do fato, isto é, no momento da prática da infração penal (teoria da atividade), essa circunstância (atenuante genérica, nos termos do art. 65, I, 1ª parte) prepondera sobre qualquer outra. Dentro dessa linha, na ordem acima apontada, em primeiro plano, vem a menoridade relativa, preponderando, inclusive, sobre a reincidência.

Dessa forma, no conflito entre agravantes e atenuantes, prevalecerão as que disserem respeito à menoridade relativa do agente. Em seguida, as referentes aos motivos do crime, à personalidade do agente e à reincidência (sempre agravante). Abaixo dessas, qualquer circunstância de natureza subjetiva. Por último, as circunstâncias objetivas.

(ii) Conflito entre circunstâncias judiciais: procede-se do mesmo modo que no conflito entre agravantes e atenuantes. Assim, se houver circunstâncias judiciais favoráveis em conflito com outras desfavoráveis ao agente, deverão prevalecer as que digam respeito à personalidade do agente, aos motivos do crime e aos antecedentes. Em seguida, as demais circunstâncias subjetivas (grau de culpabilidade e conduta social). E, finalmente, as consequências do crime e o comportamento da vítima.

→ **Atenção:** no caso de crimes previstos na Lei de Drogas (Lei n. 11.343/2006), prevê o art. 42: "O juiz, na fixação das penas, considerará, com preponderância sobre o previsto no art. 59 do Código Penal, a natureza e a quantidade da substância ou do produto, a personalidade e a conduta social do agente".

(iii) Conflito entre circunstâncias judiciais e circunstâncias legais agravantes e atenuantes: não existe conflito, uma vez que as circunstâncias judiciais se encontram na primeira fase e as agravantes e atenuantes na segunda; logo, jamais haverá conflito. Se as judiciais forem desfavoráveis, o juiz aumenta a pena na primeira fase. Em seguida, se só existirem atenuantes, diminui, na segunda fase.

(iv) Concurso entre agravante genérica e qualificadora: pode ocorrer. No caso de homicídio doloso triplamente qualificado por motivo torpe, emprego de veneno e de recurso que impossibilite a defesa do ofendido, terão incidência três qualificadoras (CP, art. 121, § 2º, I, III e IV). Entretanto, somente uma cumprirá a função de elevar os limites de pena mínimo e máximo.

Assim, no caso do homicídio, ausentes as circunstâncias qualificadoras, a pena varia de 6 a 20 anos (homicídio simples); se presente apenas uma delas, a pena já passa a ser de 12 a 30 anos (homicídio qualificado). Restariam ainda as outras duas, havendo dúvida sobre qual função estas assumiriam. Com efeito, se a qualificadora do motivo torpe já eleva os limites de pena para 12 a 30 anos, o emprego de veneno e o recurso que impossibilitar a defesa do ofendido servirão para quê? Como qualificadoras, não servirão para mais nada, pois só se pode modificar os limites uma vez.

Há duas posições:

(i) as demais qualificadoras assumem a função de circunstâncias judiciais (CP, art. 59), influindo na primeira fase da dosagem da pena. É que o art. 61, *caput*, do Código Penal dispõe que as agravantes "são circunstâncias que sempre agravam a pena, quando não constituem ou qualificam o crime". Assim, como são qualificadoras, não podem funcionar como agravantes;

(ii) as demais qualificadoras funcionam como agravantes, na segunda fase de fixação de pena.

> **Nosso entendimento:** entendemos correta a segunda posição, uma vez que, na hipótese de duas ou mais qualificadoras, somente uma delas exercerá, efetivamente, essa função.

Com efeito, basta uma para que os limites mínimo e máximo sejam elevados. As demais, perdendo a função de qualificar o crime, passam a atuar como agravantes ("São agravantes, quando não qualificam o crime"), entrando na segunda fase de fixação da pena.

(v) **Concurso entre causas de aumento de pena da Parte Geral e da Parte Especial:** nesse caso, o juiz deve proceder a ambos os aumentos. Primeiro incide a causa específica e depois a da Parte Geral, com a observação de que o segundo aumento deverá incidir sobre a pena total resultante da primeira operação, e não sobre a pena-base (operação juros sobre juros).

Por exemplo, homicídio simples contra vítimas menores de catorze anos em continuidade delitiva.

Pena-base = seis anos.

Causa do aumento da Parte Especial: aumenta-se 1/3 em razão de as vítimas serem menores de catorze anos (CP, art. 121, § 4º, parte final).

Pena aumentada: oito anos (seis anos da pena-base + 1/3 da causa de aumento).

Causa de aumento da Parte Geral: o aumento é de 1/6 até 2/3, em razão da continuidade delitiva, que incidirá sobre a pena já aumentada (oito anos) e não sobre a pena-base (seis anos).

(vi) **Concurso entre causas de diminuição da Parte Geral e da Parte Especial:** incidem as duas diminuições. A segunda diminuição incide sobre a pena já diminuída pela primeira operação.

O grande argumento que repercutiu na questão das causas de aumento (*ubi eadem ratio, ibi eadem jus*) foi o da chamada pena zero. Vale dizer: se a segunda diminuição incidisse sobre a pena-base e não sobre a pena diminuída, em alguns casos a pena acabaria chegando a zero, ou, pior, o condenado ficaria com um crédito para com a sociedade.

Por exemplo, homicídio privilegiado tentado.

Pena-base: seis anos.

Redução pelo privilégio (violenta emoção, relevante valor social ou moral); reduz a pena de 1/6 a 1/3 (art. 121, § 1º, do CP).

Pena reduzida pelo privilégio: quatro anos (seis anos menos 1/3).

Redução pela tentativa: imagine se fossem reduzidos 2/3 da pena-base (2/3 de seis anos são quatro anos): 4 anos – 4 anos = zero.

Conclusão: se a segunda diminuição incidisse sobre a pena-base, poderíamos chegar a uma pena zero, o que não se afigura possível, pois tal hipótese não existe na lei.

O correto, portanto, é a segunda redução incidir sobre a pena já diminuída, pois nunca se correria o risco de chegar a uma pena zero. No exemplo, teríamos: 6 anos – 1/3 (pelo privilégio) = 4 anos. Em seguida, 4 anos – 2/3 (pela tentativa) = 1 ano e 4 meses.

(vii) Concurso entre causas de aumento situadas na Parte Especial: nos termos do parágrafo único do art. 68 do CP, o juiz pode limitar-se à aplicação da causa que mais aumente, desprezando as demais (trata-se de faculdade do juiz).

(viii) Concurso entre causas de diminuição previstas na Parte Especial: nos termos do parágrafo único do art. 68 do CP, o juiz pode limitar-se a uma só diminuição, escolhendo a causa que mais diminua a pena (trata-se de faculdade do juiz).

→ **Atenção:** na hipótese de concurso entre causas de aumento da Parte Especial ou causas de diminuição da Parte Especial, se o juiz optar por fazer incidir ambos os aumentos ou ambas as diminuições, o segundo aumento ou a segunda diminuição incidirão sobre a pena-base e não sobre a pena aumentada.

40. DA REINCIDÊNCIA

40.1. Conceito

40.1.1. Reincidência

É a situação de quem pratica um fato criminoso após ter sido condenado por crime anterior, em sentença transitada em julgado.

40.1.2. Reincidência específica

O termo é equívoco, comportando diferentes significados. Está previsto na Lei de Crimes Hediondos e consiste na reincidência em qualquer dos crimes previstos na Lei n. 8.072/90. Reincidente específico para a Lei n. 8.072/90 é, portanto, o reincidente em qualquer crime nela previsto, e o seu efeito é o de impedir o livramento condicional.

O Código de Trânsito Brasileiro também fala em reincidência específica, em seu art. 296, quando o agente reincidir em qualquer dos crimes de trânsito previstos na Lei n. 9.503/97. O efeito será o de impor ao juiz a aplicação da penalidade de suspensão da permissão ou habilitação para dirigir veículo automotor, sem prejuízo de outras sanções cabíveis.

Na Lei n. 9.714/98, que introduziu o § 3º no art. 44 do CP, a reincidência específica voltou a ser prevista, com o efeito de proibir a substituição de pena privativa de liberdade por pena alternativa, em caso de reincidência específica. Entretanto, nesse caso, reincidente específico será o reincidente em crime previsto no mesmo tipo incriminador (furto e furto, lesão corporal culposa e lesão corporal culposa etc.).

Finalmente, na Lei de Drogas (Lei n. 11.343/2006), prevê o art. 44, parágrafo único, que nos crimes previstos nos arts. 33, *caput* e § 1º, e 34 a 37, dar-se-á o livramento condicional após o cumprimento de dois terços da pena, vedada a sua concessão ao reincidente específico. Quanto ao conceito de reincidência específica, pode-se considerar nele incluído o reincidente em qualquer dos crimes previstos dos arts. 33 a 37 da Lei n. 11.346/2006, e não apenas o reincidente no mesmo tipo penal.

→ **Atenção:** consoante o art. 112, VI, *a*, e VIII, da LEP (com redação dada pela Lei n. 13.964/2019), será vedado o livramento condicional quando o apenado for condenado pela prática de crime hediondo ou equiparado, com resultado morte, se for primário, bem como quando o apenado for reincidente em crime hediondo ou equiparado com resultado morte.

40.1.3. Reincidente em crime doloso

É aquele que, já tendo sido definitivamente condenado por crime doloso, vem a praticar outro delito doloso antes do decurso da prescrição da reincidência.

Também é assim considerado aquele que, após ter sido definitivamente condenado por crime preterdoloso, vem a cometer novo crime doloso, ou vice-versa (doloso e preterdoloso).

40.2. O conceito de primariedade e a reincidência

A lei não define o que se deve entender por criminoso primário. Na antiga sistemática do Código Penal a doutrina e a jurisprudência divergiam quanto à exata conceituação de primariedade. Havia duas correntes:

(i) primário era todo aquele que não fosse reincidente;

(ii) no âmbito da primariedade era feita a seguinte separação: aquele que sofrera a primeira condenação era considerado "primário", e aquele que sofrera mais de uma condenação sem, no entanto, ser reincidente era considerado "não primário", não merecendo os favores reservados pela lei ao primário. Assim, de acordo com essa corrente, existiria a seguinte qualificação: primário, não primário e reincidente.

> **Nosso entendimento:** na atual sistemática do Código Penal tal discussão perdeu relevância, na medida em que este adotou expressamente a orientação que estabelece a bipolaridade "reincidência-primariedade", afastando qualquer qualificação intermediária. Disso resulta que todo aquele que não for reincidente deve ser considerado primário. Aliás, o próprio CP fala em diversas passagens em não reincidente, sem fazer distinção entre primário e não primário.

40.2.1. Primariedade técnica

Expressão empregada pela jurisprudência para o caso do agente que já sofreu diversas condenações, mas não é considerado reincidente porque não praticou nenhum delito após ter sido condenado definitivamente.

A mesma decisão pode ser empregada para fins de gerar reincidência e maus antecedentes? Há duas posições:

(i) constitui *bis in idem*. Considerada e valorizada a reincidência para estabelecer a pena-base acima do mínimo legal, incabível considerá-la novamente para agravar a pena, sob o risco de sancionar-se o *bis in idem*.

> **Nosso entendimento:** a mesma condenação não pode ser utilizada para gerar reincidência e maus antecedentes, podendo assumir, portanto, somente a primeira função (gerar reincidência). Nesse sentido, a Súmula 241 do STJ.

(ii) sim, não havendo que se falar em *bis in idem*. Se a biografia do paciente é fartamente ilustrativa dos seus maus antecedentes, o que impõe o agravamento da pena-base e se, de outro lado, há reincidência no sentido técnico, o juiz deve aplicar ao feito, também a circunstância agravante, sem incorrer em *bis in idem*.

Por outro lado, o que se tem feito até o momento, é aumentar a pena-base pelos maus antecedentes, assim considerados ante a existência de condenações definitivas, ou transitadas em julgado há mais de cinco anos[228], ou diversas da utilizada como reincidência. Ou seja, aplica-se parte das condenações para configurar maus antecedentes e outra parte para configurar a reincidência (STJ, HC 528390/SP e STJ, REsp 1437411/SP).

40.3. Natureza jurídica

Trata-se de circunstância agravante genérica de caráter subjetivo ou pessoal.

Alguns autores sustentam ser duvidosa a constitucionalidade de tal circunstância obrigatória de aumento de pena. Argumenta-se que o princípio do *ne bis in idem*, que se traduz na proibição de dupla valoração fática, tem hoje o seu apoio no princípio constitucional da legalidade, pois não se permite, segundo essa corrente de pensamento, que o fato criminoso que deu origem à primeira condenação possa servir de fundamento a uma agravação obrigatória de pena em relação a um outro fato delitivo. Segundo Alberto Silva Franco, "o princípio da legalidade não admite, em caso algum, a imposição de pena superior ou distinta da prevista e assinalada para o crime e que a agravação da punição, pela reincidência, faz, 'no fundo, com que o delito anterior surta efeitos jurídicos duas vezes'"[229].

Em que pese tal discussão, o Código Penal, em sua Parte Geral, manteve a reincidência como circunstância agravante. A exacerbação da pena justifica-se para aquele que, punido anteriormente, voltou a delinquir, demonstrando que a sanção anteriormente imposta foi insuficiente.

40.4. Prova da reincidência

Só se prova mediante a certidão da sentença condenatória transitada em julgado, com a data do trânsito. Não bastam, desse modo, meras informações a respeito da vida pregressa ou a simples juntada da folha de antecedentes do agente para a comprovação da agravante. Nem mesmo a confissão do réu é meio apto a provar a reincidência.

---

228. No julgamento do RE 593.818 pelo STF, ficou definido que o prazo de 5 anos, previsto no art. 64, I, do CP, não impede o reconhecimento de maus antecedentes para fins de fixação da pena-base.
229. *Código Penal*, cit., p. 781.

Para fins de comprovação da reincidência, é necessária documentação hábil que traduza o cometimento de novo crime depois de transitar em julgado a sentença condenatória por crime anterior, mas não se exige forma específica para a comprovação. Desse modo, é possível que a reincidência do réu seja demonstrada com informações processuais extraídas dos sítios eletrônicos dos tribunais (STJ. 5ª Turma. AgRg no HC 448.972/SP, Rel. Min. Reynaldo Soares da Fonseca, julgado em 16-8-2018. STF. 1ª Turma. HC 162.548 AgR/SP, Rel. Min. Rosa Weber, julgado em 16-6-2020 (*Info* 982)[230].

40.5. Incomunicabilidade

Sendo circunstância subjetiva, não se comunica ao partícipe ou coautor.

40.6. Configuração da reincidência em hipóteses específicas

40.6.1. Contravenção anterior e posterior

(i) Condenado definitivamente pela prática de contravenção penal, vem a praticar crime – não é reincidente (CP, art. 63);

(ii) Condenado definitivamente pela prática de contravenção, vem a praticar nova contravenção – é reincidente nos termos do art. 7º da LCP;

(iii) Condenado definitivamente por crime, vem a praticar contravenção penal – é reincidente nos termos do art. 7º da LCP.

40.6.2. Sentença transitada em julgado após a prática de crime

Tratando-se de condenação com trânsito em julgado em data posterior à ocorrência do crime, não há falar em reincidência, porque não configurado o requisito básico e fundamento do reconhecimento da circunstância em estudo.

40.6.3. Condenação no estrangeiro

Induz a reincidência, sem necessidade de homologação pelo Superior Tribunal de Justiça (art. 105, I, *i*, da CF), uma vez que a sentença penal estrangeira só precisa ser homologada para ser executada no Brasil, nos termos do art. 787 do CPP, c/c o art. 9º do CP.

40.6.4. Multa anterior

O agente é reincidente, pois a lei fala em crime anterior, independentemente da pena imposta. Embora reincidente, poderá obter *sursis* (CP, art. 77, § 1º).

---

230. CAVALCANTE, Márcio André Lopes. *Admite-se o uso de informações processuais extraídas dos sítios eletrônicos dos tribunais, quando completas, a fim de demonstrar a reincidência do réu.* Buscador Dizer o Direito, Manaus.

40.6.5. Reabilitação criminal

Não exclui a reincidência.

40.6.6. Extinção da punibilidade em relação ao crime anterior

Se a causa extintiva ocorreu antes do trânsito em julgado, o crime anterior não prevalece para efeitos de reincidência; se foi posterior, só nos casos de anistia e *abolitio criminis* a condenação perderá esse efeito.

Desse modo, a prescrição da pretensão executória não afasta a reincidência do réu em face do novo delito, diferentemente do que ocorre no caso da prescrição da pretensão punitiva, que, além de extinguir a punibilidade, afasta, também, o precedente criminal.

40.6.7. Extinção da pena pelo seu cumprimento

Não elimina a condenação anteriormente imposta, para efeito de reincidência, se não ocorre a hipótese prevista no art. 64, I, do Código Penal.

40.6.8. Suspensão condicional do processo (Lei n. 9.099/95, art. 89)

Nos crimes em que a pena mínima cominada for igual ou inferior a um ano, abrangida ou não pela aludida lei, o Ministério Público, ao oferecer a denúncia, poderá propor a suspensão do processo, por 2 a 4 anos, desde que preenchidos os requisitos legais. Aceita a proposta, o acusado se submeterá a um período de prova.

A suspensão condicional do processo não gera reincidência. Isso porque a suspensão do processo prevista nessa lei é uma transação, não gerando efeito de sentença condenatória, pois não implica o reconhecimento de crime pelo beneficiário, não ensejando, consequentemente, a perda da primariedade. Desse modo, se vier o beneficiado a ser condenado pelo cometimento de outro crime, não será considerado reincidente.

Importante também destacar a Súmula 667 do STJ, segundo a qual "eventual aceitação de suspensão condicional do processo não prejudica a análise do pedido de trancamento de ação penal". O fundamento é justamente o fato de o acordo não implicar em aceitação de culpa, mas opção negocial do acusado.

40.6.9. Transação penal (Lei n. 9.099/95, art. 76, §§ 4º e 6º)

De acordo com o art. 76, § 4º, da Lei n. 9.099/95, no caso de transação penal, a imposição de pena restritiva de direitos ou multa não importará em reincidência, sendo registrada apenas para impedir novamente o mesmo benefício no prazo de 5 anos. A imposição da sanção constante do § 4º não constará de certidão de antecedentes criminais, salvo para fins previstos no mesmo dispositivo.

40.6.10. Composição civil (Lei n. 9.099/95, art. 74, parágrafo único)

A composição civil homologada não gera reincidência.

40.6.11. Perdão judicial

A sentença que o aplica não induz à reincidência (CP, art. 120).

40.6.12. Acordo de não persecução penal

O acordo de não persecução penal não gera reincidência. Conforme previsto no art. 28-A, § 12, do CPP, a "celebração e o cumprimento do acordo de não persecução penal não constarão de certidão de antecedentes criminais, exceto para os fins previstos no inciso III do § 2º deste artigo". Ou seja, somente constará na certidão para verificar se o agente foi "beneficiado nos 5 (cinco) anos anteriores ao cometimento da infração, em acordo de não persecução penal, transação penal ou suspensão condicional do processo", situação na qual ele não poderá ser novamente agraciado com nenhum desses institutos.

40.6.13. Porte de drogas para consumo pessoal

Segundo decisão do STF, o delito do art. 28 da Lei de Drogas (porte para consumo pessoal) não gera reincidência, pois, se gerasse, violaria o princípio da proporcionalidade. Para o STF, como a contravenção penal, punida com pena de prisão simples, não gera reincidência, seria desproporcional o crime do art. 28, ao qual não é cominada pena privativa de liberdade, gerar (STF, 2ª Turma, RHC 178.512, AgR/SP, Rel. Min. Edson Fachin, julgado em 22-3-2022, *Info* 1048).

40.7. Ocorrência

Não importa qual a natureza dos crimes praticados. Assim, a reincidência pode dar-se:

(i) entre dois crimes dolosos;

(ii) entre dois crimes culposos;

(iii) entre crime doloso e culposo;

(iv) entre crime culposo e doloso;

(v) entre crime consumado e tentado;

(vi) entre crime tentado e consumado;

(vii) entre crimes tentados;

(viii) entre crimes consumados.

40.8. Crimes que não induzem reincidência

São os seguintes:

(i) condenação cuja pena foi extinta ou cumprida há mais de 5 (cinco) anos: passados 5 (cinco) anos do cumprimento ou extinção da pena, não se aplica a agravante da reincidência para novos fatos (*v. item 40.10*).

(ii) militares próprios: definidos como crimes apenas no Código Penal Militar. Se a condenação definitiva anterior for por crime militar próprio, a prática de crime comum não leva à reincidência. Se o agente, porém, pratica crime militar próprio, após ter sido definitivamente condenado pela prática de crime comum, será reincidente perante o CPM, pois este não tem norma equivalente;

(iii) políticos: sejam puros (exclusiva natureza política) ou relativos (ofendem simultaneamente a ordem político-social e um interesse privado). próprios (atingem a organização política do Estado) ou impróprios (ofendem um interesse político do cidadão). Modernamente, o conceito de crime político abrange não só os crimes de motivação política (aspecto subjetivo) como os que ofendem a estrutura política do Estado e os direitos políticos individuais (aspecto objetivo).

40.9. Efeitos da reincidência

São os seguintes:

(i) agrava a pena privativa de liberdade (art. 61, I, do CP);

(ii) constitui circunstância preponderante no concurso de agravantes (art. 67 do CP);

(iii) impede a substituição da pena privativa de liberdade por restritiva de direitos quando houver reincidência em crime doloso (art. 44, II, do CP);

(iv) impede a substituição da pena privativa de liberdade por pena de multa (art. 60, § 2º, do CP);

(v) impede a concessão de *sursis* quando por crime doloso (art. 77, I, do CP);

(vi) aumenta o prazo de cumprimento de pena para obtenção do livramento condicional (art. 83, II, do CP);

(vii) impede o livramento condicional nos crimes previstos na Lei de Crimes Hediondos, quando se tratar de reincidência específica (art. 5º da Lei n. 8.072/90);

→ **Atenção:** consoante o art. 112, VI, *a*, e VIII, da LEP (com redação dada pela Lei n. 13.964/2019), será vedado o livramento condicional quando o apenado for condenado pela prática de crime hediondo ou equiparado, com resultado morte, se for primário, bem como quando o apenado for reincidente em crime hediondo ou equiparado com resultado morte.

(viii) interrompe a prescrição da pretensão executória (art. 117, VI, do CP);

(ix) aumenta o prazo da prescrição da pretensão executória (art. 110 do CP);

(x) revoga o *sursis*, obrigatoriamente, em caso de condenação em crime doloso (art. 81, I, do CP), e facultativamente, no caso de condenação, por crime culposo ou contravenção, a pena privativa de liberdade ou restritiva de direitos (art. 81, § 1º, do CP);

(xi) revoga o livramento condicional, obrigatoriamente, em caso de condenação a pena privativa de liberdade (art. 86 do CP) e, facultativamente, no caso de condenação por crime ou contravenção a pena que não seja privativa de liberdade (art. 87 do CP);

(xii) revoga a reabilitação quando o agente for condenado a pena que não seja de multa (art. 95 do CP);

(xiii) impede a incidência de algumas causas de diminuição de pena (arts. 155, § 2º, e 171, § 1º, todos do CP);

(xiv) obriga o agente a iniciar o cumprimento da pena de reclusão em regime fechado (art. 33, § 2º, *b* e *c*, do CP);

(xv) obriga o agente a iniciar o cumprimento da pena de detenção em regime semiaberto (art. 33, 2ª parte, § 2º, *c*);

(xvi) autoriza a prisão preventiva, se tiver sido condenado por outro crime doloso, em sentença transitada em julgado, ressalvado o disposto no art. 64 do CP (CPP, art. 313, II).

40.10. Prescrição da reincidência

Não prevalece a condenação anterior se, entre a data do cumprimento ou extinção da pena e a infração penal posterior, tiver decorrido período superior a 5 anos (período depurador), computado o período de prova da suspensão ou do livramento condicional, se não houver revogação (CP, art. 64, I). Uma vez comprovado o benefício do art. 64 do CP, o agente readquire a sua condição de primário, pois se operou a retirada da eficácia da decisão condenatória anterior.

40.10.1. Termo inicial do período depurador

Depende das circunstâncias:

(i) se a pena foi cumprida: a contagem do quinquênio inicia-se na data em que o agente termina o cumprimento da pena, mesmo unificada. O dispositivo se refere ao cumprimento das penas, o que exclui as medidas de segurança;

(ii) se a pena foi extinta por qualquer causa: inicia-se o prazo a partir da data em que a extinção da pena realmente ocorreu e não da data da decretação da extinção;

(iii) se foi cumprido período de prova da suspensão ou do livramento condicional: o termo inicial dessa contagem é a data da audiência de advertência do *sursis* ou do livramento.

40.10.2. Termo final do período depurador

O termo final do quinquênio está relacionado à data da prática do segundo crime, não à data da nova sentença condenatória.

40.11. Sistema da temporariedade da reincidência

Com a adoção da prescrição da reincidência, o CP afastou o sistema da perpetuidade, adotando o da temporariedade da reincidência. O estigma da sanção penal não é perene. Limita-se no tempo. Assim, transcorrido certo lapso de tempo sem que outro delito tenha sido praticado, evidencia-se a ausência de periculosidade e sua normal reinserção social. O condenado quita sua obrigação com a Justiça Penal. Assim, a reincidência só prevalece se o crime for praticado até certo tempo após a extinção da pena imposta pelo anterior.

40.12. Reincidência e maus antecedentes

De acordo com a nossa posição, já mencionada no item 40.2.1, a mesma condenação não pode ser utilizada para gerar a agravante da reincidência e maus antecedentes (circunstância judicial desfavorável), sob pena de *bis in idem*, conforme fundamento da Súmula 241 do STJ.

41. SUSPENSÃO CONDICIONAL DA PENA

41.1. Origem

Conforme o ensinamento de Basileu Garcia, *sursis* é um substantivo masculino, que significa suspensão, sendo correlato do verbo *surseoir* — suspender. "Sendo de inspiração belga-francesa o sistema da legislação brasileira, a própria palavra *sursis* integrou-se aos hábitos forenses, com pronúncia já um tanto nacionalizada"[231].

41.2. Conceito

Direito público subjetivo do réu de, preenchidos todos os requisitos legais, ter suspensa a execução da pena imposta, durante certo prazo e mediante determinadas condições.

→ **Atenção:** não confundir suspensão da execução da pena imposta com suspensão condicional do processo ou *sursis* processual. A Lei n. 9.099/95 prevê em seu art. 89 a suspensão condicional do processo, ou seja, a suspensão do andamento do processo, e não a suspensão condicional da pena.

41.3. *Sursis* e a substituição da pena privativa de liberdade por restritivas de direitos

O instituto do *sursis* é subsidiário à pena alternativa, ou seja, em primeiro lugar o juiz deve verificar se é caso de aplicar a restritiva de direitos ou a multa em substituição à privativa de liberdade e, somente então, verificada essa impossibilidade, é que se tenta aplicar a suspensão condicional da pena, como uma segunda opção.

Ora, como cabe substituição por pena alternativa, quando a privativa de liberdade imposta não exceder quatro anos, e *sursis*, quando tal pena for igual ou inferior a dois, teoricamente, sempre que couber este último, cabe a primeira opção, sendo inaplicável referido instituto.

Restam, no entanto, ainda três possibilidades:

(i) crimes dolosos cometidos mediante violência ou grave ameaça, em que a pena imposta seja igual ou inferior a dois anos, ou, no caso dos *sursis* etário ou humanitário, igual ou inferior a quatro anos (não cabe substituição por pena restritiva, em face do disposto no art. 44, I, segunda parte, do CP, mas cabe *sursis*, pois não existe vedação legal no que tange aos crimes com violência ou grave ameaça);

---

231. *Instituições*, cit., v. I, t. II, p. 613.

(ii) condenado reincidente em crime doloso, cuja pena anterior tenha sido a pena de multa: pode obter *sursis*, pois a lei faz uma ressalva expressa para essa hipótese (CP, art. 77, § 1º), mas não substituição por restritiva (CP, art. 44, II);

(iii) condenado reincidente específico em crime culposo (homicídio culposo e homicídio culposo, por exemplo): entendemos que não pode obter substituição por pena alternativa, ante expressa proibição legal (CP, art. 44, § 3º, parte final), mas nada impede a suspensão condicional da pena. Em suma, o *sursis* ainda existe, mas respira graças a três tubos de oxigênio.

41.4. Natureza jurídica

Há duas posições:

(i) direito público subjetivo do sentenciado: o juiz não pode negar sua concessão ao réu quando preenchidos os requisitos legais; no entanto, resta ainda alguma discricionariedade ao julgador, quando da verificação do preenchimento dos requisitos objetivos e subjetivos, os quais devem ficar induvidosamente comprovados nos autos, não se admitindo sejam presumidos;

(ii) forma de execução da pena: o instituto, na reforma penal de 1984, não constitui mais incidente da execução nem direito público subjetivo de liberdade do condenado. É medida penal de natureza restritiva da liberdade e não um benefício[232].

Nesse sentido, já entendeu o STJ que o *sursis* deixou de ser mero incidente da execução para tornar-se modalidade de execução da condenação. Assim, a reforma penal introduzida pela Lei n. 7.209/84 conferiu ao *sursis* a natureza de pena efetiva, tratando-se de forma de execução de pena.

Nosso entendimento: concordamos com a primeira posição.

41.5. Sistemas

São dois:

(i) anglo-americano: o juiz declara o réu culpado, mas não o condena, suspendendo o processo, independentemente da gravidade do delito, desde que as circunstâncias indiquem que o réu não tornará a delinquir (levemente assemelhado ao instituto da suspensão condicional do processo, previsto no art. 89 da Lei n. 9.099/95);

(ii) belgo-francês: o juiz condena o réu, mas suspende a execução da pena imposta, desde que aquele seja primário e a pena não ultrapasse 2 anos (é o sistema aplicado ao presente instituto).

---

232. Damásio E. de Jesus, *Direito penal*, cit., 23. ed., v. 1, p. 614.

41.6. Requisitos

41.6.1. Objetivos

(i) **qualidade da pena:** deve ser privativa de liberdade. Não pode ser concedido nas penas restritivas de direitos, nem nas penas de multa a teor do art. 80 do CP;

(ii) **quantidade da pena:** não superior a 2 anos. Em se tratando de concurso de crimes, não se despreza o acréscimo para efeito de consideração do limite quantitativo da pena.

Desse modo, o condenado a pena superior a 2 anos de prisão não tem direito ao *sursis*, pouco importando que o aumento da pena acima da pena-base de 2 anos tenha resultado do reconhecimento do crime continuado, pois o que se deve levar em consideração para a suspensão condicional de penas é o *quantum* final resultante da condenação.

Ainda com relação ao crime continuado, descabe a aplicação analógica da Súmula 497 do STF à suspensão condicional da pena.

Na hipótese de crime contra o meio ambiente, admite-se o benefício desde que a pena privativa de liberdade não exceda a 3 anos (Lei n. 9.605/98, art. 16);

(iii) **impossibilidade de substituição por pena restritiva de direitos:** a suspensão condicional é subsidiária em relação à substituição da pena privativa de liberdade por restritiva de direitos (CP, art. 77, III, c/c o art. 44), pois a concessão do *sursis* só é admitida quando não for cabível a substituição da pena privativa de liberdade por uma das penas restritivas de direito (art. 77, III, do CP). Portanto, é obrigatória a substituição de penas privativas de liberdade por uma das restritivas de direito, quando reconhecidas na sentença as circunstâncias favoráveis do art. 59, bem como as condições dos incisos II e III do art. 44 c/c os seus parágrafos, todos do CP, caracterizando direito subjetivo do réu.

Tal requisito justifica-se porque no *sursis*, operada a revogação do benefício, o condenado terá de cumprir toda a pena privativa de liberdade imposta, uma vez que, durante o período de prova, esta não foi executada; ao contrário, a sua execução ficou suspensa condicionalmente. Isto significa que não se desconta o período em que o sentenciado esteve solto. Por exemplo, suspensa condicionalmente uma pena de 2 anos de reclusão, ocorre a revogação quando faltavam apenas 2 meses; o condenado terá de cumprir preso todos os 2 anos.

Na pena alternativa, ao contrário, o juízo da condenação promove uma verdadeira substituição: troca a pena privativa de liberdade pela restritiva de direitos. Com isso, cada dia de execução é um dia a menos de pena, de modo que, ocorrendo a revogação, somente serão cumpridos os dias faltantes, respeitado apenas o limite de 30 dias (CP, art. 44, § 4º). Em outras palavras: cumpre o que falta, mas se faltarem menos de 30 dias, terá de cumprir esse prazo, que é o mínimo exigido por lei.

O caráter subsidiário do *sursis* em relação à pena alternativa, na prática, aniquilou o primeiro instituto, pois, como cabe a substituição por pena restritiva, quando a pena privativa imposta for igual ou inferior a 4 anos, e como o juiz é obrigado a tentar, em primeiro lugar, essa possibilidade, dificilmente sobrará hipótese para a suspensão condicional da pena, a qual tem cabimento somente no caso de pena igual ou inferior a 2 anos.

Parece-nos que o único caso em que caberá *sursis*, mas não pena alternativa, será na hipótese de reincidência específica em crime culposo. É que o art. 44, § 3º, parte final, do CP dispõe que não cabe substituição por pena alternativa para o reincidente específico, sem distinguir se em crime doloso ou culposo. Assim, não têm direito à substituição por restritiva, nem o reincidente em crime doloso (CP, art. 44, II), nem o reincidente específico (em crime culposo ou doloso).

Por outro lado, só não tem direito ao *sursis* aquele que for reincidente em crime doloso (CP, art. 77, I); se for em crime culposo terá direito, mesmo sendo idêntica a infração, pois a lei nada falou acerca de reincidência específica nesse caso. Assim, por exemplo, na hipótese de o sujeito reincidir em dois homicídios culposos, caberá *sursis* (menos benéfico), mas não substituição por pena restritiva de direitos.

Outra situação possível é a do reincidente em crime doloso, condenado anteriormente à pena de multa. Nada impede o *sursis*; no entanto, a substituição por pena alternativa seria incabível, ante a falta de dispositivo semelhante ao art. 77, § 1º, do CP.

Resta saber se a jurisprudência aplicará analogicamente essa regra para propiciar também a aplicação de penas restritivas de direito aos reincidentes em crimes dolosos, cuja primeira condenação consistiu em pena pecuniária.

41.6.2. Subjetivos

(i) condenado não reincidente em crime doloso:

(i.1) condenado irrecorrivelmente pela prática de crime doloso que cometeu novo crime doloso após o trânsito em julgado não pode obter o *sursis*. Logo, doloso e doloso não pode.

(i.2) culposo e doloso pode;

(i.3) doloso e culposo pode;

(i.4) contravenção penal e crime doloso pode (CP, art. 63);

(i.5) condenação anterior a pena de multa e doloso pode (CP, art. 77, § 1º);

(i.6) se entre os crimes dolosos se tiver operado a prescrição da reincidência (CP, art. 64, I), pode;

(i.7) crime militar próprio e doloso pode (CP, art. 64, II);

(i.8) crime político e doloso pode (CP, art. 64, II);

(i.9) anterior concessão de perdão judicial e crime doloso pode (Súmula 18 do STJ);

(i.10) *abolitio criminis* e novo crime doloso pode (CP, art. 2º, *caput*);

(i.11) anistia e novo crime doloso pode (CP, art. 107, II);

(i.12) causa extintiva da punibilidade anterior à condenação definitiva e novo crime doloso pode;

(i.13) réu anteriormente beneficiado com a suspensão do processo prevista no art. 89 da Lei n. 9.099/95: é cabível a concessão do *sursis*. Isso porque a suspensão do processo prevista nessa lei é uma transação, não gerando efeito de sentença condenatória, pois não implica o reconhecimento de crime pelo beneficiário, não ensejando, consequentemente, a perda da primariedade. Desse modo, se vier o beneficiado a ser condenado pelo cometimento de outro crime, nada obsta a concessão do *sursis* se preenchidos os demais requisitos legais.

(ii) Circunstâncias judiciais (art. 59 do Código Penal) favoráveis ao agente: assim, maus antecedentes impedem a concessão do *sursis*. Exige mínima culpabilidade e boa índole, sendo incabível nas hipóteses de criminalidade violenta. Exige-se a necessária demonstração de periculosidade do réu para indeferimento do *sursis*, de modo que deve estar apoiada em indícios válidos a presunção de futura reincidência. A intensidade do dolo não é elemento convocado para impedir a concessão do *sursis*.

41.7. Espécies de *sursis*

São quatro espécies:

41.7.1. Etário

É aquele em que o condenado é maior de 70 anos à data da sentença concessiva.

Nesse caso, o *sursis* pode ser concedido desde que a pena não exceda a 4 anos, aumentando-se, em contrapartida, o período de prova para um mínimo de 4 e um máximo de 6 anos.

Com a entrada em vigor da Lei n. 9.714/98, estendeu-se o benefício também para os condenados cujo estado de saúde justifique a suspensão, mantendo-se os requisitos do *sursis* etário.

41.7.2. Humanitário

É aquele em que o condenado, por razões de saúde, independentemente de sua idade, tem direito ao *sursis*, desde que a pena não exceda a 4 anos, aumentando-se, em contrapartida, o período de prova para um mínimo de 4 e um máximo de 6 anos. Foi criado pela Lei n. 9.714/98. Deve ser aplicado para casos de doentes terminais.

41.7.3. Simples

É aquele em que, preenchidos os requisitos mencionados no art. 77 do CP, fica o réu sujeito, no primeiro ano de prazo, a uma das condições previstas no art. 78, § 1º, do CP (prestação de serviços à comunidade ou limitação de fim de semana).

→ **Atenção:** há uma posição sustentando que é inconstitucional colocar uma pena restritiva de direitos (prestação de serviços ou limitação de fim de semana) como condição para suspender a execução de outra pena principal, no caso, a privativa de liberdade. Haveria *bis in idem*. Essa posição é minoritária, pois o STJ tem firme entendimento no sentido de que é perfeitamente admissível o *sursis* simples na forma do art. 78, § 1º, do CP. No mesmo sentido tem-se pronunciado o Supremo Tribunal Federal.

41.7.4. Especial

O condenado fica sujeito a condições mais brandas, previstas cumulativamente (não podem mais ser aplicadas alternativamente, em face da Lei n. 9.268/96) no art. 78, § 2º, do CP (proibição de frequentar determinados lugares; de ausentar-se da comarca onde reside sem autorização do juiz; e comparecimento pessoal e obrigatório a juízo, mensalmente, para informar e justificar suas atividades).

Para ficar sujeito a essas condições mais favoráveis, o sentenciado deve, além de preencher os requisitos objetivos e subjetivos normais, reparar o dano e ter as circunstâncias judiciais previstas no art. 59 inteiramente favoráveis para si.

Na verdade, o juiz nunca poderá, na prática, aquilatar se as condições são inteiramente favoráveis ao agente ante a falta de meios para fazê-lo. Dessa forma, esse requisito passa a ser o mesmo do *sursis* simples (circunstâncias meramente favoráveis). Quanto à reparação do dano, trata-se de exigência também para o *sursis* simples, uma vez que a recusa do agente em reparar o dano é causa de revogação do benefício (art. 81, II, parte final, do CP). Ora, se é causa de revogação, é causa impeditiva da concessão, erigindo-se à categoria de requisito.

Assim, os requisitos para o *sursis* simples e o especial acabam sendo, na prática, idênticos. Diferença mesmo, só nas condições impostas.

Cumpre observar que a condição relativa à proibição de frequentar determinados lugares deve guardar relação com o delito praticado; assim, não pode ser estabelecida de forma imprecisa, impondo-se ao juiz a menção dos lugares que o apenado estará proibido de frequentar enquanto vigente o benefício.

41.7.4.1. Cumulação das condições do *sursis* especial no *sursis* simples

Inadmite-se. O § 2º do art. 78 do CP estatui que a condição do § 1º poderá ver-se substituída, logo não pode o juiz impor ao mesmo tempo como condições do *sursis* as previstas nos §§ 1º e 2º daquele artigo, pois a substituição opõe-se à cumulação.

41.8. Condições

Podem ser:

(i) legais: previstas em lei. São as do *sursis* simples (art. 78, § 1º) e as do especial (art. 78, § 2º);

(ii) judiciais: são impostas livremente pelo juiz, não estando previstas em lei (art. 79 do CP). Devem, porém, adequar-se ao fato e às condições pessoais do condenado. Cite-se como exemplo a obrigatoriedade de frequentar curso de habilitação profissional ou de instrução escolar.

Veda-se a imposição de condições que comprometam as liberdades garantidas constitucionalmente; que exponham o condenado ao ridículo, de modo a lhe causar constrangimento desnecessário; que violem a sua integridade física etc. Por exemplo, condicionar o *sursis* à doação de sangue pelo condenado; à visitação da vítima de acidente de trânsito pelo condenado; ao pagamento de multa penal;

(iii) condições legais indiretas: é como são chamadas as causas de revogação do benefício. Ora, se sua ocorrência dá causa à revogação da suspensão, indiretamente consubstanciam-se em condições proibitivas (não fazer, isto é, não dar causa à revogação do benefício).

41.9. *Sursis* incondicionado

É a suspensão condicional da pena, incondicionada. Trata-se de espécie banida pela reforma penal de 1984, inexistindo, atualmente, em nosso sistema penal vigente, *sursis* sem a imposição de condições legais. Como se nota, se a suspensão é condicional, não pode ser incondicionada.

41.10. Possibilidade de o juiz das execuções fixar condições para o *sursis* em caso de omissão do juízo da condenação

Sobre essa possibilidade, há duas posições:

(i) primeira posição: pode. Os partidários dessa posição entendem que, se o juiz das execuções pode modificar condições impostas pelo juiz da condenação (art. 158, § 2º, da LEP) e se o tribunal, ao conceder o *sursis*, pode delegar ao juízo das execuções a fixação dessas condições (art. 159, § 2º, da LEP), nada impede que esse juízo também fixe condições não determinadas pela sentença.

É também a posição do Superior Tribunal de Justiça, que já se pronunciou no sentido de que, se o juiz se omite em especificar as condições na sentença, cabe ao réu ou ao Ministério Público opor embargos de declaração, mas se a decisão transitou em julgado, nada impede que, provocado ou de ofício, o juízo da execução especifique as condições.

(ii) segunda posição: não pode. Entende-se que o juízo das execuções não pode rescindir a *res judicata*, impondo novas condições.

> **Nosso entendimento:** entendemos correta esta última posição. É certo que, diante da atual lei penal, o *sursis* incondicionado tornou-se uma aberração jurídica, porém o juiz da execução não tem competência para rescindir a coisa julgada, alterando o mérito da decisão definitiva, principalmente se considerarmos que inexiste em nosso sistema a revisão *pro societate*.

O argumento de que a coisa julgada não alcança as condições não convence, pois modificar condições no curso da execução, ante a superveniência de fato novo, não se confunde com a transformação do *sursis* incondicionado em condicionado.

41.11. Período de prova

É o prazo em que a execução da pena privativa de liberdade imposta fica suspensa, mediante o cumprimento das condições estabelecidas.

O período de prova do *sursis* etário varia de 4 a 6 anos; nas demais espécies, varia de 2 a 4 anos.

41.12. Obrigatoriedade de manifestação sobre o *sursis*

O Supremo Tribunal Federal já se manifestou no sentido de que se impõe ao juiz pronunciar-se sobre a sua concessão ou não em se tratando de pena que não exceda o teto de 2 anos.

41.13. *Sursis* e crime hediondo

Vide comentários constantes do Capítulo 36, denominado "Das penas restritivas de direitos".

41.14. *Sursis* e Lei n. 9.605/98 (Lei Ambiental)

O art. 16 da Lei n. 9.605/98 dispõe que, nas infrações por ela definidas, é possível a suspensão condicional da pena "nos casos de condenação a pena privativa de liberdade não superior a três anos". Note que, neste caso, a medida possui âmbito de incidência maior se comparado ao Código Penal, no qual o limite para sua imposição é de que a pena não seja superior a dois anos. Apesar de tal previsão, o benefício está sujeito ao cumprimento dos requisitos legais estabelecidos no art. 77 do CP.

41.15. *Sursis* e Lei das Contravenções Penais

A Lei das Contravenções Penais, Decreto-Lei n. 3.688/41, prevê em seu art. 11 a possibilidade de concessão do *sursis*, por tempo não inferior a um ano nem superior a três anos, "desde que reunidas as condições legais". Vale dizer que naquilo que a referida lei foi omissa vige o regramento do Código Penal.

41.16. Dupla concessão ao mesmo réu em processos distintos

A jurisprudência tem admitido essa hipótese, quando o segundo *sursis* foi concedido em data em que ainda não se iniciara o período de prova do primeiro.

Por exemplo, a primeira decisão concessiva transita em julgado em 31 de maio de 2020. A audiência admonitória é realizada em 25 de outubro de 2020. A segunda decisão concessiva transita em julgado em 1º de agosto de 2020. Nesse caso, como o período de prova ainda não havia iniciado, quando ocorreu a sentença condenatória definitiva, não há como aplicar-se o art. 81, I, do CP, sendo incabível a revogação.

Note que o art. 81, I, é expresso em estabelecer, como hipótese revocatória, a condenação irrecorrível por crime doloso, durante o prazo do *sursis*. Diante da omissão da lei, resulta essa anômala situação.

41.17. Detração e *sursis*

Não é possível. O *sursis* é um instituto que tem por finalidade impedir o cumprimento da pena privativa de liberdade. Assim, impossível a diminuição de uma pena que nem sequer está sendo cumprida, por se encontrar suspensa.

Observe-se, porém, que, se o *sursis* for revogado, a consequência imediata é que o sentenciado deve cumprir integralmente a pena aplicada na sentença, e nesse momento caberá a detração, pois o tempo de prisão provisória será retirado do tempo total da pena privativa de liberdade.

41.18. Da revogação do *sursis*

41.18.1. Formas de revogação

41.18.1.1. Revogação obrigatória

O juiz está obrigado a proceder à revogação nas seguintes hipóteses:

(i) superveniência de condenação irrecorrível pela prática de crime doloso: pouco importa se a infração penal foi praticada antes ou depois do início do período de prova, pois o que provoca a revogação do benefício é a sobrevinda da condenação definitiva, de modo que o *sursis* será revogado contanto que: (i) seja juntada certidão do trânsito em julgado da condenação; (ii) o crime cometido tenha sido doloso, qualquer que tenha sido o momento de sua prática.

Exige-se, também, que a condenação seja irrecorrível, portanto, a revogação não ocorrerá enquanto o processo estiver em andamento ou na hipótese em que a decisão não transitou em julgado.

Discute-se na jurisprudência se há ou não necessidade de decisão do juiz acerca da revogação obrigatória. O Supremo Tribunal Federal já decidiu que tanto a prorrogação obrigatória (art. 81, § 2º, do CP) como a revogação obrigatória (art. 81, I, do CP) são automáticas, não exigindo a lei decisão do juiz.

Em sentido contrário decidiu o Superior Tribunal de Justiça, segundo o qual na vigência de uma ordem constitucional que conferiu maior relevo aos postulados da defesa e do contraditório, e diante dos novos contornos da execução penal, inteiramente judicializada, em decorrência da reforma penal de 1984, não se há de conceber a revogação de plano do *sursis*, sendo necessária *a* observância do procedimento judicial estabelecido pela Lei de Execução Penal, no art. 194 e seguintes.

(ii) frustração da execução da pena de multa, sendo o condenado solvente.

> **Nosso entendimento:** não existe mais essa hipótese de revogação. Se o ato de frustrar o pagamento da multa não acarreta a sua conversão em detenção, também não poderá, por nenhum outro modo, provocar a privação da liberdade.

(iii) não reparação do dano, sem motivo justificado (daí ser desnecessária a sua inclusão como requisito do *sursis* especial. Se não repara o dano, não pode obter o *sursis* especial nem, a nosso ver, o simples, pois de nada adiantaria conceder o benefício para, logo em seguida, revogá-lo).

(iv) descumprimento de qualquer das condições legais do *sursis* simples (art. 78, § 1º).

41.18.1.2. Revogação facultativa

O juiz não está obrigado a revogar o benefício, podendo optar por advertir novamente o sentenciado, prorrogar o período de prova até o máximo ou exacerbar as condições impostas (art. 707, parágrafo único, do CPP, c/c o art. 81, §§ 1º e 3º, do CP).

Ocorre nas seguintes hipóteses:

(i) superveniência de condenação irrecorrível pela prática de contravenção penal ou crime culposo, exceto se imposta pena de multa;

(ii) descumprimento das condições legais do *sursis* especial (art. 78, § 2º);

(iii) descumprimento de qualquer outra condição não elencada em lei, imposta pelo juiz (art. 79, condições judiciais).

41.18.2. Exigência de oitiva do condenado para a revogação do benefício

Há duas posições na jurisprudência:

(i) posição do STJ: é necessária a oitiva, pois a revogação do *sursis* é ato jurisdicional que deve ser procedido com a garantia de defesa do beneficiado, assegurando-lhe o direito de demonstrar as causas que o levaram a descumprir as condições que lhe foram impostas pelo juiz;

(ii) posição do STF: é desnecessária a oitiva, uma vez que a invocação do princípio do contraditório não obsta à revogação, de pronto, do benefício.

> **Nosso entendimento:** não é possível a revogação sem a oitiva do sentenciado, pois viola os princípios constitucionais da ampla defesa e do contraditório, que persistem durante a execução da pena.

41.18.3. Prorrogação e extinção automáticas (CP, art. 81, § 2º)

O art. 81, § 2º, do CP dispõe que: "Se o beneficiário está sendo processado por outro crime ou contravenção, considera-se prorrogado o prazo da suspensão até o julgamento definitivo".

→ **Atenção:** a lei fala em "processado"; logo, a mera instauração de inquérito policial não dá causa à prorrogação do *sursis*.

No momento em que o agente passa a ser processado (denúncia recebida) pela prática de qualquer infração penal, a pena, que estava suspensa condicionalmente, não pode mais ser extinta sem que se aguarde o desfecho do processo. A prorrogação, portanto, é automática. Não importa se o juiz determinou ou não a prorrogação antes do término do período de prova. No exato momento em que a denúncia pela prática de crime ou contravenção foi recebida, ocorre a automática prorrogação. Motivo: não é a prática de crime ou de contravenção penal que acarreta a revogação do benefício, mas a condenação definitiva pela sua prática. É preciso, portanto, aguardar o resultado do processo para saber se haverá ou não a revogação.

41.18.3.1. Conflito com o art. 82 do CP

O art. 82 do CP, entretanto, dá margem a outra interpretação, ao dispor que: "Expirado o prazo sem que tenha havido revogação, considera-se extinta a pena privativa de liberdade". Se, até o término do período de prova, a suspensão não tiver sido revogada, a pena, cuja execução estava suspensa, está automaticamente extinta.

Resta claro, então, que entre o art. 81, § 2º, e o art. 82 há uma contradição.

Suponhamos que o agente tenha sido condenado a uma pena de 2 anos de reclusão, beneficiando-se do *sursis*. O prazo de suspensão será de 2 anos, começando em 20 de março de 2017 e terminando em 19 de março de 2019. No dia 15 de março de 2019, o agente começa a ser processado pela prática de um crime.

No dia 19, 4 dias depois, terminou seu período de prova, obviamente sem que houvesse tempo para decisão definitiva no processo.

(i) 1ª **opção**: nos termos do art. 81, § 2º, aguarda a decisão definitiva no processo, uma vez que o prazo de suspensão ficou automaticamente prorrogado a partir do dia 15.

(ii) 2ª **opção**: nos termos do art. 82, no dia 19 de março de 2019, o juiz deverá extinguir a pena, pois essa extinção é automática. Se, até o término do período de prova, não houve revogação (e, no caso, era impossível essa revogação, pois o processo se iniciara 4 dias antes do término do período de prova), a pena está automaticamente extinta.

Afinal de contas, o que é automático: a extinção ou a prorrogação?

O Supremo Tribunal Federal adotou a primeira opção, entendendo prevalecer o art. 81, § 2º.

O Superior Tribunal de Justiça também já se pronunciou no sentido da primeira opção.

41.18.3.2. Prática de crime ou contravenção após o vencimento do período de prova do *sursis* e prorrogação

Após o vencimento do prazo probatório do *sursis*, o juiz cientifica-se de que o réu está sendo processado por outro crime ou contravenção. Nesse caso, poderá o prazo do período de prova ser prorrogado?

Os tribunais têm-se manifestado pela possibilidade de prorrogação do período de prova do *sursis* nessa hipótese. Isto porque a prorrogação é automática, independe de despacho do juiz. Basta que o beneficiado esteja sendo processado por outro crime para que se dê obrigatória e automaticamente a prorrogação do período de prova, ainda que o conhecimento do outro processo se dê após o vencimento do benefício concedido.

Esse é o posicionamento do Supremo Tribunal Federal, qual seja, prorroga-se automaticamente o prazo da suspensão até julgamento definitivo, se o beneficiário do *sursis* está sendo processado por outro crime, o que implica dizer que essa prorrogação se dará ainda que só se tome conhecimento do outro processo depois de vencido o prazo probatório. A prorrogação vai até o julgamento final da infração penal, independentemente de decisão judicial, o que se justifica diante da causa de revogação obrigatória prevista no art. 81, I, ou da facultativa, prevista no art. 81, § 1º, ambos do Código Penal.

Cumpre esclarecer que isso somente será possível se o juiz ainda não declarou extinta a pena pelo decurso do prazo do período de prova. Caso já tenha se pronunciado pela extinção da pena, não poderá mais inovar no processo de modo a prorrogar o prazo do período de prova.

41.18.3.3. Expiração do prazo do período de prova do *sursis* e revogação

É possível a revogação do *sursis* depois de expirado o prazo do período de prova? Segundo o entendimento do Supremo Tribunal Federal, nada impede a revogação do *sursis*, mesmo depois do término do prazo de prova, se verificado que, no seu decurso, o réu veio a ser condenado por crime doloso, mediante sentença irrecorrível. A revogação se dá de forma automática (art. 81, I).

No mesmo sentido se manifestou o Superior Tribunal de Justiça, entendendo que é indiferente o fato de o juiz só declarar a revogação depois de expirado o prazo de prova, já que a mesma ocorre de forma automática, com o trânsito em julgado da sentença condenatória. Ademais, em atenção ao disposto no § 3º do art. 89 da Lei n. 9.099/95, o qual dispõe que a suspensão será revogada se, no curso do prazo, o beneficiário vier a ser processado por outro crime, somado à jurisprudência da própria Corte, entende-se que a suspensão condicional do processo poderia ser revogada ainda depois do término do período de prova, desde que o motivo que deu ensejo à revogação tenha ocorrido durante o período de vigência do *sursis* (STJ, AgRg nos EDcl no REsp 1.683.317 e STJ, AgRg no REsp 14.331.14/MG).

E já se manifestou o Supremo Tribunal Federal pela revogação do *sursis* ainda que a condenação irrecorrível seja descoberta após o vencimento do período de prova inicial. Assim, caso o beneficiário, durante o prazo assim prorrogado, volte a ser condenado em sentença irrecorrível, por crime doloso, é obrigatória a revogação do próprio *sursis*, conforme o art. 81, I, do CP, sendo irrelevante a descoberta dessas circunstâncias após o vencimento do prazo inicial.

Importante esclarecer que a revogação somente será possível se o juiz ainda não declarou extinta a pena pelo decurso do prazo do período de prova. Caso já o tenha feito, não poderá mais inovar no processo de modo a revogar o *sursis*.

41.18.3.4. Insubsistência das condições durante a prorrogação

Durante o período resultante da prorrogação, nos termos do art. 81, § 2º, não subsistem as condições impostas.

41.18.3.4.1. Audiência admonitória

É a audiência de advertência, que tem como única finalidade cientificar o sentenciado das condições impostas e das consequências de seu descumprimento. É ato ligado à execução da pena, logo, só pode ser realizada após o trânsito em julgado da decisão condenatória (art. 160 da LEP). A sua realização antes desse momento viola o princípio constitucional da presunção de inocência (art. 5º, LVII), pois, antes da certeza de sua culpa, o acusado não pode ser advertido.

Em caso de execução provisória de pena, será possível a audiência admonitória antes do trânsito em julgado, nos termos do entendimento do STF. Caso seja, no entanto, realizada equivocadamente antes do trânsito em julgado, não acarreta nulidade, em face do princípio da instrumentalidade das formas. Assim, como os efeitos só se produzem após o trânsito em julgado, inexiste prejuízo a inquinar o antecipado ato de vício insanável.

41.19. Extinção sem oitiva do Ministério Público

Ao Ministério Público incumbe a fiscalização da execução da pena e da medida de segurança, oficiando no processo executivo e nos incidentes da execução (art. 67 da LEP). Em consequência, a decisão que declarar extinta a pena, sem a prévia manifestação do Ministério Público, é nula.

Os tribunais têm também se manifestado no sentido de que o vencimento do prazo do *sursis* não autoriza a extinção da pena privativa de liberdade se o representante do Ministério Público requerer a verificação de eventual causa de revogação ou prorrogação daquele período de prova. Diante disso, deve o magistrado atender à diligência requerida pelo Ministério Público, objetivando certidão de antecedentes criminais do condenado.

41.20. Cassação do *sursis*

Ocorre pelos seguintes motivos:

(i) não comparecimento do sentenciado à audiência admonitória: acarreta a cassação do benefício (art. 161 da LEP). A jurisprudência, no entanto, tem abrandado o tratamento dispensado pela LEP e pelo art. 705 do CPP, ao deixar a critério do magistrado a possibilidade de restauração do *sursis*. Por exemplo, o condenado que justifica satisfatoriamente o seu não comparecimento, por motivo de doença, à audiência mediante atestado médico;

(ii) aumento de pena que exclua o benefício em decorrência do provimento do recurso da acusação.

41.21. *Sursis* e revelia

A revelia do acusado citado pessoalmente não impede a concessão do benefício da suspensão condicional da pena, caso sejam preenchidos todos os requisitos legais.

Entretanto, o seu não comparecimento à audiência admonitória acarreta a revogação do benefício nos termos dos arts. 161 da LEP e 705 do CPP.

Assim, não se denega o *sursis* por ser o réu revel e estar foragido. Somente a não localização ou o não comparecimento quando intimado para a audiência de advertência é que poderão ensejar a revogação do benefício:

(i) réu citado pessoal e validamente que não comparece a juízo: o réu que é pessoalmente e validamente citado para integrar a lide, porém não o faz, deixando o processo transcorrer a sua revelia, é passível de ser beneficiado pelo *sursis*. Como nesse caso o processo não tem a sua tramitação suspensa em decorrência da revelia, nos termos das inovações introduzidas pela Lei n. 9.271/96, é possível que seja prolatada sentença condenatória com a concessão do *sursis*, sendo certo que somente depois de intimado para a audiência admonitória e ainda assim o beneficiário não comparecer é que o benefício poderá ser revogado;

(ii) réu citado por edital que não comparece a juízo nem constitui advogado: o processo ficará suspenso e também suspenso o prazo prescricional, até sua localização (de acordo com o art. 366, *caput*, do CPP). Nesse caso, suspende-se a tramitação do processo, não havendo que falar em provimento jurisdicional final, e, portanto, a possibilidade de concessão do *sursis* ao réu revel.

41.22. Renúncia ao *sursis*

É possível, pois se trata de um benefício, cuja aceitação não é obrigatória, podendo ser renunciado pelo condenado por ocasião da audiência admonitória ou durante a entrada em vigor do período de prova.

41.23. *Sursis* para estrangeiro

Tem as seguintes características:

(i) se tiver carteira com visto permanente, tem direito ao benefício;

(ii) o fato de ser estrangeiro, por si só, não impede o benefício;

(iii) o estrangeiro, mesmo em caráter temporário no país, tem direito ao *sursis*. Ademais, vale lembrar que a Lei de Migração, Lei n. 13.445/2017, em seu art. 54, § 3º, dispõe que "o processamento da expulsão em caso de crime comum não prejudicará a progressão de regime, o cumprimento da pena, a suspensão condicional do processo, a comutação da pena ou a concessão de pena alternativa, de indulto coletivo ou individual, de anistia ou de quaisquer benefícios concedidos em igualdade de condições ao nacional brasileiro".

41.24. *Habeas corpus* para pleitear *sursis*

A concessão do benefício exige o exame dos requisitos subjetivos do agente, sendo incompatível com a celeridade do remédio heroico. O *habeas corpus* é, assim, meio inidôneo para requerer a concessão da suspensão condicional da pena, quando denegada. Contudo, entendendo que a medida restringe o direito de ir e vir do indivíduo, o STF já admitiu a impetração desse remédio constitucional para pleitear *sursis*, uma vez que aquele caso em concreto não dependia da análise de matéria probatória nem dos requisitos subjetivos.

42. LIVRAMENTO CONDICIONAL

42.1. Conceito

Incidente na execução da pena privativa de liberdade, consiste em uma antecipação provisória da liberdade do condenado, satisfeitos certos requisitos e mediante determinadas condições.

42.2. Natureza jurídica

Para Damásio, trata-se de forma de execução da pena privativa de liberdade[233]; para Celso Delmanto, trata-se de direito público subjetivo do condenado de ter antecipada a sua liberdade provisoriamente, desde que preenchidos os requisitos legais[234].

42.3. Distinção com *sursis*

No livramento condicional, o sentenciado inicia o cumprimento da pena privativa, obtendo, posteriormente, o direito de cumprir o restante em liberdade, sob certas condições; no *sursis*, a execução da pena é suspensa mediante a imposição de certas condições, e o condenado não chega a iniciar o cumprimento da pena imposta. Em outras palavras, o *sursis* suspende e o livramento pressupõe a execução da pena privativa de liberdade.

Além disso, no livramento o período de prova corresponde ao restante da pena, enquanto na suspensão condicional esse período não corresponde à pena imposta.

42.4. Requisitos

42.4.1. Objetivos

(i) qualidade da pena: deve ser privativa de liberdade;

(ii) quantidade da pena: deve ser igual ou superior a 2 anos;

(iii) reparação do dano (salvo impossibilidade): assim, dispensa-se na hipótese de detento pobre, em estado de insolvência. Não se presta ao preenchimento deste requisito a simples apresentação de certidão negativa de ação indenizatória, a denotar inexistência de ação indenizatória proposta pela vítima ou outrem para reparação do dano. Isso porque a iniciativa de reparação do dano é do sentenciado; a ele cabe a satisfação do débito, não sendo suprida com a apresentação de certidão negativa;

(iv) cumprimento de parte da pena: mais de 1/3, desde que tenha bons antecedentes e não seja reincidente em crime doloso; mais da metade, se reincidente em crime doloso; entre 1/3 e a metade, se tiver maus antecedentes, mas não for reincidente em crime do-

---

233. *Direito penal*, cit., 23. ed., v. 1, p. 625.
234. *Código Penal comentado*, 3. ed., São Paulo, Saraiva, p. 134.

loso; mais de 2/3, se tiver sido condenado por qualquer dos crimes previstos na Lei n. 8.072/90 (Lei de Crimes Hediondos). Nos termos da Lei n. 13.344/2016, os condenados por crime de tráfico de pessoas (art. 149-A do CP) deverão cumprir 2/3 da pena para pedir livramento condicional. A nova redação do art. 83 do CP reza: "(...) V – cumpridos mais de dois terços da pena, nos casos de condenação por crime hediondo, prática de tortura, tráfico ilícito de entorpecentes e drogas afins, tráfico de pessoas e terrorismo, se o apenado não for reincidente específico em crimes dessa natureza".

→ **Atenção:** com relação ao cometimento de falta grave, registre-se a Súmula 441 do STJ: "A falta grave não interrompe o prazo para obtenção de livramento condicional". Dessa forma, o condenado não perderá o tempo de pena cumprido para efeito de calcular o benefício.

→ **Atenção:** se o sujeito foi condenado à pena privativa de liberdade em processos distintos, as penas serão somadas e com base no número obtido será efetuado o cálculo para fim de obtenção do livramento condicional.

42.4.1.1. Reincidente específico

Tal expressão, que havia sido sepultada pela reforma penal de 1984, ressuscitou e voltou a ser prevista por nosso ordenamento jurídico. Tem dois significados:

(i) Lei n. 8.072/90: acrescentou o inciso V ao art. 83 do CP, o qual vedou o livramento condicional para os reincidentes em qualquer dos crimes previstos na Lei dos Crimes Hediondos. Assim, o "reincidente específico em crimes dessa natureza" não terá direito algum ao benefício. Reincidente específico, aqui, não quer dizer em crimes previstos no mesmo tipo legal, mas em crimes previstos na mesma lei. Por exemplo, tortura e terrorismo, latrocínio e tráfico de drogas, homicídio qualificado e extorsão mediante sequestro e assim por diante. Trata-se de um novo conceito, um pouco mais amplo.

Deve-se observar, contudo, que, para que prevaleça a vedação do art. 83, V, do CP, é necessário que ambos os delitos tenham sido cometidos após a entrada em vigor da Lei n. 8.072/90, pois, se um deles foi praticado antes, não haverá reincidência específica, nem proibição de obter o livramento condicional.

Convém mencionar que a Lei n. 11.343/2006 (Lei de Drogas), em seu art. 44, parágrafo único, trouxe mais uma vez a expressão "reincidente específico". Com efeito, de acordo com esse dispositivo legal, nos crimes previstos nos arts. 33, *caput* e § 1º, e 34 a 37 da referida lei, "dar-se-á o livramento condicional após o cumprimento de dois terços da pena, vedada sua concessão ao reincidente específico".

→ **Atenção:** consoante o art. 112, VI, *a*, e VIII, da LEP (com redação dada pela Lei n. 13.964/2019), será vedado o livramento condicional quando o apenado for condenado pela prática de crime hediondo ou equiparado, com resultado morte, se for primário, bem como quando o apenado for reincidente em crime hediondo ou equiparado com resultado morte.

(ii) CP, art. 44, § 3º, parte final: o reincidente específico em crime culposo não tem direito à substituição por pena alternativa. Na hipótese de reincidência em crime doloso, pouco importa se a reincidência é específica ou não, não pode nunca (CP, art. 44, II). Na hipótese do crime culposo, porém, somente estará vedado o benefício da pena restritiva de direitos se o agente for reincidente específico, que, neste caso, quer dizer reincidente em crimes previstos no mesmo tipo penal (homicídio culposo e homicídio culposo, por exemplo).

Pode-se concluir, com isso, que existem, atualmente, as seguintes definições para a reincidência específica: uma para a Lei dos Crimes Hediondos (reincidente em crimes previstos nessa lei, estejam ou não definidos no mesmo tipo); uma para a Lei de Drogas (reincidente em crimes previstos nos arts. 33, *caput* e § 1º, e 34 a 37 dessa Lei) e outra para o CP e a legislação em geral (em crimes previstos no mesmo tipo legal).

42.4.1.2. Condenado primário, mas portador de maus antecedentes

Tendo em vista a lacuna da lei, surgem duas posições:

(i) é inadmissível que o condenado primário, mas portador de maus antecedentes, obtenha o livramento condicional após o cumprimento de 1/3 da pena. Aplica-se a exigência do inciso II do art. 83 do Código Penal (cumprimento de mais da metade da pena), e não do pressuposto temporal requerido no item I do mesmo dispositivo (mais de um terço). Assim, a lei teria equiparado ao condenado reincidente o portador de maus antecedentes.

Em sentido contrário, manifestou-se o Superior Tribunal de Justiça, para quem ao condenado primário, com maus antecedentes, na lacuna da lei, incide o inciso I do art. 83 do Código Penal, razão pela qual sobressai o direito do paciente ao livramento condicional simples, exigindo-se, além dos requisitos objetivos e subjetivos, o cumprimento de 1/3 da pena (HC 102.278/RJ; HC 57.300/SP). Haja vista que a limitação à liberdade do cidadão deve vir sempre expressa em lei, não se podendo dar interpretação ampla às regras restritivas de direitos, em detrimento do réu. Consoante esse posicionamento, portanto, não se pode equiparar o tecnicamente primário ao reincidente, com a exigência de cumprimento de mais da metade da pena.

> **Nosso entendimento:** o não reincidente em crime doloso, portador de maus antecedentes, deve cumprir entre 1/3 e a metade para obtenção do livramento.

42.4.2. Subjetivos

(i) bom comportamento durante a execução da pena (redação dada pela Lei n. 13.964/2019, que substituiu "comportamento satisfatório" por "bom comportamento" — v. art. 83, III, *a*). Aqui importa considerar a vida carcerária do condenado. Observe-se que as sanções havidas no curso da execução não impedem a concessão do livramento condicional se o apenado, após ser devidamente sancionado administrativamente, demonstra bom comportamento carcerário;

(ii) não cometimento de falta grave nos últimos 12 meses (requisito acrescentado pela Lei n. 13.964/2019 — v. art. 83, III, *b*);

(iii) bom desempenho no trabalho que lhe foi atribuído (a Lei n. 13.964/2019 não alterou o conteúdo deste requisito, apenas o transformou em alínea – v. art. 83, III, c). A omissão do Poder Público na atribuição de trabalho ao condenado não impede a concessão do benefício;

(iv) aptidão para prover à própria subsistência mediante trabalho honesto (a Lei n. 13.964/2019 não alterou o conteúdo deste requisito, apenas o transformou em alínea – v. art. 83, III, d);

(v) nos crimes dolosos cometidos mediante violência ou grave ameaça à pessoa, o benefício fica sujeito à verificação da cessação da periculosidade do agente;

(vi) nos crimes previstos na Lei n. 8.072/90, não ser reincidente específico.

42.4.3. Requisitos procedimentais

(i) O livramento condicional pode ser requerido pelo sentenciado, pelo seu cônjuge ou parente em linha reta, ou, ainda, proposta pelo diretor do estabelecimento ou pelo Conselho Penitenciário (art. 712 do CPP);

(ii) Será remetido relatório minucioso do diretor do estabelecimento penal a respeito do caráter do sentenciado, seu procedimento durante a execução da pena, suas relações com familiares e estranhos e, ainda, sobre sua situação financeira, grau de instrução e aptidão para o trabalho (art. 714 do CPP);

(iii) Manifestação da defesa (defensor ou advogado) e do Ministério Público (art. 112, § 2º, da LEP);

(iv) Parecer do Conselho Penitenciário: o art. 70, I, da LEP excluiu uma das atribuições do Conselho Penitenciário, qual seja, a de emitir parecer sobre a concessão do livramento condicional após a alteração pela Lei n. 10.792/2003. Embora tenha assim procedido, o legislador manteve intactos todos os dispositivos legais relativos à intervenção do Conselho Penitenciário quando da concessão, execução e revogação do livramento condicional (LEP, arts. 131 e s.).

> **Nosso entendimento:** tendo em vista a manutenção dos mencionados dispositivos legais, entendemos que, por lei, continua a ser exigível a emissão de parecer do Conselho Penitenciário no livramento condicional.

Se fosse a intenção da lei, com a sua omissão, excluir essa atribuição do Conselho Penitenciário, teria revogado expressamente todos os dispositivos legais atinentes a essa matéria, constantes do Título V, Capítulo I, Seção V, da LEP. Não foi o que sucedeu. Aparentemente, a supressão dessa função do rol do art. 70, I, da LEP não significou retirar tal atribuição do Conselho Penitenciário, mas evitar redundância, ante a existência de Seção específica na LEP tratando da matéria.

Ora, sendo assim, seria indiferente a expressa menção dessa atribuição no rol do art. 70. Além disso, a enumeração desse rol é meramente exemplificativa, não esgotando todas as atribuições do Conselho Penitenciário, existindo outros dispositivos legais pertinentes à matéria. Seria, portanto, redundante manter a explicitação dessa atribuição do Conselho Penitenciário no rol do art. 70, quando já existe tratamento penal específico na LEP.

No Superior Tribunal de Justiça, porém, tem prevalecido o entendimento no sentido de que a Lei aboliu a exigência do parecer do Conselho Penitenciário, sob o argumento segundo o qual a redação do art. 112 da LEP, dada pela Lei n. 10.792/2003, estabeleceu novo procedimento para a concessão da progressão do regime, determinando que o mesmo proceder fosse aplicado na concessão do livramento condicional, deixando para trás a exigência de prévia oitiva do Conselho Penitenciário, exigida no art. 131 da LEP, para a concessão do livramento condicional. Ainda, a referida lei também modificou o inciso I do art. 70 da Lei de Execuções Penais, retirando desse órgão a atribuição para emitir parecer sobre livramento condicional, constante na redação original do dispositivo.

Vale lembrar que a Lei n. 13.964/2019, embora tenha alterado o art. 112 da LEP, nada mencionou sobre o parecer da CTC, restando igual o procedimento para a concessão do benefício em comento.

42.5. Livramento condicional antes do trânsito em julgado

Trata-se de hipótese surgida em razão de alguns magistrados buscarem uma forma intermediária para obter a liberação do réu, sem a necessidade de transferi-lo ao regime aberto, onde não há qualquer fiscalização.

A jurisprudência vem se firmando no sentido da possibilidade da concessão do livramento condicional ao preso provisório. Vale ressaltar que somente ao juízo de origem ou da execução criminal competente cabe avaliar se estão presentes os requisitos objetivos e subjetivos para a sua concessão nos processos criminais aos quais responde o Paciente, sob pena de supressão de instância. No mesmo sentido, a Súmula 716 do STF.

42.6. Livramento condicional humanitário

É assim chamado o benefício concedido a sentenciado que ainda não cumpriu o período necessário, mas é portador de moléstia grave e incurável. Não tem base legal, não podendo ser concedido quando não preenchidos todos os requisitos objetivos e subjetivos previstos em lei.

42.7. Exame criminológico

Convém mencionar que o art. 112 da LEP, ao tratar da concessão da progressão de regime, determina, em seu § 2º que o mesmo procedimento será adotado na concessão de livramento condicional, indulto e comutação de penas, respeitados os prazos previstos nas normas vigentes (redação dada pela Lei n. 13.964/2019).

O art. 112 da LEP, quando das modificações operadas pela Lei n. 10.792/2003, ao tratar da progressão de regime, não fez menção à necessidade do exame criminológico e, determinou que igual procedimento será adotado na tramitação do pedido de livramento condicional.

Dessa forma, ainda que ausente qualquer previsão legal, isso não impede o juiz da execução, se entender necessário para sua convicção, de exigir a realização do exame criminológico, como instrumento auxiliar capaz de respaldar o provimento jurisdicional concessivo ou denegatório do benefício.

Nesse sentido, é o teor da Súmula 439 do STJ. Sobre a possibilidade de o juiz requerer o exame criminológico na concessão do benefício da progressão de regime, *vide* comentários ao item 35: *Das penas privativas de liberdade*.

Finalmente, vale mencionar que a Lei n. 13.964/2019, que alterou o art. 112 da LEP, não restabeleceu o requisito da necessidade do exame criminológico e do parecer da CTC, ou seja, nada foi alterado se comparado ao sistema anterior, estabelecido pela Lei n. 10.792/2003, razão pela qual os mesmos comentários alhures dispostos continuam valendo para esse assunto.

42.8. Condições do livramento

42.8.1. Obrigatórias (LEP, art. 132, § 1º)

(i) proibição de se ausentar da comarca sem comunicação ao juiz;

(ii) comparecimento periódico a fim de justificar atividade;

(iii) obter ocupação lícita dentro de prazo razoável.

42.8.2. Facultativas (LEP, art. 132, § 2º)

(i) não mudar de residência sem comunicação ao juiz e à autoridade incumbida de fiscalizar;

(ii) recolher-se à habitação em hora fixada;

(iii) não frequentar determinados lugares.

42.8.3. Judiciais

Nada impede que o juiz fixe outras a seu critério (art. 85 do CP).

42.8.4. Condição legal indireta

São as causas de revogação do livramento. Assim são chamadas porque indiretamente acabam por se constituir em condições negativas (a não dar causa à revogação).

42.9. Da revogação do livramento

Praticada pelo liberado outra infração penal, a revogação é perfeitamente possível, a qualquer tempo, até porque se trata de uma antecipação de liberdade, submetida a rigorosos requisitos para sua manutenção.

→ **Atenção**: não é possível a revogação do livramento sem a oitiva do sentenciado, sob pena de violação dos princípios do contraditório e da ampla defesa.

42.9.1. Obrigatória

(i) condenação irrecorrível a pena privativa de liberdade por crime praticado antes do benefício;

(ii) condenação irrecorrível a pena privativa de liberdade por crime praticado durante o benefício.

42.9.2. Facultativa

(i) condenação irrecorrível, por crime ou contravenção, a pena não privativa de liberdade: trata-se de condenação a pena de multa ou restritiva de direitos. Exclui-se, portanto, o perdão judicial, pois não há imposição de pena. Não importa se a infração foi cometida antes ou durante a vigência do benefício;

(ii) descumprimento das condições impostas.

→ **Atenção**: o legislador foi omisso quanto à condenação, por contravenção, a pena privativa de liberdade, não mencionando se a hipótese seria de revogação obrigatória ou facultativa.

42.9.2.1. Opções do juiz na revogação facultativa

Poderá escolher entre qualquer destas:

(i) revogar o benefício;

(ii) advertir novamente o sentenciado;

(iii) exacerbar as condições impostas.

42.9.3. Causas de revogação judiciais

Advindas do descumprimento das condições impostas pelo juiz.

42.9.4. Causas de revogação legais

Advindas de condenação irrecorrível (pode ser a obrigatória ou a facultativa).

42.9.5. Efeitos da revogação do livramento

Vale a regra: ao traidor, nada. Se o liberado pratica crime após a obtenção do benefício ou descumpre alguma condição imposta, considera-se que traiu a confiança do juízo, pois não cumpriu a promessa de comportar-se adequadamente. Nesse caso, não merece nada, desconsiderando-se totalmente o tempo em que esteve solto (ficará preso todo esse tempo). Mais que isso: no caso de cometimento de crime, não poderá somar o tempo que terá de cumprir preso com a nova pena, resultante do outro delito.

Por outro lado, se o benefício é revogado em razão de crime praticado já antes do benefício, o liberado não é traidor; logo, computar-se-á o tempo em que esteve solto como tempo de cumprimento de pena, permitindo-se a soma do tempo restante com a nova pena, para cálculo de novo livramento.

(i) Por crime praticado durante o benefício: não se desconta o tempo em que o sentenciado esteve solto e deve cumprir integralmente a sua pena, só podendo obter novo livramento com relação à nova condenação.

Note que antes de iniciar o período de prova, o sentenciado foi advertido pelo juiz de que deveria comportar-se, ficando ciente de suas obrigações (art. 137 da LEP).

Ora, se, após ter sido advertido, praticou crime, isso significa que traiu a confiança do juízo, não sendo merecedor de nenhuma benesse. Dessa forma, vai cumprir preso todo o tempo correspondente ao período de prova, sendo irrelevante o período que cumpriu em liberdade.

Além disso, sobre esse mesmo período não poderá obter novo livramento.

Por exemplo, réu é condenado a 6 anos; cumpridos 2 anos (1/3 da pena), obtém livramento condicional; vai cumprir, assim, os 4 anos restantes em liberdade condicional; após cumprir 3 anos desses 4, pratica crime e é condenado definitivamente; tendo traído a confiança do juízo, não importa que só faltava um ano para completar os 6 a que foi condenado (os 2 anos cumpridos + os 3 em liberdade condicional); vai cumprir preso todos os 4 anos faltantes.

Não é só: suponhamos que, por esse novo crime praticado, ele tenha sido condenado a 5 anos; não se poderá somar esses 5 com os 4 que vai cumprir preso e, sobre o total, calcular novo benefício; terá de cumprir preso todos os 4 e, só então, obter livramento sobre os 5 da nova condenação.

Veja como há diferença:

4 + 5 = 9; 1/3 de 9 = 3. Se pudesse somar o período de prova revogado com a nova condenação e, sobre o total, calcular novo livramento, só teria de cumprir preso mais 3 anos.

Ele terá, porém, de cumprir preso todos os 4 anos e obter o benefício sobre os 5. Acompanhe:

4 anos preso + 1 ano e 8 meses (1/3 de 5 anos) = 5 anos e 8 meses.

(ii) Por crime anterior ao benefício: é descontado o tempo em que o sentenciado esteve solto, devendo cumprir preso apenas o tempo que falta para completar o período de prova. Além disso, terá direito a somar o que resta da pena com a nova condenação, calculando o livramento sobre esse total (CP, art. 84, e LEP, art. 141).

Note que no caso, não houve quebra do compromisso assumido ao ingressar no benefício, uma vez que se trata de crime praticado antes desse momento. Assim, a lei dá um tratamento diferenciado ao sentenciado, permitindo que conte como tempo de cumprimento de pena o período que cumpriu em liberdade e, ainda, que some o restante que vai cumprir preso com a pena imposta na nova condenação, para, sobre esse total, calcular novo livramento.

(iii) Por descumprimento das condições impostas: não é descontado o tempo em que esteve solto e não pode obter novo livramento em relação a essa pena, uma vez que traiu a confiança do juízo.

→ **Atenção:** contraditório e ampla defesa – é inadmissível a revogação do livramento condicional sem a prévia oitiva do condenado e a oportunidade de se defender.

42.10. Suspensão do livramento

42.10.1. Na hipótese de crime cometido durante a vigência do benefício (art. 86, I)

Sobre a suspensão cautelar do livramento condicional, temos que é viável, não havendo necessidade de defesa do condenado para tanto, afinal, conforme já mencionado, é medida cautelar, podendo o juiz suspendê-la, tão logo tome conhecimento de causa propícia para tanto.

O juiz poderá ordenar a sua prisão, ouvidos o Conselho Penitenciário e o Ministério Público, suspendendo o curso do livramento condicional, cuja revogação, entretanto, ficará dependendo da decisão final (LEP, art. 145).

A suspensão do benefício deve perdurar até que transite em julgado a decisão no respectivo processo-crime, sendo que, advindo condenação, o benefício será revogado.

42.10.2. Na hipótese de descumprimento das obrigações constantes da sentença (art. 87, 1ª parte)

É inadmissível a suspensão do livramento pelo descumprimento das condições impostas na sentença concessiva, pois ela somente é admissível na hipótese do art. 145 da LEP, ou seja, quando o liberado, durante a fruição do benefício, pratica outra infração, caso em que, suspenso o curso do livramento, a revogação ficará dependendo do julgamento definitivo do processo.

42.10.3. Na hipótese do art. 87, 2ª parte

Permite-se a suspensão provisória do benefício até o julgamento final do processo, tendo em vista que o art. 145 da LEP não distingue a espécie de infração penal.

42.11. Extinção da pena

42.11.1. Prorrogação do período de prova (CP, art. 89)

O juiz não poderá declarar extinta a pena enquanto não passar em julgado a sentença em processo a que responde o liberado por crime cometido na vigência do livramento. Isso vale dizer que, no momento em que o sentenciado começa a ser processado, o período de prova se prorroga até o trânsito em julgado da decisão desse processo para que se saiba se haverá ou não revogação do benefício.

Convém frisar que só haverá prorrogação se o processo se originar de crime cometido na vigência do livramento e não de crime anterior. Por uma razão: a condenação por crime praticado antes do benefício não invalida o tempo em que o sentenciado esteve em liberdade condicional; logo, seria inútil prorrogar o livramento além do período de prova, pois a pena já estaria cumprida.

Da mesma forma, é importante lembrar que a mera instauração de inquérito policial não acarreta a prorrogação do benefício, pois a lei fala só em processo.

42.11.2. Extinção automática (CP, art. 90, e LEP, art. 146)

Se, até o seu término, o livramento não é revogado, considera-se extinta a pena privativa de liberdade. Esse dispositivo deve ser interpretado em consonância com o art. 89, ou seja, após a prorrogação automática, ou quando esta não ocorrer, a pena será extinta se não houver motivo para a revogação do livramento.

→ **Atenção**: a extinção da pena pelo decurso do período de prova sem a oitiva do Ministério Público gera nulidade absoluta (LEP, art. 67).

42.12. Livramento condicional e remição

De acordo com a LEP, se o condenado que cumpre pena em regime aberto ou semiaberto e/ou aquele que usufrui livramento condicional podem remir, pela frequência a curso de ensino regular ou de educação profissional, parte do tempo de execução da pena ou do período de prova, observado o disposto no inciso I do § 1º do art. 126 (LEP, art. 126, § 6º).

42.13. Livramento condicional do estrangeiro

Nada impede que obtenha o benefício, desde que preencha os requisitos. Destaque-se que, com o advento da nova Lei de Migração, Lei n. 13.445/2017, o estrangeiro faz jus ao livramento condicional, ainda que esteja em curso processo administrativo de expulsão. Nesse sentido, seu art. 54, § 3º, o qual determina que "o processamento da expulsão em caso de crime comum não prejudicará a progressão de regime, o cumprimento da pena, a suspensão condicional do processo, a comutação da pena ou a concessão de pena alternativa, de indulto coletivo ou individual, de anistia ou de quaisquer benefícios concedidos em igualdade de condições ao nacional brasileiro".

42.14. *Habeas corpus* e livramento condicional

Não configura meio idôneo para a concessão de livramento, uma vez que não admite investigação probatória, sem a qual não é possível verificar o preenchimento dos requisitos legais.

Entretanto, o STJ já deferiu HC a favor de condenado estrangeiro, o qual já havia cumprido todos os requisitos legais, mas teve o benefício negado em razão de decreto de expulsão. O mesmo se diga em caso semelhante, mas com pleito de progressão de regime. O entendimento daquela corte é no sentido de que a existência de processo ou mesmo decreto de expulsão em desfavor do estrangeiro não impede a concessão dos benefícios da progressão de regime ou do livramento condicional (*v. Informativo* n. 535 do STJ).

Nesse contexto, vale a pena reiterar sobre a Lei de Migração e seu art. 54, § 3º, que garante ao estrangeiro que está cumprindo pena, ainda que sujeito a processo administrativo de expulsão, igualdade de condições com o nacional brasileiro.

42.15. Livramento condicional e regime disciplinar diferenciado (RDD)

O agente que está inserido e mantido no regime disciplinar diferenciado (RDD) não se mostra apto a receber o livramento condicional. Ora, supõe-se que se encontrem presentes as hipóteses delineadas pelo art. 52 da LEP, o que sugere absoluta incompatibilidade com o benefício em tela. Neste caso, infere-se que esteja ausente, por exemplo, o requisito subjetivo atinente ao bom comportamento carcerário, o que, por si só, já desautoriza a concessão do livramento condicional.

43. EFEITOS DA CONDENAÇÃO

43.1. Efeitos principais

Imposição da pena privativa de liberdade, da restritiva de direitos, da pena de multa ou de medida de segurança.

43.2. Efeitos secundários

Os efeitos secundários de natureza penal: repercutem na esfera penal. Assim, a condenação:

(i) induz a reincidência;

(ii) impede, em regra, o *sursis*;

(iii) causa, em regra, a revogação do *sursis*;

(iv) causa a revogação do livramento condicional;

(v) aumenta o prazo da prescrição da pretensão executória;

(vi) interrompe a prescrição da pretensão executória quando caracterizar a reincidência;

(vii) causa a revogação da reabilitação.

Os efeitos secundários de natureza extrapenal repercutem em outra esfera que não a criminal.

43.3. Efeitos extrapenais

São eles:

(i) genéricos: decorrem de qualquer condenação criminal e não precisam ser expressamente declarados na sentença. São, portanto, efeitos automáticos de toda e qualquer condenação, e estão previstos no art. 91 do CP;

(ii) específicos: decorrem da condenação criminal pela prática de determinados crimes e em hipóteses específicas, devendo ser motivadamente declarados na sentença condenatória. Não são, portanto, automáticos nem ocorrem em qualquer hipótese. Estão previstos nos arts. 91-A (acrescido pela Lei n. 13.964/2019) e 92, ambos do CP.

Finalmente, vale mencionar que a perda do poder familiar, também efeito da condenação, está disposta no § 2º do art. 23 do ECA, bem como no art. 1.638 do Código Civil.

43.3.1. Efeitos extrapenais genéricos

São eles:

(i) tornar certa a obrigação de reparar o dano causado pelo crime: a sentença penal condenatória transitada em julgado torna-se título executivo no juízo cível, sendo desnecessário rediscutir a culpa do causador do dano (art. 63 do CPP). Após prévia liqui-dação para a apuração do *quantum* devido, pois a sentença penal condenatória transitada em julgado é, em regra, um título executório incompleto, deve-se ingressar com a execu-ção do valor apurado. Nesse caso, no juízo cível somente poderá ser discutido o montan-te da reparação.

Mas o art. 387, IV, do CPP trouxe a possibilidade de o próprio juiz criminal sen-tenciante fixar o valor mínimo de indenização que será posteriormente executado na esfera civil. Dessa forma, caso a vítima concorde com o valor mínimo fixado pelo juiz criminal, poderá ir diretamente para a execução do título executivo judicial no cível, pulando a fase de liquidação da sentença. Assim, transitada em julgado a sentença condenatória, a execução poderá ser efetuada pelo valor fixado nos termos do inciso IV, sem prejuízo da liquidação para a apuração do dano efetivamente sofrido (parágra-fo único do art. 63 do CPP).

Observe-se que, na hipótese de ter sido aplicada a nova pena substitutiva de pres-tação pecuniária (CP, art. 43, I), o valor em dinheiro pago à vítima ou seus dependentes será deduzido do montante de eventual condenação em ação de reparação civil, se coin-cidentes os benefícios (CP, art. 45, § 1º).

Em não se tratando de sentença condenatória, deverá o prejudicado intentar a ação civil ordinária de indenização por dano causado por ato ilícito. Assim deverá fazê-lo quando se tratar: (i) de sentença que declara extinta a punibilidade pela prescrição da pretensão punitiva (intercorrente ou retroativa), considerando-se também como prescri-ção da pretensão punitiva aquela superveniente à sentença condenatória com trânsito em julgado para a acusação; (ii) de arquivamento de inquérito; (iii) de transação penal prevista pela Lei n. 9.099/95; (iv) de sentença absolutória.

Por outro lado, não perde a condição de título executivo a sentença condenatória transitada em julgado se posteriormente advier a extinção da punibilidade do agente por causa superveniente a ela.

Finalmente, convém ressaltar que existe a possibilidade de o ofendido querer buscar ressarcimento contra eventual responsável civil e não contra o acusado, caso no qual terá de ingressar com ação de conhecimento no juízo cível. Esta terá cognição exauriente, uma vez que os efeitos da coisa penal não se estendem a terceiros (art. 506 do CPC).

(ii) confisco pela União dos instrumentos do crime, desde que seu uso, porte, detenção, alienação ou fabrico constituam fato ilícito: não é qualquer instrumento utilizado na prática de crime que pode ser confiscado, mas somente aquele cujo porte, fabrico ou alienação constituam fato ilícito.

A lei fala em instrumento de crime, o que, para a corrente jurisprudencial majoritária, impede o confisco se o agente pratica contravenção penal. Há, contudo, posição em sentido contrário, admitindo o confisco quer o agente tenha praticado crime, quer contravenção.

A perda dos instrumentos do crime é automática, decorrendo do trânsito em julgado da sentença condenatória. Disso resulta que é incabível o confisco em estudo quando celebrada a transação penal prevista no art. 74 da Lei n. 9.099/95, uma vez que a natureza jurídica do ato decisório é de mera sentença homologatória.

Da mesma forma, não cabe falar em confisco dos instrumentos do crime na hipótese de arquivamento, absolvição ou extinção da punibilidade pela prescrição da pretensão punitiva.

Cumpre, finalmente, dizer que o confisco não se confunde com a medida processual de apreensão. Esta, na realidade, é pressuposto daquele. A apreensão dos instrumentos e de todos os objetos que tiverem relação com o crime deve ser determinada pela autoridade policial (CPP, art. 6º, II).

43.3.1.1. Apreensão, arrecadação e destinação dos bers do acusado na Lei n. 11.343/2006

A disciplina da apreensão, arrecadação e destinação dos bens do acusado no caso de crimes envolvendo drogas encontra-se prevista nos arts. 60 a 64 da Lei n. 11.343/2006.

A Lei n. 13.886, de 2019, incluiu, na Lei de Drogas, o art. 60-A e os §§ 1º a 4º, definindo regras para as medidas assecuratórias que recaírem sobre moeda estrangeira, títulos, valores mobiliários ou cheques emitidos como ordem de pagamento, situação em que será determinada sua conversão em moeda nacional. Já a Lei n. 14.322/2022 determina o confisco de automóveis, embarcações e aeronaves, bem como qualquer objeto empregado para a prática do tráfico ilícito de drogas, independentemente de sua posse ou propriedade constituírem fato ilícito. Aqui o legislador imprimiu maior rigor do que o previsto no art. 91, II, *a*, do CP. Com efeito, a regra geral do CP condiciona o confisco, no sentido de que ele somente ocorrerá quando o fabrico, alienação, uso, porte ou detenção do bem constituírem fato ilícito. No caso da Lei de Drogas, ao contrário, todos os veículos, maquinismos e instrumentos em geral, empregados na prática de tráfico ilícito de entorpecentes, no caso de condenação do agente, serão sempre confiscados pela União, ainda que seu porte não constitua fato ilícito.

Note-se que o legislador não impôs nenhuma condição para a perda, contrariamente à regra geral do Código Penal. A interpretação do dispositivo, porém, merece cuidados, de modo que a utilização casual ou episódica não pode autorizar o decreto de perda. "A excessiva amplitude do texto legal exige uma interpretação restritiva, sob pena de chegarmos ao absurdo de, por exemplo, vermos a perda de um automóvel só porque nele foram encontrados 'pacaus' de maconha"[235].

---

[235]. Vicente Greco Filho, *Tóxicos*, 11. ed., São Paulo, Saraiva, 1996, p. 163.

Também há que se ressaltar que, no caso de a denúncia e a sentença condenatória não mencionarem que determinado bem ou objeto foi utilizado, não há que se falar em sua apreensão.

E mais: tendo sido apreendido bem ou objeto do qual se tenha a certeza de sua propriedade e, posteriormente, não mais havendo necessidade de sua apreensão, há que se fazer a sua restituição, nos termos do art. 120 do CPP.

O confisco deve recair sobre bens que estejam direta e intencionalmente ligados à prática do crime. Desse modo, se houver vínculo meramente ocasional, como no caso de alguém que, dentro do seu carro, oferece lança-perfume a um amigo durante uma viagem de férias, não haverá o confisco do automóvel. O art. 62 da Lei de Drogas prevê a possibilidade da utilização dos mencionados bens, comprovado o interesse público, pelos órgãos de polícia judiciária, militar e rodoviária, sob sua responsabilidade e com o objetivo de sua conservação, mediante autorização judicial, com oitiva do Ministério Público e garantida a prévia avaliação dos respectivos bens.

Convém, finalmente, mencionar que o fundamento dessas disposições legais se encontra na Constituição Federal. Com efeito, a Carta Magna, em seu art. 243, parágrafo único, prevê: "Todo e qualquer bem de valor econômico apreendido em decorrência do tráfico ilícito de entorpecentes e drogas afins e da exploração de trabalho escravo será confiscado e reverterá a fundo especial com destinação específica, na forma da lei".

O *caput* do art. 243, por sua vez, prevê a expropriação, sem indenização (confisco), de propriedades rurais e urbanas de qualquer região do País onde forem localizadas culturas ilegais de plantas psicotrópicas ou a exploração de trabalho escravo. Tais propriedades serão expropriadas e destinadas à reforma agrária e a programas de habitação popular, sem qualquer indenização ao proprietário e sem prejuízo de outras sanções previstas em lei.

Tanto o confisco do *caput* quanto o do parágrafo único do art. 243 da Constituição, todavia, devem respeitar o princípio de que "ninguém será privado da liberdade ou de seus bens sem o devido processo legal" (art. 5º, LIV).

43.3.1.2. Apreensão, arrecadação e destinação dos bens do acusado na Lei n. 10.826/2003

Em relação aos crimes contidos no Estatuto do Desarmamento (arts. 12 a 18), aplica-se o art. 25 do diploma legal em questão, o qual dispõe que "As armas de fogo apreendidas, após a elaboração do laudo pericial e sua juntada aos autos, quando não mais interessarem à persecução penal serão encaminhadas pelo juiz competente ao Comando do Exército, no prazo de até 48 (quarenta e oito) horas, para destruição ou doação aos órgãos de segurança pública ou às Forças Armadas, na forma do regulamento desta Lei".

(iii) confisco pela União do produto e do proveito do crime: produto é a vantagem direta auferida pela prática do crime (por exemplo, o relógio furtado); proveito é a vantagem decorrente do produto (por exemplo, o dinheiro obtido com a venda do relógio furtado).

Na realidade, o produto do crime deverá ser restituído ao lesado ou ao terceiro de boa-fé, somente se realizando o confisco pela União se permanecer ignorada a identidade do dono ou não for reclamado o bem ou o valor. Trata-se de efeito da condenação criminal, portanto prevalece ainda que tenha ocorrido a prescrição da pretensão executória, pois esta somente atinge o cumprimento da pena, subsistindo os demais efeitos da condenação.

Cumpre fazer menção à Lei n. 9.605/98, que dispõe sobre as sanções penais e administrativas derivadas de condutas e atividades lesivas ao meio ambiente e prevê que, verificada a infração, sejam apreendidos seus produtos e instrumentos, lavrando-se os respectivos autos.

Ainda, registre-se que, por não constituírem efeitos penais da condenação, o produto ou proveito do crime não estão abrangidos pelo art. 5º, XLV, da CF, qual seja, o princípio da individualidade da pena, podendo, portanto, ser exigidos em face dos sucessores do apenado.

A pena de confisco será aplicada nos moldes do art. 45, § 3º, do CP, que prevê que "a perda de bens e valores pertencentes aos condenados dar-se-á, ressalvada a legislação especial, em favor do Fundo Penitenciário Nacional, e seu valor terá como teto — o que for maior — o montante do prejuízo causado ou do provento obtido pelo agente ou por terceiro, em consequência da prática do crime".

Convém ressaltar que não se deve confundir a pena de perda de bens e valores, a qual, além de ser pena, efeito principal da condenação, recai sobre o patrimônio lícito do condenado, com o confisco do proveito do crime, que é um efeito secundário da condenação e recai sobre o patrimônio ilícito do agente, ou seja, o proveito do crime.

(iv) suspensão dos direitos políticos, enquanto durar a execução da pena: art. 15, III, da Constituição Federal. Enquanto não extinta a pena, o condenado fica privado de seus direitos políticos, não podendo sequer exercer o direito de voto. Não importa o regime de pena privativa de liberdade imposto, tampouco se a pena aplicada foi restritiva de direitos ou multa, pois, até que seja determinada a sua extinção (pelo pagamento da multa ou pelo integral cumprimento da privativa ou da restritiva, ou ainda por qualquer outra causa), permanece a suspensão dos direitos políticos. Nem mesmo o *sursis* e o livramento condicional impedem a suspensão, visto que em nenhum desses casos a pena é extinta. O que interessa, portanto, é a decretação da extinção da pena pelo juiz da execução. Nesse sentido, a Súmula 9 do Tribunal Superior Eleitoral: "a suspensão dos direitos políticos decorrentes de condenação criminal transitada em julgado cessa com o cumprimento ou a extinção da pena, independendo de reabilitação ou prova de reparação dos danos".

Ainda, vale ressaltar que o mencionado dispositivo constitucional não se aplica aos deputados federais e senadores, sendo estes regidos pelo art. 55, VI e § 2º, da CF. Ou seja, para que ocorra a suspensão dos direitos políticos daqueles parlamentares se faz necessária decisão da respectiva Casa Legislativa, "por maioria absoluta, mediante provocação da respectiva Mesa ou de partido político representado no Congresso Nacional, assegurada ampla defesa".

Finalmente, observe-se que tal efeito não se estende ao preso provisório, o qual mantém seus direitos políticos.

→ **Atenção:** o Código de Trânsito Brasileiro prevê outro efeito extrapenal da condenação nos crimes nele tipificados: o condutor condenado por qualquer dos delitos previstos no Código de Trânsito Brasileiro perderá sua habilitação ou permissão, ficando obrigado a submeter-se a novos exames para que possa voltar a dirigir, de acordo com as normas estabelecidas pelo Contran. Trata-se de efeito extrapenal automático da condenação, que independe de expressa motivação na sentença. Não importa, tampouco, para a incidência desse efeito, a espécie de pena aplicada ou até mesmo eventual prescrição da pretensão punitiva ou executória (CTB, art. 160).

(v) rescisão do contrato de trabalho por justa causa: de acordo com o art. 482, *d*, da CLT, a "condenação criminal do empregado, passada em julgado (...)", constitui justa causa para a rescisão do contrato pelo empregador, excetuando-se o caso no qual tenha havido a suspensão da execução da pena (*sursis*).

43.3.2. Efeitos extrapenais específicos do art. 91-A do CP

43.3.2.1. Primeiro efeito extrapenal específico: confisco do excesso patrimonial

O art. 91-A do CP, com a redação dada pela Lei n. 13.964/2019 (Pacote Anticrime), dispõe que, na hipótese de condenação do agente pela prática de crime, cuja pena máxima prevista seja superior a seis anos de reclusão, o juiz poderá decretar a perda de todos os bens que excederem o patrimônio considerado compatível com seus rendimentos lícitos. Assim, esse excesso patrimonial não justificado passa a ser equiparado ao produto ou proveito do crime.

A título de exemplo, um funcionário público que seja condenado por peculato (CP, art. 312), corrupção passiva (CP, art. 317) ou concussão (CP, art. 316), crimes com pena máxima prevista superior a seis anos de reclusão, poderá ter decretada na sentença condenatória a perda de todos os bens que excederem o patrimônio justificável com seus rendimentos lícitos. Esse excesso patrimonial não justificado é considerado produto ou proveito do crime, independentemente da efetiva comprovação do nexo causal. Se há mais patrimônio do que pode ser justificado, presume-se que foi produto ou proveito do crime. Convém lembrar que produto é a vantagem direta obtida com a prática delituosa, ou seja, o dinheiro, bens ou valores pagos ao servidor a título de propina, ao passo que proveito é a vantagem indireta, por exemplo, bens adquiridos com o dinheiro da propina. Para a perda, basta a demonstração da incompatibilidade entre a capacidade financeira e o acréscimo patrimonial do agente. Referida inversão do ônus da prova colide com o princípio do estado de inocência (CF, art. 5º, LVII), segundo o qual quem acusa deve provar.

43.3.2.1.1. Confisco do excesso patrimonial: natureza jurídica

Trata-se de mais um efeito extrapenal específico, e não genérico, na medida em que não incide sobre qualquer condenação, nem decorre automaticamente da sentença condenatória, mas, ao contrário, somente se aplica a determinadas condenações, além do que é imprescindível que o juiz expressa e motivadamente declare tal efeito na decisão condenatória. Em respeito ao princípio da inércia jurisdicional, pressuposto lógico da imparcialidade do juízo, tal perdimento não poderá ser imposto *ex officio*, isto é, sem pedido do Ministério Público, o qual, ao oferecer a denúncia, deve requerer expressamente sua aplicação, apontando de maneira clara a existência do excesso patrimonial não justificado (art. 91-A, § 3º).

43.3.2.1.2. Confisco do excesso patrimonial: requisitos

a) crime punido com reclusão;

b) pena máxima abstratamente prevista superior a seis anos;

c) requerimento expresso do perdimento pelo Ministério Público na denúncia, com indicação do excedente não justificável;

d) comprovação da incompatibilidade entre os rendimentos lícitos e o excesso patrimonial cuja perda se requer;

e) declaração expressa e motivada do juiz na sentença condenatória.

43.3.2.1.3. Confisco do excesso patrimonial: procedimento

Oferecida a denúncia pelo Ministério Público, com o pedido expresso e justificado do perdimento do excesso patrimonial, o acusado será intimado a se manifestar, podendo impugnar o pleito acusatório, apontando a licitude dos bens tidos como incompatíveis (art. 91-A, § 2º). Cabe também embargos de terceiro, nos termos do art. 129 do CPP, na hipótese de os bens pertencerem a outra pessoa, sendo exigida a demonstração de boa-fé.

Após regular instrução processual, o juiz, ao proferir a sentença condenatória, deverá expressa e motivadamente especificar os bens que excedem o patrimônio lícito para, em seguida, na própria sentença decretar seu perdimento (art. 91-A, § 4º).

43.3.2.2. Segundo efeito extrapenal específico: perda dos instrumentos utilizados por organizações criminosas ou milícias

O art. 91-A, § 5º, do CP, também introduzido pela Lei n. 13.964/2019 (Pacote Anticrime), criou outra hipótese de perda dos instrumentos do crime, além da prevista no art. 91, II, *a*, do CP.

De acordo com a lei, os instrumentos utilizados para a prática de crimes por organizações criminosas (Lei n. 12.850/2013) e milícias (CP, art. 288-A) deverão ser declarados perdidos em favor da União ou do Estado, dependendo da Justiça onde tramita a ação penal, ainda que não ponham em perigo a segurança das pessoas, a moral ou a ordem pública, nem ofereçam sério risco de ser utilizados para o cometimento de novos crimes.

Trata-se de efeito extrapenal específico, o qual incide apenas sobre infrações praticadas durante o exercício de atividades de organização criminosa ou milícia. Não se exige que a condenação seja imposta pela prática de organização criminosa (Lei n. 12.850/2013, art. 2º) ou formação de milícia privada (CP, art. 288-A), mas que o delito, qualquer que seja, tenha sido comprovadamente cometido no exercício de suas atividades ilícitas.

Além disso, o juiz deverá expressa e motivadamente indicar na sentença condenatória, quais os instrumentos a serem confiscados, sendo imprescindível a demonstração do nexo causal entre sua utilização e a prática delituosa.

Diferentemente do disposto no art. 91, II, *a*, do CP, aqui o confisco poderá atingir todo e qualquer instrumento empregado na realização dos crimes cometidos pelo grupo, mesmo que sua posse, detenção, alienação ou fabrico em si, não constitua fato ilícito.

Assim, um veículo utilizado para o cometimento do delito poderá ser confiscado, mesmo que sua posse, em si, não constitua ilícito algum. Serão destinatários dos bens cuja perda for decretada a União ou o Estado, dependendo da Justiça onde tramitou a ação penal.

43.3.3. Efeitos extrapenais específicos do art. 92 do CP

No art. 92 do CP, os efeitos extrapenais específicos são os elencados a seguir.

43.3.3.1. Perda de cargo, função pública ou mandato eletivo, em suas hipóteses

Nos crimes praticados com abuso de poder ou violação de dever para com a Administração Pública, quando a pena aplicada for igual ou superior a um ano; e quando a pena aplicada for superior a 4 anos, qualquer que seja o crime praticado. São efeitos que decorrem da prática de crimes funcionais, previstos no CP, arts. 312 a 326.

São, portanto, necessários os seguintes requisitos: prática de crime no exercício da função pública, violação de deveres a ela inerentes, pena igual ou superior a um ano e declaração expressa e motivada do efeito na sentença; ou prática de qualquer crime, pena superior a 4 anos e declaração expressa e motivada do efeito na sentença condenatória.

No caso da perda de mandato eletivo, a atual Constituição Federal, em seu art. 15, III, dispôs que a condenação criminal transitada em julgado suspende os direitos políticos, enquanto durarem seus efeitos. Da mesma forma, o art. 55, VI, da Carta Magna determina a perda do mandato do deputado ou senador que sofrer condenação definitiva. Trata-se de dispositivo mais abrangente, uma vez que não limita a espécie de crime a um mínimo da sanção aplicada. Tais dispositivos são normas constitucionais de eficácia plena, sendo desnecessária lei complementadora para sua aplicação. O conceito de cargo ou função pública é o do art. 327 do CP.

Note-se que algumas leis especiais dispõem de forma diversa sobre o tema, senão vejamos.

No caso de crime de preconceito de raça ou cor praticado por servidor público, também ocorrerá esse efeito, se o juiz o declarar na sentença (art. 18 da Lei n. 7.716/89). Ademais, além da perda do cargo ou função pública, o art. 16 do diploma legal em tela também prevê "a suspensão do funcionamento do estabelecimento particular por prazo não superior a 3 (três) meses".

A condenação do agente pela prática do crime de tortura igualmente enseja a perda do cargo, função ou emprego público e a interdição para seu exercício pelo dobro do prazo da pena aplicada, independentemente da sua quantidade (art. 1º, § 5º, da Lei n. 9.455/97).

A Lei n. 12.850/2013, conhecida como Lei do Crime Organizado, dispõe em seu art. 2º, § 6º, que a condenação, com trânsito em julgado, de funcionário público envolvido com organização criminosa acarreta "a perda do cargo, função, emprego ou mandato eletivo e a interdição para o exercício de função ou cargo público pelo prazo de 8 (oito) anos subsequentes ao cumprimento da pena".

A Lei n. 14.994/2024 passou a prever também a perda do cargo, função pública ou mandato eletivo como efeito automático da condenação ao condenado por crime praticado contra a mulher por razões da condição do sexo feminino, nos termos do § 1º do art. 121-A do CP (CP, art. 92, § 2º, I e III), sendo também vedadas a sua nomeação, designação ou diplomação em qualquer cargo, função pública ou mandato eletivo entre o trânsito em julgado da condenação até o efetivo cumprimento da respectiva pena (CP, art. 92, §, 2º II).

43.3.3.2. Incapacidade para o exercício do poder familiar, da tutela ou da curatela nos crimes dolosos sujeitos à pena de reclusão cometidos contra outrem igualmente titular do mesmo poder familiar, contra filho, filha ou outro descendente, tutelado ou curatelado, bem como nos crimes cometidos contra a mulher por razões da condição do sexo feminino, nos termos do § 1º do art. 121-A do CP

Na primeira hipótese prevista no art. 92, II, do CP exigem-se quatro requisitos: crime doloso; sujeito a pena de reclusão; filho, tutelado ou curatelado como vítima; declaração expressa na sentença.

→ **Atenção:** o crime de exposição ou abandono de recém-nascido (art. 134 do CP) e os crimes de abandono de incapaz e maus-tratos, de que não resulte lesão grave ou morte (arts. 133 e 136), são punidos com pena de detenção, não se sujeitando à incapacidade como efeito da condenação.

Decretada a incapacidade do agente, em princípio ela será permanente, contudo, poderá ser excluída pela reabilitação (CP, art. 93, parágrafo único). Ainda que reabilitado, a capacidade não poderá ser exercida em relação ao filho, tutelado ou curatelado ofendido pelo crime.

Por seu turno, a Lei n. 14.994/2024 inclui a parte final do art. 92, II, do CP, prevendo também a incapacidade para o exercício do poder familiar, da tutela ou da curatela como efeito automático da condenação ao condenado por crime praticado contra a mulher por razões da condição do sexo feminino, nos termos do § 1º do art. 121-A do CP (CP, art. 92, § 2º, I e III).

43.3.3.3. Inabilitação para dirigir veículo

São exigidos três requisitos: crime doloso; veículo como instrumento do crime; declaração expressa na sentença. A inabilitação é, em princípio, permanente, mas passível de ser atingida pela reabilitação.

Não se deve confundir essa inabilitação com a suspensão de permissão, autorização ou habilitação para dirigir veículo aplicável nos crimes de trânsito (CTB, Lei n. 9.503/97), que está comentada no tópico pertinente às penas restritivas de direitos.

43.3.4. Outras hipóteses

No crime de atividade ilegal de telecomunicação, previsto no art. 183 da Lei n. 9.472/97, com pena de detenção de 2 a 4 anos mais multa, serão efeitos da condenação transitada em julgado tornar certa a obrigação de indenizar o dano causado pelo crime e a perda, em favor da Agência Nacional de Telecomunicação, ressalvado o direito do lesado ou de terceiro de boa-fé, dos bens empregados na atividade clandestina, sem prejuízo de sua apreensão cautelar.

Além das leis penais, outras leis podem atribuir efeitos diversos à condenação penal. É o que ocorre, por exemplo, no Código Civil, mais especificamente em seu art. 1.521, VII, o qual descreve impedimento matrimonial absoluto ao declarar que "não podem casar o cônjuge sobrevivente com o condenado por homicídio ou tentativa de homicídio contra seu consorte".

44. REABILITAÇÃO

44.1. Conceito

Benefício que tem por finalidade restituir o condenado à situação anterior à condenação, retirando as anotações de seu boletim de antecedentes; ou, como conceitua Mirabete: "é a declaração judicial de que estão cumpridas ou extintas as penas impostas ao sentenciado, que assegura o sigilo dos registros sobre o processo e atinge outros efeitos da condenação. É um direito do condenado, decorrente da presunção de aptidão social, erigida em seu favor, no momento em que o Estado, através do juiz, admite o seu contato com a sociedade"[236].

44.2. Natureza jurídica

Trata-se de causa suspensiva de alguns efeitos secundários da condenação (CP, art. 92) e dos registros criminais, ao contrário do que dispunha a lei anterior, que a considerava causa extintiva da punibilidade. Assim, justamente por não se tratar de causa extintiva da punibilidade é que é possível a revogação da reabilitação com o restabelecimento dos efeitos penais da condenação que foram suspensos.

Registre-se que, quanto aos efeitos da condenação, com o advento da Lei n. 13.715/2018, o inciso II do art. 92 foi alterado, passando a vigorar com a seguinte redação: "a incapacidade para o exercício do poder familiar, da tutela ou da curatela nos crimes dolosos sujeitos à pena de reclusão cometidos contra outrem igualmente titular do mesmo poder familiar, contra filho, filha ou outro descendente ou contra tutelado ou curatelado".

Finalmente, vale mencionar que a novel legislação também alterou o § 2º do art. 23 do ECA, bem como o art. 1.638 do Código Civil, dispondo acerca das hipóteses nas quais ocorrerá a perda do poder familiar.

44.3. Cabimento

A reabilitação, como já visto, suspende alguns efeitos da condenação; portanto, só cabe a reabilitação em existindo sentença condenatória com trânsito em julgado, cuja pena tenha sido executada ou esteja extinta.

---

236. *Manual*, cit., v. 1, p. 351.

Disso resulta que não é possível falar em reabilitação em processo do qual decorra sentença absolutória; nas hipóteses de prescrição da pretensão punitiva, uma vez que extinta a própria ação, não há que se falar em pena, quanto mais em efeitos penais da condenação. A reabilitação também não se presta ao cancelamento de anotações referentes a inquérito arquivado, pois para tanto é cabível medida de natureza administrativa. Contudo, cabe a reabilitação na hipótese de se ter operado a prescrição da pretensão executória.

44.3.1. Direito à certidão criminal negativa

O Superior Tribunal de Justiça e o Supremo Tribunal Federal já pacificaram o entendimento segundo o qual tem direito à certidão criminal negativa o réu que teve a ação penal trancada por falta de justa causa, em razão da aplicação de analogia à regra inserta no art. 748 do CPP.

44.4. Consequências

São elas:

(i) sigilo sobre o processo e a condenação: é assegurado o sigilo dos registros criminais do reabilitado, que não serão mais objeto de folhas de antecedentes ou certidões dos cartórios. Tal providência é inútil, já que o art. 202 da LEP assegura esse sigilo a partir da extinção da pena.

Ressalte-se que o sigilo não é absoluto, pois as condenações anteriores deverão ser mencionadas quando requisitadas as informações pelo juiz criminal (CPP, art. 748). Assim, apesar da exclusão das anotações do Instituto, mantém-se nos arquivos do Poder Judiciário.

(ii) suspensão dos efeitos extrapenais específicos: é suspensa a perda do cargo ou função pública, a incapacidade para o exercício do pátrio poder, tutela ou curatela e a inabilitação para dirigir veículo. A lei, contudo, veda a recondução ao cargo e a recuperação do pátrio poder, ficando a consequência da reabilitação limitada à volta da habilitação para dirigir veículo.

44.5. Pressupostos

De acordo com o art. 94, são os seguintes:

(i) decurso de 2 anos da extinção da pena, ou da audiência admonitória, no caso de *sursis* ou livramento condicional.

Observe-se que, no caso de extinção da pena pela ocorrência de sua prescrição, o prazo para requerimento de reabilitação há que ser contado do dia em que, efetivamente, ocorreu a prescrição da pena, e não do ato de sua formal declaração.

No caso de condenação à pena de multa, conta-se o prazo a partir do pagamento desta.

Na hipótese de pluralidade de condenações, o pedido de reabilitação não pode ser feito com relação a uma só delas se ainda não foram cumpridas todas as penas. É da índole e da finalidade do instituto ser de efeitos totais, gerais, para total reintegração social do condenado;

(ii) bom comportamento público e privado durante esses 2 anos;

(iii) domicílio no país durante esses 2 anos;

(iv) reparação do dano, salvo absoluta impossibilidade de fazê-lo ou renúncia comprovada da vítima.

Vale registrar que a insolvência deve ficar completamente provada para que o condenado se livre da exigência de reparação do dano, não bastando meras presunções de insolvência.

Se já se operou a prescrição da dívida no âmbito cível, dispensa-se o requisito da reparação do dano.

Os pressupostos elencados acima são cumulativos, e nada autoriza que o preenchimento das letras "*b*" e "*c*" torne prescindível o cumprimento da letra "*d*". A lei exige que o dano seja ressarcido, que o condenado demonstre a impossibilidade de fazê-lo ou que exiba documento comprobatório de renúncia da vítima ou novação da dívida.

Na hipótese de ser o agente condenado em ação penal e absolvido no cível pelo mesmo fato, de forma a excluí-lo da obrigação de reparar o dano, tal decisão não influi no juízo penal, de modo que a reabilitação só poderá ser concedida se o dano for reparado, pouco importando a existência de sentença civil que decida de forma contrária. Independência das instâncias civil e penal, com prevalência desta quando se decide sobre a prova do fato e da autoria.

É óbvio que se dispensa o requisito da reparação do dano se não ocorreu dano algum, como, por exemplo, no delito de furto tentado, nos crimes de perigo, no crime de lesão corporal de natureza leve.

Finalmente, cumpre mencionar que não é dado ao requerente da reabilitação invocar a inércia da família da vítima como causa da impossibilidade da reparação do dano, pois pode valer-se de procedimento legal para liberar-se da obrigação.

44.6. Revogação

De acordo com o art. 95 do CP, pode ser decretada de ofício ou a requerimento do Ministério Público e ocorre se sobrevier condenação que torne o reabilitado reincidente, a não ser que essa condenação imponha apenas pena de multa.

Segundo Julio Fabbrini Mirabete, "é indispensável ainda que tenha sido aplicada na sentença pena que não seja de multa, no caso, privativa de liberdade ou restritiva de direitos. Não podia falar em aplicação da pena restritiva de direitos porque, pela lei anterior, ao condenado reincidente não se podia substituir a pena privativa de liberdade por outra. Entretanto, com as disposições introduzidas pela Lei n. 9.714, de 25-11-98, até o reincidente, desde que não o seja em crime doloso, pode beneficiar-se com a substituição por pena restritiva de direitos ou multa (art. 44, § 3º, do CP)"[237].

---

237. *Código Penal interpretado*, São Paulo, Atlas, 1999, p. 503.

44.7. Do procedimento para requerer a habilitação

44.7.1. Postulação

Só pode ser feita por quem tenha capacidade postulatória em juízo, ou seja, por meio de advogado.

44.7.2. Competência para a concessão

A competência é do juiz da condenação, uma vez que a reabilitação só se concede após o término da execução da pena (CPP, art. 743). Se a condenação tiver sido proferida por tribunal, ainda assim a competência será do juízo de primeira instância responsável pela condenação.

Cumpre registrar que o condenado em processos distintos, perante órgãos judiciais distintos, poderá realizar pedido único, devendo preencher os requisitos do art. 94 do CP e arts. 743 e 744 do CPP. Ou seja, não é necessária a realização de pedido de reabilitação em face de todos os juízos pelos quais restou condenado.

44.7.3. Do pedido

O pedido de reabilitação deverá ser instruído com os documentos exigidos pelo art. 744 do CPP. Ademais, o juiz pode determinar diligências que julgar necessárias à instrução do pedido, de acordo com o art. 745 do CPP.

44.7.4. Provimento n. 5/81 da Corregedoria-Geral de Justiça

Concedida a reabilitação, os distribuidores criminais emitirão certidões com a anotação "nada consta", exceto em caso de requisições judiciais.

44.7.5. Negada a reabilitação

Poderá ser requerida a qualquer tempo, desde que com novos elementos (CP, art. 94, parágrafo único).

44.7.6. Recurso cabível

Na sistemática do Código de Processo Penal vigente o recurso cabível é de apelação (CPP, art. 593, II).

Há, contudo, discussão acerca da subsistência ou não do recurso de ofício (CPP, art. 746) em face da Lei n. 7.210/84 (LEP), que em nenhum dispositivo trata de semelhante recurso.

Para uma parte da jurisprudência, só cabe apelação. Para uma corrente, hoje majoritária, da decisão que concede a reabilitação cabe também recurso de ofício, nos termos do art. 746 do CPP. Segundo esse posicionamento, o art. 746 do CPP não se acha revogado pela LEP, uma vez que a reabilitação não é considerada mero incidente de execução da pena, não se inserindo essa questão na competência do juízo da execução.

44.7.7. Morte do reabilitando

Extingue o processo por falta de interesse jurídico no prosseguimento.

44.7.8. Reincidência

Não é apagada pela reabilitação, pois só desaparece após o decurso de mais de 5 anos entre a extinção da pena e a prática do novo crime (prescrição da reincidência).

45. CONCURSO DE CRIMES

45.1. Conceito

Ocorrência de dois ou mais delitos, por meio da prática de uma ou mais ações.

45.1.1. Concurso de pessoas

Pluralidade de agentes e unidade de fato.

45.1.2. Concurso aparente de normas

Pluralidade aparente de normas e unidade de fato.

45.1.3. Concurso de crimes

Pluralidade de fatos.

45.2. Sistemas

São dois:

(i) cúmulo material: somam-se as penas cominadas a cada um dos crimes. Tal sistema é adotado no concurso material (CP, art. 69), no concurso formal imperfeito e no concurso das penas de multas (CP, art. 72);

(ii) exasperação da pena: aplica-se a pena do crime mais grave, aumentada de certo percentual. Tal sistema é adotado no concurso formal perfeito e no crime continuado. Trata-se de verdadeira derrogação da regra do cúmulo material das penas (*quot delicta tot poena*).

45.3. Espécies

(i) Concurso material ou real (art. 69 do CP).

(ii) Concurso formal ou ideal (art. 70 do CP).

(iii) Crime continuado (art. 71 do CP).

45.3.1. Concurso material ou real

45.3.1.1. Conceito

Prática de duas ou mais condutas, dolosas ou culposas, omissivas ou comissivas, produzindo dois ou mais resultados, idênticos ou não, mas todas vinculadas pela identidade do agente, não importando se os fatos ocorreram na mesma ocasião ou em dias diferentes. A título de ilustração, indicamos a leitura da Súmula 81 do STJ, que trata da impossibilidade de fiança em situação específica: "Não se concede fiança quando, em concurso material, a soma das penas mínimas cominadas for superior a dois anos de reclusão".

45.3.1.2. Concurso material e crime continuado

Se o agente, mediante diversas ações, pratica vários crimes, em lugares diversos, executando-os de maneira diferente e com largo intervalo de tempo, configura-se o concurso material.

45.3.1.3. Espécies

(i) **Homogêneo:** resultados idênticos;

(ii) **Heterogêneo:** resultados diversos.

45.3.1.4. Aplicação de penas

As penas devem ser somadas. O juiz deve fixar, separadamente, a pena de cada um dos delitos e, depois, na própria sentença, somá-las. A aplicação conjunta viola o princípio da individualização da pena, anulando a sentença. No tocante às causas especiais de aumento de pena, autoriza-se a sua incidência sobre cada um dos delitos, sem que isso caracterize dupla incidência desses fatores de majoração da sanção penal.

45.3.1.5. Pena privativa de liberdade somada com restritiva de direitos

É possível, caso tenha sido concedida a suspensão condicional da pena privativa de liberdade.

45.3.1.6. Pena restritiva de direitos com outra restritiva

Se compatíveis, devem ser executadas simultaneamente; caso contrário, uma depois da outra.

45.3.1.7. Juiz competente para a aplicação da regra do concurso material

Se houver conexão entre os delitos com a respectiva unidade processual, a regra do concurso material é aplicada pelo próprio juiz sentenciante. Em não havendo conexão entre os diversos delitos, que são objeto de diversas ações penais, a regra do concurso material é aplicada pelo juízo da execução, uma vez que, com o trânsito em julgado, todas as condenações são reunidas na mesma execução, momento em que as penas serão somadas (LEP, art. 66, III, *a*).

45.3.1.8. Concurso material e prescrição

O prazo prescricional deve ser contado separadamente para cada uma das infrações penais, uma vez que dispõe o art. 119 do Código Penal: "no caso de concurso de crimes, a extinção da punibilidade incidirá sobre a pena de cada um, isoladamente".

45.3.2. Concurso formal ou ideal

45.3.2.1. Conceito

O agente, com uma única conduta, causa dois ou mais resultados. Na realidade, o concurso formal implica a existência de dois ou mais crimes, que, para efeito de política criminal, são apenados de maneira menos rigorosa.

45.3.2.2. Requisitos do concurso formal

São dois:

(i) que a conduta seja única: por conduta devemos entender a ação ou omissão humana consciente e voluntária, dirigida a uma finalidade. Compreende um único ato ou uma sequência de atos desencadeados pela vontade humana, objetivando a realização de um fato típico. No verbo ou núcleo do tipo está consubstanciada a ação, pelo que é em torno dele que se fundem os elementos da conduta humana. Assim, o indivíduo que entra no domicílio alheio pratica vários atos. Abre o portão que liga a casa à rua, transpõe esse portão, sobe as escadas da residência, abre a porta de entrada e caminha para dentro do domicílio que está sendo violado. Todos esses momentos se aglutinam, no entanto, no núcleo do tipo: entrar em casa alheia (art. 150). A conduta tem, portanto, sua base no verbo constante do tipo incriminador.

Sobre a unidade da conduta e a questão da reiteração de atos para a realização da conduta típica, José Frederico Marques ensina: "uma pessoa que encontra várias joias e que furta tais bens, num só momento, apanhando-os todos com as mãos e levando-os consigo, teve uma conduta única. Se esta mesma pessoa tira primeiro duas ou três das joias e as conduz ao local onde deixou a mala em que vai colocar a *res furtiva*, e depois volta para tirar mais outras joias, e assim sucessivamente, até furtar todas as que deseja, é evidente que esses vários atos formam uma ação única, visto que todos eles se fundem numa só conduta típica. Se a subtração de coisa alheia móvel só se completa depois que os bens saem da posse do dono, está claro que os atos de simples remoção ainda não completaram a conduta típica. Todavia, o indivíduo que vai furtar as joias pode ter um companheiro, a quem ele entrega os objetos subtraídos em sucessivos atos, constituindo cada um, só por si, a subtração em seu sentido jurídico, porquanto em cada remoção realizada os objetos saíram da esfera de vigilância do respectivo dono. Ainda aqui há uma só ação, por ocorrer um entrosamento imediato entre os diversos atos, ou o que a doutrina italiana denomina de *contestualità*. Existe, na hipótese, um contexto único da conduta que em tantos atos se desdobra. O conceito unitário de ação, como o diz Giovanni Leone, 'Aquela unidade de tempo e lugar, que serve para unificar em uma só ação os vários atos praticados pelo delinquente, é indubitavelmente um critério de grande ajuda nas indagações dogmáticas. Pode-se assim falar de unidade de ação sempre que os múltiplos atos realizados pelo agente encontrem um fundo comum de coesão: e esse fundo comum é constituído pela unidade de tempo e lugar. Deve porém, advertir-se que com semelhante critério não se pretende acenar com uma coesão espacial e temporal tão íntima dos vários atos que venha a constituir uma série ininterrupta ou uma cadeia fechada de atos: o que se almeja é tão só apelar para um critério de aproximação'"[238].

(ii) que dessa conduta surjam dois ou mais fatos típicos: uma só conduta dá origem a mais de um fato, ou a mais de um crime, quando atingir mais de um bem penalmente tutelado. Assim, quem atira num indivíduo e concomitantemente acerta o projétil neste e num outro pode ter praticado uma só ação, mas dois foram os crimes cometidos, porquanto violou mais de um bem penalmente tutelado: cada vida humana é um bem, para efeito da tutela penal, de forma que a ação única de atirar dará origem a mais de um delito, se o tiro fere ou mata mais de uma pessoa. Do mesmo modo, o motorista que conduz seu veículo de modo imprudente, vindo a matar várias pessoas, desenvolveu um único comportamento, do qual resultaram vários crimes. Por outro lado, se da conduta única surgir um único fato típico, inexistirá o concurso formal.

→ **Atenção:** o STJ já decidiu pela possibilidade de aplicação da fração máxima de majoração prevista no art. 71, *caput*, do Código Penal, nos crimes de estupro de vulnerável, ainda que não haja a indicação específica do número de atos sexuais praticados (STJ: Tema Repetitivo 1.202/REsp n. 2.029.482/RJ e REsp n. 2.050.195/RJ, Rel. Min. Laurita Vaz).

45.3.2.3. Espécies

São quatro:

(i) perfeito: responde pelo crime mais grave, com um acréscimo;

(ii) imperfeito: somam-se as penas, como no concurso material;

(iii) homogêneo: ocorrem resultados idênticos. Os sujeitos passivos de cada um dos crimes são diversos, porém idêntica é a figura típica. Assim, a norma em que se enquadra a conduta típica é a mesma. Por exemplo, lesões corporais causadas em várias vítimas em decorrência de acidente de veículo automotor. Nesse caso há concurso formal homogêneo de crimes (lesões corporais culposas);

(iv) heterogêneo: ocorrem resultados diversos. Aqui a ação única dá causa a diversos crimes. Por exemplo, em acidente de veículo, o motorista fere dois indivíduos e mata um terceiro. Nesse caso há concurso formal heterogêneo de crimes (lesões corporais e homicídio).

---

238. *Tratado*, cit., v. 2, p. 451.

45.3.2.3.1. Concurso formal perfeito

Resulta de um único desígnio. O agente, por meio de um só impulso volitivo, dá causa a dois ou mais resultados. Por exemplo, o agente dirige um carro em alta velocidade e acaba por atropelar e matar três pessoas.

45.3.2.3.2. Concurso formal imperfeito

É o resultado de desígnios autônomos. Aparentemente, há uma só ação, mas o agente intimamente deseja os outros resultados ou aceita o risco de produzi-los. Como se nota, essa espécie de concurso formal só é possível nos crimes dolosos. Por exemplo, o agente incendeia uma residência com a intenção de matar todos os moradores. Observe-se a expressão "desígnios autônomos": abrange tanto o dolo direto quanto o dolo eventual. Assim, haverá concurso formal imperfeito, por exemplo, entre o delito de homicídio doloso com dolo direto e outro com dolo eventual.

45.3.2.4. Aplicação da pena

Depende da circunstância, se no concurso formal perfeito ou imperfeito:

(i) no concurso formal perfeito: se for homogêneo, aplica-se a pena de qualquer dos crimes, acrescida de 1/6 até a metade; se for heterogêneo, aplica-se a pena do mais grave, aumentada de 1/6 até a metade. O aumento varia de acordo com o número de resultados produzidos. A jurisprudência propõe, embora sem caráter vinculante, a seguinte tabela:

2	1/6
3	1/5
4	1/4
5	1/3
6 ou +	1/2

(ii) no concurso formal imperfeito: as penas devem ser somadas, de acordo com a regra do concurso material.

45.3.2.5. Teorias

Existem duas:

(i) subjetiva: exige unidade de desígnios para que haja concurso formal;

(ii) objetiva: admite pluralidade de desígnios.

45.3.2.5.1. Teoria adotada pelo Código Penal

Foi a objetiva, pois o CP admite o concurso formal imperfeito, em que há pluralidade de desígnios.

45.3.2.6. Concurso material benéfico

Se, da aplicação da regra do concurso formal, a pena tornar-se superior à que resultaria da aplicação do concurso material (soma de penas), deve-se seguir este último critério (CP, art. 70, parágrafo único). Impede-se, assim, que, numa hipótese de *aberratio ictus* (homicídio doloso mais lesões culposas), se aplique ao agente pena mais severa, em razão do concurso formal, do que a aplicável, no mesmo exemplo, pelo concurso material. Quem comete mais de um crime, com uma única ação, não pode sofrer pena mais grave do que a imposta ao agente que reiteradamente, com mais de uma ação, comete os mesmos crimes.

45.3.2.7. Concurso formal e crime único

Vejamos algumas hipóteses:

(i) assalto a várias pessoas, com subtração patrimonial de apenas uma: houve uma só subtração; logo, um só crime contra o patrimônio. Crime único, portanto;

(ii) ameaça a uma só pessoa, que detém consigo bens próprios e de terceiros: a jurisprudência tem entendido haver crime único, embora o mais correto fosse o concurso formal de crimes, pois, com uma única ação de subtrair mediante violência ou ameaça, foram lesados dois ou mais patrimônios;

(iii) em um só contexto, o sujeito subtrai bens de várias pessoas, ameaçando-as ou submetendo-as a violência (em agência bancária, ônibus, residência etc.). De acordo com a posição da antiga Equipe de Repressão a Delitos de Roubos do Ministério Público haverá, nessa hipótese, concurso formal.

45.3.2.8. Concurso formal e prescrição

Aplica-se a regra do art. 119 do Código Penal, ou seja, a prescrição incidirá sobre a pena de cada crime, isoladamente, sem levar em conta o acréscimo decorrente do concurso formal.

45.3.3. Crime continuado

45.3.3.1. Conceito

É aquele no qual o agente, mediante mais de uma ação ou omissão, pratica dois ou mais crimes da mesma espécie, os quais, pelas semelhantes condições de tempo, lugar, modo de execução e outras, podem ser tidos uns como continuação dos outros.

Lembra Bettiol que suas origens políticas se encontram indubitavelmente um *favor rei*, o que levou os juristas medievais a considerarem como furto único uma pluralidade de furtos, para assim evitar as consequências draconianas que de outra forma adviriam, uma vez que se aplicava a pena de morte contra quem cometesse três furtos, ainda que de pequeno valor[239].

45.3.3.2. Crime continuado e o concurso formal

No primeiro se exige a prática de duas ou mais condutas, ao passo que no concurso formal há apenas uma ação, que poderá ser desdobrada em vários atos. Por exemplo, no delito de roubo, com pluralidade de vítimas, aplica-se a regra do concurso formal (CP, art. 70), e não a continuidade delitiva.

45.3.3.3. Espécies

São duas:

(i) crime continuado comum: crime cometido sem violência ou grave ameaça contra a pessoa (CP, art. 71, *caput*);

(ii) crime continuado específico: crime doloso praticado com violência ou grave ameaça contra vítimas diferentes (CP, art. 71, parágrafo único).

→ **Atenção:** note que a reforma penal, admitindo a continuidade delitiva em crimes com violência ou grave ameaça contra a pessoa, tornou superada a Súmula 605 do STF, que não admitia continuidade delitiva nos crimes contra a vida.

45.3.3.4. Aplicação da pena

(i) Crime continuado comum: aplica-se a pena do crime mais grave, aumentada de 1/6 até 2/3.

O STJ recentemente editou a Súmula 659, que trata da aplicação das frações de aumento da pena ao crime continuado em virtude do número de crimes praticados: "A fração de aumento em razão da prática de crime continuado deve ser fixada de acordo com o número de delitos cometidos, aplicando-se 1/6 pela prática de duas infrações, 1/5 para três, 1/4 para quatro, 1/3 para cinco, 1/2 para seis e 2/3 para sete ou mais infrações". *Vide* tabela abaixo:

2	1/6
3	1/5
4	1/4
5	1/3
6	1/2
7 ou +	2/3

---

239. *Diritto penale*, 1950, p. 442.

(ii) Crime continuado específico: aplica-se a pena do crime mais grave aumentada até o triplo.

45.3.3.5. Concurso material benéfico

Se, da aplicação da regra do crime continuado, a pena resultar superior à que restaria se somadas as penas, aplica-se a regra do concurso material (concurso material benéfico).

45.3.3.6. Incidência do aumento de pena no crime continuado

Diante da adoção do sistema tríplice de aplicação da pena (ou critério trifásico), deve o aumento incidir não sobre a pena-base, mas sobre o resultado da pena aumentada ou diminuída pelas circunstâncias agravantes ou atenuantes.

45.3.3.7. A pena nas hipóteses de concurso formal homogêneo como componente do crime continuado

Se, entre os componentes do crime continuado, houver também o concurso formal, aplica-se apenas o aumento decorrente da continuidade delitiva. Entendimento diverso geraria o *bis in idem*.

Com efeito, se alguém, por exemplo, com pluralidade de condutas e até de desígnios, rouba três pessoas, com o intervalo de horas ou dias, mediante ações objetivamente homogêneas (crime continuado), sofrerá uma só pena com um acréscimo; se, ao contrário, rouba o mesmo número de pessoas, duas delas num mesmo contexto de ação e com unidade de desígnio e a última num outro contexto de ação, ainda que homogêneas as três condutas, teremos concurso formal e crime continuado com uma só pena, mas dois acréscimos.

A unidade de conduta e do desígnio que presidiram o primeiro fato e inspiraram ao legislador um regime mais benigno de cúmulo jurídico (o do concurso formal) acaba por prejudicar o agente.

Há decisão do STJ em sentido contrário, admitindo a aplicação cumulativa das causas de aumento de pena do concurso formal e do crime continuado.

45.3.3.8. Momento da unificação da pena

Se todos os delitos que integram a série continuada são objeto do mesmo processo, o juiz sentenciante efetuará a unificação das penas, aplicando a regra do art. 71. Se, todavia, os delitos tramitarem por processos diversos, far-se-á a unificação no juízo da execução, que então aplicará a regra do art. 71 do CP.

45.3.3.9. Natureza jurídica

Há três teorias:

(i) unidade real: os vários delitos, na realidade, constituem um único crime;

(ii) ficção jurídica: na realidade existem vários crimes. A lei é que resume, por uma ficção, a existência de um único delito;

(iii) mista: o crime continuado não é um só, nem são vários. Ele constitui um terceiro delito.

45.3.3.9.1. Teoria adotada pelo Código Penal

A teoria adotada foi a da ficção jurídica: o crime continuado é uma ficção jurídica. Na realidade há uma pluralidade de delitos, mas o legislador, por uma ficção, presume que eles constituem um só crime, apenas para efeito de sanção penal.

Disso decorrem diversas consequências de ordem prática: (i) a coisa julgada se opera tão somente em relação aos delitos que foram julgados, não abraçando, assim, aqueles ulteriormente praticados, embora ligados aos demais pelos laços da continuação; (ii) no caso de anistia, graça ou indulto somente os crimes abrangidos pela graça soberana têm extinta a punibilidade.

Desse modo, se o agente, por exemplo, é absolvido dos diversos furtos que lhe são imputados em continuidade delitiva no mesmo processo, descobrindo-se, após o trânsito em julgado, outros furtos integrantes da sequência delituosa, novo processo pode ser instaurado, em virtude de não ter operado a coisa julgada sobre os novos fatos.

Acrescente-se que, pelo art. 119 do Código Penal, nota-se claramente que o crime continuado compreende uma pluralidade real de crimes, uma vez que determina que a prescrição incida isoladamente sobre cada um deles. Assim, no crime continuado, cada delito que compõe a cadeia de continuidade delitiva tem seu prazo próprio, o que revela sua existência autônoma.

45.3.3.10. Requisitos

(i) Pluralidade de crimes da mesma espécie;

(ii) Condições objetivas semelhantes;

(iii) Unidade de desígnio (de acordo com a teoria adotada).

45.3.3.11. Teorias sobre a unidade de desígnio

Três são as teorias:

a) Subjetiva ou teleológico-finalista: basta a unidade de desígnio, ou seja, a vontade de aproveitar-se das mesmas circunstâncias deixadas pela conduta anterior, de que um crime seja a continuação do outro;

b) Objetiva: não importa a vontade do agente, sendo suficientes as condições semelhantes de tempo, lugar e modo de execução;

c) Objetivo-subjetiva: combina ambos os critérios, exige a unidade de desígnio, mais homogeneidade das condições objetivas.

45.3.3.11.1. Teoria adotada pelo Código Penal

O art. 71 do CP não é claro a esse respeito e permite interpretação no sentido da teoria objetivo-subjetiva, embora a Exposição de Motivos (item 59) tenha optado pela teoria puramente objetiva: "O critério da teoria puramente objetiva não se revelou na prática maiores inconvenientes, a despeito das objeções formuladas pelos partidários da teoria objetivo-subjetiva".

45.3.3.11.2. Posição da doutrina: há duas posições

Teoria objetiva: Para uma parte da doutrina, o Código Penal adotou de forma clara a teoria puramente objetiva, pois o art. 71 nada fala a respeito da unidade de desígnios, só mencionando as circunstâncias objetivas semelhantes. Alberto Silva Franco observa que, "apesar de persistir, em nível dogmático, uma aberta discrepância sobre a presença, no crime continuado, de dado de conotação subjetiva (unidade de desígnio), força é convir que o instituto, nos termos como foi estruturado, exclui o apelo a qualquer subjetividade e se arrima em elementos de caráter objetivo"[240].

Teoria mista: Aníbal Bruno entende ser imprescindível o elemento subjetivo, para que não se confunda continuidade delitiva com reiteração criminosa: "dentro do crime continuado, cada episódio no curso dos acontecimentos é uma ação integral, um crime em si mesmo, no seu aspecto objetivo e subjetivo. A unidade atribuída ao conjunto deve-se assentar também em uma unidade de fato, resultante das circunstâncias que vinculam entre si as ações sucessivas e uma unidade psíquica, que compreende as várias realizações como um todo"[241]. Na mesma linha, Assis Toledo, membro da comissão que elaborou a Lei n. 7.209/84: "A teoria puramente objetiva, de épocas passadas, cede lugar hoje a uma teoria mista que conjuga elementos objetivos e subjetivos. Há de existir uma ligação entre os vários atos criminosos e essa ligação deve estar também no aspecto interno, psicológico, da conduta do agente"[242]. Damásio de Jesus também se filia a esta segunda posição, lembrando que "para a configuração do crime continuado não é suficiente a satisfação das circunstâncias objetivas homogêneas, sendo de exigir-se, além disso, que os delitos tenham sido praticados pelo sujeito aproveitando-se das mesmas relações e oportunidades ou com a utilização de ocasiões nascidas da primitiva situação"[243].

> **Nosso entendimento:** concordamos com esta segunda posição, pois não aceitamos que o crime continuado se configure a partir de meras circunstâncias objetivas, sem que a continuação decorra da vontade do agente. É necessário o aproveitamento das mesmas relações e das mesmas oportunidades, pois do contrário um agente que praticasse vários crimes, apenas pela intensa vontade de delinquir, beneficiar-se-ia da regra do crime continuado.

Deve-se sempre ter em mente o clássico exemplo do caixa do banco que todo dia subtrai pequena quantia em dinheiro, pretendendo ao final de longo período obter grande soma. Ainda que a ação se renove continuamente, a hipótese será de continuidade

---

240. *Código Penal*, cit., p. 356.

241. *Direito penal*, cit., t. 2, p. 678.

242. STJ, REsp 507/SP 1989/0009306-1, 5ª Turma, Rel. Min. Assis Toledo, j. 20-11-1989, *DJ* 18-12-1989, p. 18479, *RJM* vol. 95, p. 209, *RSTJ* vol. 12, p. 267.

243. *Direito penal*, cit., 23. ed., v. 1, p. 606.

delitiva, na medida em que o agente está se valendo das mesmas circunstâncias. Cada pequeno furto só faz sentido como parte integrante da ação global. Nesse caso, sem a unidade de desígnio, não haverá crime continuado. Diferente é o caso de um perigoso assaltante, criminoso profissional, que, durante o mesmo mês, em locais diversos, rouba inúmeras vítimas (cada crime resultou de um impulso volitivo autônomo). Ele não pretende que uma ação seja a continuação da outra, mas apenas reiterar grande número de ações independentes. Nesse caso, não haveria crime continuado. Com a adoção da teoria finalista, a vontade do agente prepondera sobre as circunstâncias objetivas.

45.3.3.11.3. Posição da jurisprudência: prevalece a teoria mista (objetivo-subjetiva)

(1) STF: "A unidade de desígnios é requisito para a caracterização da continuidade delitiva, uma vez que foi adotada por este Tribunal a teoria mista (objetivo-subjetiva). Precedentes. 3. Agravo regimental desprovido"[244].

(2) STJ: "Esta Corte adota a teoria mista, segundo a qual tanto os requisitos objetivos, quanto os de natureza subjetiva são necessários"[245]. Outro julgado: "Deve estar presente a unidade de desígnios a evidenciar que os crimes subsequentes são continuação do primeiro"[246].

> **Nosso entendimento:** concordamos com a segunda posição.

45.3.3.12. Crime continuado nos crimes tributários

Nesses crimes, a 6ª Turma do STJ[247] afastou a incidência do concurso material para crimes tributários.

45.3.3.13. Distinção entre crime continuado e reiteração criminosa

A adoção da teoria mista permite diferenciar o agente que teve a intenção de se aproveitar das mesmas circunstâncias do criminoso profissional, que faz do crime seu modo de vida, com intensa vontade de delinquir. A teoria puramente objetiva não permite tal distinção. Atualmente, prevalece a teoria mista (objetivo-subjetiva). Como vimos, é a posição do STJ: "Ao interpretar o art. 71 do Código Penal, adotou esta corte a teoria mista, ou objetivo-subjetiva, segundo a qual caracteriza-se a ficção jurídica do crime continuado quando preenchidos tanto os requisitos de ordem objetiva — mesmas condições de tempo, lugar e modo de Execução do delito —, quanto o de ordem subjetiva — a denominada unidade de desígnios ou vínculo subjetivo entre os eventos criminosos, a exigir demonstração de en-

---

244. RHC 150.666 ED-AgR, Rel. Edson Fachin, 2ª Turma, j. 28-6-2019, *DJe*-167, divulg. 31-7-2019, public. 1-8-2019.
245. AgRg no HC 426.556/MS, 6ª Turma, Rel. Min. Nefi Cordeiro, j. 22-3-2018, *DJe* 3-4-2018.
246. TRF-4, APR 50048029120214047009/PR, 7ª Turma, Rel. Danilo Pereira Junior, j. 22-6-2023.
247. AREsp 2.561.037, Rel. Min. Sebastião Reis Júnior, j. 20-8-2024.

trelaçamento entre as condutas delituosas, ou seja, evidências no sentido de que a ação posterior é um desdobramento da anterior"[248].

Como lembra Damásio de Jesus: "Crime habitual é a reiteração da mesma conduta reprovável, de forma a constituir um estilo ou hábito de vida"[249]. Segundo Mirabete: "a reiteração de atos, penalmente indiferentes por si, que constituem por um todo, um delito apenas traduzindo, geralmente, um modo ou estilo de vida"[250].

Entendemos que a habitualidade é incompatível com a continuidade delitiva, ante a ausência do elemento subjetivo. O sujeito não pretende que um crime seja a continuação do outro, mas apenas manifestar sua intensa vontade de delinquir. É o caso do delinquente profissional, que faz do crime seu modo de vida. Sua reprovabilidade é muito mais intensa e não pode conduzir ao mesmo tratamento. O crime continuado é benefício penal. A habitualidade impõe reprovação maior.

45.3.3.14. Crime continuado entre roubos praticados contra vítimas diferentes

É admissível, desde que haja unidade de desígnios, condições semelhantes de tempo, lugar e modo de atuação, mesmo contexto fático e, sendo a última ação desdobramento da conduta que o precedeu.

Entretanto, quando a pluralidade de condutas for praticada em contextos fáticos distintos, contra vítimas diferentes, afasta-se, pelo menos inicialmente, a possibilidade de configuração de crime único.

45.3.3.15. Condições semelhantes

45.3.3.15.1. Crimes da mesma espécie

1ª posição: são aqueles que violam o mesmo bem jurídico, sem necessidade de que estejam previstos no mesmo tipo. Nesse sentido, João José Leal: "Crimes da mesma espécie são todos aqueles que ofendem o mesmo bem jurídico"[251]. Na mesma linha, Juarez Cirino dos Santos: "as várias ações típicas devem realizar tipos semelhantes (injúria/difamação; furto/apropriação indébita/roubo, etc.), infringentes do mesmo bem jurídico"[252]. Mir Puig também entende ser possível a continuidade delitiva entre crimes previstos em preceitos semelhantes, ainda que não idênticos: "Completa la unidad del delito continuado la infracción del mismo precepto penal o de preceptos de naturaleza semejante (unidad normativa relativa)"[253]. Essa posição também pode ser encontrada na jurisprudência do STJ: "Os crimes da mesma espécie, para fins de reconhecimento da figura da continuidade delitiva, não são necessariamente os que estejam previstos

248. STJ, REsp 1.465.136/RS, *DJU* 13-6-2017.
249. *Direito penal*. Parte geral, 37. ed., São Paulo, Saraiva, 2020, v. 1, p. 246.
250. *Manual de direito penal*. Parte geral, São Paulo, Atlas, 2010, v. 1, p. 118.
251. João José Leal, *Curso de direito penal*, Porto Alegre, S. A. Fabris, 1991, p. 480.
252. Juarez Cirino dos Santos, *Direito penal*: parte geral, Rio de Janeiro, ICPC; Lumen Juris, 1985, p. 141.
253. Santiago Mir Puig, *Derecho penal* — parte general, 6. ed., Barcelona, Reppertor, 2002, p. 630.

no mesmo tipo penal, mas os que possuem, essencialmente, o mesmo modo de execução e tutelam o mesmo bem jurídico"[254]. Em outra decisão, o STJ voltou a reconhecer a continuidade delitiva em crimes previstos em tipos distintos, mas violadores do mesmo bem jurídico, aplicando-se a regra do crime continuado aos crimes de estupro de vulnerável (CP, art. 217-A) e estupro qualificado (CP, art. 213, § 1º). "Essa Corte tem precedentes no sentido da aplicação do crime continuado para os delitos de estupro de vulnerável e estupro, descritos nos arts. 217-A e 213 do CP, que se consideram da mesma espécie" (REsp 1.767.902/RJ, Rel. Min. Sebastião Reis Júnior, 6ª Turma, j. 13-12-2018, *DJe* 4-2-2019)[255]. Manoel Pedro Pimentel acentua que devem ser havidos como "da mesma espécie" os crimes que se assemelhem pelos seus elementos objetivos e subjetivos[256]. Não é diverso o entendimento de Heleno Cláudio Fragoso ao afirmar que "crimes da mesma espécie não são aqueles previstos no mesmo artigo de lei, mas também aqueles que ofendem o mesmo bem jurídico e se apresentam, pelos fatos que os constituem ou pelos motivos determinantes, caracteres fundamentais comuns"[257].

2ª posição: são os previstos no mesmo tipo penal, isto é, aqueles que possuem os mesmos elementos descritivos, abrangendo as formas simples, privilegiadas e qualificadas, tentadas ou consumadas[258]. Assim, furtar coisa comum é forma privilegiada do furto, com caráter autônomo, que pode ligar-se, pelo nexo de continuação, ao furto simples, ou ao furto qualificado capitulado no art. 155 do CP[259].

Há também jurisprudência nesse sentido:

(i) roubo e extorsão não são crimes da mesma espécie e, portanto, não caracterizam crime continuado. É a posição majoritária na jurisprudência (STF, HC 114.667; STF, HC 435.792/SP e STJ, AgRg no REsp 11.968-89/MG);

(ii) roubo e furto não são crimes da mesma espécie e não admitem crime continuado entre si. É a posição majoritária na jurisprudência (STJ, REsp 1.683.785/GO);

(iii) roubo e latrocínio não são crimes da mesma espécie, pois no roubo ocorrem a subtração e o constrangimento ilegal, enquanto no latrocínio, subtração e a morte da vítima (STJ, REsp 1.766.411/GO; STJ, HC 189.134/RJ).

Nossa posição: a expressa "mesma espécie" se refere a crimes semelhantes, não necessariamente previstos no mesmo tipo legal, compreendendo aqueles que possuem a mesma objetividade jurídica, ou seja, que violem o mesmo bem jurídico.

---

254. AgRg no REsp 1.562.088/MG, 5ª Turma, Rel. Min. Felix Fischer, j. 16-10-2018, *DJe* 22-10-2018.

255. STJ, REsp 1.939.352/SC 2021/0155257-9, 6ª Turma, Rel. Min. Olindo Menezes (Desembargador convocado do TRF-1ª Região), j. 26-10-2021, *DJe* 28-10-2021.

256. *Do crime continuado*, 2. ed., São Paulo, Revista dos Tribunais, 1969, p. 145.

257. *Lições de direito penal*, cit., 4. ed., 1995, p. 351.

258. Damásio E. de Jesus, *Direito penal*, cit., v. 1, p. 605.

259. José Frederico Marques, *Tratado*, cit., v. 2, p. 461.

45.3.3.15.2. Fator espaço

A prática do mesmo delito seguidamente em locais diversos não exclui a continuidade. Assim, admite-se que crimes praticados em bairros diversos de uma mesma cidade, ou em cidades próximas, podem ser entendidos como praticados em condições de lugar semelhantes. Igualmente, existe continuidade delitiva entre crimes praticados em cidades distintas, porém vizinhas. O elemento subjetivo é fundamental, podendo, excepcionalmente, ocorrer continuidade delitiva entre infrações cometidas em locais distantes, desde que o agente queira se aproveitar das mesmas circunstâncias, ou a depender do meio utilizado para deslocamento, como transporte aéreo. O fator espaço é, por assim dizer, relativo.

45.3.3.15.3. Fator tempo

Em regra, não se admite longo espaço de tempo entre as infrações. Segundo Nélson Hungria, o fator temporal se traduz em "certa continuidade no tempo (exemplo: o ladrão, no curso de uma noite, subtrai, de vários quartos de um hotel, objetos pertencentes aos diversos hóspedes) ou, pelo menos, uma 'periodicidade' tal, que não iniba de se observar um 'certo ritmo' (como diz Meyer) entre as ações sucessivas (exemplo: o agente, várias vezes, no decorrer de um mês, abusa de uma menor). Não se podem fixar, a respeito, indicações precisas, mas é de advertir que, se entre uma ação e outra medeia um longo trato de tempo, a continuação só existirá se outras condições positivamente a indicarem. Por outro lado, não se deve confundir a continuidade de tempo com a 'contemporaneidade', que ocorre quando o bem jurídico é lesado repetidamente no mesmo contexto de ação, ou num só processo de atividade"[260].

A jurisprudência, por vezes, adota critérios temporais rígidos, de 30 dias no máximo (STJ, AgRg no REsp 1.419.834/PR e STJ, AgRg no REsp 1.486.411/RS). Entendemos ser inadequado adotar critérios fixos ou tabela prefixada de tempo. A unidade de ocasião está intrinsecamente vinculada ao aproveitamento consciente do autor da infração penal das ações anteriores. O fundamental é que o encadeamento causal esteja orientado por um único impulso volitivo, independente do maior lapso temporal. É o caso, por exemplo, do caixa de uma agência bancária, que desvia durante anos uma pequena quantidade de dinheiro da contabilidade, vendo sentido não em cada subtração individual, mas no valor total resultante da ação global após o longo transcurso temporal. A vinculação subjetiva do autor com o conjunto da obra delitiva é o fator preponderante sobre o número de anos, para fixar a continuidade delituosa. O caixa bancário receberia, se somadas suas condutas, uma pena de 1.825 anos pelos 5 anos de subtração diária, o que seria injusto, já que, em sua mente, as práticas criminosas vinculavam-se a um mesmo contexto final. Daí por que a prefixação de períodos delimitadores da continuidade delitiva não mais se coaduna com o atual estágio de evolução de nossa ciência. Para Magalhães Noronha, "a conexão temporal não está subordinada a prazo certo e preciso, podendo o mesmo lapso de tempo apresentar-se no crime continuado e no concurso real, sendo necessário recorrer-se

---

260. Apud José Frederico Marques, *Tratado*, cit., v. 2, p. 464.

à unidade de resolução, para se apurar a unidade do aspecto material do delito"[261]. Aníbal Bruno afirma não ser sequer necessário que a condição de tempo e lugar seja sempre a mesma, sendo que a consideração total do fato criminoso é que permite concluir pela continuidade delitiva ou não[262]. No mesmo sentido, o TRF da 3ª Região: Apesar da distância temporal entre os crimes, não se afasta a continuidade delitiva, já que os fatos narrados na denúncia não poderiam ocorrer em periodicidade menor"[263].

45.3.3.15.4. Modo de execução

O *modus operandi* utilizado pelo agente na prática dos delitos deve ser semelhante. Assim, se há emprego de armas em um crime e em outro não, inexiste crime continuado. Se um crime é cometido por apenas um autor e o outro em concurso de agentes, também não há crime continuado. Furto e roubo não são crimes semelhantes, nem possuem o mesmo modo de execução, sendo inadmissível falar-se em crime continuado. Já roubo e extorsão, dependendo do modo como são realizados, podem, em tese, admitir a continuidade.

45.3.3.15.5. Outras condições semelhantes

O Código Penal faz referência às "condições semelhantes", permitindo, portanto, o emprego da interpretação analógica, na medida em que o preenchimento das condições semelhantes deve ser feito conforme as condições especificadas no texto, as quais funcionam como parâmetro.

Alguns julgados têm entendido que o aproveitamento das mesmas oportunidades e das mesmas relações pode ser incluído no conceito de "condições semelhantes"[264]. Assim, segundo essa orientação jurisprudencial, para o reconhecimento do crime continuado, além da conexão espacial, temporal e modal, exige-se a conexão ocasional, ou seja, deve o agente praticar o delito subsequente aproveitando-se das mesmas oportunidades ou relações nascidas com o delito antecedente. Trata-se de mais um requisito objetivo para a configuração do delito continuado.

45.3.3.16. Crime continuado entre delitos culposos

É possível, desde que sejam crimes da mesma espécie. Eduardo Correia, fazendo uma crítica aos adeptos da corrente que exige a unidade de desígnio para a configuração do crime continuado, sustenta que "a existência da unidade da resolução criminosa afasta do âmbito do crime continuado, sem mais apelo nem discussão, contra todas as razões de justiça e de economia processual, todos os delitos praticados por negligência, para logo se ficar de posse da certeza de como é inadmissível tal elemento"[265].

---

261. E. Magalhães Noronha, *Direito penal*, 38. ed., São Paulo, Saraiva, 2004, v. 1, p. 275.

262. Anibal Bruno, *Das penas*, Rio de Janeiro, Rio, 1976, p. 170.

263. TRF-3, ApCrim 00033850720134036102/SP, 11ª Turma, Rel. Des. Federal Nino Toldo, j. 4-8-2022, Data de Publicação: 10-8-2022.

264. Cf. Alberto Silva Franco, *Código Penal*, cit., p. 881.

265. Apud José Frederico Marques, *Tratado*, cit., v. 2, p. 467.

> **Nosso entendimento:** não concordamos com esta crítica. É possível sustentar a continuidade delitiva no crime culposo, sem renunciar à exigência do elemento subjetivo, o qual, no caso, consiste na vontade de continuar agindo culposamente, mesmo após o primeiro crime.

É o caso, por exemplo, de um motorista idoso que, após atropelar culposamente uma vítima na região central de São Paulo, assustou-se e resolveu empreender fuga em velocidade incompatível com o local, vindo a provocar novos acidentes. Além da similitude das condições de tempo, lugar e modo de execução, houve vontade de prosseguir nas ações descuidadas. Devemos lembrar que, no crime culposo, embora o resultado não seja querido, a conduta é voluntária (ninguém obriga o sujeito a agir culposamente, ele o faz porque quer).

45.3.3.17. Consumação e tentativa

O crime continuado é uma unidade ficta, a qual se compõe de uma pluralidade de crimes independentes ligados por um elo de homogeneidade de circunstâncias objetivas e comandado por um único impulso volitivo. Desse modo, não existe momento consumativo para o crime continuado, mas um momento próprio para cada um dos delitos que compõem a cadeia de continuidade.

45.3.3.18. Crime continuado e aplicação da lei penal no tempo

Se a nova lei intervém no curso da série delitiva, deve ser aplicada a lei nova, ainda que mais grave, a toda a série continuada. O agente que prosseguiu na continuidade delitiva após o advento da lei nova tinha possibilidade de orientar-se de acordo com os novos ditames, em vez de prosseguir na prática de seus crimes. É justo, portanto, que se submeta ao novo regime, ainda que mais severo, sem a possibilidade de alegar ter sido surpreendido. Nesse sentido, Súmula 711 do STF: "A lei penal mais grave aplica-se ao crime continuado ou ao crime permanente, se a sua vigência é anterior à cessação da continuidade ou da permanência".

45.3.3.19. Crime continuado e início da contagem do lapso prescricional

Como a prescrição deve ser analisada em razão de cada fato, o prazo prescricional começa a correr do momento em que cada um desses fatos atingiu a fase consumativa. Nesse sentido, o art. 119 do CP: "No caso de concurso de crimes, a extinção da punibilidade incidirá sobre a pena de cada um, isoladamente".

45.3.3.20. A pena no crime continuado para efeitos da prescrição

"Quando se tratar de crime continuado, a prescrição regula-se pela pena imposta na sentença, não se computando o acréscimo decorrente da continuação" (Súmula 497 do STF).

45.3.3.21. Sistema de aplicação da pena de multa no concurso de crimes

Depende da circunstância:

(i) concurso formal imperfeito e material: o art. 72 do CP consagra o sistema da acumulação material. Assim, tratando-se de crime em concurso formal imperfeito ou material, as penas de multa são aplicadas distinta e integralmente, não se obedecendo, pois, ao sistema de exasperação, destinado na legislação somente às penas privativas de liberdade. Por exemplo, o agente comete quatro furtos simples em concurso formal; o juiz, após aplicar a pena de reclusão de um só dos delitos, aumentando-a em 1/4, passa a aplicar a pena de multa, que no furto é cominada cumulativamente. Para cada delito o juiz fixa, por exemplo, 10 dias-multa, totalizando 40 dias-multa. Se fosse aplicado o sistema de exasperação, o juiz fixaria a pena de multa de um só dos crimes, em 10 dias, aumentando-a em 1/4, o que totalizaria 14 dias-multa;

(ii) crime continuado: há controvérsias se a pena de multa deve reger-se pela regra do art. 72 do CP. Tudo dependerá do enfoque dado ao crime continuado, ou seja, se é considerado um concurso de crimes — aí então a regra será a mesma do art. 72 do CP — ou crime único —, em que a regra será a mesma do sistema de exasperação da pena (CP, art. 71).

A doutrina majoritária acolhe o entendimento de que a aplicação cumulativa da pena de multa estende-se a todas as modalidades de concurso de crimes, inclusive ao crime continuado, afastando-se a incidência do sistema de exasperação previsto no art. 71. Essa conclusão inclusive resulta da própria colocação topográfica do art. 72 do CP, que surge logo na sequência das três espécies de concurso de crimes (CP, arts. 69, 70 e 71). Pela incidência da regra do art. 72 do CP no crime continuado posiciona-se Julio Fabbrini Mirabete[266].

De outro lado, a jurisprudência dominante, partindo do pressuposto de que o crime continuado é um só para efeito de aplicação da pena, tem estendido o sistema de exasperação à pena de multa, não incidindo, portanto, a regra do art. 72.

45.3.3.22. Continuidade delitiva e unificação de penas

Quando não for possível a aplicação da regra do crime continuado devido à separação dos delitos em diversos processos criminais, deve se proceder à unificação das penas no Juízo da Execução, nos termos dos arts. 66, III, *a*, e 111 da Lei de Execução Penal e do art. 71, *caput*, do CP. Como lembra Couto de Brito: "A unificação das penas refere-se a duas situações: na primeira tecnicamente a mais correta, existe a necessidade de realização de cálculo de concurso formal (CP, art. 70) ou crime continuado (CP, art. 71), que não foi realizado durante o processo de conhecimento. A unificação por unidade criminosa (concurso formal ou continuidade delitiva) ocorrerá quando dois ou mais processos tratarem de causas relacionadas e que, por qualquer motivo, não foram unidos pela continência"[267]. Nesse sentido, o STJ: "Compete ao Juízo das Execuções Penais a unificação das penas, aplicando-se a regra da continuidade delitiva, quando os delitos conexos tramitaram separadamente com prolação de sentenças diversas"[268]. "Diante da inviabili-

---

266. *Manual*, cit., v. 1, p. 315.
267. Alexis Augusto Couto de Brito, *Execução penal*, São Paulo, Quartier Latin, 2006, p. 182.
268. REsp 783.553/RS, 5ª Turma, Rel. Min. Felix Fischer, j. 9-5-2006, *DJ* 26-6-2006, p. 195.

dade de reunir feito já sentenciado com outro para fins de aferir a continuidade delitiva, o referido instituto deve ser avaliado pelo juízo da execução penal. Precedentes"[269].

46. LIMITES DE PENAS

46.1. Tempo de cumprimento das penas privativas de liberdade

O tempo de cumprimento das penas privativas de liberdade não pode ser superior a 40 anos (CP, art. 75). Tal dispositivo encontra-se em sintonia com o art. 5º, XLVII, *b*, da Constituição, que proíbe penas de caráter perpétuo.

Ainda que a pena imposta na condenação ultrapasse 40 anos, o juízo da execução deve proceder à unificação para o máximo permitido em lei (CP, art. 75, § 1º — com redação dada pela Lei n. 13.964/2019). Esse limite só se refere ao tempo de cumprimento de pena, não podendo servir de base para o cálculo de outros benefícios, como livramento condicional e progressão de regime.

Dessa forma, se o agente for condenado a 900 anos, só poderá obter o livramento condicional após o cumprimento de 1/3 ou metade de 900, e não de 40. Assim, só sairia em liberdade condicional após cumprir 300 ou 450 anos de pena (não conseguiria o benefício).

Trata-se, portanto, da imposição de um limite máximo de cumprimento de pena, sem qualquer efeito quanto à progressão de regime, a qual continuará tendo por base a pena total imposta na sentença.

Há, porém, entendimento em sentido contrário, sob o fundamento de que a nossa Constituição veda a pena perpétua (art. 5º, XLVII).

46.2. Nova condenação

Sobrevindo nova condenação por fato posterior ao início do cumprimento da pena, far-se-á nova unificação, desprezando-se, para esse fim, o período de pena já cumprido. Por exemplo, "A" é condenado a 150 anos de reclusão. Procedida a unificação, cumpre 40. Após cumprir 12 anos, é condenado por fato posterior ao início do cumprimento da pena. Nessa nova condenação, lhe é imposta pena de 20 anos. Somam-se os 28 que faltavam para cumprir os 40 anos com os 20 anos impostos pela nova condenação. Dessa soma resultará a pena de 48 anos. Procede-se a nova unificação para o limite de 40 anos. Agora, além dos 12 já cumpridos, terá de cumprir mais 40.

Observe-se que a unificação das penas nesse limite traz um inconveniente: deixa praticamente impune o sujeito que, condenado a uma pena de 40 anos de reclusão, comete novo crime logo no início do cumprimento dessa sanção.

269. STJ, AgRg no AREsp 1.493.043/SC, 2019/0126938-0, 5ª Turma, Rel. Min. Joel Ilan Paciornik, j. 28-4-2020, *DJe* 4-5-2020.

Reforce-se que o art. 75 do CP refere-se apenas à duração do cumprimento das penas impostas antes e durante a execução da pena, de modo que, havendo um hiato entre a satisfação das penas anteriores cumpridas pelo sentenciado e o começo de novas penas, impostas após o cumprimento daquelas, não se aplica o mencionado artigo.

46.3. Limite da pena de multa

A pena de multa tem seu limite máximo em 360 dias-multa, no valor de 5 salários mínimos (CP, art. 49, § 1º), podendo ser triplicada se o juiz considerar que, em virtude da situação econômica do réu, é ineficaz, embora aplicada no máximo.

47. AÇÃO PENAL

47.1. Conceito

É o direito de pedir ao Estado-Juiz a aplicação do direito penal objetivo a um caso concreto. É também o direito público subjetivo do Estado-Administração, único titular do poder-dever de punir, de pleitear ao Estado-Juiz a aplicação do Direito Penal objetivo, com a consequente satisfação da pretensão punitiva.

47.2. Características

São as seguintes:

(i) é um direito autônomo, que não se confunde com o direito material que se pretende tutelar;

(ii) é um direito abstrato, que independe do resultado do processo;

(iii) é um direito subjetivo, porque o titular pode exigir do Estado-Juiz a prestação jurisdicional;

(iv) é um direito público, porque a atividade jurisdicional que se pretende provocar é de natureza pública.

47.3. Espécies de ação penal no direito brasileiro

A par da tradicional classificação das ações em geral, levando-se em conta a natureza do provimento jurisdicional invocado (de conhecimento, cautelar e de execução), no processo penal é corrente a divisão subjetiva das ações, isto é, em função da qualidade do sujeito que detém a sua titularidade.

Segundo esse critério, as ações penais serão (i) públicas ou (ii) privadas, conforme sejam promovidas pelo Ministério Público ou pela vítima e seu representante legal, respectivamente. É o que diz o art. 100, *caput*, do Código Penal: "a ação penal é pública, salvo quando a lei, expressamente, a declara privativa do ofendido".

Dentro dos casos de ação penal pública (exclusiva do Ministério Público), ainda há outra subdivisão, em ação penal pública incondicionada e condicionada. No primeiro caso, o

Ministério Público promoverá a ação independentemente da vontade ou interferência de quem quer que seja, bastando, para tanto, que concorram as condições da ação e os pressupostos processuais. No segundo, a sua atividade fica condicionada também à manifestação de vontade do ofendido ou do seu representante legal. É a letra do art. 100, § 1º, do CP: "a ação pública é promovida pelo Ministério Público, dependendo, quando a lei o exige, de representação do ofendido ou de requisição do Ministro da Justiça". Semelhante, o art. 24 do CPP.

Essa divisão atende a razões de exclusiva política criminal. Há crimes que ofendem sobremaneira a estrutura social e, por conseguinte, o interesse geral. Por isso, são puníveis mediante (i.1) *ação pública incondicionada*. Outros, afetando imediatamente a esfera íntima do particular e apenas mediatamente o interesse geral, continuam de iniciativa pública (do Ministério Público), mas condicionada à vontade do ofendido, em respeito à sua intimidade, ou do ministro da Justiça, conforme for. São as hipóteses de (i.2) *ação penal pública condicionada*.

Há outros que, por sua vez, atingem imediata e profundamente o interesse do sujeito passivo da infração. Na maioria desses casos, pela própria natureza do crime, a instrução probatória fica quase que inteiramente na dependência do concurso do ofendido. Em face disso, o Estado lhe confere o próprio direito de ação, conquanto mantenha para si o direito de punir, a fim de evitar que a intimidade, devassada pela infração, venha a sê-lo novamente (e muitas vezes com maior intensidade, dada a amplitude do debate judicial) pelo processo. São os casos de (ii) *ação penal privada*.

Por sua vez, a ação penal privada subdivide-se em: ação penal exclusivamente privada; ação penal privada personalíssima e ação penal privada subsidiária da pública, as quais serão estudadas no item 47.7.5.

A ação penal pública é a regra geral, sendo a privada a exceção (CP, art. 100, *caput*). Dentro dessa regra generalíssima há outra exceção, que é dada pelos casos de ação pública condicionada, também expressamente previstos em lei (CP, art. 100, § 1º, e CPP, art. 24). Assim, não havendo expressa disposição legal sobre a forma de proceder, a ação será pública (incondicionada). Havendo, conforme for, a ação será pública condicionada, ou, então, privada.

→ **Atenção**: no caso de crime contra a honra praticado em face de funcionário público em razão do exercício de suas funções, a hipótese é de **dupla titularidade**. Ou seja, o MP pode oferecer a denúncia e o ofendido a queixa-crime. De acordo com entendimento do STF, não se trata de vias concomitantes, haja vista que o ofendido deve optar por uma das vias (representar ao MP para que este ofereça a denúncia, ou propor queixa-crime). A escolha de uma via pelo ofendido exclui, automaticamente, a outra.

→ **Atenção**: nos crimes praticados contra o patrimônio público ou interesse de pessoa jurídica de direito público da administração direta, a ação penal será pública, de acordo com o art. 24, § 2º, do CPP. Por analogia, o Distrito Federal deve ser inserido no rol (art. 3º do CPP).

→ **Atenção**: a ação penal no crime complexo é regida pelo art. 101 do CP: "quando a lei considera como elemento ou circunstâncias do tipo legal fatos que, por si mesmos, constituem crimes, cabe ação penal pública em relação àquele, desde que, em relação a qualquer destes se deva proceder por iniciativa do Ministério Público". Ou seja, se qualquer dos crimes componentes do tipo deva ser apurado pelo Ministério Público, a ação penal será pública incondicionada.

47.4. As condições da ação penal

São requisitos que subordinam o exercício do direito de ação. Para se poder exigir, no caso concreto, a prestação jurisdicional, faz-se necessário, antes de tudo, o preenchimento das condições da ação. Ao lado das tradicionais condições que vinculam a ação civil, também aplicáveis ao processo penal (possibilidade jurídica do pedido, interesse de agir e legitimidade para agir), a doutrina atribui a este algumas condições específicas, ditas *condições específicas de procedibilidade*. São elas: "(i) representação do ofendido e requisição do Ministro da Justiça; (ii) entrada do agente no território nacional; (iii) autorização do Legislativo para a instauração de processo contra Presidente e Governadores, por crimes comuns; e (iv) trânsito em julgado da sentença que, por motivo de erro ou impedimento, anule o casamento, no crime de induzimento a erro essencial ou ocultamento do impedimento"[270].

Com a reforma processual penal, a denúncia ou queixa deverá ser rejeitada quando: "I – for manifestamente inepta; II – faltar pressuposto processual ou condição para o exercício da ação penal; ou III – faltar justa causa para o exercício da ação penal" (CPP, art. 395). São, assim, requisitos que subordinam o exercício do direito de ação:

(i) possibilidade jurídica do pedido: se no processo civil o conceito de possibilidade jurídica é negativo, isto é, será juridicamente admissível desde que, analisado em tese, o ordenamento não o vede, no processo penal seu conceito é aferido positivamente: a providência pedida ao Poder Judiciário só será viável desde que o ordenamento, em abstrato, expressamente a admita. Nesse passo, a denúncia será rejeitada quando, por exemplo, o fato narrado evidentemente não constituir crime.

A fim de não se confundir a análise dessa condição da ação com a do mérito, a apreciação da possibilidade jurídica do pedido deve ser feita sobre a causa de pedir (*causa petendi*) considerada em tese, desvinculada de qualquer prova porventura existente. Analisa-se o fato *tal como narrado na peça inicial*, sem perquirir se essa é ou não a verdadeira realidade, a fim de concluir se o ordenamento penal material comina-lhe, em abstrato, uma sanção. Deixa-se para o mérito a análise dos *fatos provados*; aprecia-se a *causa petendi* à luz, agora, das provas colhidas na instrução; é a aferição dos fatos em concreto, como realmente ocorreram, não como simplesmente narrados. Nesse momento, o juiz deverá dizer na sentença se o pedido é concretamente fundado ou não no direito material, ou seja, se é procedente ou improcedente;

(ii) interesse de agir: desdobra-se no trinômio *necessidade* e *utilidade* do uso das vias jurisdicionais para a defesa do interesse material pretendido e *adequação* à causa do

---

270. Ada Pellegrini Grinover, Antonio Scarance Fernandes e Antonio Magalhães Gomes Filho, *As nulidades no processo penal*, 3. ed., São Paulo, Revista dos Tribunais, 1994, p. 59.

procedimento e do provimento, de forma a possibilitar a atuação da vontade concreta da lei segundo os parâmetros do devido processo legal.

A *necessidade* é inerente ao processo penal, tendo em vista a impossibilidade de impor pena sem o devido processo legal. Por conseguinte, não será recebida a denúncia quando já estiver extinta a punibilidade do acusado, já que nesse caso a perda do direito material de punir resultou na desnecessidade de utilização das vias processuais.

A *utilidade* se traduz na eficácia da atividade jurisdicional para satisfazer o interesse do autor. Se de plano for possível perceber a inutilidade da persecução penal aos fins a que se presta, dir-se-á que inexiste interesse de agir. É o caso, e. g., de oferecer denúncia quando, pela análise da pena possível de ser imposta ao final, se eventualmente comprovada a culpabilidade do réu, já se pode antever a ocorrência da prescrição retroativa. Nesse caso, toda a atividade jurisdicional será inútil; falta, portanto, interesse de agir. Esse entendimento, todavia, não é absolutamente pacífico, quer na doutrina, quer na jurisprudência.

Por fim, a *adequação* reside no processo penal condenatório e no pedido de aplicação de sanção penal;

(iii) legitimação para agir: é, na clássica lição de Alfredo Buzaid, a pertinência subjetiva da ação. Cuida-se aqui da legitimidade *ad causam*, que é a legitimação para ocupar tanto o polo ativo da relação jurídica processual, o que é feito pelo Ministério Público, na ação penal pública, e pelo ofendido, na ação penal privada (arts. 24, 29 e 30 do CPP), quanto o polo passivo, pelo provável autor do fato, e da legitimidade *ad processum*, que é a capacidade para estar no polo ativo, em nome próprio, e na defesa de interesse próprio (arts. 33 e 34 do CPP).

Partes legítimas, ativa e passiva, são os titulares dos interesses materiais em conflito, em outras palavras, os titulares da relação jurídica material levada ao processo.

No processo penal, os interesses em conflito são: o direito de punir, o conteúdo da pretensão punitiva e o direito de liberdade. Titular do primeiro é o Estado, que é, por isso, o verdadeiro legitimado, exercendo-o por intermédio do Ministério Público. Não é por outro motivo que se diz que o ofendido, na titularidade da ação privada, é senão um substituto processual (legitimação extraordinária), uma vez que só possui o direito de acusar (*ius accusationis*), exercendo-o em nome próprio, mas no interesse alheio, isto é, do Estado. Legitimados passivos são os suspeitos da prática da infração, justamente por serem aqueles cujo direito de liberdade está ameaçado.

As condições da ação devem ser analisadas pelo juiz quando do recebimento da queixa ou da denúncia, de ofício. Faltando qualquer delas, o magistrado deverá rejeitar a peça inicial, declarando o autor *carecedor de ação*. Se não o fizer nesse momento, nada impede, aliás se impõe, que ele o faça a qualquer instante, em qualquer instância, decretando, se for o caso, a nulidade absoluta do processo (CPP, art. 564, II).

→ Atenção: em algumas hipóteses, além das condições mencionadas, a lei exige condições específicas para a propositura da ação penal, as quais também são chamadas de condições de procedibilidade, sendo estas a representação do ofendido e a requisição do Ministro da Justiça (v. itens 47.6.2 e 47.6.3).

Demais exemplos de condições de procedibilidade para a propositura da ação penal se configuram, por exemplo, (i) nas hipóteses de extraterritorialidade condicionada da lei penal brasileira, na qual se exige a entrada do agente em território nacional (art. 7º, §§ 2º e 3º, do CP); e no caso de (ii) instauração de processo criminal contra o Presidente da República, Vice-Presidente ou Ministros de Estado, no qual se exige autorização da Câmara dos Deputados (art. 51, I, da CF).

47.4.1. Condições da ação penal e a absolvição sumária

Nos procedimentos ordinário e sumário, oferecida a denúncia ou queixa, o juiz: (i) analisará se não é caso de rejeição liminar (deverá avaliar todos os requisitos do art. 395, dentre eles, as condições da ação); (ii) se não for caso de rejeição liminar, recebê-la-á e ordenará a citação do acusado para responder à acusação, por escrito, no prazo de 10 (dez) dias (CPP, art. 396).

E, consoante o art. 396-A, na resposta, o acusado poderá: (i) arguir preliminares; (ii) alegar tudo o que interesse à sua defesa; (iii) oferecer documentos e justificações; (iv) especificar as provas pretendidas e arrolar testemunhas, qualificando-as e requerendo sua intimação quando necessário.

Após o cumprimento do disposto no art. 396-A e parágrafos do Código, o juiz deverá absolver sumariamente o acusado quando verificar (CPP, art. 397): (i) a existência manifesta de causa excludente da ilicitude do fato (inciso I); (ii) a existência manifesta de causa excludente da culpabilidade do agente, salvo inimputabilidade (inciso II); (iii) que o fato narrado evidentemente não constitui crime (inciso III); ou extinta a punibilidade do agente (inciso IV) (STJ, AgRg no RHC 109.119/GO, *DJU* 23-6-2020).

47.5. Ação penal pública incondicionada: titularidade e princípios

47.5.1. Titularidade

Adotando declaradamente o sistema acusatório de persecução penal, cuja principal característica é a nítida separação das funções de acusar, julgar e defender, colocando-se, assim, em franca oposição à concepção que informou as legislações processuais anteriores, a atual Constituição da República atribui ao Ministério Público, com exclusividade, a propositura da ação penal pública, seja ela incondicionada ou condicionada (CF, art. 129, I). A propósito, também os arts. 25, III, da Lei n. 8.625/93 (LONMP) e 103, VI, da Lei Complementar n. 734/93 (LOEMP).

A Constituição prevê, todavia, no art. 5º, LIX, uma única exceção: caso o Ministério Público não ofereça denúncia no prazo legal, é admitida *ação penal privada subsidiária*, proposta pelo ofendido ou seu representante legal. A ressalva está prevista, também, nos arts. 29 do CPP e 100, § 3º, do CP. Os arts. 598 e 584, § 1º, do CPP admitem, ainda, o recurso supletivo do ofendido nos casos ali elencados, quando o Ministério Público não o fizer.

Diante da atual regra, ficaram revogados os arts. 26 e 531 do Código de Processo Penal, que previam o chamado procedimento judicialiforme, ou ação penal *ex officio*, cuja titularidade era atribuída à autoridade policial ou ao juiz, que a iniciava pelo auto de prisão em flagrante ou mediante portaria, nos casos de contravenções. Tal entendimento encontra-se expresso na redação do art. 257 do CPP, ao prever que "ao Ministério Público cabe: I — promover, privativamente, a ação penal pública, na forma estabelecida neste Código; e II — fiscalizar a execução da lei".

47.5.2. Princípios

São eles:

(i) obrigatoriedade ou legalidade (art. 24 do CPP): identificada a hipótese de atuação, não pode o Ministério Público recusar-se a dar início à ação penal. Há, quanto à propositura desta, dois sistemas diametralmente opostos: o da legalidade (ou obrigatoriedade), segundo o qual o titular da ação está obrigado a propô-la sempre que presentes os requisitos necessários, e o da oportunidade, que confere a quem cabe promovê-la certa parcela de liberdade para apreciar a oportunidade e a conveniência de fazê-lo.

No Brasil, quanto à ação penal pública, vigora o da legalidade, ou obrigatoriedade, impondo ao órgão do Ministério Público, dada a natureza indisponível do objeto da relação jurídica material, a sua propositura, sempre que a hipótese preencher os requisitos mínimos exigidos. Não cabe a ele adotar critérios de política ou de utilidade social.

O art. 28 do Código de Processo Penal, ao exigir que o Ministério Público exponha as razões do seu convencimento sempre que pedir o arquivamento dos autos do inquérito policial, confirma a opção pelo critério da legalidade, que é implícita no sistema nacional, possibilitando o controle do princípio, que, em um primeiro momento, é feito pelo juiz, o qual exerce, neste caso, uma função anormal, e, em um segundo, pelo procurador-geral de Justiça[271].

Devendo denunciar e deixando de fazê-lo, o promotor poderá estar cometendo crime de prevaricação, conforme for.

Atualmente, o princípio sofreu inegável mitigação com a regra do art. 98, I, da Constituição da República, que possibilita a transação penal entre Ministério Público e autor do fato, nas infrações penais de menor potencial ofensivo (crimes apenados com, no máximo, dois anos de pena privativa de liberdade e contravenções penais). A possibilidade de transação (proposta de aplicação de pena não privativa de liberdade) está regulamentada pelo art. 76 da Lei n. 9.099/95, substituindo nessas infrações penais o princípio da obrigatoriedade pelo da discricionariedade regrada (o Ministério Público passa a ter liberdade para dispor da ação penal, embora essa liberdade não seja absoluta, mas limitada às hipóteses legais).

---

271. O pacote anticrime alterou a redação do art. 28 do CPP: "Ordenado o arquivamento do inquérito policial ou de quaisquer elementos informativos da mesma natureza, o órgão do Ministério Público comunicará à vítima, ao investigado e à autoridade policial e encaminhará os autos para a instância de revisão ministerial para fins de homologação, na forma da lei". A CONAMP ajuizou uma ADI em face de alguns dispositivos e expressões da Lei n. 13.964/2019 e dentre os quais está o art. 28. O pedido liminar foi deferido pelo Ministro Fux do STF suspendendo por tempo indeterminado a eficácia dos dispositivos. A ADI 6.305 foi publicada em 6-2-2020 e será julgada em plenário.

Outra exceção ao princípio da obrigatoriedade está contida na Lei do Crime Organizado (Lei n. 12.850/2013) e consiste na hipótese de colaboração, nos moldes do art. 4º, o qual dispõe que "o juiz poderá, a requerimento das partes, conceder o perdão judicial, reduzir em até 2/3 (dois terços) a pena privativa de liberdade ou substituí-la por restritiva de direitos daquele que tenha colaborado efetiva e voluntariamente com a investigação e com o processo criminal (...)", desde que dessa colaboração advenha um ou mais dos resultados previstos no mencionado dispositivo legal.

Também é uma exceção ao referido princípio o acordo de não persecução penal, previsto no art. 28-A do CPP.

(ii) indisponibilidade (arts. 42 e 576 do CPP): oferecida a ação penal, o Ministério Público dela não pode desistir (art. 42 do CPP). Esse princípio nada mais é que a manifestação do princípio anterior no desenvolvimento do processo penal. Seria, de fato, completamente inútil prescrever a obrigatoriedade da ação penal pública se o órgão do Ministério Público pudesse, posteriormente, desistir da ação penal, ou mesmo transigir sobre o seu objeto. A proibição é expressa no art. 42 do Código de Processo Penal, chegando a atingir, inclusive, a matéria recursal, pois "o Ministério Público não poderá desistir do recurso que haja interposto" (CPP, art. 576).

A respeito deste princípio, o STF já decidiu que, dado o caráter indisponível da ação penal, é permitido que o juiz reconheça na sentença a ocorrência de circunstância qualificadora mencionada na denúncia, ainda que o Ministério Público, em sede de alegações finais, tenha se manifestado por sua exclusão. Igualmente, pode o juiz proferir sentença condenatória, a despeito de o MP ter pedido a absolvição em sede de alegações finais.

Este princípio não vigora no caso das infrações regidas pela Lei n. 9.099/95, cujo art. 89 concede ao Ministério Público a possibilidade de, preenchidos os requisitos legais, propor ao acusado, após o oferecimento da denúncia, a suspensão condicional do processo, por um prazo de 2 a 4 anos, cuja fluência acarretará a extinção da punibilidade do agente (art. 89, § 5º). É, sem dúvida, um ato de disposição da ação penal;

(iii) oficialidade: os órgãos encarregados da persecução penal são oficiais, isto é, públicos. Sendo o controle da criminalidade uma das funções mais típicas do Estado, assevera-se, como o faz Manzini, que a função penal é de índole eminentemente pública. O Estado é o titular exclusivo do direito de punir, que só se efetiva mediante o devido processo legal, o qual tem seu início com a propositura da ação penal. Segue-se que, em regra, cabe aos órgãos do próprio Estado essa tarefa persecutória. Atribui-se a investigação prévia à autoridade policial (Polícia Civil ou Polícia Federal, conforme for – CF, art. 144, incisos e parágrafos) ou àquelas autoridades administrativas a quem a lei cometa a mesma função, qual seja, a de Polícia Judiciária (CPP, art. 4º e parágrafo único), ao passo que a ação penal pública fica a cargo exclusivo do Ministério Público (CF, art. 129, I). Exceção para os casos de ação privada subsidiária, de titularidade do ofendido ou do seu representante legal;

(iv) autoritariedade: corolário do princípio da oficialidade. São autoridades públicas os encarregados da persecução penal *extra* e *in judicio* (respectivamente, autoridade policial e membro do Ministério Público);

(v) oficiosidade: os encarregados da persecução penal devem agir de ofício, independentemente de provocação, salvo nas hipóteses em que a ação penal pública for condicionada à representação ou à requisição do ministro da Justiça (CP, art. 100, § 1º, e CPP, art. 24);

(vi) indivisibilidade: também aplicável à ação penal privada (CPP, art. 48). A ação penal pública deve abranger todos aqueles que cometeram a infração. A regra é o desdobramento do princípio da legalidade: se o Ministério Público está obrigado a propor a ação penal pública, é óbvio que não poderá escolher, dentre os indiciados, quais serão processados, pois isso implicaria necessariamente a adoção do princípio da oportunidade em relação ao "perdoado".

Para alguns doutrinadores, porém, aplica-se à ação pública o *princípio da divisibilidade*, e não o da indivisibilidade, já que o Ministério Público pode optar por processar apenas um dos ofensores, optando por coletar maiores evidências para processar posteriormente os demais[272].

Nesse sentido também já se manifestou o STJ, ou seja, que o fato de o Ministério Público deixar de oferecer denúncia contra quem não reconheceu a existência de indícios de autoria na prática do delito, não ofende o princípio da indivisibilidade da ação penal, pois o princípio do art. 48 do CPP não compreende a ação penal pública, que, não obstante, é inderrogável;

(vii) intranscendência: a ação penal só pode ser proposta contra a pessoa a quem se imputa a prática do delito. Salienta-se esse princípio, em virtude do fato de que há sistemas em que a satisfação do dano *ex delicto* faz parte da pena, devendo, por isso, ser pleiteada pelo órgão da acusação em face do responsável civil. A ação engloba, assim, além do provável sujeito ativo da infração, também o responsável pela indenização. Não é o sistema adotado no Brasil, como se vê. Entre nós vigora a intranscendência da ação penal, seja pública ou privada.

47.6. Ação penal pública condicionada

47.6.1. Conceito

É aquela cujo exercício se subordina a uma condição. Esta tanto pode ser a manifestação de vontade do ofendido ou de seu representante legal (representação) como a requisição do ministro da Justiça[273].

→ **Atenção:** mesmo nesses casos a ação penal continua sendo pública, exclusiva do Ministério Público, cuja atividade fica apenas subordinada a uma daquelas condições (CPP, art. 24, e CP, art. 100, § 1º).

Por serem exceção à regra de que todo crime se processa mediante ação pública incondicionada, os casos sujeitos à representação ou requisição encontram-se explícitos em lei.

---

272. Julio Fabbrini Mirabete, *Processo penal*, 4. ed., São Paulo, Atlas, p. 114.
273. Fernando da Costa Tourinho Filho, *Processo penal*, 15. ed., São Paulo, Saraiva, 1994, v. 1, p. 298.

47.6.2. Ação penal pública condicionada à representação

O Ministério Público, titular desta ação, só pode a ela dar início se a vítima ou seu representante legal o autorizarem, por meio de uma manifestação de vontade. Neste caso, o crime afeta tão profundamente a esfera íntima do indivíduo que a lei, a despeito da sua gravidade, respeita a vontade daquele, evitando, assim, que o *strepitus judicii* (escândalo do processo) se torne um mal maior para o ofendido do que a impunidade dos responsáveis.

Mais ainda: sem a permissão da vítima, nem sequer poderá ser instaurado inquérito policial (CPP, art. 5º, § 4º). Todavia, uma vez iniciada a ação penal, o Ministério Público a assume incondicionalmente, passando a ser informada pelo princípio da indisponibilidade do objeto do processo, sendo irrelevante qualquer tentativa de retratação.

47.6.2.1. Crimes cuja ação depende de representação da vítima ou de seu representante legal

Lesão corporal leve e culposa (art. 129, *caput* e § 6º, c/c o art. 88 da Lei n. 9.099/95), valendo destacar que, após a decisão do STF, na ADIn 4.424, os crimes de lesão corporal leve, praticados contra a mulher, envolvendo violência doméstica, são de ação penal pública incondicionada; perigo de contágio venéreo (art. 130, § 2º, do CP); crime contra a honra de funcionário público, em razão de suas funções, ou contra os Presidentes do Senado Federal, da Câmara dos Deputados ou do Supremo Tribunal Federal (art. 141, II, c/c o art. 145, parágrafo único), ressalvando-se que, de acordo com a Súmula 714 do STF: "É concorrente a legitimidade do ofendido, mediante queixa, e do Ministério Público, condicionada à representação do ofendido, para a ação penal por crime contra a honra de servidor público em razão do exercício de suas funções"; injúria preconceito consistente na utilização de elementos referentes a religião ou à condição de pessoa idosa ou com deficiência (art. 140, § 3º, c/c o art. 145, parágrafo único); ameaça (art. 147, parágrafo único); violação de correspondência (art. 151, § 4º); correspondência comercial (art. 152, parágrafo único); furto de coisa comum (art. 156, § 1º); tomar refeição em restaurante, alojar-se em hotel ou utilizar-se de transporte sem ter recursos para o pagamento (art. 176, parágrafo único). No tocante aos crimes contra a dignidade sexual, *vide* comentários mais adiante.

47.6.2.1.1. Ação penal no crime de violência doméstica e familiar contra a mulher (Lei n. 11.340/2006)

A Lei n. 11.340, de 7 de agosto de 2006, ao ampliar a proteção da mulher vítima de violência doméstica e familiar, vedou incidência da Lei dos Juizados Especiais Criminais em tais situações, haja vista que a partir do advento da citada lei, o crime de lesão corporal dolosa leve qualificado pela violência doméstica, previsto no art. 129, § 9º, do CP, deixou de ser considerado infração de menor potencial ofensivo, em face da majoração do limite máximo da pena, o qual passou a ser de três anos.

Os crimes de lesão corporal leve, praticados contra a mulher, envolvendo violência doméstica, são de ação penal pública incondicionada. No mesmo sentido, a Súmula 542 do STJ: A ação penal relativa ao crime de lesão corporal resultante de violência doméstica contra a mulher é pública incondicionada. Vale destacar que as menções da Lei n. 11.340/2006 à ação pública condicionada serão aplicáveis somente no caso de crime de ameaça, tendo em vista que a necessidade de representação da vítima nesse crime está prevista no próprio Código Penal, e não na Lei n. 9.099/95.

A Lei n. 14.188/2021 deu nova redação ao art. 12-C, determinando o imediato afastamento do agressor do lar ou espaço de convivência, na hipótese de risco atual ou iminente à vida, integridade física ou psicológica da mulher ou de seus dependentes. Importante ressaltar que somente a autoridade judicial pode conceder medidas protetivas de urgência. Quando se tratar de afastamento do agressor, contudo, a medida pode ser determinada pelo Delegado se o Município não for sede de comarca, ou pelo policial (civil ou militar), se o Município não for sede de comarca e também não houver Delegado disponível no momento. Nesses últimos casos, o Juiz será comunicado no prazo máximo de 24 horas e decidirá, em igual prazo, sobre a manutenção ou a revogação da medida aplicada, devendo dar ciência ao Ministério Público concomitantemente.

Convém ressalvar que mencionada lei somente se aplica à violência doméstica praticada contra a mulher. Dessa forma, se a violência for praticada, no âmbito doméstico, contra indivíduo do sexo masculino (por exemplo, menor de idade), não há vedação para a incidência da Lei n. 9.099/95 (representação e suspensão condicional do processo).

47.6.2.2. Natureza jurídica da representação

Trata-se de condição objetiva de procedibilidade. Sem a representação do ofendido ou, quando for o caso, sem a requisição do ministro da Justiça, não se pode dar início à persecução penal. É condição específica da ação penal pública. São requisitos especiais, exigidos por lei ao lado daqueles gerais a todas as ações, para que se possa exigir legitimamente, na espécie, a prestação jurisdicional. É um obstáculo ao legítimo exercício da ação penal, cuja remoção fica ao exclusivo critério do ofendido, ou de quem legalmente o represente, ou, ainda, do ministro da Justiça.

Apesar da sua natureza eminentemente processual (condição especial da ação), aplicam-se a ela as regras de direito material intertemporal, haja vista sua influência sobre o direito de punir do Estado, de natureza inegavelmente substancial, porquanto o não exercício do direito de representação no prazo legal acarreta a extinção da punibilidade do agente pela decadência (CP, art. 107, IV).

47.6.2.3. Conceito de representação

É a manifestação de vontade do ofendido ou do seu representante legal no sentido de autorizar o desencadeamento da persecução penal em juízo.

47.6.2.4. Titular do direito de representação

Se o ofendido contar menos de 18 anos ou for mentalmente enfermo, o direito de representação cabe exclusivamente a quem tenha qualidade para representá-lo. Ao completar 18 anos e não sendo deficiente mental, o ofendido adquire o direito de representar, uma vez que se torna, de acordo com o disposto no art. 5º do Código Civil, plenamente capaz para a realização de qualquer ato jurídico, incluídos aí os de natureza processual.

Assim, desapareceu a figura do representante legal para a hipótese do maior de 18 e menor de 21 anos, não havendo mais que se falar em incapacidade relativa. Com isso, ao completar 18 anos, só o ofendido poderá ofertar a representação, ficando cancelada a Súmula 594 do STF, que previa dois prazos decadenciais distintos, um para o representante legal e outro para o menor de 21 anos.

Pode também ser exercido por procurador com poderes especiais (CPP, art. 39, *caput*). No caso de morte do ofendido ou quando declarado ausente por decisão judicial, o direito de representação passará ao cônjuge, ascendente, descendente ou irmão (CPP, art. 24, § 1º). Sustenta-se que essa enumeração é taxativa, não podendo ser ampliada[274]. Assinala-se, por isso, que o curador do ausente, nomeado no juízo cível por ocasião da declaração judicial da ausência, não pode representar, uma vez que o parágrafo único do art. 24 do CPP, que não o contemplou, é norma especial em relação ao *caput* do mesmo artigo, bem como à lei civil[275]. No tocante aos companheiros reunidos pelos laços da união estável, tem-se que em face da equiparação da união estável ao casamento pela Constituição Federal de 1988 (art. 226, § 3º), a expressão "cônjuge" deve também abranger os companheiros. Não estamos aqui interpretando extensivamente o dispositivo penal, mas apenas procurando declarar o exato sentido e alcance da expressão "casado", que sofreu alterações com a inovação constitucional. Vale mencionar que, o Plenário do STF reconheceu como entidade familiar a união de pessoas do mesmo sexo (ADPF 132, cf. *Informativo do STF* n. 625, Brasília, 2 a 6 de maio de 2011). Comparecendo mais de um sucessor do direito de representação, aplica-se, por analogia, o disposto no art. 36 do CPP, que regula o problema nos casos de concorrência no exercício do direito de queixa.

Se o ofendido for incapaz (por razões de idade ou de enfermidade mental) e não possuir representante legal, o juiz, de ofício ou a requerimento do Ministério Público, nomeará um curador especial para analisar a conveniência de oferecer a representação. Note-se que ele não está obrigado a representar. O mesmo procedimento deverá ser adotado se os interesses do representante colidirem com os do ofendido incapaz (CPP, art. 33).

As pessoas jurídicas também poderão representar, desde que o façam por intermédio da pessoa indicada no respectivo contrato ou estatuto social, ou, no silêncio destes, pelos seus diretores ou sócios-gerentes (CPP, art. 37).

47.6.2.5. Prazo da representação

"Salvo disposição em contrário, o ofendido, ou seu representante legal, decairá no direito de queixa ou de representação, se não o exercer dentro do prazo de 6 (seis) meses, contado do dia em que vier a saber quem é o autor do crime, ou, no caso do art. 29, do dia em que se esgotar o prazo para o oferecimento da denúncia" (CPP, art. 38). No mesmo sentido, o art. 103 do CP.

---

274. Mirabete, *Processo penal*, cit., 1995, p. 116.
275. Tourinho Filho, *Processo penal*, cit., v. 1, p. 315, e Fabbrini Mirabete, *Processo penal*, cit., p. 116.

Trata-se, como se vê, de prazo decadencial, que não se suspende nem se prorroga, e cuja fluência, iniciada a partir do conhecimento da autoria da infração, é causa extintiva da punibilidade do agente (CP, art. 107, IV).

Tratando-se de menor de 18 anos, ou, se maior, ostentar doença mental, o prazo não fluirá para ele enquanto não cessar a incapacidade (decorrente da idade ou da enfermidade), porquanto não se pode falar em decadência de um direito que não se pode exercer. O prazo flui, todavia, para o representante legal, desde que ele saiba quem é o autor do ilícito penal.

Ao completar 18 anos, somente o ofendido poderá exercer o direito de queixa ou de representação, uma vez que, sendo considerado plenamente capaz pelo Código Civil, cessa, a partir dessa idade, a figura do representante legal. Com isso, mesmo que não cancelada expressamente, perdeu sentido a Súmula 594 do STF, que assegurava a independência de prazo decadencial para o menor de 21 anos e seu representante legal, na medida em que somente o primeiro terá legitimidade para exercitar o direito de queixa ou de representação.

Como o direito de representação está intimamente ligado ao direito de punir, porquanto o seu não exercício gera a extinção da punibilidade pela decadência, o prazo para o seu exercício é de direito material, computando-se o dia do começo e excluindo-se o do final, além de ser fatal e improrrogável, conforme dispõe o art. 10 do CP.

No caso de morte ou ausência judicialmente declarada do ofendido, o prazo, caso a decadência ainda não tenha se operado, começa a correr da data em que o cônjuge, ascendente, descendente ou irmão tomarem conhecimento da autoria (CPP, art. 38, parágrafo único). Verifique também o tópico sobre prescrição no Capítulo 48.

47.6.2.6. Forma da representação

A representação não tem forma especial. O Código de Processo Penal, todavia, estabelece alguns preceitos a seu respeito (art. 39, *caput* e §§ 1º e 2º), mas a falta de um ou de outro não será, em geral, bastante para invalidá-la. Óbvio que a ausência de narração do fato a tornará inócua.

O STF e outros tribunais, por sua vez, têm declarado a desnecessidade de formalismo na representação, admitindo como tal simples manifestações de vontade da vítima, desde que evidenciadoras da intenção de que seja processado o suspeito, devendo conter, ainda, todas as informações que possam servir ao esclarecimento do fato e da autoria (CPP, art. 39, § 2º). Desse modo, a representação prescinde de rigor formal, bastando a demonstração inequívoca do interesse do ofendido ou de seu representante legal (STJ, RHC 53.130/RJ).

Dessa forma, não se exige a existência de uma peça formal, denominada "representação", bastando que dos autos se possa inferir, com clareza, aquele desígnio do ofendido.

Assim, servem como representação as declarações prestadas à polícia, pelo ofendido, identificando o autor da infração penal, o boletim de ocorrência, as declarações de testemunhas que corroboram a versão da vítima etc.

No caso de vítima menor, o STF entendeu que pode representar qualquer pessoa de algum modo por ela responsável, tal como sua avó, seu tio ou irmão. Não são exigidos os requisitos da lei civil, bastando uma simples relação de guarda (AgRg no EDcl no AREsp 553.393/MG).

Feita a representação contra apenas um suspeito, esta se estenderá aos demais, autorizando o Ministério Público a propor a ação em face de todos, em atenção ao princípio da indivisibilidade da ação penal, consectário do princípio da obrigatoriedade. É o que se chama de *eficácia objetiva da representação.*

47.6.2.7. Destinatário da representação

Pode ser dirigida ao juiz, ao representante do Ministério Público ou à autoridade policial (art. 39, *caput*, do CPP):

(i) à autoridade policial: se por escrito e com firma reconhecida, a autoridade deverá instaurar o inquérito policial (CPP, art. 5º, § 4º) ou, sendo incompetente, deverá remetê-la à autoridade que tiver atribuição para fazê-lo (CPP, art. 39, § 3º). Se feita oralmente ou por escrito, mas sem firma reconhecida, a representação deverá ser reduzida a termo;

(ii) ao Ministério Público: se o ofendido ou quem de direito fizer a representação por escrito e com firma reconhecida, oferecendo com ela todos os elementos indispensáveis à propositura da ação penal, o órgão do Ministério Público, dispensando o inquérito, deverá oferecer denúncia no prazo de 15 dias, contado da data em que conhecer a vontade do representante. Do contrário, deverá requisitar à autoridade policial a instauração de inquérito, fazendo a representação acompanhar a requisição, ou, então, deverá, conforme for, pedir o arquivamento das peças de informação. Se oral ou por escrito, mas sem firma reconhecida, deverá reduzi-la a termo, observando-se tudo o que se disse quanto à existência de elementos para a propositura da ação;

(iii) ao juiz: se houver elementos suficientes para instruir a denúncia, o juiz deverá remetê-la diretamente ao Ministério Público, para o seu oferecimento. Não havendo tais elementos, deverá o magistrado encaminhá-la à autoridade policial, com a requisição de instauração de inquérito. Se oral ou por escrito, mas sem assinatura autenticada, o juiz deverá reduzi-la a termo.

47.6.2.8. Irretratabilidade da representação

A representação é irretratável após o oferecimento da denúncia (CPP, art. 25, e CP, art. 102). A retratação só pode ser feita antes de oferecida a denúncia, pela mesma pessoa que representou. A revogação da representação após esse ato processual não gerará qualquer efeito. Essa retratação, como é óbvio, não se confunde com a do art. 107, VI, do CP, feita pelo próprio agente do crime, a fim de alcançar a extinção da punibilidade.

O Tribunal de Justiça de São Paulo tem admitido a retratação da retratação, desde que feita dentro do prazo decadencial previsto em lei. A doutrina[276] entende ser impossível a revogação da retratação, pois equipara esta (a retratação) à renúncia, qualificando-a como causa extintiva da punibilidade.

---

276. Cf. Mirabete, *Processo penal,* cit., p. 118, e Fernando da Costa Tourinho Filho, *Processo penal,* cit., v. 1, p. 323-329.

47.6.2.9. Não vinculação da representação

A representação não obriga o Ministério Público a oferecer a denúncia, devendo este analisar se é ou não caso de propor a ação penal, podendo concluir pela sua instauração, pelo arquivamento do inquérito, ou pelo retorno dos autos à Polícia, para novas diligências. Não está, da mesma forma, vinculado à definição jurídica do fato constante da representação. Nesse ponto, vale lembrar do princípio da independência funcional, que é um dos princípios institucionais do Ministério Público, consoante o art. 127, § 1º, da CF. Em apertada síntese, referido princípio, em seu aspecto interno, torna os membros da instituição vinculados apenas à sua consciência jurídica, guiada tão somente pelo ordenamento jurídico, não havendo qualquer hierarquia ou subordinação entre membros, órgãos ou instâncias internas da instituição no desempenho das atividades funcionais.

47.6.3. Ação penal pública condicionada à requisição do Ministro da Justiça

Neste caso, a ação é pública, porque promovida pelo Ministério Público, mas, para que possa promovê-la, é preciso haja requisição do ministro da Justiça, sem o que é impossível a instauração do processo (CPP, art. 24). A requisição é um ato político, porque "há certos crimes em que a conveniência da persecução penal está subordinada a essa conveniência política"[277].

47.6.3.1. Hipóteses de requisição

São raras as hipóteses em que a lei subordina a persecução penal ao ato político da requisição: crime cometido por estrangeiro contra brasileiro, fora do Brasil (art. 7º, § 3º, b, do CP); crimes contra a honra cometidos contra chefe de Governo estrangeiro (art. 141, I, c/c o parágrafo único do art. 145); crimes contra a honra praticados contra o presidente da República (art. 141, I, c/c o art. 145, parágrafo único).

47.6.3.2. Prazo para o oferecimento da requisição

O Código de Processo Penal é omisso a respeito. Entende-se, assim, que o ministro da Justiça poderá oferecê-la a qualquer tempo, enquanto não estiver extinta a punibilidade do agente.

47.6.3.3. Eficácia objetiva da requisição

Aplica-se tudo quanto se disse em relação ao item 47.6.2.6.

47.6.3.4. Conteúdo da requisição

O CPP silenciou a respeito. Deve, entretanto, conter a qualidade da vítima, a qualificação, se possível, do autor da infração penal e a exposição do fato.

---

277. Tourinho Filho, *Processo penal*, cit., v. 1, p. 336.

47.6.3.5. Destinatário da requisição

É o Ministério Público.

47.6.3.6. Retratação da requisição

A requisição é irretratável, pois, ao contrário do que faz na hipótese de representação, a lei não contempla expressamente essa possibilidade[278]. Assim, uma vez oferecida, não poderá ser revogada[279].

47.6.3.7. Vinculação da requisição

Não obriga o Ministério Público a oferecer a denúncia[280]. Sendo o Ministério Público o titular exclusivo da ação penal pública (CF, art. 129, I), seja ela condicionada ou incondicionada, só a ele cabe a valoração dos elementos de informação e a consequente formação da *opinio delicti*. A requisição não passa de autorização política para este desempenhar suas funções.

47.7. Ação penal privada

47.7.1. Conceito

É aquela em que o Estado, titular exclusivo do direito de punir, transfere a legitimidade para propor a ação penal à vítima ou a seu representante legal.

A distinção básica que se faz entre ação penal privada e ação penal pública reside na legitimidade ativa. Nesta, a tem o órgão do Ministério Público, com exclusividade (CF, art. 129, I); naquela, o ofendido ou quem por ele de direito.

Mesmo na ação privada, o Estado continua sendo o único titular do direito de punir e, portanto, da pretensão punitiva. Apenas por razões de política criminal é que ele outorga ao particular o direito de ação. Trata-se, portanto, de legitimação extraordinária, ou substituição processual, pois o ofendido, ao exercer a queixa, defende um interesse alheio (do Estado na repressão dos delitos) em nome próprio.

47.7.2. Fundamento

Evitar que o *streptus judicii* (escândalo do processo) provoque no ofendido um mal maior do que a impunidade do criminoso, decorrente da não propositura da ação penal.

47.7.3. Titular

O ofendido ou seu representante legal (CP, art. 100, § 2º, e CPP, art. 30). Na técnica do Código, o autor denomina-se *querelante* e o réu, *querelado*.

---

278. Nesse sentido: Tourinho Filho, *Processo penal*, cit., v. 1, p. 339, e Mirabete, *Processo penal*, cit., p. 120.

279. Em sentido contrário: Jorge Alberto Romeiro, *Da ação penal*, 2. ed., Rio de Janeiro, Forense, 1978, p. 166.

280. Tourinho Filho, *Processo penal*, cit., v. 1, p. 340.

Se o ofendido for menor de 18 anos ou mentalmente enfermo, ou retardado mental, e não tiver representante legal, ou seus interesses colidirem com os deste último, o direito de queixa poderá ser exercido por curador especial, nomeado para o ato (art. 33 do CPP). Ao completar 18 anos, o menor torna-se plenamente capaz para a prática de qualquer ato jurídico, processual ou não, cessando, de imediato, a figura do representante legal, pouco importando se é maior ou menor de 21 anos. Assim, fica sem efeito a Súmula 594 do STF. Deste modo, se menor de 18 anos, só o representante legal poderá propor a queixa, renunciar à propositura ou perdoar o ofensor; se maior de 18, só o ofendido poderá fazê-lo, salvo se for doente mental, caso em que a legitimidade continuará com o seu representante legal.

No caso de morte do ofendido, ou de declaração de ausência, o direito de queixa, ou de dar prosseguimento à acusação, passa a seu cônjuge, ascendente, descendente ou irmão (art. 31 do CPP).

A doutrina, seguida pela jurisprudência, tem considerado o rol como taxativo e preferencial, de modo que não pode ser ampliado (por exemplo, para incluir o curador do ausente), e, exercida a queixa pela primeira delas, as demais se acham impedidas de fazê-lo, só podendo assumir a ação no caso de abandono pelo querelante, desde que o façam no prazo de 60 dias, observada a preferência do art. 36 do CPP, sob pena de perempção (CPP, art. 60, II).

No tocante aos companheiros reunidos pelos laços da união estável, tem-se que, em face da equiparação da união estável ao casamento pela Constituição Federal de 1988 (art. 226, § 3º), a expressão "cônjuge" deve também abranger os companheiros. Não estamos aqui interpretando extensivamente o dispositivo penal, mas apenas procurando declarar o exato sentido e alcance da expressão "casado", que sofreu alterações com a inovação constitucional. Cumpre consignar que, o Plenário do STF reconheceu como entidade familiar a união de pessoas do mesmo sexo.

As fundações, associações e sociedades legalmente constituídas podem promover a ação penal privada, devendo, entretanto, ser representadas por seus diretores, ou pessoas indicadas em seus estatutos (CPP, art. 37).

O Ministério Público não tem legitimidade para a propositura dessa ação penal, pois o Estado a outorgou extraordinariamente à vítima, atento ao fato de que, em determinados crimes, o *streptus judicii* (escândalo do processo) pode ser muito mais prejudicial ao seu interesse do que a própria impunidade do culpado.

47.7.4. Princípios

(i) oportunidade, conveniência ou discricionariedade: o ofendido tem a faculdade de propor ou não a ação de acordo com a sua conveniência, ao contrário da ação penal pública, informada que é pelo princípio da legalidade, segundo o qual não é dado ao seu titular, quando da sua propositura, ponderar qualquer critério de oportunidade e conveniência.

Diante disso, se a autoridade policial se deparar com uma situação de flagrante delito de ação privada, ela só poderá prender o agente se houver expressa autorização do particular (CPP, art. 5º, § 5º);

(ii) disponibilidade: o ofendido pode prosseguir ou não, até o final, na ação privada, pois dela pode dispor. É decorrência do princípio da oportunidade. O particular é o exclusivo titular dessa ação, porque o Estado assim o desejou, e, por isso, é-lhe dada a prerrogativa de exercê-la ou não, conforme suas conveniências. Mesmo o fazendo, ainda lhe é possível dispor do conteúdo do processo (a relação jurídica material) até o trânsito em julgado da sentença condenatória, por meio do perdão ou da perempção (CPP, arts. 51 e 60, respectivamente);

(iii) indivisibilidade: previsto no art. 48 do CPP. O ofendido pode escolher entre propor ou não a ação. Não pode, porém, escolher, dentre os ofensores, qual irá processar. Ou processa todos, ou processa nenhum. O Ministério Público não pode aditar a queixa para nela incluir os outros ofensores, porque estaria invadindo a legitimação do ofendido.

Em sentido contrário, entendendo que o aditamento é possível, com base no art. 46, § 2º, do CPP, manifestam-se tanto a doutrina quanto a jurisprudência[281]. Mirabete entende que, no caso de não inclusão involuntária de ofensor na queixa-crime (por desconhecimento da identidade do coautor, por exemplo), o Ministério Público deve fazer o aditamento, nos termos do art. 45 do CPP[282]. No caso, a queixa deve ser rejeitada em face da ocorrência da renúncia tácita no tocante aos não incluídos, pois essa causa extintiva da punibilidade se comunica aos querelados (CPP, art. 49);

(iv) intranscendência: significando que a ação penal só pode ser proposta em face do autor e do partícipe da infração penal, não podendo estender-se a quaisquer outras pessoas. Decorrência do princípio consagrado no art. 5º, XLV, da CF.

47.7.5. Espécies de ação penal privada

47.7.5.1. Exclusivamente privada, ou propriamente dita

Quando o ofendido for menor de 18 anos, só poderá ser proposta por seu representante legal. Ao completar 18 anos, o ofendido atingirá a maioridade civil e, com isso, a plena capacidade para a prática de qualquer ato jurídico, processual ou não. Assim, a partir dessa idade, somente ele terá legitimidade ativa para a ação privada, cessando a figura do representante legal.

47.7.5.2. Ação privada personalíssima

Sua titularidade é atribuída única e exclusivamente ao ofendido, sendo o seu exercício vedado até mesmo ao seu representante legal, inexistindo, ainda, sucessão por morte ou ausência.

Assim, falecendo o ofendido, nada há que se fazer a não ser aguardar a extinção da punibilidade do agente. É, como se vê, um direito personalíssimo e intransmissível. Inaplicáveis, portanto, os arts. 31 e 34 do CPP. Há entre nós um caso dessa espécie de ação penal: crime de induzimento a erro essencial ou ocultação de impedimento, previsto no Código Penal, no capítulo "Dos Crimes contra o Casamento", art. 236, parágrafo único.

281. Tourinho Filho, *Processo penal*, cit., v. 1, p. 383, 1994.
282. *Código de Processo Penal interpretado*, 4. ed., São Paulo, Atlas, 1999, p. 102-103.

No caso de ofendido incapaz, seja em virtude da pouca idade (menor de 18 anos), seja em razão de enfermidade mental, a queixa não poderá ser exercida, haja vista a incapacidade processual do ofendido (incapacidade de estar em juízo) e a impossibilidade de o direito ser manejado por representante legal ou por curador especial nomeado pelo juiz. Resta ao ofendido apenas aguardar a cessação da sua incapacidade. Anote-se que a decadência não corre contra ele, simplesmente porque está impedido de exercer o direito de que é titular.

47.7.5.3. Subsidiária da pública

Proposta nos crimes de ação pública, condicionada ou incondicionada, quando o Ministério Público deixar de fazê-lo no prazo legal. É a única exceção, prevista na própria Constituição Federal, à regra da titularidade exclusiva do Ministério Público sobre a ação penal pública (CF, arts. 129, I, e 5º, LIX).

Só tem lugar no caso de inércia do Ministério Público, jamais em caso de arquivamento. Deve ser proposta dentro do prazo decadencial de 6 meses, a contar do encerramento do prazo para oferecimento da denúncia (arts. 29 e 38, *caput*, última parte, do CPP).

Relevante registrar que o Ministério Público tem o poder-dever de intervir nos casos de ação penal privada subsidiária da pública, sob pena de nulidade processual (art. 564, III, *d*, do CPP), atuando como assistente litisconsorcial, contando com todas as prerrogativas dispostas no art. 29 do CPP.

47.7.6. Crimes de ação penal privada no Código Penal

São eles:

(i) calúnia, difamação e injúria (arts. 138, 139 e 140), salvo as restrições do art. 145;

(ii) alteração de limites, usurpação de águas e esbulho possessório, quando não houver violência e a propriedade for privada (art. 161, § 1º, I e II);

(iii) dano, mesmo quando cometido por motivo egoístico ou com prejuízo considerável para a vítima (art. 163, *caput*, parágrafo único, IV);

(iv) introdução ou abandono de animais em propriedade alheia (art. 164, c/c o art. 167);

(v) fraude à execução (art. 179 e parágrafo único);

(vi) violação de direito autoral (art. 184, *caput*);

(vii) induzimento a erro essencial e ocultação de impedimento para fins matrimoniais (art. 236 e seu parágrafo);

(viii) exercício arbitrário das próprias razões, desde que praticado sem violência (art. 345, parágrafo único).

47.7.7. Prazo da ação penal privada

O ofendido ou seu representante legal poderão exercer o direito de queixa, dentro do prazo de 6 meses, contado do dia em que vierem a saber quem foi o autor do crime (art. 38 do CPP).

O próprio art. 38 deixa entrever a possibilidade de haver exceções à regra, as quais de fato existem: (i) no crime de induzimento a erro essencial e ocultação de impedimento: 6 meses, contados a partir do trânsito em julgado da sentença que, por motivo de erro ou impedimento, anule o casamento (CP, art. 236, parágrafo único); (ii) nos crimes de ação privada contra a propriedade imaterial que deixar vestígios, sempre que for requerida a prova pericial: 30 dias, contados da homologação do laudo pericial (CPP, art. 529, *caput*).

O prazo é decadencial, e contado de acordo com a regra do art. 10 do CP, computando-se o dia do começo e excluindo-se o do final. Do mesmo modo, não se prorroga em face de domingo, feriado e férias, sendo inaplicável o art. 798, § 3º, do CPP (TJSP, RSE 10156420158260297/SP). Assim, se o termo final do prazo cair em sábado, domingo ou feriado, o ofendido, ou quem deseje, por ele, propor a ação, deverá procurar um juiz que se encontre em plantão e submeter-lhe a queixa-crime. Nunca poderá aguardar o primeiro dia útil, como faria se o prazo fosse prescricional.

No caso de ofendido menor de 18 anos, o prazo da decadência só começa a ser contado no dia em que ele completar essa idade, e não no dia em que ele tomou conhecimento da autoria.

O art. 35 do CPP, que exigia autorização do marido para a mulher casada intentar a queixa, foi revogado pelo art. 226, § 5º, da Constituição da República.

No caso de morte ou ausência do ofendido, o prazo decadencial de 6 meses começará a correr a partir da data em que qualquer dos sucessores elencados no art. 31 do CPP tomar conhecimento da autoria (CPP, art. 38, parágrafo único), exceto se, quando a vítima morreu, já se tinha operado a decadência.

O prazo decadencial é interrompido no momento do *oferecimento da queixa*, pouco importando a data de seu recebimento, o que pode se inferir através da leitura do art. 103 do CP (APL 0000176-74.2016.8.18.0152, TJ/PI).

Tratando-se de ação penal privada subsidiária, o prazo será de 6 meses, a contar do encerramento do prazo para o Ministério Público oferecer a denúncia (art. 29 do CPP).

Na hipótese de crime continuado, o prazo incidirá isoladamente sobre cada crime, iniciando-se a partir do conhecimento da respectiva autoria (despreza-se a continuidade delitiva para esse fim). No crime permanente, o prazo começa a partir do primeiro instante em que a vítima tomou conhecimento da autoria, e não a partir do momento em que cessou a permanência (não se aplica, portanto, a regra do prazo prescricional). Finalmente, nos crimes habituais, inicia-se a contagem do prazo a partir do último ato.

Lembre-se de que o pedido de instauração de inquérito (CPP, art. 5º, § 5º) não interrompe o prazo decadencial. Assim, o ofendido deverá ser cauteloso e requerer o início das investigações em um prazo tal que possibilite a sua conclusão e o oferecimento da queixa no prazo legal. O Código usa a palavra "queixa" em seu sentido técnico, como ato processual que dá início à ação penal.

48. CAUSAS DE EXTINÇÃO DA PUNIBILIDADE

48.1. Conceito e efeitos da extinção da punibilidade

São aquelas que extinguem o direito de punir do Estado. As causas extintivas da punibilidade são mencionadas no art. 107 do CP. Esse rol legal não é taxativo, pois causas outras existem no CP e em legislação especial. Cite-se como exemplo o ressarcimento do dano, que, antes do trânsito em julgado da sentença, no delito de peculato culposo, extingue a punibilidade (CP, art. 312, § 3º).

Com relação aos seus efeitos, temos duas opções: (i) se a extinção da punibilidade se der antes do trânsito em julgado da sentença condenatória, impedirá todos os efeitos decorrentes da condenação criminal, penais e extrapenais, já que extinguem o *ius puniendi* do Estado; em contrapartida, (ii) se ocorrerem depois do trânsito em julgado, em regra, eliminarão somente o efeito principal da condenação, qual seja, imposição de pena ou medida de segurança.

Relevante ressaltar que há duas exceções com relação à segunda hipótese, quais sejam, a anistia e a *abolitio criminis*, uma vez que mesmo sendo posteriores ao trânsito em julgado atingem todos os efeitos penais da sentença condenatória, subsistindo, no entanto, os extrapenais.

Analisemos a seguir as causas extintivas da punibilidade previstas no art. 107, I a IX, do CP.

48.2. Causas extintivas da punibilidade

48.2.1. Morte do agente (inciso I)

A extinção da punibilidade no caso de morte do agente decorre de dois princípios básicos: *mors omnia solvit*[283] (a morte tudo apaga) e o de que nenhuma pena passará da pessoa do delinquente (art. 5º, XLV, 1ª parte, da CF). O critério legal proposto pela medicina é a chamada morte cerebral, nos termos da Lei n. 9.434/97, que regula a retirada e transplante de órgãos (*vide* art. 17 do Dec. n. 9.175/2017 que regulamenta essa lei). Deste modo, é nesse momento que a pessoa deve ser declarada morta, autorizando-se, por atestado médico, o registro do óbito no Cartório de Registro Civil das Pessoas Naturais.

(i) Agente significa indiciado, réu ou sentenciado, uma vez que essa causa extintiva pode ocorrer em qualquer momento da persecução penal, desde a instauração do inquérito até o término da execução da pena.

(ii) Trata-se de causa personalíssima, que não se comunica aos partícipes e coautores (só extingue a punibilidade do falecido).

---

283. E. Magalhães Noronha, *Direito penal*, 30. ed., São Paulo, Saraiva, v. 1, p. 334; Heleno Cláudio Fragoso, *Lições de direito penal*; parte geral, 4. ed., Rio de Janeiro, Forense, p. 400.

(iii) Extingue todos os efeitos penais da sentença condenatória, principais e secundários.

(iv) Se ocorrer após o trânsito em julgado da condenação, a morte só extinguirá os efeitos penais, principais e secundários, não afetando, no entanto, os extrapenais. Assim, por exemplo, nada impedirá a execução da sentença penal no juízo cível contra os sucessores do falecido, desde que realizada a prévia liquidação do valor do dano ou aceito o valor mínimo fixado pelo juiz criminal em sentença penal condenatória (art. 387, IV, do CPP).

(v) A morte do agente extingue a pena de multa, uma vez que esta não poderá ser cobrada dos seus herdeiros (CF, art. 5º, XLV – a pena não pode passar da pessoa do condenado). Mesmo sendo considerada dívida de valor para fins de cobrança, permanece a impossibilidade de a pena pecuniária ser executada dos herdeiros, uma vez que subsiste sua natureza de pena. No entanto, quanto às penas alternativas pecuniárias, discute-se sua natureza (possuem caráter de pena ou de reparação civil?) e, dependendo dessa natureza, a possibilidade de serem cobradas dos herdeiros, quando da morte do agente (*vide* discussão no item 36.4: "Das penas alternativas pecuniárias").

(vi) A morte somente pode ser provada mediante certidão de óbito, uma vez que o art. 155, parágrafo único, do CPP exige as mesmas formalidades da lei civil para as provas relacionadas ao estado das pessoas (nascimento, morte, casamento, parentesco etc.). O art. 29, III, da Lei de Registros Públicos (Lei n. 6.015/73) determina a obrigatoriedade do registro do óbito no Cartório de Registro Civil das Pessoas Naturais, e seu art. 77, *caput*, estatui que "nenhum sepultamento será feito sem certidão de óbito".

A declaração de ausência, prevista pelos arts. 22 e seguintes do Código Civil, não se equipara à morte, uma vez que sua finalidade é apenas patrimonial: nomeação de um curador para administrar os bens do ausente, nos termos do art. 23 do Código Civil, e estabelecer a sucessão provisória (CC, arts. 26 a 36) e, depois, definitiva (CC, arts. 37 a 39). Ausente é aquele que desapareceu, e não aquele que morreu. Nas hipóteses do art. 7º, I e II, do CC, no entanto, a legislação prevê a prolação de uma sentença judicial, fixando, inclusive, a provável data da morte. Tal ocorre "se for extremamente provável a morte de quem estava em perigo de vida" (CC, art. 7º, I) e "se alguém, desaparecido em campanha ou feito prisioneiro, não for encontrado até 2 (dois) anos após o término da guerra" (CC, art. 7º, II). Outra hipótese encontra-se na Lei de Registros Públicos, art. 88 e parágrafo, e consiste no desaparecimento em naufrágio, inundação, incêndio, terremoto ou qualquer outra catástrofe, desde que provada a presença da pessoa no local e desde que esgotados os meios possíveis de localização do cadáver. Nesses casos, diferentemente da ausência, lavra-se a certidão de óbito e julga-se extinta a punibilidade penal, nos termos do art. 107, I, do CP.

(vii) No caso de certidão de óbito falsa, se a sentença extintiva da punibilidade já tiver transitado em julgado, só restará processar os autores da falsidade, uma vez que não existe em nosso ordenamento jurídico a revisão *pro societate*. No entanto, caso se comprove a falsidade da certidão de óbito anexa aos autos antes do trânsito em julgado da sentença de extinção da punibilidade, nada impediria a retomada do processo, bastando ao juiz, por despacho, retomar o seu curso, já que aí não haveria, de fato, ofensa à coisa julgada.

Sob o ponto de vista jurisprudencial, vale lembrar decisão emblemática do Supremo Tribunal Federal, e contrária à maioria da doutrina, no sentido de que "o desfazimento da decisão que, admitindo por equívoco a morte do agente, declarou extinta a punibilidade, não constitui ofensa à coisa julgada" (HC 60.095-6/RJ, Rel. Rafael Mayer, *DJU*, 17-12-1982, p. 13203). Isto porque o erro material não transita em julgado, tendo em vista que a sua correção não implica em alteração do conteúdo do provimento jurisdicional, podendo ser corrigido a todo tempo, mesmo *ex officio*, inexistindo preclusão *pro judicato*. Aliás, iterativa é a jurisprudência do Superior Tribunal de Justiça, no sentido de que o erro material não transita em julgado. Tal posição parte do pressuposto de que a sentença assim prolatada reputa-se inexistente, vício que, ao contrário da nulidade, não necessita de pronunciamento judicial para ser declarado, bastando que se desconsidere a decisão que não existe e se profira outra em seu lugar.

(viii) A declaração de extinção da punibilidade pelo juiz exige a prévia manifestação do Ministério Público (CPP, art. 62).

48.2.2. Anistia, graça e indulto (inciso II)

São espécies de indulgência, clemência soberana ou graça em sentido amplo. Trata-se da renúncia do Estado ao direito de punir.

48.2.2.1. Anistia

48.2.2.1.1. Conceito

Lei penal de efeito retroativo que retira as consequências de alguns crimes já praticados, promovendo o seu esquecimento jurídico; na conceituação de Alberto Silva Franco, "é o ato legislativo com que o Estado renuncia ao *jus puniendi*"[284].

48.2.2.1.2. Espécies

São elas[285]:

(i) especial: para crimes políticos;

(ii) comum: para crimes não políticos;

(iii) própria: antes do trânsito em julgado;

(iv) imprópria: após o trânsito em julgado;

(v) geral ou plena: menciona apenas os fatos, atingindo a todos que os cometeram;

(vi) parcial ou restrita: menciona fatos, mas exige o preenchimento de algum requisito (por exemplo, anistia que só atinge réus primários);

---

284. *Código Penal*, cit., p. 1227.
285. Cf. Damásio E. de Jesus, *Direito penal*, cit., p. 694.

(vii) incondicionada: não exige a prática de nenhum ato como condição;

(viii) condicionada: exige a prática de algum ato como condição (por exemplo, deposição de armas).

48.2.2.1.3. Competência

É exclusiva da União (CF, art. 21, XVII) e privativa do Congresso Nacional (CF, art. 48, VIII), com a sanção do Presidente da República, só podendo ser concedida por lei federal.

→ **Atenção:** o instrumento normativo da anistia é a lei.

48.2.2.1.4. Efeitos

A anistia retira todos os efeitos penais, principais e secundários, mas não os efeitos extrapenais. Desse modo, a sentença condenatória definitiva, mesmo em face da anistia, pode ser executada no juízo cível, pois constitui título executivo judicial.

Quanto a outros efeitos extrapenais, já decidiu o Supremo Tribunal Federal que a anistia tem o condão de extinguir a punibilidade, se antes da sentença de condenação, ou a punição, se depois da condenação. Então, é efeito jurídico, de função extintiva no plano puramente penal. Sobre a perda de bens, instrumentos ou produto do crime, temos que é efeito jurídico que se passa na órbita da eficácia jurídica civil; não penal, propriamente dito. Por isso, não é alcançada pela anistia, a menos que a lei seja expressa sobre a restituição desses bens.

48.2.2.1.5. Crimes insuscetíveis de anistia

De acordo com a Lei n. 8.072/90, são insuscetíveis de anistia os crimes hediondos, a prática de tortura, o tráfico de drogas e o terrorismo, consumados ou tentados.

48.2.2.1.6. Cabimento de anistia em ação penal privada

É possível, porque o Estado só delegou ao particular a iniciativa da ação, permanecendo com o direito de punir, do qual pode renunciar por essa forma (anistia).

48.2.2.1.7. Revogação

Uma vez concedida, não pode a anistia ser revogada, porque a lei posterior revogadora prejudicaria os anistiados, em clara violação ao princípio constitucional de que a lei não pode retroagir para prejudicar o acusado (CF, art. 5º, XL).

48.2.2.2. Indulto e graça em sentido estrito

48.2.2.2.1. Conceito

A graça é um benefício individual concedido mediante provocação da parte interessada; o indulto é de caráter coletivo e concedido espontaneamente.

Na conceituação de José Frederico Marques, "o indulto e a graça no sentido estrito são providências de ordem administrativa, deixadas a relativo poder discricionário do

Presidente da República, para extinguir ou comutar penas. O indulto é medida de ordem geral, e a graça de ordem individual, embora, na prática, os dois vocábulos se empreguem indistintamente para indicar ambas as formas de indulgência soberana. Atingem os efeitos executórios penais da condenação, permanecendo íntegros os efeitos civis da sentença condenatória"[286].

A Constituição Federal não se refere mais à graça, mas apenas ao indulto (CF, art. 84, XII). A LEP passou, assim, a considerar a graça como indulto individual.

→ **Atenção:** é inconstitucional decreto presidencial que, ao conceder indulto individual (graça em sentido estrito), visa a atingir objetivos distintos daqueles autorizados pela Constituição Federal de 1988, eis que observa interesse pessoal em vez do público. Há, no caso, violação aos princípios da impessoalidade e da moralidade administrativa (CF, art. 37, *caput*), além de desvio de finalidade (STF, Plenário, ADPF 964/DF, ADPF 965/DF, ADPF 966/DF e ADPF 967/DF, Rel. Min. Rosa Weber, julgados em 10-5-2023).

48.2.2.2.2. Competência

São de competência privativa do presidente da República (CF, art. 84, XII), que pode delegá-la aos ministros de Estado, ao procurador-geral da República ou ao advogado-geral da União (parágrafo único do art. 84).

→ **Atenção:** o instrumento normativo do indulto e da graça é o decreto presidencial.

48.2.2.2.3. Efeitos

Só atingem os efeitos principais da condenação, subsistindo todos os efeitos secundários penais e extrapenais. Nesse sentido, a Súmula 631 do STJ: "O indulto atinge os efeitos primários da condenação (pretensão executória), mas não atinge os efeitos secundários, penais ou extrapenais". Por exemplo, o indultado que venha a cometer novo delito será considerado reincidente, pois o benefício não lhe restitui a condição de primário. A sentença definitiva condenatória pode ser executada no juízo cível.

48.2.2.2.4. Formas

Plenas, quando extinguem toda a pena, e parciais, quando apenas diminuem a pena ou a comutam (transformar em outra de menor gravidade).

48.2.2.2.5. Indulto condicional

É o indulto submetido ao preenchimento de condição ou exigência futura, por parte do indultado, tal como boa conduta social, obtenção de ocupação lícita, exercício de atividade benéfica à comunidade durante certo prazo etc. Caso a condição seja descumprida, deixa de subsistir o favor, devendo o juiz determinar o reinício da execução da pena[287].

---

286. *Tratado*, cit., v. 3, p. 425-426.
287. Aloysio de Carvalho Filho, *Comentários ao Código Penal*, 4. ed., São Paulo, Forense, 1958, v. 4, p. 189.

48.2.2.2.6. Recusa da graça ou indulto

Só se admite no indulto e graça parciais, sendo inaceitável a recusa da graça ou do indulto, quando plenos (CPP, art. 739).

48.2.2.2.7. Procedimento do indulto individual

A graça, também chamada de indulto individual, em regra, deve ser solicitada (LEP, art. 188):

(i) o requerimento pode ser feito pelo próprio condenado, pelo Ministério Público, pelo Conselho Penitenciário ou pela autoridade administrativa responsável pelo estabelecimento onde a pena é cumprida;

(ii) os autos vão com vista ao Conselho Penitenciário para parecer (a menos que este tenha sido o autor do requerimento). De acordo com a redação do art. 70, I, da LEP, incumbe ao Conselho Penitenciário "emitir parecer sobre indulto e comutação de pena, excetuada a hipótese de pedido de indulto com base no estado de saúde do preso".

(iii) em seguida, o Ministério Público dará seu parecer (LEP, art. 67);

(iv) os autos são encaminhados ao Ministério da Justiça e, de lá, submetidos a despacho do Presidente da República ou das autoridades a quem delegou competência (CF, art. 84, parágrafo único);

(v) concedido o indulto individual, o juiz o cumprirá, extinguindo a pena (indulto pleno), reduzindo-a ou comutando-a (indulto parcial).

Convém mencionar que o art. 112 da LEP, ao tratar da concessão da progressão de regime, determina, em seu § 2º, que o mesmo procedimento será adotado na concessão de livramento condicional, indulto e comutação de penas, respeitados os prazos previstos nas normas vigentes. Dessa forma, a decisão do juiz será sempre motivada e precedida de manifestação do Ministério Público e do defensor.

48.2.2.2.8. Procedimento do indulto coletivo

O indulto coletivo é concedido espontaneamente por decreto presidencial. Segundo Mirabete, "ele abrange sempre um grupo de sentenciados e normalmente inclui os beneficiários tendo em vista a duração das penas que lhe foram aplicadas, embora se exijam certos requisitos subjetivos (primariedade etc.) e objetivos (cumprimento de parte da pena, exclusão dos autores da prática de algumas espécies de crimes etc.)"[288].

Pode-se citar, a título de exemplo, o Decreto n. 8.172/2013, que não beneficiou as pessoas condenadas por crime de tortura ou terrorismo; por crime de tráfico ilícito de drogas; por crime hediondo.

Concedido o indulto por meio de decreto, deverá ser anexada aos autos cópia do decreto, quando então o juiz declarará extinta a pena ou ajustará a pena aos termos do decreto no caso de comutação (LEP, art. 192).

---

288. *Manual*, cit., v. 1, p. 382.

O juiz poderá atuar de ofício, a requerimento do interessado, do Ministério Público, ou por iniciativa do Conselho Penitenciário ou de autoridade administrativa (LEP, art. 193).

Quanto ao momento para aferição dos requisitos objetivos e subjetivos do indulto, há posicionamento no sentido de que o exame dos requisitos objetivos e subjetivos deve ser feito com base na situação do sentenciado à época do decreto e não no momento da decisão concessiva do benefício pelo juiz. Há, por outro lado, posicionamento no sentido de que a análise das condições deve ser feita por ocasião da sentença e abrange todo o período a ela antecedente, antes e depois da publicação do decreto. Desse modo, ao contrário do direito adquirido, o candidato ao indulto ou redução de pena tem somente expectativa de direito, devendo reunir todos os pressupostos legais no momento da decisão judicial.

48.2.2.2.9. Momento da concessão

Só após o trânsito em julgado da condenação. Ressalve-se, no entanto, que a jurisprudência do STF não exige o trânsito em julgado da condenação para a concessão do indulto, tampouco para a progressão de regime de execução, nem para o livramento condicional. A obtenção de tal benefício nesse momento não torna prejudicada a apelação que visa à absolvição do réu que vem a ser indultado, uma vez que permanece o seu interesse no julgamento. Com efeito, o provimento do apelo poderá trazer consequências mais abrangentes ao indultado do que o próprio indulto, porquanto este somente extingue a pena.

48.2.2.2.10. Crimes insuscetíveis de graça ou indulto

De acordo com a Lei n. 8.072/90 (Lei dos Crimes Hediondos), são insuscetíveis de graça ou indulto os crimes hediondos, a prática de tortura, o tráfico de drogas e o terrorismo, consumados ou tentados.

Parte da doutrina insurge-se contra a proibição do indulto para essa lei. Argumenta que a Constituição só proibiu a anistia e a graça, não autorizando outras restrições ao *jus libertatis*. Sem razão, contudo.

A Constituição é um texto genérico, e, por essa razão, não se exige preciosismo técnico em suas disposições. Quando o constituinte menciona o termo "graça", o faz em seu sentido amplo (indulgência ou clemência soberana), englobando, com isso, a "graça em sentido estrito" e o "indulto". Não há, portanto, qualquer inconstitucionalidade na proibição do indulto pela Lei n. 8.072/90.

Além disso, mesmo que se interpretasse a referência do constituinte como sendo somente em relação à graça em sentido estrito, ainda assim seria possível ao legislador proibir também o indulto, uma vez que a Constituição não estabeleceu nenhuma vedação expressa quanto a isso.

Considerando, portanto, a determinação constitucional de tratamento penal mais rigoroso e a inexistência de vedação expressa quanto à proibição do indulto, inexiste qualquer vício de incompatibilidade vertical entre o art. 2º, I, e a Carta Magna. A norma tem conteúdo penal, pois trata da ampliação do *jus puniendi*, proibindo a sua extinção (pela anistia, graça ou indulto) no caso desses crimes. Toda norma que amplia ou reduz o *jus puniendi* tem natureza penal e, portanto, só pode retroagir em benefício do agente (CF, art. 5º, XL). Assim, os crimes hediondos praticados antes da entrada em vigor dessa lei não estão sujeitos à proibição da anistia, graça ou indulto.

Convém ressaltar que, no caso da tortura, embora o art. 1º, § 6º, da Lei n. 9.455/97 determine que o crime de tortura é insuscetível apenas de graça ou anistia, nada mencionando acerca do indulto, entendemos que tal benefício também está proibido, uma vez que a CF, em seu art. 5º, XLIII, proibiu a concessão do indulto, mencionando o termo "graça" em seu sentido amplo. Assim, de nada adiantou a lei que definiu os crimes de tortura ter omitido tal vedação, porque ela defluiu diretamente do próprio Texto Constitucional.

Finalmente, no caso dos crimes previstos nos arts. 33, *caput* e § 1º, e 34 a 37 da Lei de Drogas (Lei n. 11.343/2006), em decorrência de expressa previsão legal, são eles inafiançáveis e insuscetíveis de *sursis*, graça, indulto, anistia. A liberdade provisória e a conversão de suas penas em restritivas de direitos são aceitas por força de decisões do STF, declarando a inconstitucionalidade de parte do art. 44 da Lei de Drogas, em especial, em sua parte final (cf. art. 44).

→ **Atenção:** admite-se a concessão do indulto àquele que se encontra no gozo do *sursis* ou do livramento condicional, bem como se admite a soma das penas de duas condenações para verificar se estão ou não dentro dos limites previstos no decreto de indulto.

48.2.2.2.11. Cabimento de graça ou indulto em ação penal privada

É possível, porque o Estado só delegou ao particular a iniciativa da ação, permanecendo com o direito de punir, do qual pode renunciar por qualquer dessas duas formas.

48.2.3. Lei posterior que deixa de considerar o fato criminoso (*abolitio criminis*)

A lei penal retroage, atingindo fatos ocorridos antes de sua entrada em vigor, sempre que beneficiar o agente de qualquer modo (CF, art. 5º, XL). Se a lei posterior deixa de considerar o fato como criminoso, isto é, se lei posterior extingue o tipo penal, retroage e torna extinta a punibilidade de todos os autores da conduta, antes tida por delituosa.

Se o processo estiver em andamento, será o juiz de primeira instância que julgará e declarará extinta a punibilidade do agente, nos termos do art. 61 do CPP. Se o processo estiver em grau de recurso, será o tribunal incumbido de julgar tal recurso, que irá extinguir a punibilidade do agente. Se já se tiver operado o trânsito em julgado da condenação, a competência para extinguir a punibilidade será do juízo da execução, nos termos do art. 66, II, da LEP; do art. 13 da Lei de Introdução ao CPP; da Súmula 611 do STF; e em obediência ao princípio do duplo grau de jurisdição, que seria violado pela extinção da punibilidade declarada diretamente pelo tribunal, por meio de revisão criminal (cf. comentário ao art. 2º do CP).

→ **Atenção:** leis penais temporárias e excepcionais, mesmo após o final de sua vigência, irão reger o processo penal e a aplicação da lei penal, por caracterizarem exceções à *abolitio criminis* (*vide* art. 3º do CP).

48.2.4. Renúncia ao direito de queixa

48.2.4.1. Conceito

Abdicação do direito de promover a ação penal privada, pelo ofendido ou seu representante legal.

48.2.4.2. Oportunidade

Só antes de iniciada a ação penal privada, ou seja, antes de oferecida a queixa-crime.

48.2.4.3. Cabimento

Só cabe na ação penal exclusivamente privada, sendo inaceitável na ação privada subsidiária da pública, pois esta tem natureza de ação pública.

48.2.4.4. Formas

São duas:

(i) expressa: declaração escrita assinada pelo ofendido ou por seu representante legal ou, ainda, por procurador com poderes especiais (CPP, art. 50);

(ii) tácita: prática de ato incompatível com a vontade de dar início à ação penal privada (por exemplo, o ofendido vai jantar na casa de seu ofensor, após a ofensa).

48.2.4.5. Recebimento de indenização

O recebimento da indenização pelo dano resultante do crime não caracteriza renúncia tácita (CP, art. 104, parágrafo único).

No caso, porém, da Lei n. 9.099/95 (Lei dos Juizados Especiais Cíveis e Criminais), "tratando-se de ação penal de iniciativa privada ou de ação pública condicionada à representação, o acordo entre ofensor e ofendido, homologado, acarreta a renúncia ao direito de queixa ou representação" (art. 74, parágrafo único). Esse acordo é a composição civil dos danos, consistente na aceitação pelo ofendido da indenização pelo dano resultante da infração.

Assim, nas infrações penais de iniciativa privada e pública condicionada à representação, de competência dos Juizados Especiais, o recebimento da indenização extingue a punibilidade do agente. Nos demais casos, não.

48.2.4.6. Ofendido maior de 18 anos

Somente ele pode renunciar ao direito de queixa, uma vez que, sendo plenamente capaz (CC, art. 5º), não tem representante legal. Não importa se é maior de 21 anos ou não, após os 18, a legitimidade para oferecer a queixa e renunciar ao seu exercício é exclusiva do ofendido.

48.2.4.7. Queixa oferecida contra um dos ofensores

Há duas posições:

(i) o Ministério Público não pode aditar a queixa para nela incluir os demais ofensores, sob o pretexto de zelar pela indivisibilidade da ação, por lhe faltar legitimidade (se não pode propor a ação penal privada, não pode incluir nenhum querelado).

Nos termos do art. 48 do CPP, a queixa deve ser oferecida contra todos os autores do crime, em face do princípio da indivisibilidade da ação penal privada. O querelante, assim, tem duas opções: ou processa todos ou não processa ninguém, sendo inaceitável que escolha algum ou alguns para processar. Se oferecer a queixa contra um dos ofensores, significa renúncia tácita com relação aos demais.

Ora, em face da indivisibilidade da ação penal, essa renúncia atinge a todos, querelados ou não querelados (renunciar à queixa contra alguns é renunciar com relação a todos). O Ministério Público não pode aditar a queixa para nela incluir os outros ofensores, pois usurparia a legitimação do ofendido, que não quis processá-los. Só cabe ao Ministério Público requerer a extinção da punibilidade dos querelados;

(ii) o Ministério Público deve aditar a queixa para nela incluir os outros querelados, nos termos do art. 45 do CPP, velando, assim, pela indivisibilidade da ação penal privada.

> **Nosso entendimento:** a primeira posição é a correta.

48.2.4.8. Crimes de dupla subjetividade passiva

São crimes que, por sua natureza, possuem dois sujeitos passivos. Nesses crimes, a renúncia de uma das vítimas não impede o oferecimento da queixa pela outra.

48.2.4.9. Morte do ofendido

No caso de morte do ofendido, o direito de promover a queixa-crime passa a seu cônjuge, descendente, ascendente ou irmão, sendo que a renúncia de um não impede os demais de dar início à ação.

48.2.5. Perdão do ofendido

48.2.5.1. Conceito

É a manifestação de vontade, expressa ou tácita, do ofendido ou de seu representante legal, no sentido de desistir da ação penal privada já iniciada, ou seja, é a desistência manifestada após o oferecimento da queixa.

48.2.5.2. Distinção entre perdão e renúncia

A renúncia é anterior e o perdão é posterior à proposi:ura da ação penal privada.

48.2.5.3. Oportunidade

Só é possível depois de iniciada a ação penal privada, com o oferecimento da queixa e até o trânsito em julgado da sentença (CP, art. 106, § 2º).

48.2.5.4. Cabimento

Só cabe na ação penal exclusivamente privada, sendo inadmissível na ação penal privada subsidiária da pública, já que esta mantém sua natureza de ação pública.

48.2.5.5. Formas

São elas:

(i) processual: concedido nos autos da ação penal (é sempre expresso);

(ii) extraprocessual: concedido fora dos autos da ação penal (pode ser expresso ou tácito);

(iii) expresso: declaração escrita, assinada pelo ofendido, seu representante legal ou procurador com poderes especiais;

(iv) tácito: resulta da prática de ato incompatível com a vontade de prosseguir na ação penal (sempre extraprocessual).

48.2.5.6. Titularidade da concessão do perdão

Depende do caso:

(i) ofendido menor de 18 anos: cabe ao seu representante legal;

(ii) ofendido maior de 18 anos: torna-se maior e plenamente capaz; logo, somente ele poderá conceder o perdão.

48.2.5.7. Da aceitação do perdão

O perdão do ofendido é ato jurídico bilateral, pois não produz efeito quando recusado pelo ofensor. Isso em razão do interesse do querelado em provar sua inocência.

48.2.5.7.1. Titularidade da aceitação do perdão

Depende do caso:

(i) querelado maior de 18 anos: somente ele pode aceitar o perdão, pois, como se trata de maior plenamente capaz, não existe a figura do representante legal;

(ii) querelado menor de 18 anos: é inimputável e não pode ser querelado.

48.2.5.7.2. Formas de aceitação do perdão

São elas:

(i) expressa: declaração escrita, assinada pelo querelado, dizendo que aceita o perdão (pode ser processual ou extraprocessual);

(ii) tácita: prática de ato incompatível com a vontade de recusar o perdão (pode ser processual ou extraprocessual);

(iii) processual: nos autos do processo;

(iv) extraprocessual: fora dos autos do processo.

48.2.5.7.3. Aceitação tácita do perdão

O querelado é notificado para dizer se aceita o perdão no prazo de 3 dias; se, após esse prazo, permanecer em silêncio, presume-se que o aceitou (CPP, art. 58).

48.2.5.7.4. Efeitos do perdão aceito

Extinção da punibilidade, com o afastamento de todos os efeitos da condenação, principais e secundários.

48.2.5.7.5. Comunicabilidade do perdão aceito

No caso de concurso de agentes, alcança a todos os querelados, exceto o que tiver renunciado (CP, art. 51).

48.2.6. Perempção

48.2.6.1. Conceito

Causa de extinção da punibilidade, consistente em uma sanção processual ao querelante desidioso, que deixa de dar andamento normal à ação penal exclusivamente privada. "É uma pena ao ofendido pelo mau uso da faculdade, que o poder público lhe outorgou, de agir preferentemente na punição de certos crimes"[289].

48.2.6.2. Oportunidade

Só é possível após iniciada a ação privada.

48.2.6.3. Cabimento

Só é cabível na ação penal exclusivamente privada, sendo inadmissível na ação penal privada subsidiária da pública, pois esta conserva sua natureza de pública.

---

289. Aloysio de Carvalho Filho, *Comentários*, cit., v. 4, p. 222.

48.2.6.4. Hipóteses

São seis:

(i) querelante que deixa de dar andamento ao processo durante 30 dias seguidos: só haverá a perempção se o querelante tiver sido previamente notificado para agir.

Ressalte-se que a perempção, por natureza e definição, é sanção de caráter processual à inércia do querelante. Deve, assim, a paralisação do processo dar-se por sua causa. Se for atribuída ao querelado ou a funcionário, não há falar em perempção.

Finalmente, vale registrar que a perempção só tem lugar quando, iniciada a ação penal, o que, nesse caso, ocorre do formal recebimento da queixa pelo juiz.

(ii) querelante que deixa de comparecer, sem motivo justificado, a qualquer ato do processo a que deva estar presente: o querelante está obrigado a comparecer aos atos em que sua presença seja absolutamente indispensável.

Nesse diapasão, não se tratando de ato processual que só possa ser realizado com a participação pessoal do querelante, inocorre a perempção da ação penal, se ele se faz representar por advogado constituído nos autos.

Igualmente, não ocorre perempção se por motivo justificado o querelante não puder comparecer aos atos em que sua presença se faz necessária.

Ainda, não comparecendo à audiência de inquirição de testemunhas, nem mandando advogado, o querelante dará causa à perempção.

Contudo, o STF já decidiu que não há perempção da ação penal se o querelante ou seu advogado comparecem ao ato de inquirição de testemunhas.

Com vistas à celeridade processual e ao aperfeiçoamento na colheita da prova, a concentração dos atos processuais deve ocorrer em audiência única no procedimento comum, de forma que a oitiva de testemunha será realizada, em regra, nessa audiência.

Quanto à inquirição de testemunha de defesa em juízo deprecado, já decidiu o Supremo Tribunal Federal que o não comparecimento do querelante ou de seu procurador não importa em perempção da ação.

Finalmente, no caso de não comparecimento do querelante à audiência prévia de conciliação no procedimento dos crimes contra a honra, entendemos que não se dá a perempção. Em primeiro porque ainda não existe processo, já que a queixa ainda não foi recebida; além disso, a ausência não implica abandono da causa ou desleixo do ofendido, mas, ao contrário, vontade de instauração da relação processual e recusa de qualquer tipo de manifestação amistosa para com o ofensor.

No entanto, o STJ já decidiu em sentido contrário, entendendo haver extinção da punibilidade.

(iii) querelante que deixa de formular pedido de condenação nas alegações finais: a jurisprudência tem entendido que não há necessidade de dizer expressamente "peço a condenação"; basta que o pedido decorra do desenvolvimento normal das razões. Assim, não induz falta de pedido de condenação pedir "justiça" nas alegações finais; porém, a não apresentação de razões finais equivale a não pedir a condenação. Memoriais ofertados fora do prazo induzem à perempção (TJSC, APL 03008475920148240012 Caçador 0300847-59.2014.8.24.0012). Também haverá perempção na hipótese em que o querelante deixar de pleitear nas alegações finais a condenação quanto a um dos delitos capitulados na inicial, embora persista a ação quanto aos demais.

Mirabete sustenta que a perempção não é comunicável aos coautores, por ausência de previsão legal, de modo que, se o querelante se manifesta pela condenação de um dos coautores e se omite quanto aos demais, quanto àquele a ação prosseguirá. Para tanto, argumenta que "a omissão, voluntária, afasta aqui o princípio da indivisibilidade, por ser possível que, ao final da instrução, o querelante entenda que nem todos os querelados participaram do crime, pedindo a condenação de apenas um ou alguns deles"[290];

Na audiência, não havendo requerimento de diligências, ou sendo indeferido, serão oferecidas alegações finais orais, respectivamente, pela acusação e pela defesa (art. 403, § 1º). No entanto, o CPP traz duas exceções, permitindo as alegações finais por escrito (chamadas de memoriais): (i) o juiz, considerando a complexidade do caso ou o número de acusados, poderá conceder às partes o prazo de cinco dias sucessivamente para apresentação de memoriais (art. 403, § 3º); (ii) caso seja ordenada, de ofício ou a requerimento das partes, diligência considerada imprescindível, a audiência será concluída sem alegações finais (CPP, art. 404, *caput*). Uma vez realizada a diligência, as partes apresentarão, no prazo sucessivo de cinco dias, suas alegações finais, por memorial (CPP, art. 404, parágrafo único);

(iv) morte ou incapacidade do querelante, sem comparecimento, no prazo de 60 dias, de seu cônjuge, ascendente, descendente ou irmão, ou qualquer pessoa que deva fazê-lo;

(v) quando o querelante, sendo pessoa jurídica, extinguir-se sem deixar sucessor;

(vi) às hipóteses de perempção deve ser acrescida a da **morte do querelante no crime de ação penal privada personalíssima**, em que só o ofendido pode propor a ação.

48.2.7. Retratação do agente

48.2.7.1. Conceito

Retratar-se é desdizer-se, retirar o que se disse.

48.2.7.2. Casos em que a lei a permite

São os seguintes:

(i) art. 143 do CP: a retratação é admitida nos crimes contra a honra, mas apenas nos casos de calúnia e difamação, sendo inadmissível na injúria;

(ii) art. 342, § 2º, do CP: o fato deixa de ser punível se o agente (testemunha, perito, tradutor ou intérprete) se retrata ou declara a verdade.

---

290. *Código Penal*, cit., p. 565.

48.2.7.3. Oportunidade

Na hipótese de crime contra a honra, a retratação do agente só será possível até a sentença de primeiro grau do processo criminal instaurado em virtude da ofensa. No caso do falso testemunho, a retratação só será admitida até a sentença de primeira instância do processo em que se deu o falso, ou, na hipótese de ele ter ocorrido em procedimento da alçada do júri popular, até o veredicto dos jurados

48.2.7.4. Comunicabilidade

Depende das circunstâncias:

(i) a retratação de que trata o art. 143 é pessoal, não se comunicando aos demais ofensores;

(ii) a do art. 342, § 2º, é comunicável, uma vez que a lei diz que "o fato deixa de ser punível" (e não apenas o agente), ao contrário do art. 143, que diz ficar "o querelado isento de pena" (só o querelado fica isento).

48.2.8. Perdão judicial

48.2.8.1. Conceito

Causa extintiva da punibilidade consistente em uma faculdade do juiz de, nos casos previstos em lei, deixar de aplicar a pena, em face de justificadas circunstâncias excepcionais. É o caso do REsp 1.871.697/MA em que o acusado teve sua extinção de punibilidade julgada procedente sendo-lhe ofertado o perdão judicial, tendo em vista o sofrimento do réu já que a vítima era seu irmão.

48.2.8.2. Faculdade do juiz

O juiz deve analisar discricionariamente se as circunstâncias excepcionais estão ou não presentes. Caso entenda que sim, não pode recusar a aplicação do perdão judicial, pois, nesse caso, o agente terá direito público subjetivo ac benefício.

48.2.8.3. Distinção entre perdão judicial e perdão do ofendido

Distingue-se do perdão do ofendido, uma vez que, neste, é o ofendido quem perdoa o ofensor, desistindo da ação penal exclusivamente privada. No perdão judicial, é o juiz quem deixa de aplicar a pena, independente da natureza da ação, nos casos permitidos por lei. O perdão do ofendido depende da aceitação do querelado para surtir efeitos, enquanto o perdão judicial independe da vontade do réu.

48.2.8.4. Extensão

Entendemos que a extinção da punibilidade não atinge apenas o crime no qual se verificou a circunstância excepcional, mas todos os crimes praticados no mesmo contexto. Por exemplo, o agente provoca um acidente, no qual morrem sua esposa, seu filho e um desconhecido. A circunstância excepcional prevista no art. 121, § 5º, do CP só se refere às mortes da esposa e filho, mas o perdão judicial extinguirá a punibilidade em todos os três homicídios culposos.

Existem diversas manifestações na jurisprudência a respeito do alcance da expressão "consequência da infração" (mencionada no art. 121, § 5º, do CP e aplicável também ao art. 129, § 8º), em função do agente e do grau de parentesco que o relaciona à vítima. Vejamos:

(i) as consequências da infração abrangem tanto as de ordem física quanto as de ordem moral, ocorrendo esta última quando da perda ou ferimento de um ente familiar próximo, em decorrência, por exemplo, de acidente automobilístico culposo. Se comprovado o abalo de ordem física e moral, induz ao perdão judicial (TJ/MG, APR 10209110031330001);

(ii) as consequências atingem o próprio agente de forma tão grave que a sanção penal se torna desnecessária. Por exemplo, o aleijamento de uma perna em decorrência de acidente automobilístico e/ou induz ao agente sérios e graves problemas de saúde;

(iii) as consequências atingem o agente e seus familiares, como a esposa, o filho, os pais ou o irmão do agente e até amigos íntimos (TJ/RJ, APL 02257271320168190001);

(iv) as consequências podem atingir a noiva do agente (STJ, AREsp 6043337 RJ).

48.2.8.5. Hipóteses legais

O juiz só pode deixar de aplicar a pena nos casos expressamente previstos em lei, quais sejam:

(i) art. 121, § 5º, do CP: homicídio culposo em que as consequências da infração atinjam o agente de forma tão grave que a sanção penal se torne desnecessária;

(ii) art. 129, § 8º, do CP: lesão corporal culposa com as consequências mencionadas no art. 121, § 5º;

(iii) art. 140, § 1º, I e II, do CP: injúria, em que o ofendido de forma reprovável provocou diretamente a ofensa, ou no caso de retorsão imediata consistente em outra injúria;

(iv) art. 176, parágrafo único, do CP: de acordo com as circunstâncias o juiz pode deixar de aplicar a pena a quem toma refeições ou se hospeda sem dispor de recursos para o pagamento;

(v) art. 180, § 5º, do CP: na receptação culposa, se o criminoso for primário, o juiz pode deixar de aplicar a pena, levando em conta as circunstâncias;

(vi) art. 249, § 2º, do CP: no crime de subtração de incapazes de quem tenha a guarda, o juiz pode deixar de aplicar a pena se o menor ou interdito for restituído sem ter sofrido maus-tratos ou privações.

Na Lei das Contravenções Penais, existe um caso:

(i) art. 8º: erro de direito;

Na Lei de Proteção às Vítimas e Testemunhas (Lei n. 9.807/99), temos o perdão judicial concedido a réus colaboradores, conforme seu art. 13 (v. item 48.2.8.8).

A Lei do Crime Organizado (Lei n. 12.850/2013) também prevê hipótese de perdão judicial a agentes colaboradores, de acordo com seu art. 4º. Inclusive, o diploma legal em questão permite o perdão judicial durante a fase inquisitiva (art. 4º, § 2º).

48.2.8.6. Natureza jurídica da sentença concessiva

Das seis posições que surgiram logo após a entrada em vigor da atual Parte Geral do CP (Lei n. 7.209/84), restaram duas:

(i) é condenatória: a sentença que concede o perdão judicial é condenatória, uma vez que só se perdoa a quem errou. O juiz deve, antes de conceder o perdão judicial, verificar se há prova do fato e da autoria, se há causa excludente da ilicitude e da culpabilidade, para, só então, condenar o réu e deixar de aplicar a pena concedendo o perdão. É a orientação seguida pelo Supremo Tribunal Federal.

Essa posição acabou reforçada pelo art. 120 do CP, que expressamente diz que a sentença que concede o perdão judicial não prevalece para efeito de reincidência.

Ora, na lei não existem palavras inúteis, e, se foi preciso criar um artigo para afastar a reincidência, é porque a sentença teria esse efeito na ausência de disposição legal. Assim, a sentença é condenatória, e todos os efeitos secundários penais (exceto a reincidência) e extrapenais decorrem da concessão do perdão.

(ii) é declaratória da extinção da punibilidade: a sentença que concede o perdão judicial é meramente declaratória da extinção da punibilidade, não surtindo nenhum efeito penal ou extrapenal. Essa é a posição do Superior Tribunal de Justiça: Súmula 18. Como não se trata de questão de ordem constitucional, essa posição tende a se firmar como pacífica.

> **Nosso entendimento:** a natureza jurídica da sentença que concede o perdão judicial é condenatória.

48.2.8.7. Possibilidade de rejeição da denúncia ou queixa com base no art. 395 do CPP

Caso prevaleça a segunda posição supracitada (declaratória da extinção da punibilidade), dela decorrerá a possibilidade de rejeição da denúncia ou queixa com base no disposto no art. 395, II (faltar pressuposto processual ou condição para o exercício da ação penal).

Isto porque, nas hipóteses em que for evidente a existência de circunstância autorizadora do perdão judicial, como, por exemplo, em um homicídio culposo provocado por imprudência, no qual a vítima era filho do denunciado, o juiz deve, de plano, rejeitar a denúncia, com base no mencionado dispositivo legal. É que, de acordo com entendimento pacífico do STJ, a sentença que concede o perdão é declaratória da extinção da punibilidade (Súmula 18).

Ora, se a sentença é declaratória, a punibilidade já estava extinta desde a consumação do crime, sendo apenas reconhecida por ocasião do pronunciamento jurisdicional.

Assim, nada justifica fique o autor sujeito ao vexame e aos dissabores inerentes ao processo criminal, quando este já se encontra irremediavelmente "marcado para morrer".

Ademais, sendo o perdão judicial causa extintiva da punibilidade (CP, art. 107, IX), e dispondo o CPP que, "em qualquer fase do processo, o juiz, se reconhecer extinta a punibilidade, deverá declará-lo de ofício" (art. 61, *caput*), entendemos que o art. 395, II, do estatuto adjetivo penal permite a prolação dessa interlocutória mista terminativa, devendo a expressão "fase do processo" ser interpretada no sentido de "fase da persecução penal"[291].

Nos procedimentos ordinário e sumário, uma vez oferecida a denúncia ou queixa, o juiz: (i) analisará se não é caso de rejeição liminar (deverá avaliar todos os requisitos do art. 395, dentre eles, as condições da ação); (ii) se não for caso de rejeição liminar, recebê-la-á e ordenará a citação do acusado para responder à acusação, por escrito, no prazo de 10 (dez) dias (CPP, art. 396). E, consoante o art. 396-A, na resposta, o acusado poderá: (i) arguir preliminares; (ii) alegar tudo o que interesse à sua defesa; (iii) oferecer documentos e justificações; (iv) especificar as provas pretendidas e arrolar testemunhas, qualificando-as e requerendo sua intimação quando necessário.

Após o cumprimento do disposto no art. 396-A e parágrafos do Código, o juiz deverá absolver sumariamente o acusado quando verificar (cf. CPP, art. 397): (i) a existência manifesta de causa excludente da ilicitude do fato (inciso I); (ii) a existência manifesta de causa excludente da culpabilidade do agente, salvo inimputabilidade (inciso II); (iii) que o fato narrado evidentemente não constitui crime (inciso III); (iv) ou extinta a punibilidade do agente (inciso IV).

48.2.8.8. Do perdão judicial na Lei de Proteção às Testemunhas (Lei n. 9.807/99)

O art. 13 da referida lei cuida da "proteção aos réus colaboradores", dispondo sobre novas hipóteses de perdão judicial:

"Poderá o juiz, de ofício ou a requerimento das partes, conceder o perdão judicial e a consequente extinção da punibilidade ao acusado que, sendo primário, tenha colaborado efetiva e voluntariamente com a investigação e o processo criminal, desde que dessa colaboração tenha resultado:

I – a identificação dos demais coautores ou partícipes da ação criminosa;

II – a localização da vítima com a sua integridade física preservada;

III – a recuperação total ou parcial do produto do crime.

Parágrafo único. A concessão do perdão judicial levará em conta a personalidade do beneficiado e a natureza, circunstâncias, gravidade e repercussão social do fato criminoso".

48.2.8.8.1. Iniciativa da aplicação da medida

Do juiz de ofício ou mediante requerimento das partes.

---

291. Cf. Fernando Capez, *Curso*, cit., 3. ed., p. 129.

48.2.8.8.2. Sujeito ativo da colaboração

O texto legal fala em "acusado" (art. 13, *caput*), porém entendemos que a norma se estende também ao indiciado. A lei disciplina o perdão judicial a ser aplicado na sentença de mérito, daí o emprego do termo "acusado". Em assim sendo, a colaboração pode ser do "investigado", "indiciado" ou "réu", não exigindo a lei que tenha sido ameaçado (art. 15 da Lei n. 9.807/99) e que tenha sido admitido no Programa de Proteção pelo Conselho Deliberativo (arts. 5º e 6º da Lei n. 9.807/99)[292].

48.2.8.8.3. Natureza da infração penal que admite a medida

O art. 13, III, menciona "crime"; no entanto, o faz porque o Código Penal não cuida, evidentemente, das contravenções. Por essa razão, a expressão deve ser interpretada no sentido de infração penal. Se o benefício é permitido para o mais grave (crime), não há razão vedá-lo ao *minus* (contravenção).

48.2.8.8.4. Fato gerador

Colaboração efetiva e voluntária do agente com a investigação e o processo criminal, desde que tenha resultado: (i) a identificação dos demais coautores ou partícipes da ação criminosa; (ii) a localização da vítima com a sua integridade física preservada; (iii) a recuperação total ou parcial do produto do crime.

48.2.8.8.5. Requisitos para o benefício

48.2.8.8.5.1. *Condições subjetivas*

(i) voluntariedade da participação: a colaboração pode ocorrer ainda que por sugestão de terceiro, pois não se exige a espontaneidade do ato;

(ii) primariedade;

(iii) personalidade recomendável por parte do agente.

48.2.8.8.5.2. *Condições objetivas*

(i) colaboração efetiva com a investigação e o processo criminal: significa que da colaboração do acusado, como, por exemplo, a indicação do esconderijo onde se encontra a vítima, advenha efetivamente o resultado almejado pela norma, como a localização da vítima com sua incolumidade física preservada. Deve, portanto, estar presente o nexo causal entre ambos;

(ii) identificação dos demais coautores: devem ser identificados "todos" os participantes para que o acusado obtenha o benefício legal;

(iii) localização da vítima com sua incolumidade preservada: não basta que tenha sido encontrada com vida, pois se exige que não tenha sofrido maus-tratos ou lesões

---

292. Nesse sentido: Damásio E. de Jesus, Perdão judicial/colaboração premiada, *Boletim IBCCrim*, cit., p. 4.

corporais. A lei fala em localização da vítima, no singular; contudo, se houver mais de uma vítima, a localização de apenas uma delas, caso, por exemplo, se encontrem em locais diversos, não permite a concessão do benefício legal ao colaborador[293].

(iv) recuperação total ou parcial do produto do crime;

(v) natureza, circunstâncias, gravidade e repercussão social do fato criminoso compatíveis com a medida, a critério do juiz.

Tais requisitos são alternativos, bastando que o réu colaborador satisfaça um ou outro, pois há casos em que alguma dessas situações pode não estar presente.

Com efeito, ao se entender que tais requisitos são cumulativos, a aplicação desse benefício legal estaria muito restrita, na medida em que, em primeiro lugar, dificilmente o acusado lograria preencher simultaneamente os requisitos objetivos (dentre eles a identificação dos demais participantes; localização da vítima com sua incolumidade preservada; recuperação do produto do crime); em segundo lugar, nem todos os delitos comportam o atendimento conjunto dessas condições objetivas, em face de sua descrição típica.

Ainda, Damásio E. de Jesus, ao sustentar que eles são alternativos, ensina que "a tese da coexistência dos requisitos restringe a aplicação da dispensa da pena ao crime de extorsão mediante sequestro (CP, art. 159), único que, em face de sua descrição típica, permite conjuntamente 'a localização da vítima com a sua integridade física preservada' e a 'recuperação total ou parcial do produto do crime'. Qual outro delito admite a cumulação das duas circunstâncias? Cremos que nenhum. Poder-se-á falar em roubo. De ver-se, contudo, que se a vítima precisa ser localizada com sua integridade física preservada parece claro que não se cuida de roubo e sim de extorsão mediante sequestro. Poderá ser lembrado o crime de sequestro (CP, art. 148). Mas o tipo menciona o 'produto do crime' (inciso III). Se há 'produto do crime', cuida-se de extorsão mediante sequestro e não de simples sequestro"[294].

48.2.8.8.6. Concurso de pessoas: número de participantes (coautores e partícipes)

O inciso I do art. 13 exige que a colaboração do acusado tenha resultado na identificação dos demais coautores ou partícipes da ação criminosa. Diante da redação do dispositivo legal conclui-se que o fato deve, no mínimo, ter sido cometido por três agentes, pois só assim será possível ao colaborador identificar os "demais" coautores ou partícipes. Incabível, portanto, a colaboração no caso da prática de crime por tão somente dois participantes. Contudo, nesta hipótese, poderá incidir a causa de redução da pena prevista no art. 159, § 4º, do CP, em se tratando de crime de extorsão mediante sequestro.

48.2.8.8.7. Concurso de pessoas: inadmissibilidade da extensão pessoal

Por se tratar de circunstância pessoal, o perdão judicial é incomunicável, não se estendendo aos demais participantes do crime. Desse modo, difere, nesse aspecto, o

---

293. Nesse sentido: Damásio E. de Jesus, Perdão judicial/colaboração premiada, *IBCCrim*, set. 1999, p. 5.
294. Perdão judicial/colaboração premiada, *IBCCrim*, cit., p. 5.

perdão judicial das hipóteses de desistência voluntária, arrependimento eficaz e arrependimento posterior (CP, arts. 15 e 16).

Damásio E. de Jesus faz a seguinte diferenciação: "na desistência voluntária e no arrependimento ativo (art. 15), opera-se a atipicidade do fato, que não pode subsistir típico para os outros participantes. No arrependimento posterior (art. 16), o sujeito, pessoalmente, 'repara o dano' ou 'restitui o objeto material', circunstâncias consideradas objetivas e, por isso, comunicáveis. No art. 13 da lei especial, entretanto, não há 'desistência voluntária' de execução do delito e nem 'arrependimento' impeditivo do resultado. Trata-se de crime consumado. E não há 'restituição do produto do crime' por parte do agente, mas voluntária 'colaboração' em sua recuperação. Inexiste, também, *restitutio in integrum* da vítima por parte do sujeito. Circunstância pessoal, é incomunicável (art. 30 do CP)"[295].

48.2.8.8.8. Momento para a concessão do benefício legal

Assim como o perdão judicial previsto no Código Penal, o benefício legal da Lei n. 9.807/99 também suscitará dúvidas quanto à oportunidade para a sua concessão. Para uma corrente, o perdão judicial somente poderá ser concedido quando da prolação da sentença de mérito; para outra, será possível a sua aplicação em qualquer fase do procedimento criminal, o que inclui a fase de inquérito policial, por se tratar de causa extintiva da punibilidade.

> **Nosso entendimento:** tratando-se de perdão judicial, deverá seguir a regra geral do instituto, somente podendo ser concedido ao final do processo, na sentença, e desde que verificado o pleno preenchimento de todos os requisitos pelo juiz sentenciante.

48.2.8.8.9. Diferença entre o perdão judicial e a causa de redução de pena da Lei n. 9.807/99

O perdão judicial previsto no art. 13 da referida lei não pode ser confundido com a atual causa de redução de pena prevista no art. 14 da mesma lei, uma vez que possuem requisitos diferentes.

Com efeito, prevê o art. 14: "O indiciado ou acusado que colaborar voluntariamente com a investigação policial e o processo criminal na identificação dos demais coautores ou partícipes do crime, na localização da vítima com vida e na recuperação total ou parcial do produto do crime, no caso de condenação, terá pena reduzida de um a dois terços".

Como se vê, nessa hipótese o indiciado ou acusado não necessita ser primário, nem se levará em conta a personalidade do beneficiado e a natureza, circunstâncias, gravidade e repercussão social do fato criminoso. Portanto, para a redução de pena pretendida, basta ao indiciado ou acusado ter colaborado para a obtenção de um dos resultados pre-

---

295. *Boletim IBCCrim*, cit., p. 4.

vistos na lei, ao contrário do perdão judicial, em que a primariedade e aquelas condições devem estar presentes para a concessão do benefício. Basta, igualmente, dentre os requisitos presentes para a sua incidência, que o sujeito passivo seja encontrado com vida, ao contrário do requisito para a concessão do perdão judicial, em que se exige que, além de ser encontrado vivo, esteja com a sua "integridade física preservada".

Assim, como no perdão judicial, entendemos que os pressupostos para a sua aplicação são alternativos; do contrário, como já sustentado, o dispositivo seria letra morta para os delitos praticados, por exemplo, sem obtenção de proveito econômico.

48.2.9. Decadência

48.2.9.1. Conceito

É a perda do direito de promover a ação penal exclusivamente privada e a ação penal privada subsidiária da pública e do direito de manifestação da vontade de que o ofensor seja processado, por meio da ação penal pública condicionada à representação, em face da inércia do ofendido ou de seu representante legal, durante determinado tempo fixado por lei.

48.2.9.2. Característica da não interrupção

O prazo decadencial não se interrompe pela instauração de inquérito policial nem pelo pedido de explicações em juízo.

48.2.9.3. Efeito

A decadência está elencada como causa de extinção da punibilidade, mas, na verdade, o que ela extingue é o direito de dar início à persecução penal em juízo. O ofendido perde o direito de promover a ação e provocar a prestação jurisdicional, e o Estado não tem como satisfazer seu direito de punir.

→ **Atenção:** a decadência não atinge diretamente o direito de punir, pois este pertence ao Estado e não ao ofendido; ela extingue apenas o direito de promover a ação ou de oferecer a representação.

A título de exemplo da situação oposta, no crime de estupro mediante violência real (CP, art. 213, *caput*), a ação penal é pública incondicionada por força da Súmula 608 do STF, logo, não há que se falar em extinção da punibilidade pela decadência.

48.2.9.4. Prazo decadencial

O ofendido, ou seu representante legal, decairá do direito de queixa ou representação se não o exercer dentro do prazo de 6 meses, contado do dia em que vier a saber quem é o autor do crime (arts. 38 do CPP e 103 do CP).

No caso da ação penal privada subsidiária da pública (art. 5º, LIX, da CF, art. 100, § 3º, do CP, e art. 29 do CPP), que é aquela proposta pelo ofendido, quando o Ministério

Público deixa de oferecer a ação penal pública no prazo legal, os 6 meses começam a contar a partir do dia em que se esgota o prazo para o oferecimento da denúncia.

O prazo decadencial cessa na data do oferecimento da queixa e não na data de seu recebimento. Assim, para averiguar sobre a ocorrência, ou não, da decadência o que importa é a data do início da ação penal, que se dá com o oferecimento da queixa e não na data do seu recebimento. Tendo o oferecimento ocorrido dentro do prazo, não há que se falar em decadência. Da mesma forma, a entrega da representação em cartório impede a consumação da decadência.

Tal como se dá na ação penal privada, conta-se o prazo de acordo com a regra do art. 10 do CP, incluindo-se o dia do começo, não se prorrogando em face de domingos, férias e feriados, uma vez que se trata de prazo de natureza penal que leva à extinção do direito de punir.

48.2.9.5. Titularidade do direito de queixa ou de representação

Depende do caso:

(i) ofendido menor de 18 anos: pertence ao seu representante legal;

(ii) ofendido maior de 18 anos: somente ele pode exercer o direito de queixa ou de representação, pois, sendo maior e plenamente capaz, não há que falar em representante legal.

> → **Atenção:** a Súmula 594 do STF previa a autonomia de prazos decadenciais para o ofendido maior de 18 e menor de 21 anos e seu representante legal exercitarem o direito de queixa ou de representação, mas perdeu o sentido, pois a partir dos 18 anos somente o ofendido terá legitimidade para oferecer uma ou outra.

48.2.9.6. Decadência no crime continuado e no crime habitual

Depende do caso:

(i) crime continuado: incide isoladamente sobre cada crime;

(ii) crime habitual: começa a partir do último ato.

48.2.9.7. Crimes de lesão corporal dolosa de natureza leve e lesão corporal culposa

O prazo, em regra, é o do art. 38 do CPP, segundo o qual "o ofendido, ou seu representante legal, decairá do direito de queixa ou de representação, se não o exercer dentro do prazo de 6 (seis) meses, contado do dia em que vier a saber quem é o autor do crime".

Excepcionalmente, porém, o prazo decadencial será de 30 dias somente nos inquéritos policiais e processos em andamento na entrada em vigor da Lei n. 9.099/95, a contar da intimação do ofendido ou seu representante legal. Nesse sentido a disposição transitória do art. 91 da Lei dos Juizados Especiais Criminais.

Sobre a representação na ação penal por crime de lesão corporal dolosa de natureza leve decorrente de violência doméstica e familiar contra a mulher, *vide* comentários no Capítulo 47, denominado "Ação penal".

48.2.10. Prescrição

48.2.10.1. Introdução

O Estado, como ente dotado de soberania, detém, exclusivamente, o direito de punir (*jus puniendi*). Tratando-se de manifestação de poder soberano, tal direito é exclusivo e indelegável. Mesmo na ação penal de iniciativa privada, o particular possui apenas a prerrogativa de dar início ao processo, por meio da queixa. No entanto, o *jus puniendi* continua com o Estado, tanto que é possível a este conceder anistia em crime de ação privada (ora, só quem detém o *jus puniendi* pode a ele renunciar). Esse direito existe abstratamente, independente de vir a ser praticada a infração penal, e se impõe a todos indistintamente. O Estado não tem o poder de punir fulano ou beltrano, mas simplesmente tem o poder de punir (qualquer eventual infrator). No momento em que um crime é praticado, esse direito abstrato e impessoal se concretiza e se volta especificamente contra a pessoa do delinquente. Nesse instante, de direito passa a pretensão. Pretensão é a disposição de submeter um interesse alheio a um interesse próprio. O Estado passa a ter o interesse de submeter o direito de liberdade daquele criminoso ao seu direito de punição. Surge uma relação jurídico-punitiva com o delinquente, pela qual o direito de punir sai do plano abstrato e se concretiza, voltando-se contra o autor da infração penal. Essa pretensão individual e concreta, na qual o direito abstrato se transformou, denomina-se punibilidade. Punibilidade é a possibilidade de efetivação concreta da pretensão punitiva. Para satisfazê-la, o Estado deve agir dentro de prazos determinados, sob pena de perdê-la. Há um prazo para satisfazer a pretensão punitiva e outro para executar a punição imposta. Prescrição é, justamente, a perda da pretensão concreta de punir o criminoso ou de executar a punição, devido à inércia do Estado durante determinado período de tempo.

48.2.10.2. Conceito

Perda do direito-poder-dever de punir pelo Estado em face do não exercício da pretensão punitiva (interesse em aplicar a pena) ou da pretensão executória (interesse de executá-la) durante certo tempo.

O não exercício da pretensão punitiva acarreta a perda do direito de impor a sanção. Então, só ocorre antes de transitar em julgado a sentença final. O não exercício da pretensão executória extingue o direito de executar a sanção imposta. Só ocorre, portanto, após o trânsito em julgado da sentença condenatória.

48.2.10.3. Natureza jurídica

A prescrição é um instituto de Direito Penal, estando elencada pelo CP como causa de extinção da punibilidade (art. 107, IV). Embora leve também à extinção do processo, esta é mera consequência da perda do direito de punir, em razão do qual se instaurou a relação processual.

48.2.10.4. Fundamentos

São os seguintes:

(i) inconveniência da aplicação da pena muito tempo após a prática da infração penal;

(ii) combate à ineficiência: o Estado deve ser compelido a agir dentro de prazos determinados;

(iii) correção e adaptação do infrator à vida social.

48.2.10.5. Diferença entre prescrição e decadência

A prescrição extingue o direito de punir do Estado, enquanto a decadência atinge o direito do ofendido de promover a ação penal privada. A prescrição atinge, portanto, em primeiro lugar o direito de punir do Estado e, em consequência, extingue o direito de ação (a ação se iniciou para a satisfação do direito; não existindo mais *jus puniendi*, o processo perde seu objeto); a decadência (e a perempção), ao contrário, alcança primeiro o direito de ação, e, por efeito, o Estado perde a pretensão punitiva.

Por exemplo, o ofendido sofre calúnia e toma conhecimento da identidade do seu caluniador, um menor de 21 anos à época dos fatos, somente 3 anos após a consumação. Nos 3 meses subsequentes ingressa com a queixa-crime, dentro do prazo decadencial de 6 meses. A queixa será rejeitada com base no art. 395 do CPP, uma vez que, embora não tivesse se operado ainda a decadência, ocorreu a prescrição, contada desde a data da consumação (pena máxima da calúnia = 2 anos. Prazo prescricional correspondente = 4 anos. Autor menor de 21 anos na data do fato = reduz a prescrição pela metade). O direito de ação ainda não havia decaído, mas a pretensão punitiva do Estado já tinha desaparecido, por força da prescrição.

No caso da ação penal privada subsidiária da pública fica bem evidenciada a diferença entre os efeitos da prescrição e da decadência. De fato, em regra a decadência leva à extinção da punibilidade, porque, não podendo mais a vítima oferecer a representação e autorizar o início da persecução penal ou não tendo mais o direito de ajuizar a queixa, o Estado não terá como satisfazer seu direito de punir, o qual, ante a esta absoluta impossibilidade, fica, por consequência, extinto. No entanto, na ação privada subsidiária, se o ofendido ou seu representante legal não promover a queixa nos 6 meses subsequentes ao término do prazo para o Ministério Público apresentar a denúncia, operar-se-á a decadência e, por conseguinte, a extinção do direito de oferecer a queixa subsidiária. Entretanto, a punibilidade não restará extinta, pois o Ministério Público pode, a qualquer tempo, ingressar com a ação pública, desde que não sobrevenha a prescrição. Desse modo, a decadência não afeta o *jus puniendi*, mas o direito do particular de dar início à persecução penal.

Quando não houver outro meio de instauração do inquérito policial ou do processo, por via indireta, também se extinguirá a punibilidade, caso dos crimes de ação penal privada e pública condicionada à representação do ofendido. No entanto, quando o perecimento do direito de ação não impedir o início do processo, caso da ação privada subsidiária, em que o Ministério Público continua com o poder de oferecer a denúncia até o advento da prescrição, a decadência não terá como atingir a pretensão punitiva estatal, extinguindo apenas a possibilidade de o ofendido ou seu representante legal ajuizar a queixa subsidiária.

48.2.10.6. Imprescritibilidade

Só existem duas hipóteses em que não correrá a prescrição penal: (i) crimes de racismo, assim definidos na Lei n. 7.716/89 (CF, art. 5º, XLII); ação de grupos armados, civis ou militares, contra a ordem constitucional e o Estado Democrático (CF, art. 5º, XLIV).

A Lei n. 14.532/2023 tipificou a injúria racial como crime de racismo, ao incluí-la expressamente na Lei n. 7.716/89. Dessa maneira, a ação penal passa a ser pública incondicionada. O legislador subtraiu a disposição quanto à raça e etnia do art. 140 do Código Penal e inseriu um novo artigo na referida Lei:

Art. 2º-A Injuriar alguém, ofendendo-lhe a dignidade ou o decoro, em razão de raça, cor, etnia ou procedência nacional.

Pena: reclusão, de 2 (dois) a 5 (cinco) anos, e multa

Parágrafo único. A pena é aumentada de metade se o crime for cometido mediante concurso de 2 (duas) ou mais pessoas.

Cabe ressaltar que o STF equiparou as condutas homofóbicas e transfóbicas ao crime de racismo, em decisão elogiável no mérito, mas claramente inconstitucional, na medida em que não há crime sem lei que o defina, carecendo o Poder Judiciário de competência constitucional para criar crimes por meio de analogia ou interpretação extensiva (cf. STF, Plenário, ADO 26/DF, Rel. Min. Celso de Mello; MI 4.733/DF, Rel. Min. Edson Fachin, julgados em 13-6-2019, *Info* 944).

A Constituição consagrou a regra da prescritibilidade como direito individual do agente. Assim, é direito público subjetivo de índole constitucional de todo acusado o direito à prescrição do crime ou contravenção penal praticada. Tal interpretação pode ser extraída do simples fato de o Texto Magno ter estabelecido expressamente quais são os casos excepcionais em que não correrá a prescrição. Como se trata de direito individual, as hipóteses de imprescritibilidade não poderão ser ampliadas, nem mesmo por meio de emenda constitucional, por se tratar de cláusula pétrea (núcleo constitucional intangível), conforme se verifica da vedação material explícita ao poder de revisão, imposta pelo art. 60, § 4º, IV, da CF. Com efeito, não serão admitidas emendas constitucionais tendentes a restringir direitos individuais, dentre os quais o direito à prescrição penal.

Em sentido contrário, Christiano Jorge Santos afirma que há previsões de imprescritibilidade implícitas, decorrentes do acolhimento em nosso sistema jurídico de tratados e convenções internacionais, através dos quais é estabelecida a possibilidade de punição a qualquer tempo (cujo exemplo maior são o Estatuto de Roma e suas regras para o Tribunal Penal Internacional). Ainda, sustenta o citado autor que o ordenamento jurídico brasileiro permite a criação de novas hipóteses de imprescritibilidade por meio de lei ordinária[296].

---

296. *Prescrição penal e imprescritibilidade*, São Paulo, Elsevier, 2010, p. 102 e 181.

48.2.10.7. Espécies de prescrição

O Estado possui duas pretensões: a de punir e a de executar a punição do delinquente. Por conseguinte, só podem existir duas extinções. Existem, portanto, apenas duas espécies de prescrição:

(i) prescrição da pretensão punitiva (PPP);

(ii) prescrição da pretensão executória (PPE).

48.2.10.7.1. Prescrição da pretensão punitiva (PPP)

48.2.10.7.1.1. *Conceito*

Perda do poder-dever de punir, em face da inércia do Estado durante determinado lapso de tempo.

48.2.10.7.1.2. *Efeitos*

São eles:

(i) impede o início (trancamento de inquérito policial) ou interrompe a persecução penal em juízo;

(ii) afasta todos os efeitos, principais e secundários, penais e extrapenais, da condenação, razão pela qual a condenação não pode constar da folha de antecedentes, exceto quando requisitada por juiz criminal, já que a extinção da punibilidade nessa modalidade de prescrição não rescinde a sentença condenatória.

48.2.10.7.1.3. *Oportunidade para declaração*

Nos termos do art. 61, *caput*, do CPP, a prescrição da pretensão punitiva pode ser declarada a qualquer momento da ação penal, de ofício ou mediante requerimento de qualquer das partes.

48.2.10.7.1.4. *Prolação de sentença condenatória*

O juiz que condena não pode, a seguir, declarar a prescrição, uma vez que, após prolatar a sentença, esgotou sua atividade jurisdicional. Além disso, não pode ele mesmo dizer que o Estado tem o direito de punir (condenando o réu) e, depois, afirmar que esse direito foi extinto pela prescrição.

48.2.10.7.1.5. *Impossibilidade de exame do mérito*

O reconhecimento da prescrição impede o exame do mérito, uma vez que seus efeitos são tão amplos quanto os de uma sentença absolutória. Ademais, desaparecido o objeto do processo, este não encontra justificativa para existir por mais nenhum segundo.

48.2.10.7.1.6. *Subespécies de prescrição da pretensão punitiva (PPP)*

Dependendo do momento processual em que o Estado perde o seu direito de aplicar a pena, e de acordo com o critério para o cálculo do prazo, a prescrição da pretensão punitiva se subdivide em:

(i) PPP propriamente dita: calculada com base na maior pena prevista no tipo legal (pena abstrata);

(ii) PPP intercorrente ou superveniente à sentença condenatória: calculada com base na pena efetivamente fixada pelo juiz na sentença condenatória e aplicável sempre após a condenação de primeira instância;

(iii) PPP retroativa: calculada com base na pena efetivamente fixada pelo juiz na sentença condenatória e aplicável da sentença condenatória para trás. Não poderá, entretanto, ter como termo inicial data anterior à da denúncia ou queixa.

(iv) PPP antecipada, projetada, perspectiva ou virtual: reconhecida, antecipadamente, com base na provável pena fixada na futura condenação. Não é aceita pela lei ou jurisprudência.

48.2.10.7.1.6.1. Prescrição da pretensão punitiva propriamente dita

48.2.10.7.1.6.1.1. Termo inicial da PPP (art. 111, I, II, III, IV e V, do CP)

A prescrição da pretensão punitiva começa a correr:

(i) a partir da consumação do crime: observe que o CP adotou a teoria do resultado, para o começo do prazo prescricional, embora, em seu art. 4º, considere que o crime é praticado no momento da ação ou da omissão, ainda que outro seja o do resultado (teoria da atividade). Assim, o crime ocorre no momento em que se dá a ação ou omissão (teoria da atividade), mas, paradoxalmente, a prescrição só começa a correr a partir da sua consumação (teoria do resultado);

(ii) no caso de tentativa, no dia em que cessou a atividade: uma vez que, nesta, não há consumação, outro deve ser o termo inicial;

(iii) nos crimes permanentes, a partir da cessação da permanência: crime permanente é aquele cujo momento consumativo se prolonga no tempo (por exemplo, sequestro). A cada dia se renova o momento consumativo e, com ele, o termo inicial do prazo. Assim, a prescrição só começa a correr na data em que se der o encerramento da conduta, ou seja, com o término da permanência;

(iv) nos crimes de bigamia e nos de falsificação ou alteração de assentamento de registro civil, a partir da data em que o fato se tornou conhecido da autoridade (delegado de Polícia, juiz de Direito ou promotor de Justiça): são crimes difíceis de serem descobertos, de modo que, se a prescrição começasse a correr a partir da consumação, o Estado perderia sempre o direito de punir. Se o fato é notório, não há necessidade de prova do conhecimento formal da ocorrência, a instauração do inquérito policial ou sua requisição pelo juiz ou promotor de Justiça constituem prova inequívoca do conhecimento do fato pela autoridade;

(v) no crime continuado: a prescrição incide isoladamente sobre cada um dos crimes componentes da cadeia de continuidade delitiva (art. 119 do CP), como se não houvesse concurso de crimes. Segundo a Súmula 497 do STF: "Quando se tratar de crime continuado, a prescrição regula-se pela pena imposta na sentença, não se computando o acréscimo decorrente da continuação";

(vi) nos casos de concurso material e formal: a prescrição incide isoladamente sobre cada resultado autonomamente (art. 119 do CP), como se não existisse qualquer concurso. Por exemplo, dirigindo em alta velocidade, Tício provoca acidente, matando duas pessoas, em concurso formal; uma morre na hora e a outra, 6 meses depois; a prescrição do primeiro homicídio começa a correr 6 meses antes da prescrição do segundo. Nos casos de concurso material, segue-se a mesma regra;

(vii) nos crimes contra a dignidade sexual ou que envolvam violência contra as crianças e adolescentes: a prescrição começa a correr a partir da data em que a vítima completar 18 anos, salvo se a esse tempo já houver sido proposta a ação penal (inciso V do art. 111 do CP). Tal inciso foi alterado pela Lei n. 14.344/2022, conhecida como Lei Henry Borel, para acrescentar os crimes que envolvam violência contra as crianças ou adolescentes. Anteriormente, o inciso V só abrangia crimes contra a dignidade sexual de crianças e adolescentes.

48.2.10.7.1.6.1.2. Contagem do prazo prescricional

Conta-se de acordo com a regra do art. 10 do CP, computando o dia do começo e contando os meses e anos pelo calendário comum (cf. comentários ao art. 10).

O prazo é fatal e improrrogável, pouco importando que termine em sábado, domingo, feriado ou período de férias.

48.2.10.7.1.6.1.3. Cálculo do prazo prescricional

O prazo prescricional é calculado em função da pena privativa de liberdade.

No momento em que a prescrição começa a correr, não se sabe qual a pena que será fixada pelo juiz na sentença. Dessa forma, o único jeito de calcular o prazo prescricional é pela maior pena possível que o juiz poderia fixar (também chamada de máximo cominado abstratamente).

O cálculo se faz, portanto, pela pior das hipóteses (na pior das hipóteses, isto é, ainda que o juiz fixasse a maior pena possível, ocorreria a prescrição).

Então, para saber qual o prazo prescricional, deve-se observar qual a pena cominada no tipo. Por exemplo, crime de furto simples; a pena varia de 1 a 4 anos de reclusão; a maior pena possível é a de 4 anos; logo, a prescrição será calculada em função desses 4 anos.

Pena	Prazo prescricional
menor que 1 ano	3 anos
de 1 até 2 anos	4 anos
mais de 2 até 4	8 anos
mais de 4 até 8	12 anos
mais de 8 até 12	16 anos
mais de 12	20 anos

48.2.10.7.1.6.1.4. Circunstâncias judiciais

Não influem no cálculo da PPP pela pena abstrata. Circunstâncias judiciais são os critérios gerais de fixação de pena previstos no art. 59 do CP e levados em conta na primeira fase de fixação de pena. Não podem fazer com que a pena saia de seus limites legais. Por mais favoráveis que sejam, não podem levar a pena abaixo do mínimo, e, por piores, não poderão exceder o máximo (CP, art. 59, II). Se a pena não pode, nessa fase, restar superior ao máximo cominado no tipo, tais circunstâncias não serão levadas em consideração para o cálculo da prescrição pela pena abstrata, pois, ainda que todas incidissem para agravá-la, esta não poderia ficar além do máximo cominado. Assim, independentemente de as circunstâncias judiciais serem ou não favoráveis, a prescrição será calculada pelo máximo previsto no tipo incriminador.

48.2.10.7.1.6.1.5. Circunstâncias agravantes e atenuantes

Não influem no cálculo da PPP pela pena abstrata. As agravantes estão elencadas nos arts. 61 e 62, e as atenuantes nos arts. 65 e 66 (circunstância atenuante inominada) do CP. São levadas em consideração na segunda fase de fixação de pena, e não podem fazer com que a pena saia de seus limites legais. Por mais atenuantes que haja, a pena não pode restar inferior ao mínimo legal (Súmula 231 do STJ); por mais agravantes que existam, não excederá ao máximo (STJ, HC 189.672/RJ). Assim, da mesma forma que as circunstâncias judiciais, não são levadas em conta para o cálculo da prescrição pela pena abstrata. Sempre será calculada em função do máximo previsto, independentemente das agravantes e atenuantes.

48.2.10.7.1.6.1.5.1. Exceções

(i) Circunstâncias atenuantes que reduzem o prazo da PPP:

(i.1) ser o agente menor de 21 anos na data do fato: é atenuante genérica, mas a lei diz expressamente que, nesse caso, a prescrição é reduzida pela metade (art. 115 do CP);

(i.2) ser o agente maior de 70 anos na data da sentença: também é atenuante genérica, mas a lei igualmente determina, nesse caso, a redução do prazo prescricional pela metade (art. 115).

→ Atenção: é cabível a redução do prazo prescricional pela metade (art. 115 do CP) se, entre a sentença condenatória e o julgamento dos embargos de declaração, o réu atinge a idade superior a 70 anos, tendo em vista que a decisão que julga os embargos integra a própria sentença condenatória (STJ. 6ª Turma. EDcl no AgRg no REsp 1.877.388-CE, Rel. Min. Antonio Saldanha Palheiro, julgado em 2-5-2023).

(ii) Circunstância agravante que influi no prazo da PPP:

(ii.1) A reincidência: o CP diz que ela aumenta em 1/3 somente o prazo da prescrição da pretensão executória (art. 110, *caput*); o Superior Tribunal de Justiça chegou a entender, inicialmente, que ela aumenta também em 1/3 a prescrição da pretensão punitiva.

Atualmente, a questão não apresenta mais divergência, pois, tanto o STF sustenta quanto o próprio STJ passou a entender (Súmula 220): a reincidência não influi no prazo da prescrição da pretensão punitiva.

Correta esta posição, pois a lei, ao estatuir o aumento decorrente da reincidência, expressamente diz que este se aplica à prescrição, após o trânsito em julgado da sentença condenatória.

48.2.10.7.1.6.1.6. Causas de aumento e de diminuição

São aquelas que aumentam ou diminuem a pena em proporções fixas, como 1/3, 1/6, 1/2, 2/3 etc. Por exemplo, tentativa (CP, art. 14, parágrafo único), participação de menor importância (CP, art. 29, § 1º), responsabilidade diminuída (CP, art. 26, parágrafo único), crime continuado (CP, art. 71) e assim por diante. São levadas em consideração na última fase de fixação da pena e podem fazer com que esta saia de seus limites legais. Por permitirem que a pena fique inferior ao mínimo ou superior ao máximo, devem ser levadas em conta no cálculo da prescrição pela pena abstrata.

> → **Atenção:** como se deve buscar sempre a pior das hipóteses, ou seja, a maior pena possível, leva-se em conta a causa de aumento que mais aumente e a causa de diminuição que *menos* diminua. Por exemplo, homicídio simples tentado; a pena varia entre 6 e 20 anos de reclusão; leva-se em conta o máximo, independentemente das circunstâncias judiciais e das agravantes e atenuantes; em seguida, reduz-se pelo mínimo; como na tentativa a pena é reduzida de 1/3 a 2/3, a diminuição se fará por apenas 1/3 (busca-se a maior pena possível para o homicídio tentado); chega-se então à pena de 20 anos diminuída de 1/3, ou seja, 13 anos e 4 meses; a prescrição dar-se-á, segundo a pena abstrata, em 20 anos.

48.2.10.7.1.6.1.7. Causas interruptivas da prescrição

São aquelas que obstam o curso da prescrição, fazendo com que este se reinicie do zero, desprezando o tempo já decorrido. São, portanto, aquelas que "zeram" o prazo prescricional.

São as seguintes:

(i) recebimento da denúncia ou queixa: a publicação do despacho que recebe a denúncia ou queixa (data em que o juiz entrega em cartório a decisão) interrompe a prescrição. O recebimento do aditamento à denúncia ou à queixa não interrompe a prescrição, a não ser que seja incluído novo crime, caso em que a interrupção só se dará com relação a esse novo crime. A rejeição também não interrompe.

Importante lembrar que, por considerarmos o despacho de recebimento da denúncia de cunho decisório, porquanto acolhe ou não a pretensão deduzida pela acusação, quando proferido por juiz incompetente é ineficaz para interromper a prescrição, nos termos do art. 567, primeira parte, do CPP. Igualmente, o despacho de recebimento de denúncia aditada também não influi no prazo prescricional, a menos que haja alteração substancial dos fatos anteriormente narrados na denúncia, passando a descrever novo fato criminoso (STJ, HC 273.811/SP).

(ii) publicação da sentença de pronúncia: interrompe a prescrição não apenas para os crimes dolosos contra a vida, mas também com relação aos delitos conexos. Se o júri desclassifica o crime para não doloso contra a vida, nem por isso a pronúncia anterior perdeu seu efeito interruptivo (Súmula 191 do STJ).

Por exemplo, se a tentativa de homicídio for desclassificada, pelo júri, para delito de periclitação da vida (CP, art. 132), o novo prazo prescricional, acentuadamente reduzido com a desclassificação, provocará a necessidade de uma recontagem. Sim, porque pode ser que por esse prazo menor tivesse ocorrido a prescrição. No entanto, essa recontagem se fará com obediência aos mesmos marcos interruptivos: (i) da data do fato até o recebimento da denúncia; (ii) do recebimento da denúncia até a pronúncia (que continua valendo); (iii) desta até a decisão condenatória. Pretendia-se que, na recontagem do prazo (agora bem menor), fossem levados em conta apenas dois marcos, suprimindo-se a pronúncia: (i) do fato até o recebimento da denúncia; (ii) deste até a sentença condenatória, desaparecendo a decisão de pronúncia. Argumento: se o crime não é doloso contra a vida, nunca deveria ter existido pronúncia. Esse argumento não prevaleceu, pois o importante é que, na época em que foi proferida a pronúncia, o crime foi considerado doloso contra a vida (*tempus regit actuam*), não tendo a desclassificação posterior o condão de fazer desaparecer aquela decisão. A impronúncia, a absolvição sumária e a desclassificação a que se referem os arts. 414, 415 e 419 do CPP, não interrompem a prescrição;

(iii) acórdão confirmatório da pronúncia;

(iv) publicação da sentença condenatória recorrível: o inciso IV do art. 117 determina que a interrupção da prescrição dar-se-á pela publicação da sentença, isto é, na data em que o escrivão a recebe em cartório assinada pelo juiz (CPP, art. 389).

A sentença que concede o perdão judicial não interrompe a prescrição, pois se trata de sentença declaratória da extinção da punibilidade (Súmula 18 do STJ).

A sentença que reconhece a semi-imputabilidade do acusado interrompe, pois é condenatória;

→ Atenção: a interrupção da prescrição, em relação a qualquer dos autores, estende-se aos demais. Assim, por exemplo, a denúncia recebida contra Tício interrompe a prescrição contra todos os seus coautores e partícipes, ainda que desconhecidos à época. Se, futuramente, vierem a ser identificados e denunciados, a prescrição já estará interrompida desde o primeiro recebimento.

(v) publicação do acórdão condenatório recorrível: o inciso IV do art. 117, prevê que a interrupção da prescrição dar-se-á pela publicação do acórdão condenatório recorrível, contudo, o STF recentemente decidiu que: "O acórdão confirmatório da sentença condenatória também interrompe a prescrição. O Código Penal não faz distinção entre acórdão condenatório inicial ou confirmatório da decisão para fins de interrupção da prescrição. O acórdão que confirma a sentença condenatória, justamente por revelar pleno exercício da jurisdição penal, é marco interruptivo do prazo prescricional, nos termos do art. 117, IV, do Código Penal. O acórdão condenatório sempre interrompe a prescrição, inclusive quando confirmatório da sentença de 1º grau" (STF, HC 176.473, Rel. Min. Alexandre de Moraes, j. 27-4-2020, *DJe* 10-9-2020).

48.2.10.7.1.6.1.8. Causas suspensivas da prescrição

São aquelas que sustam o prazo prescricional, fazendo com que recomece a correr apenas pelo que restar, aproveitando o tempo anteriormente decorrido. Portanto, o prazo volta a correr pelo tempo que faltava, não retornando novamente à estaca zero, como nas causas interruptivas.

Suspende-se a prescrição:

(i) enquanto não resolvida, em outro processo, questão de que dependa o conhecimento da existência do crime (art. 116, I, do CP): trata-se das questões prejudiciais, ou seja, aquelas cuja solução importa em prejulgamento da causa. Por exemplo, o réu não pode ser condenado pela prática de furto enquanto não resolvido em processo cível se ele é o proprietário da *res furtiva*. Enquanto o processo criminal estiver suspenso, aguardando a solução da prejudicial no litígio cível, a prescrição também estará suspensa;

(ii) enquanto o agente cumpre pena no exterior (art. 116, II, do CP, redação dada pela Lei n. 13.964/2019[297]): salvo se o fato for atípico no Brasil;

(iii) na pendência de embargos de declaração ou de recursos aos Tribunais Superiores (art. 116, III, do CP): inciso acrescentado pela Lei n. 13.964/2019;

(iv) enquanto não cumprido ou não rescindido o acordo de não persecução penal (art. 116, IV): inciso acrescentado pela Lei n. 13.964/2019;

(v) na hipótese de suspensão parlamentar do processo: no caso de instauração de processo contra deputado ou senador, o STF pode receber a denúncia, sem solicitar autorização ao Poder Legislativo. Há, no entanto, um controle posterior, uma vez que, recebida a peça acusatória, o Poder Judiciário deverá cientificar a Câmara dos Deputados ou o Senado Federal, conforme o caso, os quais. por maioria absoluta de seus membros (metade mais um), em votação aberta, que deverá realizar-se dentro de prazo máximo de 45 dias, poderão determinar a sustação do processo. A suspensão do processo suspenderá a prescrição, enquanto durar o mandato (CF, art. 53, §§ 3º a 5º);

(vi) durante o prazo de suspensão condicional do processo: nos crimes cuja pena mínima for igual ou inferior a um ano, nos termos do art. 89, § 6º, da Lei n. 9.099/95 (Lei dos Juizados Especiais);

(vii) se o acusado, citado por edital, não comparecer, nem constituir advogado, ficarão suspensos o processo e o curso do prazo prescricional, até o seu comparecimento: de acordo com a redação do art. 366 do Código de Processo Penal. A questão que aqui se impõe é a seguinte: se o acusado jamais for localizado, o processo ficará indefinidamente suspenso e não prescreverá? Se o imputado for encontrado 40 anos

---

297. A Lei n. 13.964/2019 apenas substituiu a expressão "estrangeiro" por "exterior".

depois, já com 80 anos de idade, o processo retomará seu curso normal nessa data? A resposta negativa se impõe, uma vez que os casos de imprescritibilidade se encontram delimitados expressamente no Texto Constitucional (art. 5º, XLII e XLIV), não havendo possibilidade de ampliá-los por meio de dispositivo infraconstitucional. Dessa forma, a prescrição não poderá ficar perpetuamente suspensa, havendo um momento de retomada da contagem, com o reinício da prescrição. A indagação que fica é a seguinte: se a suspensão não é perpétua, por quanto tempo a prescrição ficará suspensa? Entendemos que o prazo de suspensão será o prescricional máximo, calculado com base na maior pena abstrata cominada ao crime, ou seja: toma-se o máximo de pena previsto, coteja-se essa pena abstrata à tabela do art. 109 do CP e encontra-se o prazo máximo de suspensão. Após o decurso desse período, o processo continua suspenso, mas a prescrição voltará a correr. Finalmente, vale mencionar que o Superior Tribunal de Justiça editou a Súmula 415, no sentido de que "o período de suspensão do prazo prescricional é regulado pelo máximo da pena cominada".

→ **Atenção:** a "citação por hora certa", tão comum no âmbito do processo civil é expressamente admitida, consoante o teor do art. 362 do CPP. Dessa forma, quando o réu se ocultar para não ser citado, não caberá mais a citação por edital e nem incidirão os efeitos do art. 366 do CPP (suspensão do processo e do prazo prescricional).

(viii) estando o acusado no estrangeiro, em lugar sabido, será citado mediante carta rogatória, suspendendo-se o prazo de prescrição até seu cumprimento, de acordo com a redação do art. 368. Não importa se o crime é afiançável ou inafiançável. Réu em local certo e sabido no estrangeiro será sempre citado pessoalmente por carta rogatória. O prazo ficará suspenso até que a carta seja cumprida, isto é, até que o acusado seja localizado e citado. Não localizado, a hipótese passará a ser de citação por edital, acima mencionada;

(ix) nos crimes contra a ordem econômica, o acordo de leniência foi criado pela Lei n. 10.149/2000 e, em seu art. 86, estabelece que "o Conselho Administrativo de Defesa Econômica poderá celebrar acordo de leniência com pessoas físicas e jurídicas que forem autoras de infração à ordem econômica. Tal acordo será feito desde que colaborem efetivamente com as investigações e o processo administrativo e que dessa colaboração resulte: I — a identificação dos demais envolvidos na infração; e II — a obtenção de informações e documentos que comprovem a infração noticiada ou sob investigação".

Já o art. 87 da Lei n. 12.529/2011 reza que nos crimes contra a ordem econômica, tipificados na Lei n. 8.137/90, e nos demais crimes diretamente relacionados à prática de cartel, tais como os tipificados no Capítulo II-B (Dos Crimes em Licitações e Contratos Administrativos) do Código Penal e os tipificados no art. 288 do Código Penal, "determina a suspensão do curso do prazo prescricional e impede o oferecimento da denúncia com relação ao agente beneficiário da leniência". Cumprido o acordo de leniência pelo agente, extingue-se automaticamente a punibilidade nos referidos crimes.

→ **Atenção:** a enumeração é taxativa. A suspensão do processo para instauração de incidente de insanidade mental não é causa suspensiva da prescrição (CPP, art. 149).

48.2.10.7.1.6.1.9. Crimes complexos e conexos

A prescrição da pretensão punitiva no tocante a crime que funciona como elemento típico de outro não se estende a este. Por exemplo, crime de extorsão mediante sequestro; a prescrição do sequestro em nada afeta o tipo complexo do art. 159 do CP.

Da mesma forma, a prescrição do crime conexo não afeta a agravação da pena do outro crime em face da conexão. Por exemplo, homicídio qualificado pelo fim de assegurar ocultação de crime anterior (art. 121, § 2º, V, do CP). A prescrição do crime anterior que se quis ocultar não extingue a qualificadora do fim de garantir a ocultação, de maneira que o homicídio continua sendo qualificado.

48.2.10.7.1.6.2. Prescrição da pretensão punitiva intercorrente, posterior ou
superveniente à sentença condenatória

É a prescrição que ocorre entre a data da publicação da sentença condenatória e o trânsito em julgado. Por isso, ela é chamada de intercorrente ou de superveniente à sentença condenatória. Seu prazo é calculado com base na pena concreta fixada na sentença e não com base no máximo cominado abstratamente. No momento da consumação do crime, ou seja, na data em que se inicia o prazo prescricional, ainda não se sabe qual pena será fixada, no futuro, pelo juiz na sentença. É impossível, portanto, na data do fato, pretender calcular a prescrição de acordo com a pena concreta (ninguém tem bola de cristal para adivinhar qual pena o juiz irá aplicar). Só há, portanto, uma solução: calcular o prazo prescricional em função da maior pena possível.

No entanto, depois de proferida a sentença condenatória, não existe mais qualquer justificativa para continuar calculando a prescrição pela pior das hipóteses (a maior pena possível), uma vez que já se conhece a pena para aquele caso concreto. Por essa razão, o art. 110, § 1º, do CP determina que, após o trânsito em julgado da condenação para a acusação, a prescrição é regulada pela pena fixada na sentença. Note-se que a condenação precisa transitar em julgado para a acusação. Isso porque, em face do que dispõe o art. 617 do CPP, a pena não pode ser agravada em recurso exclusivo da defesa (princípio da *non reformatio in pejus*). Assim, se a acusação se conformou com a pena fixada, esta passou a ser a maior pena possível, pois não poderá ser aumentada em recurso exclusivo da defesa, passando, então, a servir de base para o cálculo da prescrição.

Conclusão: até a sentença condenatória, a prescrição é calculada pela maior pena prevista no tipo; após a sentença condenatória transitada em julgado para a acusação, calcula-se pela pena fixada na sentença.

Mas não é só, mesmo que a acusação não se conforme com a pena e apele, ainda assim a prescrição poderá ser calculada de acordo com a pena concreta. Quando? Quando o recurso acusatório for improvido. Explica-se: a acusação poderia pretender ingressar com um recurso somente para evitar o trânsito em julgado e, assim, impedir o cálculo da prescrição pela pena *in concreto*. Desse modo, negado provimento ao seu recurso, é como se nunca tivesse recorrido, devendo o tribunal calcular a prescrição de acordo com a pena fixada na sentença.

A prescrição, portanto, é regulada pela pena concretamente fixada na sentença quando esta transitar em julgado para a acusação ou quando seu recurso for improvido.

Há outras hipóteses: se o recurso da acusação não visava aumento de pena, também a prescrição será calculada pela pena que foi fixada pelo juiz, uma vez que, nesse caso, a pena jamais poderá ser aumentada. Finalmente, ainda que haja recurso da acusação visando aumento de pena e que tal recurso seja provido, será possível o reconhecimento da prescrição se, mesmo diante do aumento determinado pelo tribunal, ainda assim tiver decorrido o prazo prescricional. Por exemplo, a pena é elevada de 1 para 3 anos, aumentando-se de 2 para 4 anos o prazo prescricional. Se tiverem decorrido 4 anos entre a publicação da sentença condenatória e o acórdão, será reconhecida a prescrição intercorrente, com base na pena concreta fixada pelo tribunal.

48.2.10.7.1.6.2.1. Reconhecimento da prescrição

O reconhecimento da prescrição se dá pela seguinte forma:

(i) se a condenação tiver transitado em julgado para a acusação, o tribunal, antes de examinar o mérito do recurso da defesa, declara extinta a punibilidade pela prescrição;

→ Atenção: "o prazo para a prescrição da execução da pena concretamente aplicada somente começa a correr do dia em que a sentença condenatória transita em julgado para ambas as partes, momento em que nasce para o Estado a pretensão executória da pena, conforme interpretação dada pelo Supremo Tribunal Federal ao princípio da presunção de inocência (art. 5º, inciso LVII, da Constituição Federal) nas ADC 43, 44 e 54" (STF: ARE 848.107, Rel. Min. Dias Toffoli, Plenário, Sessão Virtual de 23-6-2023 a 30-6-2023).

(ii) se a acusação tiver recorrido, o tribunal julga em primeiro lugar o seu recurso. Se lhe negar provimento, antes de examinar o mérito do recurso da defesa, reconhece a prescrição.

Em recentes decisões, os Tribunais Superiores decidiram pelo efeito *ex tunc* para as situações em que o Recurso Especial não é conhecido pelo Tribunal de origem e confirmado o não conhecimento pela rejeição do agravo de despacho denegatório de recurso especial. Isso faz com que o trânsito em julgado tenha como data o último dia do prazo de interposição do Recurso Especial não conhecido.

→ Atenção: o juiz de primeira instância não pode reconhecê-la, uma vez que, ao proferir a sentença condenatória, esgotou sua atividade jurisdicional, sendo impossível reconhecer que o Estado tem o direito de punir e, em seguida, declarar extinto esse mesmo direito.

→ Atenção: se foi imposta medida de segurança ao semi-imputável, a prescrição é calculada pela pena concretamente aplicada (TRF4, ACR 469615120044047100/RS). Na hipótese de inimputável, segundo entendimento do Supremo Tribunal Federal, a prescrição, nesse caso, regula-se pelo art. 109 do CP, uma vez que a medida de segurança é espécie do gênero sanção penal. O Superior Tribunal de Justiça segue o posicionamento, entendendo que a prescrição se regula pela pena máxima em abstrato (STJ, HC 322.716/SP 2015/0101913-6).

48.2.10.7.1.6.3. Prescrição da pretensão punitiva retroativa

A prescrição, depois da sentença condenatória com trânsito em julgado para a acusação, ou depois de improvido seu recurso, regula-se pela pena aplicada, não podendo, em nenhuma hipótese, ter por termo inicial data anterior à da denúncia ou queixa.

Trata-se da chamada prescrição retroativa, modalidade de prescrição da pretensão punitiva. É calculada pela pena concretamente fixada na sentença condenatória, desde que haja trânsito em julgado para a acusação ou desde que improvido o seu recurso. Nessa senda, tudo o que foi dito com relação à prescrição intercorrente é válido para a prescrição retroativa, com uma única diferença: enquanto a intercorrente ocorre entre a publicação da sentença condenatória e o trânsito em julgado para a defesa, a retroativa é contada da publicação dessa decisão para trás. Reconta-se a prescrição, que, antes, teve seu prazo calculado em função da maior pena possível, e, agora, é verificada de acordo com a pena aplicada na sentença. Pode ser que, com um prazo bem mais reduzido, tenha ocorrido a PPP entre marcos anteriores. Por essa razão, se o tribunal constatar que não ocorreu prescrição pela pena concreta entre a publicação da sentença condenatória e o acórdão, passará imediatamente a conferir se o novo prazo prescricional, calculado de acordo com a pena concreta, não teria ocorrido:

(i) entre o recebimento da denúncia ou queixa e a pronúncia;

(ii) entre a pronúncia e sua confirmação por acórdão;

(iii) entre a pronúncia ou seu acórdão confirmatório e a sentença condenatória;

(iv) entre o recebimento da denúncia ou queixa e a publicação da sentença condenatória (no caso de crimes não dolosos contra a vida).

Por que o nome "retroativa"? Porque se conta de frente para trás. O tribunal faz o cálculo da publicação da sentença condenatória para trás, ou seja, da condenação até a pronúncia ou o recebimento da denúncia ou queixa, conforme o crime seja ou não doloso contra a vida, e assim por diante. É como se o tribunal estivesse retrocedendo do presente ao passado, gradativamente.

Exemplo da necessidade de proceder à recontagem retroativa: o prazo prescricional do furto simples calculado pela pena abstrata é de 8 anos (pena máxima = 4 anos de reclusão), mas, se a pena concreta for aplicada no mínimo de um ano, esse prazo despencará para 4 anos. É bem possível que, embora não tendo decorrido 8, tenham-se passado mais de 4 anos entre a data do fato e a do recebimento da denúncia. Assim, na recontagem pela pena concreta, ter-se-á operado a prescrição da pretensão punitiva, pela modalidade prescrição retroativa.

Importante destacar que não se operará a prescrição retroativa antes do recebimento da denúncia ou queixa, isto é, durante a fase do inquérito policial ou da investigação criminal, em que ocorre a apuração do fato, mas poderá incidir a prescrição da pretensão punitiva pela pena máxima em abstrato.

48.2.10.7.1.6.4. Prescrição da pretensão punitiva virtual, perspectiva, projetada ou antecipada

A alteração legislativa promovida pela Lei n. 12.234/2010 surtiu efeitos no instituto da prescrição virtual, perspectiva, projetada ou antecipada, uma das espécies de prescrição da pretensão punitiva. Embora a Terceira Seção do Superior Tribunal de Justiça tenha aprovado a Súmula 438: "É inadmissível a extinção da punibilidade pela prescrição da pretensão punitiva com fundamento em pena hipotética, independentemente da existência ou sorte do processo penal", essa modalidade de prescrição ainda é aplicada pelos operadores do direito, de onde decorre a necessidade de sua análise.

Concebe-se que a prescrição virtual é aquela reconhecida antecipadamente, em geral ainda na fase extrajudicial, com base na provável pena concreta, que será fixada pelo juiz, no momento futuro da condenação.

Por exemplo, o promotor de justiça, deparando-se com um inquérito policial versando sobre furto simples tentado, cometido há 5 anos, não pode requerer seu arquivamento com base na prescrição, uma vez que, como vimos, antes da condenação, aquela é calculada com base na maior pena possível. Ocorre que a maior pena possível do furto simples é de 4 anos, e a menor redução decorrente da tentativa, 1/3 (como se busca a maior pena possível, deve-se levar em conta a menor diminuição resultante da tentativa, pois, quanto menos se diminui, maior fica a pena). Tomando-se 4 anos (máximo da pena *in abstracto*), menos 1/3 (a menor diminuição possível na tentativa), chega-se à maior pena que um juiz pode aplicar ao furto simples tentado: 2 anos e 8 meses de reclusão. O prazo prescricional correspondente a 2 anos e 8 meses de pena é de 8 anos (art. 109, IV, do CP). Ainda não ocorreu, portanto, a prescrição, com base no cálculo pela pena abstrata (cominada no tipo). O promotor, porém, observa que o indiciado é primário e portador de bons antecedentes, e não estão presentes circunstâncias agravantes, tudo levando a crer que a pena será fixada no mínimo legal e não no máximo. Confirmando-se essa probabilidade, teria ocorrido a prescrição, pois a pena mínima do furto simples é de um ano, e, com a redução da tentativa, qualquer que seja o *quantum* a ser diminuído, ficará inferior a 1 ano.

Nesses moldes, o sobredito instituto nada mais é que o reconhecimento da prescrição, com base na provável pena mínima, que será fixada pelo juiz. Para que movimentar toda a máquina do Estado se lá na frente, na sentença, será reconhecida a prescrição retroativa nesse período que antecede o recebimento da denúncia ou queixa?

Vale lembrar que, na medida em que a prescrição retroativa não pode, em nenhuma hipótese, ter como termo inicial data anterior à da denúncia ou queixa, não há falar em prescrição virtual entre a data do fato e o recebimento da denúncia ou queixa.

PRESCRIÇÃO DA PRETENSÃO PUNITIVA

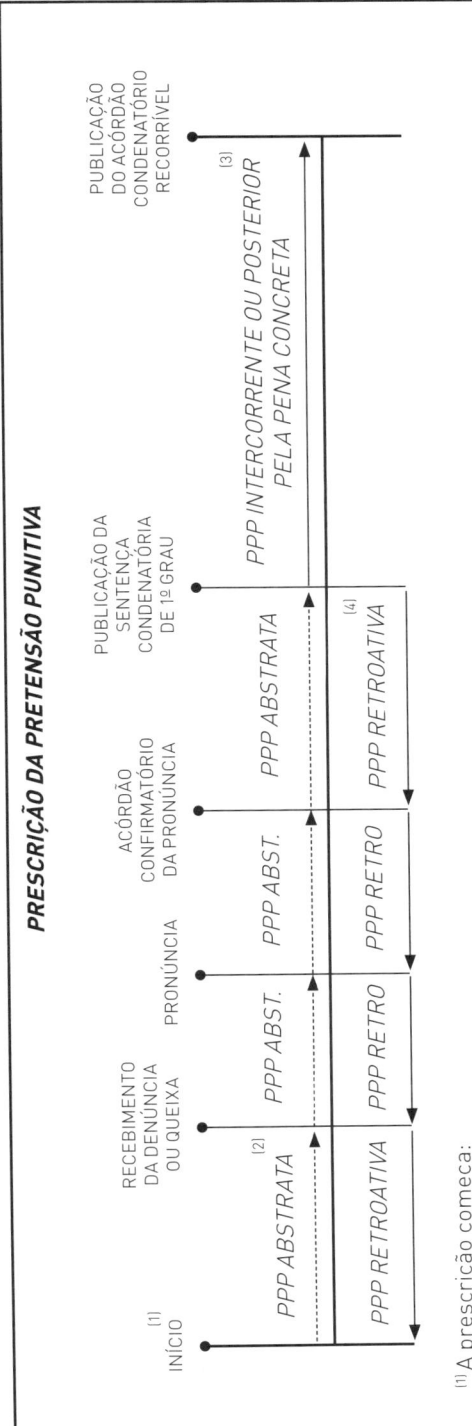

INÍCIO [1] — RECEBIMENTO DA DENÚNCIA OU QUEIXA [2] — PRONÚNCIA — ACÓRDÃO CONFIRMATÓRIO DA PRONÚNCIA — PUBLICAÇÃO DA SENTENÇA CONDENATÓRIA DE 1º GRAU — PUBLICAÇÃO DO ACÓRDÃO CONDENATÓRIO RECORRÍVEL

PPP ABSTRATA | *PPP ABST.* | *PPP ABST.* | *PPP ABSTRATA* | *PPP INTERCORRENTE OU POSTERIOR PELA PENA CONCRETA* [3]

PPP RETROATIVA | *PPP RETRO* | *PPP RETRO* | *PPP RETROATIVA* [4]

[1] A prescrição começa:
- Nos crimes consumados: a partir da consumação
- Nos crimes tentados: a partir do último ato de execução
- Nos crimes permanentes: a partir da cessação da permanência
- Na bigamia e na falsificação do registro civil: quando o fato se tornar conhecido da autoridade
- No crime continuado, no concurso formal e no concurso material: a prescrição incidirá isoladamente sobre cada crime, como se não houvesse o concurso

[2] A PPP Abstrata é calculada de acordo com o máximo cominado abstratamente, ou seja, pela maior pena possível.

[3] É calculada de acordo com a pena fixada na sentença condenatória e tem como pressuposto o trânsito em julgado para a acusação. Conta-se da publicação da sentença condenatória até o trânsito em julgado para a defesa. Se o recurso da acusação for improvido, também haverá essa espécie de prescrição, contada dentro do mesmo período.

[4] Calculada com base na pena concreta.

48.2.10.7.2. Prescrição da pretensão executória (PPE)

48.2.10.7.2.1. *Conceito*

É a perda do poder-dever de executar a sanção imposta, em face da inércia do Estado, durante determinado lapso.

48.2.10.7.2.2. *Efeitos*

Ao contrário da prescrição da pretensão punitiva, essa espécie de prescrição só extingue a pena principal, permanecendo inalterados todos os demais efeitos secundários, penais e extrapenais, da condenação.

48.2.10.7.2.3. *Termo inicial*

A prescrição da pretensão executória começa a correr a partir:

(i) da data do trânsito em julgado da sentença condenatória para a acusação;

→ **Atenção:** "o prazo para a prescrição da execução da pena concretamente aplicada somente começa a correr do dia em que a sentença condenatória transita em julgado para ambas as partes, momento em que nasce para o Estado a pretensão executória da pena, conforme interpretação dada pelo Supremo Tribunal Federal ao princípio da presunção de inocência (art. 5º, inciso LVII, da Constituição Federal) nas ADC 43, 44 e 54" (STF: ARE 848107, Rel. Min. Dias Toffoli, Plenário, Sessão Virtual de 23-6-2023 a 30-6-2023).

(ii) da data em que é proferida a decisão que revoga o livramento condicional ou o *sursis*;

(iii) do dia em que a execução da pena é interrompida por qualquer motivo.

Em relação a hipótese (i), prevista no art. 112, I, do CP, a jurisprudência do STF e do STJ tem entendido que, na realidade, a prescrição da pretensão executória começa a correr do trânsito em julgado da sentença condenatória para ambas as partes (STJ, AgRg no HC 718.119/RS, 09/2022). Segundo nossos Tribunais Superiores, a pretensão ocorre pela inércia do Estado em exercer seu poder punitivo ou executório. Como na situação em que a sentença transitou em julgado somente para a acusação, mas não para a defesa, o Estado não pode executar a pena, ele não está inerte. Portanto, incabível a aplicação da prescrição da pretensão executória nesse caso.

→ **Atenção:** no caso de interrupção da execução da pena pela fuga do condenado, e no caso de revogação do livramento condicional, a prescrição é regulada pelo tempo que resta da pena.

48.2.10.7.2.4. *Distinção entre PPP superveniente e PPE*

Embora ambas sejam reguladas pela pena aplicada, a primeira tem início com a publicação da sentença condenatória; a segunda, com o trânsito em julgado da condenação para a acusação.

48.2.10.7.2.5. *Contagem do prazo*

A PPE é sempre calculada pela pena concretamente fixada. O prazo é de Direito Penal, computando-se o dia do começo e não se prorrogando quando terminar em sábado, domingo ou feriado. A pena aplicada deve corresponder ao prazo prescricional fixado na tabela do art. 109 do CP.

48.2.10.7.2.6. *Causas interruptivas*

Obstam o curso da prescrição, fazendo com que se reinicie do zero (desprezado o tempo até então decorrido).

São as seguintes:

(i) início do cumprimento da pena;

(ii) continuação do cumprimento da pena;

(iii) reincidência.

→ **Atenção**: a interrupção da PPE em relação a um dos autores não produz efeitos quanto aos demais (ao contrário das causas interruptivas da PPP).

→ **Atenção**: no caso da reincidência, a interrupção da prescrição ocorre na data em que o novo crime é praticado e não na data em que transita em julgado a sentença condenatória pela prática desse novo crime.

48.2.10.7.2.7. *Causas suspensivas*

São aquelas que sustam o prazo prescricional, fazendo com que este recomece a correr apenas pelo tempo que restar, sendo computado o período decorrido, ao contrário do que sucede com as causas interruptivas.

Considera-se como causa suspensiva a prisão do condenado por qualquer outro motivo que não a condenação que se pretende executar. Nesta hipótese, a prescrição da pretensão de executar uma condenação não corre enquanto o condenado estiver preso por motivo diverso da condenação que se quer efetivar. Por exemplo, condenado procurado em uma comarca cumpre pena por outro crime em comarca diversa. Enquanto estiver preso, cumprindo tal pena, não correrá a prescrição no que se refere à outra condenação.

48.2.10.7.2.8. *Diminuição do prazo prescricional*

O prazo da PPE também é reduzido pela metade no caso do menor de 21 anos à época do fato e do maior de 70 à época da sentença.

48.2.10.7.2.9. *Prescrição da pena de multa*

Para saber qual o prazo prescricional da pena pecuniária, é preciso verificar se a hipótese é de PPP ou de PPE.

O art. 114 do CP, que trata apenas da prescrição da pretensão punitiva, dispôs que a multa prescreve: (inciso I) em 2 anos quando for a única cominada ou aplicada; (inciso II) no mesmo prazo estabelecido para a prescrição da pena privativa de liberdade, quando a multa for alternativa ou cumulativamente cominada ou cumulativamente aplicada com aquela.

Dessa forma:

(i) quando a multa for cominada abstratamente no tipo penal, cumulativa ou alternativamente com pena privativa de liberdade, o seu prazo prescricional será o mesmo desta, obedecendo ao princípio estabelecido no art. 118 do CP, de que as penas mais leves (multas) prescrevem junto com as mais graves (privativas de liberdade);

(ii) quando imposta na sentença condenatória, cumulativamente com pena privativa de liberdade, a multa prescreverá no mesmo prazo desta, obedecendo ao princípio estabelecido no art. 118 do CP, de que as penas mais leves (multas) prescrevem junto com as mais graves (privativas de liberdade);

(iii) quando prevista abstratamente no tipo isoladamente, a multa prescreverá no prazo de 2 anos;

(iv) quando imposta isoladamente na sentença condenatória, a multa prescreverá no prazo de 2 anos.

→ **Atenção:** o art. 114, que traça essas quatro regras, somente está fazendo menção à prescrição da pretensão punitiva da multa, não tratando da prescrição executória. Assim, quando fala em "multa aplicada", está querendo referir-se à prescrição retroativa e à intercorrente, reguladas pela pena aplicada.

A prescrição da pretensão executória da multa dar-se-á sempre em 5 anos, e a execução será feita separadamente da pena privativa de liberdade, perante o juiz da execução penal. Para fins de execução, a pena pecuniária é considerada dívida de valor, então, o prazo prescricional (5 anos), as causas interruptivas e suspensivas da prescrição, a competência e o procedimento para a cobrança são da legislação tributária (cf. redação do art. 51 do CP), não incidindo mais nenhum dispositivo do CP.

48.2.10.7.2.10. *Termo inicial da prescrição da pena de multa*

A execução da multa passa a ser independente da pena privativa de liberdade e a ter regras próprias, ditadas pela legislação tributária, não prevalecendo mais as disposições do CP.

48.2.10.7.2.11. *Aumento do prazo prescricional*

A reincidência aumenta em 1/3 o prazo da PPE. A prescrição que sofre o aumento não é a da condenação anterior, mas a da condenação pelo novo crime praticado. Por exemplo, o réu é condenado a 4 anos de reclusão; o prazo da PPE é de 8 anos; durante esse prazo, o condenado pratica um crime; nesse momento, há a interrupção da prescrição, pela reincidência; contudo, a prática desse crime não aumentará o prazo prescricional da condenação anterior; caso o réu venha a ser também condenado pela prática dessa nova infração, e reconhecido expressamente como reincidente, o prazo prescricional dessa nova condenação será aumentado de 1/3; portanto, o que sofre aumento é a prescrição pela condenação no novo crime e não a condenação anterior.

Dessa forma, a reincidência interrompe o prazo prescricional da condenação anterior, mas só aumenta o prazo da prescrição da condenação em que o réu foi reconhecido como reincidente.

A chamada reincidência futura não aumenta o prazo prescricional (aumentar o lapso prescricional da condenação anterior com base no futuro reconhecimento da reincidência).

PRESCRIÇÃO DA PRETENSÃO EXECUTÓRIA

INÍCIO

CALCULADA COM BASE NA PENA CONCRETA FIXADA NA SENTENÇA*

- *Trânsito em julgado para a acusação*
- *Revogação do "sursis" ou livramento condicional*
- *Fuga*
- *Interrupção por qualquer outro motivo*

* É interrompida pela captura ou recaptura do condenado e pela reincidência (interrompe-se no dia em que for praticado o novo crime).

No caso de concurso formal e civil continuado, despreza-se o aumento decorrente de um ou de outro, calculando-se a prescrição pela pena-base.

→ **Atenção:** o Superior Tribunal de Justiça e o Supremo Tribunal Federal só admitem o aumento de 1/3 pela reincidência para a prescrição da pretensão executória.

Tal interpretação do Pretório Excelso e do STJ está em perfeita consonância com o disposto no art. 110, *caput*, do CP, segundo o qual "a prescrição, depois de transitar em julgado a sentença condenatória, regula-se pela pena aplicada e verifica-se nos prazos fixados no artigo anterior, os quais se aumentam de um terço se o condenado é reincidente". Assim, é a própria lei que está dizendo ser o aumento aplicável apenas à prescrição posterior ao trânsito em julgado (PPE). Essa questão recebeu interpretação jurisprudencial com a edição da Súmula 220 do STJ: "A reincidência não influi no prazo da prescrição da pretensão punitiva".

48.2.11. Prescrição na legislação especial

48.2.11.1. Da prescrição em geral

48.2.11.1.1. Abuso de autoridade

Como a lei não faz referência ao tema prescrição, devem-se aplicar os princípios do CP (art. 12). Assim, no tocante à prescrição da pretensão punitiva, o prazo é regulado pelo máximo da pena privativa de liberdade.

48.2.11.1.2. Contravenções

A LCP não dispõe a respeito da prescrição, aplicando-se então os princípios gerais sobre o tema (art. 12 do CP).

48.2.11.1.3. Crimes contra a economia popular

Em seus dispositivos legais, as Leis n. 1.521/51, 4.591/64 e o Decreto-lei n. 73/66, não cuidam do tema da prescrição. Em face disso, devem ser aplicados os princípios contidos no art. 12 do CP.

48.2.11.1.4. Crimes eleitorais

O Código Eleitoral, Lei n. 4.737/65, deixa de cuidar da prescrição, mas, em seu art. 287, afirma a incidência do art. 12 do CP, o mesmo ocorrendo com a Lei n. 6.091/74, que também define delitos eleitorais.

48.2.11.1.5. Crimes falimentares

De acordo com a regra do art. 182 da Lei n. 11.101, de 9 de fevereiro de 2005 — que regula a recuperação judicial, a extrajudicial e a falência do empresário e da sociedade empresária —, a prescrição regula-se pelo Código Penal, e tem início a partir do dia da decretação da falência, da concessão da recuperação judicial ou da homologação do plano de recuperação extrajudicial. Concedida a recuperação judicial ou a homologação do plano de recuperação, a prescrição será interrompida pela decretação da falência. Resta, portanto, superada a Súmula 592 do STF.

48.2.11.1.6. Crimes militares

Não obstante poder correr a prescrição antes ou durante a ação penal, a expressão "a prescrição refere-se à ação ou à execução da pena", empregada no art. 124 do CPM (Decreto-lei n. 1.001/69), dá a entender que a prescrição atinge a própria ação penal, o que é incorreto. A PPP é regulada pelo máximo da pena privativa de liberdade cominada ao delito (art. 125, *caput*). Excepcionalmente, sobrevindo sentença condenatória com apelo exclusivo do réu, o prazo prescricional, da data de sua publicação em diante, é disciplinado pela quantidade da pena imposta (art. 125, § 1º, 1ª parte, correspondendo à hipótese do atual § 1º do art. 110 do CP). A prescrição retroativa foi adotada condicionando-se à existência de recurso exclusivo do réu, devendo "ser logo declarada, sem prejuízo do andamento do recurso se, entre a última causa interruptiva do curso da prescrição (§ 5º) e a sentença, já decorreu tempo suficiente" (§ 1º, 2ª parte). A PPE é regulada pela quantidade de pena imposta (art. 126). Se imposta a pena de morte, o prazo é de 30 anos (art. 125, I).

48.2.11.2. Da prescrição retroativa

48.2.11.2.1. Crimes falimentares

A prescrição dos crimes falimentares é regrada pelo CP, iniciando-se com a decretação da falência, da concessão da recuperação judicial ou da homologação do plano de recuperação extrajudicial (Lei n. 11.101/2005, art. 182). Dessa forma, vale a regra do art. 109 do CP, bem como todos os dispositivos relacionados à prescrição previstos no Estatuto Repressivo (prescrição calculada de acordo com a pena máxima cominada, prescrição intercorrente e retroativa).

BIBLIOGRAFIA

AGUADO, Paz Mercedes de la Cuesta. *Tipicidad y imputación objetiva*. Argentina: Ediciones Jurídicas Cuyo, 1995.

BANDEIRA DE MELLO, Celso Antônio. *Curso de direito administrativo*. 5. ed. São Paulo: Malheiros, 1994.

BATISTA, Nilo. *Introdução crítica ao direito penal brasileiro*. Rio de Janeiro: Revan, 1990.

_____. *Introdução crítica ao direito penal brasileiro*. 11. ed. Rio de Janeiro, 2007.

BECCARIA, Cesare. *Dos delitos e das penas*. Trad. Torrieri Guimarães. São Paulo: Hemus.

BETTIOL, Giuseppe. *Instituições de direito e processo penal*. Coimbra: Coimbra Ed., 1974.

BITENCOURT, Cezar Roberto. Reflexões acerca da culpabilidade finalista na doutrina alemã. *RT*, 654/259.

_____. *Código Penal comentado*. 7. ed. São Paulo: Saraiva.

BRITO, Alexis Augusto Couto de. *Execução penal*. São Paulo: Quartier Latin, 2006.

BRUNO, Anibal. *Das penas*. Rio de Janeiro: Rio, 1976.

_____. *Direito penal* — Parte geral. Rio de Janeiro: Forense, 1956. t. 2.

CAMARGO, Antonio Luís Chaves. *Imputação objetiva e direito penal brasileiro*. São Paulo: Cultura Paulista, 2001.

CAPEZ, Fernando. *Arma de fogo*. 2. ed. São Paulo: Saraiva, 2002.

_____. *Curso de processo penal*. 30. ed. São Paulo: Saraiva, 2023.

_____. *Legislação penal especial, tóxicos e crime organizado*. São Paulo: Paloma, 2002.

CARVALHO FILHO, Aloysio. *Comentários ao Código Penal*. 4. ed. São Paulo: Forense, 1958. v. 4.

CAVALCANTE, Márcio André Lopes. Admite-se o uso de informações processuais extraídas dos sítios eletrônicos dos tribunais, quando completas, a fim de demonstrar a reincidência do réu. *Buscador Dizer o Direito*, Maraus. Disponível em: https://www.buscadordizerodireito.com.br/jurisprudencia/detalhes/acd9bdac8824615154e7f-1868f29acf6. Acesso em: 18-7-2023

CERNICCHIARO, Luiz Vicente. *Direito penal na Constituição*. 2. ed. São Paulo: Revista dos Tribunais, 1991.

CORREA, Eduardo. *Direito criminal*. Coimbra: Almedina, 1963. v. 1.

COSTA JR., Paulo José da. *Comentários ao Código Penal*. São Paulo: Saraiva, 1986. v. 1.

_____. *Curso de direito penal* – Parte geral. São Paulo: Saraiva, 1991.

DIAS, Jorge de Figueiredo. *Direito penal*. Coimbra, João Abrantes (Universidade de Coimbra), 1975.

FRAGOSO, Heleno Cláudio. *Lições de direito penal* – Parte geral. 4. ed. Rio de Janeiro: Forense, 1995.

FRISCH, Wolfgang. *Tipo penal y imputación objetiva*. Trad. Manuel Cancio Meliá, Beatriz de la Gándara Vallejo, Manuel Jaém Vallejo e Jesid Reyes Alvarado. Madrid: Editorial Colex, 1995.

GARCIA, Basileu. *Instituições de direito penal*. 6. ed. São Paulo: Max Limonad. v. 1.

GOMES, Luiz Flávio. *Crime organizado*. São Paulo: Revista dos Tribunais, 1995.

_____. *Erro de tipo e erro de proibição*. 2. ed. São Paulo: Revista dos Tribunais.

_____. Imunidades parlamentares. Disponível em: <www.estudos criminais.com.br>, 14-1-2002.

_____. *Penas e medidas alternativas à prisão*. São Paulo: Revista dos Tribunais, 1999.

_____. *Princípio da ofensividade no direito penal*. São Paulo: Revista dos Tribunais, 2002.

GOMES FILHO, Antônio Magalhães. *Direito à prova no processo penal*. São Paulo: Revista dos Tribunais, 1997.

GONÇALVES, Victor Eduardo Rios. O âmbito de incidência da Lei n. 9.714/98. *Revista da Associação Paulista do Ministério Público*, 24/19.

_____. *Penas alternativas*. São Paulo: Paloma, 1999.

GRINOVER, Ada Pellegrini; FERNANDES, Antonio Scarance; GOMES FILHO, Antonio Magalhães. *As nulidades no processo penal*. 3. ed. São Paulo: Revista dos Tribunais, 1994.

HUNGRIA, Nélson. *Comentários ao Código Penal*. 5. ed. Rio de Janeiro: Forense, 1979.

JAKOBS, Gunther. *Derecho penal* – Parte general. 2. ed. Madrid: Marcial Pons, 1997.

_____. *La imputación objetiva en derecho penal*. Trad. Manuel Cancio Meliá. Buenos Aires, Ad-Hoc, Universidade Autónoma de Madrid, 1996; 1. reimpresión, 1997.

JESCHECK, Hans-Heinrich. *Tratado de derecho penal*. 3. ed. Barcelona: Bosch, 1981. v. 1.

JESUS, Damásio E. de. *Boletim IBCCrim*, ano 2, 22/1, out. 1994.

_____. *Código Penal anotado*. São Paulo: Saraiva.

_____. *Comentários ao Código Penal*. 2. ed. São Paulo: Saraiva, 1986. v. 2.

_____. *Direito penal. Parte geral*. 37. ed. São Paulo: Saraiva, 2020. v. 1.

_____. *Direito penal*. 25. ed. São Paulo: Saraiva. v. 1.

_____. *Imputação objetiva*. São Paulo: Saraiva, 2000.

_____. Perdão judicial/colaboração premiada. *Boletim IBCCrim*, set. 1999, p. 5.

_____. *Prescrição penal*. 4. ed. São Paulo: Saraiva, 1989.

_____. *Teoria do domínio do fato no concurso de pessoas*. 3. ed. São Paulo: Saraiva, 2002.

LEAL, João José. *Curso de direito penal*. Porto Alegre: S. A. Fabris, 1991.

LYRA, Roberto. *Comentários ao Código Penal*. Rio de Janeiro: Forense, 1942.

MAGALHÃES NORONHA, Edgard. *Direito penal*. 30. ed. São Paulo: Saraiva. v. 1.

_____. *Direito penal*. 38. ed. São Paulo: Saraiva, 2004. v. 1.

MANZINI, Vincenzo. *Tratado de derecho penal*. Trad. S. S. Melendo. Buenos Aires: Ediar, 1949.

MARQUES, José Frederico. *Tratado de direito penal*. Campinas: Bookseller, 1997. v. 1.

MARTINEZ, Soares. *Filosofia do direito*. Coimbra: Almedina, 1991.

MASSON, Cleber. *Direito penal esquematizado – Parte Geral* - v. 1. Rio de Janeiro: Forense; São Paulo: Método, 2016.

MASSON, Cléber; MARÇAL, Vinícius. *Lei de drogas*: aspectos penais e processuais. São Paulo: Grupo GEN, 2022.

MAXIMILIANO, Carlos. *Hermenêutica e aplicação do direito*. 9. ed. Rio de Janeiro: Forense, 1981.

MAYRINK DA COSTA. *Direito penal* – Parte geral. Rio de Janeiro: Forense, 1991. t. 1.

MEZGER, Edmund. *Derecho penal* – Parte general. Trad. Conrado A. Finzi. 6. ed. Buenos Aires: Ed. Bibliográfica Argentina, 1955.

MIRABETE, Julio Fabbrini. *Código de Processo Penal interpretado*. 4. ed. São Paulo: Atlas, 1999.

_____. *Código Penal interpretado*. São Paulo: Atlas, 1999.

_____. *Manual de direito penal*. 3. ed. São Paulo: Atlas, 1987. v. 1.

_____. *Manual de direito penal. Parte geral*. São Paulo: Atlas, 2010. v. 1.

_____. *Processo penal*. 4. ed. São Paulo: Atlas.

MIR PUIG, Santiago. *Derecho penal* – Parte general. 6. ed. Barcelona: Reppertor, 2002.

PIERANGELI, José Henrique. Conduta: "pedra angular" da teoria do delito. *RT*, 573/318.

PIMENTEL, Manoel Pedro. A teoria do crime na reforma penal. *RT*, 591/287.

_____. *Do crime continuado*. 2. ed. São Paulo: Revista dos Tribunais, 1969.

PRADO, Luiz Regis. *Curso de direito penal brasileiro* – Parte geral. São Paulo: Revista dos Tribunais, 1999.

REALE JÚNIOR, Miguel. *Parte Geral do Código Penal – Nova interpretação*. São Paulo: Revista dos Tribunais, 1988.

RODRIGUEZ MOURULLO. *Comentários ao Código Penal*. Barcelona: Bosch, 1972. v. 1.

ROMEIRO, Jorge Alberto. *Da ação penal*. 2. ed. Rio de Janeiro: Forense, 1978.

ROXIN, Claus. *Derecho penal* – Parte general. Trad. Diego-Manuel Luzón Peña, Miguel Días y Garcia Conlledo e Javier de Vicente Remesal. Madrid: Civitas, 1997. t. 1.

SANTOS, Christiano Jorge. *Prescrição penal e imprescritibilidade*. São Paulo: Elsevier, 2010.

SANTOS, Juarez Cirino dos. *A moderna teoria do fato punível*. Rio de Janeiro: Freitas Bastos, 2000.

_____. *Direito penal*: parte geral. Rio de Janeiro: ICPC; Lumen Juris, 1985.

SHECAIRA, Sérgio Salomão. *Responsabilidade penal da pessoa jurídica*. São Paulo: Saraiva, 1999.

SILVA, José Afonso da. *Curso de direito constitucional*. São Paulo: Revista dos Tribunais.

SILVA FRANCO, Alberto. *Código Penal e sua interpretação jurisprudencial*. 5. ed. São Paulo: Revista dos Tribunais, 1995.

_____. *Temas de direito penal*: breves anotações sobre a Lei n. 7.209/84. São Paulo: Saraiva, 1986.

SIQUEIRA, Galdino. *Tratado de direito penal*. Rio de Janeiro: Konfino, 1947.

TAVARES, Juarez. *Teoria do injusto penal*. Belo Horizonte: Del Rey, 2000.

TEMER, Michel. *Elementos de direito constitucional*. São Paulo: Malheiros, 1989.

TILDEMANN, Klaus. Responsabilidad penal de personas jurídicas y empresas en derecho comparado. *Revista Brasileira de Ciências Criminais*, n. 11, p. 22, jul./set. 1995.

TOLEDO, Francisco de Assis. Erro de tipo e erro de proibição no projeto da reforma penal. *RT*, 578/290.

_____. *Princípios básicos de direito penal*. 5. ed. São Paulo: Saraiva, 1994.

TOURINHO FILHO, Fernando da Costa. *Processo penal*. 15. ed. São Paulo: Saraiva, 1994. v. 1.

URZÚA, Enrique Cury. *Orientación para el estudio de la teoría del delito*. Santiago: Nueva Universidad, 1973.

_____. *Tentativa y delito frustrado*. Ed. Jurídica de Chile, 1977.

WELZEL, Hans. *Derecho penal alemán*. 11. ed. 4. ed. castellana. Trad. del alemán por los profesores Juan Bastos Ramírez y Sergio Yañez Pérez. Ed. Jurídica de Chile, 1997.

_____. *El nuevo sistema del derecho penal*. Trad. Cerezo Mir. Barcelona: Ariel, 1964.

_____. *La teoría de la acción finalista*. Trad. Eduardo Friker. Buenos Aires: Depalma, 1951.

WESSELS, Johannes, *Direito penal* – Parte geral. Trad. Juarez Tavares, Porto Alegre: Sérgio A. Fabris Editor, 1976.

ZAFFARONI, Eugenio Raúl; PIERANGELI, José Henrique. *Manual de direito penal brasileiro*. São Paulo: Revista dos Tribunais, 1997.